Christoph Hantel Journalistenausbildung in Mosambik

Internationale und Interkulturelle Kommunikation, Band 3
Herausgegeben von
Prof. Dr. Kai Hafez, Universität Erfurt

Christoph Hantel

Journalistenausbildung in Mosambik

Frank & Timme
Verlag für wissenschaftliche Literatur

Umschlagabbildung: Privatfoto
Zugleich Diss., Ruhr-Universität Bochum, 2005

ISBN 978-3-86596-056-6
ISBN 3-86596-056-1

Herstellung durch das Atelier Eilenberger, Leipzig.
Printed in Germany.
Gedruckt auf säurefreiem, alterungsbeständigem Papier.

www.frank-timme.de

Danksagungen sind wie Hochzeitseinladungen –
nicht alle können dabei sein.

Danksagung

Meine Betreuer, Prof. Müller-Michaels und Prof. Stuke, haben die Arbeit pragmatisch, verlässlich und effizient betreut. Dr. Annette Massmann gab unzählige wertvolle Ratschläge, von denen ich nur einen Bruchteil umzusetzen imstande war.

Ohne Herminio und Maria, Jorge und Pascoa sowie Father John, Antonio Mateus und Luis hätte ich von Afrika nichts begriffen. Lisa und A-P waren wertvolle Verbündete. Lars Hansen schenkte mir das Umschlagfoto. Birgitte Jallov erklärte mir in Maputo geduldig die *UNESCO*. Mosambikanische Journalisten, Dozenten und Politiker standen viele Stunden Rede und Antwort. Etwa 30 „meiner" mosambikanischen Studentinnen und Studenten sowie die Kollegen der *Universidade Católica* in Nampula, namentlich Laurindo Caetano und Jorge Neto, halfen bei der Erstellung der Fragebögen, schwärmten in der Ferienzeit im ganzen Land aus, interviewten Journalisten, übertrugen Daten und tippten nächtelang Interviewmaterial von Kassette ab. Erwähnt seien die unentbehrlichen Gaudêncio Monteiro und Leonel Moises.

Dankbar bin ich vielen Menschen der *Arbeitsgemeinschaft für Entwicklungshilfe AGEH* in Köln, den *Viktorianischen Schwestern* in Maputo sowie Oli und Heidi Kröger.

Ulrich und Marlene Rossmanith teilten ihr Auto vom Münsterland zur Ruhr-Uni Bochum mit mir. Jan Ehlers öffnete Türen. Elisio Macamo und viele andere in Deutschland halfen und hörten zu.

Meine Eltern Michael und Barbara und meine Schwester Eva-Marie von Matuschka berieten, ermutigten und unterstützten mich. Meine Schwester Ulrike Licht korrigierte. Fehler sind da, wo ich sie nachträglich wieder eingebaut habe. Schwiegervater Jürgen Lambers überließ mir ein Jahr lang großzügig sein Büro, Schwiegermutter Susanne betreute unermüdlich Helena.

Meine Frau Kathrin hat liebevoll, geduldig und klug mit mir und der Doktorarbeit ausgeharrt.

Ich danke Euch.

Inhaltsübersicht

1. Einleitung

1.1 Gegenstand

Diese Arbeit beschreibt zum einen die Aus- und Fortbildung von JournalistInnen[1] in Mosambik, zum anderen die Situation und jüngste Geschichte der Medien. Dazu wurden 133 mosambikanische Journalisten mit Fragebögen interviewt. Die Ergebnisse wurden in *Excel* ausgewertet. Zusätzlich führte der Autor 15 Leitfadeninterviews mit mosambikanischen Chefredakteuren und Direktoren sowie Medienexperten aus Politik und Bildung und wertete diese mittels qualitativ-sozialwissenschaftlicher Methode aus. Das empirische Material ist im Anhang beigefügt.
Neben Beschreibung und Analyse des s*tatus quo* werden Perspektiven und Empfehlungen für eine künftige Journalisten-Aus- und Fortbildung vorgestellt.
Der Autor hat 3 Jahre Felderfahrung als Entwicklungshelfer der Bundesrepublik Deutschland in Mosambik.
Die Arbeit wurde als Inaugural-Dissertation an der Fakultät für Philologie der *Ruhr-Universität Bochum* eingereicht, zusammen mit einem Anhangband, der die *Excel*-Auswertung der 133 Fragebogeninterviews sowie die deutschen Übersetzungen der 15 Leitfadeninterviews enthält. Dieser Anhangband kann dort in der Bibliothek des Germanistischen Instituts eingesehen werden.

1.2 Einführung zu Mosambik

Das Ende des Kolonialismus

Abb. 1: Afrika und Mosambik (www.wikipedia.org)

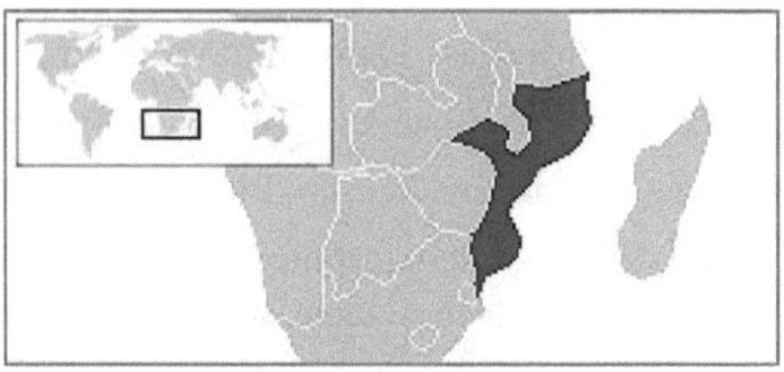

In den 60er und 70er Jahren zogen sich die europäischen Kolonialmächte aus den afrikanischen Ländern zurück. Es folgte ein bis heute andauernder und teilweise kriegerischer Prozess der Suche nach Formen der politischen Auseinandersetzung, Institutionalisierung und Ausbildung einer Zivilgesellschaft, die eine Staats- und Regierungsform

[1] Auch wenn aus Gründen der Übersichtlichkeit bei „Journalist“ oder anderen Berufen die weibliche Form nicht immer ausgeschrieben ist: Sie ist stets zu ergänzen, außer dort wo ersichtlich ist, dass die geschlechtsdifferenzierte Betrachtung thematisiert wird.
In dieser Arbeit gilt die neue Rechtschreibung.

tragen und reproduzieren kann. Trotz der demokratischen Verfassungen, die sich die afrikanischen Staaten gaben, war nach wenigen Jahren „die Demokratie in vielen dieser Länder korrodiert. (...) Wer näher hinschaute, sah, dass die Staaten sich in Diktaturen verwandelt hatten" (Thiel 2004: 286). Mosambik war eines der letzten Länder, das unabhängig wurde, als 1974 das politische System in Portugal zusammenbrach und die afrikanischen Kolonien und die portugiesischen Kriege dort nicht mehr zu halten waren. Abgelehnt von den Westmächten wandte sich das Land an den Ostblock und wurde mit maßgeblicher Unterstützung der DDR zur sozialistischen Republik. Es folgte ein jahrelanger Bürgerkrieg, dem Hunderttausende zum Opfer fielen und der u.a. durch das südafrikanische Apartheid-Regime finanziert wurde. Mit der Endphase des Kalten Krieges, dem Fall der Berliner Mauer und der Transformation Südafrikas zur Demokratie endete die kurze sozialistische Phase, und Mosambik wurde zur Demokratie westlicher Prägung. Die Bürgerkriegsparteien versöhnten sich 1992 und sitzen heute im Parlament als Regierung und Opposition. Der Krieg war endlich vorbei.

In diesen wenigen Jahrzehnten haben die mosambikanischen Medien und JournalistInnen die Entwicklungen, politischen Um- und Zusammenbrüche, Krisen, System- und Paradigmenwechsel gespiegelt, mitgetragen, abgelehnt und kommentiert. Gleichzeitig wurden sie von ihnen geprägt. Sofern sie Portugiesisch verstehen, haben ältere Mosambikaner in einem Zeitraum von 30 Jahren Zeitungen, Zeitschriften und Radioprogramme gelesen und gehört, die von Portugiesen für Portugiesen produziert wurden, sie erlebten, dass dieselben Zeitungen und Sender den Sozialismus propagierten, die Gesellschaft verwandeln und den neuen mosambikanischen Menschen mit erschaffen wollten, sie lasen, hörten und sahen in alten und neuen Medien, dass Demokratie und eine sich selbst regulierende Marktwirtschaft die Probleme des Landes lösen und Mosambik zu neuer Blüte führen würden. Die Kommunikationswissenschaftlerin Maria Cremilda Massingue (1998: 48):

> „Die Massenkommunikation in Mosambik diente im Laufe der verschiedenen geschichtlichen Phasen als koloniales Propagandainstrument im Sinne der Interessen Portugals und erhielt damit die Basis für ihr kontinuierliches Bestehen. Aber sie diente auch als Instrument des Widerstands gegen die Propaganda des Kolonialismus und ermutigte so den bewaffneten Befreiungskampf."

Eine neue Ära der Medien

Mit dem Boom der Nichtregierungsorganisationen und der weltweiten Entfaltung der *UN*[2]-Aktivitäten kamen Menschen aus allen Erdteilen in das Entwicklungsland Mosambik, die politischen und technischen Rat sowie weltanschauliche und religiöse Neugründungen anboten: Entwicklungshelfer, Missionare, Händler, Lehrer, Politiker und Glücksritter aller Couleur. Zunächst gab es nur einen nationalen Fernsehkanal, dann südafrikanische Satellitenprogramme, zum nationalen Radio kamen Dutzende so genannter *Rádios Comunitárias* (lokale Gemeinderadios), die mit Unterstützung von NROn, der *UNESCO* und Kirchen in den abgelegensten Winkeln des Landes Stationen eröffneten, die dominierende Tageszeitung sah sich plötzlich der Konkurrenz einer Flut von Fax-Zeitungen und mehr oder weniger langlebigen Zeitschriftenprojekten ausgesetzt, Internet und Mobiltelefone kamen seit 2001/2002 in die großen Städte und veränderten die Kommunikation der Menschen und deren Knotenpunkte. Manche, meist oppositionelle Medien wurden von Geberländern und Organisationen als positiv für die Zukunft Mosambiks angesehen und bekamen für kurze und längere Zeit Zuschüsse, Mittel, Material und Schulungen.

Die Erkenntnis setzte sich durch, dass Journalismus kein reiner Begabungsberuf ist und eine Ausbildung sinnvoll ist. Auch wurde deutlich, dass ein Journalist nicht ausschließlich gegen die Portugiesen, für die Revolution, den Sozialismus oder den Frieden schreiben, sprechen und senden kann und soll. Neben der großen staatlichen Universität und der staatlichen Journalistenschule entstanden in jüngster Zeit neue staatliche, vor allem aber neue private Hochschulen, die nicht nur Journalisten, sondern auch Experten für Marketing, Öffentlichkeitsarbeit und Werbung auszubilden versprachen. Internationale NROn gründeten in Namibia, Südafrika, Tansania und Mosambik Büros und Dependancen und traten je nach Prägung an, den mosambikanischen Journalisten beizubringen, was Demokratie, Mehrparteienherrschaft, transparente Berichterstattung, Gleichheit der Geschlechter, Zivilgesellschaft, investigative Recherche, Umweltjournalismus und christliche Ethik bedeuten. Gleichzeitig wurden auf Basis des 1991 verabschiedeten Pressegesetzes mo-

[2] Namen von Institutionen, Organisationen, Vereinen, NROn etc. sowie Termini, die nicht Teil des allgemeinen Wortschatzes sind, sollen stets *kursiv* geschrieben werden. Dies gilt nicht innerhalb von Original-Zitaten und zitierten Titeln von Monografien, Artikeln etc., es sei denn, es ist dort kursiv gesetzt.

sambikanische Institutionen gegründet, die sich um eine Koordinierung und Kanalisierung dieser vielen Mediengründungen, Schulungsinitiativen und journalistischen Institutionen bemühten: Das *Gabinete de Informação*, das *CSCS*, das *ICS*, der Journalistenverband, das Ministerium für höhere Bildung.

Paradigma Entwicklung

Mosambik ist als eines der zehn ärmsten Länder der Welt ein so genanntes Entwicklungsland. Damit kommt die relativ junge Disziplin der Entwicklungssoziologie mit ihren meist interdisziplinären Ansätzen ins Spiel. Deren verschiedene Ansätze werden skizziert und auf ihre Analysefähigkeit für Mosambik überprüft. Grundsätzlich ist die Bedeutung der Medien für gesellschaftliche und demokratisierende Prozesse erkannt. Die *Weltbank* widmete der Rolle der Medien ein ganzes Kapitel im Weltentwicklungsbericht 2002 und veröffentlichte anschließend den Sonderbericht „The Right to Tell". „Pressefreiheit ist der Kern einer gerechten Entwicklung", schreibt darin *Weltbank*-Präsident James Wolfensohn. Manche Wissenschaftler versuchen den Nutzen von Medienentwicklungszusammenarbeit für die allgemeine Entwicklung auf Forschungs-Basis nachzuweisen. Ökonomie-Nobelpreisträger Joseph Stiglitz geht soweit zu sagen: „Das Recht auf freie Meinungsäußerung erhöht die Wahrscheinlichkeit, dass die Grundbedürfnisse der Menschen befriedigt werden." (FES 2005: 7).

Literatur zu Mosambik

Es gibt nur wenige wissenschaftliche Untersuchungen, die sich mit dem politischen, wirtschaftlichen und kulturellen System Mosambiks beschäftigen, und keine, die das Mediensystem oder die Aus- und Fortbildung von Journalisten beschreibt bzw. mosambikanische Journalisten porträtiert und charakterisiert. Die einzigen umfassenden Analysen sind seit 1998 mit Unterstützung und/oder Beteiligung von *UN*-Organisationen zustande gekommen, sind aus dem Blickwinkel der vielgestaltigen politischen Dogmen der *UN* geschrieben und befürworten Demokratie, Mehrparteiensystem, viele funktionierende Medien, eine stabile und artikulationsfähige Zivilgesellschaft sowie Gleichberechtigung von Frauen und Männern. Sie berücksichtigen in geringem Maß, dass vielen Mosambikanern und vielen mosambikanischen Journalisten die nationale Einheit wichtiger ist als die Existenz vieler regierungskritischer Kleinmedien, dass wirtschaftliche Erfolge im Anbau, Handel und

Vertrieb nationaler Produkte wichtiger sind als eine durchstrukturierte Demokratie mit Wahlmöglichkeit für alle Bürger, und dass es eine demokratie-tragende Mittelschicht, eine artikulationsfähige, selbstbewusste und vielköpfige so genannte Zivilgesellschaft in Mosambik nicht gibt (vgl. Macamo 2001).

1.3 Forschungsleitende Fragestellungen und Hypothesen

Im Folgenden werden die Fragestellungen und Hypothesen dargelegt, die den Forschungsprozess leiten. Diese gliedern sich in die Abschnitte

- Medien,
- Journalisten
- Aus- und Fortbildung.

Diese Dreiteilung spiegelt sich auch im weiteren Verlauf der Arbeit.

„Ausbildung" wird als Begriff eher langjähriger Schulung von Personen ohne journalistische Berufserfahrung durch akademische Institutionen begriffen, „Fortbildung" (synonym Weiterbildung, Training) als eine auf kürzere Dauer angelegte Vertiefung bereits vorhandener journalistischer oder sonstiger Kenntnisse und Fähigkeiten.

Forschungsleitende Frage:
Wie werden mosambikanische Journalisten für ihren Beruf aus- und fortgebildet, welche staatlichen und nichtstaatlichen Institutionen spielen dabei eine Rolle und welche Perspektiven bestehen?

1.3.1 Mediensystem

a) Welche Voraussetzungen herrschen im mosambikanischen Mediensystem in politischer und institutioneller Hinsicht?

▸ Hypothese: Die politischen Grundlagen (Mehrparteiensystem, Gewaltenteilung, Entstehung von unabhängigen Medieninstanzen) für die Ausformung eines pluralistisch ausgerichteten Mediensystems sind in Grundzügen in Mosambik vorhanden.

b) Welche medienrechtlichen Voraussetzungen herrschen im mosambikanischen Mediensystem?

▸ Hypothese: Das Medienrecht ist in wesentlichen Aspekten auf einen demokratisch regierten Staat zugeschnitten.

c) Welche Voraussetzungen herrschen im mosambikanischen Mediensystem in Bezug auf Medienvielfalt?

- Hypothese: Die mosambikanischen Medien befinden sich in einem Transformationsprozess von einer zentral gesteuerten, regierungsnahen Berichterstattung durch staatliches Radio und Fernsehen zu einer unabhängigeren Berichterstattung.

1.3.2 Journalisten in Mosambik

d) Welche Berufsauffassung haben mosambikanische Journalisten und wie verstehen sie ihre Rolle?

- Hypothese: Mosambikanische Journalisten der Generation, die beruflich bis etwa Mitte der 90er Jahre sozialisiert wurden, verstehen ihren Beruf meist als politische Mission, während dieser Aspekt für die jüngeren Journalisten weniger wichtig ist.

e) Welche Ausbildungshintergründe haben mosambikanische Journalisten?

- Hypothese: Die zurzeit im mosambikanischen Mediensektor arbeitenden älteren Mosambikaner sind zum überwiegenden Teil nicht theoretisch auf ihre Tätigkeit vorbereitet worden. Die jüngere Generation wird zunehmend durch NROn und akademische Institutionen auf den Beruf vorbereitet.

f) Welche Formen der Vernetzung zwischen Journalisten existieren und wie sehen diese konkret aus?

- Hypothese: Mosambikanische Journalisten sind untereinander wenig vernetzt. Die einzige Gewerkschaft hat als Netzwerk und Impulsgeber praktisch keine Bedeutung.

1.3.3 Journalisten-Aus- und Fortbildung

g) Welche Ausbildungsmöglichkeiten existieren? Wie sind die jeweiligen Programme ausgestattet?

- Hypothese: Zur Erfassung erscheint eine Einteilung in öffentlich/nicht-öffentlich sowie mosambikanisch/nicht-mosambikanisch sinnvoll.

h) Welche Politik der Journalistenausbildung wird verfolgt: von Regierungsseite, von Seiten internationaler Geber, von Seiten der NROn?

- Hypothese: Eine koordinierte und programmatisch fixierte staatlich gesteuerte Journalistenausbildungspolitik existiert nicht.

i) Welche Aus- und Fortbildung wird von den mosambikanischen Journalisten gewünscht?

j) Welche Perspektiven bestehen im Mediensektor für die Zukunft?

1.4 Struktur

Abb. 2: Säulen-Aufbau der Arbeit

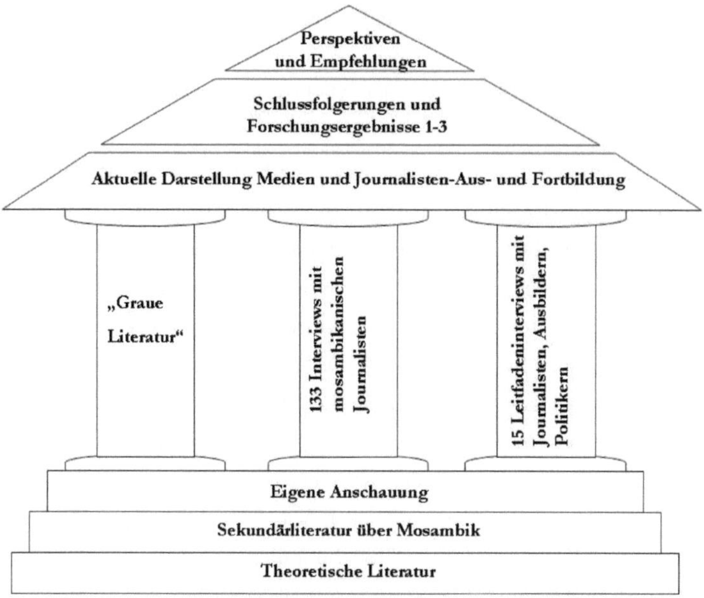

Abb. 2 zeigt das Fundament und die Säulen dieser Arbeit. Deutsche und internationale theoretische Literatur, die vor allem portugiesisch- und englischsprachige Sekundärliteratur zu Mosambik sowie dreijährige Erfahrung des Autors als Journalistenausbilder und Medienberater in Mosambik bilden das Fundament des Forschungsvorhaben, Interviews und „graue Literatur" sind die empirischen Säulen der Arbeit. Ergebnisse (Dach) sind eine Beschreibung des Mediensystems, der entsprechenden Aus- und Fortbildung sowie konkrete Empfehlungen für eine zukünftige Aus- und Fortbildung.

1.5 Überblick

Die Arbeit gliedert sich in vier Abschnitte:

Abschnitt I (Theorie): Hier werden Ansätze der internationalen Kommunikationsforschung und ihre Entwicklung von der klassischen Publizistik hin zu einem interdisziplinären Fach nachgezeichnet. Gleichzeitig werden die Paradigmen der Entwicklungszusammenarbeit sowie deren Wandel skizziert. Folgende Konzepte und Stichworte spielen hierbei eine Rolle:

- national gesteuerte Almosenhilfe im Kalten Krieg (Modernisierungstheorie),
- Theorie der Abhängigkeit (*Dependenztheorie*),

- neuere Modernisierungsansätze (*Development Journalism*),
- *UN*-Diskussion über Medien in Entwicklungsländern und neue Weltinformationsordnung (*MacBride-Report*)
- neuere politikwissenschaftliche Untersuchungen zur Rolle der Nichtregierungsorganisationen
- jüngste Forschungen zur Rolle der Medien in ost- und mitteleuropäischen Demokratien.

Auch die deutsche, teilweise internationale und afrikanische Mediensystemforschung, Journalismusforschung, Kommunikatorforschung und Ausbildung von Journalisten wird auf ihre Anwendbarkeit für diese Arbeit geprüft. Hierbei ist zu beachten, dass diese sich zumeist auf dem Boden jahrhundertelang gewachsener und durch Krisen, Kulturrevolutionen, Reformen sowie politische und technische Neuerungen geformter Systeme bewegt. Dagegen ist Mosambik eine zehn Jahre alte Demokratie mit einer jungen schriftlichen Tradition und einem jahrhundertelang entwickelten System oraler Überlieferung einerseits und einem Mediensystem mit dominanter Bedeutung des Radios andererseits, das sich unter den Vorzeichen von Fremdherrschaft und Krieg entwickelt hat. Eine Übertragung theoretischer und methodischer Konzepte aus der Forschungsliteratur muss dies berücksichtigen und bei Modell- und Analogiebildungen behutsam vorgehen.

Abschnitt II. (Mosambik): Um die Aus- und Fortbildung von Journalisten in Mosambik zu verstehen, ist eine Kenntnis des politisch-gesellschaftlichen Rahmens, in dem eine solche Bildung entsteht, sowie des Mediensystems und des Medienmarktes, für den Journalisten geschult werden sollen, sinnvoll. Daher scheint es angebracht, zunächst die jüngere und jüngste Geschichte des Landes nachzuzeichnen, also die Entwicklung von einer portugiesischen Kolonie über die kurze Episode eines sozialistischen Staates bis hin zu einer der ärmsten demokratischen Republiken Afrikas, die gleichzeitig in vielerlei Hinsicht ein großes Potential hat.

Abschnitt III. (Empirie mit mosambikanischem Fokus): In Kapitel III a) (Sekundärliterarischer Aufriss) wird das Mediensystem beschrieben. Diese Beschreibung soll helfen, eine Forschungslücke zu schließen, da bis auf die erwähnten *UNESCO*-Beschreibungen kaum aktuelles Material vorhanden ist. Dazu besuchte der Autor die bedeutenden Medien, medienrelevanten Institutionen, Universitäten, Ausbildungsstätten und Archive Mosambiks und führte neben den Leitfadeninterviews (s.u.) zahlreiche Hintergrundgespräche und sammelte Material: Prospekte, Folder, Selbstbeschreibungen, archivierte Dokumente, Monografien, Zeitungen und Zeitschriften. Ausgehend von den im Theoriekapitel entwickelten Analysemöglichkeiten und Modellen werden die für die Aus- und Fortbildung von Journalisten relevanten Aspekte und Entwicklungslinien herausgearbeitet. Es ergibt sich eine thematische Zweiteilung in

- Medien und
- Medienorganisation und Medienrecht

In Kapitel III b) (Empirischer Teil) wird zunächst die Methode der empirischen Untersuchung dargelegt. Ein Großteil der Interviews für diese Arbeit wurde mit Journalistinnen und Journalisten geführt. Dadurch konnten Informationen gesammelt werden, die erstmals eine Porträtierung der mosambikanischen Journalisten und eine Beschreibung des Berufsbildes, des beruflichen Selbstverständnisses und der jeweiligen Spezifika der für die mosambikanische Presse, Radio und Fernsehen arbeitenden Menschen erlauben. Mosambikanische Journalisten sollen anhand ihrer eigenen Aussagen und aus ihrem eigenen Kontext heraus begriffen und beschrieben werden. Das Datenmaterial ist heterogen: zum einen statistisch aufbereitete *Excel*-Dateien, die die Ergebnisse der quantitativ angelegten Fragebögen darstellen, zum anderen etwa 150 Seiten transkribierter Leitfadeninterviews. Dieses Material wird mit den Methoden der quantitativen und der qualitativen Sozialwissenschaft ausgewertet. Daraus werden im Verlauf der Arbeit Rückschlüsse gezogen und Modelle entwickelt. Die in den forschungsleitenden Fragestellungen angelegte dreiteilige Gliederung wird nun umgesetzt:

- Das Mediensystem
- Die Journalisten
- Die Aus- und Fortbildung von Journalisten

Abschnitt IV (Kritik und Perspektiven): In den Interviews wurden die mosambikanischen Interviewpartner aufgefordert, den *status quo* der journalistischen Aus- und Fortbildung zu bewerten, zu kritisieren und Verbesserungen anzuregen. Diese Ergebnisse werden zunächst vorgestellt. Dann werden mögliche zukünftige Szenarien der Medien in Mosambik vorgestellt. Anschließend werden allgemeine und konkrete Empfehlungen des Autors für eine künftige Aus- und Fortbildung von Journalisten vorgestellt. Zuletzt wird angeführt, welche Forschung für die weitere Ausgestaltung des Mediensystems und des journalistischen Bildungssystems als nutzbringend angesehen wird.

2. Theoretischer Bezugsrahmen

Im Folgenden werden die für diese Arbeit relevanten Theoriestränge aus der Medienwissenschaft, Kommunikationswissenschaft, Sozialwissenschaft und Entwicklungswissenschaft beschrieben und Ansätze für eine adäquate Beschreibung und Analyse des mosambikanischen Mediensystems, der Charakteristika der mosambikanischen Journalisten und der Aus- und Fortbildung von Journalisten in Mosambik daraus abgeleitet. Außerdem gilt es, die entsprechenden Forschungsgegenstände miteinander in Beziehung zu setzen. Dies wird in dem folgenden Diagramm grafisch dargestellt.

Abb. 3: Zusammenhang: Internationale Medien, Politik, Journalistenausbildung

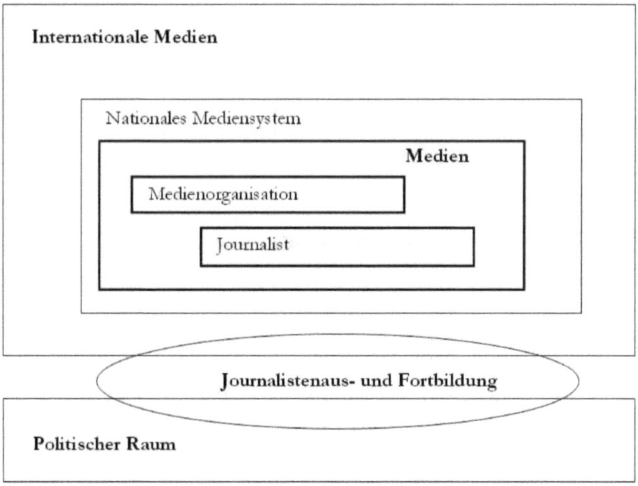

Abb. 3 setzt die theoretisch zu beschreibenden Gegenstände miteinander in Beziehung. Dargestellt durch ineinander verschachtelte Formen wird die Journalisten-Aus- und Fortbildung auf der Schnittstelle zwischen politischem Raum und Medien verortet, da sowohl die Medien selbst durch Schulen und Kurse als auch Staat und NROn durch Bildungsinstitutionen und Training diese prägen. „Medienorganisation“ und „Journalist“ werden als getrennte Bereiche innerhalb der Medien dargestellt, diese wiederum sind Teil eines nationalen Mediensystems, das seinerseits innerhalb der internationalen Medien verortet wird und mit dem wachsenden Einfluss des Internet und großer Medienkonzerne von diesen in zunehmendem Maße beeinflusst wird. Der Begriff „Mediensystem“ wird Wilke folgend als das „Insgesamt“ der Organisation „technischer Medien“ und der Medienstrukturen verstanden, die zu analysieren sind mittels der Konzepte Interdependenz von Elementen, funktionale Differenzierung und Integration nach innen bzw. System-Umwelt-Relationen (Wilke 2002: 18). Mediensysteme sind danach an Nationalstaaten gebunden, auch wenn Wilke bezeichnenderweise den Zusatz „bisher“ dazusetzt.

Abb. 4: Welches Theorie-Kapitel behandelt welchen Themenbereich?

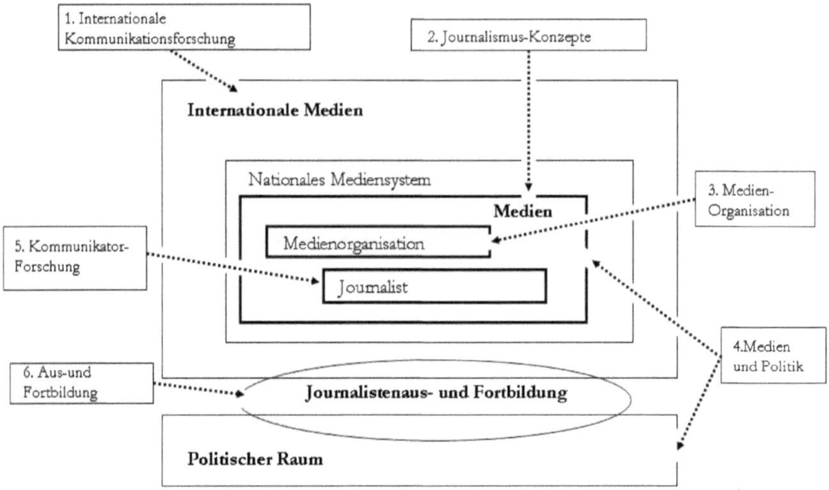

In Abb. 4 sind die im vorherigen Schaubild skizzierten Themen grafisch umgeben von den Titeln der einzelnen Kapitel des Theorieteils. Durch gestrichelte Pfeile werden sie diesen zugeordnet.

2.1 Internationale Kommunikationsforschung

Die internationale Kommunikationsforschung nimmt die ganze Welt in den Blick und beschreibt, oft komparativ, weltweit agierende sowie kontinent- und länderübergreifende Mediensysteme unter inhaltlichen, technischen, organisatorischen und institutionellen Gesichtspunkten. Dabei kam es seit den 50er Jahren einerseits zu mehreren Paradigmen- und Perspektivwechseln in der wissenschaftlich und politisch fokussierten Betrachtung und Analyse der internationalen Kommunikation, andererseits im Zuge der Entwicklung neuer Medien und weltpolitischer Konstellationen zu neuen Forschungsgebieten, Ansätzen und Methoden. Die Diskussion verlief von einer westlich orientierten Modernisierungstheorie, die – aus Angst vor der Ausbreitung des Kommunismus – den armen Ländern das westliche Mediensystem als Kur verschreiben wollte, über die *Dependenzia*-Theorie, die die Medien unterentwickelter Länder in gewollter Abhängigkeit vom Westen sah, über eine Sichtweise – mitgeprägt durch die umfangreichen Analysen der *UN* bzw. *UNESCO*, vor allem den *MacBride-Report* –, die den modernen Veränderungen in der Medienentwicklungszusammenarbeit (MEZ) Rechnung trägt und die wachsende Rolle der Zivilgesellschaft und die Arbeit der NROn im Mediensektor beleuchtet, bis hin zu zeitgenössischen Ansätzen, die die wachsende Rolle des Internet, des Lokalradios und der Partizipation in den Blick nehmen.

2.1.1 Kalter-Krieg-Modelle

1956 erschien das sehr einflussreiche Buch „Four Theories of the Press" von Fred Siebert, Wilbur Schramm und Theodore Peterson. Die Autoren entwickelten vor dem Hintergrund des Kalten Krieges normative Vorstellungen darüber, wie die Massenmedien in verschiedenen Gesellschaftstypen funktionieren. Sie gingen davon aus, dass die Medien immer die Form und das Kolorit der jeweiligen sozialen und politischen Strukturen annehmen und unterschieden vier Modelle mit jeweiligen Zielen und Akteuren.

Abb. 5: Modellbildung nach Siebert/Schramm/Peterson

Modell	**Ursprung**	**Medienkontrolle durch**	**Ziel**
Autoritär	Ab 16. Jh.	Wenige Personen als Führung	Förderung/Unterstützung der Politik der Herrschenden und Dienst am Staat; Zensur gerechtfertigt
Liberal	England/USA Nach 1688	Presse als privatwirtschaftlich organisierte „Vierte Gewalt" und Diskussionspartner der Regierenden.	Informieren, Unterhalten, Verkaufen, Kontrolle der Regierung; keine Zensur
Sozialverantwortlich	USA 20 Jh.	Weiterentwicklung des liberalen Systems; Verpflichtung der Medien gegenüber Gesellschaft; freie Meinungsäußerung des Einzelnen	Genauso wie „liberal", zuzüglich Vermeidung von Berichterstattung, die der Gesellschaft schaden könnte
Kommunistisch	UdSSR	Öffentlich, kein privater Medienbesitz	Erhalt und Fortschreiten des Systems und seiner Partei, Erziehen im Sinne des Marxismus-Leninismus; Zensur kann gerechtfertigt sein

Dieses Modell wurde viel zitiert und kritisiert.[3] Altschull sieht als Hauptkritikpunkt die Perspektive der Autoren, sich klar den Werten der liberalistisch orientierten Gesellschaft zu verschreiben und damit eine „Wir-gegen-die-Anderen-These" aufzustellen (Altschull 1990: 133). Auch kommen Entwicklungsländer nicht in dieser

[3] Vgl. Massmann 2003: 27; Wilke 2002: 19.

Schematisierung vor. Der englische Kommunikationswissenschaftler und Afrikaexperte Graham Mytton hält die Typologie von Siebert/Schramm/Peterson für ungeeignet für die afrikanische Medienlandschaft, da sie die Entwicklungen Afrikas nicht adäquat erfasst.[4]

Differenzierter ist die Typologie des finnischen Medienwissenschaftlers Osmo Wiio. Er schlug 1983 den analytischen Kontingenzansatz vor (Wiio 1983: 88ff.). Dieser unterscheidet zwischen

- den Kategorien der Offenheit und Geschlossenheit der Rezeptionsverhältnisse im Verhältnis zu der Offenheit und Geschlossenheit der Produktionssysteme;
- dem öffentlichen bzw. privaten Medienbesitz im Verhältnis zur zentralisierten bzw. dezentralisierten Medienkontrolle;
- dem Recht, zu senden und zu empfangen.

Obwohl Wiio mit diesem Modell differenzierter vorgeht als seine Vorgänger, löst er sich in der Anwendung, wie Massmann zu Recht kritisiert (2003: 34), nicht von normativer Klassifizierung. Altschulls *Weltsinfonieansatz* führt diese Ansätze weiter und wird in Kap. 2.1.6 vorgestellt.

2.1.2 Modernisierungstheorie

Die Modernisierungstheorie ist eine von der US-amerikanischen Entwicklungsforschung und Entwicklungshilfe ausgehende Richtung, die im Medienbereich wirtschaftliche Entwicklung, Nachahmung westlicher Konzepte, Wertewandel und Medien-Modernisierung favorisierte. Vor allem für die *UN*-Arbeit und Wissenschaft (50er bis 80er Jahre) einflussreiche Autoren waren Lerner, Pye, Schramm, Rogers und Sola Pool.

Mattelart datiert den Paradigmenwechsel von der „Ideologie des Fortschritts" zur Dichotomie „Entwicklung" und „Unterentwicklung" innerhalb der Sprache der weltweiten politischen Beziehungen auf 1949, als Präsident Truman in einer Rede darauf hinwies, dass das weltweite wirtschaftliche Ungleichgewicht dem Welt-Kommunismus Tür und Tor öffnen könne. Als wichtige Instrumente für eine Verhinderung dieser Gefahr wurden fortan Kommunikationstechnologien angesehen (Mattelart 1994: 148). Dies führte zu Begründung und rasantem Aufstieg der internationalen Kommunikationsforschung Anfang der 50er Jahre in den USA.[5] Der Ost-West-Konflikt war Anstoß und Geburtshelfer einer US-amerikanischen Ent-

[4] Vgl. Mytton 1983, zitiert nach Kunczik 1986: 267.

[5] Initiativ war das Sonderheft „Internationale Kommunikationsforschung" des „Public Opinion Quarterly" Winter 1952/53 mit Artikeln von Joseph T. Klapper, Harold D. Lasswell, Paul F. Lazarsfeld und Leo Löwenthal.

wicklungshilfe, die als präventive Maßnahme gegen eine Ausbreitung des Kommunismus und als Investition in den Weltfrieden gesehen wurde (Kunczik/Zipfel 2001: 110). Der Erfolg des Marshallplans in Westeuropa schien die Theorien zu bestätigen und war ein zusätzlicher Anreiz, eine Wirtschaftsförderung auch in Entwicklungsländern umzusetzen (Singhal/Sthapitandonda 1996: 11). Die entsprechenden allgemein-entwicklungstechnischen und medienbezogenen Veröffentlichungen stützen sich meist auf eine Vielzahl empirischer Befunde, die aufgrund der starken finanziellen und sonstigen Förderung der entsprechenden Untersuchungen möglich wurden. Die Logik der US-amerikanischen Entwicklungspolitik beruhte auf einer Kette von Maßnahmen und Wirkungen, die nacheinander eintreten und am Ende zu politischer und wirtschaftlicher Stabilität und Demokratie führen sollten: Die Einführung modernisierender Institutionen, z.B. Schulen und Massenmedien, sollten zur Formung moderner Persönlichkeiten führen, die in der Lage sein würden, in modernen Institutionen zu arbeiten. Dies würde zu wirtschaftlichem Wachstum führen, daraus ginge dann mehr Stabilität hervor. Daher sollten die Medien als Förderer des sozialen Fortschritts eine zentrale Rolle spielen (Kunczik/Zipfel 2001: 110 f.).

2.1.2.1 Leistungsgesellschaft und Empathie

McClelland schlug in „Die Leistungsgesellschaft" (1961) vor, dass man in Entwicklungsländern den „Virus der Leistungsmotivation" planmäßig verbreiten müsse, und zwar beginnend mit der Kinderziehung (Kunczik/Zipfel 2001: 112)[6]. Gepaart wird dies mit „Außenlenkung", die – so McClelland – vor allem bei Individuen gut funktioniere, die nach Anerkennung durch andere streben und konform sind. Wenn man die Medien so manipuliere, dass sie die traditionellen Normen durch „Ehrgeiznormen" ersetzen, könnten solche Menschen gesteuert werden. Zudem sei eine Zunahme und Förderung aller Mittel nützlich, die auf die eine oder andere Art Kommunikation fördern: Straßen, Beförderungsmittel, Elektrizität, Radio und Telefon.

Daniel Lerner beschreibt in seinem einflussreichen Werk „The Passing of traditional society. Modernizing the Middle East"[7] Medienkulturen des mittleren Ostens

[6] Kunczik sieht McClelland damit in der Tradition Max Webers, der die Wurzeln zur Entstehung des westlichen Kapitalismus in der protestantischen Ethik sah (vgl. Kunczik 2002f.).

[7] erstmals 1958 erschienen

(Türkei, Libanon, Ägypten, Jordanien, Iran, Syrien)[8] und macht konkrete Vorschläge für Modernisierungsmaßnahmen. Er stellt Messungen zum Medienkonsum der einzelnen Länder dar und leitet daraus den Grad der Modernität ab.[9] Die Eigenarten lokaler und nationaler Kulturen, ebenso wie die Persönlichkeitsstruktur des Individuums sind nach seinem Verständnis ein Hindernis, das auf dem Weg zu einer modernen Gesellschaft überwunden werden muss, vor allem durch das Vermitteln von Empathie (Kapitel II, 1), also der Fähigkeit, sich selbst in die Situation eines anderen Menschen versetzen zu können. Er empfiehlt vier Maßnahmen: Urbanisierung, Anstieg des Bildungsniveaus, Medienkonsum und politische Partizipation (Lerner 1957: 61-64).[10] Bei Lerner ist das erste Mal der Begriff „Dritte Welt“ nachweisbar (Mattelart 1994: 148).

2.1.2.2 Journalismus im Dienst gesellschaftlichen Wandels: *Development Journalism*

„(...) development communication uses communication in a more practical way: It attempts to use communication to manipulate the ‚so-called' social change.“ Singhal/Sthapitandonda 1996: 21

Der Begriff Entwicklungsjournalismus, *Development Journalism* und Weiterentwicklungen davon sind nicht eindeutig einem Forscherteam, einer Schule oder einem Land zuzuschreiben. Im Kern ist damit ein Journalismus gemeint, der – meist in ärmeren Ländern – eine meist soziale, politische und gesellschaftliche Entwicklung propagiert. Der Begriff *Development Journalism* stammt aus der Universität Los Banos auf den Philippinen (Kunczik 1986: 262f.) und wurde seit 1967 bis heute in der internationalen Debatte gleichermaßen von den amerikanischen Modernisierungstheoretikern, sowie asiatischen, indischen, afrikanischen und südamerikanischen Autoren der 70er Jahre, die der *Dependenzia*-Theorie zuzurechnen sind, benutzt. Dabei wurde der Begriff unterschiedlich akzentuiert. Während früher stärker die

[8] Lerner (1957: 401) gibt an, Daten aus 73 Ländern ausgewertet zu haben. Mattelart (1994: 148) weist darauf hin, dass die von Lerner untersuchten Länder von geopolitischen Spezialisten als strategisch wichtig für den Ölhandel angesehen wurden und unterstellt diesem damit handfeste wirtschaftliche Motive.

[9] Eine Grafik von Lerner (1958: 90) zeigt in Form eines Graphs mit X- und Y-Achse den Grad der Modernität bzw. Traditionalität von Ländern.

[10] Kunczik setzte sich 1991 (112-120) mit Lerners Theorien auseinander. Seine Hauptkritikpunkte sind begriffliche Unklarheiten, der globale Anspruch der Theorien sowie die mangelnde Operationalisierbarkeit der Variablen. Kunczik kritisiert, dass Lerner die Qualität der Medieninhalte, das politische System sowie systemexterne Faktoren weitgehend ausklammere.

Perspektive im Mittelpunkt stand, man müsse die Bevölkerung der zu entwickelnden Länder mit Hilfe der Medien zu politischen Änderungen, mehr Fleiß oder anderen Werten „umerziehen", wird heute der Aspekt der Partizipation und Einbindung für wichtig erachtet. *Development Journalism* unterstellt, dass die Massenmedien einen bedeutenden Beitrag zur Entwicklung eines Landes leisten können (Kunczik 1986: 264).

Einer der bedeutendsten Vertreter des Entwicklungsjournalismus war Wilbur Schramm, der sich 1964 im Auftrag der *UNESCO* mit der Umsetzung modernisierungstheoretischer Modelle in ein konkretes Entwicklungsprogramm unter besonderer Berücksichtigung der Rolle der Medien beschäftigte.[11] Sein Ansatz beeinflusste viele Projekte und Forschungen im Bereich Medienentwicklungszusammenarbeit sowie die Ergebnisse der *MacBride-Kommission*. Schramm geht teilweise komparativ vor und nimmt gleichzeitig Länder Afrikas, Lateinamerikas und Asiens in den Blick. Er hat den Anspruch, Forschungsergebnisse soziologischer Erhebungen zur Verbesserung der Lebensumstände und Wirtschaftsreformen in Entwicklungsländern zu benutzen (Kunczik 1988b: 122).[12] Ihm stand eine umfangreiche wirtschaftliche, medientechnische und demografische Datenbasis zur Verfügung, aus denen er auch medienpolitische Folgerungen zieht. Für die Untersuchung wurden laut Schramm 1.600 Interviews geführt.

Schramm befürwortet die Rolle der Medien in Entwicklungsländern als Träger von Kampagnen im Dienst der Verbesserung auf vier Gebieten: Landwirtschaft, Gesundheit, Alphabetismus-Programme, formale Bildung (149-164).[13] Er beruft sich auf andere Modernisierungstheoretiker: Im Sinne Lerners plädiert er für „Mittelsmänner", die sowohl im modernen als auch traditionellen System zuhause sind (30), und für die Einführung der Empathie (46f.), unter Berufung auf McClelland befürwortet er die Vermittlung von Ehrgeiz (33 f.) und mit Verweis auf Margaret Mead

[11] Vgl. Schramm 1964.

[12] Schramm macht beispielsweise Vorschläge, wie im Agrikultur-Bereich Arbeitskräfte eingespart werden können, die in der Industrie arbeiten können (Schramm 1964: 23).

[13] Schramm stellt einen Katalog von Aspekten vor, bei denen die Medien hilfreich sein können: Horizonterweiterung (127), Fokussierung von Aufmerksamkeit, z.B. auf Entwicklungsprozesse (129), Anhebung des Anspruchsniveaus (130), Lieferung eines Beitrags zum Wandel oder zumindest der Modifikation von Attitüden und Handlungsdispositionen (132, 137), Informations-Speisung interpersonaler Kommunikationskanäle (132), Verleihen von Status (135), Erweiterung des politischen Dialogs (136), Durchsetzung sozialer Normen sowie Beitrag in allen Bereichen von Erziehung und Ausbildung (137).

und ihre anthropologischen Untersuchungen zu kulturellen Mustern bei nationalen Aufbrüchen hält er eine Veränderung entsprechender Muster für möglich (37). Schramms Buch ist voll mit Beispielen, die die modernitäts- und fortschrittssteigernde Wirkung von Straßen, Kommunikationskanälen etc. untermauern sollen. Er untersucht auch den Informationsfluss zwischen Erster und Dritter Welt und stellt – ähnlich einer Städteentfernungstabelle in Autobahn-Atlanten – tabellarisch dar, in welchen Ländern die Medien über welche Länder berichten (58ff.). Im Sinne des Zentrum-Diffusionansatzes basiert sein Vorschlag zur Verbesserung dieses Zustandes auf dem Zentrum-Diffusionsansatz, der davon ausgeht, dass sich der Nachrichten- und Informationsfluss durch globale Kommunikation aus den Zentren in die Peripherien verlagert und hierdurch neue Informationszentren entstehen, die den Modernisierungsprozess fördern.[14] Schramm arbeitet bereits Ansätze heraus, die später in der *Dependenzia*-Theorie vertreten werden, beispielsweise die Erkenntnis der Unterrepräsentierung der Dritte-Welt-Nachrichten in den Medien reicher Länder. Er erkennt die Bedeutung des Lokalen, was die Verbreitung politischer Ideen und Medien angeht.[15] Immer wieder fordert er eine Anpassung der modernisierenden Maßnahmen an die gesellschaftliche Realität und eine Evaluierung der alltäglichen Informationskanäle.[16] Sein anfängliches Vertrauen in die „Big Media" veränderte sich mit der Zeit, später befürwortete er Kleinmedien. Als problematisch sieht Schramm an, dass Massenmedien Bedürfnisse wecken können, z.B. nach modernen Elektrogeräten, und dadurch Frustration entsteht. Zudem kann, gerade beim Fernsehen, eine Art Eskapismus die Folge sein: Man flüchtet sich in die Scheinwelt einer Fernseh-Telenovela und gewinnt nicht das Bedürfnis, Dinge zu verändern. Er warnt immer wieder eindringlich davor, Maßnahmen ohne Kenntnis der Kultur zu ergreifen (Schramm 1964: 122 f.).

Schramm fordert Fortbildung von Medienspezialisten in allen Bereichen:

---

[14] Vgl. Ithiel de Sola Pool (1990): Technologies without Boundaries. On telecommunications in a Global Age. Cambridge: 137 ff.

[15] „Campaign after campaign has failed, in developing countries, because the campaigners misjudged or misunderstood the local situation" (123). Er führt das Beispiel Atatürks an, der seine kulturellen Veränderungen und Erneuerungen der Gesellschaft durch persönliche Präsenz und Vorbildverhalten verstärkte. Wollte er das Verbot des Fez-Tragens einleiten, zeigte er sich in den türkischen Dörfern mit Hut (124).

[16] Als konkretes Beispiel einer missglückten Ernährungskampagne führt er einen Fall an, bei dem in einem afrikanischen Land die Mütter zur Bekämpfung der Mangelernährung angeleitet wurden, ihre Kinder alle drei Stunden zu füttern, ohne zu berücksichtigen, dass in diesem Land kaum Uhren vorhanden waren (185).

> „Field officers, news personnel, program and production personnel, editors for book and periodical publications, teachers of mass media and information service personnel, broadcast and film engineers, printers, maintenance personnel, technicians, and others (…) But it may be a long time before many developing countries have a sufficient supply of training institutions: schools of journalism, professional training for publishing, technical schools for broadcast and film engineers and technicians, a school for printing, and perhaps a center for advanced training and research in mass communication such as India is about to set up." (217 f.).

In seinen Empfehlungen plädiert Schramm unter anderem für folgende Maßnahmen: Das Entwicklungsland sollte[17]

1. … den Informationsfluss innerhalb der nationalen Grenzen untersuchen (253),
3. … einen ausgeglichenen und gemessenen Zuwachs an Medien planen, mit Blick auf die Beziehungen/Größenverhältnisse der Medien untereinander und im Vergleich zu anderen Entwicklungen (255),
5. … eine kooperative Zusammenarbeit zwischen den in der Regierung für die Medienentwicklung Verantwortlichen und den Bildungsverantwortlichen etablieren (259),
6. … die Zirkulation von Nachrichten vereinfachen (260),
7. … lokale Medien fördern (262),
8. … Massenmedien mit interpersonaler Kommunikation verklammern, also z.B. Radioprogramme mit Diskussionen kombinieren und Klassenraumunterricht mit Videos bereichern (263),
9. … seine Beschränkungen beim Input von Informations-Materialien analysieren (264),
10. … möglichst eine Kommunikationsindustrie aufbauen (265),
11. … Trainings für Journalisten, Lehrer, Erwachsenenbildung anbieten (265),
12. … möglichst viel Feedback der Medienrezipienten erheben (267) und
13. … den Medien ein spezielles institutionell-rechtliches Statut geben, angepasst an die sonstige Entwicklung im Land und mit Option auf Veränderungen (26).

2.1.2.3 Massenmedien als Instrumente von Fortbildung

Massenmedien, die durch Fortbildungsprogramme für die Bürger einen Staat demokratisch festigen und den Menschen Kenntnisse vermitteln: Dieser Ansatz wurde 1953 durch Wilbur Schramm, Jack Lyle und Ithiél de Sola Pool beschrieben. In ihrer groß angelegten Untersuchung – nach ihrer Angabe 30.000 Interviews – mit dem enthusiastischen Titel "The People Look at Educational Television" propagieren sie eine stärkere Nutzung des Bildungsfernsehens. Sie porträtieren neun repräsentative amerikanische Fernsehstationen, die in dem damals neun Jahre lang bestehenden Sektor tätig sind, und beschreiben Größe und Zusammensetzung des Publikums sowie dessen Motive, sich Bildungs-TV anzusehen. Schramm/Lyle/Sola Pool kommen zu dem Ergebnis, dass eine kleine Minderheit der Amerikaner diese Programme ansieht. Sie analysieren die Entwicklung dieses Programmtyps und

[17] Die Nummern der Auflistung entsprechen der Nummerierung bei Schramm.

prognostizieren eine starke Zunahme der Sehergruppe und stärkere Nutzung in Schulen und Bildungsinstitutionen: „It is clear that Educational Television (...) is going to reach far more people than ever before“ (171). Die Methode, Menschen per Medium auszubilden, wird heute vor allem in der Radioarbeit in Südamerika und Asien umgesetzt. In Lateinamerika sind viele Fernunterrichtprojekte mit Erfolg eingeführt worden (vgl. Frank 1994). In Mosambik gibt es Fernunterricht bisher kaum, obwohl dieser aufgrund der vergleichsweise guten Versorgung der mosambikanischen Bevölkerung mit Radiogeräten sowie der schwachen Urbanisierung Mosambiks eine bedenkenswerte Alternative zum klassischen Schulunterricht darstellt. Auf diesen Aspekt wird hier aber nicht weiter eingegangen.

2.1.2.4 Kritik an der Modernisierungstheorie

„Die Annahme, dass dem wirtschaftlichen Wachstum zwangsläufig eine Demokratisierung und eine zunehmende Partizipation folgen, hat sich in der Realität nicht bestätigt.“ Rullmann 1996: 28

Schramms Beitrag und die Beiträge anderer Modernisierungstheoretiker sind vor dem Hintergrund der 50er und 60er Jahre zu sehen: Man erkannte und überschätzte wohl auch die gesellschaftsformende Energie der – teilweise neuen – Medien,[18] man war behavioristisch geprägt, zudem war die kulturelle, politische und wirtschaftliche Situation nichtwestlicher Länder teilweise einfach unbekannt, während umgekehrt die armen Länder durch sich entwickelnde Kommunikationskanäle ihre relative Armut überhaupt erst begriffen (Schramm 1964: 14). Schramm verstand sich als Aufklärer, als Botschafter der Sache der armen Länder in den reichen Industrieländern.[19] Schramm und Sola Pool waren ungemein produktiv und für drei Jahrzehnte in der Forschung tonangebend. Ihr geradezu missionarischer Eifer, mit der sie als Feinde des Kommunismus verschiedene Regierungen und die *UNESCO* von ihren Ansätzen und Methoden im Bereich der Massenkommunikation überzeugten, wurde ironisiert.[20]

---

[18] So beschwört Schramm das Potential der Medien für Veränderung und Aufbruch: „In the service of national development, the mass media are agents of social change“ (Schramm 1964: 114). Schon ein Radiogerät könne in einem armen Land gesellschaftsverändernde Kraft haben (20, ix).

[19] In der Einleitung beschreibt er das Alltagsleben zweier armer Familien in Indien und Afrika (Schramm 1964: 1-5).

[20] So schrieb der britische Soziologe Jeremy Tunstall spöttisch:„Daniel Lerner, Ithiel de Sola Pool and Wilbur Schramm in the 1960s became a sort of travelling circus – jetting back and forth across the world, advising first this Asian government and then that U.S. federal agency. (...)

Kritik an Everett Rogers

Everett Rogers (1969) vertrat die Diffusions- oder Innovationstheorie: Eine bestimmte, über die Massenmedien verbreitete neue Information führt – vermittelt durch Meinungsführer – zu einer neuen Haltung beim Rezipienten, der diese Neuerung in die Praxis umsetzt.[21] Teile dieser Theorie sind eingleisig und linear, von den Rezipienten wird keine Rückmeldung erwartet. Kritik kam 1976 von Rogers selber, von Luis Beltran sowie von James Halloran: Für die Unterentwicklung verantwortlich ist nach diesem Modell nur das Individuum. Die Frage der Verantwortlichkeit der Sozialstruktur wird nicht gestellt (Demuth 1992: 19). In der Kritik der Modernisierung wird der Trickle-Down-Effekt angezweifelt, also die Annahme, mit makroökonomischer Unterstützung stelle sich Armutsreduzierung und Demokratie relativ selbständig ein und die Neuerungen würden sich bis in arme und wirtschaftsschwache Verästelungen der Gesellschaft, also von oben nach unten, ausbreiten (Schellschmidt 2004: 2). Hinterfragt wird auch die Annahme, ökonomisches Wachstum führe zu größerer Stabilität – das Gegenteil kann eintreten, wenn keine gerechte Verteilung erfolgt. Kritisiert wird ebenso die Vernachlässigung des soziokulturellen Kontextes vor dem Hintergrund der „Konvergenzthese“, also der Annahme, die Industrialisierung werde immer und überall die gleichen Auswirkungen haben: Ein modernes Wirtschaftssystem kann auch mit anderen als europäisch-nordamerikanischen Werte- und Sozialstrukturen funktionieren, wie z.B. in Japan (vgl. Kunczik/Zipfel 2001: 111, Fn. 60). Und zudem war und ist die Frage: Kommen diese Innovationen den Armen oder den Reichen zugute? Weitere Schwachstelle der Modernisierungstheorie und des *Development Journalism* war die Annahme, moderne Persönlichkeiten blieben auf jeden Fall im Lande und würden nicht auswandern. Auch die Prämisse, Massenmedien seien automatisch Förderer des Fortschritts, ist zumindest fraglich (Kunczik 1985: 15). Nicht alles, was medial

---

Based at Stanford, Schramm in the 1960s became UNESCO's favourite mass media 'expert'". (The Media are American. London 1977: 208)

[21] Die Einsetzung von ‚change agents', die Rogers/Shoemaker 1971 vorschlugen, ist eine direkte Umsetzung des ‚opinion-leader'-Konzepts, wie Rullmann zutreffend anmerkt (1996: 30f.). Diese *agents* sollten die Modernisierung durch interpersonale Kommunikation vorantreiben und damit die Einbahnstraßen-Kommunikation aufheben sowie Feedback-Mechanismen implantieren.

aufbereitet und vermittelt wird, hat eine informierende, aufklärerische Wirkung (Frank 1994: 17).[22]

Die Modernisierungstheorie trennte die Gesellschaften in traditionelle und moderne. Diese Einteilung ist zu vereinfachend, Entwicklungsländer sind und waren keine statischen Gebilde (Kunczik 1986: 268). Außerdem nahm sie die westliche Industriegesellschaft als Endpunkt auf einem Entwicklungskontinuum an (Kunczik 1985: 33). „Modernization" wurde gleichgesetzt mit „Westernization" (Melkote 1991: 82). Doch die Vorstellung von Modernisierung als nachholender Entwicklung wurde von der Erkenntnis abgelöst, dass Geschichte sich nicht wiederholt, wie Rullmann (29) mit Verweis auf Bendix zutreffend feststellt. Die Situation von Entwicklungsländern des 20. Jahrhunderts kann kaum mit der Ausgangslage europäischer Länder des 18. und 19. Jahrhunderts verglichen werden (Rullmann 1996: 29). Der historische englische Entwicklungsweg als Modell für ein Land wie Mosambik ist ein wenig nutzbringender Ansatz, weil damit globale Zusammenhänge sowie Aspekte von militärischem und ökonomischem Imperialismus ausgeklammert werden (ebd.).

Kunczik wies zu Recht darauf hin, dass viele der Angriffe gegen die Modernisierungstheoretiker sich auf Positionen richtete, die diese Autoren schon lange nicht mehr vertraten (Kunczik 1986: 265). Dies wurde in der Forschung und auch in der praktischen Umsetzung wenig zur Kenntnis genommen wurde, da die Paradigmen ein machtvolles Eigenleben entwickelt hatten. So verweist Rullmann (1996: 27f.) auf eine Meta-Analyse von Jo Ellen Fair von 1989, die 224 Studien zur Rolle der Medien in Entwicklungsländern untersuchte. Ergebnis: Obwohl es innerhalb der *UNESCO* heftige Diskussionen über die Rolle der Massenmedien in den Entwicklungsländern gab, alternative Ansätze vorlagen und Lerner beispielsweise sein eigenes Modell bereits 1968 revidiert hatte, blieb das Modernisierungsparadigma führend. Oepen (2005: 55f.) beschreibt den Übergang der Modernisierungstheorie hin zu einem neuen Ansatz:

[22] Auf dem MEZ-Seminar der *Friedrich-Ebert-Stiftung* im Oktober 2004 in Bonn bemerkte ein langjähriger Experte im Bereich Medienentwicklungszusammenarbeit: „Wir haben den Fernsehjournalisten in Asien und Afrika beigebracht, wie man filmt, aber wir haben dabei die Inhalte vernachlässigt. Wenn in den Abendnachrichten täglich der Staatspräsident gezeigt wird, wie er die Flugzeugtreppen seines Jets hinabsteigt, Paraden abnimmt und Kindergärten einweiht, dann ist der demokratiefördernde Nutzen solcher Nachrichten fragwürdig."

„Einer der Gründungsväter der *development communication,* Everett Rogers, war [1976, Anm.] vom vertikalen *old* oder *dominant paradigm* zum horizontalen *new paradigm* konvertiert. Die klassische Medienförderung gründete auf vertikalen Kommunikations- und Modernisierungsmodellen, in denen Medien per se eine entwicklungsfördernde Rolle spielen. Rogers forderte 1976 ein *new paradigm*, d.h. ein differenzierteres Kommunikationsmodell, für das die aktive Teilhabe aller Betroffenen im Prozess der Entwicklungskommunikation als Voraussetzung für demokratisch legitimierten sozialen Wandel galt. Erstmals werden die Zielgruppen nicht nur als Objekt wahrgenommen, sondern als eigenständig Handelnde, statt Medien *für* und *über* sollen Medien *von* und *mit* den Betroffenen geplant, produziert und genutzt werden. Gruppenberatung und -kommunikation kehrten z.B. in die landwirtschaftliche Beratungslehre ein. Klein- und Basismedien sollen projektbezogene Motivations- und Lernaufgaben unterstützen, während Radio und Fernsehen zu den betreffenden Themen Informationen verbreiten (vgl. z.B. Hollenbach 1994, Krzeminski 1999)."

Hier kündigte sich die heutzutage in der NRO-Arbeit so bedeutende Partizipation bereits an.

2.1.3 Dependenztheorie

„Abhängigkeitsverhältnisse verursachen Unterentwicklung und spalten die Welt in Metropolen und Satelliten, in Zentren und Peripherien." Rullmann: Grundzüge der Dependenztheorie (1996: 32)

Die schnelle Verbreitung von Transistorradios in der Dritten Welt und die Entdeckung des Schulfernsehens hatte in den 60er Jahren für eine nahezu euphorische Stimmung[23] unter Kommunikationswissenschaftlern und Politikern gesorgt (vgl. zusammenfassend Stuke/Zimmermann 1975: 268-290). Aber allmählich machte sich Ernüchterung breit. Rolf Sülzer bezeichnete 1980 die Gleichförmigkeit, mit der Medienprojekte in der 3. Welt „abgewickelt" werden, als bestürzend, charakterisierte die Projekte als auf Industrienationen zugeschnitten und stellte die Frage, ob der Import von Kommunikationstechnologien nicht bald zu einer Ausformung von Gesellschaften führe, die auf negative Weise denen ähneln würden, aus denen die Medien stammen.[24] Man griff die Ende der 60er Jahre durch lateinamerikanische Wirtschafts- und Sozialwissenschaftler entwickelte *Dependenzia* (Abhängigkeitstheorie) auf und durchlief einen Paradigmenwechsel in der entwicklungstheoretischen Diskussion (Demuth 1992: 20). Die gängigen, vor allem US-amerikanischen Erklärungsmodelle wurden auf den Kopf gestellt: Die Dritte Welt sei arm, nicht weil sie noch nicht in die fortschrittliche, industrialisierte Welt eingefügt sei, sondern gerade weil sie dies sei: aber eben als Peripherie, die den Zentren zuarbei-

[23] Heine 1988, S. 21.

[24] Sülzer, Rolf: Medienstrategien und Entwicklungspolitik. Anwendungsbezogene Forderungen für Medienprojekte im ländlichen Raum. In: Rundfunk und Fernsehen 28 (1980): 56.

tet (HDW 1: 159). Im Laufe der Jahrhunderte gab es die „Entwicklung der Unterentwicklung“, so dass in den Entwicklungsländern nur bestimmte Funktionen/ Wirtschaftszweige/Industrien entwickelt und die Abhängigkeit damit strukturell zementiert worden sei (Kandil 1995: 63). Die Ursache für Unterentwicklung war bisher vor allem als aus der Gesellschaft kommende Hemmung gesehen worden, mit anderen Worten: die Gesellschaft entwickele sich deshalb nur langsam, da sie auf dem Weg von einer traditionellen, agrarischen statischen in eine moderne, industrielle, dynamische sei. Nun fügte man diesen endogenen Ursachen auch exogene Faktoren bei: die Ursache liege auch bei den internationalen wirtschaftlichen und medialen Verflechtungen (Kandil 1995: 61). Die Vertreter der exogenen Ursachenforschung vertreten mit der *Dependenzia*-Theorie die Auffassung, die Länder seien deshalb unterentwickelt, weil die Industrie-Länder sie ausbeuten und dabei mit den herrschenden Schichten kollaborieren. Die Journalisten in Entwicklungsländern seien eine Art Brückenkopf der Zentrumsnationen und wählten Nachrichten aus, die für ein westliches industrialisiertes Land adäquat seien, nicht aber einem Entwicklungsland. Die urbanen, westlich orientierten Journalisten wiederum ignorierten Nachrichten, die den Bedürfnissen der landwirtschaftlich orientierten Bevölkerung entsprächen, bzw. berichteten aus der Perspektive von städtischen Konsumenten (Kunczik 1986: 266).

Die herrschenden Schichten sind in der sozialistischen Terminologie bürgerlich und feudal. Daher zielt die sowjet-marxistische Variante von Entwicklungshilfe auf Zerschlagung der bestehenden Herrschaftsstrukturen durch nationale Befreiungsrevolutionen. In diesem Zusammenhang wurde in den 70er Jahren der Begriff „peripherer Kapitalismus“ geprägt (Dieter Senghaas)[25]. Dieser periphere Kapitalismus zeichne sich durch Strukturdefekte aus, die die Entstehung eines vollständigen Wirtschaftskreislaufes, der zum Wohle der Bevölkerung dienen könnte, verhindern. Da also aufgrund dieser für die Entwicklungsländer ungünstigen Konstellation eine Entwicklung, wie die Industrieländer sie durchlaufen haben, nicht zu erwarten ist, plädiert diese radikale Forschungsrichtung, vor allem vertreten durch Herbert Schiller, für eine Abkoppelung (Dissoziation) vom kapitalistisch geprägten Weltmarkt.[26]

---

[25] U.a. in: Von Europa lernen. Entwicklungsgeschichtliche Betrachtungen (1982): Kap. I1, I2.

[26] Rullmann kritisiert berechtigterweise, die neomarxistische *Dependenzia*-Variante schweige sich darüber aus, „wie eine Abkoppelung vom Weltmarkt konkret zu vollziehen sei“ (1996: 33).

Aus der Beschäftigung mit der *Dependenztheorie* entstand ein neuer Ansatz des Entwicklungsjournalismus. Traditionelle Medien (Volkssänger, Volksopern, Volkstheater) rückten stärker in den Aufmerksamkeits-Fokus der Massenmedienforschung (vgl. Heine 1988: 31). Unter dem Motto „Small is beautiful" wurden – bezeichnenderweise von Rogers, der zuvor Vertreter von großen Medienprojekten gewesen war – kleine Medienprojekte favorisiert, die einer horizontalen Vernetzung von Mikromedien den Weg ebnen sollten (Mattelart 1994: 165). Es wurde gefordert, dass Medien nur als integrale Komponente mit unterstützender Funktion (*Development Support Communication*) und unter Beteiligung der Rezipienten dem Entwicklungsprozess dienen könnten (Demuth 1992: 22).[27] Melkote stellt in der Tradition von Rogers ein Konzept vor, mit dem *Development Communication* und *Development Support Communication* kontrastiert werden:[28] *Development Communication* habe grundsätzlich eine Struktur von oben nach unten, also eine autoritäre Struktur. Konkret beinhalte sie meist eine von der Regierung zur Bevölkerung verlaufende Kommunikation („government-<u>to</u>-people-communication"); sie sei zentriert auf große Medien, also TV, Radio, Zeitung; basiere auf wissenschaftlichen Untersuchungen; sie folge dem Paradigma eines von außen gesteuerten und herbeigeführten Wandels. Im Gegensatz dazu lege *Development Support Communication* Wert auf die Betonung einer horizontalen Struktur von Gleichen; beinhalte eine „government-<u>with</u>-people-communication". Sie stütze sich auf kleine Medien (Video, kleinere Filme, traditionelle Medien) und basiere auf den Erkenntnissen von Entwicklungshilfeorganisationen, nicht von Wissenschaftlern. Außerdem folge sie dem Paradigma einer von innen erzeugten Kontrolle wenigstens über die Erfüllung elementarer Bedürfnisse.

[27] Gerade im Bereich der Medienentwicklungspolitik gelang es nicht immer, den Heilsversprechungen der Medien- und Computerindustrie zu widerstehen, die in den 80er und 90er Jahren immer wieder mit Neuerungen aufwarten konnte (PC, Video, CD, Internet, DVD). So merkt <u>Kunczik</u> kritisch an, dass gerade die Medienpolitik weiterhin modernistisch gesteuert gewesen sei (Kunczik 1985: 41). <u>Demuth</u> (S. 23) sieht mit den sich ausweitenden Computer- und Telekommunikationstechnologien eine Renaissance modernisierungstechnischer Paradigmen. Wie überzogen manche Hoffnungen aus heutiger Sicht wirken, wird deutlich in der Bemerkung von Claudia <u>Mast</u>, die Entwicklungsländer könnten die alten Industriestaaten in einem einzigen Investitionsschritt überholen, wenn sie von vornherein Telekommunikation mit Datenverarbeitung verbinden [Internationale Verbreitung moderner Kommunikationstechnologien: In: Publizistik 28 (1984)].

[28] Dieses Konzept wurde 1998 von Joseph Ascroft und Sipho Masilela bei einem Seminar an der Universität von Poona/Indien vorgestellt (Melkote 1991: 262f.).

Kulturimperialismusthese

Aus dem *Zentrum-Peripherie-Ansatz* der *Dependenztheorie*, der Überzeugung also, dass die Medienordnung asymetrisch ist und zur Vertiefung bestehender Entwicklungsunterschiede beiträgt (Hafez 2002c1: 27), entwickelte sich die These vom Kultur- und Kommunikationsimperialismus. Wichtige Vertreter waren Armand Mattelart, Herbert Schiller, Kaarle Nordenstreng und Tapio Varis, die dem weit reichenden Einfluss der amerikanischen Autoren Lasswell, Lazarsfeld, Hovland, Lerner und Schramm entgegentraten. Die Kulturimperialismusthese besagt, dass Zentrumsnationen, also Hochindustriestaaten, durch Medien- und Nachrichtenagenturbesitz die Inhalte der Berichterstattung beherrschen, ohne dabei die medialen Bedürfnisse der Peripherienationen sonderlich zu berücksichtigen.[29] Zudem benutzen demnach weltweit operierende Unternehmen aus den USA und Japan ihre Handelszweige dazu, Technologien wie Satelliten, Telekommunikation und Computerhardware in ärmeren Ländern relativ preiswert zu implantieren, so dass die Länder dann aber auf Nachfolgeprodukte, Ersatz, Software etc. angewiesen seien.[30]

Das Konzept des Kulturimperialismus erlangt mit Blick auf Mosambik Bedeutung durch die Rolle Portugals, das als Mutterland für Mosambikaner das Tor zur Welt wurde und teilweise noch ist.[31] Wichtig ist an dieser Stelle auch die Differenzierung, die Johan Galtung in Kommunikationsimperialismus und kulturellen Imperialismus vornimmt,[32] da er damit die massenmediale Kommunikation in den Mittelpunkt rückt, die ansonsten in den verschiedenen Spielarten der *Dependenztheorien* einen eher unbedeutenden Stellenwert hat (Kunczik/Zipfel 2001: 124). Kommu-

---

[29] Vgl. Galtung 1972.

[30] Vgl. Bourgault 1994: 236; Kleinsteuber 1994: 562. Siehe auch Kap. 4.6.

[31] Die Diskussion um Kultur- und Medienimperialismus kann, wie Kunczik (1988b: 195) richtig feststellt, bis ins 18. Jahrhundert zurückverfolgt werden. Sie wird hier nicht referiert. Eine Zusammenfassung bietet Rullmann 1996: 34-40.

[32] Weitere Imperialismusformen sind (vgl. Rullmann 1996: 36 mit Verweis auf Galtung):

- ökonomischer I., bei dem die Zentralnation für die industrielle Produktion und die Peripherie-Nation für Rohstoffe und Absatzmärkte zuständig ist,
- politischer I., bei dem die Zentralnation als Entscheider und Vorbild dient und von den Peripherien Gehorsam und Nachahmung erwartet, sowie
- militärischer I., der Schutz und Zerstörungsdrohung der Zentralmacht und Disziplin und Soldatennachschub von der Peripherie voraussetzt.

Diese drei Arten des Imperialismus haben in der globalen Netzwerkgesellschaft im Vergleich zu Kommunikations- und Kulturimperialismus an Wichtigkeit verloren und erlangen – vor allem, weil sie leicht zu entlarven und anzuprangern sind – nur noch punktuell Bedeutung.

nikationsimperialismus bezieht sich auf die Infrastruktur der Kommunikation, also die Auswahl und Steuerung von Nachrichten durch Zentrumsnationen,[33] Ausbildung (von Menschen aus den Peripherienationen) in gängiger journalistischer Produktionsweise, um die Übernahme der Selektionskriterien der Industrienationen zu erlernen. Damit wird die Industrienation zum Brückenkopf, den das Zentrum in der Peripherie errichtet (Rullmann 1996: 37). Nach Galtungs Modell verstärkt der Kulturimperialismus den Kommunikationsimperialismus in Bezug auf die Inhalte, beispielsweise indem im Werbesektor eine Nachfrage nach Produkten aus dem „Mutterland" geweckt wird.[34]

Natürlich konnte Galtung 1971, dem Jahr der englischen Erstveröffentlichung, nicht die Dynamik eines globalisierten Marktes und die Wirkungen von Vernetzungsmedien wie Internet vorhersagen. Daher gilt es, das Modell von Kommunikations- und Kulturimperialismus zeitgenössisch zu adaptieren.

2.1.4 Neue Weltinformations- und Kommunikationsordnung und *MacBride-Report* 1980

„Die ‚Dritte Welt' existiert nicht. Unterschiedliche technische Entwicklung (z.B. der asiatischen Schwellenländer) und ethnische Prägungen machen dies offensichtlich. Der vermeintlich unstrukturierte Zustand der ‚Dritten Welt' erscheint als ‚tabula rasa' und damit als offen für den Import sämtlicher Veränderungen von außen."

nach Krämer/Lehrke 1996: 107

Die vielfältige Arbeit der *UN*, vor allem der Sonderorganisation *UNESCO*, teilweise auch der Nebenorgane *UNDP* und *UNICEF* in Mosambik einerseits, sowie die jahrzehntelange Bedeutung der *UNESCO*-Forschungen im Bereich MEZ andererseits indizieren eine – wenn auch nur stichwortartige – Erläuterung der Medienpolitik der *UN*. Dagegen werden die jüngsten *UNESCO*-Diskussionen, vor allem zum Thema Internet, aufgrund ihrer noch geringen derzeitigen Bedeutung für Mosambik nur kurz erwähnt. In den Kapiteln 3.4 und 7.3 wird genauer auf Struktur und Arbeitsweise von *UN* und *UNESCO* eingegangen.

---

[33] Laut Kunczik/Zipfel ist diese Annahme inzwischen empirisch widerlegt. Sie bezeichnen Galtungs Modell als wichtig, wenn auch seine Dichotomie Zentrum-Peripherie zu stark vereinfachend sei (2001: 125f.). Hafez benennt die in den Strukturtheoremen von Galtung und MacBride versteckte Annahme, dass man die Fähigkeit der Medien, die politische und gesellschaftliche Realität eines Landes darzustellen, bewerten und messen kann. Diese Annahme wird heute kaum noch vertreten (vgl. Hafez 2002c1: 15).

[34] Früher wurde dieses Wecken von Nachfrage in Mosambik direkt von der portugiesischen Nation gesteuert, heute sorgen dafür vor allem südafrikanische Unternehmen.

Meilensteine der *UN*-Medienpolitik	
1946	Beschluss von Medienförderung
1948	„Jeder Mensch hat das Grundrecht auf Wissen, Mitteilung und Diskussion“
1964	Wilbur Schramm: „Mass Media and National Development”
1970	16. *UNESCO*-Generalkonferenz: Forderung nach „ausgewogenem Informationsfluss“
1972	Satellitendeklaration
1978	*UNESCO*-Mediendeklaration: Neue Weltinformations- und Kommunikationsordnung (*NWIKO*)
1980	*MacBride-Report*
1980	Belgrad: *IPDC International Programme for the Development of Communication*
1989	*Free flow of ideas*
1991	*Windhoek-Declaration*
1994	Gründung des kommunikationswissenschaftlichen Netzwerkes *ORBICOM* mit 25 Lehrstühlen und 300 assoziierten Mitgliedern

1970 wurde in der *UNESCO* erstmals die Forderung nach einem „ausgewogenen Informationsfluss“ artikuliert (Altschull 1990: 249). In den folgenden, alle zwei Jahre stattfindenden Konferenzen wurde das Thema weiter diskutiert, während man diesen Dialog in den USA ablehnend als weiteres Kapitel in der ideologischen Auseinandersetzung mit der UdSSR interpretierte (Altschull 1990: 249).[35] 1972 wurde in der „Satellitendeklaration“ erstmals der länderübergreifende Fernsehrundfunk geregelt: Es darf in ein anderes Land gesendet werden, es sollte aber die Erlaubnis dieses Landes vorliegen (Breunig 1996: 69). 1973 trafen sich die blockfreien Staaten in Algier und forderten eine neue Weltinformationsordnung (Demuth 1992: 26). In der *UN* begann die Debatte zum *Free flow of Information*, die Forderung nach Neuordnung der Internationalen Kommunikation. Diese Diskussion spaltete die *UNESCO* in verschiedene Lager und wurde in „oft bitteren und überscharfen Debatten“ geführt (Altschull 1990: 243). 1978 wurde das *Konzept des Free flow of information* auf Betreiben der Entwicklungsländer durch *Free and balanced flow of information* ersetzt (Hafez 2002c1: 51). Ein Jahr zuvor war eine Kommission unter dem Vorsitz von Sean MacBride damit beauftragt worden, „eine Untersuchung aller Kommunikationsprobleme in der heutigen Gesellschaft, im Lichte des technologischen Fortschritts und neuester Entwicklungen in den internationalen Beziehungen unter Berücksichtigung ihrer Komplexität und ihres Umfangs, durchzuführen“ (*MacBride-Report* 1981: 13f.). Das Ergebnis gilt als das „wichtigste Dokument, das aus den jahrelangen Mediendebatten in der *UNESCO* und anderen internationalen Gremien

[35] Die USA und England verließen aufgrund der Forderung nach einer neuen Weltinformationsordnung 1984 und 1985 die *UNESCO*. England ist seit Mitte der 90er wieder Mitglied.

hervorging" (Altschull 1990: 267). Es wurde 1980 in Belgrad vorgelegt und erschien unter dem deutschen Titel *Viele Stimmen, eine Welt.*[36] Der Report enthielt 82 Empfehlungen, die Kommission selbst fasste die wesentlichsten Argumente für eine neue Weltinformationsordnung folgendermaßen zusammen:

> „Das Ungleichgewicht zwischen Nord und Süd ist nicht nur eine Frage des zeitlichen Rückstandes. Man darf also nicht erwarten, dass die Entwicklungsländer ‚aufholen' werden, indem ihnen von den entwickelten Ländern finanzielle und technische Hilfe gewährt wird. In Wirklichkeit werden die Ungleichheiten immer schwerwiegender und ernster. Dies zeigt, dass es Bedürfnisse gibt, die über die notwendige Hilfe hinausgehen: die Beseitigung ungerechter und restriktiver Systeme, die Umstrukturierung der gegenwärtigen Arbeitsteilung, die Errichtung einer neuen internationalen Weltwirtschaftsordnung. Die Kommunikation spiegelt die Ungleichheiten wider, die die gesamt internationale Szene kennzeichnen, und muss daher ebenfalls entscheidenden Veränderungen unterzogen werden."

Der *MacBride-Report* stellte fest, die internationale Informationsordnung sei von einem Ungleichgewicht zwischen entwickelten und sich noch entwickelnden Nationen gekennzeichnet. Dieses Ungleichgewicht offenbare sich in der Tatsache, dass die entwickelten Nationen den globalen Informationsfluss von Anfang bis Ende beherrschen: über ihre Nachrichtenagenturen, den Rundfunk und das Fernsehen, die Filmindustrie, auf dem Buchmarkt, in der gedruckten Presse, der Verwaltung von Datenbanken und in der Werbung (MacBride 1981: 189-193). Das zuvor im Mittelpunkt der entwicklungspolitischen Bestrebungen stehende Wirtschaftswachstum wurde zugunsten einer Bekämpfung der absoluten Armut zurückgestellt. Zwar stellen Krennerich und Windfuhr in ihrer Analyse der Neuen Weltinformationsordnung fest, dass „fehlende Mittel zur Durchführung von konkreten Maß-

[36] Der Bericht ist Produkt eines Konsultationsprozesses. In acht Sitzungen zwischen 12/1977 und 11/1979 wurden ExpertInnen zum Thema internationale Kommunikationsprobleme befragt. Außerdem wurde eine große Expertenanhörung durchgeführt. Deren Gegenstand waren Informationsinhalte, Genauigkeit und Ausgewogenheit der gebotenen Fakten und Bilder, der Report über Infrastruktur der Informationsdienste, Rechte und Pflichten der Journalisten und der Organisationen, die sich mit der Beschaffung und der Verbreitung von Nachrichten sowie technischen und wirtschaftlichen Aspekten ihrer Arbeit befassen. Vier Sitzungen wurden in verschiedenen Ländern durchgeführt. Altschull bezeichnet es als erstaunlich, „dass sich diese ungleichartige Gruppe von Personen mit verschiedensten Laufbahnen und aus einer Vielzahl von Gesellschafts- und Wirtschaftsordnungen auf ein gemeinsames Dokument einigen konnte (…)" (1990: 268; zu den Mitgliedern der Kommission auch Breunig 1987: 107f.). Zusätzliches Material lieferten etwa 100 Arbeits- und Diskussionspapiere über einzelne Kommunikationsaspekte, der Besuch von Kongressen und Fachseminaren durch die Kommissionsmitglieder (vgl. MacBride-Report 1981: 18f.).
Altschull liefert eine umfangreiche kommentierte Bibliografie zum Thema (389-395).

nahmen zur Umsetzung der Resolution die *NWIO* mehr zu einem rhetorischen Konferenzpunkt für Debatten über den Einfluss neuer Medien in den 90er Jahren werden ließen" (Nohlen 2002: 602), dennoch wirkt der Report bis heute: 1980 wurde die *UNESCO*-Medienförderung institutionalisiert und erweitert durch das *IPDC International Programme for the Development of Communication* (Breunig 1996: 81). *IPDC* soll Pressefreiheit und Medienpluralismus stärken, Community-Medien ausbauen, Journalisten ausbilden und Partnerschaften anregen (vgl. www.unesco.org). Seit 1982 unterstützt *IPDC* Medienvorhaben in Afrika, Asien, Lateinamerika, in den arabischen Staaten und Osteuropa. Die Finanzierung erfolgt durch freiwillige Spenden der 35 Mitgliedstaaten, vor allem Norwegen, Japan, Dänemark, Schweden und Frankreich (Breunig 1996: 81). Um das Nord-Süd-Gefälle im internationalen Nachrichtenfluss zu verringern, wurden mehrere Nachrichtenagenturen und Nachrichtennetze gegründet:[37] Das asiatisch-pazifische Nachrichtennetz *OANA* (19 Länder, seit 1982, schwer zugänglicher Internet-Auftritt), die lateinamerikanische Agentur *ALASEI* in Mexiko (arbeitet seit 1985, Sitz Bonn) und die panafrikanische Nachrichtenagentur *PANA*[38] (1980, Neustrukturierung 1993).

Im Mai 1991 brachte Niger im Namen einiger afrikanischer Staaten die Erklärung von Windhoek ein, deren weitreichende Forderungen in die *UNESCO*-Geschichte eingingen. Die Erklärung ist sehr populär und wird beispielsweise von der u.a. in Mosambik aktiven NRO *MISA* als Poster gedruckt. Die *Windhoek-Declaration* fordert eine unabhängige, pluralistische und freie Presse, die von Regierungspolitik und Wirtschaft unabhängig ist, sowie das Ende von Medien-Monopolen (Breunig 1998: 371). Nach dem afrikanischen Vorbild folgten Konferenzen und Seminare in Asien, Lateinamerika und dem arabischen Raum[39], die sich ebenfalls für Meinungs- und Pressefreiheit und gegen Zensur aussprachen (Breunig 1998: 372). 1995 sprach die *UNESCO* die Empfehlung aus, der Medienkonzentration entgegenzutreten. Praktisch verwertbare Handlungsanweisungen blieben allerdings aus (Breunig 1998: 374).

Fundiert weist Massmann einen Bruch in der Kommunikations-Debatte der *UNESCO* nach 1990 nach. In den Ausführungen zur Weltinformationsgesellschaft herrschen Gleichmacherei und Deregulierungsvorstellungen vor. Die Anerkennung

---

[37] Vgl. Breunig 1996: 80f.

[38] Vgl. http://allafrica.com

[39] 1992: Alma Ata; 1995: Santiago; 1996: Sana'a.

von Differenz in verschiedenen Mediensystemen, unterschiedliche Entwürfe medialer Strukturen, die Etablierung horizontaler, egalitärer, nationaler, (über)regionaler und lokaler Kommunikationssysteme – all dies spielt keine Rolle mehr und wird kaum noch thematisiert (Massmann 2003: 172). Das bedeutet, „dass nach 1990 die *UNESCO* nicht mehr als Forum für Debatten im Sinne des Entwurfs grundlegender emanzipatorischer Ideen zur Gestaltung der Welt insbesondere in Bezug auf Kommunikations- und Informationssysteme gesehen werden kann. Diese zeigt eine deutliche Veränderung im Vergleich zu den 80er Jahren (…)" (Massmann 2003: 175). Auch Walter Rohn sieht die „Neue Kommunikationsstrategie" der *UN* mit Recht als von neoliberalen, marktorientierten Vorstellungen geprägt, wenn auch seine Gesamtbilanz übertrieben düster ausfällt.[40]

Anlässlich des *World Summit on the Information Society (WSIS)* im Dezember 2003 in Genf hat die Internationale Fernmeldebehörde (*ITU*) einen neuen Index als Messlatte für den „digitalen Graben" (*Digital Divide*) auf der Welt ausgearbeitet (Dietz/Amshoff 2003).[41] Der Index gliedert die 178 erfassten Länder in vier Gruppen. 25 Staaten erhalten die Note eines sehr guten Zugangs zur digitalen Welt (Indexwert 0,7 oder höher). In dieser von den nordeuropäischen Staaten und von Südkorea angeführten Gruppe befinden sich die westlichen Industriestaaten, aber auch Slowenien. Das Mittelfeld (Indexwert 0,5 - 0,69) umfasst 40 Länder. Hier finden sich vor allem mittel- und osteuropäische Staaten einschließlich Russland, die

[40] Vgl. Rohn, Walter (2002): Regelung versus Nichtregelung internationaler Kommunikationsbeziehungen. Das Beispiel der UNESCO-Kommunikationspolitik. Wien.
Auch Jörg Becker malt das Bild der „Dritten Welt" in den dunkelsten Farben. Sie erlebe „eine höchst unzusammenhängende, ungleiche und ungerechte Marktdurchdringung mit ‚neuen' Medien. Während Milliarden Menschen in der ‚Dritten Welt' vom Zugang zu medialer Kommunikation völlig ausgeschlossen sind, kommen Teile der jeweiligen Staatseliten immer mehr in den Genuss aller gegenwärtig nur denkbaren Formen von technisch unterstützter Kommunikation" (Becker 1996: 66). Es stellt sich die Frage, ob solche barmenden Unkenrufe mit der Beschwörung des Bildes einer korrupten Regierungs- und Königskaste einer zeitgemäßen Analyse dienlich sind.

[41] Der *Digital Access Index (DAI)* ist ein Mischindex, der Variablen in fünf Gruppen zusammenfasst und gewichtet: Infrastruktur (Zahl der mobilen und an das Festnetz gebundenen Anschlüsse je 100 Einwohner), Erschwinglichkeit (Preis des Internetzugangs, gemessen am Bruttoinlandsprodukt je Kopf), Wissen (Alphabetisierungsgrad und Schuleintritte, übernommen vom *UNDP*-„Human Development Index"), Qualität (relative Zahl der Zugänge zum internationalen Internet) und schließlich die Zahl der Internet-Nutzer je 100 Einwohner. Der Index ergibt für jedes Land einen Wert zwischen 0 und 1.
Dietz/Amshoff 2003 kritisieren, dass der *DAI* einige wichtige Parameter unberücksichtigt lässt, etwa die Internet-Zensur, das Stadt-Land-Gefälle, die Genderkomponente oder den Anteil indigener Sprachen an den Webinhalten.

Golfstaaten, einige südamerikanische Länder und als einziger afrikanischer Vertreter die Seychellen. Eingeschränkten Zugang (Indexwert 0,3 - 0,49) hat eine Gruppe von 58 Ländern, darunter zum Beispiel die Türkei, China, die Philippinen, Indonesien und Indien. Hier bildet insbesondere die mangelhafte Infrastruktur eine Hürde für einen besseren digitalen Zugang. Die letzte Gruppe mit nur geringen Zugangsmöglichkeiten (Indexwert < 0,3) besteht aus 55 meist afrikanischen (auch Mosambik), aber auch einigen lateinamerikanischen und asiatischen Ländern. Charakteristisch für diese Staaten sind sowohl die hohen Kosten für digitale Anschlüsse als auch das beschränkte schulische Ausbildungsniveau.

2.1.5 Deutsche Medienentwicklungszusammenarbeit (MEZ): historisch-wissenschaftlicher Abriss

Trotz der Klagen über eine Abnahme des deutschen Engagements waren und sind deutsche Institutionen und Organisationen im Bereich der Medienentwicklungszusammenarbeit MEZ eine wichtige Größe, daher hier einige Anmerkungen. Wichtige Veröffentlichungen deutscher Autoren zum Thema stammen von Heine (1988), Krämer/Lehrke (1996), Wilke (1996), Oepen (seit 1997), Kunczik (2002). Die christlich basierte MEZ ist auch in den Darstellungen von Demuth (1992), Frank (1994) und Dietz (2002, 2004) berücksichtigt. Die Arbeit der *Deutschen Welle* beschrieb Jannusch 1990.

Unterteilt man grob die beiden Arten von Medienentwicklungszusammenarbeit MEZ, so werden zum einen deutsche Medienexperten in ein anderes Land geschickt, um dort zu beraten, Projekte zu implantieren und Journalisten aus- und fortzubilden, zum anderen werden Journalisten aus anderen Ländern eingeladen, um in Deutschland mehrwöchige Kurse zu absolvieren. In Deutschland sind heute im zweiten Bereich vor allem die *Deutsche Welle* in Bonn (Radio) und Berlin (TV) tätig, sowie das *Internationale Institut für Journalismus (IIJ)* in Berlin, das *INWENT* zugehörig ist.

Die deutsche MEZ der letzten Jahrzehnte hat sich von einer nationalen Zusammenarbeit hin zu einer stärker durch NROn und internationale Organisationen geprägte Unterstützung der Medien gewandelt. Das Thema Entwicklungshilfe kam bald nach dem Zweiten Weltkrieg in Deutschland auf. Ein wichtiges Motiv für die propagandistische Aufbereitung des Themas für die Adenauer-Regierung Anfang der 60er Jahre war laut Kunczik der Wunsch, die entstandenen Staaten auf die Seite der Bundesrepublik Deutschland zu ziehen, da eine internationale Anerkennung der DDR verhindert werden sollte (Kunczik 2002: 98f.). Große theoretische aber auch praktische Bedeutung haben bis heute Franz Nuscheler und Dieter Nohlen durch ihr *Handbuch der Dritten Welt* (1974, 1982, 1993) sowie zahlreiche Publikationen und Institutionengründungen, die von ihren Schülern weitergeführt werden. Sie lieferten einen Gegenentwurf zu den „großen Theorien" modernisierungs- und *dependenztheoretischer*, (neo)marxistischer oder auch neoliberaler Provenienz mit ihren jeweiligen universalen Erklärungsansprüchen (Klingebiel/Messner 2004: 28). Anhand der verschiedenen Auflagen ihrer Schriften kann man verfolgen, wie stets neue Paradigmen berücksichtigt wurden. So argumentiert beispielsweise Nuscheler zeitgenössisch adaptiert, dass Entwicklung die Dynamik des Marktes und einen handlungsfähigen Staat brauchen. Den Weltmarkt sieht er nicht unbedingt als Sackgasse, sondern als Chance, die intelligent genutzt werden soll. Er befürwortet einen sozial und ökologisch gebändigten Kapitalismus und eine internationale soziale Marktwirtschaft.[42]

„Boom" und Niedergang der deutschen MEZ

Die Medienentwicklungszusammenarbeit erlebte in den 70er und 80er Jahren ihren Aufschwung:

> *„In der deutschen Entwicklungspolitik der siebziger und achtziger Jahre erhielt die Medienförderung zunehmendes Gewicht. Dies war eine Folge der Modernisierungstheorie, aber auch der politisch kontroversen Debatte um eine neue Weltinformationsordnung."* Wilke 1996: 539

Die deutsche MEZ erreichte mit einem Fördervolumen von 104,6 Mio. DM ihren Höchststand 1981. Das jeweilige Engagement von *Friedrich-Ebert-Stiftung (FES)*, *Deutsche Welle (DW)*, *Bundesministerium für Entwicklungszusammenarbeit* (*BMZ)*, *Gesellschaft für Technische Zusammenarbeit (GTZ)*, *Carl-Duisberg-Gesellschaft* (*CDG*) etc. ist umfangreich dokumentiert.[43] Das Ende des MEZ-Booms beschreibt Jürgen Wilke 1996 unter dem programmatischen Titel „Medienförderung in der deutschen Entwicklungspolitik. Indizien und Gründe eines Niedergangs": Mit einer Tabelle weist er die kontinuierlich abnehmende MEZ seit Anfang der 90er Jahre nach (Wilke 1996: 541). Alle Stiftungen und auch das *BMZ* reduzierten ihre Mittel und struktu-

[42] Heute verankert Nuscheler an dem von ihm 1990 gegründeten Duisburger Institut für Entwicklung und Frieden (*INEF*) das Konzept *Global Governance*.
[43] Vgl.: Krämer/Lehrke 1996, aktuell Kunczik 2002.

rierten die zuständigen Abteilungen um oder lösten sie auf: Die *FES* schloss das Hauptreferat und parzellierte die MEZ in drei Länderreferate, die *GTZ* nahm Umstrukturierungen vor (Wilke 1996: 543 f.). Als positiv in ihrer Kontinuität hebt Wilke die Arbeit der Fernseh- und Radioakademien der *Deutschen Welle*[44] sowie des *Internationalen Instituts für Journalismus (IIJ)*[45] hervor. Als Gründe für den Rückgang der MEZ macht Wilke folgende Faktoren aus: Unter *BMZ*-Minister Carl-Dieter Spranger sei 1991 der Schwerpunkt auf Umwelt, Armut und Grundförderung gelegt und der Fokus MEZ eingedämmt worden (Wilke 1996: 545). Zudem hätten die Entwicklungsländer von dem Ost-West-Gegensatz profitiert: Dadurch, dass der ideologische Gegner in den Entwicklungsländern Einfluss gewinnen wollte, musste man dort fördern. Nach dem Wegfall des Ostblocks sei diese Gefahr gebannt, zudem gingen jetzt viel mehr Mittel nach Osteuropa und Südosteuropa (Wilke 1996: 545f.; im gleichen Sinne: Kunczik 2002: 99).[46] Zum dritten habe sich die MEZ auch verändert, weil in Deutschland privater Rundfunk eingeführt sei und sich international eine Deregulierung und Kommerzialisierung durchsetze. Die Attraktivität des Exportprodukts öffentlich-rechtlicher Rundfunk habe nachgelassen. Vor der internationalen Zunahme der privaten Medien habe man dem *public service* im Zweifel

[44] 1996 war die TV-Akademie noch dem *Sender Freies Berlin* angeschlossen, heute gehört sie zur *Deutschen Welle* Berlin, die Radioakademie befindet sich in Bonn. Die *Deutsche Welle Akademie* verfolgt laut Selbstdarstellung einen interdisziplinären, partizipativen und interkulturellen Ansatz. Sie wurde 1965 gegründet und hat seither in Deutschland und in Kursen im Ausland mehr als 20.000 Journalisten, Manager und technische Mitarbeiter der Rundfunkstationen von Entwicklungs- und Schwellenländern ausgebildet (Deutsche Welle 1994: 9).

[45] Das *IIJ* bietet seit 1964 Fortbildungsprogramme für Journalisten von Zeitungen und Agenturen aus Entwicklungs- und Schwellenländern an. Ziel der Fortbildungsmaßnahmen ist es, die Meinungs- und Pressefreiheit in den Zielländern zu stärken und damit die Voraussetzungen für Demokratisierung sowie soziale und wirtschaftliche Entwicklung zu verbessern. Das *IIJ* gehört heute zu dem deutschen Zusammenschluss *INWENT* (*Internationale Weiterbildung und Entwicklung, GmbH*), einer Organisation für Personal- und Organisationsentwicklung in der internationalen Zusammenarbeit, die Bildungs-, Austausch- und Dialogprogramme und Angebote für Fach- und Führungskräfte und Entscheidungsträger in Wirtschaft, Politik, Verwaltung und Zivilgesellschaft anbietet. Vgl. Selbstdarstellung *IIJ*, Homepage www.inwent.com, Abruf 14.3.2005.

[46] Christof Hartmann vom *Institut für Entwicklungsforschung und Entwicklungspolitik* (*IEE*) der Ruhr-Universität Bochum, der auch als Gutachter für Projekte der *Friedrich-Ebert-Stiftung* tätig ist, widerspricht mit Blick auf Westafrika dem zweiten Wilke-Argument, MEZ sei primär ein Mittel des Kalten Krieges gewesen. Vielmehr habe die MEZ bis in die 80er Jahre beträchtliche finanzielle Mittel verschlungen, ohne dass gleichzeitig eine nennenswerte Wirkung im Sinne eines professionellen Mediensystems und unabhängiger Journalisten zu verzeichnen sei. Vor dem Hintergrund insgesamt sinkender Mittel in der Entwicklungszusammenarbeit und neuer Forschungsschwerpunkte im Bereich Zivilgesellschaft/Demokratie hätten sich die Geber aus der kostenintensiven Medienförderung größtenteils zurückgezogen (Hintergrundgespräch mit Hartmann: 7.3.05).

den Vorzug gegeben, jetzt stelle sich dies anders dar. Für die starke technische MEZ in den sechziger und siebziger Jahren gab es laut Wilke auch handfeste industriepolitische Gründe: man wollte den Kampf der Farbfernsehsysteme *PAL* und *SECAM* gewinnen. Dies sei auch der Grund, warum japanische Firmen elektronische Hardware praktisch kostenlos abgäben (Wilke 1996: 547). Wilke sieht als weitere Ursachen für den Rückgang der deutschen MEZ die meist komplizierten Antragsprozeduren für europäische Medienprojekte sowie die Tatsache, dass es in den Entwicklungsländern eine gewisse „Sättigung" mit technischer Ausstattung und Know How gäbe. Jedenfalls sind die staatlichen finanziellen Zuwendungen im Bereich deutsche MEZ in den letzten Jahren kontinuierlich auf 20 Mio. Euro gesunken (2001).[47]

Kirchliche MEZ

Bei seinen historisch-terminologischen Erwägungen subsumiert Grossenbacher (1988: 8) unter dem Begriff *Development Journalism*, den er als „Kommunikation im Dienst geplanten sozialen Wandels" definiert, auch die Tätigkeit christlicher Missionare, die den Einheimischen Lesen und Schreiben beibrachten und erste periodische Schriften in „Eingeborenensprachen" publizierten. Für die Kirchen in Deutschland stellt Demuth für die 50er und 60er Jahre ein langsames Erwachen des Medienbewusstseins fest und referiert die Paradigmenwechsel der entsprechenden Lehrschreiben (38). Vanhengel (1985: 13) beschreibt die Arbeit katholischer Initiativen zur Rundfunkausbildung, die 1959 begannen. Cees Hamelink machte 1978 als einer der ersten die Kirchen auf die Veränderungen im Rahmen der *Neuen Internationalen Informationsordnung* aufmerksam (Demuth 1992: 28). Die Aufmerksamkeit für das Thema Medien nahm stark zu. Der *Catholic Media Council (CAMECO)*[48] stellte 1991 fest, dass die professionelle Ausbildung von Journalisten

[47] Vgl. Dietz 2002; Oepen 2004: 2.

[48] Im deutschen Entwicklungs-, Pastoral- und Missionsbereich ist das 1969 gegründete *Catholic Media Council* das zentrale Fachbüro aller katholischen Hilfswerke für Kommunikationsprojekte (vgl. Eilers, Franz-Josef (1984): Katholische Rundfunkarbeit in der Dritten Welt – Herausforderungen an die Kirche. Dokumentation der Jahrestagung Bonn, hg. von Zentralstelle Medien der Deutschen Bischofskonferenz: 8; zitiert nach Demuth 1992 S. 58). *CAMECO* begutachtet Projekte im Auftrag von mehr als 25 Werken und wurde aus dem Schoß der katholischen Weltunion der Presse *UCIP* auf deren Weltkongress 1965 geboren. *CAMECO*-Verwaltungskosten werden bezahlt aus Deutschland, Belgien, Niederlande, Schweiz. Die Organisation hat eine „Service policy" mit vier Optionen (Demuth 1992: 66):

- Medienförderung einbetten in Gesamtkontext eines Projektes für viele Bischofskonferenzen und katholischen Organisationen wichtig geworden sei, dass der *Päpstliche Rat für Kommunikationsmittel* Unterstützung leiste und dass vor allem in Lateinamerika und Asien – weniger in Afrika – Ausbildungseinrichtungen geschaffen, Lehrpläne entwickelt und Kurse organisiert worden seien (CAMECO Information Bulletin 1/1991: 2). In der Dritten Welt waren nach Angabe des Generalsekretärs des deutschen katholischen Missionsrates von 1991 etwa 6.000 Ordensleute deutscher Missionsorden tätig.[49]

- Ausbildung von Kommunikatoren, vor allem Management
- christliche Kommunikationsstrukturen fördern durch „nationale Ämter für soziale Kommunikation"
- Bedienung der Peripherie, die durch christliche Medien sonst kaum oder gar nicht erreicht wird.

[49] In der Medienförderung engagieren sich folgende Orden (vgl. Demuth 1992: 113-118):

- Franziskaner: nur Lateinamerika; Hörfunk, TV, Themen ländliche Entwicklung
- Jesuiten: Asien, Guatemala, Simbabwe; professionelles Niveau im Bereich TV und Radio
- Pallotiner: Printmedien; Ruanda, Lateinamerika
- Salesianer Don Boscos (Bonn): 63 Entwicklungsländer. Förderung von Medienprojekten, die der Jugend- und Entwicklungshilfe dienen
- Spiritaner: eigene Radiostationen in Afrika, Brasilien und Asien
- Steyler Missionare: Publikationen in Papua Neu-Guinea, Philippinen, Zentralafrika, Lateinamerika
- Steyler Missionsschwestern: Papua Neu-Guinea
- Paulusschwestern: Seit 1915, ausschließlich Medienarbeit. Etwa 2.600 Missionarinnen in 38 Ländern (TV, Radio, Print, Film, Video, AV). Ziel: Verbreitung der christlichen Botschaft sowie Katechese. Erziehungs-, Entwicklungs- und Bildungsprogramme sollen in Afrika und Asien sozusagen das Bewusstsein und die Basis von Verkündigung geben (Demuth 1992: 117). Lateinamerika: Radioschulen. Asien: Japan (Video), Korea und Taiwan (Rundfunk, Musik), Philippinen (*Radio Veritas*).

2.1.6 Globale Ansätze

Hafez sieht als große Paradigmen bei der Erforschung internationaler und interkultureller Darstellungsprozesse in Massenmedien zum einen die eher optimistische Globalisierungsthese, die Massenmedien als Vermittler und Generatoren von Weltwissen mit systemverbindendem und kulturharmonisierendem Charakter begreift, zum anderen Huntingtons[50] kulturpessimistischen Ansatz, der von einem wachsenden Konfliktpotential zwischen den großen Weltkulturen ausgeht, vor allem zwischen islamischen Ländern und dem Westen (Hafez 2002c1: 11). Er kategorisiert die Ansätze der deutschen Forschung wie folgt: (Hafez 2002):

- kommunikationswissenschaftliche internationale Medienforschung,
- international vergleichende Mediensystemforschung und
- Themenkomplex Medien und Entwicklungsländer.

In der vorliegenden Arbeit sind Ansätze angesprochen, die die Globalisierung, die politischen Veränderungen von Mediensystemen und die wirtschaftlichen Verflechtungen von Medienkonzernen in jüngster Zeit untersuchen, sowie Analysen und Beschreibungen des unterschiedlichen Grades der Bedeutung von Medienarten wie Radio und Internet in verschiedenen Ländern liefern. Dies sind Untersuchungsgebiete, die vor allem in den Zuständigkeitsbereich der kommunikationswissenschaftlichen internationalen Medienforschung und Mediensystemforschung fallen. Als drittes benennt Hafez solche Ansätze, die interkulturelle Aspekte, das Verhältnis von verschieden stark entwickelten Ländern untereinander und damit auch das Thema Entwicklungszusammenarbeit im Medienbereich untersuchen.

Die meisten Forschungsprojekte stützen sich auf Theorien mittlerer Reichweite, also Erklärungsansätze, die nur auf eine begrenzte Anzahl von Variablen und Fällen anwendbar sind (Esser 2000b: 138).[51] In diesem Bereich wurden vor allem Ländervergleiche zum Thema Nachrichtenauswahlverhalten, zur selektiven Wahrnehmung, zur Gewaltwirkung, dem Agenda Setting oder der Wissenskluft vorgenommen (Esser 2000b: 138). Zum Thema Journalistenausbildung gab es keine komparativen Untersuchungen. Im gleichen Sinne verlangt Kleinsteuber bei seinen

[50] Samuel P. Huntington (1998): The Clash of Civilizations and the Remaking of World Order.

[51] Während in der komparativen Politikwissenschaft allgemeine Theorien, also globale Erklärungsansätze mit universellem Erklärungsanspruch, aufgegeben wurden, wird dies in der deutschen Kommunikationswissenschaft immer wieder – wenn auch stets vergeblich – versucht, vor allem mit Bezug auf oder ausgehend von Luhmann (Esser 2000b: 140).

Beschreibungen von Mediensystemen, Medienstrukturen und -inhalten,[52] dass die vergleichende Forschung ausgefeilter werden muss und differenzierte Ansätze zur Verfügung stellen soll.[53] Generell haben komparative Ansätze, wie Esser zu Recht aufführt, große Vorteile, vor allem, weil sie globale Zusammenhänge, Problemlösungen und Alternativen sichtbar machen helfen (Esser 2000b: 140-142). Forschungstechnisch gehen solche Methoden allerdings, wie Esser anmerkt, mit vielen Problemen einher (Esser 2000b: 142f.):

- Es besteht die Gefahr, die Varianz einzelner Systeme zu unterschätzen. Nationen, Kulturen und Mediensysteme sind intern selten völlig homogen und oft durch eine Fülle von Abstufungen, Schattierungen und Vielseitigkeiten gekennzeichnet.[54]
- Komplexe komparative Forschungen sind am ehesten durch größere, international zusammengesetzte Forschergruppen mit entsprechendem Budget zu leisten.[55]

Seltenes Beispiel einer komparativen Untersuchung in einem europäisch-afrikanischen Kontext ist Saxers Versuch, die Gesellschaften von Benin, der BRD, der DDR und der Schweiz zu vergleichen und die jeweiligen typischen Systemerwartungen der vier Systeme herauszuarbeiten, deren Ziele je nach Typ und Gesellschaft unterschiedlich gewichtet seien (Saxer 1987: 24). Saxer, der sich hier teilweise auf die Ergebnisse seines Schülers Grossenbacher stützt, hat hier erstmals den Versuch unternommen, afrikanische Länder in komparative Forschung einzubeziehen. Auch wenn die Verwendung der Daten aus mehrere Jahre auseinander liegenden Projekten Fragen aufwirft und die Ergebnisse mittlerweile als veraltet gelten können: der Ansatz ist generell nachahmenswert, denn trotz der Schwierigkeiten, die sich aus einem Vergleich so unterschiedlicher Länder ergibt, ist die stets getrennte

[52] Zuletzt in Esser/Pfetsch (2003): „Politische Kommunikation im internationalen Vergleich – Grundlagen, Anwendungen, Perspektiven“.

[53] Michael Gurevitch und Jay G. Blumler haben zwischen 1975 und 1990 zur komparativen Kommunikation geforscht und sehen die Zukunft dieses Forschungszweiges optimistisch.

[54] Die Gefahr der Vereinheitlichung von Ergebnissen bei wachsender Zahl von Untersuchungselementen und als Resultat wenig aussagefähige Ergebnisse zeigt sich beispielsweise bei der in Kap. 5.2 besprochenen Untersuchung von Sparks und Splichal.

[55] Das gleiche gilt für Promotionsarbeiten.
Zusätzlich zu den von Esser genannten Schwierigkeiten kommt bei Mosambik hinzu, dass ein erhebliches deskriptives Defizit besteht: Mosambiks Medien sind noch nie wissenschaftlich beschrieben worden. Daher scheint eine Beschreibung der Medien und entsprechender Bildung, wie diese Arbeit sie versucht, hinreichend ambitioniert.

Beschreibung und Analyse von entwickelten und unterentwickelten Ländern als überholt anzusehen, da sie zu einer eher eingeschränkten Perspektive führt.

Weltsinfonieansatz

Ein Paradigmenwechsel im Kontrast zu den Ansätzen von Siebert/Peterson/Schramm und Wiio (vgl. Kapitel 2.1.1) stellt Altschulls *Weltsinfonieansatz* dar, der sich bemühte, die eurozentristische bzw. USA-zentristische Perspektive aufzugeben oder zumindest abzuschwächen (Altschull 1990). Er betont weniger die Unterschiede der Mediensysteme als ihre Gemeinsamkeiten. In allen Gesellschaften, seien sie nun marxistisch oder kapitalistisch geprägt, gebe es ähnliche Zielsetzungen, verhielten sich die Medien getreu der „Glaubensbekenntnisse" (332) ihrer jeweiligen Systeme: „In beiden Systemen hat die Presse Abweichungen von der geltenden Norm zu kritisieren und zum Wohl der Gesellschaft zu arbeiten" (Altschull 1990: 128). Die Journalisten seien stets Agenten derjenigen, die die politische und ökonomische Macht ausüben. Die der Presse zugeordneten Rollen seien mit „den einzelnen Sätzen einer globalen Sinfonie mit verschiedenen Themen, Melodien, Variationen" vergleichbar. Die Ähnlichkeiten und Gemeinsamkeiten, die aus der Sinfonie herausklingen, seien genauso groß wie die Unterschiede. Er führt für Begriffe wie Pressefreiheit, Information, Objektivität etc., die in westlichen, liberalistisch geprägten Gesellschaften mythisiert würden, den relativierend-ironischen Begriff „Folklore" ein (31f.), also im Kern die Vorstellung der Überparteilichkeit von JournalistInnen. Besondere Bedeutung für die vorliegende Arbeit hat Altschulls Ansatz deshalb, weil er Entwicklungsländer in seine Mediensystembetrachtung einschließt. Zur Vermeidung von entwertenden Zuschreibungen schlägt er den Begriff *advancing countries* vor (172). Pressesysteme dort seien von den Kolonialstaaten übernommene, „angeeignete Institutionen" (174). Im Sinne des Entwicklungsjournalismus hebt er als zentrale Aufgaben der Medien sozialisierende Elemente, Propagierung sozialer Gerechtigkeit und eine Formierung nationalen Bewusstseins hervor (177). Der „Glaubensartikel" der *advancing countries* sei, dass die Medien „eine einigende und nicht eine Unordnung schaffende Kraft" seien, „nützliche Mittel für sozialen Wandel" und die Schaffung „sozialer Gerechtigkeit". Die Pressefreiheit habe weniger Bedeutung als die Lebensfähigkeit des Landes und könne zum Wohle und Fortschritt des Landes eingeschränkt werden. Massmann (2003: 46) kritisiert

Altschulls mangelnde Differenzierung der verschiedenen Phasen, die das Konzept des *Development Journalism* in verschiedenen Ländern durchlaufen habe, sowie das Fehlen eines Rekurses auf die Modifizierungen, die dieser Ansatz erfahren habe.

World Systems Theorie

Gegen das sowohl in der Modernisierungstheorie als auch in der *Dependenzia* vertretene lineare Verständnis von Abhängigkeit setzten die amerikanischen Soziologen Immanuel Wallerstein, Gunder Frank et al. den Begriff des *Systems* (vgl. Nolte 2002). Ein *System* ist dadurch definiert, dass die in ihm stattfindenden Abläufe durch Regeln strukturiert sind und eine Außengrenze vorhanden ist, an welcher diese Regeln ihre Gültigkeit verlieren. Wer im Rahmen des *Systems* handelt, muss diese Regeln kennen. Er kann versuchen, sie zu ändern, gegen sie zu handeln, oder im Rahmen des *Systems* aufzusteigen. In jedem Fall beeinflussen die Handlungen der Menschen aus den verschiedenen Regionen und Nationen stets das Gesamtgefüge des *Systems*. *Systeme* „funktionieren in erster Linie aufgrund der Konsequenzen ihrer inneren Prozesse. Sie haben zeitliche Grenzen, das heißt, sie haben einen Anfang und ein Ende. Und sie haben räumliche Grenzen, die sich jedoch im Laufe ihrer Lebensgeschichte ändern können“ (Wallerstein 1995: 227). Die Weltgesellschaft ist nach diesem Bild durch eine Hierarchie gekennzeichnet, welche in die Großregionen Zentrum, Halbperipherie, Peripherie und Außenwelt gegliedert ist. Sie ist zugleich in ständiger Bewegung und die Positionen können sich permanent ändern. Dieser Ansatz wirft ein besonderes Licht auf die Aktivitäten der Medienentwicklungszusammenarbeit. Er beschreibt das Thema einerseits umfassender, da das Modell *Weltsystem* alle Länder meint, andererseits erlaubt er auch eine grenzbezogene Betrachtung, die für die national fokussierte Beschreibung Mosambiks wichtig ist. Allerdings sollen weitere Aspekte der *Weltsystemanalyse* hier nicht ausgeführt werden.

Raumkonzept

Weischenbergs Forderung des Vergleichs der Mediensysteme „von innen heraus“ (Weischenberg 1992) wird von Hans Kleinsteuber ausgeführt (Kleinsteuber 1994). Mit diesem Ansatz geht die bewusste Abkehr von der Vorstellung eines universalistisch zu setzenden, absoluten Wertesystems einher“ (Massmann 2003: 53). Kleinsteuber setzt ein „globales Netz von Kommunikationsverbindungen“ (547)

voraus, innerhalb dessen sich unterschiedliche Mediensysteme ausbilden. Er hält an dem Topos von Kommunikation und Entwicklung fest, weist aber darauf hin, dass Entwicklungsländer aufgrund der unterschiedlichen Rahmenbedingungen kein einheitliches Mediensystem hätten (560). Aus Kleinsteubers Feststellung ergibt sich ein Forschungsdesiderat, denn es fehlen Gliederungsmodelle für die Mediensysteme in unterentwickelten Ländern Asiens, Afrikas und Südamerikas, die z.B. mit Hilfe komparativer Methoden erstellt werden sollten. Zur Relativierung des Konzeptes Raum in den Medien, der durch die Globalisierung, das Internet und das Raumgreifen globaler Medienkonzerne gekennzeichnet ist, hat die europäische Studie von Kleinsteuber/Rossmann 1994 beigetragen. Sie unterteilen in geschlossene und offene Kommunikationsräume und beschreiben anhand dieses Raumkonzepts die strukturellen Veränderungen globaler Kommunikation vermittels technischer Innovation als eine in Metropolen und Peripherie geteilte Kommunikationslandschaft.[56]

Bei der hier vorliegenden Beschreibung des mosambikanischen Medien- und Ausbildungssystems erweist sich das Raumkonzept von Kleinsteuber und Rossmann als nicht adäquat. Stattdessen ist die Beschreibung der Medien gegliedert nach zentralen Themen und einzelnen Medienarten. Dies liegt vor allem an dem bisher geringen Einfluss von Internet und internationalem Fernsehen und der nationalen Bezogenheit durch die Sprache, die in den Nachbarländern nicht gesprochen wird. Dennoch stellt die raumorientierte Methode einen viel versprechenden Forschungsansatz dar. Dies gilt zum einen für eine Beschreibung des ganzen afrikanischen Raums, beispielsweise nach Sprachgruppen gegliedert (englisch, französisch, portugiesisch etc.), zum anderen dürfte mit wachsender Modernisierung auch für Mosambik selbst eine raumbezogene Betrachtungsweise adäquat sein.

Globalisierung und *Glokalisierung*

An die Stelle von „Kulturimperialismus“ (s.o.) ist der Begriff „Globalisierung“ getreten (Kunczik/Zipfel 2001: 421). Er bezeichnet den Prozess, durch den Märkte und Produktion in verschiedenen Ländern immer mehr voneinander abhängig

---

[56] Massmann (2003: 72) bemängelt, dass Kleinsteuber in seinen Forschungen 1994 das Internet als globales Netz in den Vordergrund rückt, ohne die Implementierung neuer globaler Medien mit der Konfiguration und Klassifikation der Mediensysteme zu koppeln und die Frage aufzuwerfen, ob Mediensystembeschreibungen sinnvollerweise überhaupt noch entlang nationaler Grenzziehungen erfolgen können.

werden – durch die Dynamik des Handels mit Gütern und Dienstleistungen sowie durch die Bewegungen von Kapital und Technologie.[57] Mit Bezug auf Auslandsberichterstattung unterscheidet Hafez zwei für die Kommunikationswissenschaft relevante, gegensätzliche Gattungen von Globalisierungstheoremen: Zum einen die *Konversionstheorie*, die im Kern von einer Minimierung internationaler Konflikte ausgeht, da sich durch den quantitativen Ausbau von globalen Kommunikationsbeziehungen auch das Informationsniveau und das gegenseitige Verständnis verbessert.[58] Der andere, der *Konversionstheorie* widersprechende Ansatz ist die *Domestizierungstheorie*, die sich auf die mittlerweile empirisch erhärtete Erkenntnis stützt, dass dasselbe Ereignis, aufbereitet auf der Basis derselben Nachrichtenquellen, in unterschiedlichen nationalen Mediensystemen in stark abweichende und teilweise sogar gegensätzliche Darstellungen münden kann.[59] Die These von der Domestizierung von Inhalten relativiert die vorgebliche Macht der weltweit dominierenden Nationen und verdeutlich das Potential, das für Entwicklungsländer in kleinen Initiativen wie Community-Radios, Wandzeitungen, Low-Budget-Fernseh- und Videoproduktionen und Internet-Initiativen steckt.

Für das grundsätzliche Verständnis von Globalisierung im Kontext der Medien ist Kevin Robins Hinweis wichtig, dass sich hinter dem ehrfurchtgebietenden Begriff „Globalisierung“ sehr gewöhnliche Dinge verbergen (vgl. Tomlinson 2002: 140), die unsere alltäglichen Lebensgewohnheiten betreffen: ob wir einkaufen gehen, in einem Restaurant essen, fernsehen oder ins Kino gehen. Zudem wird Globalisierung als wissenschaftlich-analytisches Paradigma offenbar überschätzt und liefert nicht immer Erklärungsansätze, die für Länder wie beispielsweise Mosambik erkenntnisfördernd sind.[60]

---

[57] Vgl. Kunczik/Zipfel 2001: 421f. und Nohlen 2002: 332ff.

[58] Eine differenzierte Fortsetzung dieses Ansatzes ist die *Glokalisierungstheorie* (Hafez 2002c1: 29), die im nächsten Kapitel angesprochen wird.

[59] Vgl. Hafez' (2002c1: 30, 11) Verweis auf: Gurevitch/Levy/Roeh 1993.

[60] So kritisiert Graham Harrison, dass in Stefanie Knauders Analyse „Globalisation, Urban Progress, Rural Disadvantages; evidence from Mozambique“ (2000) zwei Erzählstränge parallel, aber letztlich unverbunden nebeneinander herliefen: "There is much general comment on the nature of global capitalism (…) and the Mozambican data is not accompanied by a ‚Mozambican' explanation, that is, an awareness of Mozambique's own circumstances. This may be partly a result of the imperatives of modern publishing: who wants to read a book on Mozambique? And, of course, 'globalisation' sells" (Harrison in: The Journal of Modern African Studies, 39, 4/2001).

Interkulturell, transkulturell

Hier gilt es, die Begrifflichkeiten in Zusammenhang mit „Kultur“ zu klären.[61] Massmann erläutert die terminologischen Unschärfen von interkultureller, internationaler, transkultureller Kommunikation sowie „cross-cultural communication“ und schlägt mit Reimann vor, transkulturelle Kommunikation als grenzüberschreitenden Vorgang von einer kulturellen Einheit zu einer anderen im Vordergrund der Betrachtung zu verstehen, bei dem es weniger um Austausch als oft um Grenzüberschreitung und Beeinflussung geht, während interkulturelle Kommunikation stärker den Prozess des Austausches im Auge hat (Massmann 2003: 21). „Internationale Kommunikation“ ist eher die Beschreibung von Kommunikationsflüssen im zwischenstaatlichen Bereich, wobei Massmann belegt, dass dieser Begriff durch den der globalen, netzwerkgestützten Kommunikation ersetzt werden muss, da die Vorstellung der Kommunikation von national konfigurierten Mediensystemen im Zuge der Globalisierung zunehmend anachronistisch wird. Bedeutsam wird eher der Begriff der „Internationalen Kommunikationspolitik“, also die in internationalen Gremien und Institutionen verhandelte Politik zu Strukturen, Inhalten und Austausch von Medien und Mediensystemen.

Samuel Huntington argumentiert in „Clash of Civilizations“ (1993): 1. es gebe keine Weltkultur und 2. die Medien können die zentralen Werte unterschiedlicher Kulturen nicht verändern. Er sieht vor allem unter religionspolitischen Gesichtspunkten die Unvereinbarkeit von verschiedenen Kulturen und macht dies am Beispiel von Konflikten zwischen islamisch und christlich geprägten Gesellschaften fest. Im Widerspruch dazu kann Mosambik allerdings als Beispiel einer Gesellschaft angesehen werden, die ein Nebeneinander und eine Vermischung von religiösen traditionellen Vorstellungen mit Christentum bzw. Islam relativ problem- und reibungslos vollzieht und – gerade im Vergleich mit internationalen Krisenherden wie Israel/Palästina oder Indien – durch eine Mischung aus Integration und gegenseitiger Toleranz beispielhaft ist. Interessanter für Mosambik wären Analysen des Zusammenlebens von schwarzen Mosambikanern, indisch- und pakistanischstämmigen Mosambikanern und Weißen.

Zu erwähnen ist in diesem Zusammenhang die Bedeutung des Ansatzes der *Glokalisierung* (Roland Robertson), des Nebeneinanders von weltweiten, vor allem

[61] Vgl. dazu auch Rullmann 1996: 19, Fn. 1.

ökonomischen und kulturellen Einflüssen und Konzentrationsprozessen und weiter bestehenden, sich sogar noch ausdifferenzierenden lokalen und regionalen kulturellen Spezifika, die etwa die Aneignung von Medieninhalten wie auch die Inhalte selbst je unterschiedlich ausfallen lassen.[62] Dies ist in absehbarer Zukunft ein ertragversprechender Ansatz für Mosambik, vor allem in Bezug auf die vielen kleinen Lokalradios. Insgesamt aber sind zurzeit Presse, Fernsehen, Radio und Internet durch die Hauptstadtzentrierung, durch teilweise staatliche Kontrolle und durch die Tatsache, dass das in den Medien dominante Portugiesisch für die meisten Mosambikaner nicht Muttersprache ist, derartig national geprägt, dass der *Glokalisierungsansatz* erst in einigen Jahren wirklich zielführende Forschungstätigkeit verspricht, auch im Bereich der kleinen Radios, deren Organisations- und Administrationsformen sowie dominante Inhalte noch sehr stark durch Kirchen bzw. die *UNESCO* geprägt und damit im ganzen Land erstaunlich einheitlich sind.

Edward T. Halls Erkenntnisse zur „Silent language“ (1959) verschiedener Kulturen ist insbesondere für die Medienentwicklungszusammenarbeit bedeutend (vgl. Kapitel 10.2). Hall war Vertreter der „Invisible School“ von Palo Alto, die die Kodes interkultureller Kommunikation analysierte (Mattelart 1994: 98). Er hatte den Kontakt schwarzer US-Soldaten mit verschiedenen Bevölkerungsgruppen in Europa und den Philippinen beobachtet und wies darauf hin, dass amerikanische Geschäftsleute in anderen Ländern ihren Handelsgeschäften Schaden zufügten, wenn sie nicht viel über Interaktion mittels Körpersprache lernen würden und andere Vorstellungen von Zeit, Raum, persönlichem Besitz und Freundschaft zu begreifen im Stande wären.

Internet und Netzwerkgesellschaft

Das Internet hat zurzeit eine eher geringe Bedeutung für Mosambik (vgl. Kapitel 4.3.9). Seine Auswirkungen und Ausprägungen sind für eine Analyse des Mediensystems und Journalisten-Aus- und Fortbildung sekundär, nicht aber für Einschätzungen und Perspektiven, da die neue Technik sich *ante portas* befindet und Versuche notwendig sind, ihre Wirkungen zu prognostizieren. Insgesamt ist offensichtlich, dass die rasante Entwicklung digitaler Medien für Forschung und

---

[62] Vgl. Sammelband Hepp/Löffelholz 2002.

Wissenschaft eine besondere Herausforderung darstellt.[63] Für Europa, USA und Asien wurde in diesem Bereich viel veröffentlicht, wenn auch ein Theoriegebäude oder einheitliche Erklärungsansätze bislang fehlen. Für Internet und digitale Medien in afrikanischen Ländern gibt es bisher kaum Untersuchungen. Das augenblickliche Potential des Internet in armen afrikanischen Ländern wird von Experten oft als gering eingestuft (vgl. Zemp 2003). Dies dürfte auch daran liegen, dass in Ländern wie Mali oder Mosambik von einer gleichmäßigen Durchdringung mit digitalen Medien und Internet nicht die Rede sein kann. Wenn daraus für Mosambik auch nur indirekte Schlüsse gezogen werden können, sollen dennoch die Paradigmen der Forschung von Manuel Castells sowie – aufgrund der besonderen Bedeutung der *UN* in Mosambik – auch die *UN*-Diskussion angesprochen werden.

Castells

Manuel Castells hat die Bedeutung des Internets für weltweit raumübergreifende Kommunikation und Medienorganisation deutlich gemacht und sein Gesellschaftsbild entlang der Strukturen des Internet entwickelt (vgl. Castells 2000, 2003). Die moderne globale Gesellschaft sei am ehesten einem Netz mit Knotenpunkten vergleichbar, das nach dem Prinzip Inklusion/Exklusion arbeite. Was außerhalb des Netzwerks liegt, wird ignoriert oder entfernt. Hört ein Knoten im Netz auf, eine nützliche Funktion zu erfüllen, wird er ausgeschlossen, und das Netzwerk arrangiert sich neu (Castells 2000: 45).[64] In Bezug auf Afrika stellt Castells pragmatisch fest, das erste Problem, das zu lösen sei, sei eine zuverlässige Stromversorgung und eine gute Telekommunikationsstruktur: „Es gibt in Manhattan oder Tokyo mehr Telefonleitungen als im ganzen subsaharischen Afrika" (Castells 2003: 93). Auch wenn die Zahlen von 1994 und damit angesichts der rasanten Entwicklung in diesem Bereich veraltet sind, und Castells offenbar auch das Potential von Mobilfunk-Telefonie unterschätzt, so besteht die von ihm prognostizierte Gefahr der „Ent-Informierung" Afrikas (98) doch zweifelsohne. Wilke betont die besondere grenzüberschreitende Rolle des Internet und stellt fest, dass es sich nationalen Reglementierungen weitestgehend entziehe. So erfolgt die Zuteilung der Internet-

[63] Vgl. Neverla (1998: 7): „Kaum haben Praxis und Wissenschaft den elektronischen Entwicklungsschub der 80er Jahre verkraftet, befinden wir uns schon mitten im nächsten, im digitalen Entwicklungsschub".

[64] Castells vielschichtiges und einflussreiches Oeuvre kann hier nicht einmal gestreift werden. Massmann hat seine Schlussfolgerungen auf das kubanische Mediensystem angewandt (2003).

Adresse (Domain) durch die *Internet Corporation for Assigned Names and Numbers (ICANN)*, einer Organisation, „in der herkömmliche Formen politischer Legitimation unterlaufen werden" (Wilke 2002: 25).

WSIS

2003 wurde auf dem *UN*-Gipfel *World Summit on the Information Society* (*WSIS*) in Genf vor allem nach Lösungen zur Überwindung des „digitalen Grabens" (*digital divide*) zwischen entwickelten und technisch rückständigen Ländern gesucht. Initiiert wurde der Gipfel von der *UN*-Einrichtung *International Telecommunications Union (ITU)*. In dem folgenden Fazit spiegeln sich Optimismus und Hoffnungen in das Internet und die Möglichkeiten von Multimedia, deren Berechtigung sich mit der Zeit noch erweisen muss:

> „Während die Regierungen daran scheiterten, ‚von oben' eine neue Welt(informations)-ordnung zu vereinbaren, wuchs in den 90er Jahren die neue Wirklichkeit ‚von unten'. Digitale Revolution, Internet, globale Kommunikation, Konvergenz der bislang getrennten Medien – Telekommunikation, Massenmedien, Computer – und das Entstehen einer Informationswirtschaft ließen das Bewusstsein wachsen, dass Information und Wissen herausragende wirtschaftliche und kulturelle Ressourcen sind." (Bruch/Drossou/Jensen 2005: 49).

Christian Mihr warnt berechtigterweise davor, die Wirkung von Internet und Computerisierung zu überschätzen. Er verweist auf Studien des Welternährungsprogramms in Pakistan und Bangladesh, die ergaben, dass dort Schulspeisungen und nicht Computer die Einschulungsraten sowie Lesekenntnisse verdoppelt hätten. (vgl. Mihr 2005: 294).

Wachsende Bedeutung von NROn und Zivilgesellschaft

Die 90er Jahre waren die Jahre der Debatten über die Rolle der „Zivilgesellschaft" und „Nichtregierungsorganisationen". Massmann 2004b: 3

„(...) Africa has had only one decade in which to set about developing its own civil society to the point where it is (...) able effectively to protect and promote the interests of citizens." Makumbe 1998: 310

Der nationale Bezugsrahmen, der beispielsweise bei Schramm noch zentral war – er widmet ein Kapitel seines Buches dem Thema „The Role of Information in National Development" (Schramm 1964: 20) – hat bei der Entwicklungszusammenarbeit an Bedeutung verloren. Man setzt heute weniger auf Kooperationen mit staatlichen Institutionen und Regierungen, sondern stärker auf unabhängige Organisationen,

NROn, überstaatliche Organisationen wie *UN* und *EU* sowie auf die Zivilgesellschaft. Dieses Kapitel soll der Begriffsklärung dienen.
Ansätze, die sich mit der neuen Bedeutung von NROn beschäftigen, befinden sich bei Brand (2000), Demirovic (2001), Hirsch (2001) sowie den Schriften von Abels et al. (2004), Schellschmidt (2004) und Massmann (2004b). Aram Ziai[65] liefert eine Zusammenfassung des aktuellen Entwicklungsdiskurses und verdeutlicht die Transformation des klassischen Entwicklungsparadigmas unter den Vorzeichen von neoliberaler Globalisierung, ökologischer Krise und neuer Weltordnung. Um überblicksmäßig eine Kategorisierung von NROn zu haben, wurde nach Glagow die folgende Mindmap erstellt:[66]

Abb. 6: Sechs Arten von NROn

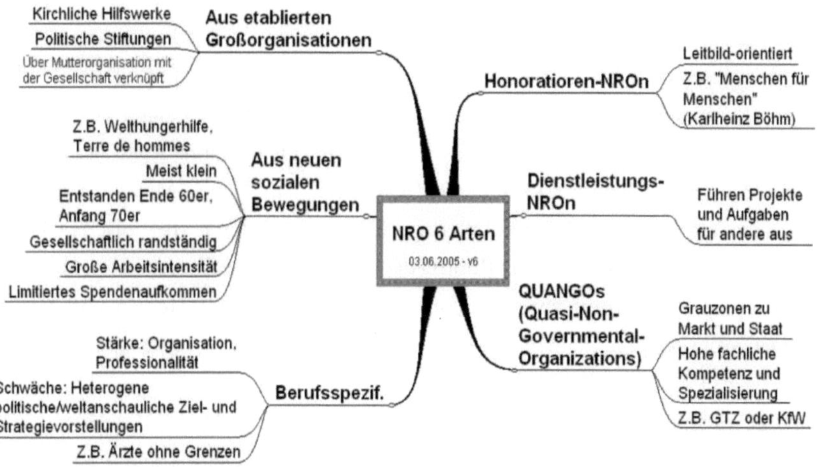

Abb. 6 (nach Manfred Glagow: Die Nicht-Regierungsorganisationen in der internationalen Entwicklungszusammenarbeit, in: HDW 304-326)

Insgesamt sind die NROn im Süden, wie Massmann zu recht feststellt, zunehmend selbstbewusst, werden zum Teil aber immer noch mit „guten" Ratschlägen

[65] „Entwicklung als Ideologie? Ein Beitrag zur Analyse des Entwicklungsdiskurses" Hamburg 2004.

[66] Cees Hamelink unterscheidet in „The Politcs of World Communication" (1994) (38-44):

- Intergovernment organizations (IGOs) wie *UN*, *NATO*, *EU*, *Arabische Liga*;
- Business interest organizations (BINGOs), also transnationale Unternehmen, die starke ökonomische Macht haben wie *AT&T*, *Shell*, *General Electric*, *Mitsubishi*;
- Public Interest Organisations (PINGOs) und lobbyistisch-moralische Zusammenschlüsse, wie *Greenpeace*, das *Internationale Olympische Komitee*, *Amnesty International*.

versehen (Massmann 2004b: 3). Auf der Ebene der praktischen Intervention sind sie teilweise nach dem Marsch durch die Instanzen da angekommen, wo sie nie hinwollten: Sie sind teilweise bürokratische Dienstleister, deren Arbeitszeit zum großen Teil von Beurteilung, Überwachung und Auswertung von Projekten und Ausschreibeverfahren bestimmt wird. Sie stehen aufgrund der Konkurrenz der Mittel und der Verantwortung für vertraglich angestellte Mitarbeiter in einem Wettbewerb mit anderen NROn. Zudem birgt gerade die rapide Zunahme von kurzzeitiger Katastrophenhilfe die Gefahr der Unterlassung nachhaltiger struktureller Veränderungen vor Ort (Massmann 2004b: 4).

Die deutsche *Konrad-Adenauer-Stiftung* (*KAS*) ist eine NRO, die im südlichen Afrika, ähnlich wie die *Friedrich-Ebert-Stiftung*, eine gewisse Bedeutung im Mediensektor hat. Der Reader zu einem Workshop der *KAS* in Harare und Simbabwe 1999 verdeutlicht die Hoffnungen, die politische Organisationen in die Medien setzen. Er behandelt unter dem Sammelbegriff „Obstacles and Challenges Facing the Media" neben komparativen Analysen zum Presserecht Kurzbeschreibungen des Medienrechts, der Existenz privater und öffentlicher Medien und ihre Rolle bei der Implantierung von Demokratie und *Good Governance*[67] in Kenia, Malawi, Südafrika, Tansania, Uganda, Sambia und Simbabwe, überwiegend durch afrikanische Chefredakteure und Herausgeber von Printmedien (vgl. KAS 1999). Hierbei geht es vor allem um das Verhältnis zwischen Regierung bzw. Staat und Medien und Verletzungen von presserechtlichen Gesetzen. Mosambik wird nicht einbezogen.

Zivilgesellschaft

Die „Zivilgesellschaft" wurde im Zuge der afrikanischen Demokratieprozesse zum neuen Hoffnungsträger stilisiert (Nohlen 2002: 906). Der Begriff ist eine „komplexe und umstrittene Kategorie der neuzeitlichen politischen Theorie" und hat eine bis ins 18. Jahrhundert reichende Geschichte (Nohlen 2002: 906). Eine Theoriediskussion ist hier nicht möglich, es steht zu vermuten, dass der Begriff „Zivilgesellschaft" für Mosambik ungeeignet ist, beispielsweise empfiehlt der mosambikani-

[67] *Good Governance* ist im Kern ein Kriterienkatalog reicher Länder an Entwicklungsländer, der vor der Mittelvergabe abgefragt wird. Manche halten dies für eine legitime Kontrolle der Mittel, andere kritisieren eine instrumentelle Verquickung von Demokratieförderung und marktliberalen Strategien (vgl. Nohlen 2002: 341f.).

sche Soziologe Elisio Macamo stattdessen den Begriff „Öffentlichkeit".[68] Eine Zivilgesellschaft im Sinne einer zahlenmäßig großen und artikulationsfähigen Mittelschicht existiert ohnehin nicht in Mosambik. Diese Tatsache sollte bei jeder Maßnahme in Mosambik beachtet werden, denn natürlich setzt sich ein Staat in erster Linie aus Bürgern zusammen, deren grundsätzliche Bedeutung für das Tragen einer demokratischen Staatsform die von Parteien, Institutionen etc. übersteigt. So zitiert Tettey den *UNESCO*-Generaldirekor Frederico Mayor, der „verantwortliche und informierte Bürger" als das beste Schutzschild der Demokratie ansieht (Tettey 2001: 28). Außerdem betont er (2001: 9) die bedeutende Rolle der privaten Print-Medien und zitiert Sandbrook (1996), der Tansanias Demokratie-Entwicklung folgendermaßen beschreibt:

> "(...) between 1990 and 1992, demands for an opening up of the one-party state emanated mainly from the pages of the newly-established independent newspapers – and these were politely worded rational arguments from the pens of academics and lawyers".

Tettey (2001: 10) äußert sich optimistisch über die privaten Zeitungen und Radiostationen in Afrika:

> "They educate citizens on democratic principles, their constitutional rights, and provide them with access to different views".

Allerdings, so Tettey, kommt es dabei zwischen den Medien und dem Staat oft zu Reibungen.[69]

[68] E-Mail Macamo vom 11.1.05.

[69] Tettey berichtet von drei tansanischen Zeitungen, die nach Einführung der Pressefreiheit wegen fortgesetzter Veröffentlichung pornografischer Cartoons und unethischer Artikel gerügt wurden (Tettey 2001: 21).

2.1.7 Zusammenfassung: Internationale Kommunikationsforschung

Bislang wurden Genese und aktuelle Ansätze der internationalen Kommunikationsforschung dargelegt. Dabei wurden vier relevante Themenbereiche deutlich:

- Die *Vereinten Nationen* haben seit den 50er Jahren in zunehmendem Maße vielfältige Einflüsse auf der hier bedeutenden Schnittstelle zwischen Entwicklungszusammenarbeit und Medien entwickelt. Dabei werden Forschungsprojekte von *UN*-Organisationen angeregt und finanziert, die Ergebnisse wiederum dienen als Begründung für die politisch-gesellschaftliche Umsetzung der *UN*-Maßnahmen.
- Neben der *UN* gewinnt die Arbeit von Nichtregierungsorganisationen (NROn) mehr und mehr an Bedeutung. Derzeit erscheinen erste Veröffentlichungen, die diese vielgestaltigen Gebilde und deren unterschiedliche Weltanschauung systematisch kategorisierend begreifbar machen. Für Länder wie Mosambik sind sie unentbehrlich.
- Das Konzept national verstandener Mediensysteme, die weitgehend isoliert zu betrachten, zu untersuchen und durch Entwicklungsmaßnahmen zu beeinflussen sind, ist veraltet. Durch das Internet, wirtschaftliche und mediale Globalisierung und neue kulturelle Überschneidungen verwischen Grenzen. Dies bedeutet keineswegs, dass alles mit allem zusammenhängt. Die Begriffe *Glokalisierung*, Netzwerk und Peripherie sowie *World Systems* versuchen der Tatsache gerecht zu werden, dass die vereinfachenden Modelle, die die Welt in demokratischen Westen und kommunistischen Osten, in reichen Norden und armen Süden einteilten, ihren Wirklichkeitsbezug und ihre erklärende Kraft immer mehr verlieren.
- Die Begriffe *Zivilgesellschaft* und *Partizipation* erlangen seit einiger Zeit besondere Bedeutung für die Entwicklung ärmerer Länder. In der Beschwörung dieser Begriffe spiegelt sich der Kampf darum, dass fördernde Maßnahmen, sei es von *UN*, NROn oder einzelnen Ländern nicht den Reichen, sondern den Armen und der Mittelschicht wenig entwickelter Länder zugute kommen sollen. Zudem sollen diese Länder eine Demokratie und ein vielgestaltiges Mediensystem entwickeln, das diese nachhaltig stützt. Dabei spielte auch der Begriff *Development Journalism* eine Rolle, der aber zunehmend begrifflich aufweicht und weniger verwendet wird.

2.2 Journalismuskonzepte[70]

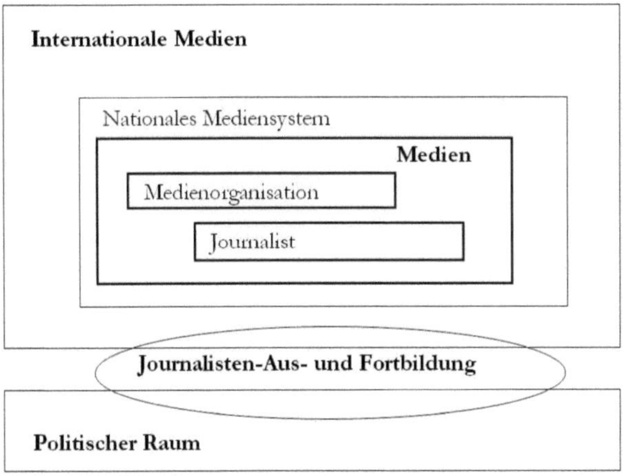

Die Forschung, die den Journalismus und die Medien beschreibt, tut dies unter unterschiedlichen Blickwinkeln, mit verschiedenen Zielsetzungen und Methoden. Abb. 3 (siehe links) bot, nach dem Vorbild der Mengenlehre, eine grafische Darstellung der Verschränkung von Internationalen Medien, Politik, nationalen Medien, der Medienorganisation sowie des Journalisten. Viele andere Darstellungen sind denkbar und sind für verschiedene kommunikationswissenschaftliche Beschreibungen und Theorien auch erstellt worden. Einige dieser Forschungsansätze, aus der theoretische Grundlagen für die Porträtierung und Analyse des mosambikanischen Mediensystems abgeleitet werden können, werden im Folgenden skizzenhaft und synoptisch vorgestellt.

Weiß unterscheidet 1970 im Schlussbericht der umfangreichen Journalismussynopse der 70er Jahre drei Forschungsrichtungen: das Konzept der Aussagenentstehung, den berufssoziologisch beeinflussten Professionalisierungsansatz sowie die *Gatekeeper*-Forschung (Weiß 1977). Baum (1994) hat kritisch zusammengefasst, wie unterschiedliche akademische Schulen das journalistische Handeln fassen. Löffelholz (2002a: 37) schließlich stellte kürzlich eine Synopse von acht unterschiedlichen Konzepten der Journalismusforschung vor, die jeweils unterschiedliche theoreti-

[70] Zur Einordnung des Begriffs „Journalismus" vgl. Weber 2002b: 83, Nr. 6.

sche Ansätze subsumieren, die er als ähnlich ansieht[71] und die er nach Kontext, Fokus, Komplexität und Ertrag gliedert.

Abb. 7: Arten des Journalismus

Konzept	Vertreter	Kontext	Fokus
1. Normativer Individualismus	Bücher, Boventer, Dovifat, Groth, Hagemann	Individualismus, normative Publizistik, „Zeitungswissenschaft"	Begabung und Gesinnung journalistischer Persönlichkeiten
2. Materialistische Medientheorie	Budzislawski, Duiska, Holzer, Hund	Historischer und dialektischer Materialismus	Journalismus als klassenabhängige und kapitalverwertende Warenproduktion
3. Analytischer Empirismus	McCombs, Schönbach, Schulz, Weaver, White	Empirismus, analytische Philosophie, Theorien mittlerer Reichweite	Nachrichtenselektion, Agenda Setting und journalistische Akteure
4. Legitimistischer Empirismus	Donsbach, Kepplinger, Köcher	Empirismus, Medienwirkungsforschung, politische Normen	Verhaltensnormen, Wirklichkeitsbezug und journalistische Akteure
5. (Kritische) Handlungstheorien	Baum, Bucher, Gottschlich	Basiskonzepte aus Linguistik und Soziologie, Kritische Theorie	Journalismus als soziales und kommunikatives Handeln, Handlungsregeln
6. Funktionalistische Systemtheorien	Blöbaum, Görke, Kohring, Rühl	Differenzlogik, Theorie autopoietischer sozialer Systeme	Journalismus als soziales System
7. Integrative Sozialtheorien	Löffelholz, Neuberger, Scholl, Weischenberg	Soziokultureller Konstruktivismus, Akteur-Struktur-Dynamik, Strukturationstheorie	Journalistische Kognitionen und Kommunikationen im Systemzusammenhang
8. Cultural Studies	Allen, Hartley, Klaus, Renger	Kritische Theorie, Semiotik, Linguistik, Handlungstheorien	Journalismus als Teil der Populärkultur zur (Re-) Produktion von Bedeutung

Die Tabelle (Abb. 7) zeigt die von Löffelholz (2002a: 37) erstellte Synopse zur Journalismusforschung.[72] Im Folgenden werden die hier angeführten Theoriestränge beschrieben:

(1) Die normative Journalismusforschung beschäftigte sich, vor allem zu Beginn des 20. Jahrhunderts, normativ und personenzentriert mit den Eigenschaften herausragender journalistischer Persönlichkeiten.[73] Die heutige Forschung sieht darin

[71] Die Herausbildung einer integrativen Supertheorie zur Beschreibung aktueller Medienkommunikation hält er für unwahrscheinlich (Löffelholz 2002a: 51).

[72] Löffelholz klammert die umfangreiche Ethik-Diskussion von Spinner, Langenbucher, Boventer und anderen seit Mitte der 80er Jahre aus (dazu ausführlicher: Baum 1994: Kap. 4), ebenso wie ihre Weiterführung durch Wilke, Wunden etc. Zusammenfassend zu Ethik im Journalismus: Thomaß 1998.

[73] Vgl. Langenbucher 1974/75: 256.

eine nicht legitime Verkürzung der Leistungen des Journalismus auf einzelne, scheinbar autonom handelnde Individuen (Wyss 2001: 262). Löffelholz beobachtet bis heute Einflüsse der normativen Journalismusforschung (Löffelholz 2002a: 38f.).

(2) Die in West- und Ostdeutschland praktizierte materialistische Medientheorie wurde in den siebziger und achtziger Jahren beachtet, heute kaum noch, „obgleich der Hinweis auf Kommerzialisierungsphänomene zum Standardrepertoire empirischer Journalismusanalysen gehört“ (Löffelholz 2002a: 40).

(3) Als zentrales zeitgenössisches Forschungparadigma bezeichnet Löffelholz den analytischen Empirismus, dessen Beachtung intersubjektiver Überprüfbarkeit und Verzicht auf normative Weltbilder er betont. Beispielsweise seien aus der *Gatekeeper*-Forschung auch die systemtheoretischen Ansätze hervorgegangen, vor allem die (bei Löffelholz unter 6 vorgestellte) journalistische Organisationsforschung.

(4) Der Begriff „Legitimistischer Empirismus“ folgt Baum 1994,[74] der als Leitmethode der Mainzer Schule mit Noelle-Neumann und Köcher (die vor allem das Publikum beschreiben)[75], Kepplinger (der vor allem Medienaussagen untersucht) und Donsbach (der primär die Kommunikatoren beforscht) das Konfrontieren von kommunikationspolitischen, vor allem verfassungsrechtlichen Normen mit Befunden der empirisch-analytischen Journalismusforschung ausmacht (Löffelholz 2000a: 45). Kritiker der Mainzer Schule bemängeln die Unterbewertung strukturell-organisatorischer Bedingungen bei der Medienproduktion und Überbewertung der individuellen Einstellungen der Journalisten, deren Wirkung auf die Medienprodukte ebenfalls fraglich sei (Altmeppen/Löffelholz 1998: 105ff.; Baum 1994: 222 ff.). Saxer (1997: 45) bezeichnet die Forschung von D.M. White, Dovifat, Donsbach, Langenbucher und Noelle-Neumann als personalistischen Ansatz, der den Journalisten in der dominierenden Position sieht und die redaktionelle Entscheidung als etwas Individuelles darstellt. Die Ansätze aus dieser Forschungsrichtung sind für die hier vorgelegte Analyse ungeeignet: zum einen, weil bisher kaum kommunikationspolitische Schriften in Mosambik existieren und das Medienrecht bei vielen Journalisten nahezu unbekannt ist, zum anderen, weil

[74] Ähnlich wie Löffelholz zeigt Baum (1994: 10) die Brüche und Ambivalenzen zwischen den und innerhalb der verschiedenen Forschungszweige/n auf, die den Journalismus und journalistisches Handeln theoretisch verorten.

[75] Diese sowie die anderen Anmerkungen in Klammern: vgl. Holtz-Bacha/Kutsch 2002: 109.

gerade gewisse gemeinsame Verhaltensmuster mosambikanischer Journalisten, beispielsweise die Autozensur (vgl. Kapitel 7.1.10), einen individualistischen Ansatz als ungeeignet erscheinen lassen.

(5) Die handlungstheoretisch orientierte Journalismusforschung zielt primär auf die Typologisierung journalistischer Handlungsformen, -muster und -regeln und ist bisher wenig entwickelt (Löffelholz 2002a: 44).

(6) Die funktionalistischen Systemtheorien mit ihrer Betonung der Bedeutung organisatorischer Aspekte sollen für die Arbeit angewandt und im nächsten Kapitel beschrieben werden.

(7) Um die Dichotomie zwischen System und Subjekt, zwischen Struktur und Handlung zu überwinden, intensivierte sich in den 90er Jahren die integrative Sozialforschung. Diese Betrachtungsweise bemüht sich im Sinne eines System/Umwelt-Paradigmas um eine Einordnung und Verortung des Systems Journalismus. Trotz ihrer geringen theoretischen Geschlossenheit sind die Methoden dieser Forschungsrichtung, gerade aufgrund ihres Mutes zu Modellbildung, ihrer Pragmatik und der beeindruckenden Ergebnisse verschiedener Forschungsprojekte in Deutschland derartig vielversprechend, dass sie hier berücksichtigt werden sollen.
Blöbaum (2000: 173) stellt fest, dass sich das System Journalismus seit dem 17. Jahrhundert parallel zur Entwicklung und Differenzierung der modernen Gesellschaft als eigenständiges System ausbildet. Er weist nach, dass der Journalismus mit seinen Differenzierungsvorgängen, wie Ausbildung von Organisationen, Programmen und Rollen, seine Fähigkeit zur Informationsverarbeitung steigert. Thomaß (2001b: 42) bezeichnet die Erkenntnis, dass Medien als ein System betrachtet werden können, zu dem sich Journalismus als ein Subsystem verhält, als führendes Paradigma der Kommunikationsforschung. Diese Betrachtungsweise geht vor allem auf Parsons zurück, nach dem Teilsysteme sich ausdifferenzieren, um für gesellschaftliche Probleme Lösungen anzubieten. Er beschreibt Massenkommunikation als funktional differenziertes System, das sich nach innen ausdehnt und in Bezug auf seine Leistungen für die Gesellschaft differenziert. Luhmann sorgte mit seinem Begriff *Autopoiesis* für eine Veränderung der Akzentuierung. Nach ihm sind Medien nicht offene Systeme, die sich zwischen Zweckgerichtetheit und Zielsuche an ihre Umgebung anpassen und dabei eine eigene Dynamik entwickeln, sondern

vielmehr offen-geschlossene Systeme, die ihre Entwicklungsdynamik aus sich selbst heraus beziehen. Luhmann erläutert dies folgendermaßen:

> „Autopoiesis ist also die Bedingung dafür, dass eine Struktur sich ändern oder nicht ändern kann. Durch Autopoiesis wird der Tatsache Rechnung getragen, dass kein Objekt seine Position in der Zeit ändern (sondern eben nur: sich selbst oder anderes ändern) kann. Dem Lauf der Zeit bleibt es mit oder ohne Änderung ausgeliefert, und deshalb muss es sich von bestimmten Komplexitätsgraden ab durch Autopoiesis erhalten“[76].

Der Systemtheoretiker Marcinkowski entwickelte diese medienbetrachtende Variante Luhmanns weiter und griff sie im Titel seines 1993 erschienenen Buches „Publizistik als autopoietisches System“ auf (s.u.).

Einflussreich war vor allem Weischenbergs „Zwiebel-Modell“, das die Themen der Journalistik als vier ineinanderliegende Ebenen darstellt: Mediensysteme (Normenkontext), Medieninstitutionen (Strukturkontext), Medienaussagen (Funktionskontext) und Medienakteure (Rollenkontext). Donsbach hat bereits 1987 ein Modell mit dem Titel „Einflussfaktoren zwischen Journalisten und Medieninhalten“ entwickelt (Donsbach 1978: 112), das vier Sphären unterscheidet: die Subjekt-Sphäre, die Professions-Sphäre, die Institutions-Sphäre und die Gesellschafts-Sphäre. Die Zuordnungen sind bei Weischenberg und Donsbach etwas unterschiedlich, im wesentlichen aber entsprechen sich:

1. <u>Subjekt-Sphäre</u> (bei Donsbach), also Merkmale der Journalisten als Individuen wie demografische Merkmale, Werte und Einstellungen, Aufgabenverständnis, Berufsmotive und Publikumsbild, und <u>Rollenkontext</u> bei Weischenberg.
2. <u>Professions-Sphäre</u> (Donsbach), also Merkmale der Journalisten als sozialer Gruppe wie Ausbildung, ethische Prinzipien, Berufsnormen, Kriterien der Nachrichtenselektion, Standards der Informationsbeschaffung, Kollegen-Orientierung einerseits, <u>Funktionskontext</u> (Weischenberg) andererseits.
3. <u>Institutions-Sphäre</u> (Donsbach) als Merkmale der Medienbetriebe (technische Arbeitsbedingungen, innere Pressefreiheit, redaktionelle Linie, Arbeitszufriedenheit) auf der einen Seite, <u>Strukturkontext</u> (Weischenberg) auf der anderen.
4. <u>Gesellschafts-Sphäre</u> (Donsbach): soziale Beziehungen der Journalisten in ihrem Umfeld und zu Informanten, die öffentliche Meinung, historische, rechtliche, politische Rahmenbedingungen zum einen, <u>Normenkontext</u> (Weischenberg) zum anderen.

---

[76] Vgl. „Soziale Systeme. Grundriss einer allgemeinen Theorie“ (1984): 475.

Esser entwickelte dies Modell weiter (1998) und berücksichtigte stärker als seine Vorgänger die wechselseitige Beeinflussung der Faktoren. Scholl machte 1997 einen vierstufigen Definitionsversuch von Journalismus (Scholl 1997: 461-475):

- Funktionssystem: Journalismus ist ein System von Funktionen. Ohne dass zunächst auf Akteure zurückgegriffen werden muss, grenzt er sich ab von Publizistik, PR, Kunst, Laienjournalismus etc. Es gibt jeweils Abgrenzungskriterien (bei Öffentlichkeitsarbeit ist dies beispielsweise funktionale Autonomie).
- Organisierte Produktion öffentlicher Aussagen: Medienorganisationen (Agenturen, Zeitungen, Zeitschriften, Rundfunksender) werden identifiziert, diese wiederum in redaktionelle (Redaktionen, Ressorts) und andere (Anzeigenabteilung, Technik, Vertrieb etc.) Organisationseinheiten differenziert.
- Journalismus als Beruf: journalistische Arbeitsrollen. Vor allem relevant sind die, die für redaktionelle Inhalte verantwortlich sind. Aufgaben werden nach vertikalen und horizontalen Rollen unterschieden, bei einer Fokussierung auf professionelle Akteure.
- Journalistische Tätigkeiten: Recherchieren, Redigieren etc., beispielsweise Abgrenzung von Redakteur zu Moderator, der keine Texte schreibt.

Unten soll Weischenbergs Modell angewandt und adaptiert werden.

(8) Die *Cultural Studies* schließlich betrachten vor allem TV-Unterhaltungsprogramme und Produkte der Populärkultur.[77] Löffelholz geht davon aus, dass kulturelle Ansätze an Bedeutung zunehmen werden, da mit der Globalisierung transnationale Kulturen entstehen, die die Produktionszusammenhänge von Medienkonzernen zunehmend prägen (Löffelholz 2002a: 50).

Zusammenfassung: Journalismuskonzepte

Anhand einer Matrix wurden vornehmlich deutsche Ansätze zur Journalismusforschung skizziert und es wurde herausgearbeitet, welche davon bei einer Analyse des vorliegenden Themas anwendbar sind. Als bedingt geeignet wurde der analytische Empirismus angesehen, da in einem wenig beforschten Land wie Mosambik Theorien mittlerer Reichweite sinnvoll sind und da auch eine Akteursbetrachtung bei einer vergleichsweise kleinen Anzahl von Journalisten zielführend und methodisch umsetzbar ist. Auch die integrativen Sozialtheorien (7), die eine Integration von System und Akteur anstreben, und die daraus von Weischenberg und Esser entwickelten Modelle der Verortung sollen angewandt werden. Auch die eher unter dem Begriff Redaktionsforschung, Medienorganisationsforschung etc. bekannt gewordenen Ansätze sollen berücksichtigt werden.

---

[77] Zur Tradition der Cultural Studies vgl. z.B. Winter/Mikos (2001): Die Fabrikation des Populären. Der John-Fiske-Reader.

2.3 Medien-Organisationsformen

„Die meisten Kritiken der Presse beschäftigen sich mit der Wirkung der Presse auf die Gesellschaft – z.B. mit ihrem Einfluss auf die ‚öffentliche Meinung', so als ob die Presse eine autonome Macht wäre. Mir scheint, dass eine Überprüfung der Presse dort beginnen muss, wo die Nachricht ihren Anfang nimmt – innerhalb der Institution Presse, in den Mauern des Redaktionsraumes oder irgendeiner anderen Stelle, wo der Journalist seine Stories bekommt und schreibt." Gieber 1964, zitiert nach Langenbucher 1974/75: 257

Der wissenschaftliche Ansatz, der Journalisten als in einem Organisationssystem agierende Personen betrachtet, soll in dieser Arbeit nicht außer Acht gelassen werden. So wie in anderen Ländern auch, sind mosambikanische Journalisten und Medien teilweise Produkt der Notwendigkeiten, Zwänge, Eigendynamiken und Potentiale von Systemen und Organisationsformen.

Berufliche Sozialisation durch Osmose

Breed widersprach 1955 der von White postulierten *Gatekeeper*-Perspektive, die den Aspekt des Journalisten als frei handelndes Subjekt betonte.[78] Durch den Prozess der beruflichen Sozialisation, durch den sich Journalisten die Normen einer Redaktion aneigneten, seien sie nicht zu unterschätzenden strukturellen Bedingungen unterworfen (Wyss 2001: 264). Gieber unterstrich dies 1956 durch seine Betonung der institutionellen Redaktionszwänge. Er stellte einheitliche und tendenziöse Grundhaltungen in Redaktionen fest, die nicht durch Tatsachenverdrehung, sondern durch bevorzugte Platzierung und Selektion zustande kommt. Die jungen Journalisten lernen die Politik und Grundlinien ihres Mediums nicht durch eine ausgesprochene oder schriftlich fixierte Redaktionslinie, sondern in einem osmotischen Enkulturationsprozess, u.a. durch tägliches Zeitungslesen. Folgende Faktoren spielen dabei eine Rolle (vgl. Breed 1973: 364ff.):

- Institutionelle Autorität: Artikel erscheinen nicht oder sind mit umfangreichen Anstreichungen und Verbesserungen versehen; eine Kündigungsdrohung ist unnötig
- Aufstiegsbestrebungen
- Positive Anreize für eine möglichst reibungslose Integration: Freude an der Arbeit, interessante Aufträge, beruflicher Kontakt mit wichtigen Personen

Letztlich funktioniert der beschriebene Anpassungsmechanismus deshalb so effizient, weil der Journalist seine Anerkennung nicht in erster Linie von den Lesern, Hörern oder Zuschauern bezieht, sondern von Arbeitskollegen und Vorgesetzten (vgl. Weischenberg 1999: 66). Gertrude Robinson lieferte 1973 eine viel zitierte Zu-

[78] Vgl. Breed 1973.

sammenfassung dieser Richtung der Analyse institutioneller Zwänge, redaktioneller Konflikte und Konfliktvermeidungsstrategien.[79] Sie betonte die Wechselwirkung zwischen Feedback der Rezipienten und der Redaktionsorganisation und empfahl der Forschung eine Hinwendung zu kybernetischen Erklärungsmodellen (vgl. Esser 2000a: 113).

Redaktionsorganisation

„Redaktionelles Handeln als Herstellen von Zeitungen in einem industriell hochentwickelten Gesellschaftssystem erfolgt nicht nur durch einige Nachrichten sammelnde, redigierende und schreibende Redakteure, sondern vollzieht sich vielmehr als durchrationalisierter Produktionsprozess in einer nicht minder rationalisierten und differenzierten Organisation." Rühl 1969: 13

Rühl führte das Thema Redaktionsorganisation in Deutschland ein und stellte 1969 eine Fallstudie über die Strukturen und Funktionen einer Zeitungsredaktion vor.[80] In systemtheoretischer Perspektive entwickelte er auf Basis von Luhmann kybernetische Erklärungsmodelle. Demnach sind Journalisten in Organisationen eingebunden, die sich über einen permanenten Kommunikationsfluss ständig selbst regulieren und so das System stabilisieren (Wyss 2001: 265). Rühl entwickelte differenzierte Modelle, die die Wechselwirkungen zwischen Redaktion und Verlag, Informanten und Rezipienten beleuchten, die verschiedenen Rollen der Journalisten akzentuieren und auch die später weiterentwickelten Entscheidungsprogramme aufführen.

Im Folgenden kamen zu der Medienorganisation weitere empirisch zu untersuchende Themenfelder hinzu: die beruflichen Einstellungen und Bewusstseinsstrukturen von Journalisten, die Professionalisierung und Sozialisation in Medienbetrieben, die Arbeitsbedingungen in den Redaktionen u.v.m. (Löffelholz 2002a: 42). Esser stellt mit Verweis auf Untersuchungen, die die Organisation deutscher Redaktionen mit der amerikanischer, englischer und australischer Redaktionen vergleichen, fest, dass „sich in den angloamerikanischen Ländern ein eher arbeitsteilig-zentralisiertes und in Deutschland ein eher ganzheitlich-dezentrales Organisationsprinzip redaktioneller Arbeit herausgebildet hat" (Esser 2000b: 119). Auch wenn in deutschen Redaktionen die Ressorts meist getrennt voneinander arbeiten, so gilt

---

[79] „25 Jahre Gatekeeper-Forschung". Vgl. zu Robinson Meckel 1999: 61.

[80] Löffelholz bezeichnet ihn aufgrund dieser Studie sogar als Vorreiter eines Umbruchs in der Publizistikwissenschaft von der „Vermutungs- und Behauptungswissenschaft zur Beschreibungs- und Erklärungswissenschaft" (Löffelholz 2002a: 42).

doch das angloamerikanische Prinzip der strikten redaktionellen Arbeitsteilung in Deutschland nicht.

Zwar weist Hafez auf einen Wandel hin, der dazu führt, dass „der moderne Journalist im Zeitalter der Massenpresse und des Agenturjournalismus – anders als zur Zeit des Persönlichkeits- und Meinungsjournalismus eines Karl Kraus und abgesehen von einigen Ausnahmeerscheinungen wie Günter Wallraff – die von seiner Persönlichkeit abstrahierenden Interessen des Mediensystems und bestimmte, ihm zugewiesenen Funktionen wahrnimmt" (Hafez 2002c1: 125); aber die Rollentrennung zwischen „reporters" mit der Aufgabe der Faktenrecherche und Meldungschreiben und „sub-editors", die für Textkontrolle, Redigieren und Layout zuständig sind, hat sich in Deutschland noch nicht sehr stark durchgesetzt.

Entscheidungsprogramme von RedakteurInnen

Rühl unterscheidet im Rahmen redaktioneller Entscheidungsprogramme zwischen

- Konditionalprogrammen und
- Zweckprogrammen.

Konditionalprogramme sind sozusagen die Steuerungsmechanismen des Routineverhaltens, die in Medienressorts typische Art der Verarbeitung bestimmter Informationen, beispielsweise das „Schieben" als wenig wichtig erachteter Meldungen aus Platzmangel. Die Zweckprogramme sind am redaktionellen „Output" und seinen möglichen Folgen für die Umwelt orientiert (vgl. Weischenberg/Kriener 1998: 85).

Altmeppen relativiert die Dominanz typischer Entscheidungsprämissen und legt dar, dass redaktionelle Arbeitsprozesse nicht vollständig verbindlich durch Entscheidungsprogramme geregelt sind, sondern dass Journalisten einzelne Arbeitsschritte selbständig aufeinander beziehen und situationsbezogen durch koordiniertes Handeln – Interaktion und Kommunikation – zu einem Arbeitsprozess kombinieren (Wyss 2001: 265). Er unterteilt in

- Arbeitsprogramme und
- Organisationsprogramme.

Arbeitsprogramme „umfassen die Sets an Regeln, Verfahren, Routinen, Arbeits- und Präsentationstechniken, d.h. die Standards, an denen der journalistische Produktionsprozess orientiert ist“ (Altmeppen/Donges/Engels 2000: 201). Es sind dies:

- Bearbeitungsprogramme: Redigieren, Moderieren, Recherchieren, Schreiben und Produzieren
- Selektionsprogramme: Regeln und Verfahren, die sich auf die Formen und Quellen der journalistischen Recherche beziehen
- Themenprogramme: Die durch die „redaktionelle Linie“ vorgegebene Gewichtung von Inhalten lokaler, regionaler, nationaler oder internationaler Themen, bzw. eher unterhaltender oder eher informierender Themen
- Darstellungsprogramme: Genres, Stilformen, also Muster der Gestaltung und Präsentation von Medienangeboten.

Organisationsprogramme wiederum bezeichnen die grundlegende medien- und redaktionsspezifische Struktur und die damit einhergehenden Arbeitsrollen einer Organisation in Abhängigkeit vom publizistischen Ziel und den verfügbaren Ressourcen.[81]

Umwelteinflüsse

Die bei Theis-Berglmair referierten Ergebnisse der Arbeit von Lawrence und Lorsch (1967), die von einem Korrespondenzverhältnis von Umweltgegebenheiten und strukturellen Erfordernissen ausgehen, sind im Licht der starken gesellschaftlichen Veränderungen in Mosambik wichtig. Die Theorie besagt, dass Organisationen auf komplexe, unsichere, dynamische Umwelten mit der Dezentralisierung von Entscheidungsstrukturen und der Etablierung einer „flacheren“, organischen Kommunikationsstruktur reagieren, während Stabilität der Umwelt eher zu stärkerer Zentralisierung, Bürokratisierung und Vertikalisierung von Kommunikationsströmen führen (vgl. Theis-Berglmair 1999: 74, 77). Angewandt wurde diese Theorie beispielsweise auf die strukturellen Erfordernisse amerikanischer Lokalradiostationen je nach Größe der Städte, in denen sie senden.

Perspektiven: Redaktionsmanagement und Unterhaltung

Ein aktueller Zweig der Redaktionsforschung konzentriert sich auf anwendungsorientierte Studien, aus denen Strategien für ein zukunftsweisendes Redaktionsmanagement abgeleitet werden kann (z.B. Meckel 1999). Meckel definiert Redaktionsmanagement als „die strategische Implementierung, Steuerung und Sicherung publizistischer Qualität in Verbindung mit Markterfolg auf dem Weg des konzeptio-

[81] Blöbaum akzentuiert und hierarchisiert die Programme anders und fügt noch ein Selektions- und Prüfprogramm hinzu (vgl. Blöbaum 2000: 177f.)

nellen, organisatorischen Personal- und Kostenmanagements“ (Meckel 1999: 22). Es nimmt an Bedeutung zu, wie man an verschiedenen Faktoren ablesen kann (vgl. Wyss 2001: 272). Im Mittelpunkt des redaktionellen Tuns steht dagegen beim Redaktionsmarketing die Befriedigung der Bedürfnisse und Wünsche der Zielgruppe.[82] Blöbaum (2000: 181) spricht in einem ähnlichen Sinne von einer „Ent-Beruflichung“ der Journalisten: „Die Berufsrolle des Redakteurs, der redigiert, recherchiert und schreibt, wandelt sich oft zu einer Rolle des marketinggeschulten Managers, der Beiträge bearbeitet und einen hohen Anteil an Planungs- und Organisationsaufgaben zu bewältigen hat.“ Übrigens bemängelten schon Katz und Wedell als ein Ergebnis ihrer internationalen Studie in Entwicklungsländern das Fehlen von guten Medienmanagern (Katz/Wedell 1977: 116f.). Auch das Qualitätsmanagement ist ein wichtiges Thema der jüngsten Veröffentlichungen zu Redaktionsorganisation.[83]

Mit den Begriffen „Infotainment“, „Edutainment“ und „Konsumorientierung“ wird ein Wandel im Journalismus beschrieben, der zukünftig auch für ein Land wie Mosambik Bedeutung erhalten könnte. Die Redaktionen und Medien verlieren „den traditionellen Bezug zum politischen Staatsbürger und sprechen den Rezipienten vorwiegend in seiner Rolle als Konsument an“ (Blöbaum 2000: 180). Schneider/Schönbach/Stürzebecher (370) stellten in Westdeutschland und Ostdeutschland eine Art Generationenwechsel fest: Die über 44-jährigen JournalistInnen empfanden sich durchgängig deutlich stärker als die Jüngeren als „Pädagogen und Erzieher“ und „Anwalt der Benachteiligten“. Hafez referiert 2002 die Feststellung von Kunczik (1988: 74), dass sich die Massenmedien insgesamt an ihre primäre Ressourcenwelt anpassen: die kommerziellen Medien an den Markt und das Wirtschaftssystem, öffentlich-rechtliche und staatliche Medien an das politische System und signifikante Gesellschaftsgruppen und -organisationen. Hafez führt die Betrachtung des Publikums bei Rühl auch weiter, indem er organisierte und unor-

---

[82] Der ökonomische Wandel im Mediengeschäft führt dazu, dass kommunikationswissenschaftliche Untersuchungen heute auch von Forschern mit eher betriebswirtschaftlichem bzw. organisationswissenschaftlichem Hintergrund erstellt werden, z.B. Möllmann 1998 zum redaktionellen Marketing und Moss 1998 zur Redaktionsorganisation. Zur Kritik dieser „nachbarwissenschaftlichen“ Tendenz: Meier 1999: 249.

[83] Vgl. z.B. Held/Russ-Mohl (Hg.) (2000): Qualität durch Kommunikation sichern. Vom Qualitätsmanagement zur Qualitätskultur. Erfahrungsberichtes aus Industrie, Dienstleistung und Medienwirtschaft.

ganisierte Öffentlichkeiten unterscheidet und Systemumwelten und Umweltsysteme gegeneinander stellt (Hafez 2002c1: 126f.).

Zusammenfassung: Medien-Organisationsformen

Bis hierhin wurden fünf Aspekte von Redaktionsforschung beleuchtet. Zunächst wurden die frühen Ansätze von Breed, Gieber und Robinson vorgestellt, die den Journalisten als organisatorisch eingebundenen Funktionsträger beschrieben. Mit Rühl, Altmeppen, Hafez und Esser wurden zur adäquaten Beschreibung von Redaktions-Funktionsweisen komparative Aspekte wichtiger. Rühl und Altmeppen konzentrierten sich auf prozesshafte Abläufe, unterschieden Arbeits- und Organisationsprogramme und verfeinerten diese Abgrenzungen noch weiter. Kurz angerissen wurde das Thema der Beeinflussung von Redaktionen durch Kräfte in der Gesellschaft, so genannte Umwelteinflüsse. Schließlich wurden die neueren Ansätze zu Beschreibung und Analyse von Redaktionsmanagement, verbunden mit der besonderen Bedeutung von unterhaltendem Journalismus, vorgestellt.

2.4 Medien und politische Entwicklung

„Die Ansätze für die internationale Kommunikationsforschung waren im 20. Jahrhundert häufig politischer Art und gingen weniger von innerwissenschaftlichen Antrieben aus. Es waren die Probleme und die Krisensymptome internationaler Politik, die sie auf den Plan riefen, und wozu von ihr Erhellung und praktische Lösungen erwartet wurden". Wilke 2002: 16

Auch heute noch sind internationale Politik und politische Rahmenbedingungen für die Kommunikationsforschung ein wichtiges Thema. Aber „Politik" wird mit der Bedeutungsveränderung nationaler Gebilde, der Zunahme von Wirtschaftsverflechtungen und der Bedeutungszunahme von überstaatlichen Gebilden wie NROn, der *EU*, der *UN* bzw. *UNESCO* (vgl. Wilke 2002: 24) sowie Abkommen zwischen Entwicklungsländern anders perspektiviert. Auf der Agenda von Forschung und praktischer Medienarbeit sind nun Themen wie Medienethik, Mediensupersysteme, Wechselwirkung von politischer Transformation und Partizipation. Dies gilt auch für die Betrachtung des mosambikanischen Mediensystems und der Journalisten-Aus- und Fortbildung. Als relevant werden angesehen: Erstens grundsätzliche Betrachtungen zur Wechselwirkung Medien/Politik, zweitens die Ergebnisse der Transformations- und Transitionsforschung der Länder Ost- und Mitteleuropas und drittens Forschungen zur Wechselwirkung Medien/Politik für afrikanische Länder.[84]

2.4.1 Forschung zur Wechselwirkung Medien/Politik

Medienentwicklungszusammenarbeit geht meist von der Annahme aus, dass Medien solche Prozesse fördern oder sogar betreiben können, die eine im Verständnis des fördernden Landes (bzw. Organisation/Fördergemeinschaft etc.) positive Entwicklung demokratischer Prozesse fördern.[85] Dieses Paradigma kann bis ins England des 17. Jahrhundert zurückverfolgt werden (Tettey 2001: 7). Allerdings war bei

[84] Die verschiedenen Ansätze zur Demokratie-Messung können hier nicht vorgestellt werden. Vgl. zu Evaluationspraxis: Hanisch, Rolf (Hg.) (1997): Demokratieexport in die Länder des Südens? Hamburg. Vgl. zu Demokratisierung in Afrika: Schmidt 1994 und Nolting in Andersen (2003: 76ff.). Die Homepage www.freedomhouse.org bemüht sich um eine aktualisierte Messung von Demokratisierungsgraden.

[85] Bei der MEZ gibt es Unterschiede: Die europäische Entwicklungshilfe und die *UN*-Unterstützung zielt vor allem auf eine breite Beteiligung verschiedener gesellschaftlicher Gruppen an politischer Willensbildung und Machtausübung, auf eine Stärkung der Zivilgesellschaft, auf Frauen-Förderung, auf eine Reduzierung der Armut und Eindämmung von Krankheiten, vor allem AIDS. Dagegen fokussiert die US-amerikanische Unterstützung traditionell und teilweise bis heute stärker wirtschaftsfördernde Maßnahmen und die Schaffung stabiler und nachhaltiger ökonomischer Strukturen.

dieser Art von Journalismus bis ins 20. Jahrhundert die kritische Funktion nicht vorgesehen, wie im Werk von Caspar Stieler, einem frühen deutschen Kommunikationstheoretiker, zum Ausdruck kommt,[86] der vor 300 Jahren jede Kritik an Regierung, Staat und Kirche aus den Zeitungen verbannt sehen wollte (Stieler 1695). Seitdem hat sich die Rolle und Bedeutung der Medien stark verändert. Ronneberger [Kommunikationspolitik. Bd.1 (1978): 215ff.] macht als kommunikationspolitische Leitideen der Demokratie Autonomie, Vielfalt und Ausgewogenheit fest. Manchen Autoren gelten die Medien als „Vierte Macht im Staat“ neben Exekutive, Legislative und Judikative. Requate (2002) zeichnet die Geschichte und den historischen Wandel des Journalismusverständnisses in verschiedenen Ländern nach und zitiert Max Weber: Während die Franzosen ein „Tendenzblatt“ lesen wollten, wollten die Amerikaner in erster Linie Fakten.

Zielführender als die auf den Journalisten zugeschnittene Rollendiskussion scheint hier eine Betrachtung des Verhältnisses von Medien und Politik aus systemtheoretischer Perspektive. Damit kann das politische System definiert werden als „jener gesellschaftliche Handlungszusammenhang (…), der die allgemeinverbindlichen Entscheidungen hervorbringt“, während das publizistische System als „das Insgesamt der um die publizistischen Medien ablaufenden Prozesse“[87] gilt, dessen Grundfunktion darin besteht, Personen und Sachverhalten Publizität zu verleihen, d.h. sie öffentlich zu machen (Kunczik/Zipfel 2001: 84). Das Spektrum der Paradigmen zum Verhältnis zwischen Mediensystem und politischem System reicht von der Vorstellung zweier voneinander unabhängiger Systeme („Gewaltenteilungsparadigma“) über die Annahme einer Grenzverschiebung des einen Systems auf Kosten des anderen („Instrumentalisierungs“- bzw. „Dependenzparadigma“[88]) bis hin zu der Ansicht, es existiere eine Interdependenz („Symbioseparadigma“) beider Systeme oder es komme sogar zu ihrer Verschmelzung („Supersystem“). Der „Instrumentalisierungsansatz“ geht davon aus, dass die Politik die Medien zunehmend zu ihren eigenen Gunsten steuere und auf immaterielle und symbolträchtige Handlungen setze, also politische Öffentlichkeitsarbeit, die den Eindruck kompe-

[86] Vgl. Holtz-Bacha/Kutsch 2002: 423.

[87] Saxer, Ulrich (1981): Publizistik und Politik als interdependente Systeme. Zur politischen Funktionalität von Publizistik. In: Media Perspektiven: 501-514, hier S. 501.

[88] Dies ist nicht identisch mit dem in Zusammenhang mit Entwicklungshilfe und Internationaler Zusammenarbeit benutzten Dependenzbegriff, der die Abhängigkeit armer (Peripherie-) Länder von reichen Ländern der Ersten Welt bezeichnet (vgl. Kap. 2.1.3).

tenter Problemlösung erwecke (Kunczik/Zipfel 2001: 86 f.). Manche Vertreter des Interdependenzansatzes sehen eine wechselseitige Abhängigkeit zwischen Politik und Medien, eine reflexive Verschränkung, eine symbiotische Beziehung, die teilweise als bedenklich angesehen wird.[89] Gleichzeitig machten Medien und Politik, so dieses Paradigma, sich gegenseitig zu Opfern, da sie zunehmend dramaturgische Notwendigkeiten, vor allem des Fernsehens, über politische Substanz stellen. Entscheidungsprozesse mit Substanz und Kompetenz verkommen, so der Vorwurf, zu einer politischen Show, bei der Themen verschlissen und eine galoppierende Inflation der Worte entstehe,[90] die eine potentiell politisch aktive Öffentlichkeit bis hin zur Politikverdrossenheit irritiere und abstoße (Kunczik/Zipfel 2001: 90 f.). Eine andere Akzentuierung des Dependenzansatzes sieht das Abhängigkeitsverhältnis zwischen Politik und Medien umgekehrt und kritisiert eine bedenkliche Abhängigkeit der politischen Institutionen von den Medien, welche ihren Platz, der ursprünglich außerhalb des politischen Systems war, in das politische System verlagert haben und dort zur eigenständigen Kraft werden.[91]

Generell herrscht Einigkeit, dass Demokratieerhalt als journalistische Aufgabe implantiert, aber nicht zementiert werden kann (vgl. Kapitel 2.5). Trotz seiner starken öffentlichen Wirkung kann es für journalistisches Handeln nie vollständige objektive Verhaltensregeln geben, wie Baum feststellt: "So muss der normative Zusammenhang eines richtigen journalistischen Handels für die Demokratie dem Journalismus stets extern übergestülpt werden" (Baum 1994: 9). Weiland (2005) sieht die Medien eher als Dienstleister und stellt fest, dass den Medien in einer pluralen Gesellschaft als „Transmissionsriemen zwischen Regierung und Bürgern, aber auch zwischen den verschiedenen gesellschaftlichen Gruppen" eine zentrale gesellschaftliche Integrationsaufgabe zukomme (14). Wyss fasst die Normenaspekte im Journalismus relativ eng: Mediengesetzgebung steht innerhalb der Medienordnungen von Gesellschaft und Nation auf der einen, Standesregeln mit Presserat, ethischen Anforderungen und entsprechenden selbstverpflichtenden Kodizes auf der anderen Seite (Wyss 2001: 269f.). In ihrem Buch „Der Journalist als Homo oeconomicus" (Konstanz 2005) akzentuieren Fengler und Russ-Mohl die beruflichen

---

[89] Vgl. Kunczik/Zipfel 2001: 88 f.

[90] Vgl. Münch, Richard: Dialektik der Kommunikationsgesellschaft. 1992.

[91] Vgl. Kepplinger, Hans Mathias (1985): Systemtheoretische Aspekte politischer Kommunikation. In: Publizistik 30: 247-264.

Entscheidungsprozesse von Journalisten als von monetären und zeitsparenden und weniger von politisch-ideellen Motiven geprägt.

Ein Blick auf das ausdifferenzierte Mediensystem der USA erscheint in Bezug auf rechtliche Voraussetzungen und verbandliche Strukturen, die in Kapitel 5 für Mosambik beschrieben werden, sinnvoll.[92] Es gibt in den USA kein Äquivalent zum Deutschen Presserat, also einer Ethik-Institution auf nationaler Ebene (Russ-Mohl 1994: 165). Auf regionaler Ebene existieren die „News Councils", vom Staat unabhängige Instanzen, an die sich jeder wenden kann, der sich als Betroffener über Medienberichterstattung beschweren möchte (166). Diese bestehen etwa zur Hälfte aus Medienvertretern und Persönlichkeiten des öffentlichen Lebens, anders als beim Deutschen Presserat, dem vor allem Personen vorstehen, die in den Medien oder deren Umfeld arbeiten und von den Journalisten- und Verlegerverbänden delegiert werden (Russ-Mohl 1994: 167). Sehr viel gängiger als in Deutschland ist in den USA das System der Ombudsleute, die von der Verlagsspitze bestellt werden und als Anlaufstelle für Beschwerden sowie als Mittler und Schlichter zwischen tatsächlichen oder vermeintlichen Opfern der Berichterstattung und der Redaktion fungieren, manchmal auch als Mahner und Zuchtmeister, die journalistische Fehlleistungen aufgreifen und korrigieren (Russ-Mohl 1994: 170). Nur 40% der amerikanischen, sehr individualistischen Journalisten gehören zu Journalistenverbänden (Russ-Mohl 1994: 198). In den USA sind aber Gewerkschaft und Berufsverband strikt getrennt, anders als in Deutschland, beispielsweise im Falle des *Deutschen Journalistenverbandes (DJV)*. Die Journalistengewerkschaften handeln tarifliche Fragen aus, Gehälter, Urlaub und Arbeitsbedingungen, die Verbände dagegen inhaltliche und ethische Fragen (Russ-Mohl 1994: 203). Es wird in Kapitel 5.2.4 und 7.2.10 zu untersuchen sein, welche Aufgaben und Ziele der mosambikanische Journalistenverband hat.

Der US-Amerikaner Daniel C. Hallin und der Italiener Paolo Mancini stellen mit "Comparing Media Systems. Three Models of Media and Politics" (Cambridge 2004) anhand von 18 westeuropäischen und nordamerikanischen Demokratien drei typische Modelle vor, die die Wechselwirkung zwischen Politik und Medien in den verschiedenen Systemen und Ländern verdeutlichen sollen. Obwohl Hallin und

---

[92] Buchloh und Russ-Mohl haben 1993 die europäische und amerikanische Journalistenausbildung untersucht (Securing Quality. European and American Perspectives of Continuing Education in Journalism. Berlin). Russ-Mohl hat die Ergebnisse 1994 abermals zusammengefasst.

Mancini zu dem Ergebnis kommen, die Landschaft der politischen Kommunikation sehe international weitgehend gleich aus, unter anderem auf Grund des Kulturimperialismus, so ist einschränkend festzustellen, dass sich ihre Thesen nur auf eine vergleichende Betrachtung zwischen Europa und USA stützen. Damit sind sie auf afrikanische Länder, wenn überhaupt, nur bedingt übertragbar.

2.4.2 Transformations- und Transitionsforschung

Wird „Transformation (…) verstanden als Modernisierung im Sinne von Aufholprozessen, deren Ziel prinzipiell bekannt ist (…) – nämlich das Vorbild der modernen (westlichen) Gesellschaften mit politischer Demokratie, Marktwirtschaft und Wohlstand für eine breite Bevölkerung – so stellt sich die Frage, ob Medien ein wichtiger Faktor bei einer so verstandenen Modernisierung sind.“ Tzankoff 2001: 10

In politischen Transformationsprozessen ist oft ein Ringen verschiedener gesellschaftlicher und politischer Kräfte um Einfluss auf die Medien zu beobachten. Dementsprechend geht es bei einer Transformationsforschung unter massenmedialem Fokus um die Frage, wie die Überführung der Medien von freiheitlich-demokratischen in marktwirtschaftliche Strukturen vor sich geht (Wilke 2002: 19). Obwohl afrikanische Länder in der Regel nicht unter die Begriffe Transformation und Transition subsumiert werden, ist wegen der teilweisen Parallelen politischer Entwicklungen in Ost- und Mitteleuropa einerseits und Afrika andererseits eine Betrachtung der Forschung zur Wechselwirkung zwischen Medien und Politik angezeigt.

Thomaß/Tzankoff stellen 2003 fest, dass die theoretisch angelegten Arbeiten der Politikwissenschaft die Rolle der Medien bei den Transformationsprozessen nicht oder nur am Rande berücksichtigen.[93] Sie haben es sich anhand ihrer Länderstudien zu Osteuropa zur Aufgabe gemacht, Transformationsforschung und Mediensystemforschung zusammenzuführen (Thomaß/Tzankoff 2003: 183). Die gesellschaftlichen Umbrüche in den ehemaligen sozialistischen Ländern und der darauf folgende Prozess der demokratischen Konsolidierung werden in der Politikwissenschaft mit dem Begriff der Transformation gefasst. Der Prozesscharakter des Systemwechsels wird betont und anhand von drei Perioden unterschieden (Merkel 1999: 120):

1. Ende des autokratischen Systems

[93] Im gleichen Sinne Hafez 2005: „Most transformation theory in political science is policy-oriented and almost neglects the media.” (Seitenangabe unbekannt, da Buch noch nicht erhältlich).

2. Institutionalisierung der Demokratie
3. Konsolidierung der Demokratie.

Untersuchungsleitende Fragen, die aufgeworfen werden (Thomaß/Tzankoff 2003: 185):

- Waren die Medien eher Akteure oder Objekte des Wandels?
- Zeigt sich die Wirksamkeit der Medien eher im Umbruch oder während der Konsolidierung?
- Sind die Medien vierte Gewalt und Korrektiv oder kritischer Begleiter des Prozesses?
- Wie wichtig ist für zentrale politische Akteure der Rückgriff auf Medien?
- Welche Erkenntnisse ergeben sich für Öffentlichkeit, Medien und Zivilgesellschaft?

Der oben erläuterte Betrachtungskonflikt im Verhältnis Medien und Politik wird bei Thomaß/Tzankoff durch Abgrenzung gelöst. Das Mediensystem ist nach der politischen Transformation ein eigenständiges System neben dem politischen und nicht – wie zuvor – ein Teil davon (Thomaß/Tzankoff 2003: 191). Im weitesten Sinne als Entsprechung zu den oben beschriebenen drei Perioden beschreibt Thomaß unter Verweis auf Downing (1996) und Bennett (1998) den Transformationsprozess der Medien (Thomaß 2001b: 44f.):

1. Phase der Demonopolisierung und Dezentralisierung der Medien, die mit der Internationalisierung der Inhalte einhergeht. Gleichzeitig enormer Aufschwung der Printmedien, genährt durch die Untergrundpresse. Aufkommen vieler neuer Publikationen, deren weiterer Bestand jedoch selten gesichert ist. Im audiovisuellen Sektor tritt diese Phase später ein, da die meist staatlichen Rundfunkmonopole nicht andauern. Lockerung der Zensur, Aufkommen radikalen Gedankengutes.
2. Neue Mediengesetzgebung, Verankerung der Meinungs-, Informations- und Pressefreiheit, Lizensierung von Rundfunksendern. Rechtliche Ausgestaltung der Medienlandschaft wird maßgeblich zwischen politischen und medialen Akteuren ausgehandelt. JournalistInnen durchlaufen eine Phase der Professionalisierung, vor allem in den privatwirtschaftlich organisierten Medien.
3. Aufgrund der labilen Finanzgrundlage vieler Medien: Prozess der Medienkonzentration, der durch den Einfluss von ausländischem Medienkapital beeinflusst und beschleunigt wird.

Die dritte Phase bezeichnen Fröhlich und Holtz-Bacha (1997: 173f.) als besonders schwierig, da an mehreren Fronten gekämpft wird: Neue Konzepte und Modelle müssen auf die neuen demokratischen Grundsätze abgestimmt werden, die technischen und strukturellen Herausforderungen des bis Anfang der 90er Jahre unbekannten Massenmedienmarktes wollen bewältigt werden, einhergehend mit der neuen und für Politiker, Journalisten, Verleger und Rezipienten schwer verdaulichen Erkenntnis, dass Medien auch unter kommerziellen Gesichtspunkten betrachtet werden sollten. Hafez (2005) sieht zwar, dass die osteuropäischen Transformationsprozesse umfangreich analysiert wurden, hält aber für problematisch, dass hier lediglich die Phase der Konsolidierung und nicht die Situation der Medien unter einem autoritären Regime untersucht werden.

2.4.3 Afrika

"During the first three decades of Africa's independence (...) most African governments acquired and controlled such media outlets as the national radio and television networks, the national daily and weekly newspapers (...) to protect and promote the interests of the state and the ruling elite". Makumbe 1998: 312

Deutsche Medienforschung zu Afrika in der 1. Hälfte des 20. Jahrhunderts stand unter dem Vorzeichen des Kolonialismus. Beispiel dafür ist das detailreiche Buch „Afrika. Handbuch der praktischen Kolonialwissenschaften". Im Teilband XVI „Post und Fernmeldewesen" übernahm der auch nach dem 2. Weltkrieg einflussreiche Kommunikationswissenschaftler Emil Dovifat das Kapitel „Das Zeitungswesen". Dietze und Wagenführ schrieben „Das Rundfunkwesen". Ungeachtet der kolonialistischen und faschistischen Grundhaltung des Buches illustrieren statistische Daten, Wirtschaftsdaten, Post- und Fernmeldewesen, Listen der Postverwaltungsdienststellen und Zahlenangaben zu Briefdiensten einen erheblichen Recherche-Aufwand.

Zum Thema internationaler Nachrichtenfluss gab es in der internationalen Kommunikationsforschung – nach Anfängen in den 50er Jahren – eine Serie von Einzelfallstudien und großen Projekten in den 70er sowie den 90er Jahren (vgl. Kunczik/Zipfel 2001: 428-433). Heute wird das Thema weniger unter politischen, sondern eher unter technischen, wirtschaftlichen und kulturellen Vorzeichen betrachtet (Wilke 2002: 16). Die Akteure internationaler Zusammenarbeit, deren Arbeit im Gegensatz zur Forschung pragmatischen Zwängen unterliegt, haben vor allem zwei Ansprüche an die Medien: Verbreitung von Informationen (AIDS, Malaria, Landwirtschaft, Menschenrechte) sowie Maßnahmen zur Förderung, Stabilisierung und Weiterentwicklung der Demokratie.

Michael Kunczik nahm als einer der ersten deutschen Publizistikwissenschaftler Länder Afrikas und Asiens in den Blick. In systemtheoretischer Perspektive analysiert er die spezifische Art des Austausches von Mediensystemen mit anderen Subsystemen wie „Wirtschaft", „Religion" etc. in Entwicklungsländern. Dort sei es vor allem das Subsystem „Politik", das Sanktionspotential habe, während die Rezipienten relativ machtlos seien (Kunczik 1986: 266). Diese Vorstellung wird in Kapitel 4.4 bei der Erstellung eines Modells des mosambikanischen Mediensystems grafisch umgesetzt. Ansonsten ist im deutschsprachigen Raum über die Medien in einzelnen afrikanischen Ländern wenig erschienen, wie Wilke bemängelt (2002: 29).

Die Begleitforschung zu den zahlreichen Projekten der *Friedrich-Ebert-Stiftung*, der *Gesellschaft für Technische Zusammenarbeit* etc. sei vernachlässigt worden.[94]

Anders verhält es sich im englischen Sprachraum, hier erschienen zahlreiche Veröffentlichungen über die Medien in afrikanischen Ländern. Elihu Katz und George Wedell haben 1977 elektronische Medien in Ländern der Dritten Welt beschrieben. Sie recherchierten in 39 Ländern und haben von September 1973 bis April 1975 elf Fallstudien erstellt (Katz/Wedell 1977: vii). Vier Themen waren bei ihren Interviews beherrschend: Es gab zum Recherchezeitpunkt viel Bewegung auf dem Medienmarkt, wobei die Regierungen der meisten Länder mit einer Zunahme der Kontrolle reagierten, die Unterschiede zwischen Ländern mit Ölvorkommen und solchen ohne waren bei den Modernisierungsbestrebungen der Medien deutlich spürbar, man wollte authentischer, selbstgesteuerter berichten und die Rolle des Fernsehens wuchs. Am Ende stellen sie fünf Modelle des Transfers von Rundfunksystemen vor (Katz/Wedell 1977, Table A 5): Das US-Modell mit wenig staatlicher Einmischung und privaten Unternehmern (in Afrika kein Pendant), das britische Modell, also das Verhältnis eines ehemaligen Kolonialherrschers zu seiner Ex-Kolonie mit einem staatlichen Rundfunk, der dem Modell des *BBC* nachempfunden ist (14 englischsprachige afrikanische Staaten), das französische Modell, das dem britischen ähnelt (elf Länder), andere Modelle, vor allem in den ehemaligen belgischen Afrika-Kolonien sowie „hybride Modelle" im arabischen Afrika. Graham Mytton hat 1983 in seiner viel rezipierten Arbeit die Medien in 15 afrikanischen Ländern beschrieben und Fallstudien in Sambia, Tansania und Nigeria erstellt. Er kommt zu dem Ergebnis: „The content of mass communications in many new African countries has tended to be heavily dominated by exhortation and command" (132). Louise Bourgalts (1994) Beschreibung von Medien in Ländern südlich der Sahara steht stärker unter den Vorzeichen eines gewandelten Verständnisses der Medien

[94] Eine seltene Ausnahme stammt von Brüne, der 2000 einen Sammelband herausgab, in dem u.a. verschiedene afrikanische Regionen und Mediensparten behandelt werden. Allerdings zeigt schon der Titel „Neue Medien und Öffentlichkeiten. Politik und Tele-Kommunikation in Afrika, Asien und Lateinamerika" sowie die vielfältige Zusammenstellung der Themen, dass beim Netz der Untersuchungen zu Medien in Afrika die Löcher größer sind als die Maschen: Eine Mischung aus englisch- und deutschsprachigen Artikeln sind thematisch etwas hilflos zusammengehalten durch Abschnittüberschriften wie „Alternative Medien", „Telepolitiken und Medienökonomie", „Internet und Politik" etc. Ein einheitlicher Blickwinkel oder transparent dokumentierte Forschungsansätze fehlen. Bezüge zu Mosambik sind kaum herstellbar, außer bei den Artikeln zu Community-Radios (vgl. Kap. 7.1.8).

als Förderer und Instrument von demokratischen Systemen in afrikanischen Ländern.
In jüngster Zeit erscheinen zahlreiche Veröffentlichungen, nun auch deutlich mehr von Afrikanern, zum Journalismus in englischsprachigen und französischsprachigen afrikanischen Ländern, beispielsweise das 1996 von Olatunji Dare Adidi Uyo herausgegebene „Journalism in Nigeria. Issues and Perspectives", in dem Ralph Akinfeleye die Infrastruktur, Politik und Entwicklung des Journalistentrainings beschreibt (Akinfeleye 1996) (vgl. folgendes Kapitel).
Vorstellungen über die Aufgaben des Journalismus in Afrika entwickelten sich in den 60er Jahren, beeinflusst durch ehemalige Journalisten, die zu Staatsmännern in inzwischen unabhängigen Staaten geworden waren.[95] Für sie stand als Aufgabe des Journalismus eine Überwindung tribaler, partikularistischer Strukturen und die Herausbildung nationaler Identität im Vordergrund. In ähnlichem Sinne bemerkt Bourgalt (1994: 155): „(...) the role of the press as government watchdog (was) overshadowed by its role as the public cheerleaders for development effort". Dieses Journalismus-Verständnis wird mit Bezug auf Mosambik wieder aufgegriffen werden. Katz und Wedell (1977: 216) empfehlen den Regierungen eine „verantwortliche Distanz" zum Rundfunk, die herausragende Rolle des Radios wird ausdrücklich betont (Katz/Wedell 1977: 219). Der professionelle Status, die rechtliche Absicherung und Regelung journalistischer Berufe sowie die Bezahlung sollten verbessert werden (Katz/Wedell 1977: 238).
Hafez (2005) bemängelt, dass das Thema Wechselwirkung zwischen „New Media" und Globalisierung bisher nur für die westliche Welt, nicht aber für Entwicklungsländer analysiert wurde.[96] In den wenigen Fällen, in denen solche Untersuchungen vorgenommen wurden, fehlte es den Autoren, so Hafez, an kommunikationswissenschaftlicher Perspektivierung, so dass die theoretischen Arbeiten rein deskriptiv ausfielen. Es handele sich, aufgrund der Involvierung verschiedener Disziplinen, um akademisches Niemandsland.
Hafez (2005) akzentuiert die drei Phasen zur Demokratisierung für den Entwicklungsländerkontext etwas anders als Merkel (s.o.): Die erste Phase ist bei ihm

[95] In Nigeria waren dies Kwame Nkrumah und Nnandi Azikiwe, in Tansania Julius Nyerere und Jomo Kenyatta.
[96] Ausnahmen sind laut Hafez die Arbeiten von Peter Ferdinand (‚The Internet, Democracy and Democratization' London 2000) sowie Adam Jones' vergleichende Studie der Presse in Nikaragua, Südafrika, Jordanien und Russland.

autoritär geprägt. Eine herrschende Elite betreibt das Land auf der Basis von militärischer, ideologisch begründeter oder klientel-orientierter Machtausübung. Innerhalb dieser Phase gibt es Grade der Freiheit von Medien (soft-autoritäre Systeme wie Algerien und hart-autoritäre Systeme wie Nordkorea). Die zweite Phase ist bei Hafez die Transitionsphase, die den Wechsel zur Demokratie beinhaltet und deren wichtigstes Element freie Wahlen sind. Die dritte Phase deckt sich wieder mit Merkels Unterteilung.

2.4.4 Zusammenfassung: Medien und politische Entwicklung

Bislang wurden teilweise politikwissenschaftlich geprägte Ansätze vorgestellt, die Journalismus als eng verwoben mit dem politischen System begreifen, und die entsprechenden Untersuchungen zu Ost- und Mitteleuropa (Transformations -und Transitionsforschung) und Afrika (Entwicklungsforschung). In jungen Demokratien wie der mosambikanischen wird Journalismus gerade aus der Perspektive von Entwicklungszusammenarbeit und Förderprogrammen als Hebamme moderner Gesellschaft und der Grad der Pressefreiheit gleichzeitig als Indikator des Funktionierens eines Staatssystems betrachtet. Daher wurden auch Untersuchungen zu jungen ost- und mitteleuropäischen Demokratien vorgestellt. Auch die Funktionsweise des amerikanischen Journalismus und die Rolle von Journalistenverbänden und Ombudsleuten im Vergleich zu Deutschland werden für die Beschreibung der organisatorischen und rechtlichen Voraussetzungen des mosambikanischen Mediensystems wichtig sein. Einige Untersuchungen zu afrikanischen Medien und Politik der letzten Jahrzehnte wurden vorgestellt. Nach den US-amerikanischen Ansätzen im Dunstkreis der *UN* werden zunehmend Schriften von Afrikanern wichtiger. Im Vordergrund der Betrachtungen steht zumeist das Gelingen und Misslingen der Instrumentalisierung von Journalisten und Medien als Förderer und „watchdog“ demokratischer Strukturen.

2.5 Kommunikatorforschung

„Die Kommunikatorforschung beschäftigt sich auf empirischer Grundlage mit den Faktoren, welche die journalistische Aussagenentstehung bestimmen. Dabei fokussiert sie weniger die Vorbedingungen und die Folgen, sondern vielmehr das Handeln von Institutionen oder Rollenträgern."

(nach Weischenberg/Kriener 1998: 49)

Eine Betrachtung der Aus- und Fortbildung von Journalisten in Mosambik sollte auch den einzelnen Journalisten, den potentiellen oder tatsächlichen Nutznießer von Bildung, in den Blick nehmen. Auch wenn die Bedeutung organisatorisch-institutioneller Rahmenbedingungen nicht unterschätzt werden sollte, ist der einzelne Journalist hier wichtig, nicht zuletzt, da die Anlage der empirischen Untersuchung für diese Arbeit nicht Institutionen als Ganzes untersucht, sondern einzelne JournalistInnen.

Untersuchungen zu Kommunikatoren bzw. berufliche Aspekte des Journalismus stammen von Langenbucher (1974/75), Ronneberger (1988), Kunczik (1988), Scholl/Weischenberg (1994), Altmeppen (1998) und Neubert/Scheurer (2004). Neuere komparative Ansätze werden u.a. bei Deuze/Neuberger/Paulussen (2004) angewandt.

Journalisten sind Kommunikatoren:

> Als Kommunikator wird die Person, Personengruppe oder Organisation bezeichnet, „die an der Produktion von öffentlichen, für die Verbreitung durch ein Massenmedium bestimmten Aussagen beteiligt ist, sei es schöpferisch-gestaltend oder selektiv oder kontrollierend" (Maletzke, Gerhard (1963): Psychologie der Massenkommunikation. Hamburg: 43)

Die internationale Kommunikatorforschung analysiert Anforderungen und berufsspezifische Profile des Berufs bzw. der verschiedenen journalistischen Berufe und beschreibt nach Nationen unterteilt die Journalisten in verschiedenen Ländern. Die komparativen Ansätze bilden Typologien.[97] Splichal/Sparks unterschieden bei ihrer Untersuchung in 22 Ländern (1994) zwischen „linken" und „rechten" Journalistikstudenten, Köcher etikettierte englische Journalisten als „Spürhunde" und deutsche als „Missionare" (1985), Kunczik kontrastierte neutral-objektiv versus sozial-engagiert, Weischenberg kontrastierte 1994 (242) die Typen „Anwalt" und „Unterhalter" und fügte 1999 (63) zu den „neutralen Vermittlern" und den „politischen Kontrolleuren" noch diejenigen Journalisten hinzu, die Lebenshilfe bieten und po-

[97] Vgl. auch Kunczik/Zipfel 2001: 162.

sitive Ideale vermitteln wollen. Weaver unterteilte 1998 in seiner 21-Länder-Studie in journalistische Ziele aus Selbst- und Fremdzuweisungen: „Nachrichten schnell weiterverbreiten", „Analyse liefern", „Die Regierung kontrollieren", „Unterhaltung bieten". Daraus ermittelte er Typen wie „Interpretierer", „Vermittler", „Widersacher" und „Mobilisierer".

Hier ein aktualisierter Kategorisierungsvorschlag zur Unterscheidung journalistischer Rollenkonzepte:

Abb. 8: Typisierung von Journalisten

Journalismus-Konzeption	Rollenbild	Eigenschaft	Intention
1. Informations-Journalismus	Vermittler	passiv	Realität abbilden
2. Präzisions-Journalismus	Forscher	wissenschaftlich	wissenschaftlich erhärtet recherchieren
3. Interpretativer Journalismus	Analytiker	aufklärerisch	Orientierung stiften
4. Literarischer Journalismus	Stilist	sprachbewusst	distanziert-kulturelle Beschreibung
5. Anwaltschaftlicher Journalismus	Anwalt	engagiert	Partei ergreifen
6. Investigativer Journalismus	Kontrolleur	aktiv	Machtmissbrauch aufdecken
7. Sensations-Journalismus	Unterhalter	zuspitzend	Aufmerksamkeit erregen
8. Marketing-Journalismus	Dienstleister	kundenorientiert	Zielpublikum zufriedenstellen
9. Public Journalism	Dialog-Organisator	lösungsorientiert	Lösungen anbieten

Die Tabelle zeigt einen Typisierungsvorschlag für Journalisten, der sich eng an Wyss 2001 (275) anlehnt. Einige Aspekte wurden verändert, um die Matrix zu präzisieren und sie stärker der mosambikanischen Medienwirklichkeit anzupassen (vgl. Kapitel. 7.2). Im Gegensatz zu der obenstehenden Typisierungsmatrix gibt Wyss als Intention des anwaltschaftlichen Journalismus „Verständnis schaffen" an. Wyss' Kategorie des „Thesen-Journalismus" mit dem Rollenbild des „agent provocateur" wurde ausgetauscht gegen den Sensationsjournalisten. Die Intention des literarischen Journalismus war bei Wyss „Sensibilität ausdrücken".

Das von Kurt Levin 1943 für Entscheidungsprozesse beim Lebensmitteleinkauf entwickelte *Gatekeeper*-Konzept wurde von David M. White 1950 stark simplifiziert in die Kommunikationswissenschaft eingeführt (Wyss 2001: 264). Als vorbildhaft für Untersuchungen über Journalisten in anderen Ländern gilt die repräsentative Studie „The American Journalist" von David H. Weaver und G. Cleveland Wilhoit von 1986. Sie diente auch als Anregung für die beiden Untersuchungen[98] „Journalismus in Deutschland" sowie die „Sozialenquete ost- und westdeutscher

[98] Kritiker der integrativen Sozialforschung bemängeln, dass solche „Datenberge" zum Beruf des Journalisten weitgehend unreflektiert geblieben seien. Z.B. Wyss 2001: 263.

Journalisten". Weaver gab 1998 den Sammelband „The Global Journalist" heraus, in dem er Nachrichtenjournalisten aus allen Kontinenten porträtierte bzw. porträtieren ließ. Trotz der beeindruckenden Zahl von 21 Ländern aus Asien, Australien, Europa, Nordafrika, Nord-, Süd- und Mittelamerika ist der Erkenntnisgewinn enttäuschend. Ein Auswahlkriterium der Länder ist nicht erkennbar und das nur 25 Seiten lange Schlusskapitel „Commonalities and Differences" bietet einige dürre Allgemeinplätze über Geschlecht, Alter, Arbeitsbedingungen, Berufszufriedenheit, Rollenverständnis, Ethik und Rezipientenvorstellungen der Journalisten.[99]

Untersuchungsansätze politisch und berufssoziologisch fokussierter Kommunikatorforschung

„Bei der Wirklichkeitskonstruktion durch Medien geht es nicht um die Abbildung von Realität, sondern darum, ob sie nützlich, hilfreich für die Menschen ist. Es geht um andere Lernziele als absolute Wahrheit, Moral, Objektivität. Sondern um: Glaubwürdigkeit, Verlässlichkeit, Orientierungswert, Transparenz und Varianz der Berichterstattung." Weischenberg 1990: 30

Während es in Kapitel 2.4 um politisches Verständnis der Redaktionen als Gesamtheit bzw. die Wechselwirkungen mit Systemen außerhalb der Medien und Redaktionen ging, sollen hier eher Ansätze zur Erforschung des ethischen Berufsverständnisses von Journalisten betrachtet werden, um zu prüfen, ob daraus methodische Schlüsse für die Befragung mosambikanischer Journalisten zu ziehen sind.
In den 70er Jahren wurde in Deutschland das Konzept der Professionalisierung diskutiert. Forschungsleitend waren die Fragen, inwieweit für den Beruf des Journalisten in Analogie zu hoch professionalisierten Berufen wie Ärzten oder Rechtsanwälten ebenfalls Minimalkriterien wie – abprüfbare – Zugangsregeln, Dienst an der Öffentlichkeit, Selbstverwaltung in Berufsverbänden, Verhaltenskodizes Geltung hätten und wie professionalisiert der Beruf sei (Wyss 2001: 263). Ebenfalls mit Fragen des Berufsverständnisses und dessen Prägungsprozess in der Ausbildung beschäftigt sich eine internationale komparative Studie über Auffassungen zum Journalismus bei JournalistikstudentInnen im ersten Studienjahr in 22 Ländern aller Kontinente, die von Colin Sparks und Slavko Splichal stammt. Sie stellten 1989 (Gazette 43: 31-52) und 1994 (Splichal) die Ergebnisse ihrer Umfrage vor. Aufgrund der gigantischen Samples und des weitgehend fehlenden Versuches, Gruppen und Kategorien zu bilden und Schlussfolgerungen zu ziehen, sind die

[99] Zur Kritik an Weaver: Esser 2000b: 126 und 135.

Ergebnisse im Grunde enttäuschend. Zusammenfassend prognostizieren sie einen Professionalisierungsprozess im Journalismus (Splichal 1994: 9). Weniger die Ergebnisse, als vielmehr einige methodische Ansätze der Untersuchung werden im Folgenden bedeutsam, besonders bei der Erstellung der Fragebögen (siehe Kapitel 6).

Nach Thomaß bestimmten mit dem Aufkommen systemtheoretischen Denkens die beiden Positionen einer individual-ethisch verankerten Verantwortung versus systemtheoretisch orientierter Verantwortung die Debatte in Deutschland (Thomaß 1998: 30). Typisches Beispiel systemtheoretischer Verortung sind Scholl und Weischenberg. Sie beschreiben das Problem, wie man den Journalisten als Forschungsgegenstand in dem komplexen Gebilde und den Organisationsabläufen moderner Medien fassbar machen kann, und raten zu stetiger Doppelperspektivierung: Der Journalist ist in den Journalismus eingebunden und dieser wiederum in soziale Prozesse. Dabei muss man dennoch gleichzeitig den Journalisten als Akteur im Auge behalten (Scholl/Weischenberg 1998: 16). Donsbach geht seit seinem Buch „Legitimationsprobleme des Journalismus" (1982) der Rechtfertigung der Journalisten in einem gesellschaftlichen Umfeld nach, die er für wichtig hält, da die Einstellungen der Journalisten einen starken politischen und gesellschaftlichen Einfluss auf die öffentliche Meinung ausübten (Donsbach 1982: 15f.). Er kam Anfang der 80er Jahre zu dem Ergebnis, dass die deutschen Journalisten eine ungewöhnlich homogene Berufsgruppe mit ähnlichen politischen Einstellungen sei, die aber nicht die Gesamtbevölkerung repräsentierten. Sie betrachteten ihr Publikum mit Ignoranz bis hin zu Verachtung und benutzten ihre Privilegien „bewusst für die Befriedigung subjektiver politischer Anliegen und individueller Bedürfnisse nach persönlichem Einfluss" (Donsbach 1982: 193). Donsbachs Kritiker[100] betonen vor allem, dass er den Nachweis schuldig bleibe, dass die Einstellungen, Meinungen und politischen Prägungen von Journalisten tatsächlich signifikanten Niederschlag in den journalistischen Produkten finden und damit einen Einfluss auf das Publikum ausübt. Wunden wiederum kritisiert, in der – vor allem systemtheoretisch geprägten – Kommunikationswissenschaft dominiere ein Denken, bei dem der einzelne Journalist mit seinen Ethik-Problemen nicht oder nur wenig vorkomme (Wunden 1996: 319). Und das sei problematisch, da ethisches Handeln letzten Endes vom Einzel-

[100] Vgl. u.a. Altmeppen/Löffelholz 1998: 105 ff.; Schneider/Schönbach/Stürzbecher 1994: 139 ff., Baum 1994: 222ff.

nen abhänge und also nicht funktional und strukturell zementiert werden könne.[101] Ethik ist nach Wunden eine Reflexion der Praxis mit dem Ziel, menschliche Freiheit gegen ideologische Ansprüche und Erwartungen abzusichern (Wunden 1996: 319).

Das individuelle journalistische Handeln wird von Weischenberg untersucht.[102] Er unterscheidet Pflichtethik (teleologische Ethik, zusammengefasst im *Kantschen Imperativ*), die ein Handeln nach allgemeinen und normativ vorgegebenen Maximen fordert, sowie utilitaristische Ethik, die stärker die Folgen des Handelns betrachtet (Jeremy Bentham/J.S. Mill). Weischenberg referiert Weber (1958), der Gesinnungsethik und Verantwortungsethik (konsequentialistische Ethik) unterscheidet: Gesinnungsethiker ist der, der das sittlich Gebotene tut, unabhängig davon, in welchem Kontext dies geschieht, der Verantwortungsethiker bedenkt die Gesamtheit der Folgen und handelt danach. Ethisches Problem des Journalisten, der sich als Verantwortungsethiker auffasst, ist, dass er nicht wirklich wissen kann, welche Folgen sein journalistisches Produkt hat. (Weischenberg 1987: 244). Thomaß sieht eine Art Weiterreichung der Verantwortung für Ethik im Kreis. Die Journalisten verweisen auf die Verleger und Medienunternehmen, diese wollen die Politiker verantwortlich machen, letztere wiederum verweisen auf das Recht. Außerdem sei der mündige Bürger selbst dafür verantwortlich, was er konsumiere (Thomaß 1998: 15). Ähnlich zweifeln Weischenberg und Kriener an der Möglichkeit einer ethisch „wasserdichten" journalistischen Selbstverpflichtung, da weder klar sei, ob der Medienbesitzer oder Journalist die Sozialverantwortung trage, noch ob die Medien dem Staat, der Regierung oder der Gesellschaft verantwortlich seien. Auch sei soziale Verantwortung empirisch nicht messbar (1998: 70).

Handwerklich-technische Kommunikatorforschung

Versuche, die handwerklich-berufstechnischen Rollen von Journalisten in Deutschland übersichtlich zu kategorisieren und in Typenbeschreibungen festzuhalten, scheitern in der Regel vor allem aus zwei Gründen: 1. Schon die Aufgaben von privaten und öffentlich-rechtlichen Radiosendern unterscheiden sich erheblich, ganz zu schweigen von Versuchen, eine einheitliche Aufgabenskala von Fernseh-,

[101] Er kritisiert Saxer, der vor allem fordere, eine Einmischung Dritter in die Schranken zu weisen, also eine erfolgreiche Moral postuliere, die auch in einem System funktioniere.

[102] Weischenberg 1987: 239-243; vgl. auch Thomaß 1998.

Radio- und Pressejournalisten zu erstellen. 2. Das Berufsfeld ist kontinuierlich in Bewegung, so dass Beschreibungsversuche manchmal nur fünf Jahre oder weniger gültig sind.[103] Weischenberg schlug 1990 folgende acht Rollentypen vor (Weischenberg 1990: 19): Nachrichtenredakteur, technischer Redakteur, Ressort-Redakteur (themenzentriert), Lokalredakteur, Reporter (außerhalb), Moderator, Teil-Leiter Ressort oder Abteilung sowie Chefredakteur und Verleger. Donsbach unterteilte 1993 in „reporter", „wire editor", „copy editor", „design editor" und „commentator" (zitiert nach Esser 2000b: 136).

1994 beschrieben Lutz Michel und Michael Schenk „Audiovisuelle Medienberufe. Veränderungen in der Medienwirtschaft und ihre Auswirkungen auf den Qualifikationsbedarf und die Qualifikationsprofile". Forschungsbasis waren die Ergebnisse einer arbeitsmarktpolitischen Studie von *INFAS* und dem Land Nordrhein-Westfalen von 1989. Michel und Schenk konstatieren, dass die Berufsprofile im audiovisuellen Bereich sich so schnell ändern, dass die Ausbildung nicht mitkommt (11). Das Methodeninstrumentarium ist beeindruckend: Leitfadeninterviews mit Experten, telefonische Befragungen, schriftliche Befragung von 672 Betrieben, drei Fallstudien, Befragung von 26 Universitäten sowie Gruppendiskussionen. Leider wird die in Kapitel 9.1 angeführte Methodentriangulation nicht erläutert. Die Ergebnisse können 10 Jahre später schon als überholt gelten, da der Berufsmarkt sich mit der rasanten Entwicklung von Internet und Multimedia grundsätzlich gewandelt hat. Diesem Wandel trägt Michel mit seiner Beschreibung von „Patchwork-Karrieren in der Multimedia-Branche" (2000) Rechnung. Er beschreibt und prognostiziert Umsatzentwicklung und Tätigkeitsfelder der Multimediabranche. Er kommt zu dem Ergebnis, dass in der Multimedia-Branche relativ flache und wenig hierarchische Strukturen herrschen. Er beschreibt gewünschte Qualifikationen von Multimedia-Spezialisten und betont vor allem den Vorteil von Praktika und einem Fachhochschul-Studium, die Bedeutung von „Softskills" sowie das Patchworkartige der Karrieren (Michel 2000: 280f.).

Für handwerklich-technische Aspekte der Journalisten-Aus- und Fortbildung in Mosambik sind die hier beschriebenen Untersuchungen wenig dienlich.

[103] In diesem Zusammenhang bemängelt Wyss, dass Daten zur Journalismusforschung aufgrund des beschleunigten Wandels der Medienbranche zu schnell veralten (vgl. 2001: 263).

Kommunikatorforschung in Entwicklungsländern

René Grossenbacher legte 1988 die Arbeit „Journalismus in Entwicklungsländern: Medien als Träger des sozialen Wandels?“ vor. Sie ist die Verbindung einer Primäranalyse von 1987 erhobenen Daten aus dem Senegal, einer Sekundäranalyse von Daten aus Benin von 1983 sowie Erfahrungen aus Burundi und Zentralafrika.[104] Die meisten der von seinen Vorgängern veröffentlichten Arbeiten zum afrikanischen Journalismus bezeichnet er als anekdotisch und wertlos (Grossenbacher 1988: 3). Nach seiner Erkenntnis enden Medienprojekte in Afrika nach kurzer Zeit; sofern sie überleben, sind sie bald nicht mehr partizipativ (Grossenbacher 1988: 30). Für die beiden westafrikanischen Länder, die er untersucht hat, stellt Grossenbacher ein erstaunlich hohes Ausbildungsniveau fest: "Was die journalistische Berufsausbildung anbelangt, brauchen die beiden Länder den Vergleich mit entwickelten Staaten nicht zu scheuen“ (126). Dies ist für ihn Ausdruck einer konsequenten Ausbildungs- und Rekrutierungspolitik, die in beiden Ländern analog gehandhabt wird (127). Erforscht wird der perzipierte Nutzen der Ausbildung (136ff.) und die Arbeitszufriedenheit (142ff.). Stress scheint weder in Benin noch im Senegal eine journalistische Berufskrankheit zu sein (147), im Senegal ist die Arbeitszufriedenheit bei den Mitarbeitern der Regionalradios am höchsten, beim Fernsehen am niedrigsten, was Grossenbacher mit der Regierungsnähe des Fernsehens und der daraus resultierenden Restriktion und damit Frustration der Mitarbeiter begründet (149). Umgekehrt hält er gerade den großen professionellen Spielraum, den Regionalradio-Redakteure haben, sowie auch die große Nähe zum Publikum für die Gründe ihrer hohen Zufriedenheit. Übrigens sind diejenigen Journalisten, die keine Ausbildung haben, zufriedener als diejenigen, die eine Journalistenschule besucht haben. Grossenbacher vermutet als Grund, dass die ausgebildeten Journalisten die Kluft zwischen in der Schule erlernter freiheitlicher Berufsideologie und der Berufsrealität mit großem staatlichem Kontrollanspruch als besonders irritierend empfinden (149f.). Aus der Erfahrung geringer Partizipation rät er dazu, nicht nur einzelne Journalisten fortzubilden, sondern die kommunikativen Kanäle in ein Gesamtentwicklungssystem einzubinden (Grossenbacher 1988: 31).

[104] Die Monografie basiert auf der bei Ulrich Saxer eingereichten Promotion.

Utz Lederbogen erstellte Anfang der 90er Jahre ein Porträt von Nachrichtenjournalisten in Tansania.[105] Es ist eine Reflexion über professionelle Journalisten-Standards und die sich daraus ergebenden relevanten Effekte für eine Gesellschaft in Entwicklung (Lederbogen 1991: 5). Lederbogen versteht die Arbeit nicht ausschließlich deskriptiv, sondern versieht sie zusätzlich mit Anregungen. Die von ihm primär mittels eines schriftlichen Fragebogens erhobenen empirischen Daten stammen von 1990. Lederbogen schrieb 230 Journalisten im Bereich Nachrichtenagentur, Zeitung, Radio, TV an und erhielt 47% auswertbare Antworten (Lederbogen 1991: 13). Seine Untersuchung verlief in drei Schritten (Lederbogen 1991: 12). Zunächst wollte er im Interview objektive Informationen über Journalisten (Alter, Herkunft, Qualifikation) erfahren. Im zweiten Schritt ging es um journalistische Quellen: Woher bekommen tansanische Journalisten ihre Informationen und wie verarbeiten sie diese? Der dritte Schritt diente der Erhebung, welche Zielgruppenkenntnisse tansanische Journalisten haben und was sie über die Erwartungen der Rezipienten wissen. Seine Befunde: Trotz der guten Ausbildung sind tansanische Journalisten unzufrieden aufgrund von schlechtem Gehalt, schlechten Arbeitsbedingungen, politischer Kontrolle ihrer Arbeit. Lederbogen vergleicht diese Ergebnisse mit Daten aus Benin und Senegal, die teilweise aus den Veröffentlichungen von Grossenbacher/Saxer 1987/88 stammen. Insgesamt sieht er die Medien als Mediatoren zwischen der Bevölkerung und der staatlichen Exekutive. Die Arbeit der Journalisten hat nach seiner Auffassung einen unmittelbaren Einfluss auf die Entwicklung des Landes (Lederbogen 1991: 5). Der Aufbau von Lederbogens Werk ist für diese Arbeit beispielhaft. Bevor er resümiert und Empfehlungen abgibt, zeichnet er ein Bild der Wirklichkeit von Arbeit, Ausbildung und diesbezüglichen Wünschen im Journalismus, erhoben durch Interviews mit Journalisten, Chefredakteuren und dem ehemaligen Informationsminister. Er analysiert die organisatorischen Abläufe der Medien, ihre in- und ausländischen Quellen und ihre Statuten, gibt einen mediengeschichtlichen Abriss, referiert medienrechtliche und medienpolitische Aspekte und stellt, teilweise mit Organigrammen, die einschlägigen Institutionen vor. Er porträtiert den tansanischen Journalisten und vergleicht die Realität mit möglichen und wünschenswerten Zukunftsszenarien.

[105] Lederbogen, Utz 1991 und 1992. An der Studie waren u.a. die *Friedrich-Ebert-Stiftung* und die Universität Dortmund beteiligt.

Zusammenfassung: Kommunikatorforschung

Bislang wurde ein Modell von Wyss vorgestellt, das das Rollenverständnis von Journalisten zu fassen imstande ist. Dann wurde der Zweig der Kommunikatorforschung, der den Journalisten als vor allem politisch handelnden und in gesellschaftlichen Bezügen bedeutsame Person betrachtet mit derjenigen Betrachtungsweise kontrastiert, die den Journalisten sieht als jemand, der Handwerk und entsprechende Techniken beherrscht. Donsbach, Weischenberg und Thomaß untersuchten für Deutschland vor allem Fragen von Machtteilhabe und individuell-journalistischer Ethik. Bezüglich der handwerklichen Journalistenforschung wurden Untersuchungen von Michel und Weischenberg vorgestellt. Wichtiger für die vorliegende Studie sind die Arbeiten von Grossenbacher und Lederbogen, die in einem afrikanischen Kontext angesiedelt sind. Vor allem bei Lederbogen sind methodische Aspekte wichtig (vgl. Kapitel 6).

2.6 Aus- und Fortbildung von Journalisten

Im Folgenden sollen Forschungsergebnisse dargestellt und für diese Arbeit fruchtbar gemacht werden, die die Aus- und Fortbildung von Journalisten darstellen und analysieren.

Grob vereinfachend unterscheidet die Forschung zum einen nach Ausbildung und Fortbildung. Unter **Ausbildung** wird vor allem die – meist als Studium oder mehrjähriger Kurs angelegte – Weitergabe von Wissen und Fähigkeiten an Personen verstanden, die noch nicht oder bisher nicht viel in den Medien gearbeitet haben. Unter **Fortbildung** versteht man die – oft nebenberufliche – Weitergabe von Wissen und Fähigkeiten an solche Personen, die schon Journalisten sind. Die Zweiteilung Aus- und Fortbildung findet sich auch im Erfahrungsgrad der Teilnehmer wieder. Klientel der Ausbildung sind in der Regel StudentInnen, die wenig oder keine Erfahrung im Journalismus haben, während normalerweise erfahrene JournalistInnen weitergebildet werden.

Weischenberg und andere entwickelten ein analytisches Kompetenzraster, das die verschiedenen an Journalisten gestellten Qualifikationsanforderungen in vier Gruppen fasst und beschreibt (vgl. Altmeppen 1999: 54f.):

1. Fachkompetenz, also instrumentelle („handwerkliche") Fähigkeiten wie Recherche, Selektion und Redigieren sowie journalistisches Fachwissen (Medienökonomie, -politik, -recht, -geschichte, -technik),
2. Sachkompetenz, also Ressort- und Spezialwissen und die Kenntnis gesellschaftswissenschaftlicher Grundlagenfächer,
3. Vermittlungskompetenz, also die Fähigkeit, Inhalte adäquat zu artikulieren, themen- und rezipientenorientiert zu präsentieren und die Beherrschung journalistischer Darstellungsformen[106],
4. Soziale Orientierung, also Reflexionsfähigkeit, Funktionsbewusstsein und Autonomie.

Ausgehend von den bei Weischenberg entwickelten Kompetenzen beschreibt die folgende Darstellung die für Mosambik relevanten Ansätze bei der Betrachtung von Journalisten-Aus- und Fortbildung.

[106] Als Begründung für die Bedeutung der Vermittlungskompetenz kann die von Kunczik (1988a: 80) referierte Rolle des Journalisten als Mediator dienen. Demnach ist es vornehmliche Aufgabe des Journalisten, zwischen den gesellschaftlichen Gruppen Kommunikation zu ermöglichen.

Abb. 9: Journalisten-Aus- und Fortbildung: drei Ansätze (Weischenberg)

1. Das linke Oval formuliert die Lernziele im Sinne eines handwerklich-technischen Journalismusverständnisses: Was muss ein Journalist können, welche inhaltlichen und technischen Fertigkeiten muss er beherrschen (Fachkompetenz), was muss er im Bereich Journalismus und Kommunikation und darüber hinaus wissen (Sachkompetenz) und welche medienspezifischen Fähigkeiten benötigt er, um sein Wissen adäquat an seine Rezipienten zu vermitteln (Vermittlungskompetenz)? Diese Forschung orientiert sich in der Regel am *status quo* eines Mediensystems und beleuchtet weniger normative und politische Fragen.
2. Berufssoziologische Herangehensweise: Das mittlere Oval verdeutlicht die Frage, wie das jeweilige Bildungsangebot den Journalisten in seinem professionellen Selbstverständnis prägt. Wie wirkt er in Folge durch seine Rolle und durch seine Produkte in den jeweiligen Systemen, in denen er als agierend betrachtet bzw. als mit denen interagierend er betrachtet wird? Versteht er sich als Anwalt gesellschaftlicher Gruppen oder eher als Dienstleister eines oder mehrerer Systeme, wie Medienkonzern, Redaktion oder Gesellschaft?
3. Das rechte Oval verkörpert die Methodik, mit der der Journalist sein Handwerkszeug erlernt: Mit welchen Methoden und Programmen arbeitet die Aus- und Fortbildung von Journalisten? Viel wird darüber diskutiert, bis zu welchem Grad praxisorientiert die jeweilige Fortbildung sein kann und welches Verhältnis zwischen Theorie und Praxis als ideal angesehen werden kann.
Dieses Modell wird in Kapitel 7.3.3 für Mosambik weiterentwickelt.

1988 wurden auf Basis einer *Delphi*-Studie diese Kompetenzen für Deutschland auf den Prüfstand gestellt und ExpertInnen um Perspektiven und Prognosen gebeten. Als Ergebnis wird eine Ausdifferenzierung aufgrund technischer, sozialer und ökonomischer Aspekte vorhergesagt (Altmeppen 1999: 54f.), am einschneidendsten im Bereich Vermittlungskompetenz mit den Bereichen Infotainment und stärkerer Zielgruppenorientierung. Die klassische Kenntnis journalistischer Darstellungsformen verliert an Bedeutung. Bei der Fachkompetenz werden – so die Prognose – Medienrecht, elektronische Berichterstattung und Datenbankrecherche wichtiger, Medienpolitik und Mediengeschichte verlieren an Bedeutung. Bei der Sachkompetenz wird eine „breite Allgemeinbildung" wichtig. Diese Erkenntnisse werden in Kapitel 10 wieder aufgegriffen.

Für Kenia und auch allgemein für das englischsprachige Afrika unterscheiden Okigbo und Pratt drei dominante Modelle der Journalisten-Aus- und Fortbildung (1997: 11):

1. das *Fleet-Street-Modell*, das praktisches Training „on the job" beinhaltet,
2. das *akademische Modell* der formalen Bildung in Universitäten, polytechnischen Schulen und kirchlichen oder privaten Bildungsinstitutionen,
3. das *„ad hoc"-Modell*, also gelegentliche Fortbildung in Wirtschaftsschulen, Seminaren und Colleges.

Sie befürworten das zweite Modell. Gleichzeitig behaupten sie, afrikanische Journalistenschulen tendierten stärker zu Medienfortbildungen nach amerikanischem Vorbild als zu europäischen (Okigbo/Pratt 1997: 12), belegen dies allerdings nur an sechs afrikanischen Ländern.

2.6.1 Aspekte von Journalisten-Aus- und Fortbildung in Deutschland, Europa, USA, Afrika

Beginnend mit einer Vorstellung der Forschungsliteratur sollen im Folgenden einzelne Aspekte der Journalisten-Aus- und Fortbildung in Deutschland, Europa und USA angesprochen werden, die das Verständnis der Journalisten-Aus- und Fortbildung in Mosambik erleichtern und Perspektiven für eine zukünftige Journalisten-Aus- und Fortbildung eröffnen helfen. Als wichtig erachtet werden an dieser Stelle vor allem Fragen von politischen und administrativen Einflüssen in diesem Bereich, Aspekte der organisatorischen und didaktischen Umsetzung von Journalisten-Aus und Fortbildung sowie inhaltliche Aspekte.

- Die frühen Beschreibungen der Aus- und Fortbildung von Journalisten in Deutschland stammen von Hagemann (1956), Rühl (1974), Aufermann/Elitz (1975) und befinden sich in den Sammelbänden von Hömberg (1978) und Wilke (1987). Böckelmann hat 1993 eine „Bilanz der Kommunikatorforschung im deutschsprachigen Raum von 1945 bis 1990" vorgelegt. In der umfangreichen Bibliografie befinden sich kurze Beschreibungen der Werke, allein zum Thema Journalisten-Aus- und Fortbildung über 60 Seiten. In jüngerer Zeit haben sich vor allem Weischenberg (1990), Weischenberg/Altmeppen/Löffelholz (1994), Michel (1994, 2000) und Altmeppen (2002) mit dem Thema beschäftigt. Die hochschulgebundene Journalistenausbildung wird von Russ-Mohl (1987), Baum (1994) und Blöbaum (1996) beschrieben. Zentrale Themen der neuesten Literatur zur Journalisten-Aus- und Fortbildung in Deutschland sind Online-Journalismus,

Europajournalismus und Qualitätsmanagement (vgl. Neubert/Scherer 2004) sowie Zunahme von Entertainment und Kommerzialisierung in den Medien (vgl. Hömberg 2002).[107]

- Die Journalistenausbildung unter einem europäischen Blickwinkel wird vor allem im Umfeld des Brost-Instituts beschrieben.[108] Eine jüngere Untersuchung, die die Journalistenausbildung verschiedener europäischer Länder vergleicht, stammt von Fröhlich/Holtz-Bacha.
- Untersuchungen für die bzw. aus den USA stammen von Katzen (1975), Medsger (1996) sowie – im Vergleich mit Deutschland – von Weischenberg (1990, Kapitel 2.4) und Russ-Mohl (1994).
- Die älteren Darstellungen zu Afrika stehen unter dem Vorzeichen starker westlicher Unterstützung der Aus- und Fortbildung [Barton 1969 (englischsprachiges Afrika), Niesel 1973, Zeppenfeld 1983 (Ägypten), Eilers 1985], die jüngeren nehmen mehr die Perspektive von demokratiefördernden Wirkungen der Medien ein (beispielsweise Bourgault 1994; Uyo 1996).

Akademisierung in Deutschland

„Die siebziger Jahre waren das Jahrzehnt der Programme und Postulate, die achtziger Jahre das Jahrzehnt der Institutionalisierung und Etablierung, die neunziger Jahre schließlich das Jahrzehnt der Expansion und Differenzierung.“
Hömberg 2002: 17f.

Ausgehend vom „Memorandum zur Journalistenausbildung“ des *Deutschen Presserates* von 1971 (vgl. Aufermann/Elitz 1975: 145) begann eine Debatte, an der sich Journalisten, Verleger und Rundfunkanstalten beteiligten. Universitäre Curriculum-Werkstätten wurden gegründet, in denen eine flächendeckende akademische Journalistenausbildung geplant wurde. Ziel war es, Journalisten für eine demokratische Gesellschaft ausbilden (Baum 1994: 184).[109] Neben der traditionsreichen Volontariatsausbildung in Medienbetrieben etablierten sich zunehmend akademische Ausbildungsprogramme mit engem Praxisbezug (Fröhlich/Holtz-Bacha 1997: 172). 1976 befasste sich die Salzburger Ausbildungstagung der *Deutschen Gesellschaft für Publizistik- und Kommunikationswissenschaft (DGPuK)* mit dem Thema. Drei Modellstudiengänge (München, Dortmund, Hohenheim), alle geplant als Verbund von Theorie

---

[107] Russ-Mohl beschrieb 1987 das Versagen des Marktes und interessenbündelnder Verhandlungssysteme im Bereich Journalisten-Aus- und Fortbildung und befürwortet eine stärkere Verstaatlichung, um „einen funktionierenden Journalismus sichern zu helfen, der dazu beiträgt, die Demokratie funktionsfähig zu halten“ (6). Seine Anmerkungen erlauben aber aufgrund der unterschiedlichen Geschichte und Medienpolitik in Deutschland keinerlei Rückschlüsse auf Mosambik.

[108] Vgl. Kopper 2000; zahlreiche Veröffentlichungen, z.B. zu Italien (Kassel 2003) und osteuropäischen Ländern.

[109] Weischenberg spottete 1976: „(...) wenn auch nur einer der akademisch ausgebildeten Journalisten bei der BILD reüssiert, dann hat die Universität etwas falsch gemacht“. Vgl. Journalisten aus (sic!) der Schulbank. In: Medium 8/76: 21.

und Praxis, wurden vorgestellt (Hömberg 2002: 18). Später kamen Eichstätt, Mainz, Stuttgart-Hohenheim und Hannover mit grundständigen Studiengängen bzw. Ergänzungsstudiengängen hinzu (Fröhlich/Holtz-Bacha 1997: 172).

Viele empirische Erhebungen zur journalistischen Berufssituation folgten und standen im Zeichen von Zeitungssterben, Presse- und Medienkonzentration und Expansion der Telekommunikation. Bei der 2. *DGPuK*-Ausbildungstagung 1987 gab es bereits neun berufsbezogene Studienangebote: je drei Hauptfach-, Nebenfach- und Aufbaustudiengänge. Allen gemeinsam war die Integration von Theorie- und Praxisphasen, die Vermittlung von Sach-, Fach- und Vermittlungskompetenzen, unterstützt durch ein kommunikationswissenschaftliches, zum Teil sozialwissenschaftliches Studium sowie eine mehrmediale Ausbildung, um den wachsenden Anforderungen des Berufes gerecht zu werden (Hömberg 2002: 19f.). Löffelholz/Kieppe (1990) sprechen von einem „Goldrausch" der Marktwirtschaft, die in den 80er Jahren die Journalisten-Aus- und Fortbildung als Einnahmequelle entdeckte, vor allem im Gefolge des Endes des öffentlich-rechtlichen Medienmonopols und des Herausbildens einer neuen privatwirtschaftlichen Radioszene (107). Auch die Kirchen verstärkten ihre Bemühungen um Einfluss in weltanschaulicher Hinsicht.

In den 90er Jahren kam es zu einer fast explosionsartigen Zunahme an Studiengängen:[110] von 26 kommunikationswissenschaftlichen Einrichtungen im Jahr 1981 auf 58 im Jahr 2000, von 83 sonstigen Institutionen in diesem Bereich auf 134: Universitäten, Akademien, Journalistenschulen, Verbände, Stiftungen (Hömberg 20002: 20). Auch die Fachhochschulen entdeckten vermehrt das Thema Medien, Journalismus und Medientechnik.

Journalistenschulen und Ausbildungsinitiativen

In Deutschland wurden seit dem Ende der siebziger Jahre zunehmend selbständige Journalistenschulen unterschiedlicher Träger und Zielsetzungen gegründet (Fröhlich/Holtz-Bacha 1997: 172), heute sind es in Deutschland – je nach Definition – sieben bis zehn Schulen (Fröhlich/Holtz-Bacha 1997: 172). Träger sind meist Medienunternehmen oder Kirchen. Medienunternehmen sind vor allem an professioneller Schulung und auch weltanschaulicher Prägung ihres Nachwuchses interessiert, kirchliche Institutionen wollen angesichts eines spezialisierteren journalisti-

[110] Vgl. Altmeppen 1999: 244-246.

schen Arbeitsmarktes mit vielen freien Mitarbeitern in ungesicherter Existenz neben professionellem Handwerkszeug vor allem Unabhängigkeit, Zivilcourage, Verantwortungsgefühl und ethische Standards vermitteln (Eschenauer in Altmeppen/Hömberg: 31-38). Zudem wurden mit dem Aufkommen des lokalen Rundfunks spezifische Hörfunk-Ausbildungsinitiativen gegründet, die von den Landesmedienanstalten und zahlreichen privatrechtlichen und gemeinnützigen Einrichtungen angeboten werden (Fröhlich/Holtz-Bacha 1997: 172).[111] Außerdem spezialisierten sich die Institutionen auf Fachjournalistenausbildung, Öffentlichkeitsarbeit sowie neue Berufsbilder, also Schneidungen mit Wirtschaftberufen (z.B. Medienmanager), Technikberufen (z.B. Webmaster) und ästhetischen Berufen (z.B. Media-Designer).

Europa West und Ost

Romy Fröhlich und Christina Holtz-Bacha stellten in ihren Veröffentlichungen die Ergebnisse ihres komparativen Forschungsprojekts zur Journalistenausbildung in Westeuropa vor (Fröhlich/Holtz-Bacha 1997; 2003). Sie befragten 1993 in 14 westeuropäischen Ländern universitäre und überbetriebliche Ausbildungsinstitutionen für Journalisten über ihre jeweiligen Programme, Curricula, Rekrutierungs- und Aufnahmekriterien, sowie über die Entwicklung der Studentenzahlen. Zudem baten sie Journalistengewerkschaften und einschlägige Berufsverbände um Material zur Journalistenausbildung, wenngleich die Fortbildung von Journalisten nur am Rande in ihre Forschungsergebnisse einfließt. Sie stellten einen europaweiten Trend zur Deregulierung der Medienmärkte (1997: 149) fest, in Westeuropa ist dies meist ein duales System von öffentlichem Rundfunk und privat-kommerziellen Programmen.

[111] Eines der renommiertesten deutschen Fortbildungsinstitute für Journalisten ist das *Haus Busch* in Hagen. Die nordrhein-westfälische Institution bietet Weiterbildungskurse, Volontärkurse, Seminare zu Fachthemen zum Redaktionsalltag und Projekte mit anderen Nationen an. Themen sind Presserecht, Gerichtsberichterstattung, Presse und Polizei und Neue Medien (von Hadel 1984: 74 ff.). Zielgruppe sind Bildjournalisten, Lokaljournalisten, Sportjournalisten, Volontärausbilder. In den 80er Jahren kam es zu einer Zunahme der akademisierten Klientel, die weniger an Theorie als an praktisch verwertbaren Übungen interessiert waren (Deutsche Gesellschaft für publizistische Bildungsarbeit 1990: 11). Der starke finanzielle Beitrag von Land und Bund wird betont, das Zentrum wird im Umkehrschluss als demokratiefördernd angesehen (von Hadel 1984: 10). Besonders beliebt bei den TeilnehmerInnen ist die Simulation von Fällen und Entscheidungsübungen (von Hadel 1984: 29). Das *Haus Busch* hat seine Angebote um Online-Journalismus und Öffentlichkeitsarbeit erweitert (vgl. Homepage: www.hausbusch.de). Die Institution musste 2005 Insolvenz anmelden, ihre Zukunft ist ungewiss.

Zudem sehen sie internationale Konzentrationsvorgänge, vor allem diagonale Konzentrationsbewegungen, bei der sich Medienunternehmen und medienfremde Unternehmen verbinden (150). Dies sollte zur Folge haben, so Fröhlich/Holtz-Bacha, dass Journalistenausbildung ihre Schützlinge auf eine stärkere Anpassung an Marktzwänge, Publikumsforschung und Berücksichtigung der Interessen von Werbekunden vorbereitet. Weiterhin stellten sie bei den verschiedenen Journalistenausbildungen einen Trend zur Spezialisierung und zum Erlernen von technischem Spezialwissen fest, das durch die Etablierung von elektronischen Redaktionssystemen, Selbstfahrerstudios etc. notwendig wird (151).

Die Journalistenausbildung in Osteuropa fand vor der Demokratisierung in 17 ehemals kommunistischen Staaten systematisch nur an Universitäten statt.[112] In einigen Ländern (Bulgarien, Litauen, Polen, Rumänien, Russland, Slowakei, Tschechien, Ukraine, Weißrussland) gibt es eine lange, teilweise 50 und mehr Jahre alte Tradition von Journalistenausbildung, in Estland, Kroatien, Makedonien, Moldawien, Slowenien ist die akademische Journalistenausbildung mit etwa 30 Jahren jünger. Die albanischen JournalistInnen wurden größtenteils in der Sowjetunion ausgebildet, auch in Lettland gab es keine eigene systematische Journalistenausbildung. In Ungarn wurden die JournalistInnen nach 1956 außeruniversitär ausgebildet. 1994 gab es in allen Ländern Mangel an qualifiziertem Lehrpersonal, Mangel an technischer Ausstattung und technischem Know-How sowie Mangel an guten Lehrbüchern in der jeweiligen Landessprache. Bei der Ausbildung konnte beobachtet werden, dass ein Teil der Länder[113] ausschließlich universitäre Ausbildung anbietet, während sich anderswo daneben auch berufsständische Aus- und Weiterbildungsinstitutionen sowie Journalistenschulen etablieren[114]. Neverla und Kromminga konnten beobachten, dass in einigen osteuropäischen Ländern der Neuaufbau universitärer Journalistenausbildung mit erheblicher Hilfe durch französische und amerikanische Institutionen geschieht (Neverla/Kromminga 1995: 112).

Deuze, Neuberger und Paulussen (2004) vergleichen Studiengänge zu Online-Journalismus in Flandern, Deutschland und Belgien. Danach sind die meisten Ausbil-

---

[112] The Freedom Forum (Hg.) (1994): Looking to the future: A survey of journalism education in Central and Eastern Europe and the former Soviet Union. Arlington. Vgl. Fröhlich/Holtz-Bacha 1997: 174.

[113] Bulgarien, Estland, Kroatien, Lettland, Litauen, Makedonien, Moldawien, Rumänien und Slowenien.

[114] Polen, Russland, Slowakei Tschechien, Ukraine, Ungarn und Weißrussland.

dungsprogramme zu technozentriert und nicht den neuen innovativen Möglichkeiten des Mediums zugewandt. Während sich tätige Online-Journalisten mit ihrer neue Rolle im Konzert des klassischen Journalismus auseinandersetzen, mit bisher theoretisch nicht behandelten ethischen Fragen konfrontiert sind und sich einerseits bisher nicht beschriebene Rezipientengruppen und andererseits Journalisten aus den „Offline"-Medien gegenübersehen, beschäftigen sich die Lehransätze und Handbücher allein mit technischen Fragen und antizipieren nicht die Andersartigkeit des neuen Mediums mit seinen Möglichkeiten.

Journalisten-Aus- und Fortbildung in USA

In den USA wird die Aus- und Fortbildung von Journalisten sowohl inhaltlich als auch methodisch-didaktisch pragmatischer angesehen als in Deutschland, wo es in den entsprechenden Diskussionen oft um Gesellschaftsmodelle und politische Ansichten geht. Russ-Mohl stellt für die USA eine starke Akademisierungstendenz im Journalistenberuf fest: „Während noch zu Beginn der siebziger Jahre gerade ein Fünftel der Journalisten einen einschlägigen Studienabschluss vorweisen konnte, kommen heute über 80% der neu eingestellten Zeitungsjournalisten aus solchen Studiengängen. (…) An 430 Colleges und Universitäten gibt es zurzeit einschlägige Ausbildungsprogramme mit akademischem Abschluss und vielfältigen Spezialisierungsofferten; über 4.200 hauptberufliche sowie rund 3.100 nebenberufliche Dozenten sind lehrend im JMC-Bereich tätig." (Russ-Mohl 1994: 124). Russ-Mohl unterscheidet zwei konkurrierende US-amerikanische Traditionsstränge:

1. Der erste betont die handwerklich-journalistische Ausbildung. Dabei wird zwar darauf geachtet, dass die Studenten ein breites, wissenschaftliches Hintergrundwissen haben und innerhalb des „liberal-arts"-Spektrums, also der Geisteswissenschaften, wissenschaftliche Arbeitsmethoden erlernen. Dies entspricht eher einer deutschen Journalistenschule, es werden überwiegend journalistische Arbeitsmethoden gelehrt: recherchieren, redigieren, präsentieren, und sehr viel schreiben (Russ-Mohl 1994: 128).[115]
2. Die zweite Variante akzentuiert stärker die Medienforschung und Kommunikationswissenschaft (Russ-Mohl 1994: 129).[116] Hier studieren zunehmend Leute, die in das Umfeld der Medien wollen, aber nicht unbedingt Journalisten werden wollen.

Qualitätskontrolle spielt in den USA eine große Rolle, nicht zuletzt aufgrund der starken Konkurrenz der privatwirtschaftlich geführten Universitäten. Medien und Universitäten wirken zusammen, um eine umfassende Evaluierung sicherzustellen.

---

[115] Prominente Beispiele sind die Columbia University, die Northwestern University und die University of Missouri.

[116] Vor allem an den Universitäten des Mittleren Westens wie Iowa, Illinois, Minnesota und Ohio.

Seit 1945 gibt es den *Accrediting Council on Education in Journalism and Mass Communication (ACEJMC)*. Durch Evaluierung, die sich alle sechs Jahre wiederholt, wird die Solidität der Ausbildungsprogramme überprüft.[117] 95 Programme bekamen einen hohen professionellen Ausbildungsstandard attestiert (Russ-Mohl 1994: 131). Als optimal gilt das Verhältnis 75:25. Demnach sollen die Studenten 75% der College-Ausbildung Kurse aus dem liberal-arts-Fächerkanon belegen und 25% des Curriculums soll Kurse an den Journalistenschulen beinhalten, bei denen das Handwerk „gedrillt" wird (Russ-Mohl 1994: 133). Mit "Winds of change. Challenges confronting Journalism Education" hat Betty Medsger 1996 die Auswertung einer Umfrage bei 1.041 Nachrichtenjournalisten, 500 Chefredakteuren und Supervisoren und 446 Journalistenausbildern vorgestellt (Medsger 1996). Weniger die Ergebnisse dieser riesigen Studie als vielmehr methodische Fragen sollen aufgegriffen werden (vgl. Kapitel 6).

Afrika

May Katzen untersuchte 1975 im Namen der *UNESCO* den Stand des weltweiten Universitätsunterrichts im Bereich Kommunikation und Medien. Während 1965 nur drei Universitäten solche Fächer unterrichteten, zählt Katzen Mitte der 70er Jahre 17 Universitäten, fünf davon in Südafrika (Katzen 1975: 168). Ralph Akinfeleye beschreibt in dem erwähnten Sammelband über Nigeria (Kap. 2.4.2) die nigerianische Journalisten-Aus- und Fortbildung (Akinfeleye 1996). 45 Institutionen wie Universitäten (sieben), polytechnische Schulen (neun), Schulungszentren etc. zählte Akinfeleye 1996. Es gibt eine Tendenz, Fortbildungsprogramme erst mit einer gewissen Berufserfahrung anzutreten, viele Journalisten kommen eigentlich aus anderen Berufen und Disziplinen, wie Wirtschaft, Geschichte, Pädagogik (Akinfeleye 1996: 233). Hauptprobleme sind fehlendes oder mangelhaftes Lehrmaterial, geringe Dozentenlöhne und damit auch Abwanderung von Lehrern. Ohne dies genauer auszuführen, empfiehlt Akinfeleye, Journalistenausbildung schon in den Schulen zu beginnen: „Catch them young and make good journalists out of them" (243).

---

[117] Der Council ist allerdings nicht unumstritten, da die Operationalisierung schwierig ist. Vgl. Russ-Mohl 1994: 130.

Kategorisierung theoretischer Konzepte

Die oben aufgeführten zahlreichen Aspekte von Journalisten-Aus- und Fortbildung gehen unterschiedlich stark deskriptiv bzw. normativ vor. Zum einen werden Angebote journalistischer Aus- und Fortbildung in ihren jeweiligen Ausprägungen dargestellt und miteinander verglichen, zum anderen wird gefragt, was eine Aus- und Fortbildung von Journalisten leisten soll und wie stark sie den einen oder anderen Aspekt des oben skizzierten Dualismus Handwerk/Politik fokussiert. Die folgende Tabelle stellt einen Versuch dar, diese unterschiedlichen Perspektiven zu kategorisieren:

Abb. 10: Kategorisierung von Journalisten-Aus- und Fortbildung

Orientierung	politisch orientiert	handwerklich orientiert	theoretisch orientiert	thematisch orientiert	standesdenkend orientiert
Ziel	Journalisten so prägen, dass sie politische Veränderungen herbeiführen wollen und können	Journalisten so ausbilden, dass sie die Techniken, Genres und Stile ihres Berufes kennen und anwenden können	Journalisten Kommunikationstheorie, Mediengeschichte etc. vermitteln	Journalisten mit Themen vertraut machen, damit sie diese zielgruppenadäquat vermitteln können	Journalisten vermitteln, dass sie eine Einheit bilden, ein gemeinsames Profil und Aufgaben haben, einen „Stand“ bilden

Die Tabelle zeigt verschiedene Orientierungen und Ziele von Journalisten-Aus- und Fortbildung und wird in Kapitel 7.3.4 auf Mosambik angewendet.

2.6.2 Übergreifende Aspekte

Praxisbezug

Mit Laboren, Lehrredaktionen, Fallstudien und Projekten will man mehr didaktische Originalität entwickeln, um der Berufspraxis nahezukommen, ohne die Reflexionsmaßstäbe einer Hochschule aufzugeben.

nach Weischenberg/Kriener 1998: 36

Die Integration von Theorie und Praxis findet in Deutschland in unterschiedlichen Formen und Ausprägungen statt. Es gibt Lehraufträge für Praktiker, Kooperationen mit Journalistenschulen und Medienunternehmen, Lehrredaktionen und Labore, Simulationen und Praktikumskolloquien (Altmeppen/Hömberg 2002: 9). Altschull (1990) bezeichnet die Fachrichtung Journalistik mit ihrer Betonung der praktischen Ausbildung als „amerikanische Erfindung“ (143) und konstatiert historisch begründbare Unterschiede zu Europa, wo die politische Unabhängigkeit ein weniger wichtiger Wert war als in USA, wo von Anfang an Anzeigeneinnahmen die wirtschaftliche Grundlage der Presse bildeten. Wie Russ-Mohl (1994: 126) feststellt, ist die Journalistenausbildung in den USA aus den Betrieben ausgelagert. Das deutsche Prinzip „Volontariat" mit langer Erprobungs- und Testphase und einem Münden in eine Festanstellung fällt weg. Die Ausbildung ist sehr praxisorientiert: 57% der Institute produzieren eine Universitäts-Zeitung, 43% haben eine eigene Radiostation, 31% einen Fernsehsender. An 95% der Ausbildungsstätten sind Praktika fester Bestandteil des Curriculums (Russ-Mohl 1994: 128). Unter international vergleichender Perspektive stellt Schramm die Vor- und Nachteile verschiedener Arten von „On-the-job Training" und Training in Journalistenschulen gegenüber (Schramm 1964: 218-220). Während er eine theoretisch-ethische Ausbildung an Universitäten und Fachschulen mit einem Prozentsatz von ca. 25% praktischen Anteilen befürwortet, sieht er beim Lernen im Beruf vor allem zwei Probleme: Die älteren Praktiker und Journalisten haben zu wenig Zeit, die Jüngeren wirklich einzuweisen, und sind auch technisch nicht unbedingt auf dem neuesten Stand. Saxer beurteilt die Journalistenausbildung (1987) in Benin als problematisch, da sie zum einen sehr gründlich und mit der Aneignung praktischer Fertigkeiten verbunden sei, andererseits aber „diese Fertigkeiten, etwa die Recherche, im ressourcenarmen und vor allem bürokratisch-autoritär kontrollierten Mediensystem Benins nur höchst rudimentär praktiziert werden könne" (Saxer 1987: 31). Grundsätzlich ähnlich lagen in den 80er Jahren laut Zeppenfeld die Verhältnisse in Ägypten und anderen arabischen Staaten, wo die Universitätsausbildung sehr theorielastig sei (Zeppenfeld 1983: 159). All dies führte zu Überqualifizierung, Demotivation und Frustration (Saxer 1987: 31). Katz/Wedell empfehlen als ein Resümee ihrer internationalen Studie eine gute Ausbildung im Medien- und Produktionsbereich „on the job" (Katz/Wedell 1977: 114-117). Kunczik bemerkt mit Blick auf Asien und Lateinamerika, Fortbildungskurse für Journalisten seien auch dann nicht notwendigerweise an regionale Gegebenheiten angepasst, wenn sie in dem jeweiligen Entwicklungsland stattfänden (Kunczik 1988b: 281). Zudem seien in vielen asiatischen Ländern, Indien und Lateinamerika der Respekt für journalistischen Instinkt und das sich zäh haltende Paradigma „a journalist is born, not made" ein Hemmnis von Ausbildung und Training (Kunczik 1988b: 281).

Politisch-gesellschaftlich orientierte Journalisten-Aus- und Fortbildung

„Sollen [die Medien] den gesellschaftlichen Prozess kritisch begleiten, in dem Sinne, dass sie letztlich auch erklärend und damit sinnstiftend wirken? Oder hat nicht gerade die Berichterstattung im Sozialismus gezeigt, dass Medien sich Deutungen enthalten und sich auf das beschränken sollten, was sie letztlich sind: Informationsvermittler, Bühnen unterschiedlicher Meinungen und Interessen, eigenständige Wirtschaftsakteure, die das Produkt ‚Nachrichten und Unterhaltung' verkaufen und genauso viel oder wenig einen gesellschaftlichen Auftrag haben wie Stromproduzenten oder Anbieter öffentlicher Infrastruktur." Tzankoff 2001: 9

Oben wurde aus deutscher Sicht in historischer Perspektive ein institutionengebundener Abriss von Journalisten-Aus- und Fortbildung angeboten. Daraus ergibt sich die Unterteilung in Hochschule, Fachschule, Journalistenschule, ländergebundene Ausbildungsinitiativen sowie medieninternes Training, deren Selbstverständnis und Bildungsauftrag unterschiedlich stark weltanschauliche, politische und soziale Problemfelder integriert. Der Grad der Integration von Themen wie Ethik, Berufsauffassung, gesellschaftlicher Auftrag des Journalismus hängt stark von den Gründern, Geldgebern und Leitungsgremien dieser Institutionen ab. Während diese Themen gerade in Journalistenschulen kirchlicher Provenienz und länderfinanzierten Kursen und Trainings stark berücksichtigt werden, stehen in Fachschulen und teilweise auch an Universitäten eher technische Fertigkeiten im Mittelpunkt. Universitäten bieten, nicht nur in Deutschland, Potential für die Verknüpfung technisch-praktischer und ethisch-politischer Aspekte. So hält Bernd Blöbaum im Sinne weltanschaulicher Unabhängigkeit Hochschulen für den richtigen Ort der Journalistenausbildung, da sie frei von direkter marktwirtschaftlicher Verantwortung agierten. Hier könnten eher als in den Journalistenschulen der Medienunternehmen, die in der Regel nach ökonomischen Imperativen handelten, Journalisten ausgebildet werden, die die Praxis als veränderbar ansähen. Auf Basis dieser Möglichkeit zum Experiment könne ein besserer Journalismus entstehen (Blöbaum 1996: 341f.). Es wird zu untersuchen sein, ob sich dieser für Deutschland sicher stichhaltigen Feststellung auch für Mosambik anzuschließen ist.

Unzweifelhaft wachsen im Journalismus die Anforderungen an die Vermittlungskompetenzen bei politischen Themen. So beobachteten Fröhlich und Holtz-Bacha in europäischen Ländern insgesamt größere Leistungserwartungen an die Journalisten, politische Inhalte zu vermitteln, die oft unpopulär bzw. komplex und vielschichtig sind, sowie politische Skandale aufzudecken (Fröhlich/Holtz-Bacha 1997: 151). Für die USA konstatiert Russ-Mohl als Hauptthema der journalistischen Diskussion „Ethik", neben „precision journalism", kurz gefasst die Fähigkeit der Journalisten, mit Methoden der Sozialwissenschaft passiv und aktiv umzugehen (Russ-Mohl 1994: 38). Die Amerikaner gehen allerdings im Journalismus selbst und in der Wissenschaft pragmatischer bzw. kleinteiliger mit dem Thema um, als dies in Deutschland der Fall ist, wo traditionell eher gesamtgesellschaftliche Entwürfe angestrebt werden. So bezeichnet Barbara Thomaß US-amerikanische Fallstudien als vorbildhaft, da darin deutlich wird, dass Ethik keine einfach umsetzbaren Entscheidungsregeln bietet, sondern dass ethisches Verhalten von Fall zu Fall entschieden werden muss (Thomaß 1998: 57).

Mit einem komparativ internationalen Ansatz betrachtet Thomaß die Frage der Bildung im Journalismus. Anhand ihrer Untersuchung von Ethik in der journalistischen Ausbildung in Deutschland, England und Frankreich (Thomaß 1998: 52) weist sie darauf hin, dass es oft nicht nur einen Ausbildungsweg gibt, sondern auch mehrere, hintereinander oder parallel vollzogene Ausbildungen. In Anlehnung an Kunczik, der berufliche Sozialisation für den Journalistenberuf und Sozialisation im Beruf unterscheidet, sieht Thomaß erstere als Aufgabe der Ausbildungsinstitutionen, die zweite als Aufgabe der Journalistenverbände. Insgesamt stellt sie folgende Anfragen an die Ausbildungsinstitute und Verbände und bereitet damit implizit einen Anforderungskatalog vor:

- Welche handwerklich-manuellen Fähigkeiten und Orientierungen werden vermittelt?
- Welche soziale Orientierung wird vermittelt,[118] (Thomaß 1998: 54), konkret:
    - Fähigkeit, die journalistischen Funktionen innerhalb der Demokratie bestimmen und begründen zu können,
    - Selbstkritik und Kritik der Berufsbedingungen,
    - Autonomiebewusstsein,
    - Wille, berufliche Bedingungen zu verbessern
- Welche philosophischen Konzepte werden von den Ausbildungsinstitutionen benutzt?
- Wird die kommerzialisierte und technisierte Medienlandschaft als Referenzgröße mit einbezogen?
- Gibt es eine medienspezifische Differenzierung?
- Führen die Berufsorganisationen Diskurse über die Verbindlichkeit und Durchsetzbarkeit von Ethik und Regelinstanzen?

Weischenberg dagegen weist darauf hin, dass die Forderung, Journalismus solle gleichzeitig Orientierung bieten, Integration herbeiführen sowie als Instanz der Kritik und Kontrolle fungieren, eine Überforderung sei (Weischenberg 1995: 93). Er macht dies am Sportjournalismus fest, der zumindest im audiovisuellen

[118] Vgl. Weischenbergs Unterteilung in Fachkompetenz, Vermittlungskompetenz, Sachkompetenz und soziale Orientierung, Weischenberg 1990.

Mainstream lediglich Unterhaltung biete und umfassend kommerzialisiert sei. Dieser Trend, so Weischenberg, übertrage sich auch auf andere Mediengattungen. Kunczik leitete 1999 eine Experten-Enquête zum Thema Ethik im Journalismus. Er kam zu dem Ergebnis, dass Ethik in vielen Ländern der Dritten Welt bei der Ausbildung eine untergeordnete Rolle spielte (Kunczik/Zipfel 2001: 204).

Anforderungen an DozentInnen

In den USA gibt es starke und funktionierende Initiativen, um den Journalistik-Dozenten immer wieder den Einstieg in die Praxis zu ermöglichen (Russ-Mohl 1994: 138). Fortbildung ist wichtiger Bestandteil des Berufslebens. So gibt es:

- Midcareer-Programme, mit denen die Journalisten für eine gewisse Zeit an die Universität zurückkehren können;
- langfristige Programme[119]: Journalisten besuchen sozusagen als Sabbat-Jahr 12 Monate die Universität (Russ-Mohl 1994: 152);
- überbetriebliche und betriebliche Fortbildungseinrichtungen, die 5-9-tägige Kurzzeitprogram me anbieten, vergleichbar den deutschen journalistischen Kursangeboten in Hagen, München und Hamburg;
- Förderung am Arbeitsplatz: Training editors[120] und writing coaches[121] als Qualitätssicherung.

Ebenfalls in den USA vorgenommen wurde eine Befragung von 900 Journalistik-Dozenten, immerhin ¼ der damals hauptberuflich tätigen Personen. Weischenberg (158ff.) stellte die Ergebnisse 1990 vor. Fast alle (98,5%) hatten Medienpraxis, meist bei Tages- und Wochenzeitungen und -zeitschriften. Weischenberg typisiert diese DozentInnen folgendermaßen:

- „Eklektiker“ (40%): Akademiker und Praktiker. Diese wiederum unterteilt Weischenberg in:
    - „Praktiker“: Personen mit intensiver Medienerfahrung;
    - „Administratoren“: Dekane, Personen in der Verwaltung;
    - „Forscher“: Personen, die vor allem auf die empirische Forschung Wert legen und gleichzeitig unterrichten.
- Medienpraktiker (30%): empfinden Wissenschaft als eher uninteressant.
- Akademiker (20%): haben wenig Praxisbezug.
- Außenseiter (10%): sind eher in randständigen Fächern, die aber zum kommunikationswissenschaftlichen Kanon gehören.

Leider führt Weischenberg diese Ergebnisse nicht weiter aus.

---

119 Beispielsweise das Programm *Niemann Fellowship* in Harvard.

120 Training Editor ist ein haupt- oder nebenberuflicher Fortbildungsbeauftragter, der oft aus einem nicht-journalistischem Umfeld kommt, z.B. ein Psychiater oder Kommissar, der Reporter schult (Russ-Mohl 1994: 160).

121 Writing-Coach ist eine Art Betreuer für eine ganze Redaktion, der eine Art handwerklich-soziale Supervision übernimmt, bis hin zu psychologischer Beratung (Russ-Mohl 1994: 163).

Didaktik und Methodik

Bei der Analyse von Methodik und Didaktik sollte die oben beschriebene Zweiteilung in Aus- und Fortbildung berücksichtigt werden: Erwachsenenbildung für erfahrene Journalisten verlangt andere Vorgehensweisen als ein Heranführen junger Studenten an den Journalismus. Weischenberg beschreibt die gängige Form universitärer Ausbildung: Monolog (Vorlesung), Mischung aus Monolog und Dialog (Seminar) und Handlungsform (Übung) (1987: 199).

Westerbarkey (1987: 199) unterscheidet fünf Stufen von journalistischem Unterricht:

- Beschreibung von Lernzielen;
- Zuordnung von Lerninhalten;
- Festlegung von Lernsituation und Lehrstrategien;
- Entwicklung von Lehrstrategien;
- Bereitstellung von Evaluationsmethoden.

Weischenberg beschreibt die amerikanische Journalistenausbildung als vorbildhaft und erklärt die didaktische Konkretisierung mit fünf Sequenzen, die konkreter als bei Westerbarkey an der Unterrichtsrealität entlang entwickelt werden (Weischenberg 1987: 204):

- Detaillierte Strukturierung der Veranstaltung im Kontext des Gesamtcurriculums;
- Abstimmung dieser Struktur mit Teilnehmerzahl, Bedürfnissen etc.;
- Syllabus als genauer Veranstaltungsplan: Fernziele, Leistungskontrollen, Bewertung etc.;
- Standardisierte Prüfungen (teilweise mit Spezialisten entwickelt);
- Evaluation durch StudentInnen (Veranstaltungsevaluation und auch Makroevaluation, bei der die gesamte Universität extern geprüft wird).

Okigbo und Pratt schließlich bemängeln aus kenianischer Perspektive die starke europäisch-amerikanische Färbung von Lehrbüchern und Unterrichtsinhalten und fordern ein „afrocentric“ bzw. „pro-African“ Unterrichtsmodell (Okigbo/Pratt 1997: 12f.). Unter Verweis auf eine Konferenz afrikanischer Wissenschaftler im Jahr 1981[122], die eine stärkere Einbindung der ländlichen Bevölkerung als Rezipienten, unabhängige afrikanische Medienforschung und stärkere Betonung afrikanischer Werte verlangte, fordern sie mindestens 20 Prozent afrikanisch geprägte Kursinhalte (Okigbo/Pratt 1997: 13).

[122] Vgl. Ugboajah, F.: Current Debates in the field of Mass Communication Research: An African Viewpoint. In: Africa Media Review, 1: 1-17.

Programme und Curricula

Wie oben beschrieben, gibt es in den deutschsprachigen Ländern eine Fülle von verschiedenen Kursen, Trainings, Schulen und Institutionen.[123] Dabei gelten solche Institutionen als modern und wirkungsvoll, die einerseits interdisziplinär arbeiten und Themen wie Medienrecht, Medienwirtschaft und Öffentlichkeitsarbeit beinhalten, und andererseits handwerkliche Fächer zu Layout, Multimedia und Homepage-Gestaltung anbieten. Einen solchen Studiengang beschreibt Elisabeth Klaus (vgl. Altmeppen/Hömberg 2002: 75ff.). In jüngster Zeit werden in der Kommunikationsforschung auch neue Ansätze beim Studienverlauf (vor allem BA-Studiengänge), bei der Vermittlung von Online-Journalismus als Beruf sowie der Integration von türkischen Journalisten in Deutschland untersucht (vgl. Neubert/Scherer 2004). Diese Ansätze sind allerdings zu westlich orientiert, um Schlüsse auf afrikanische Journalisten-Aus- und Fortbildung zu erlauben.

Russ-Mohl beschreibt in Anlehnung an Wilhelm Busch verschiedene Stadien der Curriculum-Entwicklung an Universitäten. Kernkritikpunkt dieser ironischen Beschreibung ist Russ-Mohls Auffassung, dass verschiedene Abteilungen an Universitäten bei der Entwicklung von entsprechenden Studienprogrammen dazu neigen, bedeutende Arbeitsgebiete zu besetzen und „als unverzichtbar für die Journalistenausbildung“ zu bezeichnen (Russ-Mohl 1987: 14). An selbstverwalteten Hochschulen fehle es häufig an „eingespielte[n] Koordinationsmechanismen, um vernünftige Entscheidungen sicherzustellen“ (ebd.). Bei der Abstimmung zwischen Ressorts dominiere „negative Koordination“ den Prozess, da jeder Beteiligte dafür Sorge trage, dass sein Bereich von den Verhandlungsergebnissen nicht negativ berührt werde.

Ein besonderes Problem von universitärer Journalistenausbildung entsteht, wenn der Medienmarkt schnellen Änderungen unterworfen ist, wie dies in Schüben der Fall ist, jüngstes Beispiel: der Online-Journalismus. Auf Jahre hinaus entworfene Hochschulcurricula mit Examensregelungen können sich aus administrativ-organisatorischen Gründen nicht zeitgemäß dem Markt anpassen. Eingeschränkt gilt dies auch für Fortbildungsprogramme, denn auch kleinteiliger und wendiger arbeitende Akademien, NROn, Institutionen oder Medien müssen auf Dozenten zurückgreifen, die imstande sind, die neuen Inhalte zu erfassen und zu vermitteln. Auf jede

[123] Vgl. Altmeppen/Hömberg 2002.

Art von Journalisten-Aus- und Fortbildung kann übertragen werden, was Altmeppen/Donges/Engels (2000: 216) in Bezug auf Transformationsprozesse im Bereich des Journalismus, insbesondere des Radioformatjournalismus, feststellen: „Die Schwierigkeit besteht darin, langfristig wirksame Veränderungen von kurzfristigen Moden zu unterscheiden.“

Ausstattung und Materialien

Die Ausstattung mit technischem Material und Räumlichkeiten beeinflusst Unterricht und Training ebenso wie der Grad der Verfügbarkeit von schriftlichem Lehrmaterial. Es macht einen erheblichen Unterschied, ob die Benutzung von Selbstfahrerstudios, der Gebrauch einer Filmkamera, Grundlagen von Fernsehtechnik und Stile von Moderation im Frontalunterricht oder in Trainingsstudios vermittelt werden. In vielen Ländern Asiens, Lateinamerikas und Afrikas wird der Mangel an Lehrbüchern und adäquaten Unterrichtsmaterialien beklagt, in Mosambik ist vor allem abstrakter Unterricht ohne Anschauungsmaterialien die Regel. Ähnliches beklagt Boafo, allerdings in Bezug auf Studien der 80er Jahre für das englischsprachige Afrika. Hier dürfte die jetzige Situation generell besser sein als in den ehemaligen portugiesischen Kolonien, obwohl Boafos diesbezügliche Einschätzung[124] noch vor 15 Jahren sehr kritisch war.

La Roche unterscheidet folgende Kategorien journalistischer Lehr- und Ratgeberbücher (La Roche 2002):

- Einführungs- und Grundlagenbücher: Gebündelte Zusammenstellungen von Lerninhalten zu Arbeitstechniken, Medienrecht und Medienethik;
- Arbeitstechniken-Ratgeber: Recherche (heute vor allem Online-Recherche);
- Darstellungsformen: Nachricht (unterteilt in Zeitung, Hörfunk, Agentur), Interview, Reportage, Feature, Porträt, Korrespondentenbericht, Kommentar, Glosse;
- Ressorts und Sachgebiete: Kultur, Reise, Sport, Polizei, Gericht, Wissenschaft, Wirtschaft etc.;
- Medienspezifika: Lehrbücher, die ein Medium spezifisch behandeln oder nicht in die bisherigen Rubriken passen: Layout, „Die Überschrift“, „ABC des Hörfunks“ etc.;
- Sprache: Tipps zu Beherrschung von Sprache, z.B. „Deutsch für Profis“;
- Medienrecht: Handbücher, die juristische Zusammenhänge und Begriffe erläutern und die Rechte und Pflichten von Journalisten betreffen und
- Medienethik: praktische Bücher zu Desinformation, Gängelung, Zwängen des Berufs, „bestellten Wahrheiten“.

---

[124] „These studies and surveys revealed a considerable gap in the provision of teaching materials, a heavy dependence upon external models, inadequate utilization and distribution of texts, a paucity of materials directly related to African problems and environment and limitations of the existing network of communication researchers, teachers and trainers.” (Boafo 1991: 67).

In Kapitel 7.3.3 werden die in mosambikanischen Bildungsinstitutionen vorgehaltenen Bücher nach la Roches Matrix hin abgefragt.

Koordinierung

Im Folgenden soll angesprochen werden, wie Journalisten-Aus- und Fortbildung durch gesellschaftliche Kräfte beeinflusst wird und wo Koordinierungsansätze erkennbar sind.

Das deutsche Mediensystem wird durch ein filigranes, gesetzlich festgelegtes und gesellschaftlich getragenes Gemisch aus öffentlicher Kontrolle und Selbständigkeit gelenkt. In Mosambik ist der Einfluss von Staat und Politik auf die Medien deutlich größer als in Deutschland und der generelle Einfluss von Gesellschaft und Medien deutlich geringer. Anders verhält es sich bei der Aus- und Fortbildung von Personen für Medienberufe, die an Universitäten, Fortbildungsinstitutionen und den Medien selbst stattfindet. In Mosambik gibt es deutlich weniger derartige Institutionen und eine anders ausdifferenzierte politische Landschaft. Aber eine Mischung aus öffentlichen und privaten Initiativen ist gegeben. Löffelholz beschrieb 1990 den Einfluss politischer Kräfte auf die Journalistenausbildung. Interessant daran sind mit Blick auf Mosambik drei Aspekte:

- Politische Beeinflussung: Die deutsche Journalistenausbildung wurde in den 70er Jahren stark von der Politik gesteuert (Löffelholz 1990: 167). [125] Der damalige rheinland-pfälzische Ministerpräsident Kohl kritisierte den „Linkstrend" in der bundesdeutschen Presse und machte sich für einen Mainzer Journalistik-Studiengang stark, ähnliches geschah in Niedersachsen und führte zur Gründung des Hannoveraner Studiengangs.

- Verschiedenartige Interessen: Die Gemengelage der Interessen bei der Implementierung von Journalistik-Studiengängen sieht – vereinfachend – folgendermaßen aus:
  - Die Medien wollen eine Verbesserung der Qualifikation ihrer Mitarbeiter
  - Die Hochschulen haben ein Interesse, Ausbildungsleistungen bereitzustellen
  - Vertreter und Gruppen des politischen Systems dienen als Finanziers und Rechtsgaranten

- Langwierige Verwirklichung: Die Implementierung eines Studienganges ist außerordentlich zeitaufwendig. Löffelholz (1990: 190) zeigt exemplarisch den dreijährigen Genehmigungsprozess zur Änderung der ersten Prüfungsordnung für den Dortmunder Journalistik-Studiengang.

---

[125] Im gleichen Sinne Russ-Mohl 1987: 8.

Hinweise auf Fragen von Spezialisierung, zielführender Ausbildung für den Arbeitsmarkt und gleichzeitiger Balancierung demokratischer Vorgaben beim Fortbilden von Journalisten finden sich in der Literatur nur vereinzelt, eher mit Hinweischarakter denn systematisch. Saxer äußerte sich 1987 (25) pragmatisch:

> „Optimal funktioniert eine Journalistenausbildung offenbar dann, wenn sie ohne allzu hohe Verluste für das Mediensystem bzw. für die Kandidaten solche Berufsanwärter in die Medien bringt, die dort den systemtypischen Leistungserwartungen, die sich vorwiegend auf die publizistische Institution beziehen, und den medien- und ressortspezifischen Anforderungen genügen (…)".

Weischenberg stellte 1990 (35) fest: „Die nordamerikanische Kommunikationswissenschaft hat begriffen, dass die Gesellschaft nur relativ wenige Kommunikationswissenschaftler aber relativ viele Journalisten braucht". Die Spezialisierung auf die Fortbildung nur für ein Medium (Radio, Fernsehen, Internet) bezeichnet Pöttker als kontraproduktiv, weil manche Medien diagonal, also in verschiedenen Bereichen gleichzeitig tätig sind (Pöttker 1996: 322).

Fröhlich/Holtz-Bacha unterscheiden vier Arten von europäischen Journalismus-Ausbildungssystemen:

1. Länder mit vor allem hochschulgebundener Ausbildung: Schweden, Finnland, Spanien, Belgien (sowie als außereuropäische Ergänzung USA, Kanada);
2. Länder, in denen die Ausbildung an Fachschulen unterschiedlicher Träger durchgeführt wird wie Italien, Dänemark, Norwegen, Niederlande;
3. Länder, in denen die Ausbildung durch selbständige Schulen und/oder Hochschulen stattfindet, wie Frankreich, Irland, Portugal sowie
4. Länder, in denen die Ausbildung primär in den Medienbetrieben stattfindet, exemplarisch wird Großbritannien angeführt, dazu zählt auch Österreich. Als Sonderform der vierten Kategorie werden Deutschland und die Schweiz genannt, die aber auch zur dritten Kategorie gezählt werden könnten (Fröhlich/Holtz-Bacha 1997: 170).

Als Fazit empfehlen Fröhlich/Holtz-Bacha einerseits mehr Standardisierung, um die Mobilität zu fördern, und andererseits so wenig Standardisierung wie möglich, um die kulturelle Vielfalt aufrechtzuerhalten.

2.6.3 Zusammenfassung: Aus- und Fortbildung von Journalisten

Bislang wurde Weischenbergs Modell der Aspekte von Journalistenausbildung vorgestellt, das kurz und übersichtlich die meisten der auch für Mosambik relevanten Aspekte zu bündeln imstande ist. Dann folgte eine Darstellung einiger Aspekte von Journalistenausbildung in europäischen Ländern, USA und Afrika. In Deutschland gab es in den 70er Jahren die Akademisierungsphase, die sich jetzt in Mosambik abzeichnet. Noch stärker kann man in den USA die Eigendynamik akademischer Szenen mit Qualitätsmanagement und Konkurrenzdruck der Bildungsinstitutionen beobachten. Die Betrachtung verschiedener europäischer Länder erlaubt eine Typenbildung. Gerade die Kommerzialisierung und die Zunahme von Marketing- und Management-Aspekten beim osteuropäischen Journalismus dürften in Zukunft auch für Mosambik relevant werden. Aus den Ergebnissen dieser Studien wurde eine Tabelle zur Kategorisierung von journalistenausbildenden Konzepten erstellt. Dann wurden sieben Leitbegriffe herausgearbeitet, die übergreifende Aspekte bezeichnen: Das Stichwort Praxisbezug bezeichnet die ständige Balance von Ausbildungsprogrammen, Theorie und Praxis miteinander zu verbinden und ein geeignetes Mischungsverhältnis zu finden. Politisch-gesellschaftlicher Anspruch beleuchtet die Frage, inwieweit Ethik und Berufsverständnis Aufgabe der Journalisten-Aus und Fortbildung sein kann und sein will. Die Rolle und das Aufgabenprofil von Dozenten sowie die Frage der Typisierung von Journalistenausbildern sind ebenfalls wichtig. Vorgestellt werden Erörterungen zu Didaktik und Methodik, die Ausgestaltung der jeweiligen Programme und Curricula und Ausstattung und Materialien der verschiedenen Institutionen. Zum Schluss werden Untersuchungen zur Koordinierung von Journalisten-Aus- und Fortbildung in Deutschland und Europa vorgestellt.

II. Mosambik

3. Geschichte, Politik, Wirtschaft

Obwohl in der vorliegenden Arbeit vor allem die vergangenen 10-15 Jahre Mediengeschichte Mosambiks beschrieben werden, sind einige Erörterungen zu Geschichte, Politik, Kultur, Religion, Gesellschaft und Bildung für das Verständnis der mosambikanischen Medien und der Journalistenausbildung von Nutzen.

Abb. 11: Afrika; mosambikanische Provinzen (links: www.brot-fuer-die-welt.de; rechts: Censo Mozambique)

3.1 Quellenlage

- Als das Standardwerk zur Geschichte gilt **Malyn Newitts** erstmals 1992 und dann wiederholt auf portugiesisch und englisch aufgelegtes Buch „A History of Mozambique".
- Der englische Journalist und Wissenschaftler **Joseph Hanlon** ist seit seinem ersten Buch über das südliche Afrika (1979) eine der wichtigsten Stimmen für die Entwicklung des südlichen Afrika. Er hat zwei Großstudien zur Entwicklungspolitik in Südafrika koordiniert, diverse Wahlen beobachtet und beschrieben und mehrere Bücher zu Wirtschaft und Politik in Mosambik veröffentlicht. Zurzeit (2005) gibt er einen Newsletter zu Mosambik heraus, in dem er sich kritisch mit wirtschaftlichen und politischen Themen, wie dem Ablauf der Kommunalwahlen 2003 und der Präsidentschaftswahlen 2004 auseinandersetzt.
- **Dalila Cabrita Mateus** (1991) beschreibt die Bildungs- und Kultureinflüsse, denen die Mitglieder der afrikanischen Elite und späteren Gründer der Befreiungsorganisationen *FRELIMO* (Mosambik), *MPLA* (Angola) und *PAIGC* (Kapverden) in portugiesischen und französischen Kolonien bei ihren jeweiligen Aufenthalten in Lissabon und Paris ausgesetzt waren und die politischen Zirkel, in denen sie geprägt wurden.
- Der Rektor der Mondlane-Universität *UEM*, **Brazão Mazula**, gab 1995 anlässlich der ersten freien Wahlen einen 673 Seiten starken Sammelband „Wahlen, Demokratie und Entwicklung" heraus. Autoren sind 20 Wissenschaftler, Politiker und Journalisten aus Mosambik, Brasilien, USA, Südafrika, Kanada und den Niederlanden. Gegliedert in die drei Oberkapitel „Wahlen und Frieden", „Demokratie" und „Entwicklung" und zahlreiche Unterkapitel, sind Informationen zu Politik, Demographie, Sprachenvielfalt, dem Friedensprozess zwischen 1990 und 1994, Universität und Schul-Bildung, Medien und Ökonomie zusammengestellt. Das Buch wurde durch zahl-

reiche Institutionen, maßgeblich die niederländische Botschaft, unterstützt, und enthält zusätzlich zu zahlreichen Grafiken und Tabellen auch Fotos und weiteres Anschauungsmaterial. 2002 gab er das mit 523 Seiten umfangreiche Werk „Zehn Jahre Frieden in Mosambik" heraus. 14 Autoren, darunter ein größerer Anteil von Mosambikanern als in dem Sammelband von 1995, beschreiben den Demokratisierungs- und Friedensprozess, wobei zu den 1995 behandelten Themen Aspekte von Familie und Frauen-Identität und Landwirtschaft hinzukommen. Zusätzlich zu den Artikeln von Wissenschaftlern, Experten und Politikern sind 17 je ein- bis zweiseitige Stellungnahmen von gesellschaftlich bedeutenden mosambikanischen Persönlichkeiten beigefügt, eine Serie, die vor allem die Gesundheits- und Infrastruktur-zerstörerischen Auswirkungen des Bürgerkriegs fotografisch dokumentiert, sowie so genannte Zeugnisse (*testemunhos*) von rund 70 Bürgern und Studenten, die in kurzen Statements und Gedichten ihre Gefühle und Gedanken zu Krieg, Frieden und Demokratie zum Ausdruck bringen.

- Im November 2003 erschien ein 25-Jahresplan für Mosambik, die ***Agenda 2025***. Diese ein wenig an sozialistische Planwirtschaft erinnernde Unternehmung[126] entstand in Zusammenarbeit von mit über 100 vornehmlich mosambikanischen Spezialisten zu Themen aus Gesellschaft und Politik. Die *Agenda 2025* hat den Anspruch, neue Wege zu finden, um Impulse für die Entwicklung Mosambiks zu geben (Agenda 2025: 15). Nach einer Situationsanalyse (knapp ein Drittel des Buches) werden vier mögliche Szenarios der Entwicklung Mosambiks beschrieben, wobei gemäß der mosambikanischen Kultur als Titel Vergleiche aus der Tierwelt herangezogen werden, z.B. das Szenario der Ziege, die, wie ein mosambikanisches Sprichwort sagt, dort frisst, wo sie angebunden ist, was eine Umschreibung von Korruption ist und mit dem Wort *Cabritismo* Eingang in den mosambikanischen Wortschatz gefunden hat. Im Anschluss wird beschrieben, mit welchen Maßnahmen, Strategien und Verhaltensmustern das empfohlene Szenario der Biene erreicht werden soll. Leider enthält die *Agenda 2025* wenig über Medien, Journalismus und die diesbezüglichen Potentiale.
- Der deutsche Verband *Koordinierungskreis Mosambik* ***KKM*** gibt mehrmals im Jahr einen Rundbrief heraus, der Informationen über mosambikanische Politik, Wirtschaft, Medien und Kultur enthält.
- Aktuelle Informationen bieten unter anderem die Jahrbücher „Africa South of the Sahara" sowie das „Jahrbuch Dritte Welt".
- Zahlreiche Links enthält die Mosambik-Seite der **Stanford**-Universität
  www-sul.stanford.edu/depts/ssrg/africa/moz.html

[126] Der in Deutschland lehrende mosambikanische Wissenschaftler Elisio Macamo hat die *Agenda 2025* scharf kritisiert: Die Idee stamme vom *UNDP*, die Durchführung koste 1,7 Millionen Dollar: „Wenn die nächsten 25 Jahren in wenigen Monaten geplant werden sollen, inklusive die Regierungsgeschäfte, die gesellschaftliche Auseinandersetzung und die Ziele, warum braucht das Land noch eine Verfassung, ein Parlament, Parteien, und eine Zivilgesellschaft? Zum spielen, natürlich." (Macamo 2004).

3.2 15.-19. Jahrhundert

Bis etwa zum 15. Jahrhundert gab es intensive Handelsbeziehungen zwischen Mosambik und den arabischen Ländern. Im 15. Jahrhundert intensivierte Portugal seine Entdeckungsfahrten nach Afrika, um an dem Handel mit exotischen Waren und Gold zu partizipieren (Mondlane 1995: 31). 1498 erreichte der portugiesische Seefahrer Vasco da Gama die mosambikanische Küste, 1501 sandte der portugiesische König die ersten offiziellen Gesandten. Nach erfolglosen Versuchen, am arabischen Handel ohne aufwendige Verwaltung zu partizipieren, wurde 1507 die erste dauerhafte Ansiedlung auf der Ilha de Moçambique, heute *UNESCO*-Weltkulturerbe, gegründet (Hupe/Vachal 2002: 17). Zwar versuchte man Uneinigkeiten der afrikanischen Fürsten und Scheichs auszunutzen, um Kontrolle der Handelswege zu erzielen (Mondlane 1995: 31); eine dauerhafte Kontrolle aber gelang nicht. Erst in der 2. Hälfte des 16. Jahrhunderts unternahmen die Portugiesen mit Hilfe jesuitischer Missionare erste Versuche, auch das Landesinnere zu erkunden. Im 17. und 18. Jahrhundert drangen katholische Missionare (Dominikaner, Jesuiten) im Norden und im Zentrum ein. Die Allianz von Kirche, portugiesischem Staat und validen Handelsinteressen markieren laut Eduardo Mondlane den Anfang dessen, was später Kolonialismus bedeutete (Mondlane 1995: 32). Im 17. Jahrhundert installierte Portugal ein einzigartiges Feudalsystem (*Prazo*-System) in Mosambik, dessen Existenz vom 16. Jahrhundert bis 1930 nachgewiesen werden kann (Newitt 2002: 217).

Im 18. Jahrhundert entwickelten Inder, Portugiesen und Araber in großem Stil Sklavenhandel mit mosambikanischen Menschen. Zwischen 1800 und 1840 kam es in Mosambik zu verheerenden Dürre-Katastrophen, was Hungersnöte und Flüchtlingswellen auslöste (Hupe/Vachal 2002: 28). Das Vordringen der Buren in Südafrika und die Kriegszüge des Zulu-Volkes führten zwischen 1820 und 1840 zu großen Umwälzungen und Völkerverschiebungen (Newitt 2002: 264). Der schottische Missionar David Livingstone, der zahlreiche Expeditionen nach Mosambik führte, erlangte im 19. Jahrhundert mit seinen Berichten große Bekanntheit (Newitt 2002: 280 f.).

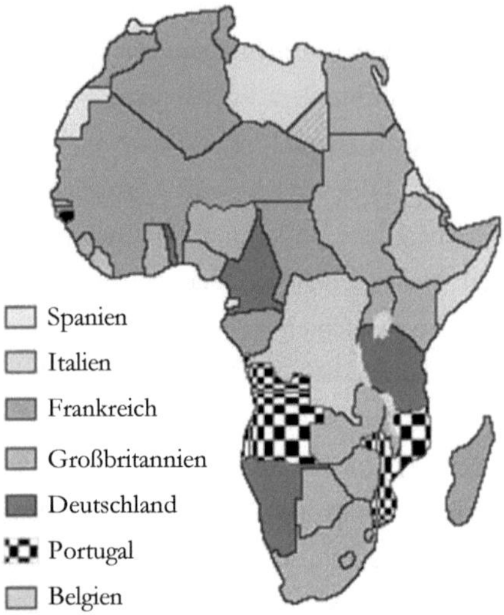

Abb. 12: Afrikanische Kolonien um 1913 (www.Wikipedia.org)

Auf der Berliner Konferenz 1884/85 („Kongo-Konferenz“) erhob Portugal historische Ansprüche auf Mosambik und begann, die Einheimischen militärisch zu unterwerfen.

Zu Beginn des 20. Jahrhunderts unterhielt Portugal ein zergliedertes Netz von Verwaltungsgebieten. Riesige Konzessionsgebiete befanden sich in ausländischer Hand, Mosambikaner wurden als billige Arbeitskräfte an die südafrikanischen Goldminen verpachtet. Zwischen 1890 und 1910 wurde Mosambik ganz unter portugiesische Herrschaft gestellt. Es wurde ein Verwaltungssystem eingerichtet, mit je einem Generalgoverneur auf der heutigen „Ilha de Moçambique“ und in Lourenço Marques (Maputo) (Mondlane 1995: 34). Diesen unterstellt waren Provinzgouverneure, Distrikt-Intendenten, Verwalter und Postenchefs. Letzteren unterstanden Tausende, später Zehntausende von Afrikanern aus verschiedenen Stämmen, die unter dem Nationalbegriff Mosambikaner von den Portugiesen zusammengefasst wurden (Mondlane 1995: 34). Parallel dazu konnten die lokalen portugiesischen Firmen Arbeiter zu Minimallöhnen rekrutieren. Die horizontale Verkehrsführung, die dazu führte, das man bis heute das Land einfacher vom Meer Richtung Inneres des afrikanischen Kontinents als in Nord-Süd-Richtung bereisen kann, sowie die Dreiteilung des Lands in Norden (Nampula mit Hafen Nacala), Zentrum (Beira) und Süden (Lourenço Marques) bewährte sich für die Kolonialisten und prägt die mosambikanische Wirtschaft und Politik bis heute.

3.3 20. Jahrhundert

3.3.1 Salazars' Portugal

Als 1926 António de Oliveira Salazar an die Macht kam und seine Kontrolle über die afrikanischen Kolonien verstärkte, begann eine Politik der totalen Bindung an Portugal (Hupe/Vachal 2002: 33). Salazar löste die Konzessionen auf, entmachtete die seit dem 17. Jahrhundert als Lehnsherren regierenden *Prazos* und schickte verarmte portugiesische Bauern nach Mosambik und Angola, um die Landwirtschaft und Leichtindustrie zu fördern (ebd.). Ein Apartheid-System setzte diskriminierende Lohnunterschiede fest, der Zwangsanbau (*chibalo*) von Baumwolle und Reis führte zwischen 1930 und 1950 zu großen Produktionssteigerungen. Als am Ende des 2. Weltkrieges viele Afrikaner in englische und französische Kolonien zurückkehrten, die Seite an Seite mit Europäern an der Front gekämpft hatten, war dies einer der Auslöser, dass sich überall auf dem afrikanischen Kontinent afrikanisches Nationalbewusstsein regte, dem die europäischen Staaten nachgaben. Aber Portugal war im Krieg neutral, Angolaner und Mosambikaner hatten die Kriegserfahrung nicht gemacht, das Bildungsniveau in den Kolonien war sehr niedrig. So kam die Befreiungswelle der afrikanischen Staaten erst Jahrzehnte später nach Mosambik.

Assimilation war die einzige soziale und wirtschaftliche Aufstiegs-Möglichkeit schwarzer Mosambikaner. Bedingungen waren (Mondlane 1995: 47):

1. Beherrschung der portugiesischen Sprache in Lesen, Schreiben, Sprechen
2. finanzielle Mittel, um seine Familie zu ernähren
3. gutes Verhalten ("boa conduta")
4. die notwendige Bildung sowie Kenntnisse des sozialen Verhaltens, um als Staatsbürger in Portugal leben zu können
5. Erbittung des Status eines *Assimilado* bei der lokalen Verwaltung, die dies beim Distriktgouverneur beantragt.

Das Ungerechte an der Assimilierten-Regelung war, dass 40% der Portugiesen zum Zeitpunkt dieser Regelung Analphabeten waren und viele von ihnen außerstande waren, ihre Familie eigenständig zu ernähren. Auch garantierte der Status eines Assimilierten nicht das gleiche Gehalt wie ein Weißer oder soziale Gleichstellung (Mondlane 1995: 48). 1950 gab es bei einer Gesamtbevölkerung von 6 Millionen insgesamt 4.555 Assimilierte (Mondlane 1995: 49).

3.3.2 Die afrikanische Unabhängigkeitsbewegung

1949 gründeten Sekundarschüler, die in Südafrika studiert hatte, den *Núcleo dos Estudantes Secundários Africanos de Moçambique* (*NESAM*), der die Idee der Unabhängigkeit ventilierte (Mondlane 1995: 95). Trotz Zensur konnte die kritische Intellektuellen-Zeitung *Alvor* herausgegeben werden. Ki-Zerbo datiert die Entstehung einer antikolonialen Bewegung auf 1957, der Unabhängigkeit des ersten afrikanischen Staates, Ghana. Im September 1958 wurde die Pan-Afrikanische Freiheitsbewegung für Ost- und Zentralafrika gegründet mit dem Ziel, die Kolonialisten "aus dem Land zu jagen". In Adis Abeba wurde am 22.-26. Mai 1963 bei einer Versammlung von 31 Staatschefs die Afrikanische Unabhängigkeitsorganisation gegründet (Ki-Zerbo 1976: 399). Artikel 2 beschreibt die Ziele: Einigkeit und Solidarität, Koordinierung und Intensivierung von Zusammenarbeit, Verteidigung der Unabhängigkeit von Staaten, Bekämpfung des Kolonialismus, Intensivierung von internationaler Zusammenarbeit. Artikel 3 proklamiert als Grundprinzipien unter anderem Gleichheit aller Staaten sowie keine Einmischung in interne Angelegenheiten. Die Organisation gründete auch eine Wirtschaftsgruppe, die 1957 eine eigene Wirtschaftskommission für Afrika gründete (Ki-Zerbo 1976: 390).

Dalila Mateus beschreibt am Beispiel dreier portugiesischsprachiger Länder die Ursachen für die Gründung der jeweiligen Befreiungsorganisationen. Wichtiges Motiv war die Marginalisierung elitärer assimilierter Afrikaner aus Mosambik, Angola und Guiné und den kapverdischen Inseln, die zum Studium in Europa zusammentrafen, da es in Afrika praktisch keine Universitäten gab. Sie schlossen sich in Freizeitgruppen zusammen, pflegten in gemeinsam verbrachter Freizeit Poesie und Kultur und entwickelten sozialistische und revolutionäre Ideen und Pläne (Mateus 1999: 176). Die Institutionen *Casa dos Estudantes do Império* (*CEI*), das *Centro de Estudos Africanos* in Lissabon und der *Clube Marítimo Africano* waren Orte, wo neomarxistische und sozialistische Ideen diskutiert wurden und Musik und Kultur diskutiert wurde (Mateus 1999: 66, 75f, 176). Gerade die *Movimento da Unidade Democrática Juvenil* sowie die *Partido Comunista Angolana* gab, so Mateus, trotz der unsystematischen Vermittlung von marxistischem Gedankengut, den Jungen eine klare Linie, straffe Organisation und Disziplin (Mateus 1999: 177). In einigen Fällen, so z.B. bei Eduardo Mondlane, kam eine Prägung durch protestantische religiöse Erziehung dazu.

Die im Ausland geprägten afrikanischen Männer gründeten in der 2. Hälfte der 50er Jahre emanzipatorische Bewegungen, die die Vorläufer der späteren Befreiungsgruppen wurden: *FRELIMO* (*Frente da Libertação de Moçambique)*, *MPLA* (*Movimento de Libertação da Angola*; angolanische Befreiungsfront) sowie *PAIGC* (Befreiungsorganisation in Guiné und den Kapverden) (Mateus 1999: 175). Die mosambikanischen *FRELIMO*-Gründer stammten aus einer kleinen intellektuellen urbanen studentischen Elite aus dem Süden (Mateus 1999: 58). Die Gründer von *MPLA* und *PAIGC* waren Kreolen, die in der portugiesischen Administration subalterne Posten bekleideten (ebd.). Sie verloren ihre Posten, als mit der geballten Kolonialisierung mehr Weiße ins Land kamen.

Mateus unterscheidet zwei Generationen von Gründern portugiesischsprachiger afrikanischer Befreiungsbewegungen: Amílcar Cabral, Augustinho Neto, Marcelino dos Santos, Lúcio Lara, Vasco Cabral, Mário de Andrade und Eduardo Macedo dos Santos. Sie gelten als Gründerväter (Mateus 1999: 177), waren militärisch und ideologisch konzentriert, hatten den Sieg über den Faschismus erlebt, erfuhren von den neuen kommunistischen Regierungen in Europa, der Unabhängigkeit Indiens, Indonesiens, Vietnams, der chinesischen Revolution (Mateus 1999: 178). Die zweite Generation der zweiten Hälfte der 50er Jahre und der ersten der 60er waren anders. Als sie nach Portugal zur Ausbildung kamen, war der Kalte Krieg in vollem Gange, Portugal wurde *NATO*-Mitglied, die Kommunistische Partei war geschwächt. Sie machten Erfahrungen mit dem portugiesischen Einparteiensystem und lernten wenig über Demokratie (Mateus 1999: 180). Sie flüchteten seit1960 aus Lissabon, Porto, Coimbra und Paris und gründeten bzw. gingen in die jeweiligen Widerstandsbewegungen. Zur zweiten Generation gehören Joaquim Chissano (mosambikanischer Präsident bis 2004), Jorge Campinos, Pascoal Mocumbi (Premierminister Mosambiks bis 2004), Sérgio Vieira, Eurecio Wilson, Filipe Amado, Jorge Alicerces Valentim, Francisco Rangel (Journalist der mosambikanischen Zeitschrift *Tempo*) und José Henriques Ferreira (Mateus 1999: 110). Der spätere angolanische Rebellenchef Jonas Savimbi, der in Paris war, kann ebenfalls zur zweiten Generation gerechnet werden.

3.3.3 Die mosambikanische Befreiungsfront *FRELIMO*

Mit Unterstützung von Julius Nyerere, dem ersten Präsidenten des unabhängigen Tansania, schlossen sich 1962 drei Widerstandsgruppen zur Befreiungsfront von Mosambik *FRELIMO* zusammen. Diese Widerstandsgruppe hat über Jahrzehnte bis heute die Entwicklung des Landes geprägt und dabei politische Richtungswechsel und den Wandel in eine demokratische Partei verkraften müssen. Gerade in den

Abb. 13: Eduardo Mondlane (www.oberlin.edu/alummag)

80er Jahren war das Vertrauen in der Bevölkerung sehr groß.[127] Erster *FRELIMO*-Vorsitzender wurde Eduardo Chivambo Mondlane. Er war 1920 in Gaza als Bauernsohn geboren worden und hatte seine Schulausbildung bei protestantischen Missionaren erhalten.

1955 kam Mondlane in die Hauptstadt Lourenço Marques (heute Maputo), um zu studieren, was ihm jedoch vom Kolonialregime verwehrt wurde. Mit Hilfe von Professoren gelangte er nach Südafrika, studierte und wurde aktives Mitglied bei der antikolonialen Gruppe *NESAM* (s.o.) (República de Moçambique 1995). Es gelang ihm, in Mosambik, Portugal und USA zu studieren und dort in Soziologie und Anthropologie als erster Mosambikaner promoviert zu werden. Anschließend forschte er für die Vereinten Nationen. 1961 beschloss er auf einem Heimatbesuch, seinen Beruf aufzugeben und sich der Befreiung Mosambiks zu widmen, nahm Kontakte zu Widerstandszirkeln auf und gründete mit diesen am 25.6.1962 die *FRELIMO*. Diese wandte sich in den 60ern Hilfe suchend an die USA und die *NATO*, die jedoch dem portugiesischen Kolonialregime nicht in den Rücken fallen wollten. So wandte man sich an die Sowjetunion und China (Hanlon 1996: 13). Auch Sambia unterstützte die *FRELIMO* materiell und im nördlichen Nachbarland Tansania wurden sogar Quartiere und Büros gegründet (Newitt 1995: 541). Mondlane selbst erklärte am 26. September 1964 Portugal den Widerstand.[128]

[127] So berichtet Hanlon von einer Währungsumstellung, die am 15. Juni 1980 durch Präsident Machel verkündet wurde, für die Bevölkerung völlig überraschend. Obwohl im gesamten Land der Umtausch des umlaufenden Geldes innerhalb von drei Tagen angeordnet wurde, führte dies weder zu Panik noch zu größeren Betrugsfällen (Hanlon 1996: 12).

[128] „Mosambikanisches Volk – im Namen von Euch allen erklärt heute die FRELIMO heute ausdrücklich den bewaffneten General-Aufstand des mosambikanischen Volkes gegen den portugie-

Widerstandsstützpunkte waren Niassa und Cabo Delgado im Norden Mosambiks. Zur Gründungsphase gab es 250 Guerilla-Soldaten, organisiert in Gruppen von 10-15 Mann (República de Moçambique 1995: 65). 1965 war man in größeren Einheiten organisiert, in die auch Frauen eingebunden waren. 1966 wurde das erste Mal eine portugiesische Kaserne angegriffen. Die Portugiesen reagierten mit Flugzeugangriffen auf befreite Zonen, der portugiesische Geheimdienst *PIDE* infiltrierte die *FRELIMO* (República de Moçambique 1995: 66). 1967 formierte sich eine eigene Frauenbewegung, die 1973 in die *Organização da Mulher Moçambicana OMM* überging. Prominentes militärisches Mitglied war Josina Machel, erste Ehefrau des späteren ersten mosambikanischen Staatspräsidenten. Sie war, wie Mondlane selbst, zunächst Mitglied in der schulischen Widerstandbewegung, dann in der *FRELIMO* und nahm auch verschiedene zentrale Funktionen in der Frauenbewegung wahr (República de Moçambique 1995: 74).

Am 3.2.1969 wurde der 1. Präsi-

Abb. 14: Samora Machel
(www.tropical.co.mz, Fotograf: Luis Souto)

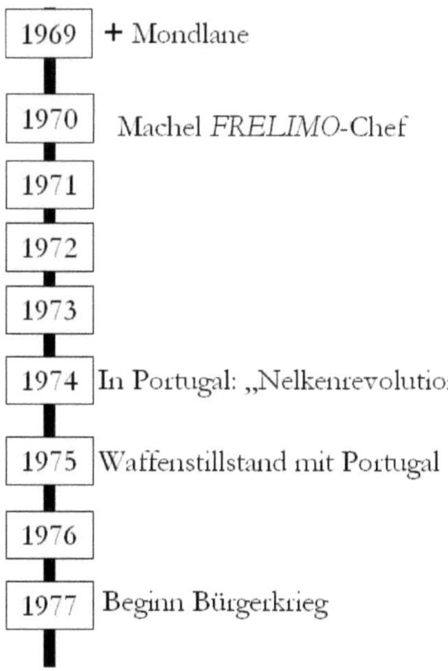

Abb. 15: Zeitleiste Mosambik 1969-1977

dent der *FRELIMO*, Eduardo Mondlane, von nie identifizierten Geheimagenten in Dar-Es-Salam durch eine Briefbombe getötet (República de Moçambique 1995: 80). Ein Übergangskomitee von drei Männern leitete die *FRELIMO*, bis im Mai 1970 Samora

sischen Kolonialismus und zur Erlangung der totalen Unabhängigkeit Mosambiks" (Mondlane 1995: 23).

Machel Präsident der Organisation wurde. Der gelernte Krankenpfleger und instinktsichere Politiker Machel (Newitt 1995: 541) wird bis heute vom mosambikanischen Volk, das ihn stets beim Vornamen Samora nennt, geliebt, während „Übervater“ Mondlane eher verehrt wird.

Samora Machel wurde 1933 in Gaza geboren, in einer regionalen und familiären Tradition von Widerstand gegen die Portugiesen (República de Moçambique 1995: 80).

1968 spitzten sich die kriegerischen Auseinandersetzungen zu, vor allem in Tete, 1969 in Cabo Delgado und Niassa. Später griffen die Rebellen Ziele in Manica, Sofala und Zambézia an (República de Moçambique 1995: 87). Im Mai 1970 startete das portugiesische Kolonialmilitär die Aktion „Gordischer Knoten“ in Cabo Delgado (República de Moçambique 1995: 90) und Tete. 1972 gab es Kämpfe vor allem in Manica und Sofala. Zwischen 1971 und 1974 gab es Massaker und Flugzeugangriffe in vielen Gegenden (República de Moçambique 1995: 90). 1974 konzentrierten sich die Kämpfe auf Zambézia. Am 5. Juni 1974 nahm die portugiesische Regierung zum ersten Mal offizielle Gespräche mit der *FRELIMO* auf. Sie war praktisch dazu gezwungen, denn im eigenen Land war es mit der Diktatur vorbei: Die friedliche Nelkenrevolution hatte aus dem europäischen Außenseiter Portugal ein demokratisches Land gemacht.

Am 7.9.1974 unterzeichneten 22 *FRELIMO*-Delegierte, angeführt von Samora Machel, die Verträge von Lusaka (Sambia), die das Ende des Krieges mit Portugal bedeuteten.

3.3.4 Waffenstillstand mit Portugal

Eine Übergangsregierung unter dem späteren Staatspräsidenten Joaquim Chissano leitete die *FRELIMO*-Geschicke. Mosambik war neun Monate lang marxistisch-leninistische Volksrepublik,[129] bis am 25. Juni 1975 der Waffenstillstand unterzeichnet wurde und das Land unabhängig wurde (República de Moçambique 1995: 93). Diese Unabhängigkeit schloss allerdings nicht aus, dass das Land sich eng an den Ostblock band und sich dem Marxismus zuwandte. Die Wirtschaft, Schulen und Krankenhäuser wurden verstaatlicht, eine Geheimpolizei und ein Einparteinsystem eingerichtet (Hupe/Vachal 2002: 37). Die portugiesische Bevölkerung verließ in

[129] Vgl. Eser 1998: 15.

Scharen fluchtartig das Land und hinterließ vielerorts verbrannte Erde. Für die meisten Berufe gilt, was der mosambikanische Journalist Carlos Coelho über die Journalisten sagt (2003a: 9):

> „Die großen portugiesischen Journalisten wandten dem Land den Rücken zu und es wurde notwendig, praktisch wieder bei Null anzufangen."

Die Sowjetunion schickte über 1.000 Berater und Ausbilder, auch mit der DDR kam es zu engen Verflechtungen.[130]

Abb. 16: Margot Honecker in Mosambik, Vertragsübergabe Bildungskooperation (ca. 1977) (MINED 2000)

Die Bedeutung panafrikanischer Organisationen, deren Bildung bereits in den 60er Jahren begann, wird zunehmend wichtiger. Mosambik ist Mitglied der Afrikanischen Union und der Wirtschaftsgemeinschaft *SADC*:

> Die **Afrikanische Union** (Abk. **AU**; engl. *African Union*, frz. *Union africaine*) ist eine zwischenstaatliche Organisation mit Sitz der Organisation in Addis Abeba. Mitgliedsstaaten sind alle Staaten Afrikas – derzeit 53 – außer Marokko. Sie trat 2002 die Nachfolge der *Organisation für Afrikanische Einheit* (*OAU*) an. Die *OAU* war 1963 in Addis Abeba von 30 afrikanischen Staaten gegründet worden mit dem Ziel, die Einheit und Solidarität der afrikanischen Staaten zu fördern, als eine einheitliche Stimme des Kontinents zu agieren, den Kolonialismus auslöschen und die Unabhängigkeit fördern. Die neue Organisation *AU* ist mit mehr Kompetenzen ausgestattet und

[130] Hierzu ausführlich: Döring, Hans-Joachim (1999): „Es geht um unsere Existenz". Politik der DDR am Beispiel von Mosambik und Äthiopien. Berlin.

will sich insgesamt für Kooperation auf allen Gebieten einsetzen. Die Charta der Afrikanischen Union orientiert sich teilweise am Vorbild der Europäischen Union. Die Gründungsakte enthält unter anderem Erklärungen zur Achtung der Menschenrechte und zur Souveränität der Mitgliedsstaaten, aber auch eine Passage zum Eingreifen der Union in Mitgliedsstaaten unter bestimmten Voraussetzungen. Vorgesehen sind ein afrikanisches Parlament ohne Gesetzgebungsbefugnisse, eine gemeinsame Zentralbank, eine Kommission mit Exekutivaufgaben sowie ein kontinentaler Gerichtshof und eine gemeinsame Währung. Kurzfristig haben die wirtschaftlichen Aspekte des Zusammenschlusses größere Bedeutung. Weil Afrika nur mit zwei Prozent zum Welthandel beiträgt, wollen die Staaten nun gemeinsam auftreten, um diese Schwäche im Zuge der Globalisierung so weit wie möglich auszugleichen. Das wirtschaftliche Entwicklungsprogramm der *AU* heißt *NEPAD*.

Eine kleinere panafrikanische Organisation ist die **Südafrikanische** Entwicklungsgemeinschaft (Southern African Development Community *SADC*), eine regionale Organisation zur wirtschaftlichen und politischen Integration im Südlichen Afrika mit 14 Mitgliedsstaaten. Dies sind neben Angola und Mosambik sowie den mosambikanischen Nachbarländern Lesotho, Malawi, Sambia, Simbabwe, Swasiland, Tansania und Südafrika, auch Botswana (Sitz der SADC), Kongo, Namibia, Mauritius und Seychellen. Sie wurde 1992 in Windhoek als Nachfolgeorganisation der 1979 gebildeten Südafrikanischen Entwicklungskonferenz (*SADCC*) gegründet. Die Südafrikanische Entwicklungsgemeinschaft hat die wirtschaftliche und politische Integration im südlichen Afrika zum Ziel und will die Sozial- und Wirtschaftspolitik ihrer Mitglieder koordinieren, die Armut in der Region reduzieren, HIV und AIDS bekämpfen, den Lebensstandard steigern und die politischen und wirtschaftlichen Bestrebungen harmonisieren (Hanlon 1996: 14).

3.3.5 *RENAMO*-Gründung und Bürgerkrieg

Die Erleichterung über die Unabhängigkeit von Portugal währte nicht lange. 1977 begann ein Bürgerkrieg, der verheerende Auswirkungen haben sollte und erst 1992 beendet werden konnte. Nicht zuletzt die neue rechtskonservative Welle in Europa und USA machte alle Hoffnungen auf Frieden und wirtschaftliche Entwicklung zunichte. Die englische Thatcher-Regie-

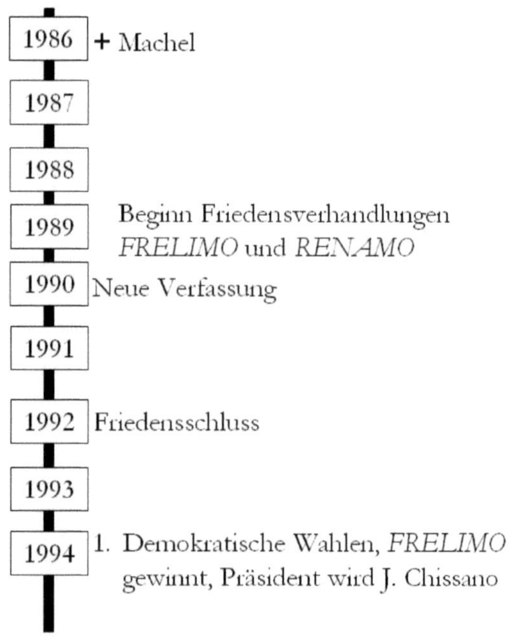

Abb. 17: Zeitleiste Mosambik 1986-1994

rung (1979) sowie die Reagan-Regierung in USA (1980) änderten die Ansätze für eine wirtschaftliche Nord-Süd-Gleichberechtigung (Hanlon 1996: 14). Das südafrikanische Apartheid-System wurde als antikommunistisches Regime von Reagan geschützt, unterstützte die *Unita* in Angola, und ermutigte südafrikanische und US-amerikanische Investoren, die *RENAMO* zu unterstützen. Der Afrikanische Nationalkongress *ANC* und die Regierungen von Mosambik und Angola wurden als kommunistische Regime gebrandmarkt (Hanlon 1996: 14). Als Mosambik sich gegen die *UN*-Sanktionen gegen Südrhodesien, das heutige Simbabwe, wandte, reagierte das *UDI*-Regime mit Angriffen. Außerdem wurden Mitglieder der frisch gegründeten *Restistencia Nacional de Moçambique* *RENAMO* (Nationaler mosambikanischer Widerstand) von Rhodesien nach Südafrika gebracht und dort vom Geheimdienst ausgebildet.[131]Einige Jahre später bezichtigte der Gersony-Bericht[132] (April 1988) die *RENAMO* des Genozids und bezeichnete deren Guerilla als "rote Khmer von Afrika"[133] Die *RENAMO* folterte Kinder und tötete deren Verwandten bzw. zwang sie, dies selber zu tun, und machte sie so zu gestählten, aber seelisch schwer geschädigten Soldaten (Castells 2003: 166).[134] Es gab Flüchtlingswellen nach Malawi, Tansania, Sambia, Simbabwe. Kommunikation zwischen den Städten war ausgeschlossen, die Wirtschaft lag am Boden.

Die Verträge von Nkomati, (März 1984) schienen die kriegerischen Auseinandersetzungen beenden zu können (della Rocco 1998: 41). Die Unterstützung der *RENAMO* durch Südafrika wurde für beendet erklärt. Allerdings endete diese Hilfe offenbar nicht so rasch, wie vertraglich ausgemacht. Zudem war die *RENAMO* nach neun Jahren Unterstützung schon eine selbständigere Macht, als die *FRELIMO* dies wahrhaben wollte (della Rocco 1998: 42).

---

[131] Hanlon widerspricht der später entstandenen Theorie, es sei das Verdienst dieser Ausbildung, dass die *RENAMO* später eine demokratische Partei werden konnte, und spricht der *RENAMO* die Fähigkeit ab, eine wirkliche Oppositionspartei zu sein. Er zitiert (1996: 15) einen Vergleich des norwegischen Wissenschaftlers Arne Disch, der sagt, *RENAMO* und deren Präsident Afonso Dhlakama seien ebenso sehr ein Produkt der Rhodesischen und südafrikanischen Geheimdienste wie die norwegische Nazipartei und ihr Führer Quisling ein Produkt der deutschen Nazis seien (Arne Disch: Country Strategy for Mozambique. Internal Paper dated 25.1.1993, Worldbank, Maputo).

[132] Erstellt von Robert Gersonay vom Flüchtlingsbüro des amerikanischen Staates.

[133] Gersonay, Robert: Summary of Mozambican Refugee Accounts of Principally Conflict-Related Experience in Mozambique, Washington, zitiert nach della Rocco 1998: 45.

[134] Viele dieser ehemaligen Kindersoldaten arbeiten heute als Wächter in Banken und Unternehmen.

Hanlon zählt die zerstörerischen Effekte des Krieges auf (1996: 16):

- 1 Million Mosambikaner starben, 1,7 Millionen flüchteten in Nachbarstaaten, mindestens 3,2 Millionen mussten emigrieren und lebten danach ärmer als zuvor, meist in Nähe von großen Siedlungen oder Städten
- Von den Erste-Hilfe-Posten, deren Zahl seit der Unabhängigkeit von 326 auf 1.195 angestiegen war, mussten 500 geschlossen werden
- Mehr als 3.000 ländliche Geschäfte wurden geschlossen oder zerstört
- Von 5.886 Grundschulen (EP1) wurden 60% geschlossen oder zerstört

3.3.6 Endphase des Bürgerkrieges

1986 starb Samora Machel, als sein Flugzeug auf südafrikanischem Gebiet abstürzte (della Rocco 1998: 35). Nachfolger wurde der weniger charismatische, allerdings auch weniger impulsive Joaquim Chissano, der die Politik der vorsichtigen Öffnung fortsetzte. 1987 besuchte Bundeskanzler Kohl als erster westlicher Regierungschef Mosambik.. Im Februar 1989 trafen Dom Jaime Gonçalvez, der italienische Unterhändler dos Santos, der anglikanische und evangelische Bischof sowie Mitglieder des Christlichen Rates von Mosambik in Nairobi eine Delegation der *RENAMO* und verhandelten über Frieden (della Rocco 1998: 72). Diese Gespräche bildeten den Auftakt eines dreieinhalbjährigen Friedensprozesses, der im Friedensschluss Oktober 1992 gipfelte. Im August 1989 traf sich unter Mediation der mosambikanischen Bischöfe in Kenia eine Guerilla-Delegation mit Vertretern der *FRELIMO*-Regierung. Schwierigster Verhandlungspunkt war die Anerkennung der *RENAMO* als politische Kraft durch die *FRELIMO*. Die *RENAMO* wiederum verlangte, bei einer Überarbeitung der Verfassung und der Staats-Strukturen beteiligt zu werden (della Rocco 1998: 73). Das Problem der *RENAMO* war, dass sie in der internationalen Wahrnehmung eine "Gruppe von Banditen" war (della Rocco 1998: 74). Die Verhandlungen endeten zunächst ergebnislos. Der Bürgerkrieg wurde fortgesetzt. Die *FRELIMO* verfügte zu diesem Zeitpunkt (Ende 1989) über 50.000 Soldaten, 1/10 davon für den Krieg trainiert,

Abb. 18: Joaquim Chissano
(www.thp.org/prize/97)

ausgerüstet und vorbereitet. Die *RENAMO* hatte 12.000 Soldaten (della Rocco 1998: 83), nutzte allerdings immer wieder den Überraschungsvorteil: Man griff ein Dorf an und verschwand wieder in der Weite des mosambikanischen Hinterlandes (della Rocco 1998: 84).

Schließlich lud die christliche Kommunität Santo Egídio die verfeindeten Bürgerkriegsparteien nach Rom ein. Folgende Personen prägten die mehrjährigen Verhandlungen:

> - Auf *FRELIMO*-Seite Armando Emílio Guebuza[135], 47-jähriger Transportminister und als harter Verhandler bekannt, ein in der Wolle gefärbter Politiker mit Militärvergangenheit, der seine Schulbildung auf der Schweizer Presbyter-Schule in Maputo erhalten hatte;
> - auf *RENAMO*-Seite Verhandlungsführer Raul Domingos, 33 Jahre, Militär und Außenminister im *RENAMO*-Schattenkabinett. Er wandelte sich während der Verhandlungen vom Guirello zum Diplomaten, überwarf sich 2000 mit Parteichef Dhlakama und gründete eine eigene Partei, die die in sie gesetzten nationalen und internationalen Hoffnungen als dritte Kraft und Alternative allerdings enttäuschte (della Rocco 1998: 85);
> - als Vermittler Mario Raffaelli, als Repräsentant der italienischen Regierung, Jaime Gonçalvez, Bischof von Beira, der der *RENAMO* ein willkommener Vermittler war, hatte er doch unter der repressiven religiösen Linie der *FRELIMO* gelitten. Er entpuppte sich allerdings als neutraler Vermittler (della Rocco 1998: 95).
> - von Seiten Santo Egídios ihr Präsident Andrea Riccardi sowie Matteo Zappi. Die Santo Egídio-Verteter waren sehr zurückhaltende und vorsichtige Vermittler, ganz gegen sonstige internationale Diplomatie-Gewohnheiten, wo insbesondere zu Mediationen energische Verhandler geschickt wurden. Sie „zeigten keine Muskeln" (della Rocco 1998: 96). Dies wurde in den nationalen und internationalen Medien kritisiert, da es den Prozess verzögere.

In zwei weiteren Verhandlungsrunden (8.11.-1.12.1990 und 19.-21.12.1990) kam man zu folgenden Ergebnissen: Es wurde ein Vertrag der gegenseitigen Anerkennung als Verhandlungspartner geschlossen sowie ein Militärvertrag für Beira und Limpopo, um einen waffenfreien Korridor zu schaffen (della Rocco 1998: 128). Diese Verhandlungsrunde wurde erstmals mit einem Handschlag zwischen Guebuza und Domingos am 1.12. besiegelt. Eine Reihe von fundamentalen Prinzipien wurden beschlossen: die Freiheit, sich zu politischen Parteien zusammenzuschließen; Garantie der Parteien als juristische Persönlichkeit; Zugang der Parteien zu den Medien; die Parteien müssen in den verschiedenen Gebieten ausreichend repräsentiert sein; Parteien müssen demokratisch sein; die Ziele der Parteien dürfen nicht der nationalen Einheit zuwiderlaufen; interne Transparenz der Parteien; Par-

[135] seit 2004 mosambikanischer Präsident

teien dürfen nicht regionalistisch, tribalistisch, rassistisch, ethnisch oder religiös sein (della Rocco 1998: 143).

Die Entspannung der Situation kommt in Gonçalvez Eröffnungsbemerkung zum Ausdruck, der meinte, nach vier Monaten Verhandlungsunterbrechung hätten die Verhandlungsteilnehmer regelrecht Sehnsucht nacheinander gehabt (della Rocco 1998: 151). In einer weiteren Verhandlungsrunde (1.-13.8.1991) griff Dhlakama die Verhandlungspartner als von der *FRELIMO* und USA gesteuert an. Für solche überraschenden Finten ist Dhlakama bis heute berühmt. Nach Verhandlungsrunde Nr. 8 (7.10.-13.11.1991) wurde am 18. Oktober 1991 die Präambel des Friedensvertrages unterzeichnet (della Rocco 1998: 181). In Verhandlungsrunde 9 (17.-20.12.1991) und Verhandlungsrunde 10 (21.1.-12. Mai 1992) wurde das Wahlgesetz besprochen (della Rocco 1998: 191). Vom 4.-7.8.1992 gab es das erste Gipfeltreffen zwischen Dhlakama und Chissano. Nach der 12. Verhandlungsrunde (10.8.-4. Oktober 1992) wurde am 4. Oktober 1992 der Friedensvertrag geschlossen.

Im Dezember beschließt 1992 beschloss der Sicherheitsrat der *Vereinten Nationen* die Entsendung von Friedenstruppen unter dem Begriff *UNOMOZ*. Bis 1994 wurde die Rückführung von rund 1,5 Mio. Flüchtlingen und 3 Millionen intern Vertriebenen (deslocados) sowie die Demobilisierung von 110.000 Soldaten beider Seiten vorangetrieben.

3.3.7 Die Verfassung 1990

Abb. 19: Mosambiks Fahne

Am 30.11.1990, also noch vor Abschluss der Friedensverhandlungen, trat die neue Verfassung in Kraft. Danach ist Mosambik ein unabhängiger, souveräner, demokratischer Staat. Das Recht ist in Teilen dem portugiesischen Zivil- und Strafrecht nachempfunden, orientierte sich aber auch an anderen Rechtssystemen (CIA World Factbook 12/04). Der Oberste Gerichtshof ist zusammengesetzt aus Richtern, die teilweise vom Präsidenten bestimmt und teilweise vom Parlament gewählt werden. Die Verfassung sieht die Gründung eines separaten konstitutionellen Gerichtshofs vor, was bis heute nicht geschehen ist,

Abb. 20: Mosambiks Wappen

weswegen der Oberste Gerichtshof auch konstitutionelle Fälle behandelt (CIA World Factbook 12/04). Die mosambikanische Fahne enthält fünf Farben[136], einen Stern als Zeichen der internationalen Solidarität, sowie ein Buch, eine Hacke und eine Waffe als Symbole für Bildung, Produktion und Verteidigung (Art. 199 Verfassung). Auf dem Wappen der Republik (Abb. 20) sind zusätzlich zu sehen: der Ozean, die aufgehende Sonne als Symbol einer positiven Zukunft, ein das Wappen einfassendes Zahnrad als Zeichen der Industrie sowie links und rechts Zuckerrohr und Maispflanze als Zeichen der Landwirtschaft (Art. 200).

Die Konstitution ist inzwischen fundamental überarbeitet worden (vgl. Constituição 2000). Die sozialistischen und marxistischen Aspekte wurden gestrichen. Zwar wird in der Präambel des Grundgesetzes der Verdienst der *FRELIMO* um die Unabhängigkeit hervorgehoben und auch ihre Bedeutung als legitimer Repräsentant des mosambikanischen Volkes genannt, dies schließt aber andere Parteien nicht mehr aus. Dem Volk wird ausdrücklich "erstmals" Mitbestimmung bei der Organisation des wirtschaftlichen und sozialen Lebens auf nationaler Ebene eingeräumt. Die Gleichheit der Bürger, Mitverantwortung ("espírito da responsabilidade") und Meinungsvielfalt als konstitutive Elemente der mosambikanischen Demokratie werden genannt. Die mosambikanische Republik wird in Artikel 1 des Grundgesetzes als unabhängig, souverän, vereinigt, demokratisch und auf der Basis von sozialer Rechtsprechung („justiça social") bezeichnet. In Artikel 30 werden universelle, direkte, gleiche, geheime und regelmäßige Wahlen vorgeschrieben. Die Bildung ist Staatsangelegenheit (Artikel 52, Absatz 2) und fokussiert die nationale Einheit, Bekämpfung des Analphabetismus, wichtige Bedeutung ("domínio") von Wissenschaft und Technik sowie moralische und staatsbürgerkundliche Bildung der Bürger. Artikel 66 die Gleichheit der Bürger unabhängig von Hautfarbe, Rasse, Geschlecht, Herkunft, Geburtsort, Religion, Bildungsgrad, sozialer Stellung, Familienstand der Eltern sowie Beruf. Artikel 67 betont die Gleichheit von Mann und Frau.

[136] Grün steht für den Reichtum des Erdbodens, schwarz für den afrikanischen Kontinent, goldgelb für den Reichtum des Untergrundes, rot für den bewaffneten Befreiungskampf gegen den Kolonialismus, weiß für die Rechtmäßigkeit des Befreiungskampfes.

3.3.8 Wahlen und Parlament

Mosambik ist föderal gegliedert in insgesamt elf Provinzen, eine davon ist eine Stadt (Maputo). Der Präsident ist Staats- und Armee-Chef mit umfangreichen Machtbefugnissen. Er wird auf fünf Jahre in allgemeiner, direkter und geheimer Wahl vom Volk gewählt (Pelíssier 2003: 759). Bis Dezember 2004 war dies Joaquim Chissano, der bereits 1986 der damaligen Befreiungsgruppe und heutigen Regierungspartei *FRELIMO* vorstand. Beim Parteikongress der *FRELIMO* im Juni 2002 wurde der Parteifunktionär und ehemalige Militär Armando Guebuza zum Nachfolge-Kandidaten des Präsidenten Chissano gewählt und gewann im Dezember 2004 auch die Wahlen.

Der Präsident beruft auch die Leitung des Premierministeriums.

Seit dem 17.2.2004 ist Luisa Diogo[137] Premierministerin und löste damit Pascoal Mocumbi ab, der nach mehr als zehnjähriger Amtszeit auf eigenen Wunsch die Regierung verließ.

Gleichzeitig mit dem Präsidenten wird auch das Parlament gewählt, das aus 250 Abgeordneten besteht. Mit der Regierungspartei *FRELIMO* sitzt die aus der *RENAMO* hervorgegangenen *RENAMO-UE* (*Resistencia Nacional Moçambicana-União Eleitoral*: Unionspartei des nationalen mosambikanischen Widerstands) als Oppositionspartei im Parlament, mit Afonso Dhlakama als Präsident. Im September 2000, beim ersten *RENAMO*-Kongress seit sieben Jahren, wurde der bis dahin als Nachfolger von *RENAMO*-Chef Dhlakama gehandelte Raul Domingos aus der Partei ausgeschlossen und gründete eine eigene Partei, die aber bei den Wahlen 2004 keine nennenswerten Ergebnisse erzielte. Wahlbeobachter der Europäischen Union sprachen am 20.12.2004 von Abweichungen bei den Stimmauszählungen, auch andere Wahlbeobachter äußerten sich skeptisch (Africa Research Bulletin 2004: 16015f.). Die Wahl ergab 64% für Armando Guebuza und 160 Parlaments-Sitze für die *FRELIMO*, die restlichen 90 für die *RENAMO*.

1996 und 1997 wurden mit Unterstützung der *Europäischen Union* zwei Kompendien des ersten demokratischen mosambikanischen Parlaments erstellt. Das erste stellt alle Parlamentarier vor, das zweite die Arbeitsweise der Gremien.[138] In dem Heft zur Funktionsbeschreibung des Parlaments (Assembleia 1997) werden die verschie-

---

[137] Diogo ist 47 Jahre alt und absolvierte ein Fernstudium (Bachelor). Sie arbeitete im Finanzministerium und bei der *Weltbank*, zuletzt war sie Finanzministerin (KKM 2004).

[138] Diese Hefte wurden nach 1997 weder aktualisiert noch neu aufgelegt.

denen Ausschüsse (Grupos de Trabalho), Fraktionen (Bancada) oder Wahlkreise (Círculo Eleitoral) vorgestellt. Es gab im 1. Parlament drei Fraktionen (Bancadas Parlamentares) mit 129 Abgeordneten (Deputados) der Regierungspartei *FRELIMO*, 112 der *RENAMO* und 9 der *União Democrática* (Demokratische Union). Im dritten Parlament seit 2004 ist die *União Democrática* nicht mehr vertreten. Es gibt weiterhin Comissões de Trabalho (Arbeitskommissionen)[139], Ad-Hoc-Ausschüsse (Comissões Ad-Hoc)[140], Grupos de Trabalho (Arbeitsgruppen)[141] und das Secretariado Geral (Parlamentssekretariat). Über die Hälfte, also 131 der insgesamt 250 Abgeordneten, war 1997 Mitglied einer Kommission oder Arbeitsgruppe, bei 119 war dies nicht der Fall (Assembleia da República 1997: 22-27). Aus der Größe der Wahlkreisgruppen kann man schließen, in welchen Provinzen Regierungsfraktion und Opposition eine große bzw. kleine Zahl von Wählern hatte. Während die *FRELIMO* im Süden Mosambiks und im äußersten Norden gut vertreten war, verfügte die Oppositionspartei *RENAMO* im geografischen Zentrum Mosambiks über größere Unterstützung.

Das 1996 erschienene Heft Assembleia da República (1996) enthält eine Aufstellung aller 250 Parlamentarier des 1. Parlamentes mit vollem Namen, Geburtsdatum und -ort, Familienstand, Beruf, Datum des Eintritts ins Parlament, Wahlkreis-Provinz, Partei, Funktionen im Parlament, Ausbildung und Universitätsabschlüsse, professioneller Lebenslauf,[142] politischer Lebenslauf, andere relevante Informationen, Kontaktadresse. Um einen Eindruck davon zu bekommen, wer Mosambik 1997 regierte, wurden die Berufe grob in zehn Kategorien unterteilt, wie in der folgenden Darstellung ersichtlich:

[139] Es gab im 1. Parlament sieben Kommissionen, die inklusive Präsident und Schreiber meist etwa 15 Mitglieder hatten: Plano e Orçamento (Planung und Budget), Assuntos Sociais, do Género e Ambientais (Soziales, Gender und Umwelt), Agricultura, Desenvolvimento Regional, Administração Pública e Poder Local (Landwirtschaft, regionale Entwicklung, Öffentliche und regionale Verwaltung), Actividades Económicas e Serviços (Wirtschaft und Verwaltung), Defesa e Ordem Pública (Verteidigung und öffentliche Sicherheit), Relações Internacionais (Internationale Beziehungen), Assuntos Jurídicos, Direitos Humanis e da Legalidade (Angelegenheiten von Recht, Menschenrecht und Rechtsprechung) (Assembleia da República 1997: 15-18).

[140] 1997 gab es eine Kommission zur Überarbeitung der Nationalhymne (die neue Hymne wurde 2003 vorgestellt) und eine 31 Mitglieder umfassende Kommission zur Überarbeitung der mosambikanischen Verfassung.

[141] Es gab 1997 drei Arbeitsgruppen mit je 6-8 Mitgliedern: Formação e Cooperação Internacional (Internationale Bildung und Zusammenarbeit), Administração e Finanças (Verwaltung und Finanzen) sowie Modernisierung des Parlaments (Assembleia da República 1997: 21).

[142] Es geht aus dem Kompendium nicht hervor, wie die Angabe zu Beruf zustande kam.

Abb. 21: Viele Ökonomen und Techniker, kaum Juristen: die Berufe mosambikanischer Parlamentarier

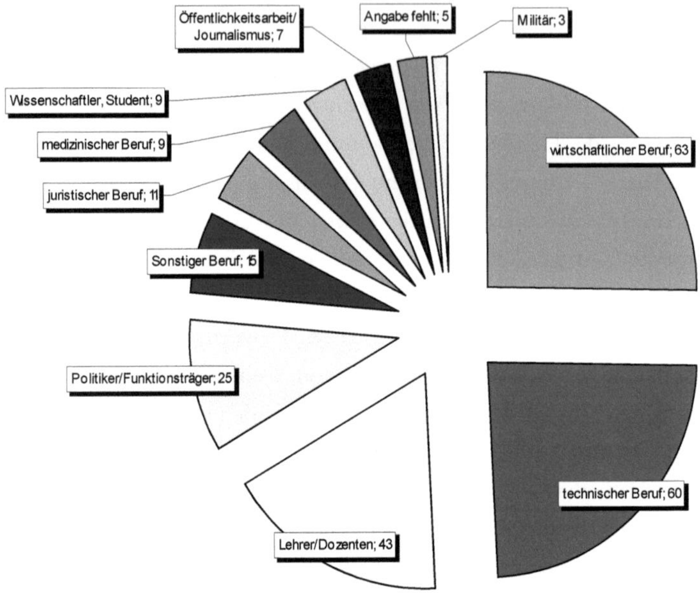

Abb. 21: 63 Männer und Frauen sind dem wirtschaftlichen Sektor zuzuordnen:[143] Buchhalter, Unternehmer, Manager, Bankangestellte, Firmenchefs, Kaufleute, Unternehmer, Ökonomen. 60 Parlamentarier stammten aus technischen Berufen: Diplomlandwirte, Ingenieure, Chemiker, Zimmerleute, Schlosser, Hydrogeologen, Drucker, Elektriker, Labortechniker, Geografen. 43 gaben als Berufsbezeichnung "Professor" an, was jede Art von unterrichtenden Menschen bezeichnet, ob Grundschullehrer, Sekundarschullehrer oder Universitätsdozent. 25 waren Funcionários und Oficiais, also Berufspolitiker und Partei-Funktionäre. Aus dem juristischen Bereich stammten elf gelernte Rechtsanwälte und Richter. Neun Parlamentarier waren gelernte Ärzte, Krankenpfleger, medizinisch-technische Assistenten und Hebammen, ebenfalls neun waren Wissenschaftler aus verschiedenen Disziplinen und Studenten. Sieben gaben den Bereich Öffentlichkeitsarbeit und Journalismus an. Daraus lässt sich der Schluss ziehen, dass diese Berufsgruppen im Parlament keine große Lobby haben. Drei ordneten sich dem Militär zu, darunter auch der jetzige Präsident, Armando Guebuza. Die restlichen Parlamentarier waren Schreibkräfte, Künstler, Fahrer, Modeschöpfer, Zeichner, Hausfrau und/oder ohne erlernten Beruf.

[143] Bei Unklarheiten in der kategorialen Zuteilung wurde aufgrund von Rückschlüssen aus den Angaben zum professionellen und akademischen Lebenslauf zugeteilt.

Institutionen

Bedeutende Institutionen sind das von Raul Domingos geleitete Institut für Frieden und Demokratie [*Instituto para Paz e Democracia (IPADE)*], die Bewegung für Frieden und Staatsbügerlichkeit (*Movimento para Paz e Cidadania*), die Mosambikanische Liga der Menschenrechte [*Liga Mocambicana dos Direitos Humanos (LDH)*] mit Delegationen im Zentrum, im Norden und im Süden, und die Bewegung für Menschenrechte und Entwicklung [*Direitos Humanos e Desenvolvimento (DHD)*] (vgl. CIA World Factbook 12/04).

3.3.9 Politische Stabilität

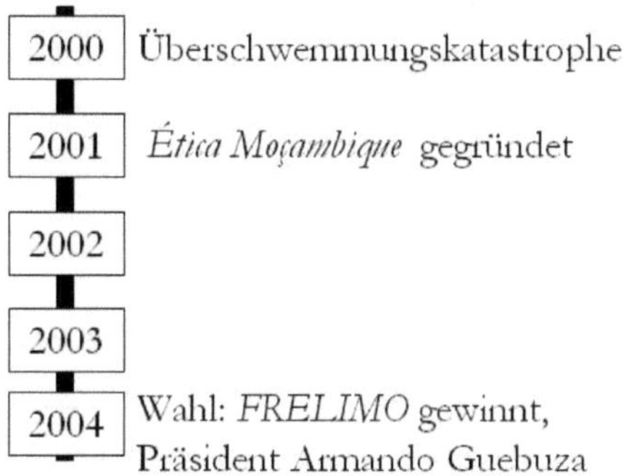

Abb. 22: Zeitleiste Mosambik 2000-2004

Mosambik ist heute ein demokratischer, neokapitalistisch geprägter, bitterarmer Staat.
Im Juni 1998 wurden in 33 Städten und Gemeinden Kommunalwahlen abgehalten. Die *RENAMO* boykottierte die Wahlen. Präsident Chissano überging die *RENAMO* 1994 und 2000. Obwohl die *RENAMO* sich in den Zentralprovinzen durchsetzen konnte, berücksichtigte er die Opposition bei der Ernennung der Gouverneursposten nicht. Schließlich gab es im November 2000 blutige Unruhen in der Provinz Nampula, bei denen mehr als 100 Menschen getötet wurden. Besonders bekannt wurde die Katastrophe von Montepuez (Cabo Delgado). Insgesamt 83 bei den Unruhen verhaftete Personen erstickten, eingesperrt in einen zu kleinen Gefängnisraum (Boetius 2001: 11).
Der Politologe Harald Küppers sieht Mosambik in einer doppelten Transition: Zum einen im Übergang von Krieg zum Frieden, der mit dem offiziellen Friedensschluss zwischen *RENAMO* und *FRELIMO* 1992 seinen Ausdruck fand, zum anderen der Wechsel von der Einparteien-Herrschaft zur Mehrparteienherrschaft (Küppers 1996: 11). Er stellte 1996 fest: „In Mosambik hat sich eine demokratische Regierung etabliert" (Küpper 1996: 140). Er kommt in seiner Studie zu dem Ergebnis, dass eine stabile Demokratie nur in einem gleichberechtigten Miteinander

von Regierung und Opposition und zwar explizit unter Einbeziehung der *RENAMO* funktionieren kann.
Nelson Penedo (179) referiert die durch das Arbeitspapier *Afrobarometer* in Südafrika gemessenen Einstellungen zu Demokratie.[144] Danach befindet die Mehrheit der Mosambikaner (58%), dass Demokratie anderen Regierungsformen vorzuziehen ist. Dagegen bevorzugen 10% der Befragten unter bestimmten Umständen eine nicht-demokratische Regierung, 10% ist es gleichgültig, welche Regierungsform sie haben und 22% machten keine Angaben. Lediglich 10% der Befragten sind der Ansicht, dass Mosambik eine vollständige Demokratie ist, während 25% der Meinung sind, Mosambik sei eine Demokratie mit geringen Problemen. 39% konstatieren sogar große Probleme. Mit Demokratie verbinden die Befragten weniger sozioökonomische Entwicklungen als hauptsächlich Freiheit (26%) und Meinungsfreiheit (17%). Auffallend viele (32%) sahen sich zu einer Bestimmung der Demokratie nicht in der Lage.

3.3.10 Verband gegen Korruption: *Ética Moçambique*

Viel Kritik an der Korruption in Mosambik kommt aus den eigenen Reihen. Generalstaatsanwalt Joaquim Madeira sagte in Zusammenhang mit der offenbar aus höchsten Kreisen veranlassten Flucht des Cardoso-Mörders Anibal dos Santos Junior, das „gesamte mosambikanische Rechtssystem sei gekennzeichnet von Inkompetenz, Korruption und Machtmissbrauch“ (Afrika Süd 2002a: 5). Für Empörung und Korruptionsvorwürfe sorgte auch der Mord an António Siba-Siba im August 2001. Der Interimspräsident der *Banco Austral* und Leiter der Bankenkontrolle war aus einem Hochhausfenster gestoßen worden, kurz nachdem er ein umfassendes Sanierungskonzept für die mosambikanischen Banken erstellt hatte.[145] Im gleichen Monat wurde eine Organisation gegründet, die die Korruption bekämpfen will und sich als „watchdog“ versteht (*KKM*-Rundbrief 57): *Ética Moçambique.* Die Institution führte eine groß angelegte Untersuchung durch. 1.500 Einzelpersonen bzw. Fir-

[144] Laut Penedo gibt der *Afrobaromenter* seit Oktober 1999 im Namen der Michigan State University des *Institute for Democracy in South Africa* sowie des *Centre for Democracy and Development* die Ergebnisse einer Sample-Umfrage über die Einstellungen zu Demokratie, Märkten und Entwicklungsfragen ausgewählter afrikanischer Staaten wieder. Die Untersuchung wurde 2002 erstmalig in Mosambik mit 2.253 Befragten durchgeführt. Vgl. Pereira, João C.G./Davids, Yul Derek/Mattes, Robert (2002): Mozambicans' View of Democracy And Political Reform: A Comparative Perspective. Afrobarometer Working Paper No. 22. Cape Town u.a.
[145] Vgl. Pelíssier 2003: 746; Afrika Süd 2003f: 29.

menvertreter in Maputo, Sofala und Nampula wurden anonym befragt, 50 Staatsbedienstete und 50 Vertreter aus Wirtschaft und Gesellschaft wurden informell interviewt. Der mehrseitige Fragebogen listet konkrete Fragen auf zum Verhalten von Polizei, Justiz, Ministerien, lokalen Beamten, Lehrern und Bürgern, die meist als abgestuftes Ranking beantwortet wurden. In den sechs Monaten Erstellung der Studie wurde fast jeder zweite Mosambikaner ein Opfer von Korruption. Bestechungsgelder für Arbeitsplätze wurden in rund 23% der Fälle bezahlt, 41% der Befragten wurden innerhalb Jahresfrist bestohlen, fast jeder zweite Befragte hielt Staatsinstitutionen für bestechlich und korrupt, Polizei, Regierung und Gerichte haben die schlechteste Reputation (Ética 2001: 23).

3.4 Wirtschaft und internationale Zusammenarbeit

3.4.1 Wirtschaftsgeschichte

Die erste dauernde portugiesische Besiedlung stammt von 1507. Im 19. Jahrhundert handelten die Portugiesen mit Sklaven und Elfenbein. Das koloniale Muster: Man "lieh" anderen Ländern billige Arbeitskräfte, die vor allem in den südafrikanischen Minen arbeiteten sowie auf mosambikanischem Boden zur Gewinnung von Zucker, Tee, Sisal und Kopra. Alle Mosambikaner zahlten eine Kopfsteuer, alle arbeitsfähigen Männer mussten sechs Monate im Jahr zu Zwangsarbeit zur Verfügung stehen. Schwarze Mosambikaner durften nicht als Geschäftsleute und in verantwortungsvollen Berufen arbeiten (Hanlon 1996: 10). In den 50er und 60er Jahren wurde Mosambik, vor allem mit englischen und südafrikanischen Investitio-

Abb. 23: Mosambik: Provinzen, Städte, Nachbarländer

nen, industrialisiert und entwickelt. 1974 wurde auf Höhe der Cabora Bassa Stromschnellen der damals viergrößte Staudamm der Welt gebaut, der mehrheitlich einer portugiesischen Firma gehört. Er dient der Stromversorgung für Südafrika. 1985 brachen die Stromlieferungen ab, weil die *RENAMO* 600 Masten zerstört hatte. Erst seit wenigen Jahren liefert der Staudamm wieder Strom (Hupe/Vachal 2000: 60f.).

Als die Portugiesen 1974 fluchtartig das Land verließen, mussten der Eisenbahnverkehr, die Schulen, Fabriken und Krankenhäuser irgendwie weiterfunktionieren. Viele Leute wurden in Positionen gebracht, die über ihrem Bildungsstandard lagen (Hanlon 1996: 10).[146] Oft wurden Ausländer als Lehrer, Ärzte und Ingenieure eingesetzt – gesandt durch westliche Solidaritätsgruppen, oder als technische Assistenz aus Kuba und Osteuropa. Diese Leute hießen "Cooperantes" und arbeiteten direkt für die Regierung, ohne maßgebliche Entscheidungsgewalt zu haben. Ein Jahrzehnt später kamen die "Voluntários", der Entwicklungshelfer, die einer Organisation verpflichtet waren, in die Überzahl (Hanlon 1996: 10).

Nach der Unabhängigkeit fasste die *FRELIMO* vor allem den sozialen Sektor ins Auge. Gesundheit und Schulen wurden verstaatlicht, später auch Unternehmen und Firmen (Hanlon 1996: 11). Dies wurde mit den Jahren unpraktizierbar[147] und so wurden Geschäfte und andere Kleinunternehmen wieder in den privaten Sektor überführt. 1983/83 gabe es eine Welle von Verstaatlichung von Industrie- und Dienstleistungsunternehmen, auch die Landwirtschaft wurde kollektiviert und eine staatliche Schwerindustrie und Planwirtschaft aufgebaut (HDW 9: 391). 1984-86 wurde ein ökonomisches Aktionsprogramm durchgeführt, bei dem Ansätze von Liberalisierung, marktwirtschaftliche Öffnung, Deregulierung sowie Größenkorrekturen bei Staatsunternehmen erkennbar waren (HDW 9: 391).

Um westliche Hilfe zu bekommen und nicht völlig als Kriegsschauplatz des Kalten Krieges zerstört zu werden, musste Mosambik größere Zugeständnisse machen, die laut Hanlon Grundursache der heutigen Misere sind. 1983 musste Mosambik, gezwungen durch eine verheerende Dürre und die Gefahr einer landesweiten Hungersnot:

---

[146] So berichtet Joseph Hanlon von einem Bekannten, der als Zehntklässler bereits die 7. Klasse unterrichtete und einer der drei Schuldirektoren war.

[147] Staatspräsident Samora Machel sagte 1978 in einer Rede, das *FRELIMO*-Zentralkomitee könne nicht weiter seine Energie darauf verwenden, „Nadeln und Rasierklingen zu verkaufen oder Restaurants und Frisörläden zu betreiben" (zitiert nach Hanlon 1996: 11).

- den Vertrag von Nkomati mit Südafrika unterzeichnen, in dem sich Mosambik verpflichtete, den *ANC* zu unterstützen und Südafrika verpflichtete, die *RENAMO* zu unterstützen. Ersteres geschah laut Hanlon, letzteres nicht.
- der *Weltbank*[148] und dem *Währungsfond*[149] beitreten
- den internationalen NROn erlauben, ohne Einmischung der Regierung in Mosambik zu arbeiten

Zwischen 1987 und 1990/91 brachte die Regierung innerhalb eines ökonomischen und sozialen Rehabilitationsprogramms (*PRES*) eine Reihe von makroökonomischen Reformen auf den Weg, um die Wirtschaft zu stabilisieren.[150] 1992-1994 folgten weitere Deregulierungs- und Strukturanpassungsmaßnahmen, eine Währungskorrektur, die Einführung einer restriktiven Finanz- und Budgetpolitik, eine Reduzierung der zentralen administrativen Kontrollen, eine Stärkung von Markt-, Rentabilitäts- und Leistungskriterien sowie Regelungen für eine bessere Rechtssicherheit für private Investoren (HDW 9: 392). Das CIA World Factbook 12/04 macht vor allem diese Maßnahmen in Zusammenhang mit Geber-Hilfe für eine dramatische Verbesserung der wirtschaftlichen Wachstumsrate verantwortlich. Trotz der positiven Entwicklung ist Mosambik zu einem Großteil seines jährlichen Budgets abhängig von anderen Ländern. Bedeutsam ist die im April 1988 in Kraft getretene erweiterte Strukturanpassungsfazilität (*ESAF*), die sich an einkommensschwache Mitgliedsländer richtet, die schwer wiegende Zahlungsbilanzprobleme haben und

---

[148] Die *Weltbank*gruppe (nach BMZ 2002: 276 f.) ist eine *UN*-Sonderorganisation. Sie besteht aus fünf Organisationen mit insgesamt über 10.000 MitarbeiterInnen, deren Kernaufgabe es ist, internationale Entwicklungshilfe umzusetzen. Dazu fördern sie in den weniger entwickelten Mitgliedsländern nachhaltiges Wirtschaftswachstum und soziale Entwicklung (BMZ 2002: 276). Dies geschieht vor allem durch die Vergabe langfristiger Darlehen zu marktnahen Konditionen, vergeben durch die *International Bank for Reconstruction and Development (IBRD)*, beziehungsweise durch zinslose langfristige Kredite für Investitionsprojekte, umfassende Reformprogramme (Strukturanpassung) und technische Hilfe, vergeben durch die *International Development Association (IDA)*, zunehmend auch durch die Förderung der privatwirtschaftlichen Entwicklung durch die Beteiligung an Firmen, ausgeführt durch die *International Finance Corporation (IFC)* sowie durch die Übernahme von Garantien, ausgeführt durch die *Multilateral Investment Guarantee Agency (MIGA)*.

[149] Der *Internationale Währungsfonds (IWF)* wurde, wie die *Weltbank*, 1944 in Bretton Woods/USA gegründet. Zurzeit gehören 183 Mitglieder dazu. Seine Aufgaben (BMZ 2002: 282):

- ein ausgewogenes Wachstum des Welthandels zu erleichtern
- die internationale währungspolitische Zusammenarbeit zu fördern
- geordnete Währungsbeziehungen unter den Mitgliedsländern aufrechtzuerhalten
- auf innere und äußere Stabilität der Währungen hinzuwirken
- die Finanzierung und den Abbau von Zahlungsbilanz-Ungleichgewichten zu fördern

Die Mittel dazu stammen vorwiegend aus den Quoteneinzahlungen seiner Mitglieder, deren Höhe durch die wirtschaftliche und finanzielle Stärke dieser Länder bestimmt wird.

[150] CIA World Fact Book 2004 und HDW 9: 391.

umfassende Strukturanpassungsprogramme durchführen (BMZ 2002: 282). Diese wurde im Herbst 1999 umgewandelt in die Armutsreduzierungs- und Wachstumsfazilität [*Poverty Reduction and Growth Facility (PRGF)*], aus der dann das Programm *PARPA* hervorging.

3.4.2 Wirtschaft heute

Mosambik hat laut Verfassung eine freie Marktwirtschaft. Das Land ist auf unabsehbare Zeit abhängig von ausländischer Hilfe, über die Hälfte der Bevölkerung lebt unter der Armutsgrenze (CIA World Factbook 12/04). Subsistenzwirtschaft ernährt die Mehrheit der Bevölkerung, nach Schätzungen von 1997 sind 81% der arbeitenden Bevölkerung in der Landwirtschaft beschäftigt,[151] 6% in der Industrie, 13% im Bereich Dienstleistung. Wichtige Exportpartner sind Belgien (26%), Südafrika (14,4%), Italien (9,6%), Spanien (Spain 9,5%), Deutschland (8,3%) und Simbabwe (4,7%).[152] Das größte Industrieunternehmen des Landes ist die *MOZAL*-Aluminium-Schmelze. Im Februar 2000 kam es nach den schlimmsten Regenfällen seit 50 Jahren zu massiven Überschwemmungen im Süden und Zentrum des Landes, gefolgt von einem Zyklon mit zerstörerischer Wirkung (Pelíssier 2003: 745). Zwei Millionen Menschen waren betroffen, 500.000 mussten evakuiert werden, weitere 230.000 bei einer zweiten Flut Anfang 2001.[153] 2002 folgte eine Dürreperiode, die landesweit Ernten vernichtete. Die Lebenserwartung der Bevölkerung sinkt aufgrund von Mangelernährung und AIDS ständig, der Analphabetismus nimmt zu. Die HIV/AIDS-Rate liegt bei 12,2%.

Hanlon hat für sein Buch mit vielen Mosambikanern aller Schichten gesprochen und benennt an konkreten Beispielen die Formen und Folgen der Korruption. Frauen, die Kinder zur Welt bringen, müssen die Hebammen mit 2 bis 3 US-Dollar bestechen, da deren Gehalt zu niedrig ist, um motiviert zu arbeiten. Eltern bestechen die Lehrer ihrer Kinder; tun sie dies nicht, fallen die Kinder durch, wie intelligent und fleißig auch immer sie sein mögen (Hanlon 1996: 2). Der Anbau von

---

[151] Ähnlich auch CIA World Factbook 12/04.

[152] Angaben von 2003 aus dem CIA World Fact Book. Landwirtschaftliche Produkte sind vor allem Baumwolle, Cashewnüsse, Zuckerrohr, Tee, Mais, Sisal, Zitrus- und tropische Früchte, Kartoffeln, Sonnenblumen, auch Geflügel. Die Industrie verarbeitet Nahrungsmittel und Getränke, Chemikalien (Seife und Farben), Aluminium, Petroleum-Produkte, Textilien, Zement, glas, Asbest und Tabak.

[153] Vgl. Shaxton 2000; Wellmer 2000. Im deutschen Fernsehen gab es Berichte, die die Flut als eine von Hilfsorganisationen aufgebauschte Inszenierung darstellten (vgl. Lambers 2005: 3).

Baumwolle ist schwierig und zeitaufwendig; dennoch hat die britische Firma *Lonrho* Kinder Anfang 1996 Kinderarbeiter rekrutiert, da die Erwachsenen die niedrigen Löhne nicht akzeptierten. Die Schulen blieben zu dieser Zeit fast leer (Hanlon 1996: 3).

Der Mindestlohn fiel zwischen 1991, 1994 und 1996 von monatliche 30 US-$ auf 13$ und von dort auf 10$. Dann wurde er angehoben (Hanlon 1996: 3). Zwischen 2001 und 2004 lag er etwa bei 28$. Hanlon nimmt Partei für die Mosambikaner, deren Widerstandskraft und Wille zum Neuaufbau er als unglaublich bezeichnet (Hanlon 1996: 5). In Maputo sind nach Hanlon 200.000 Menschen im Kleinhandel tätig. Sie verkaufen Tomaten oder Süßigkeiten auf der Straße. Dies sind Kleinstunternehmen, die meist aus einer Frau bestehen (Hanlon 1996: 5). Zugleich gibt es in Maputo einen Bauboom und teure Autos auf den Straßen. Die mosambikanischen Parlamentarier haben sich für einen Halbtagsjob als Volksvertreter selber 1.000 $ im Monat zugebilligt (Hanlon 1996: 5). In der einstigen sozialistischen Revolutionspartei *FRELIMO* bilden sich Wirtschaftseliten, die Kapital anhäufen. Die meisten internationalen Investoren machen einen Bogen um das bettelarme und wirtschaftlich undurchschaubare Mosambik. Gleichzeitig steigt der wirtschaftliche Einfluss südafrikanischer Firmen und pakistanisch- und indischstämmiger Händler. Diese zeigen sich, wie Küppers feststellt, politisch opportunistisch und haben Interesse an wirtschaftlichen Liberalisierungsmaßnahmen (Küppers 1996: 68).

Auch die ehemalige Kolonialmacht Portugal hat sich nicht gänzlich aus Mosambik zurückgezogen. Immer noch gibt es viele wirtschaftliche Einflüsse durch Joint Ventures und kulturelle Unterstützung, namentlich des *Instituto Camões*.[154] Die an potentielle Investoren gerichtete Zeitschrift *África Hoje* (Afrika heute)[155] beschäftigt sich aus portugiesischer Perspektive mit der Entwicklung aller afrikanischen Staaten, mit einem deutlichen Schwerpunkt auf die ehemaligen Kolonien Angola,

[154] Das *Instituto Camões* ist eine dem deutschen *Goethe-Institut* vergleichbare Institution, die sich der Vermittlung portugiesischer Sprache und Kultur verschrieben hat und nach dem bekanntesten portugiesischen Dichter neben Fernando Pessoa benannt ist. Es ist in der mosambikanischen Hauptstadt vertreten und auch in den Räumlichkeiten der katholischen Universität in Nampula, veranstaltet Kulturevents, vergibt Stipendien und bietet Bücher, Zeitschriften und Zeitungen aus Portugal zum Lesen an.

[155] Die Monatszeitschrift *África Hoje* erscheint in Lissabon. Das zugehörige Jahrbuch hat eine Auflage von 30.000 Exemplaren, Mitherausgeber ist die Universidade Moderna Portugal. Die Zeitschrift ist farbig, hochglänzend, und enthält zahlreiche Fotos, Landkarten, Grafiken sowie Werbeanzeigen.

Cabo-Verde, Guine-Bissaú, São Tomé e Príncipe und Moçambique (*PALOP*-Länder). Im regelmäßig erscheinenden Jahrbuch wird die wirtschaftliche Situation der Länder ausführlich beschrieben, unterteilt in Landwirtschaft, Fischerei, Transport und Kommunikation, Banken, Industrie und Energie, ausländische Investitionen und Privatisierungen, Tourismus und Bildung. Da das Heft das erklärte Ziel hat, portugiesische und andere Investoren zu stimulieren, ist der Ton durchgehend optimistisch, favorisiert Privatisierung und plädiert mehr oder weniger subtil für Rückgang des staatlichen Einflusses. Viel versprechende Sektoren werden betont und herausgestrichen, weniger positive ökonomische Aspekte werden nicht erwähnt. (Ostheimer 2003: 371). Die Zeitschrift *África Lusófona* ist stärker politisch und kulturell orientiert und behandelt auch Brasilien.

3.4.3 Kritik an *Bretton-Woods*-Institutionen und *IMF*

Hanlon (1996: 1) zitiert ein im November 1995 geführtes Interview der katholischen Monatszeitschrift *Vida Nova* mit Dom Manuel Vieira Pinto, dem bis zum Jahr 2000 im Amt befindlichen Bischof von Nampula. Er war der letzte portugiesische Bischof und stellte sich beim Unabhängigkeitskrieg auf Seiten der Mosambikaner:

> "Unsere Unabhängigkeit ist eine theoretische; wir sind Diener der reichen Länder. Wir sind von einem Kolonialismus in einen stärkeren geraten – wirtschaftlicher Kolonialismus. Und die neuen Kolonialisten benutzen unmoralische Waffen: Krieg und Korruption. Der alte Kolonialismus hatte ein Gesicht, der neue nicht. Die Herrscher von Afrika sind nicht, wie fälschlicherweise angenommen wird, die vielen afrikanischen Staaten. (...) Die Chefs von Afrika und Mosambik sind die *Weltbank* und der *Währungsfond*. Ihr Programm ist die Einbindung Afrikas in ein neokoloniales Wirtschaftssystem, in dem der Einzelne nichts zählt. Was zählt, ist der freie Markt, sein Gott ist das Geld."

Die Zustimmung zu den strukturellen Programmen der *Bretton Woods*-Institutionen 1986 ist – so Joe Hanlon – eine falsche Entscheidung gewesen. Er räumt zwar ein, dass sehr viel Hilfe floss und fließt. Aber er kritisiert gleichzeitig, dass dies völlig an dem Willen des mosambikanischen Staates und der Regierung vorbei geschieht und teilweise in Bereichen, in denen Mosambik selber und sehr viel früher – Hanlon sagt, ein Jahrzehnt früher – selbst hätte tätig werden können (Hanlon 1996: 17).[156] Die Entwicklungen führten dazu, dass die Hauptgeldgeber für Mosambik heute

[156] Hanlon führt dies genauer in seinem Buch von 1991 „Mozambique: Who calls the Shots?" aus.

Frankreich, Italien, Niederlande, Norwegen, Schweden, USA, die EU und das Welternährungsprogramm sind. Für Portugal und Norwegen ist Mosambik der größte Entwicklungshilfe-Empfänger und in der Liste der fünf größten Empfänger der Länder Dänemark, Finnland, Italien, Schweden und Schweiz (Hanlon 1996: 17). Die Vielzahl die Vielfältigkeit der Projekte führt zu großen Abstimmungs- und Koordinationsproblemen. 1996 hatte das Gesundheitsministerium insgesamt 405 verschiedene Geber-finanzierte Projekte zu verwalten, was die mosambikanische Administration überfordert und sie in die Rolle der reinen Verwaltung drängt. Hanlon zitiert Firmino Mucavele, Chef der Agrarfakultät der *UEM*, der Probleme hatte, eine Studienreise nach Südafrika für Studenten finanziert zu bekommen, während man ihm gleichzeitig fünf Stipendien für ein Studium der globalen Erwärmung in Europa anbot: Das Thema sei schick und ziehe Gelder (Hanlon 1996: 17). Hanlons *Weltbank*-Kritik irritiert besonders angesichts der Tatsache, dass die *Weltbank* in den 80er Jahren die Grundbedürfnisstrategie einführte mit dem Ziel der Befriedigung der Grundbedürfnisse der ärmsten 40-50 Prozent der Bevölkerung. Allerdings haben Anhänger der Theorie des peripheren Kapitalismus (s.o.) die ländlichen Kleinprojekte stets kritisiert und propagierten die Behebung der Strukturdefekte, eine Belebung des Binnenmarktes und ausgewogene Handelsbeziehungen statt Hilfe („Trade, not aid"), was auch eine größere Öffnung des Marktes für Fertigprodukte aus Entwicklungsländern einschließt. Auch eine neue Weltwirtschaftsordnung mit stärkerer Einbeziehung der Entwicklungsländer wird gefordert, um die Benachteiligung und die ungünstigen Austauschrelationen (terms of trade) zu mildern (Kandil 1995: 64).

3.4.4 Kritik an NROn

Scharfe Kritikerin des Gebarens von Entwicklungshelfern und NROn in Mosambik ist Birgit Boetius.[157] Makumbe kritisiert für ganz Afrika die Tendenz der NROn, sich einerseits unentbehrlich zu machen, andererseits aber ängstlich jede Einmischung in politische Prozesse zu vermeiden (1998: 315f.). Aus umgekehrter Sicht prangern Macamo und Wellmer das sogenannte Problem der „Antragslyrik" an, die Tatsache nämlich, dass Mosambikaner, die Gelder im Bereich Entwicklungszusammenarbeit oder Bildung aus dem Ausland rekrutieren möchten, die Themen,

[157] Boetius 2001: 243-253.

Interessen und Moden der Ausländer kennen und bedienen, was oft zur Freigabe von unnützen Maßnahmen und Forschungsprojekten führt:

> „Gemessen an der Zahl der Forschungsvorhaben über ‚das Verhältnis der Geschlechter zueinander' würde man (...) meinen, Frauenunterdrückung sei das wichtigste Problem in Mosambik" (Macamo/Wellmer 2000: 21).

Der amerikanische Afrika-Experte David Sogge kritisiert in der Entwicklungszusammenarbeit insgesamt mangelnde Kohärenz und fehlende Zusammenarbeit und Abstimmung mit Mosambikanern. Gründe für diesen Mangel sieht er in den "dramatischen Transitionsprozessen", denen Mosambik ausgesetzt ist, sowie der Tatsache, dass die Strategien meist von den institutionellen Interessen der internationalen Vertretungen (Agências) und der von ihnen abhängigen NROn gesteuert werden und weniger von den Zeitläufen und fundamentalen Notwendigkeiten in Mosambik selbst (Sogge 1997: 207). Sogar persönliche Vorlieben der NRO-Mitarbeiter können, so Sogge, die Projekte und Aktivitäten beeinflussen. Er beschreibt in seinem Sammelband das Verhältnis zwischen Organisationen mit nicht-kommerziellen Zielen in Mosambik mit dem Zivilen Sektor und verweist auf die negativen Effekte fehlgeleiteter und schlecht abgestimmter Projekte: landwirtschaftliche Projekte, die wenige Bauern anziehen, neue Schulgebäude ohne Professoren, wirtschaftliche Kleinprojekte, bei denen die Teilnehmer noch während der Projektdauer am Bankrott entlang arbeiten (Sogge 1997: 209). Sogge fordert auf, mehr Zeit für darauf zu verwenden, Projekte mit mosambikanischen Politikern abzustimmen (Sogge 1997: 209). Dieser Appell ist auch für Medienentwicklungszusammenarbeit wichtig, wie in Kapitel 10 noch ausgeführt werden wird. Zudem konstatiert Sogge oft einen Mangel an wirklich tief greifender Forschung über die Ursachen von Armut, der auch ein Problem der *Weltbank* selber sei. Sogge zitiert aus einer internen Untersuchung, in der die Projekte der *Weltbank* von einer Task Force analysiert wurden[158]. Diese kam zu dem Schluss, dass ein großer Teil der Strategien weder Betrachtungen über die Natur von Armut und Wirtschaftswachstum enthält, noch eine Untersuchung zu kurzfristigen und langfristigen Zielen von Armutsreduzierung oder etwas zur Entwicklung des sozialen Sektors (zitiert nach Sogge). Sogge sieht die Paradigmen einer früheren Entwicklungshilfe in der Keynesianischen Wirtschaft und christlicher Solidarität verankert, während er heute überwiegend

[158] World Bank, 1995, Taking Action for Poverty Reduction in Sub-Saharian Africa. Report of an Africa Region Task Force (Executive Summary), Poverty and Human Ressources Division, Technical Department, Africa Region, Washington.

neoliberale und Globalisierungs-Dogmen am Werke sieht (Sogge 1997: 207). Andererseits konstatiert er eine Entstehung neuer Paradigmen aus den Bewegungen, die Kampagnen organisieren im Bereich Umwelt, Arbeiterrechte, ethisches Investment, Zusammenschlüsse von sozioprofessionellen Gruppen usw. (Sogge 1997: 208).

3.4.5 *UN* und *UNESCO*

"Mozambique is the only country in the region which has a coordinated media development programme with multilateral donor agency assistance through UN Development Programme (UNDP) and implemented through the UN Education, Science and Culture Organisation (UNESCO)."

John Mukela gegenüber *IRIN* (2002)

Die Arbeit der *UN* ist seit Jahrzehnten für Mosambik prägend. Die Chefs der verschiedenen in den *UN*-Ländern angesiedelten *UN*-Vertretungen bilden zusammen das Länder-Verwaltungsteam der *UN*-Nationen (UN: UNDAF 2001: 9). Die *Bretton-Woods*-Institutionen sind in diesem Team als Teilnehmer eingeladen, ebenso wie die *Weltbank* bei der Formulierung des Strategiepapiers *UNDAF* mithalf. *UNDAF* ist ein *UN*-Fünfjahresplan (2002-2006) und basiert auf dem mosambikanischen Armutsreduzierungspapier *PARPA* (UN: UNDAF 2001: 9). Zusätzlich dazu fließen die fünf Grundziele der *UN* ein: HIV/AIDS, Hilfe für die Schwachen (aufgrund von Geschlecht, Alter, Fähigkeiten, Wohnort), Gender, Stärkung der nationalen Kapazität für Forschung und Bildung sowie stärkere Einbeziehung der Gemeinden und Bürger. Speziell für Mosambik werden folgende vier so genannten strategischen Ziele formuliert (UN: UNDAF 2001: 12):

Ziel 1: Förderung der Garantie für das Recht auf persönliche Sicherheit (Prävention von HIV/AIDS, Prävention und Reaktion auf Naturkatastrophen, Maßnahmen bezüglich der Personenminen)

Ziel 2: Förderung der Garantie für das Recht auf Wissen und ein langes und gesundes Leben (Gleichheit von Jungen und Mädchen beim Bildungszugang, Verbesserung der Schulen und der Schulleitungen, gutes Ernährungsniveau, sauberes Wasser)

Ziel 3: Förderung der Garantie für das Recht auf nachhaltige Lebensbedingungen (Zugang zu Land und dessen Nutzung, zu Nahrungsmitteln, Wachstum des privaten Sektors durch Regulationsinstrumente, Kredite, Qualität und Bildung, Ausschöpfung des rechtlichen Rahmens)

Ziel 4: Förderung der Garantie für das Recht auf umfassende Teilhabe (participação), Förderung und Gleichheit (Demokratisierung und Dezentralisierung: Wahlen, Parlament, Justiz, Polizei, Öffentliche Verwaltung, Politik und Rechtsprechung).

Ein Unterziel von Ziel 4 bezieht sich auf die Medien:

> Förderung von echten Massenmedien[159] und Rádios Comunitárias sowie soziale Mobilisierung[160] für eine Umwandlung des Verhaltens der Staatsbürger und Zivilgesellschaft

[159] Der Begriff Massenmedien meint hier Medien für einen großen Bevölkerungsteil, also nicht Printmedien, die nur einen winzigen Teil der Bevölkerung erreichen.

in politische Mitbestimmung („Mobilização social para uma tranformação do compartamento e partiçipação da Sociedade Civil").

Daraus wiederum werden folgende Maßnahmen abgeleitet:

- Stärkung der gefährdeten unabhängigen Medienorganisationen aus dem Bereich Presse und Radio und der entsprechenden Produktionsteams
- Technisches Netzwerk für die Konsolidierung der Rádio Comunitárias
- Rechtliche Einbindung der Community-Medien ("Enquadramento legal dos meios de comunicação comunitários") sowie eine nationale Kommunikationspolitik
- Umorientierung und Stärkung der Journalistenschule (Escola de Jornalismo)
- Effektive Nutzung von Kommunikation für die soziale Mobilisierung

Die Medienziele sind also explizit innerhalb eines politischen Kontextes formuliert und werden in der Tradition der europäischen Aufklärung und des *McBride-Reports* als Mittel zu Aufklärung, Transparenz, Verhelfen zum Recht und Einbeziehung des Volkes begriffen (UN: UNDAF 2001: 26). Medienaspekte, die auf Unterhaltung, spezialisierte Information, Werbeträger oder wirtschaftliche Macht abheben, werden ausgeklammert. Es wird gefordert:

> „Zunahme der Anzahl von Massenmedien und eine Verbesserung der Qualität der Massenmedien und der Dienstleistung, die die Medien erbringen können, um eine effektive politische Mitbestimmung der Familiengruppen und der Kommunen und der sozialen Mobilisierung zu erreichen".

In Kapitel 5.B von *UNDAF* wird auf die Koordination der *UN*-Aktivitäten mit der mosambikanischen Regierung eingegangen. Wichtigster Kontaktpunkt ist das Außenministerium, auch das Finanzministerium sowie die Ausschüsse des Parlaments sind in die *UN*-Aktivitäten einbezogen. In einer Grafik (UN: UNDAF 2001: 34) werden die Ziele aus dem *UNDAF*-Bericht auf die verschiedenen *UN*-Vertretungen (agências) verteilt dargestellt. Für *PNUD* (also *UNDP*) sind im Bereich der Medienprojekte 5,5 Millionen Dollar vorgesehen, für *FNUAP*, den *United Nations Population Fund* 3,1 Millionen Dollar, für *UNICEF* 1 Million Dollar. Die *UNESCO* soll für Medienarbeit 5 Millionen Dollar erhalten.

Projekte, die der Bekämpfung von AIDS dienen, sind mit 32% der gesamten vorgesehenen Mittel eine klare *UN*-Priorität. Bei den Unterzielen ist die Verteilung der finanziellen Mittel sehr unterschiedlich (UN: UNDAF 2001: 35). Der überwiegende Teil der Mittel aus dem ersten Ziel, Stärkung der persönlichen Sicherheit, geht an

[160] Dieser Begriff bleibt unklar. Er ist vermutlich im Sinne einer Mobilisierung zu verstehen, die eine Zunahme an demokratischen Strukturen erreichen will.

AIDS, nämlich knapp 100 Millionen Dollar. Auf die anderen beiden Unterziele, Naturkatastrophen und Minen gehen jeweils etwa 20 Millionen.
Ausgeglichener ist die finanzielle Ausstattung des zweiten Zieles, des Rechtes auf Wissen und ein langes und gesundes Leben. Auf Bildung fallen gut 90 Millionen Dollar, auf Gesundheit und Wohlbefinden gut 80 Millionen. Deutlich weniger als alle anderen Ziele fällt in den dritten Zielbereich, das Recht auf nachhaltige Lebensbedingungen. Jeweils zwischen 8 bis 12 Millionen Dollar geht an Ländliche Entwicklung und Landwirtschaft bzw. Ernährung bzw. Arbeit, Markt, privater Sektor. Beim vierten Ziel, dem Recht auf umfassende politische Mitbestimmung, Förderung und Gleichheit fallen etwa 85 Millionen Dollar auf Institutionen und Prozesse des Öffentlichen Sektors und nur etwa 15 Millionen Dollar auf die Medien.
Das bedeutet, dass die im Papier „*UNDAF*" formulierten Ziele unterschiedlich umfangreich finanziert sind (UN: UNDAF 2001: 35): Der Löwenanteil der Mittel, 45%, fallen auf das Ziel 2, Recht auf Wissen und ein langes und gesundes Leben. Immerhin 23% gehen an Ziel 4, Recht auf umfassende politische Mitbestimmung, Förderung und Gleichheit. Ein Viertel der Mittel sind dem 1. Ziel geschuldet, Stärkung der persönlichen Sicherheit. Finanzielles Schlusslicht bildet der 3. Zielbereich, Recht auf nachhaltige Lebensbedingungen.
Die *UNESCO* ist die *UN*-Unterorganisation für Erziehung, Wissenschaft und Kultur der Vereinten Nationen.[161] Im Jahr 2000 hatte die *UNESCO* 186 Mitgliedstaaten. Oberstes Entscheidungsgremium ist die alle 2 Jahre tagende Generalkonferenz. Dazwischen fungiert der Exekutivrat als Entscheidungsgremium. Die *UNESCO* unterhält weltweit 80 Büros, Institute und andere dezentrale Einrichtungen. Zurzeit gibt die *UNESCO* zehn Zeitschriften und 50 Newsletter heraus. Wichtigste Beitragszahler sind (Stand 2000) Japan (25%), BRD (13,3%), Frankreich (8,7%), Italien (7,4%), Kanada (3,7%) und Spanien (3,5%). Die Schwerpunktarbeitsbereiche der *UNESCO* sind Bildung, Wissenschaft, Kommunikation sowie Information und Kultur.

[161] Offenhäuser, Dieter (2000): Facts ad Figures, in: UNESCO heute 1/2000.

Abb. 24: Organisation *UNESCO*-Medienteam Mosambik

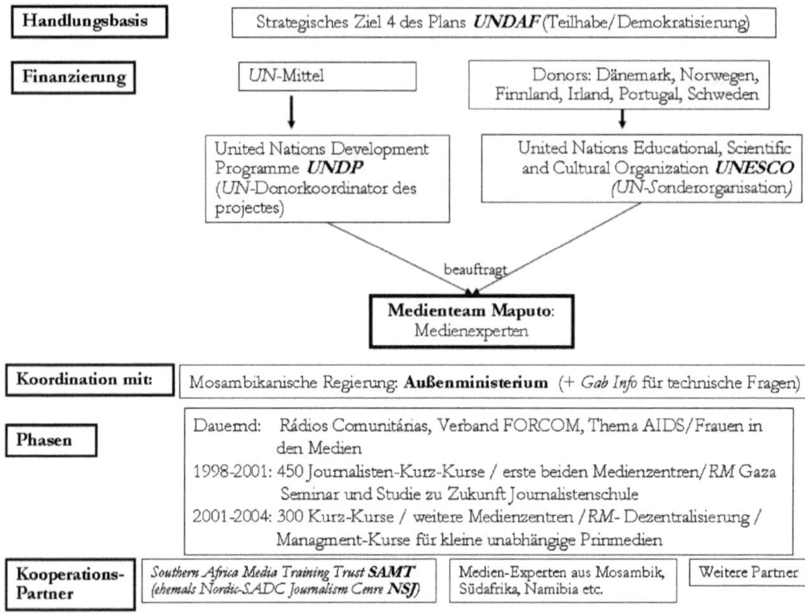

Das Modell (Abb. 24) illustriert organisatorische Grundlagen der medienrelevanten *UN*-Maßnahmen in Mosambik. Deutlich werden sollen die unterschiedliche Finanzierung auf Basis von *UNDP*- bzw. *UNESCO*-Maßnahmen sowie die verschiedenen Phasen (zurzeit läuft die Phase 2004-2007). In der nächsten Abbildung werden die Maßnahmen genauer erläutert.

3.4.6 *UN*-Medienprojekte

Die *UNESCO* hat in den 90er Jahren eine umfangreiche Förderungstätigkeit im mosambikanischen Medienbereich aufgenommen. Mit ihren Trainings- und Ausbildungsbestrebungen für Journalisten stützt sie sich nicht zuletzt auf eine entsprechende Forderung im *MacBride-Report* (323).

Das Medienprojekt *UNESCO* Maputo wird von der Regierung, den Geberländern und der *UNDP* gemanagt. Auf Regierungsseite wird in technischen Belangen vor allem mit dem *Gabinete da Informação* kooperiert und mit dem Außenministerium in politischen Fragen.[162] Projektleiterin Jallov betonte, dass die inhaltliche Ausgestal-

[162] Die Direktorin des *UNESCO*-Medienteams Mosambik, Birgitte Jallov, gewährte mehrere Interviews, die die Arbeitsweise des Teams auf nationaler, regionaler und lokaler Ebene illustrieren, besonders ausführlich am 4.9.2002 und am 22.7.2004, beide Male in ihrem Büro in Maputo, sowie im März 2004 in Nampula. Zusätzlich zu den Manualen der *UNESCO* und Videos, die sie

tung von Programmen nur im engen Kontakt mit diesen drei Gruppen funktionierte und dass das dauernde Informieren und Einbeziehen von Regierung und Gebern zentral sei. Dies schaffe dauerhaft Vertrauen und langfristig auch Spielräume. Die Direktorin des *UNESCO*-Medienteams Mosambik, Birgitte Jallov sagt, wäre irgendeines der *UNESCO*-Medienprojekt zu regierungsnah, dann wäre es nicht realisiert worden wegen Protest auf Seiten der Donors; umgekehrt wären Projekte, die zu eng mit irgendeinem der Geber-Länder geplant gewesen wären, am Widerstand der Regierung gescheitert, die ihre Unterschrift verweigert hätte. Beim *UN*-Medienprojekt Maputo arbeiteten 2005 14 Personen, davon acht Medienexperten mit klar abgegrenzten Aufgaben und Rollen, die durch detaillierte Organigramme festgelegt waren. Die Ausbilder für die diversen journalistischen Fortbildungs-Aktivitäten waren Mosambikaner und wurden projektweise angestellt.

---

zur Verfügung stellte, sowie zahlreichen Ratschlägen bei der Suche kompetenter Gesprächspartner, machte sie auch Hintergrunddokumente zugänglich. So konnten über drei Jahre die Aktivitäten der *UNESCO* intensiv mitverfolgt werden.

Abb. 25: Projekte und Maßnahmen *UNESCO*-Medienteam

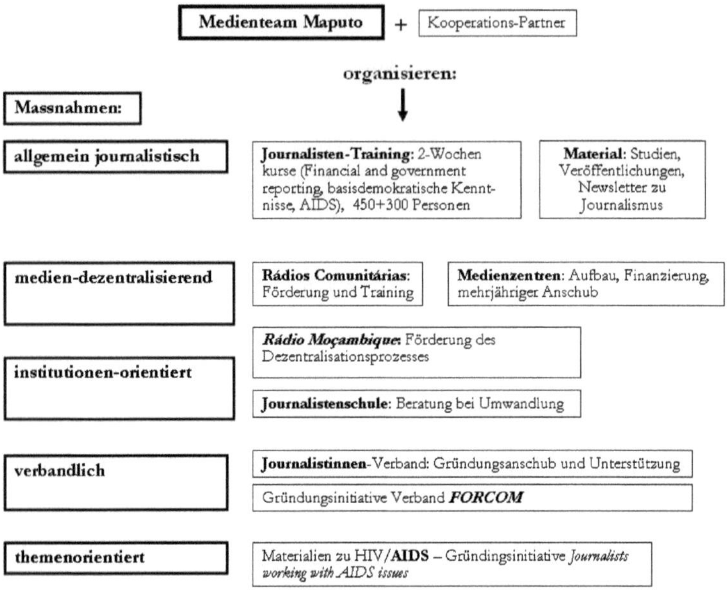

Abb. 25 zeigt das Spektrum der medienrelevanten *UN*- Maßnahmen in Mosambik. Es kann in folgende Tätigkeitsbereiche in je verschiedenen Stadien der Durchführung unterschieden werden:

1. Training von Journalisten;
2. Förderung und Ausbildung von Rádios Comunitárias. Dabei Gründung von repräsentativ zusammengesetzten Gestaltergruppen von 50 bis 100 Personen, die in den jeweiligen Regionen als gesellschaftsprägend angesehen werden; zudem Aufbau, Koordination und Förderung des Netzwerkes *FORCOM* über politische und konfessionelle Interessengrenzen hinweg;
3. Aufbau, Finanzierung und mehrjähriger Anschub von Medienzentren,
4. Förderung des Dezentralisationsprozesses von *Rádio Moçambique,* hier dargestellt auf der Schnittstelle zwischen dezentralisierenden und Institutionen-orientierten Maßnahmen;
5. Beratung bei der Umwandlung der Escola de Jornalismo in ein polytechnisches Institut;
6. Gründungsanschub und Unterstützung eines Journalistinnen-Verbandes;
7. Bereitstellung von Material zu AIDS/HIV und Verfolgung des Themas durch Newsletter, Schulungen und Kurse;
8. Kurse und Materialerstellung zu investigativem Journalismus.

Weiter unten sollen die Tätigkeitsbereiche 1., 5. und 7. detaillierter beschrieben werden.

UNESCO: Mediencenter

In dem *UNESCO*-Manual von 1999 wird das Konzept der Medienzentren skizziert (UNESCO 2001d: 152 ff.): ein Raum mit 4-6 PC-Workstations, alle mit E-Mail und Internet-Zugang, ein Scanner und Computerdrucker, Fax, Telefone, ein Fotokopiergerät. Für fünf Jahre bleibt dieses Equipment im Besitz der Regierung bzw. der Donors, die es gespendet haben. Es gründen sich Medienorganisationen auf Provinzebene, die dieses Mediencenter als nicht-kommerzielle NRO registrieren lassen, und sich auf nationaler Ebene zu einer Gruppe von Mediencenter-Organisationen zusammenschließen. Trotz des privatrechtlichen Status könnten auch *ICS*-Rádios Comunitárias Mitglieder werden. Ein ehrenamtliches Management-Team wäre zuständig für die Bestellung eines fest angestellten Generalmanagers, würde das tägliche Management planen und kontrollieren, Ziele und Veranstaltungen festlegen etc. Regierung und/oder Donors würden das Gehalt des Generalmanagers für die ersten fünf Jahre bezahlen, in abnehmendem Verhältnis zu den Zuzahlungen aus den Einnahmen des Zentrums. Überschüsse sollten für die Nachhaltigkeit des Zentrums reinvestiert werden. Die Medienzentren sollten in den Provinzhauptstädten eröffnet werden.

Die Gründung der Medienzentren als Ort, an dem unabhängige Journalisten in den Provinzen zu günstigen Konditionen ihrer Arbeit nachgehen und einen demokratischen und freien Journalismus produzieren, erwies sich, wie die *UNESCO*-Medienprojekt-Leiterin in einem Interview am 1. und 2. April 2004 sagte, als schwierig. Zwei der insgesamt vier Zentren mussten nach einiger Zeit wieder geschlossen werden, da sie nicht wie eigentlich vorgesehen, selbst tragend und damit nachhaltig von *UNESCO*-Unterstützung unabhängig wurden, und weil bei der Verwaltung und Abrechung der Zentren durch einen eigens eingesetzten Geschäftsführer Unregelmäßigkeiten vorkamen.

Das jüngste Mediencenter wurde in Nampula gegründet. Nampula ist von der Bevölkerung her die drittgrößte mosambikanische Stadt und die größte Stadt von Nordmosambik. Gleichzeitig ist es die Hauptstadt der Provinz Nampula.[163] Die Provinz Nampula ist, wie auch die südlich anschließende Provinz Zambezia, viel bevölkerter als die anderen Provinzen. Nach der Volkszählung 1997 leben etwa dreimal so viele Menschen in Nampula Provinz wie in den anderen Provinzen. In Nampula und Zambezia zusammen lebten 1997 38% der Gesamtbevölkerung Mosambiks.[164]

[163] Mosambik besteht aus 11 Provinzen, ähnlich den deutschen Bundesländern. Es verfügt etwa über die 2,5-fache Grundfläche Deutschlands. Insgesamt leben etwa 18 Millionen Menschen in Mosambik.

[164] Vgl. Censo 1997.

Es gibt im Norden Mosambiks keine eigene Zeitung. Aus der Hauptstadt Maputo und aus der zweitgrößten Stadt Beira werden etwa 5 verschiedene Zeitungen per Flugzeug geliefert: die regierungsnahe größte Tageszeitung *Notícias*, die Wochenzeitung *Domingo*, aus Beira die Wochenzeitung *Diário*, die regierungskritischen Wochenzeitungen *Savana* und *Zambeze* und die neue, noch wenig profilierte *O Pais*. Das regierungsnahe landesweite *Rádio Moçambique* verfügt über eine Vollredaktion mit etwa 40 Angestellten in Nampula, die im 6. Stock eines Hochhauses untergebracht sind. Sie versorgen Nampula mit einem 24-Stundenprogramm, zugespeist wird nachts von der Zentrale in Maputo. Es gibt Nachrichten und andere Programme in der örtlichen Sprache Macua. Der staatsnahe Fernsehsender *Televisão de Moçambique* verfügt in Nampula über ein Studio mit 20 Mitarbeitern. Täglich werden eigene Nachrichten aus Nampula gesendet. Zudem wird das nationale Fernsehprogramm in Nampula ausgestrahlt und von der Nampula-Redaktion mit Material beliefert. Es existiert ein ausschließlich per Fax empfangbarer Nachrichtendienst (*Whampula Fax*), Auflage etwa 60, der wöchentlich an Institutionen, Regierungsstellen und große Firmen geht. Zudem gibt es sporadisch Zeitungsprojekte, die von internationalen Nichtregierungsorganisationen (NROn) gefördert werden, beispielsweise etwas 20 Ausgaben von *Ischaria*. Die Produkte sind meist so teuer, dass sie mit den Zeitungen aus Maputo nicht konkurrieren können. Es existieren auch private Nachrichtenkompilationen, wie das oben beschriebene *Bix Buzz*.

In Kapitel 7.3 wird das Thema Medienzentren auf Basis des empirischen Materials ergänzt.

3.5 Bildung

Die schulische Bildung in Mosambik sieht wie folgt aus:[165]

Abb. 26: Schema der Schulbildung

Primarschule 1.-5. Klasse ----------- Ensino Primário 1° grau (EP1)	Primarschule 6. und 7. Klasse ----------- Ensino Primário 2° grau (EP2)	Sekundarschule 8.-10. Klasse ----------- Ensino Secundário 1° grau (ES1)	Oberschule 11. und 12. Klasse ----------- Ensino Secundário 2° grau (ES1)

Die Primarschule beinhaltet Grundbildung für Kinder und Erwachsene. Die Sekundarschule beinhaltet Vorbereitung auf die Oberschule oder Grundschullehrerausbildung oder untere Berufsschule. Die Oberschule bereitet auf die Universität vor oder beinhaltet Lehrerausbildung (*IMP*) oder die mittlere Berufsschule.

3.5.1 Hochschulen

Der aktuellste Überblick über Höhere Bildung in Mosambik stammt von einem vierköpfigen internationalen Autorenteam und erschien kürzlich auf Englisch: „Higher Education in Mozambique. A Case Study“ (Mário u.a. 2003). Durchgeführt wurde die Untersuchung vom Fachbereichsdirektor Pädagogik der Mondlane-Universität, Mouzinho Mário, dem brasilianischen Anthropologen Peter Fry, der amerikanischen Projektleiterin Lisbeth A. Levey und dem Planungsdirektor der Mondlane-Universität und Ministeriumsangehörigen Arlindo Chilundo.[166] In acht Kapiteln und ergänzt durch 36 grafische Darstellungen wird das Spektrum der Hochschulen Mosambiks ausgeleuchtet. Nach einem historischen Abriss werden, gestützt auf Umfragen mit 1.074 Studenten – nach Angabe der Autoren etwa 1/10 der gesamtmosambikanischen studentischen Population –, sowie Interviews mit Dozenten und Benutzung des statistischen Materials der Mondlane-Universität sowie der mosambikanischen Regierung, die mosambikanischen Studenten, Dozenten und Institute beschrieben und nach demografischen, muttersprachlichen, fachlichen Gesichtspunkten analysiert. Gebrauch von neuen Informations- und Kommunikationstechnologien an den Hochschulen sowie deren Finanzierung und Führung werden beschrieben.[167] Die Autoren listen im Bereich Hochschulbildung

---

[165] Angaben aus: EMW 2003: 126-133; KKM 2005; MINED 2000.

[166] Finanziert wurde die Studie unter anderem durch James Currey (Oxford), den Stiftungen Carnegie (New York), Ford, MacArthur und Rockefeller, der Initiative „Partnership for Higher Education“ und der Universität von New York.

[167] Kritisch ist anzumerken, dass, vermutlich aufgrund der Nähe der Wissenschaftler zur *UEM*, eine gewisse Tendenz deutlich wird, *UEM*-relevanten Themen breiteren Raum einzuräumen und die anderen Institutionen eher schmal zu beschreiben.

eine Reihe von Hochschulen auf, die für den Bereich Medien und Journalismus nur teilweise relevant sind (Mário u.a. 2003: 1). Neben der seit über 40 Jahren bestehenden *Universidade Eduardo Mondlane* gibt es demnach zwei weitere staatliche Hochschulen, nämlich die Pädagogische Universität *UP* und das Institut für Internationale Beziehungen *ISRI*. Ebenfalls aufgelistet sind als staatliche Institutionen höherer Bildung die Nautische Schule *ENM* und die Polizei-Akademie *ACIPOL*. Deutlich bekannter und auch etablierter als die letztgenannten sind die großen nicht-staatlichen Hochschulen: die polytechnische Hochschule *ISPU*, die mosambikanische Hochschule für Wissenschaft und Technik *ISCTEM*, die katholische Universität *UCM* und die islamische Universität Mussa Bin Bique *UMBB*. Das Institut für Transport und Kommunikation *ISUTC* ist eine weitere private Hochschule.[168]

Anfang der 90er Jahre gab es klare Regierungssignale, dass private Institutionen höherer Bildung gewünscht waren (Mário u.a. 2003: 12). Dem folgte 1993 die Bildung eines Rates für Höhere Bildung und im weiteren die Ausformung der jetzigen akademischen Szene.

Wissenschaftsministerin Lidia Brito gab 2004 in einem Interview an, dass im gesamten mosambikanischen Hochschulwesen über 1.500 Universitätsdozenten arbeiteten, über 200 davon promoviert (Brito 2004). Die Regierung gab 2004 einen strategischen Plan heraus, in dem Ausweitung und Verbesserung der Lehrerausbildung geplant ist. Als großes Entwicklungspotential gilt der Tourismus[169]. Zwei Hochschulen für Touristik und Hotelfachwesen existieren, eine in Pemba, eine in Inhambane. Laut Brito befindet sich die Regierung in einer großen Verwaltungsreform, daher soll in Verwaltungsausbildung investiert werden. Geplant sind weiterhin eine Fachhochschule für Bergbauingenieure und Fachhochschulen für Medizin und Landwirtschaft (Brito 2004). Laut Brito gibt es im Bereich Medizin Forschungs-Kooperationen mit Kuba und landwirtschaftliche Kooperationen mit

---

[168] Offensichtlich eine andere Abgrenzung zugrunde legt man im Ministerium für Höhere Bildung *MESCT*, wo am 14.6.04 eine Tabelle überreicht wurde, die die sechs öffentlichen und sechs privaten Hochschulen auflistet. Zusätzlich zu den oben genannten wird noch die Militärakademie *AM* und das Gesundheitsinstitut *ISCISA* genannt. Die nautische Schule wird hier nicht geführt. Bei den privaten Hochschulen kommt die Technische Universität *UDM* hinzu.

[169] Diese Einschätzung gibt auch der neue Präsident Armando Guebuza in einem *KKM*-Interview 2005.

China. Die mosambikanische Regierung vergibt in 3 Provinzen etwa 100 Stipendien von etwa 40 EUR/Monat zuzüglich Studiengebühren.

Die Zahl der Bildungsinstitutionen hat seit 1995 rapide zugenommen, wie die folgende Darstellung zeigt:

Abb. 27: Universitätsgründungen in Mosambik

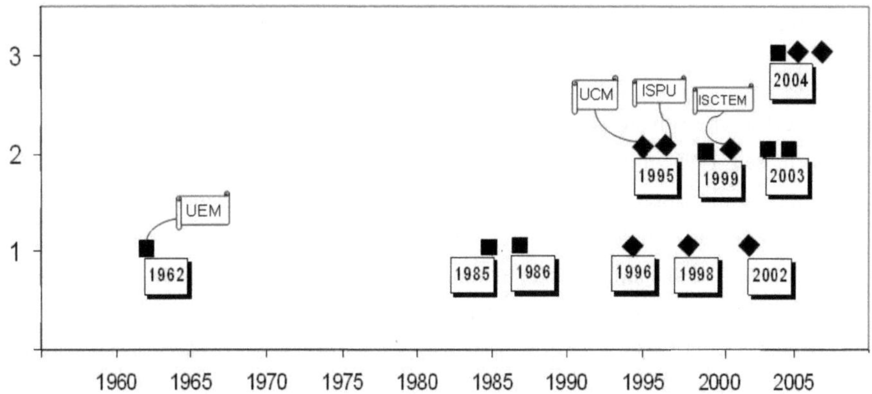

Der Zeitstrahl (Abb. 27) zeigt auf der X-Achse die Jahre der Gründung von mosambikanischen Universitäten. Staatliche Institutionen sind mit einem Viereck oberhalb der jeweiligen Jahreszahl markiert, private mit einer Raute. Die Y-Achse repräsentiert die Anzahl der Gründungen pro Jahr, in den Kästchen stehen die Jahreszahlen. Besonders ausgewiesen sind die vier Universitäten, an denen heute Kommunikation und Journalismus unterrichtet wird. Es wird deutlich, dass seit Mitte der 90er, also kurz nach der Gründung des Rates für Höhere Bildung, die Anzahl der Universitäten sprunghaft zugenommen hat. Eine weitere Welle begann im Jahr nach der Gründung des Ministeriums für Höhere Bildung 2001 und hält bis heute an.

3.5.1.1 Staatliche Universität: UEM

1962 gründete die portugiesische Regierung mit den Namen „Allgemeine Universität von Mosambik“ die erste Universität des Landes. Sie wurde nach der Unabhängigkeit *Eduardo Mondlane Universität* genannt. Die *UEM* vertritt ein europäisch klassisches Universitätsmodell mit einer Balance zwischen Naturwissenschaft, Geisteswissenschaft und technischen Fächern (Mário u.a. 2003: 45). Sie hat seit 2004 eine eigene Fakultät, in der Experten für Journalismus und Öffentlichkeitsarbeit ausgebildet werden, die *Escola de Comunicação e Arte (ECA)*.

Ein regelrechtes Vorlesungsverzeichnis war beim Besuch nicht erhältlich, da die *ECA* frisch gegründet war. Aus dem Gründungspapier (Namburete 2002b) ist zu entnehmen, dass Journalismus, Öffentlichkeitsarbeit, Werbung, audio-visuelle Produktion, Musik, Theater und Kunst unterrichtet werden sollen.

3.5.1.2 Private Hochschulen: *ISPU, ISCTEM, UCM*

Die privaten Universitäten *ISPU* und *ISCTEM* konzentrieren sich im Gegensatz zu *UEM* und *UCM* stärker auf die Fächer Wirtschaft, Verwaltung, Informatik und Technik.

ISPU

Die technische private Hochschule *Instituto Superior Politécnico e Universitário (ISPU)* besteht seit 1995 und wird unterstützt durch die portugiesische *Escola Superior de Educação* von Santarém. Es werden zehn Licenciatura-Studiengänge sowie drei Mestrado-Studiengänge angeboten zu den Fächern Ingenieurwesen, Recht, Psychologie, Management, Buchhaltung, Verwaltung, Tourismus, Informatik und Computerwissenschaft (Mário u.a. 2003: 43f.).
Außerdem bietet die *ISPU* den Studiengang Kommunikationswissenschaft als Lizenziat (3 Jahre) ein. Geplant ist ein Masterstudiengang, der in 2 weiteren Jahren absolviert werden soll, aber noch nicht begonnen hat. Die *ISPU* hat eine mehrmals jährlich erscheinende Zeitschrift, in der die jeweiligen Aktivitäten, Absolventenzahlen, gesellschaftliches Engagement etc. beschrieben werden. Sie befindet sich in einem großen, ansehnlichen Neubau, verfügt über eine für Studenten nicht begehbare Bibliothek und einen Kopierraum für die Studenten sowie einen eigenen gut sortierten Buchladen. Bei einer internen *UN*-Untersuchung wurden die journalismusrelevanten *ISPU*-Kurse als schlecht bezeichnet (Hintergrundgespräch B. Jallov, 4.9.2002). Die Universität setzt, stärker als die ISCTEM, auf mosambikanische Kräfte in Führungs- und Dozentenposition. Auch ein Austausch mit Brasilien wird fokussiert.
Der Öffentlichkeitsreferent der *ISPU*, Dr. Elio, gibt am 23.7.2004 die Auskunft, die Universität habe 2.800 eingeschriebene Studenten.

ISCTEM

Das *Instituto Superior de Ciências e Tecnologias de Moçambique ISCTEM* besteht seit 1996 und bietet seit kurzem ein Lizenziat in Kommunikationswissenschaften. Dies soll die Absolventen zur Arbeit in Medien und Öffentlichkeitsabteilungen des Staates befähigen (ISCTEM 2004g). Zudem werden Zahnheilkunde, Management, Buchhaltung, Pharmazie, Informatik, Sozialwissenschaften und Computer-Ingenieurwissenschaften angeboten (Mário u.a. 2003: 44). Personen, die die 12. Schulklasse abgeschlossen haben können sich bewerben und werden zunächst in einem sogenannten „Jahr Null“ gemeinsam auf Universitätsniveau gebracht. Die *ISCTEM* wird u.a. durch die *Universidade Nova de Lisboa* unterstützt (Mário u.a. 2003: 87). In Führungspositionen sind überdurchschnittlich viele Personen, die offenbar Portugiesen oder indischstämmige Mosambikaner sind oder aus englischsprachigen afrikanischen Ländern stammen.

Das *ISCTEM* investiert mehr als die anderen Hochschulen in Informations-Broschüren und Rechenschaftsberichte. Zu jedem Fachbereich gibt es einen Folder, ein umfangreich bebildeter Hochglanz-Rechenschaftsbericht beschreibt die Aktivitäten der Institution zwischen August 2001 und Juni 2004.

UCM

Die *Universidade Católica de Moçambique UCM* ist eine Einrichtung der Katholischen Kirche und wurde 1995 auf Initiative der mosambikanischen Bischofskonferenz und mit Unterstützung ausländischer Donors, maßgeblich italienischer Missionsorden, gegründet. Sie hat insgesamt etwa 2.300 Studenten und 210 Dozenten. 50 % der Dozenten sind aus Mosambik, die andere Hälfte kommt aus dem Ausland. Sie befindet sich im Gegensatz zu den meisten Fakultäten der *UEM, ISPU* und *ISCTEM* im Zentrum und Norden Mosambiks und hat 6 Fakultäten in 4 Städten. Die *UCM* wird stärker als die profitorientierten Universitäten durch die Ziele christlicher Ideal und gesellschaftlicher Entwicklung gesteuert (Mário u.a. 2003: 106). Man strebt offenbar ein europäisch klassisches Universitätsmodell mit einer Balance zwischen Naturwissenschaft, Geisteswissenschaft und technischen Fächern an, will aber auch die Marktbedürfnisse im Auge haben (Mário u.a. 2003: 45).

3.6 Demografie, Sprache

Nur ein kleiner Anteil der Mosambikaner spricht die offizielle Nationalsprache Portugiesisch als Muttersprache. Die meisten lernen erst eine der vielen mosambikanischen Sprachen. Zudem leben die meisten Mosambikaner nicht in der Stadt, sondern verstreut in Dörfern und Siedlungen, die meist weder über Elektrizität, fließendes Wasser, geschweige denn eine regelmäßige Versorgung mit Massenmedien wie Zeitungen oder Fernsehen verfügen. Da dies für den Medienmarkt und die entsprechende Aus- und Fortbildung von Journalisten relevant ist, im Folgenden einige Anmerkungen zu Demografie und Sprachen.

Mosambik hat eine Landfläche von 784.000 qkm und eine Einwohnerzahl knapp 19 Millionen Menschen[170] (CIA World Factbook 12/04). Es ist eine sehr junge Gesellschaft. Fast die Hälfte der Bevölkerung ist 14 Jahre oder jünger, die Alterstruktur ist wie folgt: 0-14 Jahre: 43,6%; 15-64 Jahre 53,6%; älter als 65: 2,8% (ebd.). Der Altersdurchschnitt liegt bei Männern bei 17,8 Jahren, bei Frauen bei 18,6 Jahren. Bei der Geburt liegt die Lebenserwartung eines mosambikanischen Mannes bei knapp 38 Jahren, die einer Frau bei gut 36 Jahren.[171] Die Bevölkerung besteht zu 99,66% aus Afrikanern, davon waren 1993 96% den Bantustämmen zuzurechnen (HDW 9: 385). Ein Anteil von 0,08 ist indisch- und pakistanischstämmig, diese sind auch im mosambikanischen Parlament vertreten (Censo 1997: 67). 0,06% stammen aus Europa und 0,2% sind Euro-Afrikaner (Mischlinge) (ebd.). Der Ausländeranteil ist, zumal in Bezug auf den teilweise großen Einfluss von Weißen, außerordentlich gering. Nur etwa 130.000 Nicht-Mosambikaner, davon 43% Südafrikaner, 17% Simbabwianer und nur 10% Portugiesen (vgl. Censo 1997).

63,5% der Männer und 32,7% der Frauen können spätestens ab dem Alter von 15 Jahren lesen und schreiben. Das bedeutet im Umkehrschluss auf die Gesamtbevölkerung gerechnet eine Analphabetenrate von 52 %. Die Nationalsprache ist Portugiesisch, diese wird allerdings nur von 27% der Bevölkerung beherrscht und dies meist nur als Zweitsprache (CIA World Fact Book). Für nur 1,2% war Portugiesisch die Muttersprache, 12% sprachen danach Portugiesisch neben einer einheimischen Sprache, 87% beherrschten nicht Portugiesisch (HDW 9: 385). Für die meisten Mosambikaner ist die erste Sprache, die sie lernen, die afrikanische Sprache der Bevölkerungsgruppe, zu der sie gehören. Es gibt, je nach Art der Abgrenzung,

---

[170] Die Volkszählung von 1997 ergab noch 16.099.246.

[171] Das Spiegeljahrbuch 2004 (42) setzt für Männer 41 und für Frauen 43 Jahre an.

etwa 20-40 indigene afrikanische Sprachen. Macua wird von den meisten Menschen gesprochen, 1997 waren es 26% (Censo 1997: 62). In der Verfassung (Art. 5) ist der Wert der Lokalsprachen als Verkehrs- und Unterrichtssprachen festgeschrieben. Um dem Problem entgegenzutreten, dass Grundschüler dem Unterricht nicht folgen können, wurde im *Projecto Bilíngue* die Benutzung der Lokalsprache für die ersten drei Schuljahre gesetzlich festgeschrieben.[172]
Die offizielle Sprache aller 6 an Mosambik angrenzenden afrikanischen Staaten (die Republiken Tansania, Malawi, Sambia, Simbabwe, Südafrika sowie das Königreich Swasiland) ist Englisch, teilweise mit einer oder mehreren gleichberechtigten afrikanischen Amtssprachen. Dadurch ist Mosambik sprachlich isoliert. In Maputo gilt Portugiesisch als Sprache der Erfolgreichen, Mächtigen mit hohem Prestige. Englisch wiederum gilt vor allem unter den Jüngeren als Steigerung des (erhofften) Erfolges. Im Vergleich zu Staaten, die englisch oder französisch kolonialisiert waren, sind die portugiesischsprachigen afrikanischen Länder wirtschaftlich, infrastrukturell und kulturell wenig entwickelt. Zudem sind sie weit in Afrika verstreut: An der südlichen Westküste Afrikas liegt Angola, viel weiter nördlich die Kapverden, Guinea-Bissau sowie São Tomé und Príncipe.
Der damalige mosambikanische Bildungsminister J.M.M. Katupha nahm 1991 eine Analyse von Sprachensituation und Sprachenbenutzung vor. Er unterscheidet acht Sprachgruppen: Swahili, Yao, Makua, Nyanja, Nsenga-Sena, Shona, Tsonga und Chopi. Die Sprachen, die diesen Sprachgruppen jeweils zugeordnet werden können, erlauben eine begrenzte Verständigung der Sprachgruppenteilnehmer untereinander, bei einigen kann man von Dialekten der gleichen Sprache sprechen.[173]
War zu Beginn des *FRELIMO*-Unabhängigkeitskrieges Portugiesisch noch eine Wenigen vorbehaltene Elitensprache, wurde es innerhalb der Armee sowie der befreiten Gebiete zur Verkehrssprache, deren Funktionalität als "des Feindes Waffe in Händen der *FRELIMO*" angesehen wurde (Katupha 1991: 7). Mosambikanische Sprachen wurden zum Gefäß für nationalistische Gefühle, Gesang und Gedichten. Damit änderte sich mit der Übernahme der Macht durch die Afrikaner paradoxerweise die Sprachenpolitik. Zwar war Portugiesisch die einzige Sprache, die Portugiesen je akzeptierten, aber es gab kein Netz von Schulen, wo man diese lernen

[172] Information Juni 2005 von Oliver Kröger, Sprachwissenschaftler der Sprachenentwicklungs-NRO *SIL. International*
[173] Dies war für Yao zum Zeitpunkt der Untersuchung noch nicht erforscht.

konnte. Missionsschulen waren der einzige Ort, an dem Mosambikaner außerhalb der Städte Portugiesisch lernen konnten, um die Riten der katholischen Kirche zu verstehen und der kolonialen Administration besser dienen zu können. In den Städten waren die Schulen weißen Kindern und wenigen Kindern von Assimilierten vorbehalten. Das Sprechen von einer afrikanischen Sprache wurde mit drakonischen Strafen belegt (Katupha 1991: 8). Die Paradoxie, dass Mosambik und alle anderen afrikanischen Staaten die Sprachen der ungeliebten Kolonialherren auch nach der Unabhängigkeit übernommen haben, vergleicht Katupha (4) mit den Beschwörungen der „Organization of African Unity", die von den Europäern gesteckten Grenzen in Afrika zu akzeptieren.

Der Schulunterricht findet vor allem auf Portugiesisch statt. Katupha plädiert für Zweisprachigkeit bzw. Mehrsprachigkeit in manchen Regionen bis die afrikanischen Regionalsprachen europäische Sprachen ersetzen können (Katupha 1991: 3). Er unterscheidet vertikale von horizontaler Zweisprachigkeit. Erstere bezeichnet die Fähigkeit, zwei Sprachen zu beherrschen, bei der eine davon den Sprecher in den sozialen Status des Besseren erhebt. Horizontale Zweisprachigkeit hat diese Wertigkeit nicht. Katupha zitiert den Informationsminister, der die Ausstrahlung von Programmen in afrikanischen Sprachen gefordert hat und nicht einfach die Übersetzung von Portugiesisch in eine Bantu-Sprache (Zeitung *Notícias* vom 8.1.1988, zitiert nach Katupha: 10). Katupha betont die Bedeutung und Gleichberechtigung aller Sprachen. Es wurde versucht, Wandzeitungen in mosambikanischen Sprachen zu veröffentlichen, was von der Bevölkerung nicht recht angenommen wurde. Katupha sieht die Gründe dieser Erfolglosigkeit in dem Fehlen einer standardisierten und einheitlichen Grammatik und dem Analphabetismus (Katupha 1991: 10). Diese Lücke versuchen christliche Kirchen und Missionsorganisationen zu füllen, die systematisch die Bibel und liturgische Texte übersetzen.

1978, in der Anfangsphase des Bürgerkrieges, schlug der damalige Bildungsminister vor, die Bedeutung der mosambikanischen Sprachen in den Schulen zu erhöhen. Heute ist Portugiesisch die dominierende Sprache in allen Schulen. Katupha plädiert für eine stärkere Einbeziehung der mosambikanischen Sprachen, um die horizontale Zweisprachigkeit zu fördern und den Kindern zu zeigen, dass ihre Muttersprache für ihr Weltverständnis eine wichtige Rolle spielt (Katupha 1991: 13). Allerdings erlaubten technische und ökonomische Grund noch nicht die Implementierung einer solchen Strategie, ein Tatbestand, an dem sich seit 1991 bis heute nicht viel geändert hat.

Die heutige Fachbereichleiterin Kommunikation der *ISPU*, Irene Mendes, hat in ihrer Diplomarbeit an der Lissaboner Universität das europäische und mosambikanische Portugiesisch verglichen und 456 Leserbriefe aus der mosambikanischen Zeitschrift *Tempo*, die zwischen 1990 und 1991 erschienen sind (Ausgaben 190 bis 266), auf "neológico"-Aspekte analysiert. Mendes analysiert die ethnische und soziolinguistische Situation Mosambiks, bespricht in zwei Artikeln die neologischen und terminologischen Aspekte des aktuellen Portugiesisch in Mosambik und stellt im lexikografischen Bereich eine Art Vorstufe zu einem neuen Wörterbuch vor (Mendes 2000: 174). Im vierten Kapitel („O Ensino do Português de Moçambique") führt sie aus, dass vor der Unabhängigkeit *sämtlicher* Schulunterricht auf Portugiesisch gehalten wurde (Mendes 2000: 33). Allerdings hatten die Erklärungen der Lehrer oft nichts mit der Lebenswirklichkeit der Schüler zu tun (Mendes 2000: 34). Nach 1975 wurde der Unterricht praktisch über Nacht in die Hände von Mosambikanern gelegt, die kein europäisches Portugiesisch sprachen. 1977 gab es Ausbildungskurse für Professoren, in denen Lehrer für die 5. und 6. Sekundarschulklasse ausgebildet wurden, dabei sprach die Mehrzahl der Teilnehmer Portugiesisch nicht als Muttersprache. 1980 wurden Kurse für Lehrer der 7. bis 11. Klassen veranstaltet (Mendes 2000: 35).

In den 70er Jahren gab es viele Diskussionen, wie man mit dem Portugiesisch umgehen solle, das natürlich einige Änderungen durchlaufen hatte. Es gibt Modifikationen aufgrund

- des afrikanischen Kontextes mit englischen Nachbarländern (nice bzw. chewing gum = nais bzw. chuinga) (Mendes 2000: 36)
- politischer Agitation: comité, grupo dinamizador, comício, célula, democracia (Mendes 2000: 36-38)
- technischer Neuerungen: printar für imprimir, bold für negrito, conectar für ligar (Mendes 2000: 40)
- der Einflüsse von Bantu-Sprachen (matapha, capulana) (Mendes 2000: 42)

3.7 Familie, traditionelle Gesellschaft und Religion

Aufgrund der Tatsache, dass die meisten Mosambikaner ländliche Gegenden bewohnen und dort in kleinen Sprachgruppen isoliert sind, prägen traditionelle Vorstellungen und Lebenskonzepte das mosambikanische Leben. Diese umfassen das Familienleben, regionale und lokale Verwaltung und Machtausübung, Gesundheit und Religion. In den Städten gibt es Mobiltelefone und Internet-Cafes, wenige Kilometer entfernt am Stadtrand bestellen Kleinbauern mit der Hacke den Acker. Das Nebeneinander einer fast mittelalterlich organisierten Gesellschaftsschicht und einer urbanen Oberschicht ist extrem kontrastreich. Allerdings sollte der Einfluss traditioneller Vorstellungen auch bei Mosambikanern, die durch ihre Arbeit, ihre Kleidung und Statussymbole wie wohlhabende Europäer wirken, nicht unterschätzt werden:

> „Die Individuen, die sich für eine Arbeit entschieden haben, die Ortsänderung einschließt, haben sich zugleich für die christliche Religion, eine europäisch geprägte Bildung etc. entschieden und sind dennoch zugleich Erben einer afrikanischen Tradition (…).“ (Macamo 1998: 59)

3.7.1 Traditionelle Vorstellungen von Machtausübung und Politik

Nelson Penedo (2004: 176f.) gibt an,[174] dass vor allem die folgenden fünf traditionellen Ordnungsvorstellungen die Institutionalisierung einer modernen demokratischen Ordnung erschweren:

- *Zyklisches Zeitverständnis:* Der zyklische Charakter von Naturprozessen prägt die Vorstellung einer unveränderlichen Natur, der sich die menschliche Gemeinschaft zu unterwerfen hat. Das Leitprinzip der Kontinuität schlägt sich im zyklischen Zeitverständnis sowie in animistischen Ordnungsvorstellungen mit starkem Raumbezug wider. Dies ist schwer in Einklang zu bringen mit dem Verständnis von Zeit/Wandel in der Moderne, insbesondere mit dem Prinzip des politischen Machtwechsels.
- *Personengebundenes Wissen:* In traditioneller Perspektive ist Wissen untrennbar an Personen und damit an Prestige und soziale Positionen gebunden wie z.B. an der Person des Heilers/Hexenmeisters (*curandeiro*). Die Verbreitung von Wissen wird daher als Form der Entwertung und Entmachtung wahrgenommen, während im Gegensatz dazu in Demokratien das Prinzip der freien Zirkulation von Informationen systemkonstituierend ist.

---

[174] Er verweist dabei auf: Silva, Álvaro do ò da (1995): Cultura e Democracia, in: Comissão Nacional de Moçambique para a UNESCO (Hg.): Cultura de Paz e Democracia em Moçambique. Conferência da Beira sobre Cultura e Democracia de 12 a 15 de Maio de 1994: 11-30; Penedeo zitiert aus: 18-28

- *Konformität:* Während die konforme Handlung und die Normbefolgung als Respekt-Bekundung und Zeichen von Reife gilt, wird der Ausdruck individuellen Willens – abweichende Haltung, individuelle Interessen, Formen von Kreativität und Originalität – negativ bewertet. Was die Vorfahren festgelegt haben, soll möglichst nicht verändert werden.
- *Relative Gleichheit:* Innerhalb der eigenen Gemeinschaft ist man bestrebt, Besitz gleich zu verteilen. Dies geschieht etwa durch Gaben anlässlich von Hochzeiten und anderen Zeremonien, eine Form gegenseitiger Hilfeleistung, die das soziale Prestige des Gebenden steigert. In dem Streben nach sozialem Prestige liegt gleichzeitig das Streben nach Macht. Wie viele traditionelle afrikanische Gesellschaften auch, ist Mosambik ökonomisch nur geringfügig differenziert, es gibt aber eine starke soziale Differenzierung.
- *Exklusivitätsprinzip:* Die soziale Gruppe ist an bestimmte Werte und Räume gebunden und verfügt damit über definierte Grenzen zu anderen Gruppen. Ein sozialer und politischer Raum, in dem die Gleichheit und Gleichwertigkeit aller Gruppen gelten soll, wird abgelehnt. Das moderne Staatssystem kann somit nicht als die Repräsentation einer einheitlichen Gesellschaft verstanden werden. Vielmehr drückt es die Dominanz einer Gruppe sowie das von dieser Gruppe durchgesetzte Prinzip der Verteilung und Umverteilung staatlicher Ressourcen aus. Politik muss damit als Kampf zwischen Gruppen verstanden werden. Eine Wahlniederlage bedeutet nicht selten den kompletten Ausschluss anderer Gruppen.[175] Die Reichweite der politischen Entscheidung und Gestaltung ist kurz und richtet sich auf eine exklusive Gemeinschaft, deren Grenzen durch Abstammung in den Kategorien Clan, Stamm und Ethnie definiert werden. Die Gemeinschaft verteilt die soziale und politische Position des Individuums, definiert die Identität in Abhängigkeit von Geschlecht und Alter. Obwohl dem Einzelnen geistige und körperliche Autonomie zugebilligt wird, ist Gemeinschaft dem Individuum übergeordnet. Außerhalb der Gemeinschaft kann niemand existieren.

3.7.2 Tradição[176]

Domingos Fernando und Rufino Alfane haben im Auftrag des mosambikanischen Agrarministeriums Hefte zusammengestellt, in denen traditionelle Organisationsformen, Riten und Gebräuche dargestellt werden, die für den überwiegenden Teil der mosambikanischen Bevölkerung alltägliche Wirklichkeit sind. Fernando will vermitteln, welche Werte die traditionellen Institutionen haben und fasst zusam-

[175] Laut Penedo ist dies der Grund dafür, dass nach dem Friedensvertrag 1992 eine Machtteilung von keiner der beteiligten Kriegsparteien erwünscht war. Penedo verweist dabei auf Naidu, Sanusha (2001): Mozambique: A Lasting Peace? SAAI Country Profile Nr. 4, Braamfontein: 23.

[176] In einer oral geprägten Kultur wie der mosambikanischen, in der der Wert der Erinnerung an Familienstammbäume und Riten eine zentrale Rolle spielt, ist der Begriff *tradiçaõ* weit zu fassen und meint "Tradition", "Überlieferung", „Gebräuche". Er wird an dieser Stelle nicht übersetzt.

men, unter welchen Bedingungen die mosambikanische Gesellschaft bis heute gewachsen ist (Fernando 1996: 5 f.):

- Jahrhunderte Kontakt mit kolonialen Bestrebungen Europas
- ein landesweiter Kampf um Unabhängigkeit in Politik, Wirtschaft und Kultur
- 15 Jahre Einparteienherrschaft
- der Versuch, ein sozialistisches Regime zu etablieren, ohne die spezifischen Gegebenheiten Mosambiks zu berücksichtigen
- Kriege, Dürrekatastrophen und Überschwemmungen
- Einführung von Marktwirtschaft, hier folgendermaßen definiert: Preise und Gehälter steigen und fallen je nach Angebot und Nachfrage.

Es wird betont, dass *tradição* in allen Landesteilen eine große Bedeutung hat, ungeachtet aller regionaler und lokaler Unterschiede (Fernando 1996: 7). Im Umkehrschluss wird gerade diese überregionale Bedeutung von *tradição* beschworen, um die nationale Einheit zu stärken.[177] Es wird auf die Transformierung hingewiesen, die die *tradição* in Städten und urbanen Gebieten erfahren hat (Fernando 1996: 7) und es wird bemängelt, dass sie noch keinen Niederschlag in den mosambikanischen Gesetzen gefunden hat (Fernando 1996: 8). *Tradição* unterteilt sich in einen örtlich gebundenen Kontext, also das jeweilige Sprachgebiet mit Sprachgruppen und Familiengruppen, die traditionell eher der Mutter (matrilinear) oder dem Vater (patrilinear) zugeordnet sind und einem traditionellen Chef unterstehen, und den kulturellen Kontext, der die moralischen Werte, also die so guten Sitten, die Rechtsprechung und Gesetze, die Ethik – hier im Sinne von „was ist gut, was ist schlecht" – und die Religion umfasst.

Mosambikaner wohnen da, wo ihr Territorium, ihr Haus, ihre Sprachgruppe ist. Ungeachtet von Migrationen, teilweise aufgrund von Kriegen (Fernando 1996: 10), gibt es Gebiete, die durch Flüsse, Berge, Naturmerkmale wie große Bäume eingegrenzt werden (Fernando 1996: 11). Chef sind die *Regulos*, sekundiert von anderen Autoritäten wie der örtlichen Elite, den *Curandeiros* (Heiler), religiösen Chefs, *Ervanários* (Kräuterkundige) und *Mediuns* (Menschen, die mit Geistern kommunizieren können) (Fernando 1996: 11). Diese Autoritäten bestimmen die politischen, wirtschaftlichen und kulturellen Regeln des Zusammenlebens.

[177] Dies ist als politisch-kultureller Appell nachvollziehbar, aber zweifelhaft in der Umsetzung.

3.7.3 Erziehung und Autorität

Die Chefs und die Älteren kennen die Gesetze und Regeln des Zusammenlebens und ihre Ausführung (Alfane 1996: 13). Dies umfasst alle Bereiche des Lebens und Zusammenlebens, Soziales, Politisches, Recht und Religion. Basis der Autorität des Chefs ist seine Verbindung mit den Toten des Stammes oder der Familie, er ist Vermittler. Die Versammlung der Älteren respektiert die Entscheidungen des Chefs, aber es kontrolliert auch sein Tun und Treiben. Die Versammlung hat auch das Recht, der Entscheidung des Chefs in schwerwiegenden Fällen zu widersprechen (Alfane 1996: 14).

Die Initiation ist der Schritt ins Erwachsenenleben für Jugendliche und wird vollzogen, wenn sie etwa 14 sind. Sie sollen lernen, wie man sich im Gemeinschaftsleben verhält, welche Verbote und Tabus es gibt, werden in Geheimnisse eingeweiht, die Jungs werden beschnitten und erhalten Informationen über Sexualität (Alfane 1996: 26). Die Initiation findet in ganz Mosambik jährlich ungefähr zeitgleich statt. Sie war zeitweilig verboten und erlebt wieder eine Renaissance (Alfane 1996: 26). Sie wird möglichst in die schulfreie Zeit gelegt und es werden Hygienemaßregeln vorgeschrieben, vor allem für die Beschneidung (Alfane 1996: 27). Die Jungs werden im Busch für einige Wochen unter schwierigen Bedingungen – sie dürfen nicht viel oder zeitweise nichts essen und trinken – mit einem oder mehreren Erwachsenen isoliert und werden Riten unterworfen, die regional variieren und als geheim angesehen werden. Es handelt sich im Wesentlichen um Prüfungen des Willens und der Körperkraft (Alfane 1996: 28).

3.7.4 Religion

„Die Anwesenheit von Religion schafft weder noch stimuliert sie Änderungen und Transformationen“.

Macamo 1998: 59

Bei der Bestimmung der Religionszugehörigkeit variieren die Schätzungen. Das CIA World Factbook 12/2004 (3) geht von 30%, also 5,6 Millionen Christen sowie 20%, also etwa 3,8 Millionen Muslimen aus, das Jahrbuch Africa South of the Sahara nimmt 5 Millionen Christen und 4 Millionen Muslime an (Pelíssier 2003: 762).[178] Etwa die Hälfte der Mosambikaner zählt zu den so genannten Naturreligio-

[178] Macamo/Wellmer (43) stellen fest, dass Mosambik kein christliches Land ist, entgegen der aus der Kolonialzeit tradierten Annahme der Regierung. Muslime fordern eine Abfragung der Religionszugehörigkeit für künftige Volkszählungen. Dies geschieht in der Hoffnung, die allgemein

nen, wobei das westliche Konzept von Religion für die Alltagsrelevanz der mosambikanischen Ahnen-Verehrung und die starke Beziehung der Individuen zu Familie und Clan nicht adäquat ist. Die Begrifflichkeit Religion ist irreführend, da sich der Glaube an Jenseits und überirdisches Wirken Verstorbener keine Buchreligion ist, sondern ein all-gesellschaftliches Phänomen, das beispielsweise in der Regel auch afrikanische geweihte christliche Priester oder muslimische Gemeindevertreter einschließt (vgl. Macamo/Wellmer 2000).

Die Kräuterkundigen (siehe Fernando 1996), Heiler und *advinhos* heilen physische und individuelle Krankheiten, Schmerzen, Fieber, Verletzungen. Der *curandeiro* kann auch kollektiven Schmerz heilen, z.B. einer Familie nach dem Tod eines Angehörigen (Alfane 1996: 14). Nach vorsichtigen Schätzungen wird er von 80% der Mosambikaner besucht, unabhängig von Bildungs- und Sozialstand (Pilz 2005: 29). Es gibt auch Beschützer des Territoriums einer Gruppe, damit keine Elemente eindringen, die die Ordnung durcheinander bringen; dafür werden Zeremonien durchgeführt. In vom Islam beeinflussten Gruppen wird der Koran als Schutzbuch einbezogen (Alfane 1996: 15). Die Ahnen haben einen großen Einfluss auf das Leben der Nachkommen. Sie können helfen und beschützen, aber auch strafen und Respekt einfordern, vor allem wenn bei der Beerdigungszeremonie Fehler und Nachlässigkeit vorkommt (Alfane 1996: 16).

Bonifácio de Piedade erläutert den Unterschied zwischen katholischem und traditionell mosambikanischem Religionsverständnis:

„In den traditionellen Praktiken werden auch Zeremonien abgehalten. Sie erfolgen nicht regelmäßig, sondern immer dann, wenn sie für nötig befunden werden. Anlässe sind bestimmte Zeiten und Momente des individuellen Lebens der Familie z.B. bei Krankheit oder Unglück, oder im Leben der Gemeinde z.B. bei der Aussaat, bei Naturkatastrophen oder wenn viele in der Gemeinde nacheinander sterben. Die Orte können das Haus der betroffenen Familie sein, oder Orte in der Natur, z.B. bestimmte Bäume. Die angesehensten Mitglieder der Gemeinde führen die Rituale aus. Im Verständnis der traditionellen Religion gibt es Gott ebenso. In Zeiten der Besorgnis, wo man sich genötigt fühlt, eine Zeremonie abzuhalten, wendet man sich aber nicht direkt an Gott, sondern an die Geister der Vorfahren und erbittet ihre Vermittlung bei Gott. Man ruft sie um Schutz und Hilfe an und zwar in diesem ganz konkreten Fall und sofort.
(…) Vorfahren, das sind diejenigen, die man dem eigenen Leben nah und konkret verbunden sieht. Es sind Menschen, die man gekannt hat. Jeder Verstorbene der Familie, ganz gleich welchen Alters; der Vater, die Mutter, der Onkel, der Neffe oder welches Mitglied der erweiterten Familie auch immer, gehören zu den Vorfahren. (…) Während den Heiligen in der katholischen Religion alle „hellen" (guten) Seiten des Menschen zugeschrieben werden (und dem Teufel die

---

verbreitete Meinung bestätigt zu bekommen, die Muslime seien zahlreicher als Mitglieder christlicher Kirchen.

„Schattenseiten"), bilden die Geister der Vorfahren beide Seiten ab: es gibt gute und die, deren Einfluss man fürchten muss. Da, wo man sich nicht sicher sein kann, ob und dass sie einem immer gut wollen – dies hängt auch mit der Beziehung zusammen, die man zu ihnen während ihres Lebens hatte – muss man immer darum bemüht sein, sie mit Opfergaben und Geschenken zu beschwichtigen. (…) Im katholischen Raum liegt der Schwerpunkt auf einem zukünftigen Leben im Himmel. Das Ziel der traditionellen Praktiken ist Hilfe bei der Bewältigung der Sorgen und Schwierigkeiten des alltäglichen Lebens." (Piedade 2005: 18 f.)

3.8 Zusammenfassung: Geschichte, Politik, Wirtschaft

Die Geschichte Mosambiks steht seit Jahrhunderten unter dem Vorzeichen der Fremdbestimmung: Arabische Händler, portugiesische königliche Gesandtschaften mit merkantilem Hintergrund, Sklavenhändler aus aller Welt und viele Ausländer mehr prägten über Jahrhunderte das Leben und Sterben auf der geografischen Fläche, die heute Mosambik heißt. Dort lebten und leben kleine afrikanische Stämme und Völker mit unterschiedlichen Sprachen und eingeschränkter Mobilität. Die systematische Unterwerfung als Kolonie im 20. Jahrhundert hielt länger an als die der meisten anderen afrikanischen Staaten. Nach zähem Unabhängigkeitskampf und Loslösung von Portugal wurde das junge sozialistische Regime seit Mitte/Ende der 70er Jahre durch einen Bürgerkrieg erschüttert, der durch das südafrikanische Apartheid-Regime finanziert war. Zeitgleich mit der Loslösung vom Sozialismus wurde Anfang der 90er Frieden geschlossen, seitdem teilt sich die bis dahin allein regierende *FRELIMO* die Macht mit der *RENAMO*. Die meisten Mosambikaner leben auf dem Land und ernähren sich von Subsistenzwirtschaft, Industrie gibt es kaum, das Land hängt großteils von Subventionen und Spenden ab. Im Medienbereich ist hier vor allem die *UNESCO* zu nennen. In Teilen Mosambiks dominieren indisch- und paktistanisch-stämmige und zunehmend auch asiatische Minderheiten den Handel. AIDS, Malaria und eine hohe Kindersterblichkeit führen dazu, dass das Bevölkerungswachstum stark verlangsamt ist. *Weltbank* und *Währungsfond* üben einen starken Einfluss auf die Wirtschaft aus. Die Konsequenzen dieses Einflusses werden oft kritisiert. Parallel zu einer konstant hohen Analphabetenrate gibt es in der Hauptstadt, zunehmend aber auch in Beira und Nampula, eine schnell wachsende akademische Szene. Christentum und Islam koexistieren friedlich, für Mosambikaner steht eine Religionszugehörigkeit nicht im Gegensatz zu traditionellem Bezug zu den Ahnen und dem Besuch von Heilern.

III. Medien und Journalisten-Aus- und Fortbildung

III a) Sekundärliterarischer Aufriss

4. Medien in Mosambik

„Im Unterschied zum regelmäßig gewirkten Netz etwa des Fischers zeigt das Kommunikationsnetz viele und extreme Ungleichmäßigkeiten. Es besteht aus machtvoll strahlenden Metropolen der Medienproduktion und einer Peripherie von Regionen, in denen fast ausschließlich von außen kommende Programme konsumiert werden."

Kleinsteuber 1994: 547

Innerhalb von Kleinsteubers Bild befindet sich Mosambik medientechnisch zweifellos in der äußersten Peripherie. Es gibt keinen mosambikanischen Autor, keine Journalisten, keinen Kinofilm, kein Medienprodukt, das im Ausland wahrgenommen wurde.[179] Das Land lebt mit großen Widersprüchen: Handys in den Städten – Feldbebauung ohne Pferdepflug oder gar Traktoren auf dem Land; Elitebildung – breiter Analphabetismus; Internetcafes – das Fehlen von Strom und fließendem Wasser; Privatkrankenhäuser – rasende Ausbreitung von AIDS; moderne Lastwagenkolonnen, die Güter vom indischen Ozean durch Mosambik nach Tansania, Simbabwe und Südafrika transportieren – Wassertransport mit auf den Kopf getragenen Tanks. Diese Widersprüche spiegeln sich im Journalismus. Im Sozialismus geschulte Gesinnungsjournalisten treffen in den Redaktionen auf junge PR-Experten; politisch-investigative Journalisten, ausgerüstet mit Fahrrad, Laptop und Fax-Gerät, stoßen auf alerte Produzenten von Hochglanzzeitschriften; Radiojournalisten, ausgestattet mit 100 selbst gebrannten CDs und einem kleinen Sendemast, versorgen Zehntausende von Landbewohnern mit Nachrichten und erleben gleichzeitig, dass südafrikanische Fernsehsender in der Hauptstadt Büros eröffnen, und die Hauptstadtbevölkerung zweistellige Dollarbeträge für Fernseh-Abonnements bezahlt. Fast jährlich wird eine neue Universität eröffnet, katholisch, muslimisch, von unbekannten Investoren finanziert, gleichzeitig scheint die Zahl der Arbeitsplätze im Medienbereich gering, der Bedarf gesättigt.

In diesem Kapitel soll die Mediensituation in Mosambik beschrieben werden.

[179] Der bekannteste kulturelle Botschafter Mosambiks in Deutschland und anderen europäischen Ländern ist der Schwede Henning Mankell, dessen Roman „Chronist der Winde" – über den mosambikanischen Straßenjungen Nelio – sehr erfolgreich war.

4.1 Quellenlage

4.1.1 Überblickswerke zu den mosambikanischen Medien

2000 erschien unter der Koordination der Journalistin, Herausgeberin und Entwicklungsexpertin Sophie **Nick** das Buch „Pluralismo de Informação nos PALOP“. Es beschreibt die Mediensituation in den *PALOP*-Ländern. Das Buch geht zurück auf ein 1999 in Mosambik durchgeführtes Medien-Kolloquium, das vom *PANOS*-Institut veranstaltet wurde, einer internationalen NRO, die sich für Medienvielfalt vor allem in französisch- und englischsprachigen afrikanischen Ländern engagiert. Basis des internationalen Rechercheprojektes war eine fragebogengesteuerte Vollerhebung aller existierenden privaten und öffentlichen Medien (Nick 2000: 8). Neben dieser quantitativ ausgerichteten Untersuchung[180] wurden mit ausgesuchten Medienspezialisten[181] qualitativ ausgerichtete Leitfadeninterviews durchgeführt. Neben der Frage, wie vielfältig die Mediensituation ist, wurde der medienrechtliche Kontext beschrieben, die wirtschaftliche Situation des Landes und der nationalen Journalisten untersucht und geopolitische Fragen analysiert. Verantwortlich für die Länderbeschreibungen Angola und Mosambik war der mosambikanische Journalist Fernando **Lima**. Er beschreibt die Geschichte der Medien in Mosambik, den politischen und juristischen Kontext, gibt seine Einschätzung der Medienvielfalt, unterteilt in Presse, Radio, andere Medien, Verbände und Zugang zu neuen Informationstechnologien. Weiterhin entwickelt er Indikatoren für eine Meinungsvielfalt, resümiert die Frage der „Gesundheit der Medienlandschaft“ und gibt Empfehlungen für die Zukunft. Am Schluss beschreibt er die Beziehung der nationalen Medien zu Institutionen anderer Länder und gibt im Anhang eine Aufstellung sämtlicher Medien, unterteilt in Tagespresse, Radio, Fernsehen, Nachrichtenagenturen.

Neben den oben beschriebenen Interviews und Befragungen stützt sich Limas 63 Seiten lange Beschreibung der Mediensituation der mosambikanischen Medien maßgeblich auf die 165 Seiten starke Studie „Media Pluralism Landscape. An Overview of the Media Sector in Mozambique“ der Soziologin Marie-Hélène **Bonin**, die Beraterin des *Nordic-SADC-Journalism Centre* (heute *SAMT*) war (Nick 2000: 8). Die Studie wurde im Juli 1999 im Auftrag des *UNESCO/UNDP* Media Development Project durchgeführt und in einer fotokopierten Form veröffentlicht und verbreitet. Die offizielle Veröffentlichung folgte 2001 (UNESCO 2001d). Bonin koordinierte 13 Forscher, die ganz Mosambik besuchten, um vor allem vier Ziele zu verfolgen:

- „provide a total overview of all media operating in the country, as well developed projects with strategic business plans, ready to start operation,
- a description of the human resources available in the media area,
- the technical resources available, and their maintenance level,
- and finally an overview of where in the country which media were received”.

Durchgeführt wurden mehr als 130 zwei- bis vierstündige Leitfadeninterviews („in-depth, structured interviews“) mit so genannten Media Managern (UNESCO 2001d: 8 f.). Als Media wurden

180 Leider wurden die Fragebögen in dem Buch nicht veröffentlicht.

181 Diese werden als „agentes-chaves dos média“ bezeichnet, Nick 2000: 8.

Medien aus den Bereichen „print media, radio broadcasting, television broadcasting, video producing" (UNESCO 2001d: 21) bezeichnet.
1995 erschien in dem oben beschriebenen Sammelband von Mazula ein 45-seitiger Artikel von Eduardo **Namburete** (Dozent, Fachbereichsleiter Kommunikation der *UEM*, *UEM*-Pressesprecher und PR-Berater[182]) über die Rolle der Presse im Demokratisierungsprozess, der neun Interviews mit mosambikanischen Journalisten, Herausgebern und Medienexperten enthält. 2002 veröffentlichte Namburete den Artikel „Die Medien, der Frieden und die Demokratie – zehn Jahre später", in dem er die Situation der Pressefreiheit und des Medienbesitzes beschreibt und Herausforderungen für die Zukunft definiert (Namburete 2002a). Ebenfalls in Mazulas 2002-Sammelband erschien der Artikel „Massenkommunikation und Journalismus in Mosambik heute – Akteur oder Lösung im Demokratie-Dilemma?". Autor José Jaime Macuane ist Wissenschaftler, Politiker und Dozent der Mondlane-Universität, Co-Autor Obede Suarte Baloi ist Soziologe und Direktor an der Mondlane-Universität.[183] Sie beschreiben die Dynamik, Gefahren und Schwierigkeiten für Journalisten und neue Medienunternehmen in Mosambik.

4.1.2 Historische Literatur über mosambikanische Medien

Fátima **Ribeiro** und António **Sopa** veröffentlichten 1996 unter Schirmherrschaft des mosambikanischen Verbands der portugiesischen Sprache *AMOLP* (Associação Moçambicana da Língua Portuguêsa) den Sammelband „140 Jahre Presse in Mosambik: Studien und Berichte", der an den mosambikanischen Hochschulen als Standardwerk zur Journalismusgeschichte benutzt wird. Rund 20 Autoren, vor allem mosambikanische und portugiesische Wissenschaftler und Journalisten, beschreiben verschiedene Aspekte von Journalismus wie Fotografie, die Rolle der Frau, Porträts bekannter Journalisten, Rolle des Journalistenverbandes, Pressefreiheit, Demokratisierung. Der Anhang enthält eine zehnseitige chronologische Tabelle, die die Titel, Periodizität, Jahr des Bestehens, Erscheinungsort und Beobachtungen zu insgesamt 152 Presse-Erzeugnissen auflistet, die zwischen 1854 und bis in die 30er Jahres des 20. Jahrhunderts in Mosambik erschienen.
2000 gab der 75-jährige portugiesische Dokumentar und Archivar Ilídio **Rocha**, der 1948 nach Mosambik kam, von 1962 bis 1970 in dem von der portugiesischen Kolonialmacht gegründeten wissenschaftlichen Forschungsinstitut von Mosambik arbeitete und auch als Journalist tätig war, sein Lebenswerk heraus: „Die Mosambikanische Presse, Geschichte und Katalog 1854-1975". Das Buch spiegelt, beginnend mit dem enthusiastischen Vorwort bis hin zur zeitlichen Auswahl der Werke, die vor der Unabhängigkeit Mosambiks endet, die ambivalente Haltung des überzeugten Kolonialisten Rocha, der meint, dass

> „die Geschichte dessen, was heute gerne eine Nation mit dem Namen Mosambik wäre, aber in der früheren Zeit wahrheitsgemäß nur als Kolonie bezeichnet werden kann, nur

[182] Diese Häufung von Funktionen und Ämtern ist typisch für Mosambik. So ist auch der Kreis der Personen, die häufig über Medien in Mosambik und Zusammenarbeit mit internationalen Organisationen veröffentlichen, überschaubar.
[183] Der Text ist eine modifizierte Fassung ihres Vortrags beim „Communications and Media Education Workshop" im Mai 2001 in Maputo.

geschrieben werden kann, wenn sie intensiv, mit Nachdruck und penibler Genauigkeit studiert wird (...)" (16).

Rochas Werk ist detailliert mit Indizes und Abkürzungsverzeichnissen versehen und beschreibt auf 435 Seiten in acht zeitlichen Abschnitten die Presse- und Buchgeschichte Mosambiks. Das zweite Großkapitel enthält die Liste und Beschreibung von insgesamt 1.010 Periodika und Buchserien, und kann als Fortführung der bei Ribeiro/Sopa 1996 erschienenen Anhang-Tabelle gelten. Die 2002 erschienene Monografie über die mosambikanische Zeitschrift *Tempo* und ihre Funktion als Organ zur Mobilisierung der Massen zwischen 1974 und 1977 von Emídio **Machiana** ist eine der wenigen Veröffentlichungen eines Afrikaners zum Thema Medien.[184] Mentor bei der Erstellung des Buches war der Portugiese Antonio Sopa, der einige Bücher über mosambikanischen Journalismus herausgegeben hat und für die mosambikanische Nationalbibliothek arbeitet.

4.1.3 Sonstige Literatur zu mosambikanischen Medien

Einen Einblick in Geschichte und *status quo* der regionalen Radios in Mosambik gibt das „Directório das Rádios Comunitárias de Moçambique", im März 2004 durch eine 5-köpfige *UNESCO*-Arbeitsgruppe zusammengestellt. Es listet 42 Rádios Comunitárias auf, von denen nicht alle zur Zeit der Drucklegung schon auf Sendung waren, macht Angaben zu Mitarbeiterzahl, Charakteristiken, Recherchemethoden, Themenauswahl, erläutert die Geschichte und den Einfluss der Radios in der jeweiligen Region und gibt einen tabellarischen Überblick über die Programme.

„Die Kunst, die Wahrheit zu erzählen (Ersatz für eine Einführung in den Journalismus)" ist einer der wenigen originär mosambikanischen Journalistenleitfäden (Sadique 1999).[185] **Sadique** führt auf 105 Seiten in den Journalismus ein. Dabei benutzt er eine sehr einfache Sprache und behandelt Grundlagen wie Aufbau von Nachricht, Reportage, Headline etc. Er geht u.a. auf das mosambikanische Presserecht und die „jornais comunitários" ein[186].

Der Leiter des *Nordic-SADC* Journalism Centre Trust (*SAMT*), John **Mukela** gab 2001 mit „Essays and conversations on Media & Democracy" einen Sammelband mit Vorträgen und Kon-

---

[184] Machiana, Jahrgang 1975, studierte 1994-2001 an der Universidade Eduardo Mondlane *UEM*, Maputo, wo er mit der Licenciatura, einer Art Zwischenstufe zwischen Diplom und Magister, in Geschichte graduiert wurde. Er arbeitete anschließend im *UEM*-Archiv und begann 1998 in der Dokumentationsabteilung der Medien-Schiedsinstanz *CSCS* als Archivar und Assistent der Präsidentin. 2001 wurde er dort Chef der Medienabteilung (Departamento de Comunicação Social). Zur Zeit der Drucklegung 2002 begann er – wie andere führende mosambikanische Journalisten und Medienexperten auch – seinen Master an der Universität von Nordtexas. Das Buch ist eine aufbereitete Version seiner Abschlussarbeit.

[185] Sadique, der seit 1981 bei der mosambikanischen Tageszeitung *Diário* arbeitete und 1987-1990 beim Internationalen Institut in Berlin einen Journalistenlehrgang belegte, war danach Funktionär beim mosambikanischen Journalistenverband. Im August 2004 arbeitete er im *UNESCO*-Medienteam in Maputo.

[186] Dieser Begriff wird hier in Anlehnung an Rádios Comunitárias gewählt, da Begriffe wie „Gemeindezeitung" oder „Lokalzeitung" nicht erfassen, was der Begriff bedeutet, nämlich die Einbindung regionaler Gruppen, Religionen, Interessenverbände etc. in die Gestaltung und thematische Ausarbeitung eines Mediums.

ferenzberichten einer im März 1998 stattgefundenen Konferenz über Ethik und Beziehung zwischen Medien und Regierungen im südlichen Afrika heraus. Das Buch dokumentiert den Dialog zwischen Teilnehmern aus Nordeuropa, wie Cees Hamelink (Amsterdam), Kaarle Nordenstreng (Tampere) sowie dem langjährigen *Rádio Moçambique*-Berater Ian Christie (England) einerseits und Teilnehmern aus Malawi, Simbabwe, Sambia, Namibia und sieben Mosambikanern aus dem Mediensektor andererseits.

Paul **Fauvet** und Marcelo **Mosse** legten 2003 eine 450-seitige Lebensbeschreibung des Journalisten Carlos Cardoso vor, in der sie das Leben, das politische Engagement, Cardosos Recherchen im mosambikanischen Banken-Milieu, die nach einhelliger Meinung zu seiner Ermordung führten, sowie die Verstrickung der Präsidentenfamilie in die Ermordung vor dem Hintergrund der historischen und politischen Entwicklung Mosambiks beschreiben. Untertitel ist ein Cardoso-Zitat: „Im Arbeitszimmer der Wahrheit darf man den Worten keine Handschellen anlegen".

4.2 Mediengeschichte

„(…) sämtliche Presseinstitutionen der Entwicklungsländer [sind] angeeignete Institutionen, die von den Kolonialmächten oder ihren Nachfolgern, den USA und der UdSSR, übernommen wurden.“

Altschull 1990: 174

Abb. 28: Zeitleiste mosambikanische Medien 1975-2004

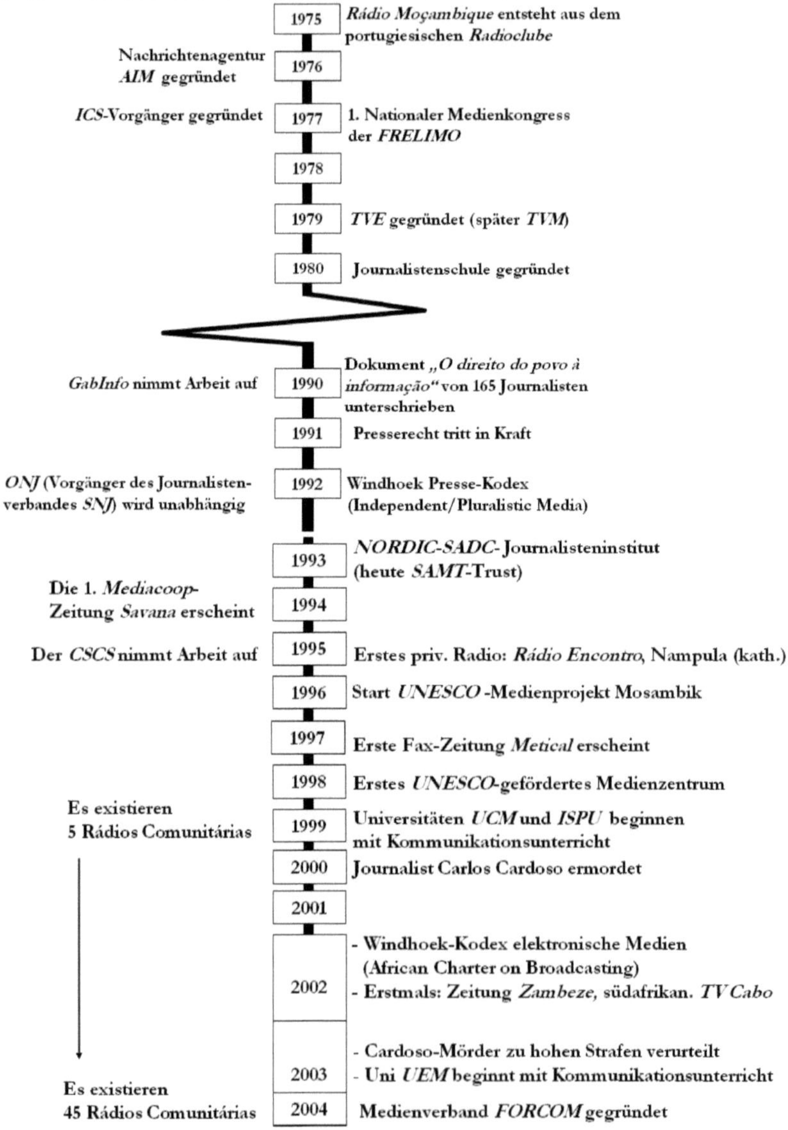

4.2.1 Medien vor der mosambikanischen Unabhängigkeit

Die Brüder Albasini, afrikanische Intellektuelle, waren in Mosambik mit die ersten, die antikolonialen Protest artikulierten (Fenhane 1991: 78). Dieser richtete sich gegen ein umfangreiches Besteuerungssystem, das z.B. Geschiedene, Witwen und Alleinstehende mit einer eigenen Steuer belastete. Portugal veröffentlichte 1914 ein neues Presserecht, das die ersten Experimente mit Radio in der Provinz Mosambik erlaubte (Barbosa 2000: 11). Daraufhin gründeten zwei portugiesische Radio-Enthusiasten den *Radioclube de Moçambique*. Dessen Produkt, ein Kultur- und Musik-Sender, wurde am 18.3.1933 durch den Gouverneur Coronel José Cabral in Betrieb genommen (Barbosa 2000: 12 und 14).

Von Seiten des Radioclubs argumentierte man, der *RCM* sei ein Mittel der portugiesischen Kolonialisierung und müsse daher stärker staatlich unterstützt werden (Barbosa 2000: 101). Dieser Auffassung folgten die Kolonialregierung und die Regierung in Portugal, die bei der Aus- und Einführung von technischem Material auf Steuern verzichteten. 1937 wurde der *RCM* praktisch zu einem offiziellen Sender der Kolonie Mosambik. 1942 berichtet Dovifat, der Sender würde vorwiegend in englischer Sprache ausstrahlen, da das Zielpublikum des „Reklamesenders" vor allem die städtische Bevölkerung Natals (nördliches Südafrika) seien (Dovifat 1942: 475). Nach einer schweren Finanzkrise nach dem Zweiten Weltkrieg geriet der Sender in den 50er und 60er Jahren in starke Konkurrenz mit dem *Aero Club* in Beira und den südafrikanischen Radiosendern *SABC* und *Springbok Radio* (Barbosa 2000: 79, 102f.). 1957 wurde das erste regelmäßige Programm in einer afrikanischen Sprache ausgestrahlt, in Ronga, sonntags von 18-21 Uhr (Barbosa 2000: 89). Barbosa kommt zu dem Schluss, dass der *RCM* immer den kommerziellen und politischen Interessen Portugals diente, während des Kolonialkrieges war das Programm "A Voz de Moçambique" de facto Sprachrohr der portugiesischen Regierung (Barbosa 2000: 9, 103). In den 70er Jahren kühlte die Beziehung Portugals mit dem *RCM* sehr ab. Dieser konnte und wollte die großen finanziellen Anstrengungen nicht mehr unternehmen, die propagandistischen Durchhalteparolen der portugiesischen Regierung zu senden, ohne dafür entsprechende Werbeeinnahmen zu erhalten (Barbosa 2000: 66).

Die Gebäude und ein Teil der technischen Geräte des *RCM* wurden nach der Unabhängigkeit von *Rádio Moçambique* übernommen.

Emídio Machiana beschreibt die Rolle der Zeitschrift *Tempo* während der politischen Umbruchphase 1974-1977. *Tempo* wird dort als berühmtestes Beispiel eines mosambikanischen Informationsorgans während der vergangenen Kolonialherrschaft (Machiana 2002: 11). Die *Tempo*-Journalisten seien die einzigen Journalisten gewesen, die versucht haben, die finanzielle Kontrolle der Kolonialisten über die Medien zu brechen (Machiana 2002: 11). Daher sei gerade die ausgewählte Zeit der Untersuchung (1974-77) besonders interessant, weil sie mit dem Putsch in Portugal und in Folge mit der Befreiung und Machtübernahme der *FRELIMO* zusammenfiele. Machiana beschreibt die Entstehung von *Tempo* als Wochenmagazin, 1970 gegründet, als Alternative zu den Medien des "faschistischen portugiesischen Kolonialregimes" (Machiana 2002: 15). Er nimmt also die Perspektive des „von Portugal geknechteten Mosambiks" ein. „Mit der Abschaffung der Zensur, nach dem Ende des faschistischen Regimes am 25. April 1974 begann in der mosambikanischen Gesellschaft eine Diskussion über die zukünftige Landespolitik" (Machiana 2002: 15). Diese habe laut Machiana auch in den Redaktionen stattgefunden, wonach die "radikalsten Journalisten" die Kontrolle über die politische Linie von *Tempo* übernommen hätten (Machiana 2002: 15). Die *Frente da Libertação de Moçambique FRELIMO* hatte seit 1964 einen bewaffneten Kampf gegen das Kolonialregime geführt. Als Folge des Vertrags von Lusaka wurde 1974 eine *FRELIMO*-geführte Regierung eingesetzt, die eine Informationspolitik verfolgte, die „eine Umwandlung der nationalen Presse in eine Revolutionspresse" zum Ziel hatte (Machiana 2002: 15). Der mosambikanische Journalist sollte zum einen ein aktiver Teil des revolutionären Prozesses sein, zum anderen mit den Anliegen und dem Leben der Bevölkerung ("massas populares") im Einklang sein (Machiana 2002: 15).

4.2.2 Sozialistische Ära

„Es war die Zeit der Pamphlet-Presse, mit wenig Kreativität und wenig oder gar keiner Kritik. Es war letztlich eine sehr graue und langweilige Zeit für die Medien."

Carlos Coelho (2003a: 11) über die Mediensituation nach der Unabhängigkeit

1975 wurde Mosambik eine sozialistische Volksrepublik. Die *FRELIMO* bemühte sich die folgenden 16 Jahre bis zum Friedensschluss 1992 und der Neufassung der Konstitution um ein Konzept von Information und Öffentlichkeit "fundamentalmente popular e militante", also auf die Massen und militärische Aspekte ausgerichtet (Machiana 2002: 16). Die journalistische Tradition der portugiesischen Kolonialzeit wurde als "burguesa" abgelehnt, die Journalisten sollten sich als gesellschaftliche Avantgarde fühlen, mit der vornehmlichen Aufgabe, das Volk zu "informieren, bilden, mobilisieren und organisieren", um eine sozialistische Gesellschaft zu errichten (Machiana 2002: 16). Dies war zum einen ein großer Stimulus für die Journalisten, die sich als Speerspitze einer sozialen Bewegung verstehen durften, zum anderen aber führte es zu weiteren Restriktionen und massiven Konflikten (Machiana 2002: 16). Die *FRELIMO* strebte im Namen einer "Informationspolitik der Klasse der Arbeiter und Bauern" die absolute Kontrolle über die "linha editorial" an, also die Herausgeberlinie. Damit war die Pressefreiheit erheblich eingeschränkt (Machiana 2002: 15).

Neben den gedruckten Medien und dem Radio wurde das *Instituto Nacional de Cinema INC* mit dem Aufbau einer Kino-Kultur und der Erstellung von propaganda-artigen Filmen beauftragt. Dies geschah auf direktes Geheiß des Präsidenten Machel, der das politische Potential des Films erkannt hatte und das Kino als „aktives Instrument für die völlige Beseitigung sämtlicher Überbleibsel des Kolonialismus" ansah. Nach dem Wochenschau-Prinzip drehten revolutionäre Filmemacher Berichte über den Freiheitskampf der Mosambikaner.[187] 1976 bewog die Revolutionsregierung den aus Mosambik stammenden, aber seit langem als erfolgreicher Filmemacher in Brasilien lebenden Ruy Guerra dazu, in sein Heimatland zurückzukehren. Seinem Beispiel folgten einige Jahre später auch europäische Filmemacher und Intellektuelle, darunter Jean-Luc Godard.

Im Oktober 1976 wurde die 1. Konferenz des „Staatsapparats" abgehalten, deren Beschlüssen und Empfehlungen breiter Raum in *Tempo* eingeräumt wurde (Machiana 2002: 165). Es wurde eine Entbürokratisierung empfohlen, die nun durch die Journalisten argumentativ aufbereitet unter das Volk gebracht werden sollte (Machiana 2002: 165). Dies führte zu einer neuen Rubrik , „Fakten und Kritik", die über Ereignisse und Verhalten von Institutionen und Firmen berichtete und – soweit es in dieser Zeit möglich war, wie Machiana einschränkend anfügt – Unregel-

[187] Diese Filme wurden zusammen mit Interviewausschnitten von der portugiesischen Regisseurin Margarida Cardoso zu dem Film „Mosambik – Chronik einer Unabhängigkeit" zusammengestellt (ausgestrahlt TV-Sender *Phoenix*, 16.5.2005). Die hier zum *INC* referierten Informationen stammen aus diesem Film.

mäßigkeiten, Missbrauch und Ineffizienz anprangerte. Schlimmster Kritikpunkt war Bürokratismus.

Abb. 29„Der innere Feind“ Xiconhoca (Macamo/Wellmer 2000)

For you, a civilized person, come back in a little while – I'll have everything ready: 50 kilos of rice, 50 kilos of sweet potatoes, 20 kilos of sugar, 200 bars of soap, 50 liters of wine. Do you need anything else?

Um das Volk anschaulich vor den Gefahren des so genannten inneren Feindes zu warnen, ersann die Abteilung der *FRELIMO* für Information und Propaganda die Figur *Xiconhoca*, eine Karikatur, die regelmäßig in kleinen Bildergeschichten in der Zeitschrift *Tempo*, in Zeitungen und Zeitschriften, auf Postern und Schulbüchern auftauchte (Machiana 2002: 164). *Xiconhoca* wurde in ganz Mosambik bekannt als Inkarnation eines schlechten, staatszersetzenden Verhaltens, der Vetternwirtschaft, Sexismus und schmarotzerhaftes, faules Gebaren verkörperte (Machiana 2002: 164). Gleichzeitig waren die Karikaturen ein Aufruf zur Denunzierung von Staatsfeinden. Die Figur war eine dickliche, stets unrasierte Figur mit Glatze, zigarrerauchend, Bierflaschen mit sich führend. Stets ragten Stifte und Blätter mit unsinnigen Vorschriften aus seinen Jackettaschen, diese Insignien kennzeichneten ihn als Reformen und Fortschritt blockierenden Bürokraten. Er hatte

„den Mund eines Klatschweibes, Hände eines Hamsterers, Schiebers und Spekulanten, Augen eines Rassisten, Nase des Vetternwirtschaftenden (tribalista), Zähne eines Regionalisten, Füße eines Unruhe und Verwirrung Stiftenden, der das Leben eines Feindes, eines Reaktionärs, eines Feindes der Unabhängigkeit und Souveränität Mosambiks führt“,

zitiert Machiana den *Tempo*-Artikel, mit dem in der Ausgabe 310 vom 12. September 1976 (62) *Xiconhoca* vorgestellt und eingeführt wurde.

Die wöchentliche Veröffentlichung der Karikaturen mit den Untaten *Xiconhocas* wurde zu einer festen Rubrik von *Tempo* (Machiana 2002: 165) und auch auf Wandzeitungen. Wandzeitungen und andere gemeindeorientierte Medien haben in den englischsprachigen Nachbarländern wie Südafrika und Simbabwe, aber auch in Namibia, eine deutlich ausgeprägtere Tradition als in Mosambik (Sadique 1999: 55). Nach der Unabhängigkeit gab es in Mosambik einen regelrechten Boom von Wandzeitungen („Jornal de Parede") in Schulen, Firmen und Wohnvierteln, die im „kommunistischen Stil" als Propagandamittel der Parteipolitik genutzt wurden (Sadique 1999: 55). Laut Sadique haben diese Wandzeitungen nie wirklich den Interessen des Gemeinwesens genutzt, sondern dienten dem Aufruf zur Bekämpfung des Feindes des mosambikanischen Volkes,[188] karikaturistisch repräsentiert durch *Xiconhoca.*

Vom 12. bis 15.10.1977 fand der medienpolitisch bedeutende erste Medien-Nationalkongress der *FRELIMO* statt unter dem Titel "Der Information eine besondere Rolle beim Klassenkampf und der Revolution geben" (FRELIMO 1977). Dieser Kongress wird in der mosambikanischen kommunikationswissenschaftlichen Literatur für die sozialistische Zeit zwischen 1975-1991 als singulär und wegweisend angesehen (Machiana 2002: 183). Dies liegt zum ersten an den Wirkungen, die die Beschlüsse von 1977 auf den mosambikanischen Journalismus hatten, zum zweiten an dem Enthusiasmus von Seiten der Journalisten, der in den Quellen vermittelt wird, zum dritten an der breiten öffentlichen Diskussion über diesen Kongress (Machiana 2002: 183).

Aufgabe des Kongresses war die Erstellung eines Basiskonzepts für die revolutionäre Informationspolitik in Mosambik. Die dort verabschiedeten Dokumente sind aussagekräftiges Zeugnis der sozialistischen Medienpolitik. Demnach gelten junge Menschen, die in Wettbewerben ihren Sinn für militärische Disziplin und Organisation unter Beweis gestellt haben und die eine echte Zugehörigkeit zur Klasse des Volkes erkennen lassen, als besonders geeignet für den Journalismus,. Langfristig sollen Journalisten in Zusammenarbeit mit der Ideologie-Abteilung der Partei unter denjenigen Mosambikanern gesucht werden, die durch Leserbriefe und Anrufe beim Radio positiv auffallen (FRELIMO 1977: 51). Eine Ausbildung soll durch die Erstellung eines Manuals sowie Intensivkurse in Marxismus-Leninismus, in einer späteren Phase auch durch Unterricht an den Schulen und in der Journalistenschule geleistet werden. Die Journalisten sollen durch alljährliche Arbeitsphasen in Fabriken, auf dem Feld, in Staatsabteilungen und beim Militär die Bodenhaftung nicht verlieren (FRELIMO 1977: 52). Der Gebrauch von afrikanischen Sprachen wird als etwas Negatives dargestellt, der von den „kolonialfaschistischen" Mächten befördert wurde, um die Nation zu spalten. Alle Medien sollen ausschließlich auf Portu-

[188] Im Gegensatz dazu schreibt das Southern Africa Media Directory: „Conflicts between the media and the government have shifted from the people's papers (jornais do povo), which used to put newsprint on the wall for the public to read, to the more conventional media of newspapers, radio and television (MISA 04/05: 38).

giesisch berichten (FRELIMO 1977: 73). Allerdings verwahrt sich der Konferenztext auch dagegen, diese Einlassungen so zu verstehen, dass regionale mosambikanische Sprachen ausgelöscht werden sollen (FRELIMO 1977: 74).

In den mosambikanischen Medien wurde der Kongress in internen Diskussion, Debatten und Plenarien vorbereitet. Das Informationsministerium führte eine landesweite Umfrage durch, um die Meinung der Leser über die Inhalte des Kongresses zu erfahren. Es wurden Treffen von Journalisten der damals wichtigsten Medien (Zeitung *Notícias*, *Rádio Moçambique*, Nachrichtenagentur *AIM* und Zeitschrift *Tempo*) mit der Bevölkerung veranstaltet. Unter Federführung des Informationsministeriums wurden Arbeitsgruppen gegründet (Machiana 2002: 234, zitiert nach *Tempo* N° 355, 24. Juli 1977: 52-53), u.a. zu folgenden Themen:

- formale und linguistische Aspekte; nationale Sprachen; Zugang zu Sprache.
- Rekrutierung und Ausbildung von Journalisten; politische Bildung; Kontakt mit den arbeitenden Massen.
- Werbung; finanzielle Problemthemen; Distribution; vernünftige Nutzung von menschlichen und materiellen Ressourcen
- nationale Organisation von Journalisten; Redaktionsstatuten; Spezialisierung versus Vielseitigkeit von Journalisten.
- ideologischer Kampf; Demokratisierung von Strukturen.
- Journalismus und Kritik; Information und politische Mobilisierung; Information und nationaler Wiederaufbau; Kritik und Selbstkritik.
- Koordination zwischen Informationsorganen und Beziehungen mit den Partei- und Staatsstrukturen.
- Information und Übergang in den Sozialismus in der „Gruppe der Mitglieder der Dynamisierungskommission".

Mit dem Krieg gegen Rhodesien und Südafrika verstärkte sich in den 80er Jahren der Einfluss der Guerilla *RENAMO*, und die *FRELIMO* zensierte und beeinflusste Kino-Ausstrahlungen strenger. Gefilmt wurden öffentliche Prozesse, Hinrichtungen von Verrätern und Massaker. Die gewalttätigen Ausschreitungen häuften sich, der Bürgerkrieg wütete und das in einer Spirale von Gewalt gefangene Land isolierte sich mehr und mehr von der internationalen Gemeinschaft. Auch das nationale Kino-Institut *INC* war von dieser Krise betroffen. Präsident Samora Machels Tod 1986 bedeutete das Ende des Kinos in Mosambik; das Folgeregime gab dem Fernsehen den Vorzug.[189] Es kam zu Übergriffen der Regierung auf die Journalis-

[189] Informationen aus dem Dokumentarfilm von Margarida Cardoso.

ten, so wurde beispielsweise der damalige *AIM*-Direktor Carlos Cardoso sechs Tage im Gefängnis festgehalten. Der Regionalsender von *Rádio Moçambique* in Inhambane wurde aufgrund eines Gouverneurs-Beschlusses kurzfristig abgeschaltet (Lima 2000: 134). Bis die neue Verfassung 1990 in Kraft trat, wurden alle Medien Mosambiks vom Staat kontrolliert. Auch wenn sie nicht Eigentum der Regierung waren, so waren sie Sprachrohr der Regierung, so wie die Zeitung *Notícias* (Moyana 2003: 47). Sobald die neue mosambikanische Verfassung in Kraft getreten war, entstanden zusätzlich zu den bestehenden Medien, also *Notícias, Rádio Moçambique, Televisão de Moçambique* sowie der staatlichen Nachrichtenagentur *Agência de Informação de Moçambique AIM*, neue unabhängige Medien. Als eine der ersten unabhängigen Initiativen gründeten 1991 einige Journalisten und Fotografen die Kooperative *Mediacoop*. Sie gab das zwischenzeitlich umbenannte und dann eingestellte Fax-Organ *Médiafax* heraus, die Wochenzeitung *Savana* und das englischsprachige Blatt *Inview*. Die Journalisten beschwerten sich zu Anfang der 90er Jahre immer wieder über willkürliche Zensur durch Regierungsbeamte und Minister (Berger 1993: 39). Noch 1993 konstatierte der deutsche Entwicklungsexperte Lothar Berger (38): „Praktisch kontrolliert die *FRELIMO* die gesamte Medienlandschaft Mosambiks". Er zitierte den Journalisten und jetzigen *UNESCO*-Berater Elias Cossa, der befand, dass die *FRELIMO* ihren Kontakt zu den Bürgern verliere („ich kann nicht sagen, ob nach links oder rechts, aber sie entfernte sich vom Volk") und die Journalisten eine Art von Selbstzensur übten (ebd.) (vgl. Kapitel 7.1.10). Kritische Berichterstattung fand in ausländischen Medien und der nationalen Nachrichtenagentur statt, damit man zeigen konnte, „dass es in Mosambik so etwas wie Pressefreiheit gibt. Doch die gleiche Information, die AIM ins Ausland schickte, durfte von Notícias – dem Hauptabnehmer im Lande – nicht veröffentlich werden" (ebd.). Alle wichtigen Ämter im Mediensektor wurden durch Regierungsmitglieder oder -vertraute geleitet oder beeinflusst. Die Erfahrung des jahrzehntelangen Bürgerkriegs und die Langwierigkeit der Friedensverhandlungen ließen nicht zu, dass die *FRELIMO* deutliche Kritik an ihrer Linie tolerierte (vgl. Berger 1993: 40).

Der Nampulenser Provinzdirektor von *Notícias*, Carlos Coelho, hat ein Konzept der 3 Phasen des Journalismus seit der Unabhängigkeit entwickelt: 1975-1990, 1991-1997 und seit 1997: [190]

In der 1. Phase wurde Coelho selber – seit 1979 – beruflich sozialisiert. Die meisten zeitgenössischen Journalisten waren 1975/76 in den Beruf gegangen, als die Portugiesen das Land verlassen hatten und die Redaktionen verwaist waren. Es gab einen starken Journalistenmangel, und in allen Provinzen wurden Auswahlseminare veranstaltet, um junge, begabte Nachwuchsjournalisten zu suchen. 1982 nahm Coelho, bis dahin Korrespondent von *Notícias*, an einem solchen Auswahl-Kurs teil. Geleitet wurde dieser von Marcelino Alves, der vielen mosambikanischen Journalisten als Vorbild gilt (s.u.). 1985/86, einige Jahre nach ihrer Gründung 1980, gewann die Journalistenschule an Bedeutung.
Die 2. Phase begann 1991 nach Inkrafttreten des neuen Presserechts. Hier setzte eine Art Autozensur bei den meisten Journalisten ein, die laut Coelho bis heute andauert. Höhepunkt waren die ersten freien Mehrparteienwahlen 1994. Sie brachten eine explosionsartige Zunahme der Medien[191] mit sich, neue Publikationen, mehr Journalisten und eine Zunahme der Meinungsfreiheit.
In Phase 3 seit 1997 macht Coelho eine zunehmende Unzufriedenheit der JournalistInnen mit dem Presserecht aus sowie mangelnde Flexibilität der staatlichen Institutionen.

[190] Coelhos Angaben (2003a: 13) werden ergänzt durch Informationen aus einem Hintergrundgespräch mit ihm am 20.1.2004 in der *Notícias*-Redaktion. Coelho ist gleichzeitig ein Mitglied des *Conselho Superior da Comunicação Social*.

[191] Diese Zunahme gibt es auch anderswo. Hafez stellt fest, dass die Zahl vornehmlich privat betriebener Fernseh- und Radiostationen in Asien, Afrika, Lateinamerika und im mittleren Osten sich vervielfacht hat (Hafez 2005). Er betont die Vielfalt in Hinblick auf Weltanschauung und Präsentationsart: „Through a mix of Western-style news formats, domestically oriented news agendas and various degrees of liberalization under soft-authoritarian and sometimes already democratic conditions have established new cultures of news production".

4.3 Medialer Raum heute

Im Folgenden sollen die einzelnen in Mosambik existierenden Medien aus heutiger Perspektive beschrieben werden. Viele davon sind in den 90 Jahren entstanden. Bei den älteren, also *Rádio Moçambique*, *Televisão de Moçambique*, der Zeitung *Notícias* und der Agentur *AIM*, werden knappe historische Anmerkungen hinzugefügt, die ihre heutige Funktionsweise und Stellung im Mediensystem verdeutlichen sollen.

Abb. 30: Medien in Mosambik 2003

Medienart	**Erscheinungsweise**	**Private Medien**	**Öffentliche Medien**
Printmedien	tagesaktuell	3 Tabloid-Tageszeitungen	*Notícias*: Ex-Regierungs-organ, heute teilprivatisiert
		3 Fax-Tageszeitungen	
	wöchentlich	9 Wochenzeitungen (Tabloid/Fax)	
	2-wöchentlich oder seltener	11	
Radio		2 kommerziell	1 (*Rádio Moçambique*)
		8 im Besitz von Kirchen/Sekten	
		1 parteinah	
		35 Rádios Comunitárias (19 *ICS*, 16 eigenständig)	
TV		*RTP África* aus Portugal	1 (*Televisão de Moçambique*)
		TV Cabo aus Südafrika	
Agenturen		*LUSA* eigenes Büro	1 (*AIM*)
		3 Agenturen haben Korrespondenten in Maputo	

Abb. 30 fächert die Medien nach Presse, Radio, Fernsehen und Nachrichtenagenturen auf. Dargestellt ist Erscheinungsweise, aktuelle Anzahl öffentlicher und aktuelle Anzahl privater Medien. Die meisten Angaben stammen aus Pelíssier 2003.

Fast 60% der existierenden Medienprojekte bezeichnen sich nicht als national, sondern als provinz- oder distriktgebunden[192]. Die unabhängige Nachrichtenagentur *AFROL* stellte am 19.10.2004 unter Berufung auf Fernando Lima fest, dass vor allem unabhängige Presseunternehmen in Mosambik große Probleme haben, da eine nachhaltige Finanzierung und ein langfristiges Management meist fehlen.

Die Interviewer für die *UNESCO*-Untersuchung 1999 haben bemängelt, dass die Interviewpartner in den einzelnen Medien Informationen zu der Auflage ihrer Medien entweder nicht geben wollten oder tatsächlich nicht wussten (UNESCO

[192] Vgl. Bonin 1999: 48. Bonin benutzt in der englischen Fassung die Worte "district" statt „local" sowie „provincal". Mosambik teilt sich in 11 Provinzen, diese wiederum in Distrikte.

2001d: 63). Es gab eine Tageszeitung, eine Wochenzeitung und eine Zeitschrift mit einer Auflage von 20.000-30.000. 25 Medien, bei denen Interviews durchgeführt wurden, machten keine Angaben, 17 haben eine Auflage bis 500, vier haben nach eigenen Angaben bis 1.500, es gibt eine mit 5.000 und zwei mit 15.000. Vier der größten Printmedien werden in Maputo Stadt produziert, aber etwa die Hälfte der Medienunternehmen (23 von 52) hatten 1999 ihren Sitz nicht in Maputo. 24 von 52 Printmedien distribuieren ihre Auflagen zum großen Teil oder ausschließlich in Maputo (UNESCO 2001d: 64). Die im Internet (www.misa.org) veröffentlichte Studie zu geschlechtsspezifischer Berichterstattung in den *SADC*-Medien (Gender and Media Baseline Study 2004: 20) zählt für Mosambik sieben tagesaktuelle Printmedien, 15 wöchentlich erscheinende Printmedien, ein Staatsradio, 12 private Radios, fünf Community-Radios, einen Staats-TV-Sender (*Televisão de Moçambique*) und einen privaten TV-Sender (*TV Miramar*).

4.3.1 Printmedien

Der Pressemarkt wird von Medien dominiert, die dem Staat gehören, allerdings als von Regierungseinflüssen weitgehend unabhängig angesehen werden. Die Zahl der privaten Medien, vor allem Fax-Zeitungen, steigt jährlich. Die *UNESCO*-Untersuchung von 1999 führt bei den Presseerzeugnissen eine breite Vielfalt auf (UNESCO 2001d: 24ff.): täglich, wöchentlich und monatlich erscheinende Zeitungen in traditionellem Zeitungsformat, in A4-Format zum Kauf bzw. Fax-Empfang, Newsletter und Zeitschriften aller Periodizitäten sowie E-Mail-Medien. Nach Nick/Lima waren 1999 insgesamt 23 regelmäßig erscheinende Zeitungen registriert, davon acht täglich erscheinende, 12 Wochenzeitungen und 3 zweiwöchentlich erscheinende (Nick/Lima 2000: 148). Von den Tageszeitungen waren lediglich zwei – die in der Hauptstadt erscheinende *Notícias* und das in Beira erscheinende *Diário* – Tageszeitungen im echten Sinne. Sechs erschienen als Fax-Zeitungen, die nur Abonnenten zugänglich sind. Von den 23 Zeitungen wurden fünf als regierungsnah eingestuft, vor allem die größte Zeitung *Notícias*. Nur fünf der 23 Zeitungen erschienen außerhalb der Hauptstadt Maputo. Weitere 10 lokale Print-Publikationen mit unregelmäßigem Erscheinen und kleiner Auflage wurden gezählt. Neueste Angaben (Pelíssier 2003: 763) gehen von sechs täglich erscheinenden Zeitungen aus, drei davon Fax-Medien. Wöchentlich erscheinen nach Angaben von 2003 neun Zeitungen, elf weitere regelmäßig erscheinende Medien werden gezählt (Pelíssier

2003: 763). Die aktuellste Angabe stammt vom Direktor des *Gab Info*, der im April 2004 116 Zeitungen und Zeitschriften zählte (UNESCO 2004g: 84).
In den mosambikanischen Medien ist Portugiesisch die vorherrschende Sprache. Während beim Radio auch in anderen afrikanischen Sprachen gesendet wird, gibt es Printmedien nur auf Portugiesisch. Zu den wenigen Ausnahmen im Bereich E-Mail- und Fax-Medien gehört *Mozambique Inview*, das ausschließlich auf Englisch erscheint sowie der Agenturdienst von *AIM*, der in England produziert wird.

4.3.1.1 Tageszeitung und Zeitungsverlag *Notícias*

Die Zeitung *Notícias* kommt aus dem ältesten Medienunternehmen Mosambiks, das noch andere Blätter, darunter die wöchentlich erscheinende Sonntagszeitung *Domingo* herausgibt (Moyana 2003: 47). *Notícias* wurde 1906 gegründet und gehört der 1956 gegründeten *Sociedade Notícias*, deren ursprüngliche Teilhaber Einzelpersonen und Privatunternehmen waren, wie die Bank von Portugal und die Nationale Überseebank, die später in die Mosambikanische Zentralbank umgewandelt wurde (MISA 2000: 21). 1974 ging *Notícias* an die *FRELIMO* und war lange Zeit Regierungsblatt, vergleichbar dem *Neuen Deutschland* in der *DDR*. Die Zentralbank hält bis heute 15% der Anteile, auch die nationale Versicherung *EMOSE* besitzt Anteile, der Rest gehört der Regierung und Angestellten. 1993 kam es zu einer "Semi-Privatisierung", bei der allerdings die Herausgeber und Direktoren im Amt blieben. [Article 19 (1999): 4]. Die Druckerei kann 25.000 achtseitige Ausgaben in einer Stunde drucken (MISA 04/05: 38). *Notícias* hatte zeitweilig eine Auflage von 40.000, jetzt liegt sie allerdings nur bei 13.000 (AFROL 19.10.05). Die Redaktion verfügte im Dezember 2001 über einen *LUSA*-Ticker und ein Buch („Agenda"), in dem wichtige Termine eingetragen wurden. Zwischen 21 und 23 h wurde das Layout vervollständigt, bis 3 Uhr gedruckt.
Notícias hat eine starke Nähe zur Regierung, so bezeichnen Lalá/Ostheimer (2002: 13) sie als „FRELIMO-friendly". Nach Meinung der NRO *Article 19* [(1999): 4] sind *Notícias* und *Domingo* "government-controlled". Andererseits war *Notícias* selbständig genug, den Richter Augusto Paulino, der den Prozess gegen die Mörder des Journalisten Cardoso (siehe Kapitel 5.1.4) unbeirrt von Einschüchterungsversuchen bis zum Ende führte und unüblich hohe Strafen aussprach, zum Mann des Jahres 2002 zu küren (vgl. Afrika Süd 2003a: 5).

Im Besitz der *Sociedade Notícias* befindet sich die in den 80er Jahren entstandene und von der Verlagsgruppe Editoras Associadas herausgegebene Wochenzeitung *Domingo.* Sie besteht aus 32 Seiten, wird vor allem in Maputo gekauft und hat 2003 eine durchschnittliche Auflage von 10.400 Exemplaren[193]. Sie wird von etwa 25 Personen produziert, einige davon arbeiten auch für *Notícias.* Ebenfalls zum *Notícias*-Konzern gehört die durch das Unternehmen *Moçambique Desportos Lda.* herausgegebene Wochen-Sportzeitung *Desafio,* die von ca. zwölf Journalisten produziert wird und eine Auflage von durchschnittlich 3.900 Exemplaren hat (Stand 2004). *Diário de Moçambique* ist die einzige Tageszeitung, die nicht in der Hauptstadt, sondern in Beira in der zentralmosambikanischen Provinz Sofala hergestellt wird (MISA 04/05: 38). Die Verlagsgruppe ist mit einer Druckerpresse ausgestattet und produziert auch Bücher sowie Büromaterial für die Regierung. Sie hat jetzt eine tägliche Auflage von 5.000 (AFROL 19.10.04).

4.3.1.2 Erste freie Presse: *Mediacoop*

Als eine der ersten unabhängigen Medieninitiativen nach der demokratischen Verfassungsänderung entstand die Gruppe *Mediacoop,* die die meist regierungskritische Wochenzeitung *Savana* herausgibt. Außerdem entstammt die Fax-Zeitung *Médiafax* der Gruppe sowie der englischsprachige, zweimal monatlich erscheinende Wirtschafts- und Politikbericht *Mozambique Inview.* Es wird auf grünem Papier gedruckt, auch *Savana* hat auf der Titelseite die Farbe Grün. Die Druckerei heißt *Cegraf. Médiafax* ist nach Angaben von *AFROL* (2004) das meistverbreitete Fax-Medium in Mosambik. *Médiafax* hatte 2004 eine Auflage von 14.000 (KKM 2004).

Bald nach der Unabhängigkeit (1997) entstand die Fax-Zeitung *Metical,* die dem inzwischen ermordeten Journalisten Carlos Cardoso gehörte. Dieser regierungs- und *Weltbank*-kritische Fax-Dienst galt einige Jahre als wichtigste Quelle mosambikanischer Wirtschaftsberichterstattung und ging nach der Ermordung Cardosos in den Besitz von dessen Kindern. Seine Witwe, die Dänin Nina Berg, sah sich gezwungen, die Zeitung aufzugeben, da die Familie des Staatspräsidenten aufgrund eines Berichtes des Journalisten Marcelo Mosse über die Drogensucht von Nyimpine Chissano juristischen Druck auf die Zeitung ausübte (MISA 04/05: 39). Nachfolgeorgan ist die weniger renommierte Fax-Zeitung *Vertical.*

---

193 Angabe Koordinierungskreis Mosambik KKM 2004.

Abb. 31: Printmedien im Vergleich

Die Matrix auf der folgenden Seite, die keinen Anspruch auf Vollständigkeit erheben kann, zeigt alle regelmäßig im Straßenverkauf erhältlichen mosambikanischen Zeitungen außer *Fim de Semana*, das als Boulevardblatt eine Sonderstellung hat, und *Demos*, das eine extrem niedrige Auflage hat. Fax-Zeitungen sind nicht aufgeführt.

Tabelle: Printmedien im Vergleich (Abb. 31)

Name	***Notícias***	***Zambeze***	***Savana***	***Diário de Moçambique***	***Desafio***	***Domingo***	***Campeão***	***O País***
Typ	politische Tageszeitung	Publikumszeit-schrift (Zei-tungsformat)	politische Wochenzeitung	politische Tageszeitung	Sportzeitung	Publikumszeit-schrift (Zeitungsformat)	"Sport-und Kultur-Wochenzeitung"	"Unabhängige nationale Zeitung"
erscheint	Täglich	wöchentlich	wöchentlich	täglich	wöchentlich	wöchentlich	wöchentlich	wöchentlich
Besitz	Sociedade de Notícias	NOVOmedia, SARL	Mediacoop jornalistas associadas, sarl	Verlagsgruppe Diário Beira (Geschäftsleute)	Sociedade de Notícias	Sociedade de Notícias	EDISPORT, Lda	Namentlich genannter Direktor
Gründung	1906/1974 mos./ 1993 semi-privatisiert	2003	1994	1981	1987	1982	1997	2003
Seitenzahl Format	24 Seiten 63 x 44 cm	32 Seiten 44 x 32 cm	16 Seiten 44 x 32 cm	24 Seiten 43 x 29 cm	16 Seiten 43 x 31 cm	40 Seiten 44 x 32 cm	24 Seiten 44 x 32 cm	28 Seiten 44 x 32 cm
Werbung	70 %	24%	15 %	30%	keine	23%	15 %	18 %
Farben	s/w, rot auf Mantel	s/w, rot auf Mantel	s/w, grün auf Mantel	s/w, rot auf Mantel	s/w, rot auf Mantel	s/w, rot auf Mantel	s/w, Mantel farbig	s/w, rot auf Mantel
Fotos	27 Fotos	49 Fotos	7 Fotos	26 Fotos, viele Archivfotos	26 Fotos	48 Fotos	55 Fotos	34 Fotos
Titelseite	mehrere Themen, Kasten mit 5 Klein-themen	mehrere Themen	1 Hauptthema, 1 Kleinthema	Hauptthema ½ Seite, 2 Klein-themen, Werbung	großes Foto	2 Hauptthemen, 3 Kleinthemen, Werbung	Ein „eye-catcher", wenig Werbung	ähnlich wie *Domingo*
VP	10.000 MT = 40Cent	15.000 MT = 60 Cent	10.000 MT = 40 Cent	7.000 MT = 28 Cent	6.000 MT = 24 Cent	15.000 MT = 60 Cent	15.000 MT = 60 Cent	15.000 MT = 60 Cent
Redaktion	20 fest, 2 frei	8	5	9	3	11	6	unbekannt
Fotografen	7	2	3	2	1	2	1	Unbekannt

Abb. 31: Printmedien im Vergleich: Die jeweiligen Ausgaben von *Desafio, Domingo, Campeão, Savana, O Pais, Notícias* stammen von Ende Dezember 2003, *Zambeze* und *Diário* stammen von Mitte August 2004.
- Bei der **Werbung** ist angegeben, wie viel Umfang sie von der Fläche der zusammengezählten Seiten der Zeitung einnimmt. Bei den **Fotos** werden Fotos von Werbe- und Todesanzeigen nicht mitgerechnet. Die Angabe zur **Redaktion** bezeichnet die Anzahl von angestellten JournalistInnen.

4.3.1.3 Wochenzeitungen und Fax-Zeitungen

Bald nach der Liberalisierung entstand die Wochenzeitung *Demos* (Auflage 2004: durchschnittlich 2000). Eine weitere Fax-Zeitung entstand, *Correio de Manhã*, im Besitz der *Sojornal Ltd.* Seit 2003 existiert die Zeitung *Diário de Notícias*, die per Fax und E-Mail versendet wird. Herausgeber ist Ericino de Salema, früher Chef der unabhängigen Wochenzeitung *Zambeze*. Zu seinen Mitarbeitern gehören der *Zambeze*-Reporter Paulo Machava und Rui de Carvalho von *Médiafax*. Weitere Fax-Zeitungen sind *Expresso da Tarde* und *Imparcial*, letztere laut *KKM* ein Propagandablatt der *RENAMO* (KKM 2004). Leandro Paul gibt seit 1997 die sensations- und kommerzorientierte Wochenzeitung *Fim de Semana* heraus, sowie als Einleger dazu seit 1999 *O Popular* (MISA 2000: 22).[194] Die Zeitung verfügt über eine eigene Homepage.[195] Die Redaktion ist modern und verfügte bereits im Dezember 2001 über Digitalkameras und Internetauftritt, was für die meisten Printmedien bis heute nicht zutrifft.

Seitdem sind weitere kleinere Medien hinzugekommen, die sich im Besitz von Privatpersonen oder Kooperativen befinden, oft in sehr geringer Auflage auf DIN-A4 gedruckt oder per Fax verbreitet werden, um die hohen Kosten für Papier und Distribution zu vermeiden. Die Zahl der meist täglich verbreiteten Fax-Zeitungen schwankt, 2000 waren es sechs, 2004 zehn. Sie bestehen aus zwei bis vier DIN-A4-Seiten und sind von Layout und Art der Berichterstattung oft nur durch den Titel zu unterscheiden. Es gibt weitere Wochenzeitungen, wie die Sportzeitung *Campeão*, die in Lichinga in drei Sprachen erscheinende A4-Zeitung *Amanhecer* und weitere. Als bedeutendste Neugründung gilt die seit 2002 erscheinende tendenziell regierungskritische Zeitung *Zambeze* des ehemaligen *Savana*-Chefredakteurs Salomão Moyana, die allerdings erst eine Auflage von etwa 6.000 hat (Stand 2004).

Auch in Nampula erscheint täglich die regionale Fax-Zeitung *Wamphula Fax*.

---

[194] Im Hintergrundgespräch (2001) berichtete er, er habe versucht, eine wirtschaftlich orientierte Zeitung herauszugeben und sei damit am mangelnden Rezipienteninteresse gescheitert. Daher mache er die Sex & Crime-orientierte *Fim de Semana*.

[195] Ein Abruf vom 2.4.2005 zeigte auf der Eingangsseite das rote Logo sowie eine lächelnde Frau und daneben folgende Schlagzeilen: "Freund gezwungen mit der Ehefrau Sex zu haben", "Er wurde unter Androhung von Kastration gezwungen", "Mir wurde vorhergesagt, dass mein Sohn sterben würde" etc.

4.3.1.4 Sonstige Presse-Erzeugnisse

Die Wochenzeitung ***Tempo***, das einzige Medium mit breiterer Auflage, das vom Layout her wie eine Zeitschrift aussieht, war zeitweilig das meistverbreitete Presserzeugnis und gehörte der staatlichen Verlagsgruppe *Tempográfica*, von der auch Bücher produziert wurden. *Tempo* wurde in den letzten Jahren des Kolonialregimes von einigen Journalisten gegründet und war wichtiges Sprachrohr im Kampf gegen das portugiesische Regime. Seine höchste Auflage hatte es 1986 mit 40.000 Exemplaren (Berger 1993: 38). Die Gruppe war stark von Strukturanpassungsmaßnahmen und der Metical-Abwertung betroffen (MISA 04/05: 39). Inzwischen hat sich der Verlag wieder konsolidiert, die Zeitschrift ist privatisiert. *Tempo* ist eine mehrfarbige Zeitschrift und verfügt über eine eigene Homepage.[196]

Die A5-Zeitschrift ***Vida Nova*** erscheint in einer Auflage von 28.000 in der katholischen Erzdiözese von Nampula (UNESCO 2001d: 64). Sie wird in der Provinz Nampula von Comboni-Missionaren gedruckt und steht unter der Chefredaktion des Paters José Luzia Gonçalves.[197] Es ist ein Heft mit religiösem und gesellschaftspolitischem Schwerpunkt, 24 Seiten stark, in der Mitte Bibelunterweisung, Informationen aus aller Welt, moderne politische Diskussionen, breiter Raum für Leserbriefe, Schwarzweiß-Fotos. Es nennt sich im Untertitel „Zeitschrift für Christliche Bildung und Information für alle".

Alle Universitäten geben regelmäßig Newsletter und Universitätszeitschriften heraus, teils durch das Universitätsmanagement gesteuert, wie die Universidade Mondlane, die beispielsweise als Sonderausgabe des Organs *BLUEM* im Dezember einen mehrseitigen Hochglanz-Farbdruck-Rechenschaftsbericht veröffentlich hat, teils durch wechselnde studentische Initiativen publiziert. Die *UCM* gibt an mehreren Fakultäten unregelmäßig Zeitschriften über Universitätspolitik und -kultur heraus, die meist von StudentInnen erstellt werden. Auch die Menschenrechtsorganisationen geben unregelmäßig kleinere broschürenartige Zeitschriften heraus (MISA 2000: 26 f.).

Typisches Beispiel eines informellen Mediums in Mosambik ist der monatlich per E-Mail versendete englischsprachige Wirtschafts-Newsletter für Unternehmer und ausländische NRO-Mitarbeiter in der Provinz Nampula, der seit 2000 erscheint. Es heißt *Bix Buzz* und wird von dem seit Jahren in Mosambik lebenden Amerikaner

---

[196] www.revistatempo.com/tempo

[197] Pater Luzia hält sich seit 2003 meist außerhalb Mosambiks auf.

Phil Gray produziert. Es ist ein 8-seitiges *Excel*-Dokument, das regionale und nationale Ereignisse in Kurzmeldungen zusammenfasst, über Geschäfte, Unternehmen, Flugzeiten, Transport etc. in der Region informiert und Klatsch und Tratsch sowie Einkaufstipps enthält. Teilweise übersetzt Gray die Nachrichten aus anderen Medien. Dies ist auch der Grund, dass Bix Buzz kostenfrei versendet wird. Gray will sich selbst zum Zeitungslesen motivieren und sein Portugiesisch zu üben. Nach seinen Angaben geht *Bix Buzz* seit Sommer 2001 kostenfrei etwa alle vier Wochen an 320 Personen und Unternehmen, die vor allem in Nampula und Umgebung arbeiten.

In der mosambikanischen Hauptstadt und in fast allen afrikanischen Staaten erhältlich ist die englische Zeitschrift *BBC Focus on Africa*, die durch den englischen Sender *BBC* und Afrika-Korrespondenten unter Beteiligung der Radiohörer produziert wird und zahlreiche Länderberichte enthält.

4.3.2 Nachrichtenagenturen

"What we are facing is not a crisis of skills, but a crisis of knowledge. We are unable to make the links between the local and the global. We lack the language to name our own reality. So we rely on Reuters and others to do it for us."
R. Zhuwarara, University of Zimbabwe
(Morna/Khan 2001: 39)

Die 1976 gegründete *Agência de Informação de Moçambique* ist die staatliche Nachrichtenagentur. *AIM* unterhält eine eigene, ständig aktualisierte zweisprachige Homepage und übersetzt auch Meldungen von anderen Agenturen (MISA 04/05: 39). Der englischsprachige Dienst wird in Brighton/England produziert.[198] Die Seite (Abruf 2.4.2005) ist schlicht gestaltet, was vor dem Hintergrund der oft überlasteten Internet-Provider und Telefonverbindungen innerhalb Mosambiks reduzierte Ladezeiten ermöglicht. Ein Kasten am Rand bietet Links zu Wahlen, Archiv, besonderen Artikeln, Fotos (Politiker, Land und Leute), öffentlichen Themen, Buntes, Aufstellung der Parteien mit wichtigen Daten und Personen und Besucherseite. *Agence France-Presse*, *Reuters*, die portugiesische *Agência LUSA*, die italienische *Agenzia Nazionale Stampa Associata* sowie die chinesische Agentur Xinhua (Neues China) haben Vertretungen in Mosambik (Pelíssier 2003: 763).

[198] www.poptel.org.uk/mozambique-news

4.3.3 Radios

Die *UNESCO*-Untersuchung von 1999 listet folgende Arten von Radio auf: öffentliches Radio mit nationaler und provinzieller Ausstrahlung, vertreten in allen Provinzen, zwei kommerzielle Radiosender, acht religiöse Radiosender, vier Rádios Comunitárias sowie einen politischen Radiosender. Inzwischen sind es nach Angabe des *Gab Info*-Direktors Tinga vom April 2004 insgesamt 48 Radiostationen (UNESCO 2004g: 84).

In den Radioprogrammen werden neben Portugiesisch auch nationale mosambikanische Sprachen gesprochen (UNESCO 2001d: 56). Nur ein Radio strahlte 1999 ausschließlich in einer afrikanischen Sprache aus. Neun Medien, sechs davon Radiosender, veröffentlichen Informationen auf Portugiesisch sowie einer nationalen Sprache, 17 auf Portugiesisch und zwei nationalen Sprachen. Dreizehn davon sind Radiosender.

4.3.3.1 *Rádio Moçambique*

Rádio Moçambique (RM) ist der nationale mosambikanische Radiosender, der in 20 Sprachen sendet, darunter auch Englisch und Portugiesisch. Er verfügt auf Lokal-, Provinz- und Landesebene über 14 Programme. *RM* hat 41 Sendestationen (19 Mittelwelle, 11 FM, 11 Kurzwelle) und verfügt in jeder Provinz über eine Vertretung. In den Provinzen werden 50kW Sendestationen benutzt sowie weitere Verstärker-Sender mit 250 bis 5000 Watt. Die FM-Stationen dienen vor allem für die Übertragung des landesweiten Programms. In drei Fällen werden sie auch von Lokalstationen benutzt, wie *Rádio Cidade* in Maputo. Teil der *Rádio Moçambique*-Familie sind der Sportkanal *RM Desporto* und *Maputo Corridor Radio*, das auf Englisch sendet. *Rádio Moçambique* gibt an, tagsüber 60% des Landes zu erreichen und nachts 100%, sowie 85% der Bevölkerung (MISA 04/05: 39f.). Die Reputation von *RM* ist, ungeachtet der Tatsache, dass der Sender in Staatsbesitz ist, sehr gut. Der Sender steht für weitgehend unabhängigen Journalismus (Lalá/Ostheimer 2002: 13) und verfügt über eine Homepage.[199] Laut dieser beschäftigt der Sender 902 Personen im ganzen Land: Journalisten, Verwaltungsangestellte, Techniker, Fahrer.

Das *UNESCO*-Medienprojekt unterstützt neben den kleinen Radiosendern auch *Rádio Moçambique*. In der ersten Projektphase 1998-2001 wurde die Einrichtung der

---

[199] www.teledata.mz/radiomocambique

noch fehlenden Delegation in Gaza unterstützt. Seit 2001 berät die *UNESCO Rádio Moçambique* vor allem bei den Dezentralisierungsmaßnahmen. Alle neun Provinzdelegationen außerhalb Maputos wurden zunächst mit neuen Computern und IT-Material versorgt, um die starke Abhängigkeit von *Rádio Moçambique* Maputo einzudämmen und den Provinzdirektionen des Senders mehr Gestaltungspielraum einzuräumen (Interview mit B. Jallov 22.7.04). Weitere Maßnahmen seien in Planung. *Rádio Moçambique* ging 1975 als Zusammenschluss aus folgenden Radios hervor: *Rádio Clube de Moçambique*, *Voz de Moçambique*, *Emissora do Aero Clube da Beira* und *Rádio PAX*. 1994 wurde aus dem staatlichen Radio offiziell ein öffentliches Radio. Im Oktober 1995 fand in der Provinz Nampula eine Umfrage von *Rádio Moçambique* statt, die folgende Fragen klären sollte: Wer hört *Rádio Moçambique*, welche Programme werden am meisten gehört, wo, wie und wann wird gehört. Befragt wurden 479 Personen, der Fragebogen enthielt 33 Fragen.

4.3.3.2 Parteinahe Sender

Im Besitz der Oppositionspartei *RENAMO* befindet sich *Rádio Terra Verde* (Maldini 2000: 61). *Rádio Televisão Klint* (*RTK*) gilt als im Besitz eines *FRELIMO*-Mitglieds (MISA 2000: 22). Sowohl *RTK* als auch *Miramar* haben auch eigene Fernsehsender. Seit 2001 ist mit *Rádio Ntyana* in Maputo ein Programm auf Sendung, das der Mosambikanischen Frauenorganisation *Associão da Mulher na Comunicação Social* gehört (MISA 04/05: 40).

4.3.3.3 Rádios Comunitárias und katholische Radios

Bezüglich der Zuordnung von Rádios Comunitárias herrscht Unklarheit. Kirchenradios, Sektenradios und kommerzielle Radios benutzen den Terminus offenbar aus der Erfahrung heraus, dass er bei den ausländischen Geldgebern gut ankommt. Ende 1999 gab es in Maputo, Gaza, Tete und Zambézia fünf von *MISA* als „community-orientiert" bezeichnete Radios in Mosambik, alle im Besitz des staatlichen Instituts *ICS* (MISA 2000: 22). Im März 2004 waren nach Angaben der *UNESCO* 45[200] so genannte Rádios Comunitárias „on air", wobei hier auch kirchen- und sektennahe Radios mitgezählt werden (UNESCO 2004: 5). Die meisten Radios in Privatbesitz sind religiöse Radios, wie *Rádio Miramar*, das zu der von *MISA* als funda-

[200] Das *UNESCO*-Medienprojekt unterstützt und fördert diese Radios, d.h. die Angabe, die Radios seien „fast" auf Sendung, ist möglicherweise optimistisch.

mentalistisch eingeschätzten Sekte „Königreich Gottes“ (*Reino de Deus*) gehört, sowie *Rádio Transmundial*, *Rádio Maria*, *Rádio Feba*. Christlich-religiöse Stationen, wie *Rádio Encontro*, *Rádio Pax*, *Rádio Nova Paz* und *Rádio Escola Moatize* werden mehr kommunalorientierte Motive zugebilligt (MISA 2000: 22).

Die Rádios Comunitárias im eigentlichen Sinne, die also weder religiös noch kom-

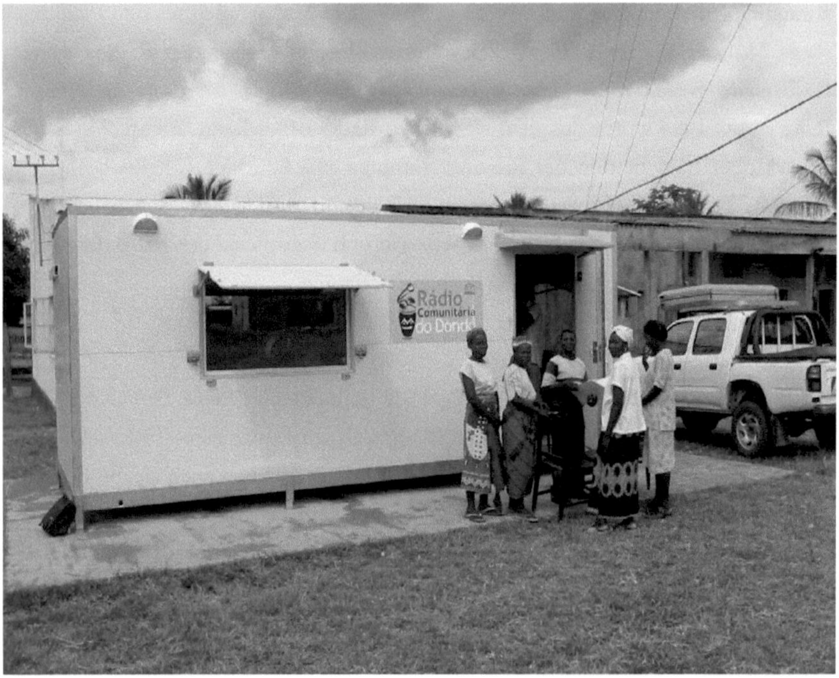

Abb. 32: Radio Dondo (Foto: Lars Hansen)

merziell orientiert sind, werden von einer örtlichen Vertretung von 15-100 Personen inhaltlich geleitet (UNESCO 2004: 5). Sie sollen aus einer Gemeinschaft von Menschen heraus gestaltet und wiederum von der Gemeinschaft gehört werden. Der österreichische Entwicklungshelfer und Politikwissenschaftler Thomas Winderl schreibt, dass Community-Radios interne Kommunikationskanäle einer dörflichen bzw. regionalen Gemeinschaft öffnen und damit einen Entwicklungsprozess steuern und ein Instrument zur Lenkung einer Diskussion sind.

> „Beim ersten Hinsehen sind Kommunalradios lediglich kleine, relativ billige Radiostationen im ländlichen Raum, die der ‚Community‘ dienen. Der linguistische Wildwuchs um die Begriffe Kommunalradio, ‚Community Radio‘, rurales Radio, lokales Radio, partizipa-

tives Radio, ‚educational radio' oder alternatives Radio lichtet sich schnell durch eine negative Definition: Kommunalradios sind nicht auf Gewinn ausgerichtet. Kommunalradios stellen sich nicht eindeutig in den Dienst einer Ideologie oder einer Glaubensauffassung, wie etwa Radiostationen politischer Parteien oder religiöser Organisationen. Die Besitzstruktur eines Kommunalradios darf keiner Einzelgruppe ein übergroßes Mitspracherecht bei der täglichen Sendegestaltung einräumen." (Winderl 2000: 6).

Von den 35 Rádios Comunitárias in diesem Sinne sind 19 strukturell und organisatorisch Teil des *Instituto de Comunicação Social (ICS)* und sind, wie in der *UNESCO*-Erhebung von 1999 beklagt wird, außerordentlich schwer in kommerziell und nicht-kommerziell zu unterscheiden (UNESCO 2001d: 53). 16 funktionieren eigenständig, allerdings mit Unterstützung der *UNESCO* und verschiedener NROn, acht gehören zur katholischen Kirche (s.o.), eine wird durch das örtliche Rathaus geleitet (UNESCO 2004: 5).

Problematisch ist das Prinzip der „Voluntários", freiwilliger Mitarbeiter, die bei den kirchlichen Sendern oft für „Gotteslohn" arbeiten und auf die permanente Ausnutzung mit teilweise erfolgreichen gerichtlichen Klagen gegen ihren Sender reagieren.

4.3.3.4 Kommerzielle Privatradios

FM 99,3 MHz ist der Prototyp des modernen Großstadt-Privatradios. Der Sender wurde von einer kleinen Gruppe von Geschäftsleuten am 9.9.2003 gegründet und hat seine modern eingerichteten Redaktionsräume im 11. Stock eines Maputo-Hochhauses. Im Hintergrundgespräch (22.7.04) sagt der kommerzielle Direktor Teófilo André, es sei ein Musikradio mit viel Werbung und locker präsentierten „Flash News" anstelle von politisch orientierten Nachrichten. Politik und Religion lasse man außen vor. Die Redaktion bestehe aus 20 Mitarbeitern, sechs davon Moderatoren, zwei ausgebildete Journalisten, die gleichzeitig auch als Moderatoren („animadores") arbeiten.

4.3.4 Fernsehen

Die *UNESCO*-Umfrage von 1999 ergab (UNESCO 2001d: 97) fünf Vertretungen des nationalen Fernsehens in den Provinzen, einen kommerziellen Fernsehsender sowie einen religiösen Fernsehsender. Das nationale Fernsehen *Televisão de Moçam-*

bique ist eine öffentlich-rechtliche Sendeanstalt mit eigener Homepage[201], auf der aktuelle Nachrichten sowie das Fernsehprogramm abrufbar sind.
1979 wurde der Vorläufer von *TVM* gegründet, das *Televisão Experimental* (*TVE*). Als *TVM* staatlicher Monopolist war, wurde nur in Maputo und Beira ausgestrahlt, heute gibt es Satelliten-Übertragungen nach Chimoio, Lichinga, Nampula, Pemba, Quelimane und Tete sowie eigene Redaktionen in einigen Provinzhauptstädten (MISA 04/05: 40).
Neben *TVM* ist *RTP África (Rádio e Teledifusão Portuguêsa),* der afrikanische Kanal des portugiesischen Medienkonzerns *Radio Televisão de Portugal*, der auch nach Angola, die Kapverden, Guine-Bissau, und San Tome und Principe sendet, der bekannteste Fernsehsender in Mosambik. *RTP África* begann 1998 via Satellit mit Verstärkung durch terrestrische Wellen in Afrika und im portugiesischen Kabelnetz auszustrahlen. *RTP África* sendet 24 Stunden täglich und hat auch in Angola und Mosambik produzierte Serien im Programm. Zur gleichen Senderfamilie gehört auch das Radiounternehmen *RDP África.* Die religiöse Sekte *Reino de Deus*, die auch *Rádio Miramar* betreibt, hat ebenfalls einen Fernsehsender. Seit 1999 kann man das vom südafrikanischen Fernsehen[202] betriebene *TV Cabo de Moçambique* in der Hauptstadt und seit 2001 auch in den Provinzen empfangen. *TV Cabo* gibt mit *TV Zine* ein 48-seitiges Hochglanz-Programmheft heraus, das in der Mitte ein blauweißes Fernsehprogramm und ansonsten europäisch, amerikanisch und brasilianisch geprägte Society- und Lifestyle-Berichte enthält.

4.3.5 Video und Film

Das 1975 gegründete Nationale Kino-Institut *Instituto Nacional do Cinema (INC)* war einige Zeit sehr renommiert und stand im Zeichen der Bekämpfung des Kolonialismus (siehe Kapitel 4.2.2), wurde aber inzwischen geschlossen (MISA 04/05: 41). Nach 1990 gab es keine nennenswerten mosambikanischen Filme mehr (vgl. SNJ 2001). Kleine und kleinste Videofirmen, wie das 1989 gegründete *Ébano Multimedia* sowie *Promarte*, *Coopimagem*, *ICS* und *Digi&Tal* produzieren vor allem Fernsehdokumentationen sowie Feature-Berichte, Doku-Dramas und Werbung. Die meisten Produktionshäuser sind assoziierte Mitglieder von *SACOD* und *Videazimut*, die

[201] Stand Januar 2005: www.tvm.co.mz
[202] Zum Einfluss südafrikanischer Fernsehprogramme vgl. Hepp 2004: 229 f.

auch an regionalen und internationalen Koproduktionen und Filmfestivals beteiligt sind (MISA 04/05: 41).

4.3.6 Öffentlichkeitsarbeit

Große Firmen wie die Telekommunikationskonzerne *MCell* und *Vodafone* oder Banken geben Newsletter heraus. Typisches Beispiel ist der Newsletter der Bankengruppe *Banco Internacional de Moçambique (BIM)*, der 2002 in einer Auflage von 6.000 anlässlich der Fusion der *BIM* mit der *Banco Comercial de Moçambique* (*BCM*) gedruckt wurde. Er ist farbig, 4-seitig, auf festem Hochglanzpapier gedruckt, wird kostenlos in Filialen und an Großkunden verteilt und enthält zur einen Hälfte Erläuterungen zu der Fusion nach der Methode der *FAQ (Frequently Asked Questions)*, zur anderen Hälfte ein Interview mit dem Vizepräsidenten der *BIM*, in dem er eventuelle Bedenken dagegen zu zerstreuen sucht.

4.3.7 Werbung

Bei Besuchen in Werbeagenturen und deren Zulieferern wurde deutlich, dass diese technisch in der Regel besser ausgestattet sind als beispielsweise private Radiostudios. Sie produzieren Filme und Spots für die großen Agenturen *Golo* und *Pangolim* sowie für das nationale Fernsehen, arbeiten mit jeweils 12-30 Personen und existieren seit 5-10 Jahren. Die beruflichen Funktionsbegriffe stammen in der Regel aus dem Englischen („Media Department“, „Producer“, „General Manager“).

Pangolim ist ein Franchise-Unternehmen des Konzerns *Ogilvy and Mather* und produziert für Firmen wie *Nestle*, *Unilever*, *Standard Bank*, *DsTV* (Fernsehsender) sowie *CDM* (Bierkonzern) alle Arten von Werbeprodukten, die für TV, Radio und Presse bestimmt sind (Interview mit Mitarbeiter Miguel Rego am 21.7.2004).

4.3.8 Bücher

Júlio Navarro und António Sopa haben alle Bücher zusammengestellt, die in Mosambik zwischen 1975 und 1998 veröffentlicht wurden, insgesamt 1.250. Es gab Auflagen zwischen 5.000 (Poesie) und 20.000, der Durchschnitt lag bei 10.000 (Navarro/Sopa 1998: IV). Allerdings seien die Auflagen kleiner geworden und die Zahl der Veröffentlichungen auch. Zwischen 1975 und 1989 (sic!) seien – Schulbücher nicht eingerechnet – mehr als 700 Bücher veröffentlicht worden, davon zwischen 1984 und 1989 nur etwas mehr als 20. Seit 1987 habe die *Weltbank* Kleinverlage gefördert, die aber meist über ein oder zwei Veröffentlichungen nicht hinausgekommen seien (Navarro/Sopa 1998: IV). Positive Gegenbeispiele seien der Verlag *Ndjira*, die Vertretung eines portugiesischen Verlages, *Editora Escolar/Diname*, die bis kurz vor 1998 mit dem Bildungsministerium verbunden waren, das *Arquivo de Moçambique*, das zur *Universidade Eduardo Mondlane* gehört, sowie die Vereinigung Mosambikanischer Schriftsteller, die zwischen 1996 und 1998 immerhin 19 Titel veröffentlicht hat. Navarro/Sopa schätzen, dass 93% der Mosambikaner Analphabeten sind sowie weitere 2% funktionelle Analphabeten. Etwa 40.000 Mosambikaner seien Menschen mit Lesegewohnheiten. In acht Kapiteln werden Bücher vorgestellt, wobei Sozialwissenschaften, Recht und Verwaltung als Rubrik die meisten Bücher umfasst.[203]

Das *World Fact Book 2004* zählt neben dem historischen Nationalarchiv acht weitere Verlage sowie das nationale Pressehaus der Regierung. *MISA* schätzt, dass es 30 Druckerpressen in Mosambik gibt, die meisten veraltet (MISA 04/05: 40). *Notícias* und *Cegraf*, die öffentliche und private Zeitungen drucken, sind die größten Verlagshäuser. Die größte private Druckerei ist *Minerva Central*. Daneben gibt es *Central Impressora*, das dem Gesundheitsministerium gehört, *Tempografica*, den Regierungsverlag *Imprensa Nacional*, den Verlag der Eduardo Mondlane Universität und weitere (MISA 04/05: 41). Der größte staatliche Verlag ist das Bildungsministerium mit *Editora Escola*. Wichtig ist auch das *Instituto Nacional do Livro e do Disco INLD*, das früher 30 Buchhandlungen im ganzen Land unterhielt. Am dynamischsten ist der Produktionssektor Periodika, Broschüren und Publikationen für staatliche und private Institutionen (MISA 04/05: 41).

4.3.9 Internet und Telefon

„Die Privilegierten im global village gehen schweigend darüber hinweg, dass jene Menschen in den kleinsten Ansiedlungen, verstreuten Dörfern und Randgebieten der Großstädte dieser Erde die überwältigende Mehrheit der Bewohner unseres Globus darstellen und von allen so euphorisch propagierten technischen Medien ausgeschlossen sind." Diel 2002: 227f.

In Mosambik kamen 2002 auf 1.000 Personen 16 Telefonanschlüsse, knapp 430.000 Mobiltelefone waren angemeldet. Neben dem Unternehmen *MCell*, das zum nationalen Telekommunikationskonzern *Empresa Nacional de Telecomunicações de Moçambique TDM* gehört, investiert seit 2004 *Vodacom Mocambique* (*VM*), ein Joint

[203] Die Rubrizierung erscheint unsystematisch.

Venture zwischen der südafrikanischen *Vodacom* und der mosambikanischen *EMOTEL* (2 %) in Mobiltelefonie in Mosambik (KKM 2004).

Internet-Hosts, also an ein Netzwerk angeschlossene Computer, gab es 2003 etwa 3.250, Internet-Anbieter (Provider) 11 (2002), Internet-Benutzer 50.000 (Zahlen aus CIA World Factbook 12/04). Den größten Service-Provider Mosambiks hatte noch 1999 die *Eduardo Mondlane Universität* (MISA 04/05: 41). Inzwischen ist *Teledata*, eine 1989 gegründete Kooperation zwischen dem mosambikanischen Telekommunikationsunternehmen *TDM* und der portugiesischen staatlichen Telekommunikation, am stärksten im Bereich Internet vertreten. Kleinere Provider sind: *Connection Time*, *Emil*, *Sort Lda.* *Tropical Net* und *Virtual Connection*. Die Medien und Agenturen *AIM*, *NotMoc*, *Indian Ocean Weekly* und *Savana* sind ebenfalls im Internet vertreten (MISA 04/05: 41), wenn sich die Seiten auch nicht immer öffnen.

Am 12.12.2000 wurde der 14-seitige ministerielle Beschluss über die zukünftige mosambikanische Strategie bezüglich Informatik, Internet, Telephonie und elektronischen Medien veröffentlicht. Er wurde am 26.12.2002 im 4. Präsidenten-Dekret mit der offiziellen Gründung der Kommission für Informatik-Politik (*Commissão para a Política de Informática*) präzisiert. Darin sind die umfangreichen Aufgaben dieser Kommission beschrieben und gesetzlich festgelegt. Die Kommission wird geleitet durch den Premierminister zusammen mit Vertretern von 6 Ministerien, der Direktorin des Kommunikationsinstituts *ICS*, zwei weiteren Vertretern sowie des Direktors der Technischen Einheit zur Implementierung der Informatik-Politik UTICT. Die „Unidade Técnica de Implementação da política de Informática" ist eine neu gegründete Task Force, deren Ziele in einem ebenfalls am 26.12.2002 erschienenen eigenen „Suplemento Nr. 5" beschrieben werden. Schon im Juli 2002 war eine zweisprachige Hochglanzbroschüre erschienen, in der Ziele, Strategien, Projekte und Partnerschaften beschrieben werden, um Mosambik im Bereich Informationstechnologie, Computer und Internet zu stärken. Es wird sich zeigen, welchen Einfluss die junge Kampagne in einem Land wie Mosambik haben kann.

4.4 Medien und Politik

"In most African and Asian countries, governments have tended to use the media as a sedative rather than a stimulant". Tunstall 1977: 212

Kontrastiert man nach den von Kunczik entwickelten Vorstellungen der spezifischen Beziehung von Medien zu anderen Subsystemen die Medien in Deutschland und Mosambik, dann ergeben sich folgende vereinfachende Darstellungen, deren Inhalt im weiteren Verlauf der Arbeit präzisiert wird.

Abb. 33: Medien im gesellschaftlichen Machtgefüge in Deutschland

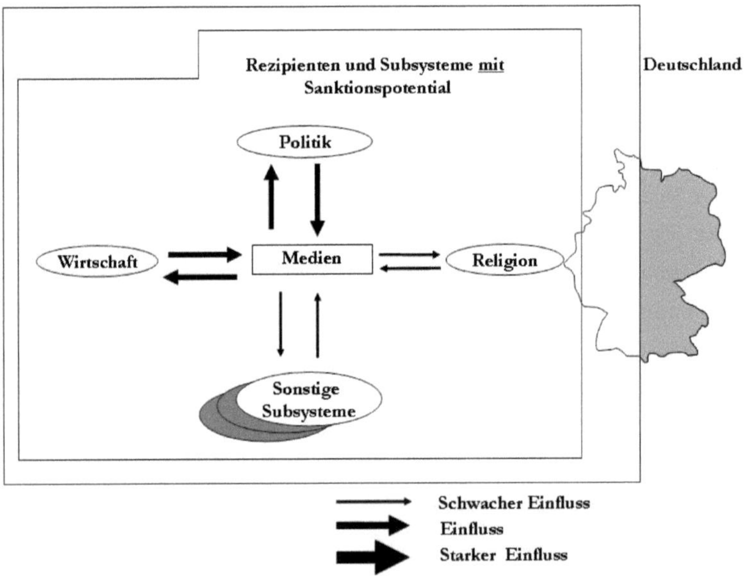

Abb. 33 zeigt holzschnittartig die Austauschbeziehungen der Medien mit anderen Subsystemen am Beispiel Deutschlands. Die Pfeile, die von den Medien wegführen, symbolisieren deren Aufgabe, die anderen, in Ovalen dargestellten Subsysteme zu beschreiben, zu kritisieren und dadurch zu kontrollieren. Umgekehrt stellen die auf den Kasten „Medien" zeigenden Pfeile die spezifischen Sanktionspotentiale der jeweiligen Subsysteme dar. Die Politik kann durch Gesetzesänderungen Druck auf die Medien ausüben, die Religion beispielsweise durch Mobilisierung ihrer Anhänger, die Wirtschaft durch Entzug von Werbeschaltungen etc.
Anhand der unterschiedlichen Dicken der Pfeile wird dargestellt, wie stark der Einfluss und damit die Möglichkeit zu sanktionieren sind.

Abb. 34: Medien im gesellschaftlichen Machtgefüge in Mosambik

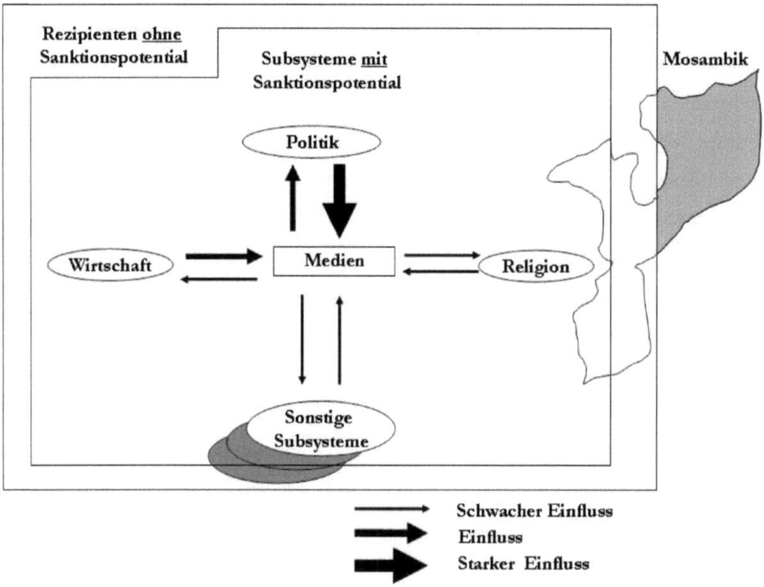

Abb. 34 zeigt dieselben Austauschbeziehungen wie Abb. 33, diesmal angewendet auf Mosambik. Es wird deutlich, dass das Subsystem „Politik" in Mosambik eine stärkere Macht darstellt als in Deutschland und auch das Subsystem „Wirtschaft".

Kunczik weist auch darauf hin, dass eine Durchsetzung von *Development Journalism* nicht nur von dem Wertklima im Subsystem Medien abhängt, sondern auch von den strukturellen Bedingungen, vor allem der Frage, ob ein Medium privatwirtschaftlich oder staatlich organisiert ist. (Kunczik 1986: 267). Dieser Unterschied wird in Kapitel 5 in das obige Modell integriert.

4.5 Öffentliche und private Medien

„Ende der 60er, Anfang der 70er Jahre wurden zahlreiche Entwicklungsländer von ihren Kolonialmächten in die Unabhängigkeit entlassen. Man war plötzlich Herr im eigenen Haus und musste ernüchtert feststellen, dass die früheren Machthaber kaum gefestigte Strukturen hinterlassen hatten, vor allem keine Medien, die der Bevölkerung Information und Bildung, Grundwerte und Verhaltensoptionen vermitteln konnten. Für Präsidenten und Regierungschefs der ersten Stunde wie Nkrumah in Ghana und Kenyatta in Kenia, Sengor im Senegal und Nyerere in Tansania galt es, sich nun auf die Suche nach der eigenen Stimme zu machen, nachdem die der Kolonialherren verstummt war. Dass man dazu staatseigene Medien schuf oder übernahm, war keineswegs in erster Linie böse Absicht, sondern oft der einzige Weg in einer armen und unstrukturierten Gesellschaft."

Keune 2002: 1

Es gibt in Mosambik öffentliche und private Medien. Öffentliche Medien gehören zu mehr als 50% dem Staat und dienen kommerziellen oder nicht-kommerziellen

Zielen. Private oder unabhängige Medien gehören rechtlichen Personen oder Gruppen, die unabhängig vom Staat sind und mit kommerzieller oder nichtkommerzieller Zielsetzung Presseerzeugnisse, Radio und Fernsehen produzieren. Kommerzielle Medien haben als Hauptziel die Erzeugung von Gewinn, nichtkommerzielle Medien finanzieren sich durch Stiftungen, Einnahmen oder durch Spenden und Sponsoring, sind aber nicht primär an Gewinn interessiert. Überschüsse werden reinvestiert und nicht ausgezahlt (UNESCO 2001d: 26 f.).

Bestandteil der *UNESCO*-Untersuchung von 1999 war die Frage der Besitzstruktur der Medien. Es wird darauf hingewiesen, dass diese Frage durch die Interviewer am schwierigsten zu klären war, da 1. Herausgeber und Direktoren die Frage nicht zu beantworten wussten und Rücksprache halten mussten, 2. zum einen glaubten, jede Art von Werbung mache ein Medium automatisch zu einem kommerziellen Medium bzw. umgekehrt die Tatsache, dass das Medium keinen Gewinn erwirtschaftet, es automatisch zu einem nicht-kommerziellen Medium macht und 3. da der jeweilige Anteil von Staat und privaten Besitzern nicht bekannt war (UNESCO 2001d: 52). Als Ergebnis hält die *UNESCO*-Befragung von 1999 fest, dass 34% der Medien im Jahre 1999 sich komplett oder zum großen Teil in öffentlicher und staatlicher Hand[204] befinden, 36% komplett oder zum großen Teil in private Händen mit kommerziellem Interesse sind und 28% private Medienorganisationen mit nicht-kommerzieller Zielsetzung gehören (UNESCO 2001d: 52).

Die meisten Zeitungen gehörten 1999 privaten kommerziell ausgerichteten Anbietern (14) bzw. Mischunternehmen mit Majorität von privaten, kommerziell ausgerichteten Anbietern. Sechs Zeitungen gehörten ganz oder großteils privaten nichtprofitorientierten Unternehmen, drei sind öffentliche Unternehmen. Kritisch merkt der Report an, dass die meisten privaten Zeitungen in der Hand von Personen und nicht von Aktionären oder Kooperativen sind, was angesichts der fragilen ökonomischen und politischen Situation ihre wirtschaftliche Überlebensfähigkeit gefährden könnte (UNESCO 2001d: 54). Der brasilianische Dozent Juarez de Maia untersuchte 2002 die beiden Zeitungen *Savana* und *Domingo* und kommt zu dem Ergebnis, dass es sich im Meinungsspektrum Mosambiks um zwei Extreme handelt, die den gleichen Fehler begehen: Sie stellen sich auf je eine politische Seite und polemisieren (Mazula 2002).

[204] Dies wird hier synonym verwendet.

Bei Radio und Fernsehen war die Situation 1999 anders als bei der Presse. 14 Radios sind öffentlich, acht gehören privaten nicht-profitorientierten Unternehmen und drei privaten kommerziellen Anbietern, einer davon religiös orientiert. Zu den 14 Radios gehören auch die Vertretungen von *Rádio Moçambique*. Die nicht-profitorientierten öffentlichen sind Rádios Comunitárias und gehören dem *Instituto de Comunicação Social (ICS)*. Von den acht privaten nicht-profitorientierten Radios gehören acht den Kirchen.

Von den sieben Fernsehstationen sind vier öffentlich, zwei gehören privaten kommerziellen Anbietern, eine hat eine Mischform mit öffentlicher Majorität.

Der Einfluss des Staates ist im Mediensektor immer noch außerordentlich hoch. Fernando Lima kritisiert im Interview mit *AFROL*, dass öffentliche Medien staatliche Hilfe bei Drucklegung und Distribution von Presserzeugnissen erhalten und vom Staat und ausländischen Nachrichtenagenturen kostenlose Dienstleistungen erhalten, während private Medien für all dies selber aufkommen müssen (*AFROL* 2004). Die großen Distanzen und schlechten Verkehrswege in Mosambik (ca. 5.500 km asphaltierte Straße und 3.000 km Schienennetz auf einer Fläche knapp 2 ½-mal so groß wie Deutschland) machen private Presseunternehmen zumeist abhängig von Fax-Distribution. Der Radiojournalist Jafar Buana berichtet davon, dass es signifikante Unterschiede in der Berichterstattung eines öffentlichen und eines privaten Mediums gebe (PANOS 1999b: 14). Höhere Beamte verböten den Journalisten von *Rádio Moçambique* ihnen nicht genehme Berichterstattung, die gleichen Agenturnachrichten führten zu krass unterschiedlichen Meldungen. Die Argumentationslinie, die in Mosambik offensichtlich am ehesten funktioniert, ist der Verweis auf spezifisch gesellschaftlich hoch angesehene Güter, nämlich die des guten Geschmacks und der Unlauterkeit von Einmischung (vgl. ebd.).

4.6 Internationale Zusammenarbeit im Bereich Medien

Fernando Lima hat im Interview mit *AFROL* kritisiert, dass die meisten ausländischen Hilfsgelder in private Rundfunkprojekte fließen, die ihrerseits vor allem die Nachrichten der Staats-Medien (state media) verbreiten (AFROL 2004).

Das einzige Beispiel, bei dem ein mosambikanischer Journalist in international relevanter Literatur die MEZ beschreibt, ist eine kurze Text-Passage des prominenten Zeitungsmachers Salomão Moyana, in der er das Gebaren journalistischer Consulter aus USA, Japan und Deutschland beschreibt, die *Rádio Moçambique* beraten. Bezüglich Partizipation und Beratung auf „Augenhöhe" fällt das Urteil teilweise sehr kritisch aus, deutsche Medienentwicklungszusammenarbeit hat noch den am wenigsten schlechten Ruf. Moyana zitiert den Verwaltungschef des Senders:

> „Das Problem mit einigen Donors, wie den Amerikanern, ist, dass die nicht unsere Standpunkte akzeptieren. Die wollen alles selber bestimmen. Die haben uns einfach informiert, dass vier Journalisten von Rádio Moçambique benötigt werden, die aus Nampula stammen, um drei Wochen an einem Kurs in den USA über Staatsbürgerkunde teilzunehmen. Man fragte: Warum müssen das Journalisten aus Nampula sein und nicht aus irgendeiner anderen Provinz, die das Radio aussucht? Die Antwort, die die uns gegeben haben, war, dass für dieses Programm nur mit Journalisten aus Nampula gearbeitet werden kann und damit basta. Das ist befremdend!" (übersetzt aus Moyana 1997: 195).

In diesem Zitat spiegelt sich prägnant der Konflikt wider zwischen den Geldgebern, die die Dominanz der südlichen mosambikanischen Volksgruppen, insbesondere aus Maputo, umgehen wollen, indem sie Menschen aus dem Norden fördern, und andererseits den einheimischen Führungspersonen, die sich an diesem Punkt nicht gerne gängeln lassen und möglicherweise – so das Vorurteil der ausländischen NRO-Projektleiter – befreundeten Kollegen aus Maputo oder sogar Familienmitgliedern eine solche Schulung ermöglichen möchten, was infolge ihrer hohen Position normalerweise unproblematisch wäre. Nun beißen sie sich an den NROn die Zähne aus, die darin Nepotismus sehen. Umgekehrt, so referiert Moyana weiter, lehnte *Rádio Moçambique* den Plan „der Amerikaner" ab, in Beira Sender zu installieren, um im Wahlkampf 1994 Staatsbürgerprogramme von *Voice of America* auszustrahlen. Der bereits zitierte *RM*-Verwaltungschef lobte die Art und das Verhalten „der Deutschen", die fünf Millionen US-Dollar für sechs 50 Kilowatt starke Sendestationen stifteten. Gerade im Lichte dieser deutschen Spende wurde es dagegen als geradezu absurd angesehen, dass Japan für neun Millionen Dollar nur zwei Sender der gleichen Kilowatt-Leistung spendete, die nicht nur in Japan gekauft werden mussten, sondern die vertraglich festgelegt von den Technikern japanischer, in Mosambik ansässiger Firmen installiert und gewartet werden mussten, „obwohl wir auch Techniker haben, die über das gleiche technische Niveau und dieselbe Erfahrung verfügen" (*RM*-Verwaltungschef, zitiert nach Moyana 1997: 195).

4.7 Berufsmarkt

Derzeit arbeiten etwa 1.000 Mosambikaner als Journalisten, etwa die Hälfte davon in der Hauptstadt Maputo. Davon sind etwa 1/4 Frauen. Etwa 2/3 arbeiten bei öffentlichen Medien, von diesen Zweidritteln wiederum etwa die Hälfte bei *Rádio Moçambique* oder *Televisão de Moçambique*. Die privaten Medien beschäftigen etwa 300-400 fest angestellte Personen, die meisten in Printmedien, einige auch in Rádios Comunitárias.

Insgesamt 1.450 Menschen waren 1999 im Mediensektor beschäftigt, freie Mitarbeiter (*Freelancer*) nicht eingerechnet (UNESCO 2001d: 96). Die Hälfte davon, also 725, sind nach Einschätzung der Autoren Journalisten, Reporter, Direktoren, Herausgeber. Fernando Lima kommt zu einem anderen Ergebnis, er zählt insgesamt 517 Journalisten, teilweise nicht gemeldete. Davon

- private Medien: 196
- öffentliche bzw. staatsnahe Medien: 321
- Radio: 153
- Printmedien: 255
- Fernsehen: 88
- Nachrichtenagenturen: 21

Fast die Hälfte aller im Mediensektor Beschäftigten arbeitetet in Maputo (UNESCO 2001d: 96). Die meisten der im Mediensektor Beschäftigten arbeiteten für *Rádio Moçambique*, Tageszeitungen, *Televisão de Moçambique*, Wochenzeitungen (ebd.). 60% aller im Mediensektor Beschäftigten waren bei nur 32% der Medien angestellt, d.h. eine große Anzahl an Klein- und Kleinstmedien hat nur wenige Mitarbeiter (ebd.) Die Geschlechterverteilung fällt deutlich zugunsten der männlichen Journalisten aus. Von 1.447 im Mediensektor Beschäftigten zählten die Autoren 1.132 Männer und 315 Frauen (UNESCO 2001d, Table 30: 97), bei den – entlohnten – freien Mitarbeitern sind es 124 Männer und 41 Frauen (UNESCO 2001d, Table 34: 103), bei den freiwilligen und in der Regel unbezahlten Mitarbeitern sind es im Verhältnis deutlich mehr Frauen: Von 330 „voluntários" waren 131 Frauen (UNESCO 2001d, Table 31: 98). Die Autoren machen in den verschiedenen mosambikanischen Provinzen, einschließlich Beschäftigte, Freiwillige und *Freelancer*, eine durchschnittliche Frauenquote von 25% aus (UNESCO 2001d: 103). Bei den Beschäftigten ist der tatsächliche Prozentwert niedriger (22%), bei den Freiwilligen deutlich höher (40%). Der Prozentsatz von Frauen, die nicht im Sekretariat oder als Zuarbeiter, sondern tatsächlich als Journalisten und Reporter arbeiten, liegt landesweit bei 16%.

4.8 Frauen in den Medien

Im September 2002 wurde als Kollaboration von vier NROn[205] in zwölf südafrikanischen Ländern[206] eine Studie über geschlechtsspezifische Berichterstattung (Gender and Media Baseline Study) durchgeführt.[207] 14 Medien in Mosambik wurden auf ihre Berichterstattung untersucht, vertreten waren alle Arten von privaten und öffentlichen Medien. Was das Zitieren von Frauen als Quelle einer Nachricht angeht, hatte Angola mit 26% die höchste Quote, Mosambik liegt bei 15%, der Durchschnitt beträgt 18% (MISA-Gender-Studie: 26). Zwischen den privaten und öffentlichen Medien in Mosambik besteht bezüglich der Zitierweise kein signifikanter Unterschied. Am besten schnitten die Zeitungen *Media Fax* und *Fim de Semana* sowie das Comunitária-Medium *RT Verde* ab, am schlechtesten *Rádio Moçambique* und *Correio de Manhã*. Die Autoren zeigen sich selbst überrascht, dass Länder wie Südafrika, das eine der progressivsten Verfassungen hat, und Mosambik, das auch als fortschrittlich gilt, deutlich schlechter abgeschnitten haben als andere Länder (ebd.). Der Report wertet es als unprofessionell und diskriminierend, den Familienstand oder verwandtschaftliche Beziehungen in einem Medienbericht zu erwähnen oder kenntlich zu machen, wenn diese irrelevant für die Geschichte selbst sind. Deutlich häufiger werden Frauen in den Medien der untersuchten Länder als Gattin, Tochter oder Mutter kenntlich gemacht (11%) als Männer als Gatten, Söhne oder Väter (2%). Der weltweite Durchschnitt liegt bei 21% für Frauen und 4% für Männer, in Mosambik ist bei den Männern in keinem der untersuchten Medien und Berichte eine Familienbeziehung erkennbar,[208] bei den Frauen sind dies 7% der Fälle (MISA-Gender-Studie: 29).

---

[205] *Media Institute of Southern Africa (MISA), Gender Links (GL), Open Society Initiative for Southern Africa* und *Friedrich-Ebert-Stiftung (FES).*

[206] Angola, Botswana, Lesotho, Malawi, Mauritius, Mosambik, Namibia, Südafrika, Swasiland, Tansania, Sambia und Simbabwe.

[207] Der Studie liegen ein so genanntes quantitatives und ein qualitatives Monitoring zugrunde. Das quantitative Monitoring beinhaltete Informationen über Verteilung der Quellen-Angaben in den Medien, unterteilt nach Geschlecht, Beschreibung der Quellen, Informationen über Rasse und Alter, ob Männer oder Frauen zu einem bestimmten Gegenstand zitiert werden, ob es Journalisten oder Journalistinnen sind, die berichten, welche Gender-Stereotype von wem vermittelt werden sowie Weiteres (*MISA*-Gender-Studie: 20). Das qualitative Monitoring diente der Sammlung konkreter Beispiele und Fallstudien über Gender-Stereotype, vor allem im Bereich physischer Merkmale, Fotos, Rollenzuweisungen als Mutter oder Sexualobjekt (MISA-Gender-Studie: 21). Auch Cartoons, Bilder und andere grafische Darstellungen wurden analysiert.

[208] Im Widerspruch dazu liegt der Anteil der als Familienmitglieder erkennbaren Männer in der vierseitigen Zusammenfassung der Studie bei 3%.

Was die mediale Darstellung der Geschlechter unterteilt in Berufe angeht, so kommen die Frauen nur bei Themen wie Schönheit und Kosmetik auf 100%. Als Hausfrauen sind 57% erkennbar (Männer als Hausmann 43%), als Sportler 6% (Männer 92%)[209], Unterhaltungsbereich 25% (Männer 75%) (Zusammenfassung MISA-Studie: 4). Frauen werden als Quellen einer Nachricht oder Information nur bei geschlechtsübergreifenden Gewalttaten häufiger (67%) zitiert als Männer, die im Untersuchungszeitraum in Mosambik gar nicht zu dem Thema zitiert wurden, bei allen anderen Themen liegen Männer vorne: besonders stark bei Sport (87% Männer), Landwirtschaft (83%), Verbrechen und Politik (je 79%), Krieg (74%), und Wirtschaft (72%) (Zusammenfassung *MISA*-Studie: 4).

Beim Zitieren und Interviewen von Politikerinnen liegen die Prozentzahlen erstaunlicherweise in den Ländern besonders niedrig, in denen die Parlamente den größten Frauenanteil haben: Südafrika, Tansania und Mosambik. In Mosambik sind 31% der Parlamentsmitglieder Frauen, in den Medien werden sie nur mit einem Anteil von 10% zitiert und erwähnt (*MISA*-Gender-Studie: 31).

Der Anteil von Frauen in den elektronischen Medien in Mosambik liegt besonders hoch, wenn diese zwischen 20 und 34 sind, während diese in den Printmedien kaum angestellt sind. Insgesamt arbeiten insgesamt 3 % Frauen in den Medien. Umgekehrt sind Männer zwischen 35 und 49 in allen Medien stark repräsentiert (Zusammenfassung der MISA-Studie: 3).

Abb. 35: Präsenz von Männern und Frauen in den Medien

	Mosambik		**Weltweit**	
	Frauen	**Männer**	**Frauen**	**Männer**
Fernsehmoderatoren	32%	68%	fehlen Angaben	
Fernsehreporter	35%	65%	36%	64%
Radioreporter	11%	89%	28%	72%
Pressejournalisten	3%	97%	26%	74%

Abb. 35 zeigt, wie das Verhältnis zwischen Männern und Frauen sich bei verschiedenen Medienberufen darstellt (MISA-Gender-Studie: 34).

Eine der ersten Untersuchungen zum mosambikanischen Fernsehen stammt von Alice Nhamposse, die in ihrer Diplomarbeit an der *ISPU* zu ermitteln suchte, welches Frauenbild in dem Programm des mosambikanischen Fernsehsenders *TVM* vermittelt wird (Nhamposse 2003: IV). Die Untersuchung stützt sich unter ande-

[209] Bei den zu 100% fehlenden Prozent handelt es sich um Fälle, wo das Geschlecht nicht aus dem Bericht, der Reportage o.ä. hervorgeht.

rem auf eine Befragung mosambikanischer Frauen mittels eines 3-seitigen Fragebogens mit insgesamt 10 Frageblöcken in Matola, am Stadtrand von Maputo. Die Hypothese der Arbeit lautete: Frauen werden als Objekt behandelt, nicht als handelnde Personen, um für den Kauf von Produkten und Marken Aufmerksamkeit zu erregen (Nhamposse 2003: 4). Auf der anderen Seite präsentiert *TVM* Frauen als Beiwerk bei sozialen Themen, ohne im Informationsprogramm wirklich auf diese einzugehen. Ziele der Arbeit: vertieftes Verständnis der Wahrnehmung von Frauen in den *TVM*-Programmen, Identifizierung der Programme, in denen Frauen vorkommen sowie Feststellung, wie die Integration von Frauen beim mosambikanischen Fernsehen besser funktionieren kann (Nhamposse 2003: 6). Für die Arbeit wurden Werbespots, Telejournale und stichprobenartig Ausgaben des Programms „Frauenmagazin", das zwischen 1997 und 2000 52-mal ausgestrahlt wurde, analysiert. Zusätzlich wurden bei *TVM* angestellte Frauen interviewt. Als Ergebnis stellt Nhamposse fest, dass:

- die mosambikanischen Film-Beiträge die Frau oft als sich aufopfernde Frau und Mutter darstellen,
- die weiblichen mosambikanischen Moderatorinnen ein eher starkes Frauenbild verkörpern
- in Werbung, Videoclips und brasilianischen Telenovelas die Frau zum Sexualobjekt degradiert würde (Nhamposse 2003: 54).

4.9 Medienrezeption

Die mosambikanische Gesellschaft ist rezeptionsforschungstechnisch weniger kompliziert aufgebaut als die europäischer Länder mit vielen sozialen Milieus und Schichten. Sie besteht, wenn man im Sinne einer holzschnittartigen Betrachtung den Aspekt der verschiedenen Sprachen und viele soziologisch und ethnologisch relevante Widersprüche zu dieser These beiseite lässt, aus zwei Klassen, nämlich einer zahlenmäßig großen, immobilen, wenig gebildeten, ökonomisch schwachen, ländlichen Schicht und einer kleinen, nationalen und international mobilen, gebildeten, im Landeskontext als wohlhabend zu bezeichnenden urbanen Schicht. Diese beiden Schichten haben allein schon aufgrund der verschiedenen Grade von Alphabetisierung und Beherrschung der Landessprache Portugiesisch sowie der Tatsache, dass schätzungsweise ¾ der Medien und Journalisten in der Hauptstadt Maputo sowie den Städten Beira und Nampula angesiedelt sind, ein fundamental unterschiedliches Kommunikationsverhalten.

Es liegt bisher keine Studie oder Untersuchung über Medienrezeption in Mosambik vor. Einen Teilbereich hat die *UNESCO*-Studie von 1999, Media Pluralism Landscape untersucht. Die *UNESCO*-Medienprojekt-Leiterin Birgitte Jallov geht davon aus, dass etwa 1% der Bevölkerung Presseerzeugnisse tatsächlich lesen und etwa 20% der Mosambikaner sprachlich in der Lage sind, portugiesischen Radionachrichten zu folgen und sie zu verstehen. Es gibt derzeit in Mosambik eine bedeutende Tageszeitung mit einer Auflage von etwa 13.000 – d.h. bei ausverkaufter Auflage kommt auf etwa 1.450 Mosambikaner eine gekaufte Zeitung. Nimmt man realistischerweise an, dass mehrere Leute eine Zeitung lesen, ergibt dies dennoch einen verschwindend geringen Anteil an Zeitungslesern. Es gibt einen staatlichen Fernsehsender, ein portugiesischer Fernsehsender strahlt ebenfalls aus, südafrikanische Satellitenprogramme werden beliebter, vor allem in den Städten. „A rádio é o meio de comunicação mais importante do país“ (Lima 2000: 138): Das einzig wirklich einflussreiche Medium ist das Radio, vor allem *Rádio Moçambique*, das in vielen verschiedenen mosambikanischen Sprachen ausstrahlt. Der mosambikanische Censo von 1997 ermittelte, dass 28% der mosambikanischen Haushalte über einen Radioempfänger verfügen, inzwischen dürfte diese Zahl deutlich höher liegen (MISA 2000: 22). Im Jahr 2000 waren 105.000 Fernsehempfänger in Gebrauch (Pelíssier 2003: 759).

4.10 Zusammenfassung: Medien in Mosambik

Bisher wurden die Mediengeschichte und der *status quo* der Medien in Mosambik dargestellt. Dabei wurde deutlich, wie jahrzehntelang einige portugiesisch gelenkte Medien für die Kommunikation zwischen den Portugiesen verantwortlich waren, die in der „Provinz Mosambik“ lebten. Parallel dazu entstand mit der Zeitschrift *Tempo* eine antikoloniale Stimme. Nach erfolgreichem Befreiungskrieg und der Unabhängigkeit 1975 kontrollierte die *FRELIMO* in sozialistischer Manier die Informationspolitik und machte *Rádio Moçambique*, die Zeitung *Notícias* und die Zeitschrift *Tempo* zu ihren Sprachrohren. Ziel war die Erhaltung der nationalen Einheit, vor allem unter dem bald beginnenden Druck des Bürgerkriegs. Seit 1992 vollzog die *FRELIMO* eine westlich-demokratische und zunehmend neokapitalistische Wende. Das in den 80er Jahren aufkommende Fernsehen *TVM* sowie *Rádio Moçambique* und die Zeitung *Notícias* blieben in ihrer Berichterstattung staats- und regierungsnah, *Tempo* versank zeitweilig in der Bedeutungslosigkeit. Mitte der 90er entstanden die ersten kritisch berichtenden Zeitungen, oft Fax-Organe, sowie konfessionelle Radiosender und zunehmend gemeinwesenorientierte *Rádios Comunitárias*, deren Rolle bis heute ungeklärt st.

Heute geben die Sprachenvielfalt in Mosambik und der hohe Analphabetismus-Anteil in der Bevölkerung der Medienlandschaft ihr spezifisches Gepräge. Als besonders wichtig angesehen wird insgesamt die starke Bedeutung des Radios, die besondere Rolle weniger Printmedien als investigative intrajournalistische „Agenda Setter“ mit minimaler Auflage und die noch geringe Bedeutung von Fernsehen und Internet, deren Bedeutungszunahme sich allerdings schon ankündigt – in der Hauptstadt kann man seit kurzem südafrikanisches Satellitenfernsehen empfangen. Für ein Verständnis der heutigen Medienszene in Mosambik unabdingbar ist die besondere Zweiteilung in öffentlichen Rundfunk mit dem landesweit stark dominierenden *Rádio Moçambique* sowie dem „Beinahe-Monopolisten“ *Televisão de Moçambique* zum einen und privaten Medien zum anderen. Die regierungsnahe *Notícias* bleibt durch Auflage und Infrastruktur die bedeutendste Tageszeitung, sieht sich aber mittlerweile den unabhängigen Wochenzeitungen *Zambeze* und *Savana* gegenüber sowie einer Fülle von teils kommerziellen, teils kritisch-investigativen Fax-Zeitungen mit geringer Auflage und weiteren Wochenzeitungen, die teilweise Boulevardcharakter haben. Für das Gros der Bevölkerung wesentlich bedeutender ist eine durch zumeist ausländisches Kapital sich schnell entwickelnde Radioszene, bei der die *UN*- und *ICS*-geförderten *Rádios Comunitárias* eine besondere Rolle spielen. Die *UNESCO* und einige NROn fördern einen Teil der *Rádios Comunitárias* technisch und inhaltlich, für einen anderen Teil ist das mosambikanische Institut *ICS* zuständig, das finanziell schlecht ausgestattet ist.

5. Medienrecht und -organisation in Mosambik

Wilke subsumiert als Teil der Mediensystemforschung die Betrachtung der normativ-rechtlichen und organisatorisch-wirtschaftlichen Grundlagen von Medien (Wilke 2002: 19). Kernfragen sind: Wer übt die Kontrolle aus? Wie werden Medien finanziert? Wer hat Einfluss auf Programme und Inhalte? Welche Formen von Absatz und Distribution gibt es? Um diese Fragen sowie um eine Betrachtung der medienrelevanten Gesetzgebung und Praxis soll es in diesem Kapitel gehen.

Zunächst soll das Modell aus Abb. 34 ergänzt werden um die Komponenten öffentliche und private Medien, Regierung und *Gab Info* und NROn/*UN*. Wiederum handelt es sich um eine vereinfachende Darstellung, die im Folgenden präzisiert wird.

Abb. 36: Private Medien sanktionsgefährdeter als öffentliche

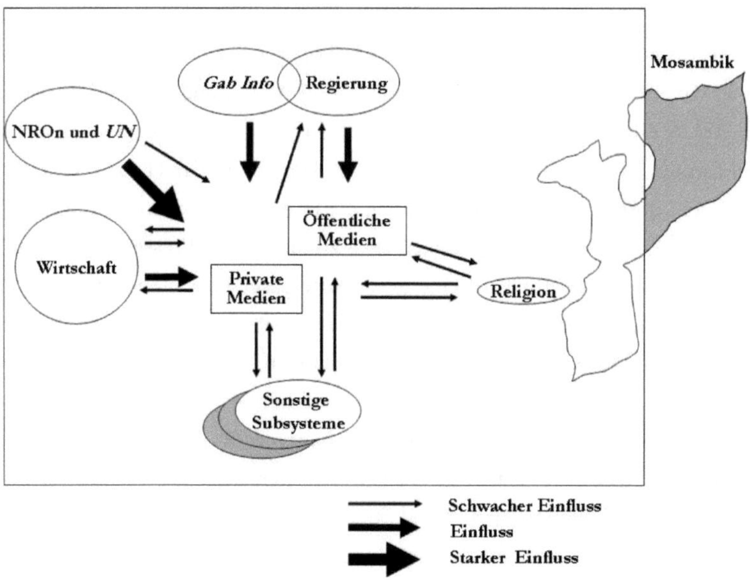

Abb. 36 zeigt holzschnittartig das unterschiedlich starke Sanktionspotential der verschiedenen Subsysteme auf die privaten und öffentlichen Medien in Mosambik. Während die öffentlichen vor allem durch Regierung sanktioniert werden, hängen die privaten von der Lizenzierung durch das *Gabinete da Informação* ab sowie von den Werbeeinnahmen aus der Wirtschaft. Als neuer „Player" (und grafisch eingeordnet zwischen „Wirtschaft" und „Politik") kommen die Maßnahme von NROn, *UNESCO* und anderen internationalen Organisationen und Institutionen hinzu, von denen vor allem die privaten Medien wie die Rádios Comunitárias oder die regierungskritischen Zeitungen zurzeit teilweise finanziell und organisatorisch abhängig sind.

5.1 Medienrecht

Das Medienrecht soll hier nur kurz skizziert und nicht, wie es untersuchenswert wäre, umfassend analysiert und mit den Pressegesetzen anderer Länder verglichen werden. Die Verfassung Mosambiks aus dem Jahre 1990 ist insgesamt sehr fortschrittlich: Geschlechtergleichheit, umfassende Persönlichkeitsrechte, Versammlungsfreiheit etc. entsprechen modernen demokratischen Standards. Die Verfassung garantiert in Artikel 74 die Meinungs- und Pressefreiheit, das Recht der Journalisten auf Information und das Recht, ihre Informationsquellen geheim zu halten:

1. Alle Bürger haben das Recht auf freie Meinungsäußerung (liberdade de expressão), Pressefreiheit (liberdade de imprensa) und Informationsfreiheit (direito à informação).
2. Das Recht auf freie Meinungsäußerung umfasst das Recht, seine Gedanken mit allen legalen Mitteln zu verbreiten; die Ausübung der Informationsfreiheit wird nicht durch Zensur behindert.
3. Die Pressefreiheit umfasst explizit das Recht, sich frei auszudrücken, Journalist zu werden, Zugang zu Informationsquellen, Schutz der Unabhängigkeit und Wahrung professioneller Berufsgeheimnisse (sigilo profissional) sowie das Recht, Zeitungen und andere Publikationen zu produzieren.[210]
4. Diese Rechte finden ihre Grenzen in der Achtung der Verfassung, in der persönlichen Würde des einzelnen, in den Zwängen (imperativos) der Außenpolitik sowie der nationalen Verteidigung.

Das 1991 verabschiedete Presserecht umfasst 66 Artikel und ist in 9 Kapitel gegliedert. Art. 6 erlaubt staatlichen und privaten Besitz von Presseerzeugnissen sowie Mischformen. Art. 5 und 6 legt fest, dass Medien nur in der Hand von Mosambikanern sein dürfen und auch nur solchen, die ihren Wohnsitz in Mosambik haben. Privatbesitz von Radio und Fernsehen ist – zumindest im Pressegesetz – bis heute nicht vorgesehen. Hierfür wird eine gesonderte gesetzliche Regelung angekündigt (Art. 6, 4). Diese wurde im Rahmen der Friedensverhandlungen von *FRELIMO* und *RENAMO* in Rom am 12.3.1992 in einem Protokoll aufgenommen, das den Privatbesitz von Medien auch auf Radio und Fernsehen ausweitet (vgl. Berger 1993: 38). Die öffentlichen Medien, also das nationale Radio, das nationale Fernsehen und die nationale Nachrichtenagentur haben den expliziten Auftrag zur Verbreitung von Meinungsvielfalt und Sprachenvielfalt (Art. 11). Ihnen wird explizit Unabhängigkeit von jeder Einflussnahme zugesichert (Art. 11, 4), was allerdings durch die Festlegung in Art. 9, 2 relativiert wird, dass alle Direktoren öffentlicher Medien durch die Regierung bestimmt werden. Ausländer dürfen maximal 20%

[210] Dass vertrauliche Quellen und der Schutz von Informanten gegen Freigabe Teil der Verfassung ist, ist eine bemerkenswerte Besonderheit des mosambikanischen Presserechts und laut der *MISA*-Regionaldirektorin Jeanette Minnie weltweit einzigartig (vgl. Mukela 2001: 121). Es gebe zwar auch andere Länder, die Quellen schützen würden, jedoch stets auf Basis von Pressegesetzen, nicht in der Landesverfassung.

eines Mediums besitzen (Art. 6, Abs. 6). Art. 12 garantiert Sendezeiten für die verschiedenen Parteien vor Wahlen. Kapitel III regelt die Registrierung eines neuen Mediums. Artikel 26 beschreibt den offenen Berufszugang und definiert, wer als Journalist angesehen wird. Dies ist hier weit gefasst, berufsständische Zugangsschranken sind nicht vorgesehen. Artikel 28 regelt die Pflichten des Journalisten, Artikel 30 regelt den Schutz der Quellen journalistischer Arbeit, der sehr weit geht: Journalistische Quellen und Informanten müssen nicht preisgegeben werden. Kapitel V beschreibt in den Artikeln 33 und 34 das auch in Deutschland geltende Widerspruchsrecht (Direito da resposta). Kapitel VI definiert in den Artikeln 35 bis 40 Existenz und Arbeit des „*Conselho Superior das Comunicação Social*" (Hoher Schiedsrat der Massenkommunikation). Dieser soll die Unabhängigkeit der Medien, die Pressefreiheit, das Widerspruchsrecht und die Senderechte kontrollieren und gewährleisten. Kapitel VII beschreibt zivilrechtliche und strafrechtliche Verantwortlichkeiten. Insbesondere Mitglieder von Parlament, Regierung und diplomatischem Chor sind vor Beleidigungen und Diffamierungen geschützt (Art. 46).

5.1.1 Entstehung des Medienrechts

Laut Sadique haben die Journalisten, die in der Nationalen Journalistenorganisation *ONJ* zusammengeschlossen waren, einen erheblichen Anteil daran, dass das Gesetz schnell und sogar noch vor dem Friedensschluss durch das damals noch Einparteien-Parlament eingeführt wurde (Sadique 1999: 69).[211] Nachdem im Verfassungsentwurf die Pressefreiheit keine Erwähnung fand, starteten im Februar 1990 einige prominente Journalisten[212] eine Initiative. Diese führte zu dem Dokument „O direito do povo à informação" (das Recht der Menschen auf Information), das eine Einbeziehung umfassender Rechte zur Meinungs- und Pressefreiheit forderte und schließlich von 165 Journalisten unterschrieben wurde. Man übergab die Petition dem Präsidenten. Das Dokument schlug nach Aussage von Lauriciano (1995: 58) ein „like a bombshell". Konservative Kräfte in der Regierung versuchten in der

[211] Die großen Verdienste des *ONJ* bzw. später des *SNJ* wurden auch in den Interviews bestätigt, ungeachtet der Tatsache, dass dieselben Interviewpartner sagten, zur Zeit seien die Aktivitäten fast gänzlich eingeschlafen, was aber auch viel mit der Person Hillário Matusse zu tun habe, der seit einigen Jahren Präsident ist und sich passiv verhalte.

[212] Dies waren vor allem Printjournalisten, die seit den 70er Jahren und teilweise davor Bedeutung erlangten und später die ersten unabhängigen Printmedien gründeten: Albino Magaia, Carlos Cardoso, Kok Nam, Fernando Lima, Leite de Vasconcelos, Ricardo Rangel.

Folgezeit herauszufinden, welche „Weißen“ und „Anarcho-Liberalen“ für diese Schrift verantwortlich gewesen seien (vgl. Lima 2000: 135). Schließlich aber versiegten die Versuche, die in dem Dokument geforderte Presse- und Meinungsfreiheit aus der Gesetzgebung auszuklammern, und der Inhalt wurde vom Parlament in Form von Art. 74 in die Verfassung aufgenommen.[213] Das Presserecht wurde am 10. August 1991 mit der Nummer 18/91 ratifiziert. Es ist beeinflusst vom portugiesischen Presserecht (Lima 1999) sowie von den Mediengesetzen anderer Länder.

5.1.2 Medienrecht: Rezeption und Kritik

„Das Wichtigste in dieser Situation ist es, Gesetz und Ethik miteinander zu vermählen, was aber zumindest bei uns im Land nicht geschieht.“ Coelho 2001: 34

Das Presserecht insgesamt wird von Experten als sehr gut, umfassend und progressiv bezeichnet.[214] In der Region des südlichen Afrika ist das in der mosambikanischen Verfassung garantierte Recht, seine Informanten geheim zu halten, einmalig. (Moyana 2003: 47; MISA 04/05: 38). Lima weißt darauf hin, dass trotz aller Schwierigkeiten und Beschränkungen („difficuldades e limitações“) Mosambik als Land angesehen wird, in dem die Pressefreiheit geachtet wird (Nick/Lima 2000: 129).

Problematisch ist die Tatsache, dass Artikel 11 ausschließlich den öffentlichen Sektor von Rundfunk, also Radio und Fernsehen behandelt. Nach wie vor wird durch Art. 6, 4 geregelt, dass der Privatbesitz von Radio und Fernsehen einer Sonderregelung unterworfen ist. 1992 wurde das Telekommunikations-Gesetz 22/1992 erlassen, das die Vergabe von Frequenzen für private Rundfunkmedien regelt. Diese werden vom *Instituto Nacional das Comunicações de Moçambique* vergeben, einer dem Ministerium für Transport und Kommunikation unterstellten technischen Körperschaft. Bisher sind keine Fälle von Nichtvergabe bekannt geworden [Article 19 (1999): 4]. Im Oktober 1993 schließlich verabschiedete die Regierung Dekret Nr. 23/93, das den privaten Besitz von Radio und Fernsehen offiziell erlaubt. Aber auch hier wurde die Situation der kommunalen Medien, vor allem der Rádios Comunitárias, nicht eindeutig geklärt. Die katholischen Radios wurden seit der Gründung des ersten katholischen Radios, *Rádio Encontro* in Nampula, staatlich toleriert

[213] Vgl. Namburete 2003: 32f.; Berger 1993: 38.

[214] Moyana 2003: 47; Lima 2000: 131; Lalá/Ostheimer 2002: 12; Article 19 (1999): 4.

und befinden sich in einer Art rechtlicher Grauzone, während die Rádios Comunitárias rechtlich dem Verbandsrecht unterstehen, was insofern möglich ist, da Verbände eigene Medien unterhalten dürfen (UNESCO 2004: 5). Lima weist in seinen Anmerkungen zu „Lücken und Unvollkommenheiten" (2000: 131) im Presserecht vor allem auf die mangelnde Berücksichtigung der Rádios Comunitárias hin, die zu ungerechten Besteuerungen führen könnten. Auch die Gründungsform der Kooperative sei nicht angemessen berücksichtigt, insbesondere bei den Medien, die von Bauernkooperativen gegründet würden (Lima 2000: 131). Insgesamt ist das Pressegesetz zu allgemein und ungenau formuliert und bietet zuviel Spielraum für Interpretation, wie Coelho (2001: 34) zutreffend bemerkt: „(...) unser Gesetz 18/91 vom 10. August überlässt in vielen Fällen alle Entscheidung den Richtern."

In der *UNESCO*-Untersuchung von 1999 wurden insgesamt 111 bestehende bzw. geplante Medienunternehmen nach ihrer Zufriedenheit bezüglich der medienrechtlichen Situation befragt. 14% antworteten nicht, 2/3 sagten, sie seien zufrieden, 1/3 äußerte sich unzufrieden. Die Unzufriedenen stammen vor allem aus Maputo, was laut Aussage der Untersuchenden damit zu tun hat, dass Medien in Maputo länger existieren. Folgende Feststellungen wurden getroffen (UNESCO 2001d: 92):

- Die Unzufriedenheit hatte entweder mit der Steuergesetzgebung oder mit der Mediengesetzgebung zu tun.
- Die Unzufriedenheit über die Steuergesetzgebung bezog sich auf das Steuersystem, Importzölle, Verkaufszölle, Besteuerung von Werbeeinnahmen, auch wenn kein aktueller Profit vorliegt, öffentliche Radiosteuern etc.
- Die Unzufriedenheit bezüglich der Mediengesetzgebung beinhaltete Kommentare zu der Unklarheit der Situation von Radio und Fernsehen bezüglich des Erhalts von Lizenzen, Sorge um den Sendezugang von ausländischen Medienunternehmen, seien es religiös orientierte oder andere, und allgemeine Unklarheiten bei der Definition und Ausführung von Radio- und TV-Programmen.
- Generell war trotz der Kritik eine große Zufriedenheit mit dem Schutz der Presse- und Meinungsfreiheit zu spüren.

Betrachtet man die Meinung der Medienunternehmen zu ihrem eigenen rechtlichen Status, liegt die Zahl der Zufriedenen höher, allerdings wurde in 21% der Fälle die Antwort verweigert (UNESCO 2001d: 93). Die Unzufriedenheit bezog sich auf die folgenden beiden Punkte:

• Einige Medien, die sich als nicht-kommerziell und gemeinnützig ansehen, wurden als kommerziell registriert. Sie möchten aber gerne von den Steuerbefreiungen profitieren.

• Es wurde bemängelt, dass Fax-, E-Mail- und Internet-Medien im Recht nicht vorkommen. Diese Medien beklagen hohe Telekommunikationskosten, von denen sie gerne ganz oder teilweise befreit würden.

Exkurs: Das „*Anteprojecto*"

Am umstrittensten und meistdiskutierten[215] ist Art. 29, der den Zugang der Journalisten zu offiziellen Informationen („*o acesso as fontes oficiais de informação*") regelt, aber in den Fällen von Justizgeheimnis, Militärgeheimnis und Staatsgeheimnis seine Grenzen findet. Weitere Unklarheit entsteht durch Art. 5, der den Respekt der Journalisten vor den „Zwängen der Außenpolitik und der nationalen Verteidigung" fordert. Coelho und der Journalistik-Dozent Marcelino Alves kritisieren, dass diese Ausnahmen nirgendwo konkret gesetzlich definiert werden.[216] Auch Lima gibt an, dass die Regierung der in Art. 29 formulierten umfassenden Informationspflicht den Journalisten gegenüber nicht nachkomme (Lima 2000: 132). Gerade Journalisten unabhängiger Medien beschweren sich über die Bevorzugung von Kollegen aus dem staatlichen Sektor.[217] Die NRO *Article 19* [(1999): 9] stellt pointiert fest: "In general, access to information from the government and officials depends on good will and contacts rather than on clearly established rules". Moyana spricht davon, dass die tägliche Praxis in Mosambik „voll von Beispielen" sei, wie Beamte die Weitergabe von Informationen behinderten und die Einsichtnahme in Planungsberichte von staatlichen Projekten mit Verweis auf eine Geheimhaltung verböten, „bei der niemand weiß, worauf sie sich eigentlich stützt" (Moyana in FES 2000: 42). Er berichtet als positives Gegenbeispiel transparenter Informationshandhabung von der deutschen *Gauck-Behörde*, die Hunderttausende von Akteneinnahme-Anträgen von Bundesbürgern in die Stasi-Akten gut verkraftet habe (FES 2000: 44). Moyana war hier offenbar geschult durch die *Friedrich-Ebert-Stiftung*, die Ende 2000 ein Gründungsseminar für die Initiative zur Neuregelung des Informationszugangsgesetzes ausrichtete (*Anteprojecto de Lei de acesso as fontes oficiais de informação*).

---

[215] Vgl. Lima 1999.

[216] Vgl. Coelho 2003a: 26; Alves in FES 2000: 16.

[217] Der *Médiafax*-Journalist Rui de Carvalho in einem Interview in *Domingo* vom 18.4.1999.

Das *Anteprojecto* beinhaltet Entwürfe für neue Versionen der Verfassungsartikel 48, 49 und 70 [Article 19 (1999): 3]. Der neue Artikel 48 fügt dem Inhalt des Art. 74 die Unabhängigkeit, Meinungsfreiheit und Herausgeberunabhängigkeit der Medien hinzu. Grenzen soll dieses Recht nicht, wie in der mosambikanischen Verfassung vorgesehen, in den Bereichen Außenpolitik und Landesverteidigung finden, sondern nur in der Achtung der Landesverfassung, der Menschenwürde und für den Kriegsfall in der Situation des Notstandes. Der Entwurf zu einem neuen Art. 49 formuliert das Recht auf werbende Ausstrahlungen politischer Parteien, Gewerkschaften und professioneller Organisationen in öffentlichen Medien, vor allem vor Wahlen. Der Entwurf zu Art. 70 macht das *CSCS* zu einem unabhängigen Organ (ebd.).

Die Entwürfe ihrerseits wurden wiederum scharf kritisiert, man warf den Verfassern des *Anteprojecto* vor, mehr auf Seiten der Macht als auf der der Journalisten zu stehen.[218] Fernando Lima argumentierte pragmatisch, ein neues Gesetz solle vor dem Hintergrund der Notwendigkeit formuliert werden, dass die Behörden mit Datenbänken und Informationssystemen ausgestattet werden, um den Journalisten die entsprechenden Informationen auch geben zu können.[219]

Die NRO *Article 19* sieht es als problematisch an, dass Art. 47 Diffamierung unter Gefängnisstrafe stellt. Der besondere Schutz von Politikern führt zu der absurden Situation, dass beispielsweise der Staatspräsident auch dann als diffamiert angesehen werden kann, wenn der in den Medien berichtete Inhalt wahr ist ([Article 19 (1999): 8]. *Article 19* argumentiert zutreffend, ein Politiker solle nicht stärker als jeder andere Staatsbürger vor den Medien in Schutz genommen werden, sondern aufgrund seines öffentlichen Amtes weniger stark. Auch die besondere Inschutznahme von privaten oder familiären Angelegenheiten öffentlich angegriffener Personen (art. 47, 1b) wird von *Article 19* als zweifelhaft angesehen. Diese Kritik erwies sich als prophetisch in Bezug auf den Prozess um die Ermordung von Carlos Cardoso, bei dem die Verstrickung des Präsidentensohnes Nyimpine Chissano – unter anderem durch die Gefahr, die für Journalisten mit offener Kritik an einem Mitglied der Präsidentenfamilie verbunden ist – nie aufgeklärt wurde.

---

218 Augusto Carvalho in: Jornal Notícias, Ausgabe 25678, Mai 2003: 3.

219 In: Zeitung *Notícias*, Ausgabe 25678, Mai 2003: 3. Auch Eugénio Monteiro forderte eine Verbesserung der Archivierung bedeutender Dokumente (vgl. FES 2000: 48f.).

5.1.3 Übergriffe auf Journalisten

Das Southern Media Directory 2004/05 stellt fest: "The media in Mozambique is not, in general, subject to government restrictions", bemerkt aber einschränkend:

> "However there are still fears that the progressive new laws do not give journalists enough protection. The killing of Carlos Cardoso in November 2000 and the intimidation acts against journalists indicate that the working environment for journalists is fragile" (*MISA* 04/05: 37f.).

Laut *IRIN (2002)*, einem *UN*-Informationsnetzwerk, wurde der Journalist Salomão Moyana mehrfach telefonisch mit dem Tod bedroht, beginnend mit den Wahlen 1994, besonders auch in der Zeit des Cardoso-Prozesses. Fauvet berichtet 1996 von mehrfachen Übergriffen der Polizei und regionaler Geschäftsleute in Beira gegen Herausgeber und Journalisten der Tageszeitung *Diário de Moçambique* (Fauvet 1996: B624). Präsident Chissano selbst zog lange Zeit keine Konsequenzen aus den in *Diário de Moçambique* und *Savana* referierten, sich häufenden Vorwürfen gegen seinen Innenminister Manuel Antonio wegen Korruption, Brutalität und antidemokratischen verbalen Attacken in Zusammenhang mit dem Tod von Gefängnisinsassen (Fauvet 1996: B624f.). Chissano galt stets als bedächtiger Warner und als konservativ bei der Entwicklung einer pluralen Medienlandschaft. Bei einer Zeremonie zur Einsetzung neuer *CSCS*-Mitglieder sprach er von Tendenzen mosambikanischer Journalisten, Sensationalismus und spekulativer Berichterstattung (Reporters 2004) breiteren Raum einzuräumen. Wenn Journalisten im Markt-Wettbewerb ihre professionellen Codes missachteten, dann sei dies eine negative Folge der Medienvielfalt.

Coelho (2001: 33) berichtet von Versuchen, Journalisten einzuschüchtern, sowie von Prozessen gegen Medienorgane, die private Dinge betreffen.[220] Tettey (2001: 15) referiert den Fall eines über mehrere Wochen eingesperrten Journalisten von *Rádio Moçambique*, der 1998 über den Tod von Gefängnisinsassen in Chiure berichtet hatte. Der Bericht von *Reporter ohne Grenzen* listet für 2004 insgesamt etwa 10 Journalisten auf, die durch anonyme oder polizeiliche Bedrohungen, körperliche und verbale Attacken, Kurzzeitinhaftierungen etc. beeinträchtigt wurden. Der Jahresbericht 2003/04 von *MISA* (www.misa.org) zählt für Mosambik folgende Angriffe auf Journalisten: Zweimal wurden Journalisten geschlagen, dreimal zensiert, einmal in Haft genommen und zweimal eingeschüchtert (*MISA*-Report, 2004: 36).

---

[220] Dem Autor wurde von einer Einschüchterungsmethode erzählt, bei der einem Journalisten in Beira eine Fotografie zugestellt wurde, die ihn unter der Dusche zeigt.

Im *MISA*-Bericht heißt es: "Though broadcasting is relatively free in Mozambique, there is need to have an authority to regulate the broadcasting sector" (MISA-Report 2004: 62). Tettey berichtet von einem mosambikanischen Journalisten, der im November 1998 23 Tage und zwischen Februar und März 1999 weitere 20 Tage im Gefängnis zubrachte, da seine Reportage über den Tod eines Gefängnisinsassen in Chiure (Cabo Delgado) das Missfallen der Polizei erregt hatte (Tettey 2001: 15).
Ian Christie ist – neben verschiedenen Politikern, die sich von den Medien angegriffen fühlen – der einzige Medienexperte, der über Opfer der Presse berichtet. Er kritisiert die namentliche Nennung eines Vergewaltigungsopfers in zwei Printmedien ohne negative Konsequenzen für die Berichtenden (Mukela 2001: 142).

5.1.4 Blattmacher und Journalistenidol: Carlos Cardoso (1951-2000)

Vorbemerkung

Die Brutalität und Kaltblütigkeit, mit der Carlos Cardoso ermordet wurde, sowie die Unentschlossenheit, mit der seine Mörder verfolgt wurden, erlauben letztlich kaum umfassende Rückschlüsse auf das Mediensystem und die Medienrechtsprechung in Mosambik, sondern demonstrieren vielmehr ein internationales Faktum: Investigativer Journalismus, der die wirtschaftlichen Interessen von Banken und Unternehmen gefährdet, provoziert handfeste Reaktionen. Da aber zum einen Cardoso alle bedeutenden mosambikanischen Medien geprägt hat und sein Leben mit der Mediengeschichte eng verknüpft ist, zum anderen der mehrjährige Gerichtsprozess Journalisten und Bürger in Mosambik in einem hierzulande kaum vorstellbaren Maße beschäftigt und viele Diskussionen provoziert hat, soll der „Fall Carlos Cardoso" hier skizziert werden.

Carlos Cardoso, portugiesisch-stämmiger afrikanischer Avantgarde-Journalist, war Gründungsmitglied von *AIM*, *Mediacoop*, *Médiafax* und *Metical*. Er spielte in der Politik und Medienszene Mosambiks seit Mitte der 70er Jahre bis zu seiner Ermordung 2000 eine bedeutende Rolle als kompromissloser Kritiker mosambikanischer Politik und der Wirtschaftspolitik, der *Weltbank* und mosambikanischer Banken. Sein investigativer journalistischer Stil, seine bescheidene Lebensführung und seine Rolle als weißer Mosambikaner machten ihn schon vor seiner Ermordung zum Symbol eines unabhängigen Journalismus.

Während seines Studiums in Südafrika engagierte sich Cardoso gegen das Apartheid-Regime und wurde dort des Landes verwiesen (vgl. EMW 2003: 53). Er begann 1975 seine journalistische Laufbahn als Redakteur der revolutionären Zeitschrift *Tempo*, arbeitete kurz bei *Rádio Moçambique* und wurde 1980 *AIM*-Chefredakteur. 1982 wurde er für sechs Tage inhaftiert, weil er mit einem Kommentar in *Notícias* angeblich eine Regierungsverordnung zur Kriegsberichterstattung verletzt hatte (vgl. EMW 2003: 54). Später wurde er persönlicher Berater des Präsidenten Samora Machel. 1991 war er Mitbegründer der freien Medienkooperative *mediacoop* mit der kritischen und gleichzeitig unterhaltsamen Wochenzeitung *Savana* als Flaggschiff. 1997 verließ er das Blatt zusammen mit allen Redakteuren und gründete die Fax-Zeitung *Metical*. Außerdem war er Stadtabgeordneter einer freien Wählergemeinschaft in Maputo.

Cardoso kritisierte die Kräfte, die nach seiner Auffassung der Entwicklung einer sich selbst tragenden wirtschaftlichen Entwicklung entgegenstanden (vgl. Boetius 2001: 295). Er war ein unbequemer Kritiker der *Weltbank*, der präzise am konkreten Beispiel des Niedergangs der einheimischen Cashew-Industrie berichtete, wie fatal sich deren Politik ausgewirkt hatte, die Nüsse nicht mehr im Land sondern in Indien verarbeiten zu lassen. Anders als viele andere Vertreter der Bildungselite ließ er sich weder von den Gebern, noch von der Regierung instrumentalisieren, sondern nahm seine Rolle als kritischer Begleiter des Tages- und Zeitgeschehens kompromisslos ernst (vgl. Boetius 2001: 296). Eine unabhängige und wohlhabende Zukunft für Mosambik sah er nur im Gedeihen des produktiven, Steuern zahlenden Sektors und einer verstärkten regionalen Kooperation mit den Nachbarländern. Nur eine dynamische Wirtschaft werde Arbeitsplätze schaffen, werde den Aufbau und Erhalt eines Sozialsystems ermöglichen. Im Jahr 2000 sammelte er Informationen über die Hintergründe und Hintermänner des größten Betrugsskandals in der mosambikanischen Geschichte. Wie sich später herausstellte, waren bereits 1996 (vgl. Tietze 2003) im Zuge der Privatisierung der Zentralbank *BCM* umgerechnet 14 Millionen US-Dollar auf Konten der indisch-stämmigen Satar-Familie verschwunden. Cardoso wurde am 22.11.2000 auf offener Straße erschossen.

Der Prozess um seine Mörder und deren Auftraggeber zog sich über Jahre hin und war begleitet von immer neuen Pannen. Im Januar 2003 wurden schließlich Haftstrafen gegen sechs Personen verhängt.[221] Das Gericht sah es als erwiesen als, dass drei davon Auftraggeber waren, einer der *BCM*-Manager Ramaya, von dessen Filiale aus das Geld veruntreut wurde, zwei Mitglieder der Satar-Familie. Die anderen drei waren – so das Gericht – an der Erschießung Cardosos beteiligt gewesen (Pelíssier 2003: 746). Der Auftraggeber der Mörder, Aníbal dos Santos, bekannt unter dem Namen Anibalzinho, entkam, offenbar mit Hilfe der Gefängnisleitung, vor

[221] Dies ist laut *Reporter ohne Grenzen* das erste Mal in der Geschichte Afrikas, dass aufgrund eines Journalistenmordes Personen zu schweren Haftstrafen verurteilt wurden (vgl. Reporters 2004).

Prozess-Ende aus dem Hochsicherheitsgefängnis in der Hauptstadt und wurde am Tage der Urteilsverkündigung – 28 Jahre Gefängnis – für die Öffentlichkeit überraschend von der südafrikanischen Polizei nach Maputo ausgeliefert (vgl. Reporters 2004). Anibalzinhos Gesicht war im Fernsehen und auf den Titelseiten von *Zambeze* und *Savana* über lange Zeit präsent.

So wie die anderen regierungsfernen Zeitungen *Savana*, *Metical* und *Zambeze* kommentierten internationale NROn wie *Reporter ohne Grenzen*, *MISA* u.a. sowie unabhängige Beobachter wie Joseph Hanlon scharf das fragwürdige Justizgebaren, die Rolle von Polizei und Regierung, sowie die nie aufgeklärte Verwicklung des Präsidentensohnes Nyimpine Chissano in den Fall Cardoso. Die Präsidentenfamilie übte massiven Druck auf die Cardoso-Familie aus. Dem mosambikanischen Staatspräsidenten Joaquim Chissano hat die Tatsache, dass sein Sohn immer wieder, sowohl während des Gerichtsverfahrens als auch in der öffentlichen Diskussion, mit dem Mordauftrag in Verbindung gebracht wurde, nicht nachhaltig geschadet. Seine Erklärung, er würde sich nicht öffentlich zu dem Verfahren äußern, um das Gericht nicht zu beeinflussen, reichte aus, um relativ unbeschadet zu bleiben und sein Amt bis 2004 auszuüben.

5.2 Medienorganisation

Fernando Lima zählt zu den professionellen Verbänden und den Regelungs-Organisationen[222] den Journalistenverband [*Sindicato Nacional de Jornalistas (SNJ)*], *MISA Moçambique*, den Verband der Frauen im Journalismus (*Associação Mulheres na Comunicação Social*) sowie das *Conselho Superior da Comunicação Social (CSCS)*, also die Höhere Medien-Schiedsinstanz (Lima 2000: 185 f.). Nach seinen Angaben finanziert sich der Journalistenverband durch Steuern, Spenden und Vermietung von Anlagen. *MISA Moçambique* wurde gegründet von Salomão Moyana, der Chefredakteur von *Savana* war und dann die Zeitung *Zambeze* gründete, Alexandre Chiúre, Naftal Dobaldo und dem inzwischen verstorbenen britischen Journalisten Ian Christie. Finanziert wird es durch Besitz, Förderung/Sponsoring und Zuschüsse aus der *MISA*-Zentrale in Windhoek. Der Frauenverband wird durch Steuern, Förderung/Sponsoring sowie Spenden finanziert. Nur die Schiedsinstanz *CSCS* wird staatlich finanziert.

[222] organizações profissionais e de regulação

5.2.1 „Informationsministerium" Gabinete da Informação

Das *Gabinete da Informação* ist eine direkt dem Premierminister unterstellte Behörde, die vor allem Lizenzen für neue Medien vergibt und über die Einhaltung der rechtlichen und wirtschaftlichen Spielräume der verschiedenen Medien wacht. Es ging 1995 aus dem (1975 gegründeten) Informationsministerium hervor und untersteht direkt dem Premierministerium.

Das Pressegesetz von 1991 spricht noch immer explizit vom Informationsministerium, dessen Aufgaben das *Gab Info* übernommen hat. Die Kompetenzen sind im Dekret 4/1995 vom 25.10.1995 festgeschrieben (Massingue 1998: 56). Das *Gab Info* hat die Aufgabe, den täglich erscheinenden Zeitungen – Fax-Zeitungen sind in dem Gesetz nicht erwähnt – offizielle Verlautbarungen der Regierung weiterzuleiten (Art. 13 Pressegesetz). Zur Beantragung einer Medienlizenz sind Angaben über Ziele, Inhalte und Erscheinungsweise des geplanten Mediums notwendig (Art. 19). Die Registrierung soll nach 30 Tagen erfolgt sein und gilt für zwei Jahre. Normalerweise wird keine Registrierung verlangt, wenn die Auflage 500 Exemplare nicht übersteigt.[223] Eine Registrierungsverweigerung erfolgt nur bei Nicht-Befolgung der gesetzlichen Vorgaben zur Gründung eines Mediums und muss umfassend begründet werden (Art. 22). Eine erteilte Registrierung erneuert sich automatisch (Art. 20) und kann nur durch Beschluss des *Gab Info* in Zusammenhang mit einem juristischen Urteil aufgehoben werden (Art. 20).
Zusätzlich zur Registrierung und Kontrolle der Medien soll das *Gab Info* in Zusammenarbeit mit der Premierministerin die Kommunikation zwischen Regierung und Medien verbessern sowie dafür sorgen, dass den Medien und der Bevölkerung Informationen über die Regierungsarbeit zugänglich gemacht werden können (Massingue 1998: 56).

[223] Das *Gab Info* ist aufmerksam, was die Neugründung von Medien angeht. Eine vom Autor mitgegründete studentische Wandzeitung, die an lediglich fünf Schulen und Universitäten in Nampula aufgehängt wurde, hatte – vermutlich ausgelöst durch einen Fernsehbericht – einen drastischen Brief des *Gab Info* mit Gefängnisandrohung zur Folge, da keine Lizenz beantragt worden war. Eine Klarstellung über die Niedrigkeit der Auflage von Seiten des Fakultätsdirektoriums konnte das Problem ausräumen.
Phil Gray, der von Nampula aus ein vor allem an Ausländer gerichtetes englischsprachiges E-Mail-Organ verbreitet, gab am 4.9.2004 an, sich mehrfach um die offizielle Registrierung beim *Gab Info* bemüht zu haben, es seien aber stets bürokratische Hindernisse und Probleme im Weg gewesen. Man habe ihn seitens des *Gab Info* angewiesen, während der Parlaments- und Präsidenten-Wahlen seine Berichterstattung auf ein Minimum zu beschränken.

5.2.2 Medien-Schieds-Instanz *CSCS*

Der *Conselho Superior da Comunicação Social* (etwa: „Hoher Schiedsrat der Massenkommunikation") ist eine öffentliche, autonome und staatlich finanzierte Schiedsinstanz, die vor allem dann eingreift, wenn Personen oder Gruppen sich von Medienberichterstattung angegriffen oder falsch dargestellt empfinden. Er nahm 1995 die Arbeit auf,[224] hat mehrere Dutzend Mitarbeiter und eine Führungskommission von elf Mitgliedern (vgl. Presserecht Kap. VI).

Nach Art. 105 der Verfassung und Art. 35 des Presserechts hat der *CSCS* bedeutende Aufgaben. Er soll u.a. die Unabhängigkeit der Medien, Pressefreiheit und Informationsrecht garantieren und explizit dem „Direito de antena", also dem Recht der politischen Parteien auf Sendezeiten im öffentlichen Rundfunk vor Wahlen (Art. 12) sowie dem „Direito de resposta", also dem Widerspruchsrecht (Art. 33), zur Anwendung verhelfen (Art. 36 d). Dazu muss der *CSCS* stets die Medienberichterstattung verfolgen und darf bei den Medien Informationen einholen (Art. 37). Die Entscheidungen der Instanz sind bindend im Falle offensichtlicher Gesetzesverletzungen durch die Medien sowie Beschwerden über Berichterstattungen von Medien, vor allem in Zusammenhang mit dem „Direito de antena" bzw. dem „Direito de resposta". Er soll auch bei Missachtung „ethischer Prinzipien" einschreiten (Art. 37, Abs. e) sowie bei Bedarf Studien durchführen.
Von den elf Mitgliedern der *CSCS*-Führungskommission werden zwei vom Staatspräsidenten, vier vom Parlament, einer vom Obersten Gericht und drei vom Journalistenverband bestimmt, und zwar jeweils auf fünf Jahre (Art. 38, 1).[225]

In seinem 41-seitigen Rechenschaftsbericht von 2003 beschreibt der Höhere Schiedsrat für Massenmedien seine Gründung, Arbeitsweise, Aktivitäten sowie Empfehlungen für die Zukunft. Bereits seit zwei Perioden arbeitet der Rat, aber er ist nach eigener Aussage noch „weit entfernt" davon, alle ihm gestellten Aufgaben zu erfüllen und Beschwerden zu bearbeiten (CSCS 2003: 4). In der Liste der behandelten Beschwerden ist eine Zunahme seit Gründung der Institution bis 1999

[224] Massingue (1998: 57); der *CSCS* (2003: 4) gibt als Gründungsjahr 1993 an, wahrscheinlich nahm der Rat aber erst 2 Jahre später die Arbeit auf.

[225] Die Journalistin Opoku-Mensah aus Sambia bezeichnet diese Zusammensetzung als guten Schutz vor fundamentalistischen Einflüssen und warnt vor freiwilligen und nicht staatlich finanzierten Schiedsräten (Mukela 2001: 128). Der portugiesische Mosambik-Kenner Fernando Lima (2000: 132) sowie die NRO *Article 19* (1999: 4) dagegen sehen in der Zusammensetzung eine klare Bevorteilung der Regierung.

zu verzeichnen, danach nimmt die Zahl der Fälle wieder ab: 1997 (2 bearbeitete Beschwerdefälle), 1998 (9), 1999 (15), 2000 (12), 2001 (11), 2002 (4).
Carlos Coelho (2001: 34f.), selber Mitglied in der *CSCS*-Führungskommission, bemängelt die mangelnde Bekanntheit der Instanz. Der englische Journalist und langjährige Mosambik-Experte Ian Christie hat in dem von Mukela 2001 dokumentierten Workshop auf die Wirkungslosigkeit des *CSCS* hingewiesen und dies mit Beispielen belegt (Mukela 2001: 125-127), z.B. dass ein vom *CSCS* gerügter Artikel (ca. 1997) von zwei anderen Zeitungen aus Solidaritätsgründen abgedruckt wurde. Daraus folgert Christie, entsprechende Erfahrungen aus England referierend,[226] dass oft beleidigende Aussagen gezielt zur Auflagensteigerung abgedruckt würden. Seine Folgerung: Höhere Schiedsinstanzen wie der *CSCS* sollten stärkere Wirkung entfalten und effektiver arbeiten können: „We don't need ‚toothless bulldogs' in Southern Africa – we cannot afford them (…)" (Mukela 2001: 127). Problematisch sei auch die Existenz von zwei parallel agierenden Ethik-Institutionen, da es zusätzlich zum *CSCS* auch im Journalistenverband eine Ethik-Kommission gebe (Mukela 2001: 143). Christie gibt insgesamt dem *CSCS* den Vorzug, auch wenn dessen Ethik-Vorschläge von den Journalisten und Herausgebern oft ignoriert würden (ebd.). Mit Christies Beobachtung überein stimmt die Tatsache, dass der *CSCS* in der Sekundärliteratur auffällig selten erwähnt oder beschrieben wird. Diese „Unsichtbarkeit", die der Direktorin Julieta Langa 1999 auf dem Medien-Kolloquium von *PALOP* vom Medienexperten und Blattmacher Fernando Lima[227] vorgeworfen wurde, begründete sie mit mangelndem Ermächtigungsspielraum und fehlender Ausstattung (PALOP 1999b: 21f.).

[226] „In my experience somebody denounced by the media council would get a big smile and a pat on the back from colleagues" (Mukela 2001: 125).
[227] Vgl. Lima 2000: 132.

5.2.3 Rádios Comunitárias und Kleinbauern-Zeitung: Das *ICS*

Das *Instituto da Comunicação Social* ist eine öffentliche Institution, die vor allem kleine Radios unterstützt und der Bildung und Informationsversorgung der ländlichen Bevölkerung verpflichtet ist. Es ging 1989 aus der bereits 1977 gegründeten Vorgängerinstitution *Gabinete da Comunicação Social* hervor und hat landesweit etwa 230 Mitarbeiter.

Das *ICS* wurde 1989 geschaffen als Nachfolgeorganisation des *Gabinete da Comunicação Social*.[228] Ziel dieser Gründung war eine Implementierung der Kommunikationspolitik des damaligen Informationsministeriums (ICS 1997: 7), die darin bestand, der ländlichen Bevölkerung Informationen über effektive Landwirtschaft, Gesundheit und Bildung zu vermitteln. Diese Initiative wurde seit 1977 von der *UNICEF* unterstützt. Zunächst koordinierte ein ausländischer Spezialist ein dreiköpfiges mosambikanisches Team in den Provinzen Gaza, Nampula und Cabo Delgado (Massingue 1998: 57). Anfangs wurden Möglichkeiten der organisatorischen und institutionellen Einbeziehung der Bevölkerung geklärt und in einer Pilotphase mittels Lautsprechern, Kino-Vorführungen und einer Wandzeitung gearbeitet (ICS 1997: 9).

In den späten 70er Jahren und Anfang der 80er begannen die Rádios Comunitárias (Sadique 1999: 55). In vielen Dörfern wurde Lautsprecher, Verstärker und Radioempfänger installiert, die die offiziellen Radiosendungen von *Rádio Moçambique* wiedergaben. Diese Art Medium war wenig erfolgreich, zum einen, weil im Bürgerkrieg viel zerstört wurde, zum anderen, weil die Bevölkerung bei der Programmgestaltung nicht einbezogen wurde. 1989 wurde in den Statuten der umgewandelten Organisation,[229] die jetzt den Namen *ICS* trug, die Aussendung von „Correspondentes Populares", von Korrespondenten in den Dörfern beschlossen. Man gründete eine Abteilung für Umfragen und Untersuchungen, die schon zu Kriegszeiten ihre Arbeit aufnahm und beispielsweise 1986 feststellte, dass sich 80% des Inhalts der Tageszeitung *Notícias* auf den Süden des Landes sowie internationale Politik bezog, so dass man mit der Zeitung *O Campo*[230] versuchte, einen regional-lokalen Gegenak-

[228] Das *ICS* gab im Dezember 1997 eine 36-seitige, von der *UN* finanzierte Selbstdarstellung heraus. Die Angaben stammen teilweise daraus.

[229] Existenzbasis ist das Dekret Nr. 1/1989 vom 27. März. Im Pressegesetz dagegen kommt das *ICS* nicht vor.

[230] *O Campo* wird auf Zeitungspapier und im Zeitungsformat gedruckt, ist schwarz-weiß (grüner Druck im Titel), erscheint monatlich, enthält fast keine Werbeanzeigen und kostete im Juli 2003

zent zu setzen (ICS 1997: 13). In den folgenden Jahren wurden Untersuchungen durchgeführt über die Verständlichkeit des Genres Fotonovela (comic-artige Geschichte, die mit Fotografien erzählt wird), über das Leben der Frauen auf dem Land, über Sexualpraktiken junger Menschen (1990) und über die Verständlichkeit von Gesundheitsinformationspostern des *Roten Kreuzes* (ICS 1997: 14). Weitere Untersuchungen, oft mit Unterstützung internationaler Organisationen durchgeführt, bezogen sich auf Familienplanung (1991), Akzeptanz der Zeitschrift *Tempo* und des Programms von *TVM* (1992), Akzeptanz von Kinderbüchern (1994), Resultate der Straßenerneuerung in Nampula (1995) und wiederholt Untersuchungen zum Thema Verbreitung von HIV/AIDS.

Die *ICS*-Produktionsabteilung mit 122 Angestellten (Stand 1997) musste nach dem Krieg mit dem Wiederaufbau der Kommunikationszentren beginnen, die zu 90% zerstört waren (ICS 1997: 16). Sie produzieren thematische und dokumentarische Videos, Poster und Folder, Radioprogramme, die Monatszeitung *O Campo* sowie den „*Canal Zero*". Dieser strahlt seit Juli 1984 via *Televisão de Moçambique* wöchentlich ein 30-minütiges Programm aus, das sich mit dem wirtschaftlichen und kulturellen in ländlichen Gebieten Mosambiks beschäftigt (ICS 1997: 19). Außerdem wurden Dia-Serien über Hygiene und Landwirtschaft produziert und Theaterstücke zu AIDS aufgeführt. Das *ICS* erhielt 2000 mit Unterstützung von *UNFPA* und *Radio Niederlande* ein digital ausgerüstetes Aufnahmestudio (MISA 04/05: 42).

1997 hatte das *ICS* 228 Mitarbeiter, wovon 110 fest angestellt waren (ICS 1997: 21). Unterstützt wurde das *ICS* namentlich von *UN*-Organisationen, den NROn *HIVOS*, *CROCEVIA*, *WIF*, *CNR*, *Red Barna* und der *Ford Foundation* (ICS 1997: 33 f.). Im Mai 2004 hat das Büro für Studien, Planung und Kontrolle [*Gabinete de Estudos, Planificação e Controlo (GEPC)*] des *ICS* eine aktualisierte Liste der landesweiten Radio- und Fernsehstationen herausgegeben, die durch das *ICS* unterstützt oder betrieben werden. Dies wird in der folgenden Tabelle dargestellt:[231]

2.500 Meticais, damals etwa 10 Cent. Die Zeitung hat 16 Seiten, auf den meisten Seiten Fotos, und besteht aus Artikeln über Gesundheit und Landwirtschaft, meist erklärend: Der Gebrauch von Präservativen wird mit Zeichnungen erläutert, Fotos über den Bau von Wasserstellen und Latrinen, das Umpflügen von Feldern, Hautkrankheiten kleine Kindern und Impfungen. Die Artikel porträtieren Krankenschwestern, berichten über politische und praktische Maßnahmen gegen Cholera, AIDS, Tuberkulose, enthalten Rezepte für reichhaltige Kindermahlzeiten. Vgl. Darch 1987: 282 (Nr. 695).

[231] Angaben aus: *Instituto de Comunicação Social* 2004: 2-4.

Abb. 37: *ICS*-geförderte Radios und Fernsehen

Provinz	- Radiostation (R) - Fernsehstation (TV) - beides (R/TV)	Sendesprache	Reichweite (R=Radio, TV=Fernsehen)
Norden Mosambiks			
Cabo Delgado	R/TV Chiúre	Emakua	R: 60 km, TV: 30-40 km
	R/TV Mueda	Makonde	60-70 km
Niassa	R/TV Mandimba	Nyanja und Ajawa	R: 60 km, TV: 30-40 km
	R/TV Marrupa	Nyanja und Ajawa	R: 60 km, TV: 30-40 km
Nampula	R/TV Namialo	Emakua	R: 60 km, TV: 30-40 km
	R/TV Ribaúè	Emakua	R: 60 km, TV: 30-40 km
Zentrum Mosambiks			
Zambézia	R „Licungo“ (Mocuba)	Chuabo und Manhawa	60-70 km
	R Alto Molócue	Lomué	60-70 km
	R Gurúe	Lomué	60-70 km
	R Morrumbala	Cisena (Sena)/Lolo	60-70 km
Tete	R/TV Angónia	Nyanja	R: 60-70 km, TV: 30-40 km
	R Mutarara	Cisena (Sena)	R: 60-70 km
	R Bawa	Chikunda	R: 60-70 km
Sofala	R/TV Marromeu	Cisena (Sena)	R: 60-70 km, TV: 30-40 km
Manica	TV Chimoio	Portugiesisch	TV: 30-40 km
	R Sussundenga	Cimanica (Chimanica) Ciuté (Cheuté)	R: 60-70 km
Süden Mosambiks			
Inhambane	R/TV Vilankulo	Xitswa	R: 60-70 km, TV: 30-40 km
Gaza	R Xai-Xai	Xangana und Cicope (Chope)	100 km
	R Mabalane (geplant)	Xangana	70 km
Maputo	R Moamba	Xangana und Ronga	60-70 km

Unregelmäßig – offenbar je nach den Möglichkeiten, die sich aus Spenden und internationaler Unterstützung ergeben – gibt das *ICS* Informationsbroschüren heraus, beispielsweise das achtseitige interne Kommunikationsorgan „Comunicando“, mit vier S/W-Fotos bebildert, in dem zweispaltige Berichte über Personalien, Workshops, Rechtsfragen sowie den Stand der Arbeit der Radios veröffentlicht wurden. Im April 2002 wurde das vierseitige Informationsblatt „*Voz Comunitária*“ (kommunale Stimme) gedruckt mit Berichten über die Arbeit der Radios und Fragen des journalistischen Handwerks.

Der österreichische Medien-Entwicklungshelfer Winderl urteilt, dass das *ICS* zu vordemokratischen Zeiten „als Einweg-Sendeorgan für staatliche Entwicklungspropaganda“ fungierte (Winderl 2000: 6). Trotz guter Absicht gelänge es dem *ICS* nicht, so Winderl, die Tendenz zur Einweg-Kommunikation abzulegen (Winderl

2000: 6). Die NRO *Article 19* urteilte 1999 (5) über das *ICS*: "(...) it currently lacks both a clear role and adequate funds from the government."

5.2.4 Der Journalistenverband SNJ

> Der Journalistenverband *Sindicato Nacional de Jornalistas (SNJ)* hat etwa 500 Mitglieder und ging aus der Vorgängervereinigung *ONJ* hervor. Er gibt seinen Mitgliedern Rechtsberatung, veröffentlicht unregelmäßig Newsletter und Beratungsbroschüren und spielte eine wichtige Rolle bei der Erstellung des Presserechts 1991.

Der Journalistenverband hat nach eigenen Angaben 500 Mitglieder, 150 davon Frauen.[232] Es ist eine „unabhängige Organisation, die auf freiwilliger Basis und gemäß demokratischer Prinzipien mosambikanische Journalisten versammelt, um deren sozioprofessionelle und verbandliche Interessen zu verteidigen" (Matusse 1996: 172). Der Vorgängerverband *ONJ* wurde 1978 gegründet und war auf Jahre hinaus abhängig von der *FRELIMO*.[233] 1992 machte sich die *ONJ* in Statuten und Leitung unabhängig und konnte bereits ein Jahr später einen nationalen Streik von *RM*, *TVM* und *AIM* organisieren (Berger 1993: 40). 1996 ging der *ONJ* in den *SNJ* über,[234] der sich stärker als Gewerkschaft versteht (MISA 2000: 25). Er hat das Ziel, als Netzwerk für mosambikanische Journalisten zu fungieren und deren professionelle Rechte zu verteidigen.[235] Herausgeber und Medieneigentümer, die gleichzeitig Journalisten sind, können als assoziierte Mitglieder dem Verband beitreten, ohne allerdings wählen oder gewählt werden zu können (MISA 04/05: 43). Mitgliedsbeitrag ist 1% des Gehaltes (vgl. SNJ 2000a: 15). Das *Sindicato Nacional de Jornalistas* veranstaltet mit Hilfe unterschiedlicher NROn [zurzeit vor allem *ALISEI* (Italien) sowie die EU] journalistische Symposien und Fortbildungskurse und veröffentlicht mehrmals im Jahr einen heftartigen Newsletter mit farbigem Umschlag, in dessen Artikeln medienspezifische und gesellschaftliche Themen aufbereitet werden. Daraus geht hervor, dass der *SNJ* im Grunde ein Verband ist, der sich fast ausschließlich als Mentor der Printmedien versteht. Themen wie Radio und Fernsehen kom-

[232] Vgl. SNJ 2000a: 14, 16; *MISA* (2000) gibt eine Zahl von nahezu 1.000 Mitgliedern an, was vermutlich auf der Einbeziehung von Nicht-Journalisten beruht (MISA 04/05: 42).
[233] Vgl. Lima 2000: 134.
[234] Jahresangabe aus Lima 2000: 143.
[235] Prominenter Fall ist die Abfindung von 4.000 DM, die der Verband für den 1992 entlassenen Journalisten Nóe Dimande erstritt (vgl. Berger 1993: 40).

men nur am Rande vor und sind von Distanz, teilweise Misstrauen geprägt.[236] Anstelle von Artikeln über Radio- und Fernsehjournalismus stehen affirmative Beschreibungen[237] von nationaler Museumskultur, mosambikanischer Musik, nationaler Kinogeschichte, Malerei, Fotografie, Lesekultur und Poesie. Die Kommentare in diesen Prospekten, beispielsweise zu Korruption (SNJ 2000a), bleiben allerdings vage und im Ungefähren, so dass ihr Nutzen für die Journalisten fraglich ist.[238]

Der *SNJ* schlug 1998 professionelle Statuten für Journalisten vor (SNJ 1998). Diese sehen die Vergabe des Titels „Journalist" erst nach einem Praktikum vor (Art. 5). Journalisten sollen auch nicht gleichzeitig als Juristen, Polizisten oder Soldaten arbeiten (Art. 6). Ansonsten unterscheiden sich die Vorschläge nicht wesentlich vom geltenden Recht. Ferner schlug der *SNJ* Regelungen für eine Vergabe von Presseausweisen vor (SNJ 1998: 7-11), in denen die JournalistInnen in weit gefasste Kategorien (Reporter, Fotografen, audiovisuelle Techniker, Kameramann etc.) eingeteilt werden können. Gefordert wird ein monatliches Mindestgehalt von drei Millionen Meticais.[239]

5.2.5 Verbände

5.2.5.1 MISA

MISA ist eine Medien-NRO des südlichen Afrika mit Sitz in Windhoek (Namibia).

Das Medieninstitut für das südliche Afrika *MISA* ist eine NRO, die in elf Ländern des *SADC (Southern Africa Development Community)* agiert. Im Juli 1996 wurde eine mosambikanische Vertretung gegründet (Lima 2000: 144). *MISA* hat sich die Förderung von Medienvielfalt, pluralistischer Meinungsäußerung, Selbständigkeit und Unabhängigkeit zur Aufgabe gesetzt (MISA 2000: 78). Sowohl *MISA* als auch die

[236] So erörtert ein Artikel die „Pros und Contras" des Fernsehens, weist auf Gefahren dieses „magischen" und potentiell gefährlichen Mediums hin, dessen „sublime" Botschaften auch manipulative Tendenzen haben könnten (SNJ 2/2002).

[237] Heft 1/2002 beschreibt u.a. Museumskultur und gibt ein Porträt des bekannten Malers Malangatana, im Heft von Juli 2001 wird die (kurze) Geschichte des mosambikanischen Kinos referiert, Heft Juli 2002 berichtet über mosambikanische Musikgruppen, Heft Febr. 2003 beschreibt u.a. eine mosambikanische Foto-Ausstellung.

[238] Schlechtes Verhalten der Regierung wird nur in Andeutungen kritisiert. Als Maßnahme zur Korruptions-Bekämpfung wird eine Kontrolle durch „figuras honestas, competentes e credíveis" (ehrbare, kompetente und glaubwürdige Personen) empfohlen, ohne dass Details dieser Idee ausgeführt würden (SNJ 2000a: 12).

[239] Zum damaligen Zeitpunkt umgerechnet etwa 200 EUR.

Arbeitsgemeinschaft der staatlichen Rundfunkanstalten im Südlichen Afrika *SABA* sind laut Peter Schellschmidt (2004: 6), dem Verantwortlichen der *Friedrich-Ebert-Stiftung* in Windhoek, mit „starker Geburtshilfe" der *Friedrich-Ebert-Stiftung* entstanden.[240] *MISA* war zunächst eine Initiative von Chefredakteuren, die eine Lobby für Presse- und Meinungsfreiheit schaffen wollten, und hat heute vor allem Wächterfunktion gegen Angriffe auf die Pressefreiheit (Schellschmidt 2004: 6).
Auf zwei Konferenzen hat *MISA* Dokumente verabschiedet, die die angestrebten Rahmenbedingungen für die Printmedien (*Windhoek Declaration on Promoting Independent and Pluralistic Media,* 1992) und die elektronischen Medien (*African Charter on Broadcasting*, 2001) beschreiben. Beide Dokumente beziehen sich stark auf *UN*-Deklarationen und die Arbeit der *UNESCO.* In Folge verabschiedete die Afrikanische Union und ihre *African Commission for Human and Peoples' Rights* 2002 in Banjul/Gambia ihre *Declaration of Principles on Freedom of Expression in Africa.* Diese *Banjul Declaration* ist die medienpolitische Präzisierung und Konkretisierung der *African Charter on Human and Peoples' Rights*, also der Arbeitsgrundlage der oben genannten *Commission* (Schellschmidt 2004: 6). *MISA International* verfügt laut Report (www.misa.org, Report 2004: 114) 2004 über Einnahmen von etwa drei Millionen Dollar aus Spenden und Stiftungsgeldern.

5.2.5.2 Weitere medienrelevante Verbände

FORCOM **(Rádios Comunitárias)**

Vertreter der 30 damals existierenden Radios mit kommunaler Färbung trafen sich 2001, um Maßnahmen für eine Koordinierung und Nachhaltigkeit ihrer Aktivitäten zu ergreifen (UNESCO 2004: 5).
FORCOM ist ein mosambikanischer Verband, der das Engagement der Kirchen, Communities und der *UNESCO* vor allem bei der Unterstützung von Rádios Comunitárias bündeln sollte. In Gesprächen der *UNESCO* 1998 wurde deutlich, dass das *Instituto Nacional de Comunicação ICS* die Gründung und Ausgestaltung solcher Radios als seine Aufgabe betrachtete. Das *UNESCO*-Medienteam hielt dies aufgrund der starken Anbindung des *ICS* an die Regierung und aufgrund der Befürchtung, das *ICS* könne unter Umständen nicht ausreichend für eine Einbindung

[240] Die bedeutendste finanzielle Unterstützung kam von NROn aus Dänemark, Schweden und Finnland sowie der norwegischen Botschaft (vgl. MISA 2003c).

möglichst vieler gesellschaftlicher Gruppen bei der Gründung und inhaltlichen Konzeptionalisierung der Rádios Comunitárias sorgen, für ungünstig. Seitdem verfolgt *UNESCO* die Strategie, möglichst viele gesellschaftliche Gruppen bei der Gründung von Rádios Comunitárias einzubinden. Es sollte Radios geben, die gleichzeitig von Kirchen, *Caritas*, der *UNESCO* etc. gefördert wurden. Im April 2004 mündeten die diesbezüglichen Bemühungen in die Entstehung von *FORCOM*, ein von insgesamt 230 Personen und 42 Rádios Comunitárias gegründeter Verband.

AMESCOM (Wissenschaft)

Der mosambikanische Verband für Kommunikationsstudien *(Associação Moçambicana de Estudos da Comunicação)* [241] wurde am 31.1.2001 in Maputo gegründet und hat unter anderem das Ziel, die entsprechenden Institutionen zu stärkerem Engagement in der Ausbildung von Experten im Kommunikationsbereich zu bewegen, Untersuchungen und Studien zu fördern, die Beziehung zwischen Medien und Medienausbildungsinstitutionen zu stärken und jede Art von Veröffentlichung, Präsentation, Kontakt zu Journalismus und Medien und der entsprechenden Forschung zu fördern. Das Direktorium besteht aus fünf Personen, Präsident ist Eduardo Namburete, zum Direktorium gehört unter anderem der Chef des Informationsamts *Gabinete da Informação*. Sitz ist das Rektoriat der Mondlane-Universität.[242]

AEMO (Schriftsteller)

Der 1982 gegründete Schriftstellerverband *Associação dos Escritores Moçambicanos (AEMO)* hat, wie alle bedeutenden Institutionen und NROn, seinen Sitz in Maputo. Er will mosambikanische Literatur bekanntmachen und hat nach Angabe des Generalsekretärs Armando Artur (Hintergrundinterview 27.7.2004) 234 SchriftstellerInnen als Mitglieder. Er wird durch staatliche Zuschüsse und Sponsoring finanziert und beschäftigt 17 Teilzeitangestellte.

---

[241] Vgl. Anuário Internacional de Comunicação Lusófona, Kongressbericht Apr. 2003, São Paulo.

[242] Einschränkend ist zu sagen, dass die Institution in den einschlägigen Dokumenten und Veröffentlichungen nirgendwo genannt wird und auf Nachfrage beim Präsidenten Namburete auch keine schriftlichen Berichte über die Arbeit vorgelegt werden konnten.

AMF (Fotografen)

Der mosambikanische Fotografenverband *Associação Moçambicana de Fotografia* hat vornehmlich Pressefotografen aus Maputo als Mitglieder. Er verfolgt keine gewerkschaftlichen oder standesrechtlichen Ziele, sondern widmet sich ausschließlich der Fotografie und Ausstellungen (vgl. Lima 2000: 144).

Weitere Verbände

Vertreter aus Werbung und Marketing werden in *AMEP*, der *Associação Moçambicana das Empresas de Publicidade* vertreten. Ein weiterer Medienverband befindet sich seit 1999 in der Gründungsphase. Er will sich auf wirtschaftliche (Steuergesetzgebung), politische und Lobby-Themen konzentrieren und soll privaten und öffentlichen Medien offen stehen (MISA 04/05: 43). Auch ein Herausgeberverband soll gegründet werden, um Ideen bezüglich Pressefreiheit und Medienethik auszutauschen und Aktivitäten zu koordinieren (MISA 04/05: 43).

5.3 Zusammenfassung: Medienrecht und -organisation

Bislang wurden rechtliche Grundlagen und organisatorische Verflechtungen der mosambikanischen Medien angesprochen.

Beim Medienrecht kann zusammenfassend folgendes gesagt werden:

1. Das Presserecht regelt die Belange privater Rundfunkorgane, insbesondere der *Rádios Comunitárias, nur* ungenügend.
2. Das Presserecht bietet zuviel Spielraum für Interpretation und überlässt den Gerichten zu stark die Entscheidung.
3. Das Presserecht ist nicht weit genug gefasst bezüglich des Rechts auf Zugang zu Informationen von Behörden und Ämtern.
4. Das Presserecht ist wenig bekannt, wie Coelho (2001: 35) zutreffend feststellt:

> "Es gibt Journalisten, die arbeiten ohne die mindeste Kenntnis des Medienrechts. Es gibt Leiter öffentlicher Institutionen, die ihre Auskunfts- und Informationspflichten gegenüber der Öffentlichkeit nicht kennen."

Fernando Lima gab 2000 (133) – kurz vor Cardosos Ermordung – an:

> „Es sind bisher keine Einmischungen von Regierungsseite bei den Programmen der privaten Radio- und Fernsehsender bekannt geworden."

Diese Feststellung gilt immer noch. Die mosambikanische Regierung ist zurückhaltend, Journalisten bei der Ausübung ihres Berufes zu hindern. Gleichzeitig ist dies – neben Übergriffen, die aus handfesten wirtschaftlichen Interessen geschehen, wie im Fall Cardoso – eine latente Gefahr, wie der Kommunikationsexperte Francis Kasoma (1995: 552) aus Mosambiks Nachbarland Sambia zu Recht feststellt:

> „Experience has shown Africa that when dictators begin, they start by muzzing the free and independent media, so that they remove the only effective opposition they are afraid of".

Bei der Organisation der Medien sind die öffentlichen Rundfunkmedien, die offiziell privatisiert sind, immer noch schwer quantifizierbaren Einflüssen von Regierungsseite ausgesetzt. Das *Gabinete de Informação*, Nachfolger des Informationsministeriums mit erheblich geringerem Einfluss, vergibt Lizenzen für private Zeitungen, Radios und Fernsehen. Als Schiedsinstanz im Stile eines Presserates bemüht sich der *CSCS* um einen Ausgleich zwischen den Medien und Politikern und Personen, die sich von diesen angegriffen fühlen. Das *ICS* ist für die Medienversorgung der ländlichen Bevölkerung verantwortlich und zunehmend für die schnell wachsende Szene der kommunalen Radios. Der Journalistenverband vertritt etwa

500 mosambikanische Journalisten. Es existieren weitere mosambikanische Verbände im Dunstkreis der Medien mit geringer Breitenwirkung.

Abb. 38: Kompetenzen Medien und Politik

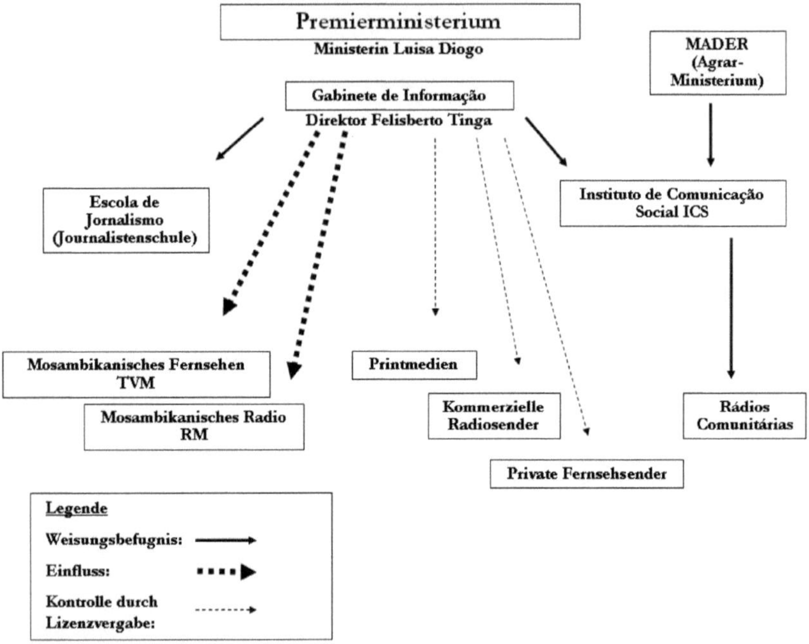

Abb. 38 zeigt die Kompetenzen, die von mosambikanischen Ministerien auf Medien und Institutionen ausgehen. Anhand der Art der Pfeile ist ersichtlich, welchen Einfluss die Ministerien und das *Gab Info* jeweils haben.

III b)
Empirischer Teil

6. Methoden

Um die Aus- und Fortbildung von Journalisten in Mosambik zu erforschen, wurde neben zahlreichen Hintergrundgesprächen in Mosambik, der Sammlung von mosambikanischer Sekundärliteratur und so genannter „grauer Literatur“ (Folder, Prospekte, unveröffentlichte Berichte zum Thema) und der Zusammenstellung deutscher Forschungsliteratur eine Form gesucht, die diese Arbeit auf eine empirische Basis stellen sollte. Vor dem Hintergrund der Erfahrung, dass in einem stark durch internationale Geberländer beeinflussten Land wie Mosambik bei der Gestaltung von Programmen zur Aus- und Fortbildung von Journalisten die Erfahrungen der dort lebenden Menschen nicht immer adäquaten Eingang in die Programme findet, sollten mit dem Instrumentarium der empirischen Kommunikationswissenschaft explizit Erfahrungen und Meinungen von Mosambikanerinnen und Mosambikanern eingeholt, dokumentiert, verglichen und gedeutet werden. Dazu wurden die Möglichkeiten geprüft, aussagekräftiges empirisches Material zu erheben. Schon bald fiel die Entscheidung für eine Kombination aus folgenden drei Elementen, die hier der Übersichtlichkeit halber vorwegnehmend grafisch dargestellt und im Folgenden genauer erläutert werden.

Abb. 39: Empirische Säulen dieser Arbeit

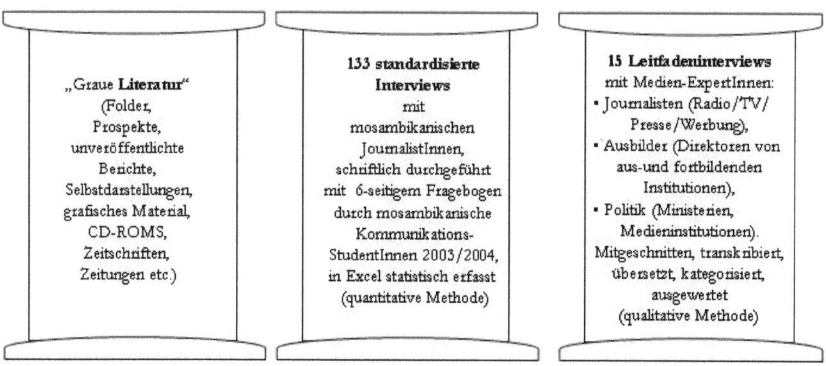

Fröhlich/Holtz-Bacha haben zur Erhebungsmethode ihrer oben vorgestellten Studie zur europäischen Journalistenausbildung einige methodenkritische Anmerkungen gemacht, die im Licht der für Mosambik gewählten Form wichtig sind. Sie bemängeln, dass das schriftliche Befragen und Zuschicken von Material für die Validität der Befunde problematisch sein kann, da Selbstdarstellungsmaterialien, Studienordnungen und Curricula von der Realität abweichen können, da Veranstaltungen angekündigt sein können, die (so) nie stattfinden, da die Aufnahmebedingungen strikter beschrieben sein können, als sie in Wirklichkeit gehandhabt werden – mit anderen Worten, weil Papier geduldig ist (Fröhlich/Holtz-Bacha 1997: 153). Für Mosambik gilt dies womöglich in noch stärkerem Maße als in Europa, weil es im journalistischen Bildungssektor wenig Konkurrenz gibt, weil eine gebildete und des Lesens kundige Mittelschicht fehlt, die durch ihre kritische Mitwisserschaft übertriebene Versprechungen jedweder Art eindämmt und weil aufgrund des Fehlens von Vorlagen oftmals die Curricula und Programme von europäischen, amerikanischen und brasilianischen Universitäten imitiert werden, ohne dass die dort gemachten Versprechungen in Mosambik auch gehalten werden könnten. Das Sprichwort „Papier ist geduldig“ muss in einer oral geprägten und armen Kultur wie der Mosambiks ergänzt werden: „… oder gar nicht vorhanden“. Viele Mosambikaner vertrauen mehr auf das gesprochene Wort, was zu einem Teil die Beliebtheit des Radios im Vergleich zu Printmedien erklären kann; Institutionen haben wenig Geld, um Studienprogramme zu vervielfältigen, Kopierpapier ist ein rares Gut.

Fröhlich/Holtz-Bacha schlagen für eine weitergehende Untersuchung auch umfangreiche Recherchen und mehrwöchige Aufenthalte vor Ort vor, eine Art teilnehmende Beobachtung sowie Gespräche mit allen „Betroffenen“, also „(…) mit Ausbildern unterschiedlichster Einrichtungen, mit Personen dort aus der Verwaltung, mit den Studierenden und Schülern, den Arbeitgebern aller Medien, den Gewerkschaften und sonstigen berufsständischen Organisationen“ (Fröhlich/Holtz-Bacha 1997: 154). Der Autor dieser Arbeit hat durch dreijährige Lehrerfahrung an einer Institution sowie teilweise lange Besuche der Institutionen und der jeweiligen Lehrveranstaltungen der Hochschulen, der *UNESCO*-Kurse etc. die Forderung der teilnehmenden Beobachtung zumindest „teileingelöst“. Auch wurden Gespräche mit allen von Fröhlich/Holtz-Bacha vorgeschlagenen Gremien und Institutionen geführt, auch wenn diese aus Gründen der schieren Masse nicht alle wissenschaftlich reproduzierbar durchgeführt, sondern teilweise durch Notizen und Gedächtnisprotokolle von Hintergrundgesprächen festgehalten wurden.

6.1 Standardisierte Journalisteninterviews

Auswahl und Schulung der Interviewer

Beispielhaft ist das Anschreiben des Fragebogens von Splichal/Sparks 1994 (187f.), in dem – adressiert an den Interviewer – Sinn der Befragung und Handhabung des Fragebogens erläutert wird. Auch die Schulung der Interviewer spielt eine wichtige Rolle. Nach Schnell/Hill/Esser ist die Basis einer solchen Schulung immer Erläuterung aller Fragen, Dokumentationsvorgaben, Kontaktaufnahme-Möglichkeiten mit den Probanden, Umgang mit Verweigerern, Neutralität und nonverbales Verhalten sowie Verweis auf Konsequenzen bei Täuschungsversuch (Vgl. Schnell/Hill/Esser 1999: 329). Empfohlen wird eine Entlohnung der Interviewer, was anhand der Gefahr von Verweigerung bzw. des Mangels an Handhabe gegen schlechte Interviewer bei unbelohnten Interviews begründet wird (vgl. Schnell/Hill/Esser 1999: 329, Fn. 3).

Datenerhebungstechniken

Es gibt eine Reihe von potentiellen Schwierigkeiten beim Einholen von Fragebogenantworten. Dazu zählen die explizite Verweigerung von Antworten, die Abgabe einer „Weiß-nicht"-Antwort, die Abgabe einer inhaltlichen Antwort, obwohl letztlich keine Meinung zum erfragten Gegenstand ausgebildet worden sein kann, die Abgabe sozial erwünschter Antworten, sowie Antworten, die durch Reaktionen auf Merkmale des Interviewers, durch Formulierungen oder die Abfolge der Fragen beeinflusst sind (vgl. Schnell/Hill/Esser 1999: 331). Die meisten dieser Effekte kann man durch eine genaue Trichterung der Fragen, fundierte Schulung der Interviewer und Pretests ausschalten.

Erfassung in *Excel*

Der Ansatz der quantitativen Sozialforschung zu Erhebung und Vergleich empirischer Daten versprach eine breite Datenbasis von Erfahrungen und Meinungen von Mosambikanern aus allen Provinzen des Landes und schien darum geeignet, Einseitigkeiten zu vermeiden und Auffassungen von Journalismus über Provinzgrenzen hinweg zu erfahren. Damit sollte auch vermieden werden, dass bestimmte Meinungen dominant das Gesamtbild verfälschten, dass spezifische Situationen in einzelnen Regionen oder das journalistische Verständnis bestimmter mosambikanischer Volksgruppen und Stämme zu Aussagen führten, die für die Betrachtung der Medienlandschaft und Ausbildungsmöglichkeiten des ganzen Landes nicht anwendbar sein würden. Auch aus praktischen Erwägungen schien eine quantitative Studie mit einem Mindest-Sample von 100 geeignet. Die Zahl der mosambikanischen Journalisten ist relativ gering, Schätzungen von 1999 gehen von 725 im eigentlichen Sinne journalistisch arbeitenden Mosambikanern aus, die Zahl dürfte heute bei etwa 1.000 liegen. Mit einer solchen Untersuchung konnte man also ein Zehntel der geschätzten Gesamtmenge erreichen, Das Sample lag bei insgesamt 133. Es gab einen Pool von StudentInnen, die in den Semesterferien in ihre Heimatprovinzen zurückkehrten und bereit waren, die Interviews zu führen.

Das standardisierte 6-seitige Interview mit einer zusätzlichen Seite für Redaktionschefs, Direktoren und Herausgeber, das für die Befragung entworfen wurde (siehe Anhang und Zusammenfassung unten), besteht hauptsächlich aus geschlossenen Fragen und wurde einfach und unkompliziert gestaltet, um die richtige Handhabung durch die Interviewer zu gewährleisten und bei den mosambikanischen Journalisten, die in einem nicht ungefährlichen Beruf arbeiten, wie die Ermordung des weißen mosambikanischen Journalisten Carlos Cardoso vor Augen geführt hat, keine Irritationen und Missverständnisse bis hin zur Verweigerung des Interviews hervorzurufen.

6.2 Leitfadeninterviews (qualitativ)

Der quantitative Ansatz ließ Wünsche offen. Die meist geschlossenen Fragen lassen Kreativität und Spontaneität nicht zu, die vorstrukturierten Antworten können nur einen meist kleinen Teil der möglichen Antworten anbieten, da es sonst aufgrund der Fülle der Möglichkeiten von Ansätzen, Methoden und inhaltlicher Ausformung von journalistischer Aus- und Fortbildung zu Überforderung und willkürlicher Antwortgabe kommen kann. Es sollten Zukunftsperspektiven für die journalistische Aus- und Fortbildung erforscht werden. Dazu sollte ein Austausch mit so genannten Ressource-Persons stattfinden, also Personen, die in einem bestimmten fachlichen Bereich Kenntnisse besitzen, die sonst nirgendwo festgehalten sind.[243] Dafür schien die qualitative Forschung adäquate Instrumentarien zur Verfügung zu stellen. Auch weist Esser auf die Notwendigkeit der wechselseitig verzahnten quantitativen und qualitativen Methoden bei international angelegten Forschungs-

[243] Solche Ressource-Persons sind in einem Land wie Mosambik mit vergleichsweise wenig schriftlich dokumentiertem Material und einer schwach ausgeprägten Buchkultur wertvolle Informationsquellen.

projekten hin (Esser 2000b: 130). Also wurde für eine zweite empirische Säule dieser Arbeit der Ansatz der qualitativen Sozialforschung gewählt, und zwar das Leitfadeninterview. Dieser Ansatz lässt in den Interviews auch offene Antwortmöglichkeiten zu, um „dadurch auch unerwartete, aber dafür um so instruktivere Informationen zu erhalten“ (Lamnek 1, 1995: 22). Qualitatives Forschen ist durch eine starke Heterogenität in den verschiedenen Ansätzen und Methoden gekennzeichnet und bei jeder qualitativen Untersuchung wird das spezifische Instrumentarium am untersuchten Objekt entwickelt. Dennoch soll im Folgenden die Programmatik qualitativer Sozialforschung, wie sie bei Lamnek dargestellt wird, erläutert werden.

Dialog und Kommunikation

Mayring betont, dass im qualitativen Forschungsdesign dem Beforschten mehr Kompetenz zugebilligt wird als üblich. Er wird nicht verstanden als Datenlieferant, sondern denkendes Subjekt, wie der Forscher auch. Deshalb nimmt der Forscher den Dialog mit ihm auf (Mayring 2002: 11 ff.) W. L. Neuman sieht den Ausgangspunkt der Beforschten als Ausgangspunkt der Forschung: „Research questions originate with the standpoint of the people being studied, not that of outsiders“ (Neumann 2000: 123). Damit betont die qualitative Forschung die Bedeutung der Kommunikation zwischen Forscher und Beforschtem und begreift sie als konstitutiven Bestandteil des Forschungsprozesses (Lamnek 1, 1995: 23).

Offenheit

Zentral ist das Prinzip der Offenheit gegenüber den gewählten Methoden. Eine Strukturierung der Ergebnisse durch die theoretischen Vorannahmen des Untersuchenden bereits zum Zeitpunkt der Erhebung der Daten soll dadurch verhindert werden.

Flexibilität

Flexibilität ist die Voraussetzung für eine solche Art von Forschung und gleichzeitig ihr Vorteil. „Die Flexibilität der explorativen Vorgehensweise bedeutet nicht, dass die Untersuchung richtungslos vonstatten ginge; aber es bedeutet, dass der Blickwinkel zunächst weit ist, aber im Verlaufe der Untersuchung zugespitzt wird.“ (Lamnek 1, 1995: 28). Die Reihenfolge der zu stellenden Fragen ist nicht vorab festgelegt, Fragen werden spontan gestellt, Antworten werden zusammengefasst und in Frageform als explizite Interpretationen zurückgegeben (Lamnek 2, 1995: 65). Der Verlauf des Interviews wird zwischen Interviewendem und Interviewtem entwickelt.

Sprache

Die Befragungssituation in einem Interview ist immer künstlich, auch wenn durch offene Fragen und eine alltagsähnliche Sprache dieser Umstand gemildert wird, damit der Interviewte in der Interviewsituation „die gleichen Bedeutungsstrukturierungen zu dem in Frage stehenden Teilbereich sozialer Wirklichkeit (nämlich dem Gegenstand des Interviews) vornimmt, die er auch im Alltag gebraucht." (Lamnek 1, 1995: 103). Wichtig ist Klarheit und Verständlichkeit, der Interviewte muss auf jeden Fall die Frage des Interviewers begreifen und darf durch sie nicht irritiert werden oder sich angezweifelt oder angegriffen fühlen.

Ort

Der Ort soll dem Interviewten vertraut sein. Dies schafft Vertrautheit und Souveränität im Umgang mit der vielleicht für den Interviewten ungewohnten Situation.

Soziale Folgelosigkeit

Wichtig ist die Betonung der sozialen Folgelosigkeit sowie strenge Vermeidung von Suggestivfragen, die einen einseitigen Antwortvorschlag enthalten.

Auswahl der Befragten

Stichprobentheoretische Überlegungen und die Frage nach Repräsentativität sind im qualitativen Interview zweitrangig, es geht um Typisierungen und Typologien (Lamnek 2, 1995: 92). Nach Methode des theoretical sampling werden Personen ausgewählt, deren Beforschung ein möglichst zutreffendes Set der für die Untersuchung relevanten Handlungsmuster in einer sozialen Situation erwarten lässt. Bei der Durchführung qualitativer Interviews spielen informelle Kontakte zu den zu untersuchenden Personen oder Gruppen eine wichtige Rolle bei der Auswahlentscheidung (Lamnek 2, 1995: 93). Diese Befragung setzt eine gute Artikulationsmöglichkeit der Befragten voraus, da sie selbst entscheiden, in welchen Kategorien sie antworten (Kromrey 1998: 279). Daher wurde das Experteninterview als Mittel gewählt. „Als Experte wird angesprochen, wer in irgendeiner Weise Verantwortung trägt für den Entwurf, die Implementierung oder Kontrolle einer Problemlösung oder wer über einen privilegierten Zugang zu Informationen über Personengruppen oder Entscheidungsprozesse verfügt. „[Ziel des Experteninterviews ist es], (…) das Überindividuell-Gemeinsame herauszuarbeiten, Aussagen über Repräsentatives, über gemeinsam geteilte Wissensstände, Relevanzstrukturen, Wirklichkeitskonstruktionen, Interpretationen und Deutungsmuster zu treffen. (…)“ (Meuser/Nagel 1991: 443 und 452).

Aufzeichnung auf Band
Lamnek erläutert in seinem Buch über Methoden und Techniken der qualitativen Sozialforschung die Auswertung und Analyse qualitativer Interviewdaten zunächst allgemein. Bevor er im weiteren Verlauf des Buches die interpretativ-reduktive und die interpretativ-explikative Methode getrennt bespricht, gibt er eine allgemeine Handlungsanweisung für die Auswertung (Lamnek 2: 108). Er unterscheidet dabei vier Phasen: 1. Die Transkription, 2. Die Einzelfallanalyse, 3. die generalisierende Analyse und 4. die Kontrollphase.
1. Schritt: Bei der Transkription wird das auf Tonband vorliegende Material abgetippt. Die nonverbalen Aspekte werden mit eingefügt, die schriftlichen Interviews mit den Bändern verglichen. Dabei werden Namen und andere Begriffe, die die unerwünschte Identifizierung des Interviewten durch Dritte erlauben könnten, anonymisiert. Notwendige sozialstatistische Daten und biographische Besonderheiten werden eingefügt, die Transkripte werden abermals gelesen. Im 2. Schritt, der Einzelfallanalyse, wird das Material konzentriert, Nebensächlichkeiten werden gestrichen, zentrale Passagen hervorgehoben und prägnante Textstellen herausgelöst. Ziel ist ein Herausdestillieren der Besonderheiten einerseits und des Allgemeinen andererseits. Im 3. Schritt werden Gemeinsamkeiten der Interviews gesucht, wobei dies nicht künstlich und mit Gewalt geschehen soll. Im 4. Schritt wird wiederum das volle Transkript überprüft, bei Zweifeln auch die Bandaufnahme.

Beispiel
Anschließend an die allgemeine Beschreibung erläutert Lamnek anhand des Beispiels einer empirisch-soziologischen Diplomarbeit eine inhaltlich-reduktive Auswertung (Lamnek 2, Kapitel 3.8 und 3.9). Bei der Auswahl der Befragten wurde darauf geachtet, dass es nicht um statistische Repräsentativität, sondern um das Herausarbeiten des Typischen, um maximale Kontrastierung ging (Lamnek 2: 113). Auch in der vorliegenden Arbeit wurden Interviewte aus verschiedenen Medien,

unterschiedlichen Bildungsinstitutionen und verschiedenen staatlichen Gremien befragt. Nach der Phase der Transkription wurde bei dem von Lamnek gewählten Beispiel eine Darstellung angefertigt, die den thematischen Verlauf des Gesprächs am Rand des Textes mit Stichworten und Zwischenüberschriften festhält. Dann wurde eine Themenmatrix erstellt, die auf der Y-Achse eine Liste von Themen auffächert und tabellarisch die auf der X-Achse aufgeführten Interviews an den Stellen, wo ein Interviewter ein Thema angesprochen hat, mit einem Stern versieht. Zwar wurden die thematischen Verläufe und Themenmatrix nicht angewendet, waren aber insofern inspirierend, als für die vorliegende Untersuchung eine eigene Methode erarbeitet werden musste. Dies geht auch aus Lamneks, der Beispiel-Erklärung folgenden Passage hervor:

> „Wie der Leser unschwer erkennen wird, ist dieses Beispiel einer inhaltlich-reduktiven Textinterpretation in seiner Struktur nicht völlig identisch mit dem allgemeinen Modell einer solchen Vorgehensweise bei der Auswertung, wie sie in 3.8 entwickelt wurde. Dies hat natürlich damit zu tun, dass die generalistisch formulierten Auswertungsschritte in Anpassung an Gegenstand und Erkenntnisinteresse modifiziert werden können und müssen.“ (Lamnek 2: 123).

Die Codierung und Verschlüsselung unter Kategorien wird bei Schmidt beschrieben: Man ordnet Textpassagen einer bestimmten Kategorie zu (Schmidt 2003: 451). Im Kapitel über den konkreten Auswertungsprozess der für diese Arbeit in Mosambik geführten Leitfadeninterviews wird die angewandte Methode erläutert und die im Vergleich zu Lamnek vorgenommenen Modifizierungen werden ausgeführt und begründet.

Die dargestellten Grundprinzipien qualitativer Forschung legen es nahe, dass es für eine Ausgestaltung der journalistischen Aus- und Fortbildung zunächst kein strukturiertes Modell gibt, sondern dass im Folgenden die Aussagen der in den Leitfadeninterviews Befragten dargestellt werden, getrennt von einer Darstellung der tatsächlich existierenden Angebote. Erst in einem weiteren Schritt werden diese Ergebnisse, also einerseits die Vorstellungen der interviewten Mosambikaner, wie journalistische Programme, Universitäten und Schulen aussehen könnten und andererseits die Darstellung der vorhandenen Programme zur Aus- und Fortbildung, zusammengeführt.

6.3 Vorbereitung und Durchführung

Es wurden, wie dargelegt, zwei unterschiedliche Arten von Interviews durchgeführt: standardisierte Interviews und Leitfadeninterviews. Aus Gründen der Unterscheidbarkeit werden im Folgenden die von 1 bis 133 nummerierten standardisierten Interviews als S[Nummer] dargestellt, die von 1 bis 15 nummerierten Leitfadeninterviews als L[Nummer]. Innerhalb der standardisierten Interviews sind die Fragen, wie im Anhang in der deutschen Übersetzung des Fragebogens zu ersehen, bereits nummeriert; bei den Leitfadeninterviews wurden die Antworten der Interviewten in jedem einzelnen Interview durchnummeriert.

- Wird also für das 45. standardisierte Interview Bezug genommen auf die Antwort zu der Frage 1.3, dann liest sich das als Abkürzung folgendermaßen: S45, 1.3.
- Wird bei dem Leitfadeninterview mit der Nummer 10 die 25. Antwort zitiert, so liest sich das folgendermaßen: L10, 25.

6.3.1 Standardisierte Journalisteninterviews (quantitativ)

6.3.1.1 Der Fragebogen

Ziel der teilstandardisierten Befragung war es, mehr über die Vorzüge und Schwächen der tatsächlichen Ausbildung sowie die Ausbildungswünsche mosambikanischer Journalisten zu erfahren. Hier eine Zusammenfassung[244]:

Teil 1 des Interviews dient dazu, Informationen über die Befragten und deren professionellen Werdegang zu erlangen: 1.1 allgemein: Alter, Geschlecht, Funktion, Medium; 1.2: Bildung: Schule, journalistische Fortbildungen (Ort, Dauer, Nutzen), höhere Bildung; 1.3: Arbeitszeiten, Aufgabenbereiche, Ressorts;

Teil 2 erfragt Ausbildungswünsche in einem eher allgemeinen Sinne: Was und an welcher Institution die beste Ausbildung für mosambikanische Journalisten angeboten wird, wozu solche Ausbildung befähigt und wie wichtig Praktika sind;

Teil 3 erforscht Wünsche der Befragten bezüglich höherer Bildung in einem persönlichen und individuell-subjektiven Sinne: Dozenten, Ausstattung, Fächer, Befähigungen.

---

[244] Der komplette Fragebogen ist im Anhangband abgedruckt.

Teil 4 erfragt menschliche Eigenschaften und professionelle Fähigkeiten, die ein guter Journalist haben sollte. Die Antwortmöglichkeiten in S4.1 bis S4.3 wurden aus drei Bereichen gemischt, da sich in den Pretests gezeigt hatte, dass eine zu starke Zuspitzung auf bestimmte Themen zu Antwortverzerrung bzw. Antwortvermeidung führte. Es handelt es sich um die Kategorien Kenntnisse und Fähigkeiten von Journalisten[245], Aspekte, die den gesellschaftlich-politischen Aspekt der journalistischen Arbeit betreffen[246] sowie Aspekte, die auf die organisatorische Einbindung des Journalisten abheben[247].

Teil 5 erforscht Vorbilder und persönliche Arbeitszufriedenheit der Journalisten.

Teil 6 ist nur für Redaktionschefs/Direktoren/Herausgeber bestimmt und erforscht Zahl, Fähigkeiten, Flexibilität, Portugiesischkenntnisse sowie Eigenverantwortung der Mitarbeiter.[248]

Der Fragebogen enthält verschiedene Arten von Fragen:

- … bei denen die Interviewten eine Reihenfolge der Präferenzen vornehmen (Ranking);
- … bei denen eine individuelle Angabe als Antwort gefordert ist;
- … bei denen eine begrenzte Anzahl von Antworten zum Ankreuzen zur Verfügung steht;
- … bei denen eine Anzahl von Antworten zur Verfügung steht, die ergänzt werden kann;
- … die mit Ja oder Nein beantwortet werden sollen.

Die folgenden beiden Schaubilder stellen Aufbau und Fragefokus der standardisierten Interviews dar.

---

[245] 4.1 a, b, c, d, f; 4.2 a, c; 4.3 e, f

[246] 4.1 e, g; 4.3 a, b, c, d, g

[247] 4.2 b, d, e

[248] Bei der Formulierung der Frage S4 erwiesen sich Splichal/Sparks als hilfreich:
- Frage 21 [„What are (…) the most important qualities of a good journalist? (Choose no more than 3 of those listed below)]
- Frage 23 [“(…) what spefic talents are needed to become a journalist?”].

Methodische Orientierung gab auch Lederbogen (vgl. Kap. 2.5). Mit seinem Fragebogen ermittelte er sozio-statistische Daten, Daten zu Abschluss, Qualifizierung, Ausbildungsgrad, absolvierten Trainings innerhalb und außerhalb des Landes, Bewertung solcher Trainings durch die Journalisten. Er erfragt die Arbeitsweise der Journalisten innerhalb ihrer Redaktionen, berufliche Zufriedenheit, Wünsche nach Trainings und Fortbildungen.

Abb. 40: Aufbau der standardisierten Interviews

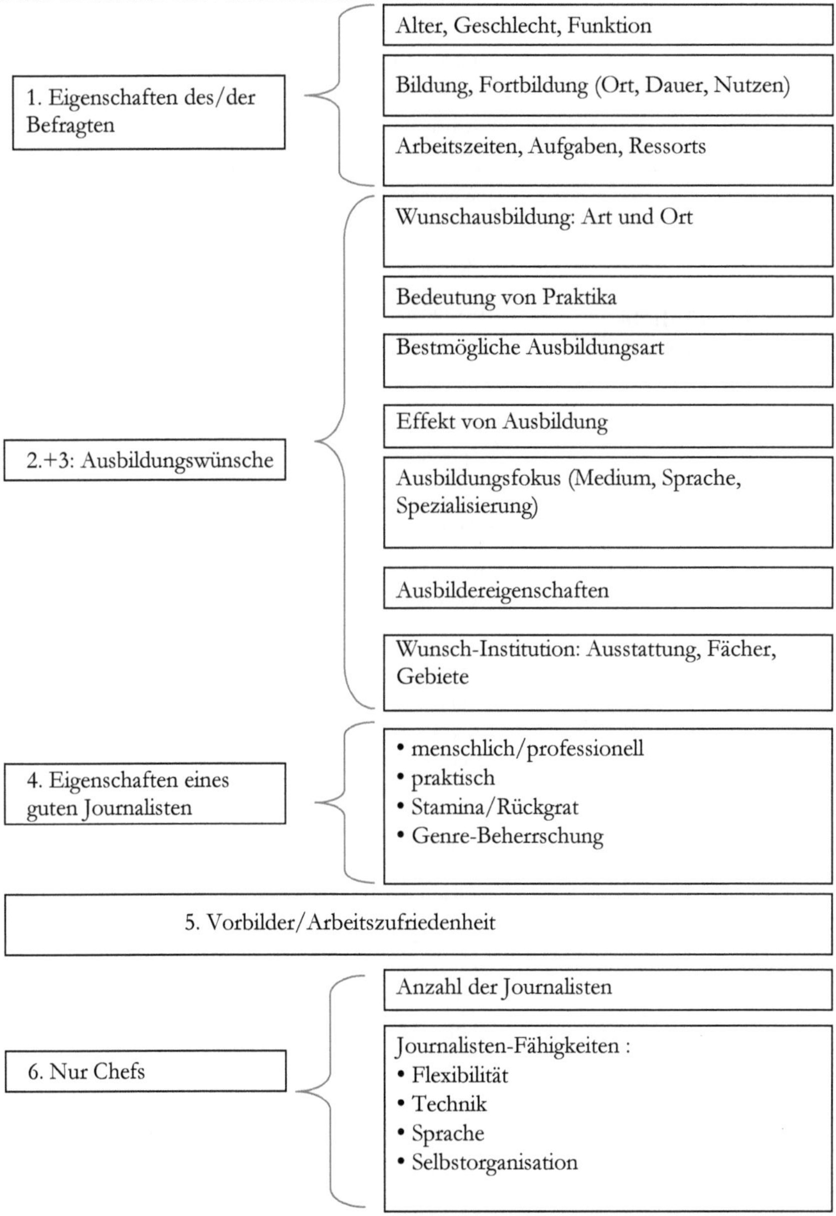

Abb. 40 zeigt eine schematische Darstellung der standardisierten Interviews. Links sind die Oberkategorien zu sehen, rechts die Untergliederung in Frageblöcke.

Abb. 41: Fragefokus der standardisierten Interviews

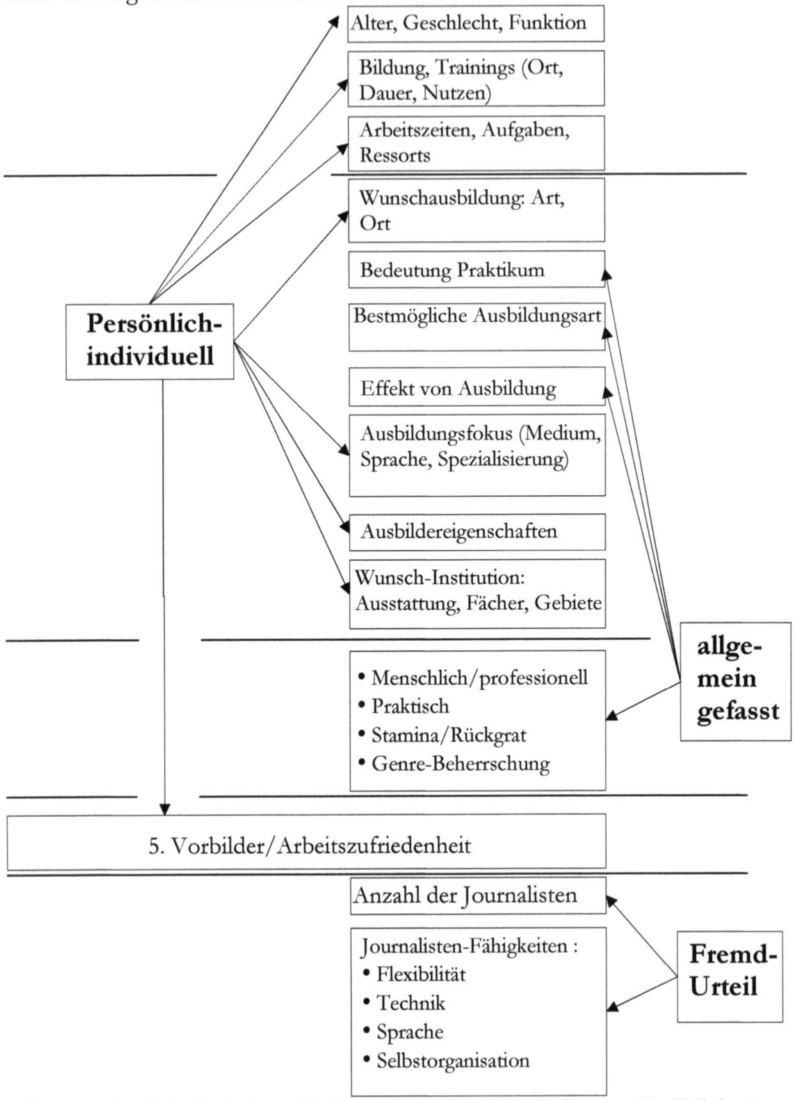

Abb. 41 verdeutlicht die drei verschiedenen Perspektiven der Befragung. Ein Teil der Fragen erfragte einen persönlichen Wunsch erfahren, ein Teil ihre Ansichten zu allgemeinen Eigenschaften und Bedingungen von Journalisten, die Zusatzseite 7 erfragt Fremd-Einschätzungen von Chefs über die mit ihnen zusammenarbeitenden Journalisten.

6.3.1.2 Interviewer

Befragt wurden 133 Journalisten aus allen Mediensparten in sämtlichen mosambikanischen Provinzen. Dazu wurden StudentInnen der kommunikationswissenschaftlichen Fakultät der katholischen Universität von Mosambik in Nampula ausgewählt und für die Umfrage geschult. Die Umfrage wurde jeweils im Juli und August 2003 (69 Befragte) und 2004 (64 Befragte) durchgeführt. Ausgewählt wurden Studentinnen und Studenten der Jahrgänge 2000 und 2001, die durch ihre Mitarbeit in Arbeitsgruppen Interesse an Projektarbeit gezeigt hatten und überdurchschnittlich gute Noten hatten.[249] Insgesamt wurden für das Projekt 39 Interviewer verpflichtet, die je nach Interview-Bedarf in ihrer Heimatprovinz und angenommener Zuverlässigkeit eine Zahl von einem bis sieben Fragebögen erhielten. Die Fragebögen wurden in enger Zusammenarbeit mit mosambikanischen Kollegen und einer studentischen Arbeitsgruppe an der *Universidade Católica de Moçambique* entwickelt und in mehreren Pretests auf ihre Verständlichkeit und Tauglichkeit überprüft. Der Fragebogen besteht aus sechs Seiten, mit einer Zusatzseite für journalistische Führungskräfte (30).

Die ausgewählten StudentInnen wurden in mehreren mehrstündigen Schulungen auf ihre Aufgabe vorbereitet und führten in der vorlesungsfreien Zeit in ihren Heimatprovinzen die Interviews mit den Journalisten durch. Wie bei Schnell/Hill/Esser empfohlen, erhielten sie eine finanzielle Teilnahmekompensation. Sie übertrugen die Ergebnisse auf den Fragebogen, der dann übergeben und mit einem speziell entwickelten Dokument in *Excel* ausgewertet wurde. Nach der ersten Befragung 2003 wurde der Fragebogen an einigen Stellen erweitert. Dies beeinträchtigt jedoch nicht die Vergleichbarkeit der Ergebnisse. Auf die entsprechenden Änderungen wird jeweils im Text hingewiesen.

6.3.1.3 Durchführung

Für die Auswahl der Befragten wurde zunächst mittels des *UNESCO*-Manuals von 1999 (UNESCO 2001d) ein Überblick über die Medienlandschaft hergestellt. Die *UNESCO*-Untersuchung hatte jedes Medium eingeschlossen, „which publishes, broadcasts, produces, prints, distributes and circulates its news content within Mozambique." (UNESCO 2001d: 21). Ausgeschlossen waren ausländische Sender wie

[249] 15-20 nach dem mosambikanischen Notensystem, das von 0-20 reicht.

RFI und *BBC*, die ihr Programm in Mosambik ausstrahlen, einzige Ausnahme dabei war *RTP* Fernsehen, da dieser Sender auch in Mosambik produziert. Ausgeschlossen waren ferner Korrespondenten nationaler Pressemedien, die keine eigene Ausgabe für Mosambik produzieren. Diesen Grundregeln der Auswahl folgt auch die vorliegende Untersuchung.
Dann wurde ermittelt, wie viele Menschen insgesamt in Mosambik im Mediensektor angestellt sind. Dies ergab in allen Sektoren [also Zeitungen, Zeitschriften, E-Mail-Unternehmen, Fax-Zeitungen, jede Art von Radio und Fernsehen (privat, öffentlich, politisch, religiös) und Multimedia], in allen Provinzen und jeder Art von Funktion (ausgenommen freie Mitarbeiter und Freiwillige) eine Gesamtzahl von 1.447 Personen. 50 Prozent davon waren 1999 Journalisten, Reporter, Chefredakteure, Herausgeber und Direktoren (UNESCO 2001d: 96). Fast die Hälfte aller im Mediensektor angestellten Personen arbeitete 1999 in Maputo. Die meisten Angestellten fanden sich im Bereich öffentliches Radio, Tageszeitungen, öffentliches Fernsehen, Wochenzeitungen. Da beim privaten Radio, also vor allem den religiösen Radios und den Rádios Comunitárias, vornehmlich Freiwillige arbeiteten, fällt diese Zahl an dieser Stelle nicht ins Gewicht. Bei der Gesamtzahl der im Mediensektor arbeitenden standen 315 Frauen 1.132 Männern gegenüber, es waren also etwa 22% Frauen und 78% Männer. Die *UNESCO* zählte insgesamt 92 verschiedene Medien. 60% der im Mediensektor Angestellten arbeiten bei 32% der Medien.
Die für diese Arbeit durchgeführte Umfrage fiel aus verschiedenen Gründen nicht repräsentativ aus. Die einzig erhältlichen Mediendaten waren zu Beginn der ersten Untersuchung 2003 bereits veraltet, so dass zunächst mit Hilfe der Studenten aus den verschiedenen Provinzen ermittelt wurde, welche Medien zum Zeitpunkt der Befragung noch existierten. Das Durchführen der Interviews war mit vielen organisatorischen Vorbereitungen und Unwägbarkeiten verbunden und manche der geplanten Interviews mussten ausfallen.[250] Bei der Auswahl der Interviewten sollten die folgenden Zielvorgaben erreicht werden. Es sollten Journalisten aus allen mosambikanischen Provinzen interviewt werden. Die Verteilung der Medienarten sollte so erfolgen, dass am meisten Journalisten aus dem Radiosektor, am zweitmeisten Zeitungsjournalisten und am drittmeisten Fernsehjournalisten interviewt werden würden. Alle Altersstufen von unter 20 bis über 50 Jahre sollten vertreten

[250] Manche Redaktionen verfügen nicht über Telefon bzw. sind abgelegen und aufgrund der Zerstörung von Brücken o.ä. in der Regenzeit schwer erreichbar.

sein. Etwa die Hälfte der Interviewten sollte aus Maputo sein, der Rest aus den anderen Provinzen, wobei auf die Nordprovinzen und Zentrumsprovinzen je ungefähr 20% der Interviews fallen sollte. Letztlich war der Anteil der Nordprovinzen (Niassa, Cabo Delgado, Nampula, Tete) mit 24% etwas höher als der der Zentrumsprovinzen (Zambezia, Sofala, Manica) mit 21%. Bei dem Verhältnis Männer - Frauen wurde ungefähr ein Verhältnis von 80% Männer und 20% Frauen angestrebt. Letztlich waren nur 13% der Interviewten Frauen und 87% Männer.

Die Auswahl der Medien und der Interviewten wurde mittels der *UNESCO*-Manuale festgelegt und mit aktualisierten Informationen von Seiten der Studenten, die wussten, welche Medien zum Zeitpunkt der jeweiligen Erhebung bereits wieder geschlossen waren, korrigiert. Daraufhin wurde festgelegt, welcher Interviewer welche Redaktion besuchen sollte und wie viele Redakteure dort besucht werden sollten. Die Interviewer wurden angewiesen, ausschließlich solche Personen zu interviewen, die mit der Produktion journalistischer Inhalte betraut waren. Dies war im Gespräch mit dem Redaktionschef vorab zu klären. Bei diesem Gespräch wurde auch ein Brief der katholischen Universität von Mosambik überreicht, in dem das Anliegen erläutert und eine anonymisierte Auswertung garantiert wurde. Da die Redaktionen teilweise telefonisch nicht erreichbar waren und die Anreise für die interviewenden Studenten kostspielig und umständlich war, konnten die Probanden zuvor nicht namentlich festgelegt werden. So wurde beschlossen, jeweils den Chefredakteur des jeweiligen Mediums zu bitten, einen Redakteur bzw. nach Wunsch ihn selber für das Interview zu bestimmen Eine zusätzliche Seite im Interviewbogen war für Chefredakteure, Direktoren und Herausgeber vorgesehen und wurde nur ausgefüllt, wenn ein Chefredakteur zu interviewen war.

Es wurde darauf geachtet, dass jeweils nur ein Interviewer auf eine Redaktion angesetzt wurde. Persönliche Kontakte der Studenten zu Journalisten in regionalen Radios, Presse und Fernsehen wurden als Vorteil angesehen, um die Kontaktaufnahme zu erleichtern und Vertrauen zu schaffen.

Eine Rücksprache mit dem Untersuchungsleiter zur Beseitigung von Unklarheiten war jederzeit möglich und wurde in Anspruch genommen.

Den Interviewten wurde Anonymität zugesichert. Um dies deutlich zu machen, waren die Interviewer angewiesen, zusätzlich zu der entsprechenden Erläuterung im Vorgespräch, dessen Durchführung mehrfach trainiert worden war, den Papierbogen mit dem Namen der Person,[251] dem Medium und der Redaktion vor Interviewbeginn in einen neutralen Briefumschlag zu stecken und diesen zu schließen. Im Anschluss an das Interview sollten sie den ausgefüllten 6-seitigen Fragebogen, auf dessen Kopfzeile lediglich Provinz, Stadt und Datum einzutragen waren, in einen großen unmarkierten Umschlag zu stecken und diesen zuzukleben. Es wurde zugesagt, dass bei der Auswertung beide Umschläge getrennt behandelt würden. In wenigen Fällen gab der/die Interviewte den Namen nicht an, was selbstverständlich respektiert wurde. Zusätzlich zu den Schulungen wurde den Studenten ein einseitiges Erläuterungsblatt mitgegeben, auf dem das Procedere mit den Umschlägen beschrieben war und Verhaltensempfehlungen für das Interview gegeben wurden: freundliches und bescheidenes Auftreten sowie Zeigen von Vertrauen in die Antworten der Befragten.

Während der Untersuchung zeigte sich, dass einige Journalisten die Fragebögen selbst mit der Hand ausfüllen wollten, anstatt sie von den befragenden Studenten ausfüllen zu lassen. Dies wurde gestattet, die Studenten sollten jedoch währenddessen dem Interviewten gegenüber sitzenbleiben und sich zur Beantwortung von Verständnisfragen bereithalten. Die Interviews dauerten zwischen 30 und 40 Minuten.

6.3.2 Leitfadeninterviews (qualitativ)

Zusätzlich zu zahlreichen nicht aufgezeichneten Hintergrundgesprächen mit Dozenten, Journalisten und Medienexperten wurden so genannte Leitfadeninterviews anhand eines eigens dafür entwickelten Leitfadens mit drei Personengruppen geführt, nämlich mit:

1. mosambikanischen Journalisten, vorzugsweise in gehobener Position,
2. mosambikanischen Führungskräften in der Aus- und Fortbildung, vor allem Fachbereichsdirektoren, und
3. Personen, die in politisch-gesellschaftlichen Institutionen und Ministerien Funktionen einnehmen.

Diese Interviews wurden auf Tonband aufgezeichnet. Sie fokussierten die Frage der Aus- und Fortbildung von Journalisten in Mosambik: Wie stellt sich diese dar, was ist verbesserungswürdig, was ist falsch? Zudem wurden Fragen zur Vernetzung der Journalisten in Mosambik gestellt sowie zu Einflussnahmen aus dem In- und Aus-

[251] Diese wurde erhoben, um Dopplungen auszuschließen, da in zwei aufeinander folgenden Jahren Interviews durchgeführt wurden.

land. Eine eigene Kategorie befasste sich mit der Frage, welche Besonderheiten der mosambikanische Journalismus aufweist, was ihn von dem Journalismus anderer Länder unterscheidet. Denn bei der Planung der Aus- und Fortbildung von Journalisten muss die Medienrealität bekannt sein, müssen Tendenzen und Charakteristika des journalistischen Alltags so früh wie möglich einfließen. Der Journalismus hat sich weltweit immer wieder sehr stark gewandelt, zuletzt durch das Auftreten des Internets. Bedenkt man, dass die Hochschulen in Mosambik manchmal Inhalte für 4-jährige oder 6-jährige Kurse festschreiben, dann wird deutlich, wie wichtig eine permanente Analyse des journalistischen Arbeitsmarktes ist.

Zusätzlich zu den Informationen zu Journalismus und Ausbildung, die von den drei Untergruppen aus der je berufsspezifischen Perspektive beantwortet wurden, dienten die Leitfadeninterviews einem weiteren Zweck: Die Interviewten wurden als „Ressource-Persons“ angesehen, um die Arbeitsweise der jeweiligen Institutionen besser kennen zu lernen und das wenige schriftlich vorhandene Material zur Funktionsweise von Medien, Ausbildungsinstitutionen und politischen Gremien zu ergänzen. Denn während Gesetzestexte, Broschüren und Selbstdarstellungen der Natur des jeweiligen schriftlichen Dokuments gemäß oft Zielvorgaben und idealtypische Beschreibungen liefern, weniger aber die Arbeitsabläufe und Konfliktlinien beleuchten, bestand in den Interviews die Chance, die tatsächlichen Arbeitsweisen zu erfragen, sowie wichtige, gut funktionierende oder problematische Themenbereiche auszuloten. Dementsprechend wurden die primär journalistisch tätigen Interviewten nach ihrem je journalistischen Alltag befragt, die in Ausbildungsinstitutionen Beschäftigten nach Arbeitsalltag und Funktionsweise im Bildungssegment und die in öffentlichen Gremien Tätigen nach Arbeitsalltag und Funktion ihrer Institution. Die damit in Zusammenhang stehenden Fragen wurden meist zu Interview-Anfang gestellt, da sie eine Art Eisbrecherfunktion hatten, denn die Interviewten nahmen sich hier als kompetent wahr und konnten über ihr eigenes Feld sprechen. Aufgrund des unterschiedlichen Ausbildungs- und Berufshintergrundes der Befragten wurde eine unterschiedliche Dauer der Interviews einkalkuliert.

6.3.2.1 Interviewte

Bei der Auswahl der Interviewten galten vier Voraussetzungen:

- Es sollte ein Vertrauensverhältnis zum Interviewer herrschen, das durch mehrfache Kontakte oder durch „Mittelsmänner“, also gemeinsame Bekannte und Kollegen, garantiert wurde (vgl. Lamnek 2: 93).
- Zweitens sollte aus den Vorgesprächen eine gewisse Bereitschaft erkennbar werden, sich auf ein langes Interview einzulassen und offen die Dinge zu beantworten.
- Drittens sollten die Befragten nach Möglichkeit Personen in Chefposition sein.[252] Dies erklärt sich aus der in Mosambik mangelnden Praxis des Delegierens; ein Mosambikaner in höherer Position ist aufgrund des häufigen Fehlens von verbindlichen Arbeitsbeschreibungen[253] von Institutionen und teilweise unklarer Zuordnung der Funktionen oft der einzige, der verbindliche Auskünfte geben kann. Dagegen sind Angestellte oft vorsichtig, müssen Rücksprache halten und sich vergewissern, was bei Interviews, die auch politische und gesellschaftliche Themen ansprechen, keine substantiellen Ergebnisse erwarten lässt.
- Viertens war es wichtig, dass die Befragten die entsprechende Artikulationsfähigkeit und das abstrakte Verständnis hatten, um einer offenen Befragung gewachsen zu sein, in der der Befragte im Grunde selbst entscheidet, in welcher Kategorie er antwortet.

Diese auf Portugiesisch durchgeführten Interviews wurden mit Einverständnis der Interviewten auf Tonkassette aufgenommen, von Studenten des Fachbereichs Kommunikation der *UCM* transkribiert und vom Autor dieser Arbeit übersetzt.

Aus den oben erläuterten Gründen der offenen Interview-Situation fielen die Interviews unterschiedlich lang aus. Waren die Interviewten mit der Situation zunächst nicht vertraut, müde und unkonzentriert oder wurden zu häufig durch Mobiltelefonklingeln o.ä. gestört, wurden Stimulationsfragen gestellt. Dafür waren zusätzlich zu den Leitfragen weitere Fragen ausformuliert, die bei Zögern oder Unsicherheit auf Seiten des Interviewten gestellt werden konnten. In manchen Fällen war beim Interviewten eine klare Haltung und Ansicht erkennbar, die auch klare Antworten ergab. Einige Kategorieteile wurden durch „Nachhak-Fragen“ des Interviewers ausgeweitet, wenn zu spüren war, dass hier Problemzentren des Themas

[252] Vor allem aufgrund der Tatsache, dass die meisten Interviewten in höherer Position waren bzw. als Journalisten mit der Situation des Interviews und seiner technischen Aufzeichnung vertraut waren, konnte die – innerhalb der Forschung manchmal abgelehnte – Methode der Tonbandaufnahme hier bedenkenlos angewandt werden. Vgl. Thomaß 1998: 69.

[253] Oft existieren solche Beschreibungen, sind aber aufgrund von Papiermangel und defekten Computern oder Kopiergeräten nicht erhältlich.

lagen. Umgekehrt fielen die Fragen nach journalistischem Alltag und berufsspezifische Erörterungen gerade bei den Interviews mit politisch Tätigen und Ausbildern kurz aus.

Alle Interviews mit Journalisten wurden anonymisiert. Es wurde nur auf diese verzichtet, wenn die Interviewpartner explizit und unmissverständlich die angekündigte Anonymisierung ablehnten. Die kam mehrfach vor und wurde mit Nachdruck sowie dem Zusatz, man stehe zu seiner Meinung und wolle auch im Text der Doktorarbeit in „Alemanha“ zitiert werden, vertreten. Es waren ausschließlich Chefs von politischen Institutionen und Ausbildungsinstitutionen, die auf Anonymisierung verzichteten.

Bei den Vertretern der Medien sollten alle Sparten vertreten sein, so dass die insgesamt fünf in dieser Gruppe Interviewten aus den Bereichen Fernsehen, Radio, Presse und Werbung kamen. Zwei davon stammten aus dem öffentlichen Sektor, drei aus dem privaten. Bei den Vertretern aus dem Bildungssektor sollten Vertreter aus den drei Arten von journalistischer Aus- und Fortbildung vertreten sein, also die universitären Ausbilder, die Fortbilder in Workshops und ein Vertreter der Journalistenschule. Interviewt wurden der pädagogische Direktor der Journalistenschule (*EJ*), die Fachbereichsdirektorin der *ISCTEM*, der Fachbereichsleiter der *UEM* und ein Fernseh-Journalist, der seit Jahren für verschiedene Institutionen wie *UNESCO* und *NSJ* Fortbildungskurse bestreitet. Dritte Befragtengruppe bei den Leitfadeninterviews waren die so genannten politisch Tätigen. Hier wurden ein Vertreter des Ministeriums für Höhere Bildung sowie die jeweiligen DirektorInnen von *ICS*, *CSCS* und *Gabinete da Informação* interviewt. Zusätzlich wurden anhand eines eigens entwickelten Leitfadens Vertreter der *UNESCO* interviewt, um Hintergrundinformationen über die regionalen Mediencenter, die Fortbildungsaktivitäten und die sonstige Strategie der *UNESCO* zu erhalten. Das Ziel dieser Arbeit ist explizit eine Darstellung der mosambikanischen Vorstellungen und Bedürfnisse, so dass nur Interviews mit Mosambikaner geführt wurden. Die folgende Tabelle gibt eine Übersicht.

Abb. 42: Wer wurde per Leitfaden interviewt?

Nr.	Funktion	öffentliches/ priv. Medium	Name
L1	Radiodirektor/in *Rádio Moçambique*, Provinz	öffentlich	anonym
L2	Fernsehdirektor/in *Televisão de Moçambique*,Provinz	öffentlich	anonym
L3	freie/r Pressejournalist/in	privat	anonym
L4	Direktor/in Rádio Comunitária	privat	anonym
L5	Werbeagenturchef/in	privat	anonym
L6	Pädagogischer Direktor Journalistenschule		Feliciano Mucavo
L7	Fachbereichsdirektorin *ISCTEM*		Aissa Isaac
L8	Fachbereichsdirektor *UEM*		Eduardo Namburete
L9	Fernsehjournalist/in *Televisão de Moçambique* sowie Journalistenausbilder/in für int. Organisationen	öffentlich	anonym
L10	Vertreter Ministerium für höhere Bildung, Wissenschaft und Technik (*MESCT*)		Arlindo Chilundo
L11	Direktorin Institut für Massenkommunikation (*ICS*)		Sofia Ibraimo
L12	Direktorin Hoher Medien-Schiedsrat (*CSCS*)		Julieta Langa
L13	Direktor *Gabinete da Informação*		Felisberto Tinga
L14 *UNESCO*	Ehemaliger Vertreter/in *UNESCO* national		anonym
L15 *UNESCO*	Vertreter/in *UNESCO* regional sowie *MISA*		anonym

6.3.2.2 Schema des Fragekatalogs L1 bis L13

Die Interviews L1-L13 begannen meist mit einer Beschreibung der professionellen Biografie und des Alltags des Befragten. Dies hatte, wie bereits ausgeführt, eine Eisbrecherfunktion und gewährte Einblicke in die praktische Arbeitsweise der Medien, Institutionen und Universitäten. Diese Teile wurden nur dann übersetzt, wenn die Antworten in das Raster der erhobenen Kategorien passten bzw. wenn sich daraus wichtige Informationen zu dem entsprechenden Medium oder der entsprechenden öffentlichen, politischen bzw. Bildungs-Institution ergaben.

Anschließend ging es um Vernetzung von Journalisten und um Spezifika des Journalismus. Dann wurde gezielt nach tatsächlichen und gewünschten Aus- und Fortbildungsangeboten im Bereich Journalismus gefragt. Gegen Ende wurden noch Fragen zum in- und ausländischen Einfluss von Journalistenausbildung in Mosambik gestellt. Dies war für die Befragten sicherlich das heikelste Thema.

Ein Überblick über die Fragen[254]:

1. Kategorie: journalistischer/Journalismus-bezogener Lebenslauf
Bitte geben Sie einen Überblick über Ihren professionellen Lebenslauf in einem Arbeitsbereich, der praktisch, bildungstechnisch oder politisch mit Journalismus zu tun hat.

2. Kategorie: Der berufliche Alltag
2.1 Beschreiben Sie Ihren Tagesablauf als Journalist/in Ihrer Institution
2.2 Welche Quellen und Hilfsmittel benutzen Sie vor allem bei Ihrer Arbeit?
2.3 Beschreiben Sie die hierarchischen Strukturen/Entscheidungsstrukturen

3. Kategorie: Kontakt mit anderen Journalisten, Vernetzung
3.1 Welche Kontakte haben Sie mit Journalisten außerhalb der eigenen Redaktion bzw. wie treten Sie in Kontakt mit Journalisten, gibt es (regelmäßige) Berührungspunkte?
3.2 Sind Sie Mitglied in einer (der) Gewerkschaft *Sindicato Nacional de Jornalistas (SNJ)* oder haben Sie Kontakt mit dem *SNJ*, was denken Sie über dessen Arbeit? Wie profitiert man von einer Mitgliedschaft im *SNJ*, was ist der Vorteil?

4. Kategorie: Mosambikanischer Journalismus: inhaltliche Besonderheiten
4.1 Was unterscheidet den Journalismus innerhalb und außerhalb Mosambiks?
4.2 Gibt es einen spezifisch mosambikanischen Journalismus, was sind die Charakteristika eines solchen Journalismus?
4.3 Welches sind einflussreiche mosambikanische Journalisten? Welche sind Leitfiguren?
4.4 Erreicht der mosambikanische Journalismus die mosambikanische Bevölkerung und entspricht er den Erwartungen?

5. Kategorie: Ausbildung
5.1 Welche journalistischen Ausbildungsstätten existieren in Mosambik? Beschreiben Sie diese. Was sind Stärken, Schwächen dieser Institutionen?
5.2 Wenn Sie entscheiden könnten: Würden Sie die Einrichtung von weiteren journalistenausbildenden Institutionen befürworten?
Wenn ja: Bitte beschreiben Sie eine solche Institution (wo, Leitung, Inhalte, Ausstattung, Einschreibung, Kosten etc.)

6. Kategorie: Politischer und in/ausländischer Einfluss
6.1 Was sind für Mosambik in den nächsten 2-5 Jahren Ihrer Meinung nach die wichtigsten und größten Herausforderungen (was ist notwendig, was sollte angepackt werden) im Bereich Journalismus?
6.2 Welche Rolle spielen die indischen und südafrikanischen Minderheiten beim Journalismus?
6.3 Beeinflussen andere afrikanische Länder den mosambikanischen Journalismus? Wenn ja, wie?
6.4 Wer finanziert die Medien in Mosambik?
6.5 Welche Kräfte in dieser Gesellschaft beeinflussen Ihrer Einschätzung nach den Journalismus negativ/positiv?
6.6 Beschreiben Sie den Einfluss des *Gab Info.*

[254] Die Fragen, die dem Nachhaken in stockenden Interview-Situationen dienten, wurden nur selten benutzt und sind daher hier nicht aufgeführt.

Abb. 43: Aufbau der Leitfadeninterviews

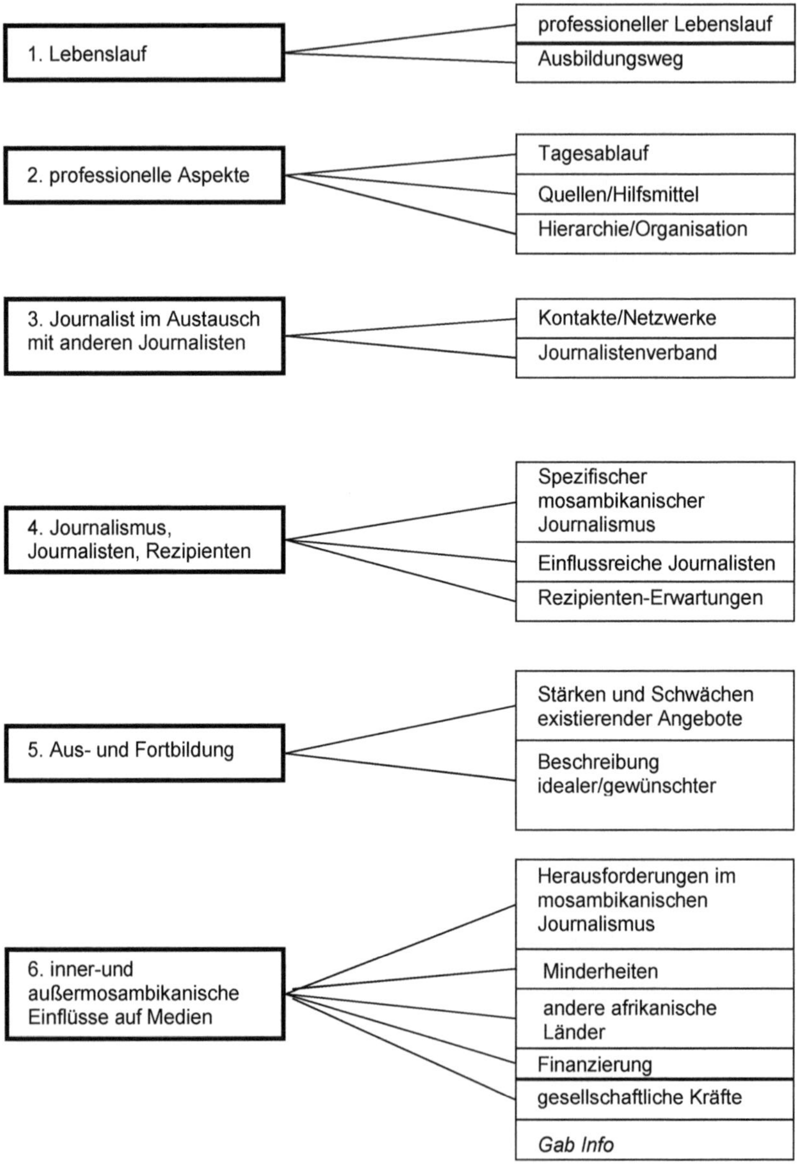

Abb. 43: In den fett umrandeten Kästen links wird die Thematik des jeweiligen Frageblocks etikettiert, rechts sind den Frageblöcken die Unterkategorien zugeteilt.

6.3.2.3 Schema des *UN*-Fragenkatalogs L14 und L15

Die Interviews L14 und L15 dienten dazu, Informationen über die Arbeitsweise der *UNESCO* im Bereich Journalistenausbildung und Journalistenförderung auf nationaler und regionaler Ebene zu erfahren, vor allem bezüglich der Arbeitsweise der so genannten Medienzentren. Für diese Interviews gab es ein gröberes Frageraster als bei den Interviews L1 bis L13, und es wurde aufgrund der Unterschiedlichkeit der Interviewpartner – die eine Person war eher für die nationale und regionale *UNESCO*-Arbeit kompetent, die andere für die regionale und lokale *UNESCO*-Arbeit und entpuppte sich auch als *MISA*-Experte – öfter davon abgewichen.

Hier ein Überblick über die Fragen:

Kategorie 1: *UNESCO*-Zentren allgemein
Was ist das Ziel?

Kategorie 2: Die Motivation der *UNESCO*
Wie ist das Gesamtprojekt in der *UNESCO*-Politik verankert?
Wie ist das Teilprojekt (Mediencenter) in der *UNESCO*-Politik verankert?
Welche Literatur/Leitlinien sind wichtig?
Wie greifen die Geber direkt ein auf die Mediencenter?

Kategorie 3: Gesamtgenese Mediencenter
Wie kann man die Entwicklung der Center beschreiben, gab es da Brüche, Lernschritte, einschneidende politische und wirtschaftliche Entwicklungen?
Wie stark wurden die Mediencenter von Maputo aus gesteuert?
Wie wurden bei der *UNESCO*/bei den Zentren einbezogen:

- nationale Kräfte?
- regionale/lokale Kräfte?

Wann entstand das Mediencenter-Projekt?
Wie stand es in Zusammenhang mit den anderen Medienprojekten der *UNESCO*?
Was soll in den Zentren gemacht werden?
Wie lange soll das dauern?
Wie werden die Zentren finanziert, wie steht es um Nachhaltigkeit?

Kategorie 4: Schwierigkeiten bei den Mediencentern

- technischer Art
- Kompetenz
- Einfluss Bevölkerung, lokale Politik, lokale Religion
- Zielpublikum: Wem nutzen die Mediencenter?

Kategorie 5: Vorteile, unterstützende Faktoren

- technischer Art
- Kompetenz
- Bevölkerung, lokale Politik, lokale Religion
- Zielpublikum

Kategorie 6:
In anderen Centern gemachte Erfahrungen mit Blick auf das spezifische Mediencenter.

6.3.2.4 Theoretische Ansprüche und Umsetzung in Leitfadeninterviews

Im Methoden-Kapitel wurden Ansprüche an die Durchführung der vom Autor durchgeführten Leitfadeninterviews gestellt, deren Umsetzung manchmal Schwierigkeiten bereitete. Die Forderung, der Interviewer solle Fragen spontan stellen, schien weniger prioritär als die ebenso wichtige Forderung, der Interviewer müsse klar und verständlich in seinen Fragen sein und Irritation des Interviewten oder das Gefühl, der Interviewte werde ausgehorcht oder angegriffen, vermeiden.

Die Leitfadeninterviews wurden im Gegensatz zu den standardisierten Interviews geführt zwischen einem deutschen Interviewer und einem mosambikanischen Interviewten. Ebenso wie bei den standardisierten Interviews war die Sprache Portugiesisch. Dies beeinträchtigte manchmal die Spontaneität, da der Autor nicht portugiesischer Muttersprachler ist. Zwar wurde versucht, die Interviews möglichst reibungslos, ohne Unterbrechungen, ohne Brüche und mit der bei Lamnek geforderten Zurückhaltung des Interviewers zu führen, es wurde versucht, anzuknüpfen an eine Antwort des Befragten, vom Befragten aufgegriffene Themen sozusagen weiterzuverfolgen, an Stellen nachzuhaken, wo Kernthemen in Bezug auf journalistische Aus- und Fortbildung genannt wurden oder wo aus der vielleicht zögerlichen oder aggressiven Gestik und Mimik des Befragten spürbar wurde, dass gerade ein konfliktträchtiges Thema angesprochen wurde. Auch wurde versucht, eine feste Abfolge von Fragen zu vermeiden, ohne jedoch wichtige Themenbereiche und Kategorien zu vernachlässigen. Dennoch wurde beim Stellen der Fragen manchmal auf vorformulierte (stets offene) Fragen zurückgegriffen, um eindeutig zu sein, keine Missverständnisse zuzulassen und den Fluss des Interviews nicht zu sehr durch eventuell nötige Rückfragen zu stören.

Die Forderung, der Ort solle dem Interviewten vertraut sein, führte dazu, dass die meisten Interviews in den jeweiligen Büros der Befragten geführt wurden. Dies schafft Vertrautheit und Souveränität im Umgang mit der vielleicht für den Interviewten wenig gewohnten Situation und erwies sich lediglich dann als Nachteil, wenn Untergebene den Raum betraten, um eine Unterschrift einzuholen o.ä. oder wenn das Telefon klingelte. Da aber die meisten Interviewten ohnehin über ein Mobiltelefon verfügten, das auch in den seltensten Fällen abgestellt wurde, war die Gefahr, gestört zu werden, auch an jedem anderen Ort gegeben.

Zum Interview gehörte ein kurzes Vorgespräch, in dem der Grund für das Interview erläutert, Vertraulichkeit zugesichert und auch mein persönlicher Hintergrund als deutscher Entwicklungshelfer, der drei Jahre an der katholischen Universität als Journalismusdozent unterrichtet hatte, erklärt wurde. Die Nationalität erwies sich als eher hilfreich. Zehntausende von Mosambikanern arbeiteten in den späten 70er und 80er Jahren in der DDR. Ostdeutschland war während des Bürgerkrieges sozialistisches Bruderland. Die meisten Mosambikaner verbinden mit Deutschland positive Assoziationen, während Portugiesen und Südafrikaner manchmal abgelehnt werden. Die negativ besetzten Stichworte Zweiter Weltkrieg, faschistisches Deutschland und Adolf Hitler sind zwar bekannt, aber eher als burleske[255] Fußnote der Geschichte. Kein Mosambikaner ist als Soldat im Zweiten Weltkrieg getötet worden, nur wenige Afrikaner waren überhaupt vom Ersten und Zweiten Weltkrieg betroffen.

Es schien wichtig, den Interviewten das Gefühl zu geben, dass dieses Interview von kompetenter Seite durchgeführt würde, dass ihre Aussagen in diesem Interview sachgerecht ausgewertet würden und dass ihre Antworten auch für die Zukunft relevant seien. Es war, gerade bei Beamten in staatlichen Institutionen, eine ablehnende Reaktion auf Fragen aus dem politischen Bereich zu befürchten. Diese Befürchtung erfüllte sich in fast keinem der Interviews. War erst einmal der Interviewtermin organisiert, was fast immer – auch bei hierarchisch hoch stehenden Personen – problemlos und unbürokratisch funktionierte, wurde mit großer Geduld, großer Offenheit und freundlichem Interesse geantwortet.[256] Je hierarchisch höher die Befragten waren, desto weniger ängstlich waren sie, offene Antworten zu geben. Ängstlichkeit oder verhaltene Reaktionen gab es eigentlich nur bei Fragen, die die nationale Ebene und Parteipolitik betrafen.

---

[255] So wurde 2001 in meiner Antrittsvorlesung, in der ich mich vorstellte und dann bat, meinen Lebenslauf journalistisch aufzubereiten, von einer Arbeitsgruppe der biografische Baustein meines Grundwehrdienstes als Redaktionssoldat in einer journalistischen Einheit in Andernach folgendermaßen in einem fiktiven Zeitungsartikel ausgedrückt: „Christoph Hantel war beim Militär und lernte dort die Sprache Adolf Hitlers." Aufgrund des übergroßen Respekts, der weißen Dozenten an der *UCM* entgegengebracht wurde, bin ich sicher, dass die Studenten dies so nicht gesagt hätten, wenn sie geglaubt hätten, mich mit dieser Aussage verletzen oder gar beleidigen zu können. Stattdessen war dies eher als derber Scherz gedacht.

[256] Trotz der oft für europäische Begriffe desolaten Verhältnisse in Mosambik gilt es in der mosambikanischen Gesellschaft als Ehrensache, nicht nur, wenn irgend möglich, in gepflegter, gewaschener und gebügelter Kleidung aufzutreten, sondern stets eine fröhlich-optimistische Grundhaltung und ein strahlendes Gesicht zur Schau zu stellen. So wurde ich bei den Interviews teilweise sogar eingeladen, die Familie zu besuchen und zum Essen zu kommen.

Die Flexibilität und Offenheit in der Interview-Führung erwies sich bei dem teilweise sehr unterschiedlichen professionellen Hintergrund der Befragten als entscheidend, einzelne Aspekte des Themas wurden im Laufe des Interviews bedeutender, andere traten in den Hintergrund. Dies hatte den Nachteil, dass es bei der Vergleichbarkeit der Antworten innerhalb der einzelnen Kategorien große quantitative Unterschiede gab. Allerdings ergibt sich auch aus kurzen Antworten oder Antwortverweigerung eine Information. Der Vorteil war, dass der je unterschiedliche Wissenshorizont der Befragten dazu führte, dass die Befragten teilweise sehr spezifische und wertvolle Informationen gerade zu Arbeitsweisen der mosambikanischen Medieninstitutionen (*ICS*, *Gab Info*, *CSCS*) und zur Arbeitsweise der Medien gaben, die ansonsten nirgendwo schriftlich festgehalten sind und deren Erlangung explizit ein Teilziel der Interview-Durchführung war.
Die oben aufgeführten theoretischen Anforderungen bezüglich dialogischer Interviewführung und Kommunikation konnten in unterschiedlich starkem Maß in den Interviews umgesetzt werden. Dies hing von verschiedenen Faktoren ab. Zunächst war der Grad von Vertrautheit zwischen Interviewer und Interviewtem unterschiedlich. Bei einigen der Interviewten ergab sich durch eine lange Phase gemeinsamer Berührungspunkte im Vorfeld des Interviews ein hoher Grad an Vertrautheit, der das Interview manchmal stark in ein Gespräch münden ließ. Zudem war die Souveränität des Interviewten wichtig, zum einen also sein subjektives Gefühl, den befragten Gegenstand sicher zu kennen, zum anderen die Frage, ob er sich innerlich befugt fühlte, ein Interview zu geben und aufgrund der versprochenen Anonymisierung Bedenken zum offenen Ansprechen von Problemen fallenzulassen. Bedenken führen zu Zögerlichkeit beim Antworten, dies zwingt den Interviewer stärker in die „Hebammenrolle“, bringt aber natürlich unvermeidlich eine stärkere Steuerung durch den Interviewer mit sich, der oft nachhelfen oder nachfragen muss. Ein entschlossener, bedenkenloser Antwortstil hat den Vorteil, dass der Interviewer den Makro-Verlauf des Interviews besser steuern kann. Allerdings ergibt sich daraus wiederum der Nachteil, dass schnell gegebene Antworten in manchen Fällen eine gewisse Tiefe vermissen lassen und dem Interviewer auch weniger Zeit lassen, ein Gespür dafür zu entwickeln, wo eventuell Felder liegen, bei denen ein Nachhaken lohnenswert ist. Der individuelle Sprachduktus und die Artikulationsfähigkeit prägte die Interviewsituation ebenfalls erheblich. Einige Interviewer spra-

chen hektisch, gerieten in argumentative Wiederholungsschleifen, andere sprachen „wie gedruckt".

Der Verlauf eines Interviews hängt nicht nur vom Interviewer ab, sondern in besonderem Maße auch von der Persönlichkeit des Interviewten und seinem Willen, das Interview nicht als lästige Pflicht, sondern als Austausch zu begreifen. Fast alle Interviewten nahmen sich viel Zeit und signalisierten Offenheit und Interesse.[257] Der Aspekt der „Nicht-Haftbarmachung" für das Gesagte war sehr wichtig und wurde durch eine dezente Handhabung der Bandmaschine unterstrichen. Dies führte dazu, dass die Interviewten an verschiedenen Stellen vorsichtige Kritik äußern, was für diese Arbeit als nützlich angesehen wird.

6.4 Auswertungsprozess

6.4.1 Standardisierte Journalisteninterviews

Statistische Methoden

Die handschriftlich von den StudentInnen erhobenen Daten der 133 Interviews wurden in eine *Excel*-Tabelle mit mehreren Worksheets erfasst und so aufbereitet, dass eine statistische Auswertung der Frageergebnisse sowie ein Vergleich verschiedener Fragen und Kategorien möglich wurde. Für die quantitative Auswertung der strukturierten Interviews erscheint eine Reihe von statistischen Operationen sinnvoll (vgl. Benninghaus 1992). Für die Darstellung der zentralen Tendenz der Werte einer bestimmten Kategorie wurde der Median gebildet. Er ist der Wert, der eine Gruppe von Werten, die der Größe nach geordnet sind, halbiert, also die Mitte der Beobachtungswerte bildet. Die Hälfte der Werte einer Beobachtungsreihe liegt demnach über ihm, die andere Hälfte unter ihm. Der Median ist dann besonders geeignet, wenn stark asymmetrische Verteilungen bzw. Verteilungen mit einigen sehr extremen Werten beschrieben werden sollen (Benninghaus 1992: 48). Ein anderes Zentralmaß ist das arithmetische Mittel, die gemeinhin als „Mittelwert" bezeichnete Größe. Er berücksichtigt alle Einzelwerte einer Verteilung und wird berechnet, indem man die Summe aller zu betrachtenden Werte durch deren Anzahl dividiert. Dieser Wert bildet sozusagen den „Schwerpunkt" einer Verteilung. Bei

[257] Aufgrund der meist hohen Stellung der Befragten wurden die Interviews zügig geführt, was die Folge hatte, dass nicht alle Fragen in allen Interviews angesprochen wurden. Dies ist für die Auswertung relevant, da nicht bei jeder Kategorie von einem Gesamtsample von 13 oder gar 15 ausgegangen werden kann.

der Darstellung der Ergebnisse der Umfrage sollen arithmetische Mittelwerte zu ausgewählten Kategorien angegeben werden, eine Auflistung aller Werte scheint nicht sinnvoll. An einigen Punkten werden Merkmalsausprägungen der Befragten korreliert und miteinander in Beziehung gesetzt. Dabei erhält man bivariante (zweidimensionale) Verteilungen, die in entsprechenden Tabellen dargestellt werden (Benninghaus 1992: 60).

Soziostatistische Daten

Insgesamt wurden 133 Interviews in allen 11 Provinzen Mosambiks geführt.[258]

Abb. 44 und Abb. 45: Provinzzugehörigkeit der standardisiert interviewten Personen

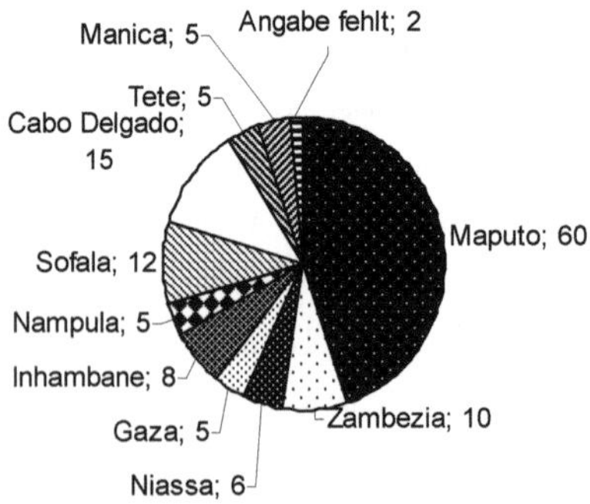

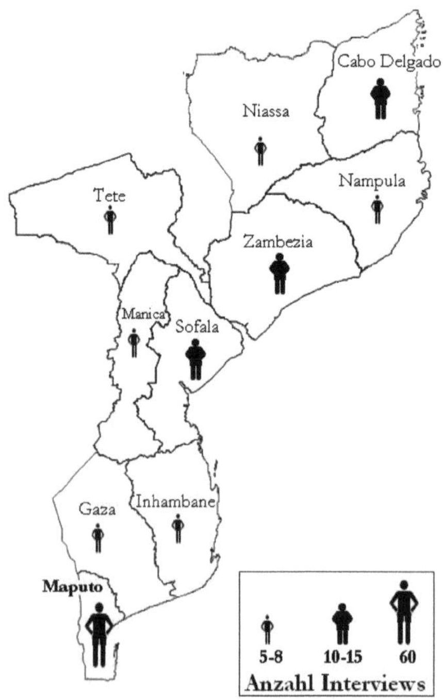

Das Tortendiagramm und die Karte stellen die Anzahl der Personen dar, die in den jeweiligen Provinzen interviewt wurden. Es wurden zwischen fünf und 15 Interviews in jeder Provinz durchgeführt, je nach Provinzgröße und Mediendichte. In Maputo wurden, entsprechend der hohen Mediendichte vor allem in Maputo Stadt, 60 von insgesamt 133 Interviews durchgeführt, also 44%. Zudem sollten in den nördlichen Provinzen (Niassa, Cabo Delgado, Nampula, Tete) und den Zentrums-Provinzen (Zambezia, Sofala, Manica) etwa gleich viele Interviews geführt werden. Im Norden wurden insgesamt 31 Interviews geführt, im Zentrum 27. Insgesamt 18 Interviews wurden in den südlichen Provinzen Gaza und Inhambane geführt, zählt man Maputo dazu, kommt man für den Süden auf 73. Dies spiegelt in etwa das Medienaufkommen in den einzelnen Gebieten Mosambiks.

[258] Maputo Stadt und Maputo Provinz wurden nicht unterschieden, da in Vorgesprächen deutlich wurde, dass die Unterscheidung den meisten StudentInnen, die die Interviews durchführen sollten, nicht geläufig war.

Die Altersverteilung der Befragten ist in dem folgenden Torten-Diagramm ersichtlich.

Abb. 46: Viele junge Journalisten: Altersklassen der Interviewten

Abb. 46 (Tortendiagramm) zeigt den Prozentsatz der Befragten in den jeweiligen Alters-Intervallen von unter 20 Jahren bis über 50 Jahren (S1.1.1). 17 der Interviewten waren Frauen, 116 Männer. Damit sind die Frauen im Vergleich zu der Gesamtzahl der weiblichen Angestellten im Medienbereich, die 1999 nach *UNESCO*-Angaben bei 22% lag, etwas schwächer repräsentiert.

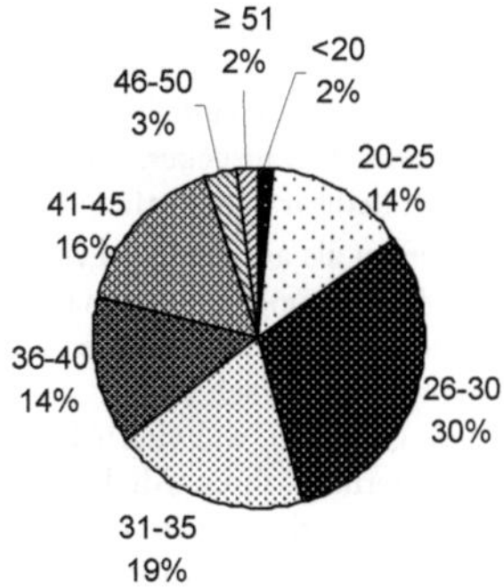

Führungspersonen

Frage S1.1.3 prüft, ob jemand in einem journalistischen Bereich Menschen führt. Dafür wurden die Begriffe „Director“, also jemand mit Verfügungsgewalt über ein Unternehmen oder über einen Teilbereich eines Unternehmens, „Chefe da Redacção“, Chefredakteur, also jemand, der einer Gruppe von Journalisten als Funktionsträger vorsteht, und „Editor“, also verantwortlicher Herausgeber benutzt.[259] Da trotzdem nicht klar war, ob diese Frage immer richtig verstanden würde, wurde eine Zusatzseite erstellt, deren Fragen nur Personen in Chefposition gestellt werden sollten. Dies sollte zum einen der Kontrolle dienen, andererseits wurden hier spezifische Fragen für Personen in Führungsposition gestellt. Die Frage des Ankreuzens dieser Zusatzseite lag im Ermessen und der Einschätzung der Befrager. Es zeigte sich, dass diese Zusatzseite offenbar zwischen Interviewern und Interviewten „ausgehandelt“ wurde, denn die Zusatzfragen wurden teilweise auch von Personen beantwortet, die sich zu Interviewbeginn lediglich als Journalist bezeichnet hatten. Umgekehrt bezeichneten sich sechs Personen auf der ersten Fragebogenseite als Herausgeber, füllten jedoch den Zusatzfragebogen nicht aus. Dies könnte daran liegen, dass sie ihre Funktion als Herausgeber nicht als eine Chefposition ansehen, obwohl die Zusatz-Fragebogenseite explizit auch an Herausgeber gerichtet ist.

---

[259] Die Interviewer wurden gebeten, im Zweifel nur einen Begriff anzukreuzen, der nach Meinung des Befragten seine Position adäquat beschreibt. Chefredakteure sind auch Journalisten, dies sollte aber an dieser Stelle nicht zusätzlich angekreuzt werden.

Abb. 47: Anteil von Chefs in der Befragung

14 der Interviewten bezeichneten sich als Herausgeber, 14 weitere als Chefredakteure, sieben als Direktoren, 97 als Journalisten. Bei einer Person wurde das Ankreuzen bei der Befragung vergessen (128), bei dieser Person wurde die Zusatzseite ausgefüllt und daher wird sie zu den Chefpersonen gerechnet.

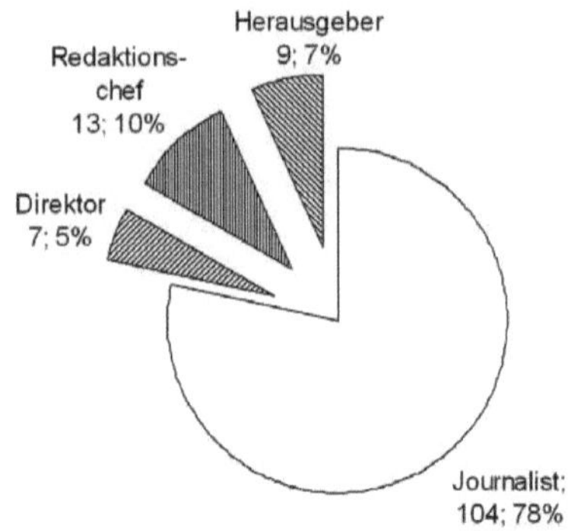

Nach Abzug derjenigen, bei denen die Selbstklassifizierung uneinheitlich ausfiel – diese sind fast alle Herausgeber, offenbar wurde der Begriff „editor" am Anfang der Befragung weiter gefasst als am Ende – gelten 104 Befragte in der Auswertung als Journalisten, 29 Befragte werden als Chefredakteure, Herausgeber oder Direktoren angesehen.
Diese gaben an, wie vielen Personen gegenüber sie innerhalb ihres Mediums weisungsbefugt sind. Das arithmetische Mittel liegt bei 8,5 Mitarbeitern pro Redaktion. Für durchschnittlich nur 5,5 Personen sind Herausgeber verantwortlich. Weit über dem Durchschnitt liegen die Angaben 31 bei einem Radiodirektor, 30 bei einem Fernseh-Chefredakteur und 22 bei einem Zeitungsdirektor.

Verteilung innerhalb der Medien

Das folgende Diagramm illustriert die Antworten auf die Frage S1.1.4 und zeigt, in welcher Anzahl und zu welchem Prozentsatz die befragten Personen bei verschiedenen Medien arbeiten. Es gab in vier Fällen eine doppelte Nennung.

Abb. 48: Viele Radiojournalisten: Medienzugehörigkeit der Befragten

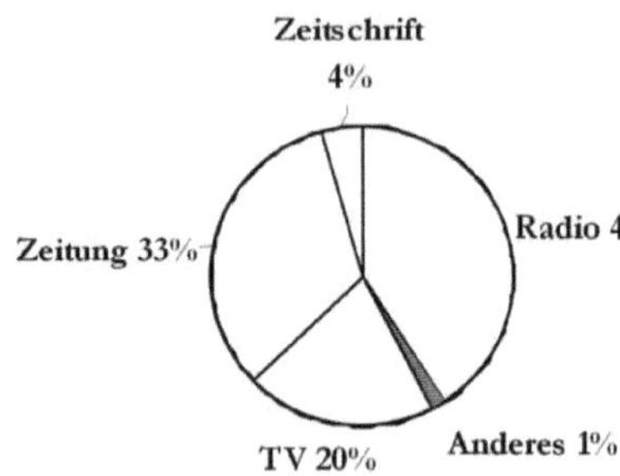

Abb. 48 zeigt den %-Wert der Medienzugehörigkeit der befragten Journalisten (Frage S1.1.4). Die meisten, also 56 Personen, gaben an, beim Radio zu arbeiten, 45 Personen bei der Zeitung[260], 1/5 der Befragten beim Fernsehen, insgesamt sechs Personen bei einer Zeitschrift, je eine Person bei *ICS* und im Bereich Marketing („anderes").

[260] Es ist zu beachten, dass der Begriff „Jornal" in Mosambik weiter gefasst wird als das deutsche Wort „Zeitung". Der Begriff „Jornal" gilt auch für Wochenzeitungen und gefaxte Medien, die täglich, mehrmals pro Woche oder wöchentlich erscheinen. Dies nachzuprüfen war unmöglich, da die Namen und Adressen der Medien zwar vorlagen, jedoch aus Gründen der Anonymisierung entkoppelt von den Interviewnummern.

Betrachtet man die 1999 von der *UNESCO* erhobenen Daten zur Gesamtzahl der im Mediensektor Beschäftigten (UNESCO 2001d: 96 f.), die

- für Fernsehen und Videoproduktion insgesamt 260 Beschäftigte,
- für Zeitungen eine Gesamtzahl von 554 Personen,
- für Radio insgesamt 480,
- für Zeitschriften insgesamt 134 und
- für sonstiges (Multimedia, E-Mail) 19 Beschäftigte nennt,

dann entspricht dieses Zahlenverhältnis etwa dem 2003 und 2004 für die vorliegende Untersuchung erhobenen Daten.

Bei der *UNESCO*-Untersuchung waren 18% der im Mediensektor Beschäftigten beim Fernsehen angestellt, 20% der hier Befragten sind Fernsehjournalisten. Bei der Zeitung liegt der 1999 gemessene Anteil bei 39%, bei dieser Untersuchung bei 33%. Der Anteil der beim Radio Beschäftigten ist 1999 mit 33% niedriger als bei der vorliegenden Untersuchung, bei der 42% beim Radio beschäftigt waren; diese Abweichung scheint aber vertretbar, zumal die Zahl der im Radiosektor Arbeitenden in den letzten Jahren stark zugenommen hat. Noch 1999 gab es außer *Rádio Moçambique* noch sechs religiöse Sender und vier Rádios Comunitárias, heute sind es etwa 45 private Radiosender, die in Mosambik senden oder kurz davon sind, auf Sendung zu gehen. Bei der *UNESCO*-Befragung war 1% aus dem Bereich „Sonstiges", genau wie bei der vorliegenden Befragung.

Auffällig ist, dass von den 17 Frauen im Sample nur eine Frau aus dem Zeitungsbereich kommt, die restlichen 44 Personen also Männer sind. Hingegen sind die Frauen im Radiobereich mit 9, im Fernsehbereich mit 5 und im Zeitschriftenbereich mit 2 im Vergleich zu der Verteilung aller Personen auf die verschiedenen Medienarten überrepräsentiert. Die Frage S1.1.5 nach der Organisationsform des Mediums, also öffentlich oder privat, wurde erst im 2. Durchgang der Befragung im Jahre 2004 eingefügt (S70 bis S133). Im 1. Durchgang (S1 bis S69) fehlt diese Frage. Daher kann die Zahl von 64 Interviews natürlich nicht für die Grundgesamtheit der Untersuchung sprechen. 25 Personen geben an, einem öffentlichen Medium anzugehören, 39 einem privaten. In acht Fällen wurden zusätzliche Formen genannt (NRO, Kooperative, christliches Radio etc.), diese wurden sämtlich den privaten Formen zugerechnet.

6.4.2 Leitfadeninterviews

Die Interviews haben, wie oben ausgeführt, eine unterschiedliche Länge. Dies macht ihre Vergleichbarkeit problematisch, wenn auch nicht unmöglich. Alle geplanten Themenblöcke wurden vom Interviewer in den Interviews angesprochen, teilweise jedoch einsilbig beantwortet oder an anderer Stelle oder innerhalb einer anderen Kategorie wieder aufgegriffen.

Zunächst wurden die Interviews von Studenten mittels Kassettenrekorder und Kopfhörer transkribiert und als Word-Dokumente ausgehändigt. Die Studenten wurden geschult, sämtliche Worte zu erfassen, Pausen zu kennzeichnen, Abbrüche von Gedanken so wie gesagt aufzuschreiben, auch Füllworte, Wort- und Halbsatzwiederholungen etc. zu erfassen. Dann wurden stichprobenartig mit Rückgriff auf das Kassettenmaterial die transkribierten Interviews überprüft. In einem nächsten Schritt wurden die Interviews übersetzt, wobei auch hier wieder Abbrüche, Wiederholungen und Füllworte mit übersetzt wurden. Der Tonfall der Sprache wurde nach Kräften in die Übersetzung übertragen, also salopp oder flapsig, offiziell, humoristisch, aggressiv etc.

Oben wurden bereits die bei Lamnek vorgestellten Auswertungsmethoden erläutert. Für die Auswertung der für diese Arbeit durchgeführten Interviews wurde die interpretativ-reduktive Auswertungsmethode gewählt und eine inhaltsanalytische Auswertung verworfen.[261] Die schiere Fülle des Materials (ca. 140 Seiten) und die Tatsache, dass die Auswertung durch lediglich eine Person durchgeführt wurde, ließ eine volle inhaltsanalytische Auswertung als zu aufwendig erscheinen. Die bei Lamnek beschriebenen allgemeinen Schritte innerhalb der vier Phasen der Auswertung wurden im Wesentlichen befolgt, mit einer Ausnahme – es wurden keine sozialstatistischen Daten und biographischen Angaben eingefügt, da meist keine vorlagen. Die bei Lamnek angeführte Phase der generalisierenden Analyse wurde mittels einer tabellarischen Übersicht der Interviews, unterteilt in Kategorien, vorgenommen.

In einem nächsten Schritt wurden Wortwiederholungen und Stottern entfernt, komplizierter Satzbau geglättet, so dass die Aussagen lesbarer und für den Text der

[261] Auch Thomaß (1998: 70f.) zieht in ihrer Arbeit die Reduktion, die gleiche und ähnliche Aussagen zusammenfassen will, um zu Aussagen über Kernvariablen von Deutungsmustern zu kommen, der Kontextualisierung vor, die die Bedeutungsvielfalt und Vagheit von Texten aufdecken will.

Arbeit zitierbar wurden. Auch sehr lange Sätze, die durch „und", Kommata usw. unterteilt waren, wurden stärker in zwei oder mehr Sätze zergliedert, um sie verständlicher zu machen. Im Sinne einer besseren Zitierbarkeit bekam jede Antwort eine Nummer, die sich aus der Nummer des Interviews (also L1, L2 … bis L15) und der durchnummerierten Nummer der Antwort zusammensetzt. Beispielsweise ist die 9. Antwort des 3. Interviews folgendermaßen abgekürzt: L3, 9.

Im Folgenden wird eine kurze Zusammenfassung der Leitfadeninterviews gegeben, um eine erste Einschätzung des Materials zu ermöglichen.

Leitfadeninterview L1: Direktor/in *Rádio Moçambique*, Provinz

Die Person[262] gehört zu der in der Mitte der 70er Jahre geprägten Generation der mosambikanischen Journalisten, hat keine formale journalistische Ausbildung, sondern ihre Qualifikationen im Beruf erlernt und nahm beispielsweise in Moskau an einem Austausch teil. Dennoch ist sie – da zwei Mitarbeiter zurzeit ein Stipendium für eine Ausbildung haben und sich seitdem verbessern – aufgeschlossen gegenüber Bildung und Ausbildung, vertieft aber das Thema nicht. Die Person erläutert die Funktionsweise von *Rádio Moçambique* in den mosambikanischen Provinzen, die durch finanzielle Engpässe geprägt ist, so dass man Radiolotterien veranstaltet und nach weiteren Verdienstquellen sucht. Sehr deutlich kommt die Skepsis gegenüber dem regierungskritischen Printjournalismus zum Ausdruck. Zwar werden keine Namen genannt, unmissverständlich bezieht sich die Kritik aber auf die *MediaCoop*-Medien, *Vertical* und *Zambeze*. Die Person distanziert sich mit geheucheltem Mitleid von den Journalisten, die immer wieder „beleidigende" Artikel schreiben und dann doch „immer um Entschuldigung bitten müssen". Es wird deutlich, dass die Person regierungskritischen Journalismus und Sensationsjournalismus in einer Kategorie sieht, nämlich als Journalismus, der nicht seine Verantwortung gegenüber dem mosambikanischen Volk wahrnimmt, sondern nach Auflage schielt, die Menschen verwirrt und Unruhe in eine Situation bringt, die geprägt sein könnte durch eine gelassene Regierungsführung.

[262] Bei den anonym geführten Interviews wird immer von der „Person" und dementsprechend von „sie" gesprochen.

Leitfadeninterview L2: Fernsehdirektor/in *TV Moçambique*, Provinz
Die Person ist altgediente/r Journalist/in und hat beim Radio angefangen. Sie erklärt, wie das nationale Fernsehen auf Provinzebene arbeitet, wie die Aufgabenteilung funktioniert und wie Entscheidungen getroffen werden. Die Person antwortet vorsichtig, legt sich ungern fest und ist mit Vorschlägen für Journalistenausbildung zurückhaltend.

Leitfadeninterview L3: Freie/r Pressejournalist/in
Die Person ist Pressejournalist/in und hat als Dozent/in in verschiedenen Programmen Journalisten und Kommunikationsstudenten ausgebildet. Sie spricht sehr positiv über die Journalistenschule und betont die Bedeutung des Zusammengehens von Theorie und Praxis, demnach habe eine ideale Journalistenschule auch immer die praktischen Aspekte zu berücksichtigten. Der Journalistenverband wird sehr positiv beurteilt, die Person verweist auf viele politisch wirksame Aktivitäten des Verbandes in der Vergangenheit, auch in Zusammenhang mit dem Pressegesetz. Mehrere Erzählungen über Korruptionsfälle illustrieren den journalistischen Alltag und seine Fährnisse.

Leitfadeninterview L4: Direktor/in Rádio Comunitário
Die Person ist Radiodirektor/in bei einem Rádio Comunitária in der Provinz. Aus dieser Sicht und im Vergleich zum nationalen Radio berichtet sie von Vor- und Nachteilen der Existenz als privates Radio, internationaler Unterstützung und der Zusammenarbeit mit Freiwilligen. Die Person scheut Polarisierung und möchte einen kritischen Journalismus, der aber nicht unnötig angreift und verletzt.

Leitfadeninterview L5: Werbeagentur-Chef/in
Die Person ist Leiter/in einer Werbeagentur in Mosambik mit 12 Angestellten, die wiederum ein Franchise-Unternehmen einer weltweiten Werbeagentur ist. Sie beschreibt aus Sicht der Werbung das Ansehen der Ausbildungsinstitutionen in Mosambik, am besten schneidet die *ISCTEM* ab. Der Sohn der Person studiert dort und sei extra von der *ISPU* dorthin gewechselt. Die Person hat selber lange den Journalistenberuf ausgeübt.

Leitfadeninterview L6: Pädagogischer Direktor Journalistenschule, Feliciano Mucavo

Feliciano Mucavo, seit acht Jahren pädagogischer Direktor der Journalistenschule in Maputo, hält vor dem Interview Rücksprache mit dem Direktor. Die Fragen nach journalistischen Berufsspezifika lässt er meist unbeantwortet. Er plädiert für mehr Zusammenarbeit der Institutionen untereinander und mit den Medien. Der seit zwei Jahren ergebnislos liegengebliebenen Umwandlung der Journalistenschule in eine Hochschule sieht er mit typisch mosambikanischem Optimismus („in 2 Wochen") entgegen. Er möchte größere Räumlichkeiten für seine Schule und glaubt, dass Potential für weitere Ausbildungsinstitutionen vorhanden ist. Mucavo geißelt Gefälligkeitsjournalismus, erhofft sich Impulse vom Internet, berichtet von geplanter Zusammenarbeit mit *Rádio Moçambique* und bedauert das Fehlen von Synergien zwischen der Schule und dem Fernsehen.

Leitfadeninterview L7: Fachbereichsdirektorin *ISCTEM,* Aissa Isaac

Aissa Isaac ist Kursdirektorin Kommunikation der technischen Hochschule *ISCTEM*. Der Physiognomie nach ist sie indischstämmige oder pakistanischstämmige Mosambikanerin. Da sie einen wissenschaftlichen und keinen journalistischen Hintergrund hat, antwortet sie meist nur kurz auf die Fragen, die Journalismus als Beruf betreffen, eröffnet aber am Ende des Gespräches, dass sie mit einem mosambikanischen Fernsehjournalisten verheiratet war und unter anderem so Einblicke in die mosambikanische Medienwirklichkeit bekommen hat. Sie berichtet über eine Untersuchung, die die Curriculum-Erstellung an der *ISCTEM* eingeleitet hat. Die Situation der Journalisten sieht sie mit Aufkommen des neuen Recherche-Mediums Internet und der neuen Fernsehsender, die man in Maputo empfangen kann, sehr optimistisch.

Leitfadeninterview L8: Fachbereichsdirektor *UEM,* Eduardo Namburete

Eduardo Namburete ist Journalist, Wissenschaftler und arbeitet im PR-Bereich. Während des Interviews teilt er mit, was zu dem Zeitpunkt noch vertraulich ist, aber in der gleichen Woche als Zeitungsschlagzeile bekannt wird: Er wird *Spin Doctor*, also Berater für die Wahlkampf-Öffentlichkeitsarbeit für den Oppositionskandidaten für das Präsidentenamt, den umstrittenen *RENAMO*-Chef Afonso Dhlakama. Namburete hat in den USA und Brasilien studiert und leitet die zum Zeitpunkt des Interviews frisch gegründete Kommunikationsfakultät, die sich im Stil der brasilianischen Hochschulen in São Paulo „Schule für Kunst und Kommunikation" nennt. Er betont, dass sich mosambikanische Journalisten stets als politische, kämpfende Zunft verstanden haben, und dass die Tatsache, dass nach Ende des Kolonialkrieges, des Kalten Krieges und des Bürgerkrieges kein leibhaftiger Feind mehr greifbar ist, bei den mosambikanischen Journalisten eine Umorientierung notwendig macht. Er spricht sich sehr deutlich für Aus- und Fortbildung von Journalisten aus und sieht im Fehlen von Bildung einen direkten Weg in „Denunzianten-Journalismus". Er plädiert für internationale Kontakte der Universitäten, Evaluationen und Untersuchungen vor jeglicher Curriculum-Erstellung. Er hält Journalismus für eine wichtigere Disziplin als Werbung und Marketing und betont, dass eine große Nachfrage nach einem Journalismus-Studium herrscht.

Leitfadeninterview L9: Fernsehjournalist/in *Televisão de Moçambique*, Journalistenausbilder/in für int. Organisationen

Die Person bildet Journalisten für internationale Organisationen weiter und arbeitet in gehobener Position beim nationalen Fernsehen in Maputo. Sie bedauert die Kritik, der das Fernsehen durch die Printmedien ausgesetzt ist und analysiert relativ freimütig Stärken und Schwächen des mosambikanischen Journalistenverbandes. Journalismus sei heute ein Beruf wie jeder andere, sagt sie bedauernd, es fehle die Bestimmung. Die Person kennt die einschlägigen Ausbildungsstätten sowie internationale Kurse aus eigener Anschauung und analysiert auch hier ohne Scheu die Stärken und Schwächen.

Leitfadeninterview L10: Vertreter Ministerium *MESCT*, Arlindo Chilundo

Arlindo Chilundo ist im Ministerium für höhere Bildung, Wissenschaft und Technik *MESCT* angestellt und einer der wenigen Mosambikaner, der im Ausland promoviert wurde. Bei den journalistischen Fragen hält er sich gemäß seinem Selbstverständnis als Wissenschaftler und Nicht-Journalist zurück. Er plädiert für ein Radio, das ganz Mosambik lückenlos abdeckt und hält es für sinnvoll, dass Journalisten aufhören, sich als Generalisten zu begreifen, sondern sich stattdessen spezialisieren. Außerdem sollen sie studieren, da auch in anderen Bereichen als dem ausschließlich journalistischen Bereich ausgebildete Kommunikationswissenschaftler gebraucht werden. Chilundo war Teilnehmer bzw. Leiter von Kommissionen, die 2002 Vorschläge für die Umstrukturierung der Journalistenschule und der Dezentralisierung *Rádio Moçambiques* gemacht hat, die aber bisher nicht umgesetzt wurden.

Leitfadeninterview L11: Direktorin *ICS,* Sofia Ibraimo Ilal
Sofia Ibraimo leitet das *Instituto Social da Comunicação* und hat in Australien und Mosambik studiert. Sie erläutert Funktionsweise und Geschichte des *ICS*, der *ICS*-Zeitung *Campo* und der durch das *ICS* in 19 Distrikten betriebenen und teilweise mit Fernsehsendern kombinierten Rádios Comunitárias.

Leitfadeninterview L12: Direktorin *CSCS,* Julieta Langa
Julieta Langa ist Direktorin des Medien-Schiedsrates und beschreibt Aufgaben und Arbeitsweise. An einem konkreten Tagesfall – die Fax-Zeitung *Correio de Manha* hat eine Bank kritisiert und in diesem Zusammenhang das Wort „Hurensohn" verwendet – macht sie deutlich, dass der Rat sehr stark auf sprachliche Entgleisungen reagiert, was offensichtlich auch mit der Person von Frau Langa zu tun hat, die gelernte Linguistin ist und dieses Fach an der Hochschule unterrichtet. Die dahinter stehenden Vorkommnisse, dass also eine Zeitung eine Bank kritisiert, was möglicherweise eine mutige Form des investigativen Journalismus ist (beispielsweise hatte Carlos Cardoso eine Bank kritisiert und wurde daraufhin ermordet), fallen nicht in den Verantwortungsbereich des Rates. Es wird deutlich, dass der Rat vor allem Printmedien auswertet, Radios und Fernsehen dagegen nicht. Frau Langa bedauert die mangelnde *CSCS*-Präsenz in den Provinzen. Sie ist skeptisch, was die selbstregulierenden Kräfte des freien Marktes im Journalismus betrifft und kritisiert die mangelnde Koordination der Journalistenausbildung. Es wird deutlich, dass sie das Prinzip der langfristigen Planung aus der sozialistischen Ära Mosambiks für nicht abwegig hält und überreicht die gerade erschienene *Agenda 2025*, an der sie selbst mitwirkte.

Leitfadeninterview L13: Direktor *Gabinete da Informação,* Felisberto Tinga
Der Präsident des „*Gab Info*", einer Institution, die direkt der Premierministerin unterstellt ist und eine Art reduziertes Informationsministerium darstellt, sieht als Hemmschuh für eine schnelle Entwicklung des Journalismus das Problem der zahlreichen Sprachen Mosambiks und daraus folgend wenig potentielle Medienrezipienten in den Provinzen. Er rät dezidiert ab, weitere Radios oder Zeitungen aufzumachen, es fehlten einfach Leser und Hörer. Bei der Ausbildung plädiert er für Praxisnähe.

Leitfadeninterview L14: Ehemalige/r Vertreter/in *UNESCO* national
Die Person ist kurz vor dem Datum des Interviews aus dem *UNESCO*-Team ausgeschieden und arbeitet in Nampula. Sie hat Insider-Wissen und ist deshalb „Ressource-Person" bezüglich der Arbeit der *UNESCO* auf nationaler und regionaler Ebene. Die Person analysiert kritisch und offen Schwachstellen des mosambikanischen Journalismus und plädiert für mehr Professionalität und Einsatz.

Leitfadeninterview L15: Vertreter/in *UNESCO* regional sowie *MISA*
Die Person dient als Informationsquelle über die Arbeitsweise der *UNESCO*-Mediencenter und der Genese eines solchen Zentrums in einer mosambikanischen Stadt. Gleichzeitig arbeitet sie für *MISA* und kann Einblicke in deren Arbeitsweise vermitteln.

6.5 Zusammenfassung: Methoden

In diesem Kapitel wurden das theoretische Fundament und die praktische Umsetzung der empirischen Untersuchung dargelegt. Es wurde begründet, warum dieser Arbeit zwei getrennte empirische Untersuchungen zugrunde liegen, wie die 133 standardisierten Fragebögeninterviews entwickelt, von *UCM*-StudentInnen durchgeführt und mit *Excel*-Tabellen ausgewertet wurden. Es wurde dargelegt, wie der Autor die 15 Leitfadeninterviews erstellt und durchgeführt hat und wie diese mittels interpretativ-reduktiver Datenauswertung nach Lamnek ausgewertet wurden.

7. Auswertung

Dieses Kapitel enthält die Ergebnisse der empirischen Forschung, also die Auswertung der qualitativen und quantitativen Interviews.

Im ersten Unterkapitel 7.1 werden anhand von 10 Leitbegriffen (Kap. 7.1.1-7.1.10) die Auswertungs-Ergebnisse vorgestellt, die die Medienlandschaft in Mosambik beschreiben. Dies ergänzt die Ergebnisse aus Kapitel 4 und 5, die auf Basis der Sekundärliteratur die Medien, Medienorganisation und Medienrecht beschrieben.

Im zweiten Unterkapitel 7.2 wird ein Porträt mosambikanischer Journalisten gezeichnet, ebenfalls als Ergänzung zu den Kapiteln 4 und 5.

In dritten Unterkapitel 7.3 werden die Ergebnisse bezüglich der Aus- und Fortbildung dargelegt. Dies geschieht wiederum in drei Schritten. Zunächst werden öffentliche mosambikanische Bildungsangebote vorgestellt, danach private. Im dritten Schritt werden angebotsübergreifende Aspekte erläutert. Dabei wird eine neue Typisierung vorgestellt.

7.1 Die Medien

7.1.1 Öffentliche und private Medien: Reibereien und Eifersucht

Im Kapitel „Öffentliche und private Medien" wurde der Dualismus des mosambikanischen Mediensystems angesprochen. In den Leitfadeninterviews werden Konfliktlinien und Reibungspunkte dieses Verhältnisses deutlich.

Person 2, gefragt nach Kontakten zu anderen Medien, gibt nicht die privaten Medien der Provinz an, sondern *Notícias* und *Rádio Moçambique* (L2, 7). Es ist bezeichnend, dass diese Kontakte deutlich ausgeprägter sind als jene zwischen öffentlichen und privaten Medien. Person 3 bezeichnet die Arbeit für ein öffentliches Medium als einen Mittelweg, da man nicht direkt die Regierung kritisieren könne:

> „Hör zu, ich glaube, es gibt zwei Ebenen, ich glaube, dass die FRELIMO mehr Vorteile hat, weil sie den öffentlichen Sektor kontrolliert, nicht wahr? Also, die können versuchen, die Medien ein wenig eleganter und spitzfindiger zu beeinflussen, oder nicht? Und die RENAMO muss eben andere Wege gehen, ich weiß nicht, ob Du mich verstehst, ich weiß einfach, dass die Arbeit für ein öffentliches Medium, das ist ein Mittelweg, den ich schon gegangen bin (…)" (L3, 29).

Die Oppositionspartei *RENAMO* beeinflusse auch bestimme Medien, aber

> „die hinterlassen keinen besonderen Eindruck. Aber die haben auch einen Vorteil, die haben eine sehr privilegierte Beziehung mit den unabhängigen Zeitungen, weil einige dieser Zeitungen ganz ansehnliche Unterstützung bekommen von Unternehmen oder Organisationen, die mit der RENAMO sympathisieren (…)" (L3, 29).

Person 4, Direktor eines Rádio Comunitária, konstatiert bei den öffentlichen Medien einen „politischen Tonfall, der auch die Nation verteidigen muss" (L4, 7) und sieht deren Vor- und Nachteile:

> „(...) In einer (...) Institution des Staates (...) zählt die Herausgeberpolitik. (...) Die Informationszensur ist ziemlich rigoros. Da muss man sich an die Ziele halten. (...) Es ist natürlich auch klar, dass, wenn wir sehen, dass die anderen Privilegien haben, die wir nicht haben, die von Rádio Moçambique, dann fordern wir das auch: Wir wollen Transport, Hilfe bei der Finanzierung, Ausstattung, wie Rádio Moçambique. Und uns wird klar, dass das eine Staatsinstitution ist, und wir hatten Treffen mit denen und es ist auch nicht so, dass die keine Probleme haben. Die haben Schwierigkeiten. (...) die haben viele Angestellte, aber die sind auch nicht immer im Paradies!" (L4, 2).

Person 9, Fernsehjournalist bei *TVM*, beschreibt die „kleineren Rivalitäten" zwischen den öffentlichen und privaten Medien und bedauert die schlechte Berichterstattung der Presse über das Fernsehen, sowie die in seinen Augen mangelnde Diskretion der Kollegen:

> „(...) z.B. hier beim Fernsehen haben wir das Gefühl, wir werden von den Kollegen ziemlich schlecht behandelt, (...) die Zeitungen servieren Tag für Tag irgendwelche Nachrichten über das Fernsehen, oft handwerklich schlecht gemacht, ohne uns zu kontaktieren. (...) wenn die irgendwas über das Fernsehen machen und keiner spricht mit mir, dann öffne ich die Zeitung und sehe da irgendeine Sache, die nicht objektiv über das Fernsehen informieren, sondern nur kritisieren will. (...) Es gibt immer so kleine Interessengruppen der privaten und unabhängigen Zeitungen. Wo Journalisten unabhängiger Medien sind, ist es normalerweise schwierig, mal eine offene Unterhaltung zu führen, weil so eine Unterhaltung oft in der Zeitung landet" (L9, 1).

Die Chefin des *Instituto de Comunicação Social* erinnert sich, dass der Direktor von *Rádio Moçambique* die Rádios Comunitárias als „Gigant auf tönernen Füßen" bezeichnet habe, die zum Scheitern verurteilt seien (L11, 12). Die Chefin des *Conselho Superior da Comunicação Social* sieht die privaten Printmedien sehr kritisch und deutet an, die öffentlichen Medien würden ihre Mitarbeiter besser ausbilden:

> „(...) Also, es gibt jetzt den öffentlichen Sektor beim Radio und beim Fernsehen und der Nachrichtenagentur, und vor allem die müssen ihr Personal ausbilden, es gibt nämlich eine Anweisung, einen Erlass der Regierung in diesem Sinne. Ich kann nicht mit Bestimmtheit sagen, ob es einen Ausbildungsplan für die Medien im privaten Bereich bzw. im Bereich der Kooperativen gibt. Deren Chefs sind nicht scharf darauf, Geld auszugeben und Leute auszubilden. Die Leute werden da akzeptiert ohne klare Richtlinien und dann gibt es Probleme bei der beruflichen Ethik (...)" (L12, 21).

Der Direktor des Informationsamtes *Gabinete da Informação* rät einfach davon ab, in den Provinzen und Distrikten weitere Medien zu gründen, da diese ohnehin keine Rendite abwerfen würden und die lokale Bevölkerung andere Sorgen habe als den Kauf von Medien (L13, 17).

7.1.2 Rolle der Politik und öffentlicher Institutionen

„Die Regierung hat eine ziemliche Macht über öffentliches Radio und Fernsehen und diese Position gibt ihnen einen großen Einfluss über die privaten Journalisten, mit Ausnahme des Fernsehens. Aber auch bei den privaten TV-Sendern hat die Regierung bei den Nachrichten die Finger drin, als Partei an der Macht. Das hat zu tun mit einer gewissen Klarheit auf Seiten der Eigner-Anteile." Leitfadeninterview L9, 28

Die Macht der Regierungspartei *FRELIMO* ist historisch gewachsen und legitimiert sich immer noch sehr stark durch ihre Rolle als Befreier von der portugiesischen Kolonialherrschaft. Sie hat vielfältige, schwer ermittelbare Einflüsse auf die öffentlichen Medien sowie auf politische Gremien und verfügt, wie sich vor allem bei den vergangenen Wahlkämpfen immer wieder gezeigt hat,[263] über Ressourcen, die sie der Oppositionspartei *RENAMO* und den anderen Parteien überlegen macht. Interessanterweise fühlen sich Journalisten laut *MISA* von beiden Seiten, also der *FRELIMO* und der *RENAMO*, bedrängt.[264] Zudem sehen sich Journalisten vor allem öffentlicher Medien teilweise weniger als kritische Beobachter politischer Handlungen, sondern fühlen sich mit den Politikern in einem Boot, um zum Wohle Mosambiks zu wirken.

Angesprochen auf Unterschiede journalistischer Inhalte inner- und außerhalb Mosambiks, äußert sich Person 2, Mitarbeiter beim öffentlichen Fernsehen, spürbar vorsichtig und tastend, nicht in der „Ich-" sondern in der „Wir-„Form.[265]

> „(...) Die Suche nach idealen Modellen für den mosambikanischen Journalismus ist ein bisschen in der Krise, zumindest bei denen, die schon lange leben. Das folgende ist ein bisschen diskussionswürdig, aber die Leute fragen, ob der mosambikanische Journalist sich unabhängig fühlt bei der Ausübung seiner Tätigkeit, ob er sich unter Druck fühlt. Wir sagen, dass er denkt, dass seine Arbeit zensiert wird, dass es viele Zwänge gibt (...) aber das ist sehr subjektiv, das ist nicht objektiv, und von Person zu Person und Medium zu Medium unterschiedlich." (L2, 13b).

Dieser Wortbeitrag zeigt deutlich, wie vorsichtig Kritik in Mosambik geäußert wird, und wie viel Furcht auch in einem anonymen Interview herrschen kann. Der/die Interviewte sichert sich in alle Richtungen ab und relativiert seine Aussage vielfach. Die genannte Krise im Journalismus herrsche bei den älteren Journalisten, womit die Möglichkeit offen bleibt, dass die jüngeren zufrieden sind; das Gesagte sei dis-

---

[263] Vgl. Fandrych 2000a: 7.

[264] "(...) there is also a threat of political instability because of the rivalries between FRELIMO and the main opposition party RENAMO. Due to those tensions journalists from time to time feel the pressure from both these sides who want their positions favoured." (MISA 04/05: 38).

[265] Dass die lange kritische Antwort des Interviewten Nr. 2 durch die Fragestellung allein nicht herausgefordert wurde – es wurde ja nicht nach der Arbeit, sondern den journalistischen Inhalten gefragt – ist ein Indiz für ein starkes Bedürfnis nach einem Ventil für Kritik.

kussionswürdig („um bocadinho disctutível") bzw. sehr subjektiv, von Medium zu Medium unterschiedlich. Um nicht selber die Fragen und Zweifel aufwerfen zu müssen, benutzt die Person als rhetorischen Kunstgriff die Instanz „die Leute", die nach der journalistischen Unabhängigkeit fragen.

Auch in Antwort L2, 31 bleibt dieselbe Person im Unscharfen. Billigt sie der Regierung am Anfang des Redebeitrages immerhin zu, Anstrengungen („esforços") zu unternehmen, ein freiheitliches Ambiente für die Ausübung des Journalismus zu schaffen, so klingt das am Ende des gleichen Redebeitrages anders:

> „Ich glaube, wenn die Regierung erst einmal für die Pressefreiheit ist, dann kommt es darauf an, das zu vertiefen, ein wenig die Dinge zu beschleunigen."[266]

Das Gefühl, instrumentalisiert zu werden, wird am Ende des Interviews deutlich:

> „Zurzeit sind das vor allem die Politiker, die immer versuchen, die Journalisten für ihre Sachen einzuspannen (…)" (L2, 40).

Die mosambikanischen Rezipienten werden als wenig hilfreich für eine substantiellere Berichterstattung und als unkritisch und ungebildet charakterisiert:

> „(…) Die denken teilweise sogar so weit, dass sie gar kein Recht auf Information haben. Deshalb können wir nicht sehr anspruchsvoll sein, gar nicht zu reden von einer besseren Qualität, also was das mehr und besser Informieren angeht, da spürt man von Seiten der Zivilgesellschaft nicht viel Druck" (L2, 40).

Deutlicher wird Person 3:

> „(…) ich glaube, dass die Politiker die schlimmsten sind (…) die glauben, dass es eine gute Politik ist, die Medien für etwas zu benutzen, wofür man sie nicht benutzen darf" (L3, 28).

Sie berichtet von einem Politiker, der Interviewpartner 3, damals Journalist bei *Savana*, mit einem größeren Geldumschlag dazu bewegen wollte, einen zehnseitigen Meinungsartikel aus eigener Feder abzudrucken. Auf die Weigerung des Journalisten hin habe er versucht, negative Gerüchte über diesen zu verbreiten. Ein anderer Parteipolitiker habe versucht, in einer Radioredaktion einen Presseberater abzuwerben, offenbar mit dem Hintergedanken, dass die Beratung in Manipulation der Berichterstattung dieses Radiosenders zugunsten der Partei des Politikers bestehe. Außerdem gebe es zwei nicht näher bezeichnete Politiker, die offenbar im Auftrag von bestimmten Unternehmen Zeitungsartikel über deren Einnahmen manipulieren. Person 4 sieht negativen Einfluss auf den Journalismus vor allem von denjenigen ausgehend, „die die wirtschaftliche Macht haben, denn die schüchtern ein, behindern und machen andere Sachen, die hinderlich sind" (L4, 23). Person 7, gefragt

---

[266] "(...) acho que uma vez que o governo está a favor da liberdade de imprensa (…)" (L2, 31).

nach positiven und negativen Einflüssen auf den Journalismus, nennt zögerlich „die politischen Gruppen, die politischen Parteien“ (L7, 18). Person 8 bringt den großen Einfluss der Politiker auf den Punkt, und zwar nicht in Kategorie 6, in der dies normalerweise besprochen wird, sondern am Anfang des Interviews, als nach Vorbildern gefragt wird: „Wer in Mosambik die öffentlichen Themen festsetzt, sind die Politiker. Die Presse macht noch keine Themen fest oder tritt Debatten los“ (L8, 6). Die Bevölkerung sei darüber verärgert:

> „Es gibt eine ziemliche Frustration auf Seiten des Volkes, weil das Volk gerne von seinen Problemen mehr hören möchte. Es wird berichtet über die Politiker, über die Regierung, die Presse scheint manchmal nur Platz für die Politiker und die Regierung zu haben“ (L8, 7).

Der Staat müsse lernen, „den Journalismus als gleichberechtigten Partner für die Entwicklung des Landes zu betrachten und nicht als Eindringling, der zerstörerisch wirkt“ (L8, 14). Person 10, Ministeriumsangehöriger, fordert mehr Mittel für die Medien, „Mittel, die ein unabhängiges Agieren ermöglicht, ohne an die politischen Parteien oder Machtstrukturen gekettet zu sein“ (L10, 5) und weiß, „(…) dass der Journalismus ziemlich stark von der politischen Klasse beeinflusst wird (…)“ (L10, 10). Person 11, Leiterin des *ICS*, wird deutlich:

> „Also, eines will ich mal sagen, leider machen die Politiker in diesem Land oft Spielchen, die beeinflussen die ganze Situation negativ, weil die unzuverlässig sind und unberechenbar und eben Spielchen machen.[267] Übrigens hält sich ICS dieses Jahr aus den Wahlen raus.“ (L11, 33)

Letzteres dürfte hohe Wellen geschlagen haben, hat das *ICS* doch Einfluss auf zahlreiche Rádios und Televisões Comunitárias. Person 13 ist mit seiner Kritik an den „politischen Verhaltensmustern, die einige Elemente der Gesellschaft zeigen“, sehr zurückhaltend (L13, 20).

Zusammenfassend wird in den meisten Interviews deutlich, dass die Gängelung durch Politik als lästig empfunden wird.

7.1.3 Instituto de Comunicação Social ICS

Die *ICS*-Direktorin Sofia Ibraimo Ilal, die seit 17 Jahren beim *ICS* arbeitet und als Moderatorin begonnen hat, erläutert Funktion, Aufgaben und Arbeitsweise des Instituts. Sie beschreibt die *ICS*-Geschichte:

> „(…) das ICS (…) wurde am 25. September 1977 gegründet. Zu dieser Zeit hieß es Büro für Massenkommunikation, und 1977 wurde es dann in ICS umbenannt. Also erkämpfte

[267] “Os políticos jogam, fazem brincadeiras”.

> es sich, oder besser bekam größere Autonomie erteilt. (...) Das ist eine staatliche Institution, wird geregelt durch die Statuten der Staatsangestellten, hat hier im Hauptsitz mindestens ungefähr 100 Leute und im ganzen Land mehr oder weniger 200, also wenn man die Leute einbezieht, die bei den Rádios Comunitárias arbeiten" (L11, 2).

Ziel des *ICS* ist Informationsverbreitung in ländlichen Gebieten durch Rádios Comunitárias und eine Bauernzeitschrift sowie Promotion gesundheitsfördernder Informationen und AIDS-Aufklärung:

> „(...) als es gerade gegründet war, haben wir die Bauernzeitung (O campo) in einem sehr einfachen Portugiesisch gemacht, damit es von irgendwelchen Bauern verstanden würde. Wir bemühen uns jetzt immer noch sehr, ein sehr einfaches Portugiesisch zu schreiben, und unsere Zeitung verändert sich jetzt wieder, aber am Anfang da hatte es, natürlich gemäß der Möglichkeiten, Comicstrips, Cartoons, (...) um es den Bauern einfach zu machen. Zusätzlich zu diesem Programm und in großen Teilen ist die Bauernzeitung eine Bildungszeitung, wie macht man dies, wie macht man jenes, wie zieht man sich AIDS zu, wie bekommt man Malaria, diese ganzen Sachen" (L11, 3).

Sie bedauert, dass die Auflage nur bei 5.000 Stück liegt:

> „(...) Das ist wirklich nur ein Tropfen im Meer, aber es liegt an den fehlenden Mitteln. Die Zeitung kostet 2.500 Meticais[268], das ist mehr oder weniger 1/10 Dollar, aber auch dieser Zehntel-Dollar, der Bauer ist nicht in der Lage, das zu bezahlen, er kann das nicht bezahlen. Also für die Zeitung ist dieser Wert, den die Leute bezahlen, der ist symbolisch. Die Leute verteilen die Zeitung praktisch kostenlos" (L11, 4).

Es gibt zahlreiche Korrespondenten in den Gemeinden und Distrikten, es gibt so genannte Massenkommunikationszentren, die aus einem Lautsprecher und einer Antenne bestehen und die das Programm von *Rádio Moçambique* weiterverbreiten in Gegenden, wo es sonst keinen Empfang gäbe (L11, 4). Frau Ilal betont, dass die Zeitung *O campo* bei den Bauern sehr beliebt sei, da es außer dieser Zeitschrift und dem Radioempfang in vielen Gegenden kein Bildungsangebot und kein kulturelles Angebot gäbe.

1995 habe man mit der Einrichtung der Rádios Comunitárias begonnen. Das erste Radio dieser Art wurde in Xai-Xai, im Süden Mosambiks, gegründet.[269]

> „(...) 1995 (...) sind wir herumgefahren, um Rádios Comunitárias im ganzen Land zu installieren, im Augenblick zählen wir 19 Radios, wovon 10 eine Mischung sind, Mischung bedeutet, das sind Radios und Fernsehen gleichzeitig." (L11, 10).

Es gibt nur ein Studio, d.h. vorproduziert wird zu Zeiten, während denen das Programm nicht auf Sendung ist. Frau Ilal berichtet von massiven technischen Prob-

---

[268] 2005 ca. 10 Cent

[269] Dies ist auch das Thema der Master-Abschlussarbeit der Interviewten gewesen, den sie in Australien absolviert hat (L11, 6). Ihre Untersuchung habe ergeben, dass die Rádios Comunitárias beliebter seien als *Rádio Moçambique* (L11, 8).

lemen, die beispielsweise den Sender in Angónia (Tete) für ein Jahr lahm gelegt haben, da die Sendeanlage in Südafrika ein Jahr lang untersucht und repariert werden musste (L11, 12). Es gebe sehr viele Pannen und technische Ausfälle der Radio- und Fernsehstationen. Die Beteiligung und Einbindung der Bevölkerung, die die Installierung eines Radiosenders in der Regel nicht ablehnt, wie Frau Ilal betont, ist Teil der Strategie des *ICS*:

> „(…) Bei der Erstellung des Inhalts, das entwickelt die Gemeinde, da gibt es eine Einbeziehung der Leute aus dieser Gemeinde, und wir benennen die Leute, die da in der Gemeinde als Verwaltungs-Netzwerk fungieren, es gibt also ein Verwaltungs-Komitee270, das das Radio betreut. ICS bleibt dabei und beobachtet das lange als technischer Berater, aber der Part Kultur bleibt bei denen. Aber da wir wissen, dass unsere Gemeinden in der Mehrzahl aus Analphabeten bestehen, und weil die eben nicht sehr entwickelt sind, fahren wir fort, denen zu helfen und dies vor allem mit Bildungsprogrammen.
> Die kulturellen Programme, also das sind deren Programme, die machen da Berichte über Fußball, Sport, Kultur, über deren Tänze, und noch über Gesang und Kultur“ (L11, 13).

Prinzipiell holt sich das *ICS* Know-How von außen:

> „(…) Wir haben Partner im Bereich Gesundheit, Landwirtschaft, Umwelt, Bildung, alle diese verschiedenen Bereiche zu Entwicklung, und wir haben unser Material immer wieder aktualisiert, folglich ist unser Hauptakzent die Kommunikation. Wir sind keine Ärzte, wenn wir über AIDS sprechen wollen gehen wir zum CNCS, wir wenden uns an den Gesundheitssektor und holen uns Material und dann bringen wir das den Bauern bei, wie das geht, aber wir beziehen die ein, manchmal können die sagen, was ihnen an Informationen fehlt (…) (L11, 13).

Allerdings räumt Frau Ilal ein, dass die Gemeinden manchmal überredet oder überzeugt werden müssen, bestimmte Inhalte der Programme zu akzeptieren. Beispielsweise seien die Programme zu Erkrankungen wie Durchfall, Cholera und AIDS nicht immer beliebt, aber dann versuche das *ICS*, die Bedeutung solcher Programme zu unterstreichen, denn AIDS „ist eben die Jahrhundertkrankheit, tagtäglich bedeutsam“.

7.1.4 Einfluss der Minderheiten in den Medien

Politische Machteinflüsse kamen sehr stark aus Portugal, zeitweilig auch aus Südafrika und dem ehemaligen Rhodesien. Wirtschaftliche Macht entwickelten seit dem 15. Jahrhundert arabische Händler, heute sind dies, vor allem im Norden, pakistanisch- oder indischstämmige Kaufleute. Im Medienbereich hat der portugiesische Afrika-Kanal und zunehmend auch das südafrikanische Privatfernsehen eine gewisse Präsenz:

---

[270] „Comité de gestão“

„Also es gibt ja nun das Kabelfernsehen und das beeinflusst natürlich in erheblichem Maße, kann man sich ja vorstellen, weil man auch viele ausländische Kanäle gucken kann, englisch, auch brasilianische Telenovelas." (L11, 31).

In den Leitfadeninterviews wird meist von einem etwas überproportionalen Einfluss indisch- und pakistanisch-stämmiger Personen in der mosambikanischen Politik gesprochen:

„Also die indisch- und pakistanischstämmigen, die haben keinen großen Einfluss, aber im Bereich Massenkommunikation, da gab es schon manchmal Vorstöße, nicht wahr, also die haben da mal Anweisungen gegeben, drei Stunden indische Musik zu spielen. Na ja, wir haben das dann ziemlich schnell wieder aus dem Programm genommen." (L11, 30)

Ein nennenswerter Einfluss von Ausländern und Nicht-Afrikanern im Medienbereich wird fast durchweg verneint:

- „(…) das sind Leute, die sich vielleicht zwar nicht marginalisiert fühlen, aber die denken, sie bräuchten mehr Platz zum Reden, Probleme präsentieren, die sie bei ihren Tätigkeiten haben, bei ihren Gütern, letztlich ihre Schwierigkeiten" (L2, 32).
- „Solche [Einflüsse; Ergänz.] sehe ich nicht. Ich glaube, es gibt in allen Sektoren die Anstrengung, in dieser globalisierten Perspektive, ich glaube, das Modell, das in allen Bereichen favorisiert wird, ist das okzidentale Modell" (L2, 33).
- „Die haben keine Relevanz, die sind außen vor. Es gibt Intellektelle, die in den Bildungsinstitutionen arbeiten, die haben schon eine Position, die ein klein wenig anders ist, aber die anderen praktisch nicht" (L6, 23).

7.1.5 Kleine Printmedien

Anhand der folgenden Zitatblöcke (alle aus: L15, 4) kann der Weg eines kleinen Printmedienprojekts in Mosambik nachgezeichnet werden:

- „Die Entstehung des Kommunikationszentrums von [Name der Stadt] ist eine einzigartige Mischung von Ideen von Journalisten, die drei Jahre lang nachgedacht haben, wie man unabhängig arbeiten kann, jeder einzelne individuell, um eine Zeitung, eine Zeitschrift zu machen. Es gab viele brillante Ideen und es war uns klar, dass es sehr schwierig sein würde, so unabhängig zu arbeiten (…)."

Die Person sagt, dass die Gruppe von Anfang an eine wirtschaftliche Basis suchte:

- „Wir sind direkt zu den potentiellen Geldgebern/Sponsoren gegangen, als wir noch keine Publikation hatten, noch nicht mal ein Modell dafür. Wir wussten einfach und hatten die Idee, dass wir eine Zeitung machen wollten, also haben wir geschrieben, dass die Zeitung so und so sein müsse, wie das Editorial aussehen würde, dann die Richtlinien, aber wir haben gleich Geld gesucht und viele Hürden überwunden, wir haben auch viele Dummheiten gemacht."

Zunächst bindet sich die Gruppe stärker an eine universitäre Institution:

- „Dann haben wir begriffen, dass das doch nicht unser Weg sein könne, und mit der Ausbildung von ein paar Journalisten begonnen, die Teil des Kommunikationszentrums wurden. Das waren Journalisten, die diese Idee hatten, eine Zeitung zu gründen und eine Ausbildung an der Fakultät zu machen, ich rede jetzt von der Fakultät für [Fakultätsname]. Die haben den Kommunikationskurs gemacht und zusammen mit den Kommunikations-Dozenten war uns klar, dass letztendlich diese Projekte, die eine Idee waren, nicht in die Tat umgesetzt werden könnten ohne eine solide Basis. Daher war die grundsätzliche Idee, die ganze Journalistengruppe zu versammeln, die diese Idee, eine Zeitung zu machen, gehabt hatte, und zu sehen, wie wir gemeinsam die erste Zeit gestalten könnten."

Letztlich fällt doch die Entscheidung, die *UNESCO* um Hilfe zu bitten:

- „Das Ziel war also, eine Zeitung zu machen, und als wir zusammenkamen, haben wir gemerkt, dass wir diese Zeitung machen können und haben die UNESCO kontaktiert."

7.1.6 Redaktionsorganisation und Management

„The central issue for media in Southern Africa is poor management."

Mike Daka, ZAMCOM (Morna/Khan 2001: 49)

Die Organisation einer Provinzredaktion von *Rádio Moçambique* wird in den folgenden Zitaten (L1, 5 und 6) beschrieben:

„Die [Mitglieder des Maputo-Direktoriums, Anm.] haben täglich ein lokales Meeting und ein tägliches Meeting auf nationalem Niveau. Das bedeutet, dass die planen, was hier die täglichen Aufgaben sind, die planen auch die Teile, an denen das nationale Programm in das regionale Programm eingefügt wird. Die haben jeden Tag ein internes Meeting und ein Treffen zusammen mit den Regionalen, um die in das Nationalprogramm und die stündlichen Nachrichtenblöcke einzufügenden regionalen Eingänge zu sprechen, über die RM-Radiojournale und die 30 Minuten für die letzte Nachrichtensendung. Wenn es in der entsprechenden Woche eine Debatte gibt, dann wird besprochen, welche Provinzen involviert sind, wer eingeladen werden wird, was die Inhalte sind, dann gibt es tägliche interne Meetings und Meetings mit dem nationalen Programm".

„(...) wir haben eine permanente Verbindung und die erlaubt es uns, nicht nur Meetings abzuhalten, sondern auch Material zu verschicken oder direkt auf Sendung zu gehen (...). Es ist schon geplant, was beim RM-Journal um 12.30 gesendet wird, alle Provinzen haben schon ein bedeutendes Ereignis eingeplant, und der Chefredakteur des Tages weiß schon, was die Materialien der einzelnen Provinzen sind, und diese Eingänge werden grundsätzlich live ins Programm genommen."

Das Problem mangelnden Managements wird im folgenden Zitat aus mosambikanischer Sichtweise deutlich:

„(...) Das Problem ist, dass der Journalist zur gleichen Zeit Journalist ist und Marketingdirektor und Buchhalter und Vertragshändler. Das bedeutet, dass es ziemlich kompliziert ist und dass am Ende als Resultat bleibt, dass es ein Riesendurcheinander gibt und die Sache nicht weitergeht, und so ist das auch der Fall bei der Zeitung *Autarcico* , die in [Name Stadt] Mittel hatte, um zu arbeiten, aber der Herausgeber war alles zur gleichen Zeit. Das ist auch der Fall bei der Zeitung *Mega*, die so gescheitert ist, wenn eben alles bei einer Person liegt."

Die mit standardisiertem Interview befragten Herausgeber, Chefredakteure und Direktoren sind in der Mehrzahl der Meinung, dass die Anzahl der Journalisten, die unter ihrer Ägide arbeiten, nicht ausreichend für das Aufkommen an Arbeit in ihrem Organ ist.

Abb. 49: Glauben die Chefs, dass sie genug Mitarbeiter haben?

Frage	6.2	Ja	Nein	Weiß nicht/ antwortet nicht	Weiß nicht*	Möchte nicht antworten*
Anzahl	29	11	18	0	0	0
Prozent von 29		38%	62%	0,0	0,0	0,0

Die Abbildung zeigt, dass nur der geringere Teil der Führungspersonen die Anzahl der Mitarbeiter für ausreichend hält (S6.2).

(*: erst im 2. Jahr der Befragung eingefügt)

7.1.7 Medienrecht: historische Fußnote

Person 3 beschreibt das historische Verdienst des Journalistenverbandes um die Entstehung des Medienrechts.

> „(...)Wenn ein Presse-Gesetz entsteht für das Volk, das dann doch nicht in das Gesetz oder in die Verfassung mit eingefügt werden soll, und die Regierungsleute wollen diesen Passus rauslassen, dieses Recht soll aber eigentlich in die Verfassung geschrieben werden. Also es war der Journalistenverband, der das liberalisiert hat, und hier sieben Stunden lang mit dem Präsidenten geblieben und mit ihm diskutiert hat, bis der endlich eingesehen hat, dass wir Recht hatten, es wurde eingefügt ins Gesetz und auch das Presserecht wurde mit hereingenommen. Also diese Art Nutzen ist es, zu dem meiner Meinung nach der Journalistenverband beigetragen hat" L3, 2.

7.1.8 Rádios Comunitárias: Wenig nachhaltig, aber zielgruppengerecht

Die ICS-Direktorin, die einen großen Einfluss auf die Rádios Comunitárias hat, beschreibt die Aufgaben der Rádios Comunitárias:

> „Ich denke, in den ländlichen Gebieten hat ein Rádio Comunitária eine besondere Bildungsaufgabe, besonders Staatsbürgerkunde und Sensibilisierung und Probleme der Gemeinschaft, aber man muss Bedingungen schaffen für die Nachhaltigkeit" (L9, 21).

Sie beleuchtet die Probleme bei der konkreten Radio- und Fernseharbeit bezüglich Professionalität:

> „(...) die Rádios Comunitárias [wollen] der Gemeinschaft dienen, aber das bedeutet, wie wir in Mosambik sagen, ‚den Lastkarren vor die Stiere spannen und nicht dahinter'. Mit anderen Worten, wir haben keine Profis, die die Qualität haben zum Arbeiten, alle möglichen Leute arbeiten bei den Rádios Comunitárias. Na ja, und dabei kommt raus, dass die Rádios Comunitárias, zumindest was das Fernsehen angeht, noch mal in die nationalen Kanäle ausstrahlen, die haben wenig wirklich lokales Programm, die sind letztlich Rádio Moçambique oder Televisão de Moçambique. Die dienen am Ende nicht der Gemeinschaft, weil die einfach nicht die Kapazität haben, die sind einfach nicht in der Lage zu produzieren." (L9, 21).

Offensichtlich gravierendstes Problem ist die Nachhaltigkeit und die Abhängigkeit von technischer Unterstützung aus der Hauptstadt, findet Person 3:

> „Aus meiner Sicht ist das Problem der Rádios Comunitárias deren Nachhaltigkeit, z.B. ich war schon in verschiedenen Ecken, wo das Rádio Comunitária ein paar Monate funktioniert hat, danach hat das aufgehört. Und auf lokaler Ebene versucht dann keiner, eine Lösung zu suchen, die sind eben einfach ferngesteuert. Wenn da was schief läuft, dann bleibt das so, bis jemand aus Maputo kommt" (L3, 27).

Auch die Arbeit mit schlecht- oder unbezahlten Kräften schafft nach Ansicht von Person 4 Probleme:

> „(...) Also, als Rádio Comunitária haben wir unsere Beschränkungen. Wir arbeiten hier mit Freiwilligen. Und in dieser Hinsicht stimmen wir mit allen Rádios Comunitárias überein, nicht nur solchen der Kirche, auch solchen der Organisationen *UNESCO* und *ICS*. Grundsätzlich arbeiten wir mit Freiwilligen, weil wir sonst nicht überleben können (...)" (L4, 2).

Fokus der Rádio Comunitárias ist immer kleiner und kleinster regionaler Bezug:

> „(...) Also, die Rádios Comunitárias haben nicht viel Zugang zu den ausländischen Quellen. Ich weiß nicht, wie viele die da jetzt inzwischen haben, jedenfalls ist das dichter an der Gesellschaft dran, das ist natürlich keine sehr differenzierte Gesellschaft mit einem nationalen Niveau. Das ist eine Provinz oder ein Distrikt, die eben dieses Radio als typisch mosambikanisches Radio haben (...)" (L4, 5).

Dieser Bezug zu den Themen der kleinen Leute führt sicher zur Beliebtheit der Rádios Comunitárias:

> „(...) fast alle haben gesagt, dass Radio N große Popularität besitzt, weil die einfach dahin kommen, wo etwas passiert, also da, wo das Leben stattfindet, mit dem Volk als Basis" (L4, 2).

7.1.9 Nationale Einigkeit versus Recht des einzelnen Journalisten

„(...) was ich in 5 Jahren gerne sähe, wäre ein Radio, das das ganze Land abdeckt."

Leitfadeninterview L10, 7

In manchen Gesprächen deutet sich das Bedauern über die Segmentierung der mosambikanischen Medien bzw. der Wunsch nach einheitlicher nationaler Berichterstattung an, um verschiedene mosambikanische Kräfte mit einer Stimme sprechen lassen zu können:

> „(...) unser Journalismus erreicht nicht alle Leute, das ist ein Stadtjournalismus, der aus Maputo, Nampula, Beira kommt. Auf der anderen Seite gibt es die Tendenz zur Segmentierung. Im Süden beispielsweise, da sitzt die Zeitung Notícias, die für das ganze Land bestimmt ist, aber im Zentrum ist die Zeitung Diário de Moçambique, die auch für das ganze Land bestimmt ist, aber eben nicht die ganzen Regionen umfasst (...)" (L6, 7).

Auch im folgenden Zitat wird der Wunsch nach größerer medialer Einheitlichkeit deutlich:

> „(...) was ich in 5 Jahren gerne sähe, wäre ein Radio, das das ganze Land abdeckt. Das haben wir noch nicht, unsere Ausstrahlung umfasst immer noch nicht das ganze Land, es

> ist schwierig, die nationale Antennenausstrahlung zur Wirkung zu bringen in Orten wie Massigir, das hier in der Nähe ist“ (L10, 7).

Auch Person 4 hält die nationale Einheit und den Schutz Mosambiks gegen Kräfte von außen auch für wichtiger als einen Journalismus, der zuviel kritisiert:

> „(...) Man kann nicht alles irgendwie so daher sagen. Unter uns hier, im internen Gebrauch, da dürfen wir provozieren und all das. Aber was die Beziehung Mosambiks nach außen angeht, da muss es auch eine gewisse Verteidigung geben“ (L4, 7).

Der Radiojournalist Jafar Buana berichtet von einem typischen Konfliktfall (PANOS 1999a: 23f.). Er sendete ein einstündiges Interview mit dem *RENAMO*-Präsidenten Dhlakama, worauf seine Kollegen ihm vorwarfen, er gebe der Opposition auf diese Weise eine Plattform und schlage sich auf ihre Seite. Buana verteidigt sich bezeichnenderweise nicht damit, dass ein solcher Vorwurf absurd sei, sondern verweist darauf, er habe im gleichen Programm auch die *FRELIMO* zu Wort kommen lassen.

Es wird also bei vielen Interviewten das Bedürfnis deutlich, ein gemeinsames Radio oder eine Zeitung für ganz Mosambik zu etablieren. Gründe dafür könnten in dem historischen Trauma des Kolonialkrieges und des durch Südafrika finanzierten und betriebenen Bürgerkrieges liegen, das bei den meisten Mosambikanern ein tiefes Bedürfnis nach nationaler Einheit und Sicherheit hervorgerufen hat. Dies deckt sich mit den bei Kunczik (1986) referierten Befunden der Forscher Elijah F. Akahenda (1983) und Alex S. Edelstein (1982). Es widerspricht aber den Intentionen der *UNESCO*, die eine möglichst plurale Medienlandschaft als gesund und demokratiestabilisierend ansieht. Altschull hat in seiner *Weltsinfonie*-Typisierung (vgl. Kap. 2.1.6) auf die mögliche Einschränkung der Meinungsfreiheit des einzelnen Journalisten zugunsten der Sicherheit und Einigkeit der ganzen Nation hingewiesen.

Kunczik unterscheidet in der einschlägigen Literatur bis 1982/83 zwei Vorstellungen von *Development Journalism*: investigativ und benevolent-autoritär (patrimonial). Die investigative Variante fordert kritisch-kontrollierende Begleitung der Regierung und der Entwicklungsprojekte unter der Prämisse der Pressefreiheit, die autoritär-benevolente Variante hält Demokratie in Entwicklungsländern für einen dysfunktionalen Luxus. Journalismus dürfe – wenn es dem Gemeinwohl des Landes und der Überwindung von Krisen diene – Informationen manipulieren (Kunczik 1986: 264). Kunczik umgeht – gewohnt unkonventionell – das Dilemma des Interessenwiderspruchs zwischen einzelnem Journalisten und Staat mit dem Verweis auf den jeweiligen Entwicklungsstand eines Landes. Dieser könne verschiedene Funktionen der Medien in unterschiedlichen Phasen der Entwicklung indizieren, so Kunczik (1986: 268):

> „So kann den Massenmedien etwa im Falle der in die Unabhängigkeit entlassenen Kolonien zunächst die Funktion zukommen, der nationalen Identität förderliche Symbole und Informationen zu verbreiten. Werden dann Modernisierungsprozesse eingeleitet, besteht die primäre Funktion der Medien in einer Mobilisierung der Massen. Erfolgreiche Modernisierungsmaßnahmen bedeuten auch eine Gefährdung inzwischen erreichter integrativer Fortschritte, da neue Konfliktpotentiale entstehen können (z.B. neue Eliten). In einer nächsten Phase kann dann die Integrationsfunktion wieder vorrangig werden, was gegebenenfalls zum Aufbau eines künstlichen Feindbildes führen kann, denn Bedrohung erhöht die Bereitschaft, sich autoritärer Führung zu unterwerfen und innere Streitigkeiten zurückzustellen. Die unbeabsichtigte Konsequenz kann aber der langfristige Glaubwürdigkeitsverlust der Medien sein" (Kunczik 1986: 268).

Es dürfte auf der Hand liegen, dass das „phasen-gesteuerte" Medienkonzept, das nicht weiter von Kunczik ausgearbeitet wurde, allen gesellschaftlichen Akteuren ein ungewöhnliches Maß an Flexibilität abverlangt.

7.1.10 Das Phänomen Autozensur

Person 2 glaubt, dass viele mosambikanische Journalisten Autozensur üben:

> „Oft denken die Leute, es ist freiwillig, dass der Journalist sich verpflichtet fühlt, bestimmte Sachen nicht zu sagen. Es ist die Wahrheit, dass wir an diesem Punkt sind, in einem so genannten demokratischen System. Und die Leute sagen, man fühle ich frei von jeglichen Hemmungen, von irgendeinem Vorsatz, und andere bevorzugen es, dazu nein zu sagen (...)" (L2, 13b).

Die Relativierung auf „so genanntes" demokratisches System ist bezeichnend für die mangelnde Akzeptanz des mosambikanischen Parlaments.

Person 4 äußert sich, nachdem sie direkt auf das Phänomen angesprochen wurde:

> „(...) Es gibt schon eine Autozensur, was die Einheit angeht. Die gibt es, aber angesichts eines gemeinsamen Feindes, und genau dieser Teil der Zensur, die Autokritik, folgt einem Ziel, das auch anders sein könnte, beispielsweise für unabhängige Journalisten hat das einen Sinn.
>
> Lassen Sie uns mal genau betrachten, welche Art von Wahrheit von wo kommt. Im wirtschaftlichen Sektor, im politischen oder was weiß ich, aber es gibt Journalisten, beispielsweise: die, die bei staatlichen Medien arbeiten, die haben die nationale Einheit, aber die haben auch einen politischen Tonfall, der auch die Nation verteidigen muss (...) Der Journalist darf ja ruhig denken, dass etwas schief läuft, aber wenn es innen Sachen gibt, die entstehen, dann heißt das nicht, dass man die auch außen sagen muss (...)" (L4, 7).

Der Journalist Carlos Coelho beobachtet das Auftreten der Autozensur bei mosambikanischen Journalisten seit 1992. Lalá und Ostheimer (2002: 13) beobachten eine drastische Zunahme dieses Phänomens. Autozensur setzt oft dann ein, wenn mosambikanische Journalisten einen Verdacht oder Informationen bekommen, dass Vorgänge in Politik, Verwaltung und Wirtschaft nicht mit rechten Dingen zugehen, dennoch aber von einer Nachforschung oder gar Veröffentlichung absehen. Begründet wird dies oft mit einem fein entwickelten Gefühl für Anstand nach dem Motto „Das macht man einfach nicht" sowie mit der Argumentation, Kritik an bedeutenden Politikern und Unternehmern würden auf kurze und lange Sicht ja doch nur Mosambik schaden, da das ohnehin schlechte Image des Landes leide und Firmen in Schwierigkeiten kämen, die obendrein mit der mächtigen Konkurrenz südafrikanischer und indisch- und pakistanisch-stämmiger Händler kämpfen würden. Auch ist der mögliche Verlust von Werbekunden ein wichtiges, wenn auch kaum offen diskutiertes Motiv, nicht allzu investigativ vorzugehen. Der investigative Journalist Carlos Cardoso wurde, obwohl er Weißer war, erschossen. Dies können mosambikanische JournalistInnen nicht ignorieren, wenn sie auch Cardoso aufgrund seines Nimbus als journalistischer Märtyrer fast gebetsmühlenartig vom Vorwurf des Verstoßes gegen die guten Sitten ausnehmen und im Gegenteil sehr loben, was allerdings wenig über ihren Willen aussagt, ihm nachzueifern.

7.1.11 Forschungsergebnisse 1. Teil: Das mosambikanische Mediensystem

Im Zwischenfazit Medien (Kapitel 4.10) und Medienrecht und -organisation (Kapitel 5.3) wurde zusammengefasst, was auf sekundärliterarischer Basis über diese Themen zu sagen war. In diesem Kapitel wurden nun einige Themenbereiche angesprochen, die nach Auswertung der standardisierten Interviews und der Leitfadeninterviews prägend für das mosambikanische Mediensystem zu sein scheinen. Diese Themen sollen nun anhand der forschungsleitenden Fragestellungen zusammengefasst werden.

a) Welche Voraussetzungen herrschen im mosambikanischen Mediensystem in politischer und institutioneller Hinsicht?

Dualismus öffentlich/nicht-öffentlich

Es gibt einen schwelenden Konflikt zwischen privaten und öffentlichen Medien:

- Die Zweiteilung in öffentliche und private Medien wird von den meisten Journalisten als trennend empfunden.
- Die privaten Medien berichten eher regierungskritisch, decken Betrügereien auf und erzeugen Skandale, während die öffentlichen Medien dies selten tun. Es ist übliche Praxis, dass Journalisten der öffentlichen Medien, wenn sie von negativem Gebaren, skandalträchtigen Handlungen etc. der Regierungsangehörigen und Staatsbeamten erfahren, sich an Kollegen bei den privaten Medien wenden und diese Information lancieren, da sie selber sich als Staatsbedienstete empfinden und solche Informationen in der Regel nicht veröffentlichen (in diesem Sinne: L4, 8: „(…) Und wenn sie es in dem Bereich, in dem sie sind, nicht äußern können, dann wenden sie sich an andere Medien“). [271]

[271] Dies wurde auch in Hintergrundinterviews bestätigt, z.B. am 4.4.2004 in einem Hotelzimmer in Nampula mit dem Pressejournalisten einer privaten Zeitung. Im 1. Fall ging es um einen Direktor, der ein außereheliches Verhältnis hatte. *Rádio Moçambique* spielte der Zeitung diese Information zu, mit der Auflage, die Quelle nicht preiszugeben. Im 2. Fall hatte ein Krankenhausdirektor einen Kaiserschnitt an einer Frau vorgenommen, ohne die Hilfe seiner ausgebildeten Assistenten in Anspruch zu nehmen. Diese hatte er nämlich zum Flughafen geschickt, um eine größere Ladung Bohnen nach Maputo zu senden. Die Frau starb an der Operation, der Fall kam in die Medien und der zuständige Minister veranlasste aufgrund der Berichterstattung die Entlassung des Direktors. Der 3. Fall ging um den Provinz-Direktor der mosambikanischen Wahlkommission *STAE*, der ein Verhältnis mit seiner Sekretärin hatte. Deren Mann, ein pensionierter Militär, wandte sich hilfesuchend an die Zeitung. Der 4. Fall betraf den für die Schulen einer mosambikanischen Provinz zuständigen Direktor, der mehrfach für die Tochter

- Drittens gibt es zwischen öffentlichen und privaten Medien Eifersüchteleien und gegenseitige Kritik. Die öffentlichen werfen den privaten vor, polemisch, sensationsorientiert, staatszersetzend und die nationale Einheit gefährdend zu berichten, die privaten blicken neidisch auf die Privilegien, Ressourcen und finanzielle bzw. personellen Mittel der öffentlichen Medien.

Institutionen

Die aufgestellte Hypothese, dass die politischen Grundlagen für die Ausformung eines pluralistisch ausgerichteten Mediensystems in Grundzügen vorhanden seien, muss eingeschränkt werden. Die entsprechenden Gremien – also *CSCS*, *ICS*, Journalistenverband – haben einen nur als gering zu bezeichnenden Einfluss. Mosambikanische Firmen und Banken sowie politische Parteien und Behörden dagegen üben einen mächtigen Einfluss auf die Medien aus, die oft von Journalisten gemacht werden, die schlecht bezahlt sind und nur eine kurze und mangelhafte journalistische Ausbildung haben. Dagegen scheinen ausländische Medien (z.B. südafrikanisches Fernsehen) bisher kaum Einfluss auszuüben. Der Einfluss ausländischer Firmen und Unternehmen wurde nicht gemessen.

Minderheiten

Die indisch-pakistanischstämmige Bevölkerung hat einen starken Einfluss vor allem in den Bereichen Handel und Wirtschaft, einen feststellbaren im politischen und praktisch keinen Einfluss im Medienbereich.

Redaktionsorganisation

Innerhalb der Medien kristallisieren sich organisatorisch vor allem zwei Aspekte heraus: Erstens sind die mosambikanischen Medien, namentlich die öffentlichen, sehr hierarchisch strukturiert, relevante Entscheidungen werden immer an der Spitze gefällt und unten umgesetzt. Zweitens wird die Forderung nach Management- und Verkäuferqualitäten im Journalismus wichtiger und drängender. Man beginnt zu verstehen, dass ohne Management und Verkauf von journalistischen Inhalten kein Medium lange überleben kann.

---

seiner Sekretärin nicht bestandene Examensresultate manipulierte und ihre Examen mit der Höchstnote 20 bewertete. Die Information wurde der Zeitung aus Kreisen der Schule zugespielt.

b) Welche medienrechtlichen Voraussetzungen herrschen im mosambikanischen Mediensystem?

Aus der Auswertung der Interviews ergaben sich keine unmittelbar neuen Ergebnisse. Die aufgestellte Hypothese, das Medienrecht sei in vielen Aspekten auf einen demokratisch regierten Staat zugeschnitten, trifft weitgehend zu. Allerdings wurde deutlich, dass die Rolle nicht-öffentlicher Rundfunkmedien, vor allem die der Rádios Comunitárias, nicht ausreichend klar definiert ist. Auch die Auskunftspflicht der Behörden und Regierungsstellen gegenüber Journalisten ist mangelhaft beschrieben. Insgesamt ist das Medienrecht offenbar zu wenig bekannt. Das Medienrecht schützt die Journalisten offenbar theoretisch, dennoch fühlen sich viele Journalisten nicht sicher, da die Judikative versagt. Es ist veraltet und muss auf das massive Aufkommen privater Rundfunkmedien angepasst werden.

c) Welche Voraussetzungen herrschen im mosambikanischen Mediensystem in Bezug auf Medienvielfalt?

Medienprodukte

Mosambikanischer Journalismus ist zu einem großen Teil politischer Journalismus. Auch der Aspekt der nationalen Einigkeit, für die auch mosambikanische Journalisten sich teilweise verantwortlich fühlen, ist nachvollziehbar im Licht der vielfältigen ausländischen Einflüsse, denen Mosambik im 20. Jahrhundert ausgesetzt war. Hier wird auch der Aspekt der Autozensur wirksam: Im Verständnis vieler Mosambikaner greift ein Journalist, der kritisch über den Präsidenten oder dessen Familie berichtet, die gesamte Nation an. Die Hypothese, die mosambikanischen Medien befänden sich in einem Transformationsprozess von einer zentral gesteuerten, regierungsnahen Berichterstattung durch *Rádio Moçambique* und *TVM* zu einer unabhängigeren Berichterstattung, trifft weitgehend zu. Unabhängige Berichterstattung findet vor allem im kleinen aber bedeutenden Segment der Fax-Zeitungen sowie zweier regierungskritischer Wochenzeitungen statt. Die *Rádios Comunitárias* haben aufgrund mangelnder personeller und professioneller Ausstattung noch wenig Gewicht als kritische und demokratiefördernde Instanzen. Die – in dieser Arbeit nicht untersuchte – Berichterstattung der Satellitenprogramme aus Südafrika dürfte primär kommerzielle Ziele haben, ihre Wirkung sollte weiter beobachtet werden.

Aus der bis hier dargestellten Situation der Medien in Mosambik kann folgendes Modell entwickelt werden:

Abb. 50: Interessen und Wünsche der Akteure und Gruppen in Mosambik

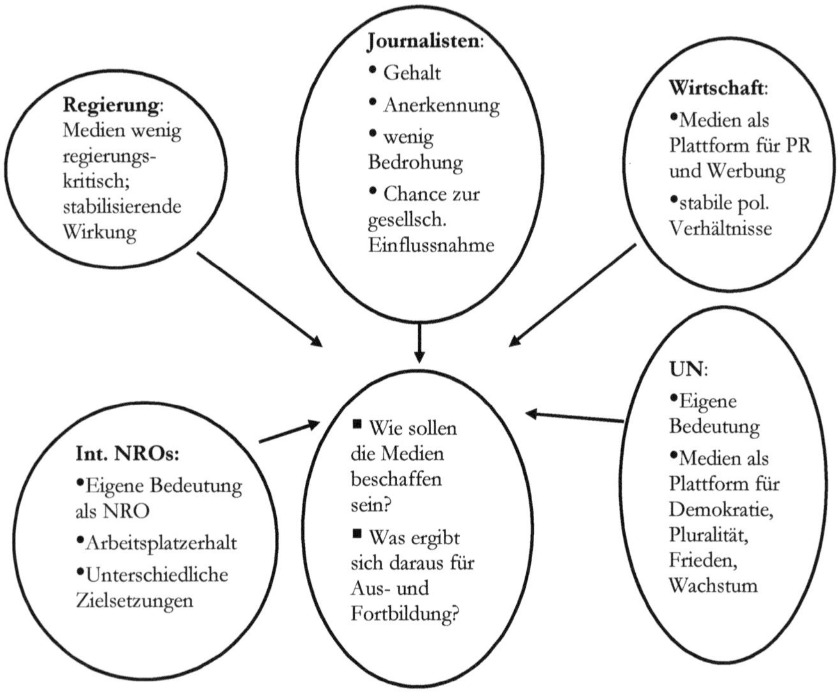

Abb. 50 zeigt in der Mitte die Ausgestaltung der Medien. Um diesen Kreis gruppieren sich je einflussnehmende Personen und Institutionen, die in der Regel ein bestimmtes dominantes Interesse auf eine Prägung der Medien haben. Die mosambikanische Regierung wünscht sich Medien, die ihre Arbeit würdigen und das demokratische System stützen. Die Journalisten selbst wünschen sich in der Regel eine berufliche Verwirklichung möglichst ohne Gefährdungen. Die Firmen und Unternehmen profitieren normalerweise von den Medien, wenn diese eine gute Plattform für Werbung sind und keine politischen Umstürze initiieren. Die internationalen NROn verfolgen ihre je eigenen, meist weltanschaulich geprägten Ziele und sind neben diesen um die eigene Bedeutung als NRO und um den Erhalt und die Schaffung von Arbeitsplätzen besorgt. Die *UN* verfolgt ebenfalls Ziele, die – je nach Prägung durch die Donors – mit Demokratiestärkung, Pluralität, Frieden und Wachstum beschrieben werden können, jedoch ebenfalls Aspekte der eigenen Bedeutung und der Erhaltung von Arbeitsplätzen umfassen.

7.2 Die Journalisten

Wie bereits in Kapitel 5 ausgeführt, ist Journalist, wie in Deutschland, kein standesrechtlich geschützter Beruf in Mosambik. Nach dem Presserecht (Art. 26) kann sich jeder Journalist nennen, der dies möchte.

7.2.1 Arbeitszeiten und Gehalt

„Die meisten Journalisten in der Dritten Welt (...) sind derart unterbezahlt, dass sie kaum als unabhängige, die Politik kontrollierende gesellschaftliche Kraft agieren können. Dies (...) fördert die Entstehung eines „Envelopment Journalism", d.h. Journalisten müssen Geld akzeptieren, um überleben zu können."[272]

Kunczik/Zipfel 2001: 205

Frage S1.3.1 der standardisierten Interviews erfragte, wie viele Tage pro Woche die befragten Personen in ihrer Funktion als Journalist arbeiten. Das in Balkendiagramm 56 dargestellte Ergebnis legt den Schluss nahe, dass Journalismus in Mosambik kein Teilzeitberuf ist.

Abb. 51: Wöchentliche Arbeitszeit der Journalisten

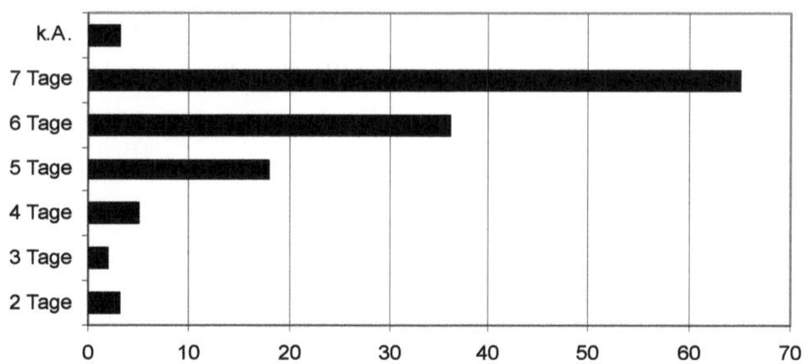

Abb. 51: Fast die Hälfte (65) der Befragten arbeitet nach eigenen Angaben (Frage S1.3.1) sieben Tage die Woche, knapp 30% sechs Tage, weitere 14% fünf Tage. Rechnet man diejenigen zusammen, die fünf bis sieben Tage die Woche im journalistischen Beruf arbeiten, kommt man auf 120 Personen, genau 90% der Befragten. Nur insgesamt fünf der Befragten arbeite zwei oder drei Tage die Woche. Vergleicht man die Zahl der Tage, die pro Woche in den unterschiedlichen Medienarten gearbeitet wird, dann liegt das Fernsehen mit durchschnittlich 6,4 Tagen am höchsten, gefolgt vom Radio mit 6,1 Tagen und Zeitung mit 6 Tagen.[273]

[272] Der Begriff stammt in Anlehnung an *Development Journalism* von Ruotolo 1987. Die Autoren nennen Beispiele aus Benin und den Philippinen.

[273] Um diesen Wert zu errechnen, wurden pro Mediensparte alle angegeben Tage addiert, diese Zahl wurde durch die Anzahl der Angaben dividiert. Bei fehlender Angabe wurde ein Wert von 4,5 angenommen, da es sich um eine Skala von 2-7 handelt.

Abb. 52: Stundenarbeitszeit pro Woche

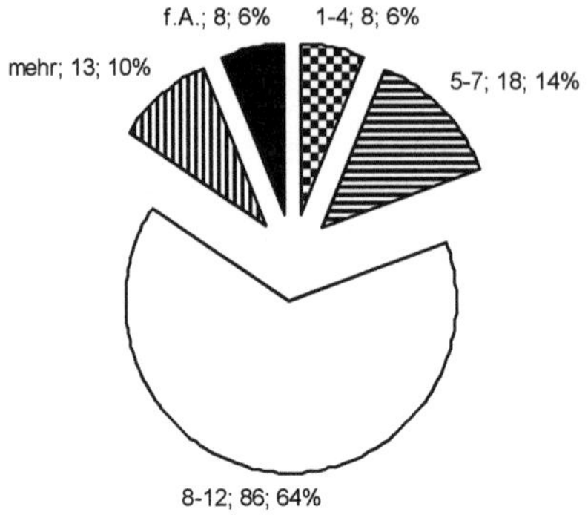

Frage S1.3.2 ermittelte die Anzahl der Stunden, die pro Tag gearbeitet wird. Die Frage war offen gestellt, acht Personen antworteten nicht.[274] Die durchschnittliche Stundenzahl, die gearbeitet wird, ist nach diesen Angaben 9,22 Stunden pro Tag. Dieses Ergebnis ist insofern mit Vorsicht zu genießen, als dass es bei dieser Art Frage offenbar eine Tendenz gibt, höher zu greifen als der tatsächliche Wert. Insgesamt elfmal wurden Arbeitsstunden von 14, 16 und 18 Stunden genannt. Die Angabe „8 Stunden" kam sehr häufig vor (40mal), 10 Stunden Arbeit nahmen immerhin 21 Personen für sich in Anspruch, zwölfmal wurden 12 Stunden angegeben.

Das Gehalt wurde in den Fragebögen nicht abgefragt, da Vorgespräche ergaben, dass es meistens zu einer Aussagenverweigerung gekommen wäre. Inoffiziell konnte durch *UCM*-StudentInnen am 23.7.2004 die Auskunft eingeholt werden, ein Journalist verdiene zwischen 2 und 6 Millionen Meticais monatlich (≈80-240 EUR), Moderatoren beim Fernsehen 15 Millionen (≈600 EUR) und ein TV-Direktor 20 Millionen (≈1800 EUR) monatlich.

7.2.2 Aufgabenbereiche

Frage S1.3.3 lautete: „Welches ist Ihr Aufgabenbereich in Ihrer Arbeit? (es ist möglich, mehr als einmal anzukreuzen). Das folgende Diagramm zeigt, wie häufig die jeweiligen Tätigkeiten genannt wurden.

Abb. 53: Viele schreiben, nur wenige organisieren

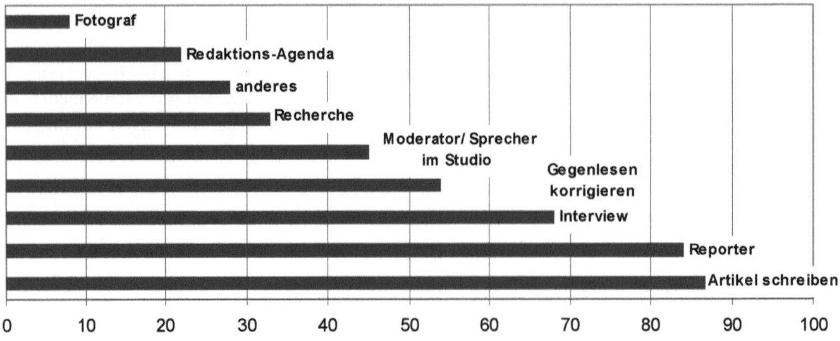

274 Bei Angaben wie „8-9 Stunden" wurde der Mittelwert zugrunde gelegt.

Abb. 53 zeigt die Anzahl der Nennungen der Tätigkeiten der Interviewten (Frage S1.3.3). Von 89 Personen wurde die Rubrik „Artikel schreiben" als Tätigkeit ausgewählt, für die sie verantwortlich sind. 84 Interviewte haben Reporter-Funktion, 68 interviewen, 54 lesen Artikel von Kollegen gegen und korrigieren diese, 45 agieren als Sprecher und Moderatoren im Studio, alle entweder beim Radio oder beim Fernsehen, 33 sind mit Recherche betraut, 22 arbeiten mit an der Agenda der Redaktion. Letztere sind erwartungsgemäß vor allem Redaktionschefs und Direktoren, nur sechs der 22 haben als Funktion Journalisten angegeben. Acht sind als Fotografen tätig, fast alle bei einer Zeitung oder Zeitschrift, und zwei sind für CDs und Jingles verantwortlich. Die Zahl der angewählten Rubriken lässt darauf schließen, dass jeder Interviewte im Durchschnitt 3,3 Funktionen in der Redaktion wahrnimmt.

28 Personen haben bei Frage S1.3.3 zusätzliche Angaben gemacht. Ein 46-50-jähriger Radio-Direktor (S92) trainiert Kollegen „on the job". Zwei Personen geben an, Bildungsprogramme zu machen, eine 36-40-jährige *ICS*-Chefredakteurin (S82) macht „Educaçaõ Comunitária", was man vielleicht mit „Bildungsprogramme für die Allgemeinheit" übersetzen kann und was praktische Themen wie Gesundheit, Hygiene, Kindererziehung zum Inhalt hat, im Gegensatz zu „Educação Cívica", eine Art Staatsbürgerkunde, bei der den Bürgern demokratische Strukturen, Prozesse wie Wahlen und ihre Rechte erläutert werden. Ein 41-45-jähriger Radio-Chefredakteur führt in Zusammenarbeit mit dem Bildungsministerium (*MINED*) spezifische Bildungsprogramme durch. Ein Radiojournalist (S22, 26-30 Jahre) macht Einweisungen im Informatik-Bereich und für die Benutzung der Mini-Disc, dem zurzeit in Mosambik sich langsam durchsetzenden modernen Aufnahmemedium bei der Einholung von Radio-Originaltönen außerhalb der Redaktion. Eine ebenfalls 26-30-jährige Radiojournalistin betreut Kinderprogramme, was insofern typisch ist, dass oft Frauen in diesem Bereich arbeiten. Acht Personen haben Tätigkeiten hinzugefügt, die im Pressewesen notwendig werden: Zweimal wurde „Layouten" als Tätigkeit angegeben, zweimal das Schreiben von „Crónicas", einer spezifisch portugiesischen Art zusammenfassenden Meinungsartikels zu einem Ereignis, vielleicht am ehesten dem Kommentar im deutschen Pressewesen vergleichbar, sowie Bearbeitung von Texten. Der Herausgeber einer Zeitschrift (S123) gibt an: „Design und grafische Zusammenstellung in Macintosh 3 sowie Word, Pagemaker und Photoeditor". Zweimal wurde Recherche hinzugefügt, einmal mit dem Zusatz „Sammlung, Verarbeitung und Weitergabe von Material". Der Interviewte S128 (20-25 Jahre) bezeichnet sich als Marketing-Berater, vermutlich gehört er zu einer Werbeagentur, zumindest geht aus den unabhängig erhobenen zusätzlichen Angaben hervor, dass zwei Mitarbeiter einer Werbeagentur interviewt wurden. Eine Ra-

diojournalistin (S20) ist verantwortlich für die generelle Koordination von Tätigkeiten, zwei Personen haben auch technische Funktionen beim Fernsehen inne, ein Kameramann sowie ein audio-visueller Techniker. Zwei Personen sind für den Bereich Verwaltung zuständig, ein Zeitungsredakteur (S53) gibt an, er kontrolliere Informationsmaterial und überprüfe „die korrekte Anwendung im Sinne der politischen Herausgeber-Richtlinien und allgemeiner Ethik-Presse-Erwägungen".

7.2.3 Ressorts

Frage S1.3.4 lautet: „Welches ist ihr Ressort, also der Bereich, in dem sie am meisten arbeiten: (es ist möglich, mehr als einmal anzukreuzen)". Das folgende Balkendiagramm zeigt die Verteilung der Ressorts/Bereiche, in denen die Interviewten am meisten arbeiten.

Abb. 54: Viel Politik, wenig Ausland: Ressorts der Interviewten

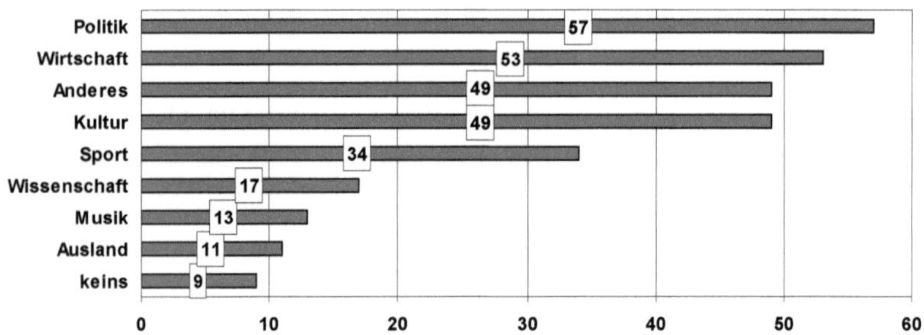

Abb. 54 zeigt die Anzahl der in verschiedenen Ressorts/Bereichen arbeitenden Interviewten (Frage S1.3.4). Politik ist die am häufigsten gewählte Rubrik, 43% der Befragten sind in der täglichen Arbeit mit politischen Themen betraut. Dies wird gefolgt von Wirtschaft, das für immerhin 40% der Befragten wichtig ist, Kultur (37%), Sport (26%), Wissenschaft (17%), sowie Musik, Ausland und „Kein Thema" mit jeweils 10% oder weniger. Musik ist für Pressejournalisten bis auf eine Ausnahme (S123) kein prioritäres Thema, Musik wurde fast nur bei Radio- und Fernseh-Journalisten angekreuzt.

Insgesamt 53 Mal wurde bei der Frage S1.3.4 etwas Zusätzliches angegeben. Nicht einbezogen wurden acht Anmerkungen, aus denen hervorgeht, dass die Journalisten keine Spezialisierung haben. Es ist immerhin interessant, dass so vielen diese Erklärung wichtig war, fast als sei es ehrenrührig, und meistens ließen sie den Interviewer schreiben „Alles" oder „Verschiedenes" oder „polivalente", also etwa

„Mehrzweck-Journalist", wie um zu betonen, dass ein Journalist eben ein nicht-spezialisierter Beruf ist, was in Mosambik auch auf viele Journalisten zutrifft.[275]

Einmal wird betont: „(...) es gibt keine Spezialisierungen bei Rádio Moçambique Beira", ein Interviewter merkt an: „Ich arbeite auf allen Gebieten. Allerdings habe ich mit dem Thema Wirtschaft Probleme" (S90). Zwei weitere Befragte geben an „alles, mit Ausnahme von Sport" sowie „alles, was mit dem täglichen Leben in der Region zu tun hat". Insgesamt 22 Personen aus allen Medienarten haben „Sociedade", „Social", „Área social" oder "Sociedade Civil" angegeben, also Gesellschaft/Soziales, dreimal ist das Thema „Gesundheit" genannt, dreimal Bildungsinhalte: einmal ein Bildungsprogramm für Frauen, einmal ein Schulbildungsprogramm, einmal eher allgemein gehalten „Bildung, Information, Kommunikation". Zweimal wird Umwelt („Meio ambiente" oder nur „Ambiente") genannt, einmal zusammen mit Landwirtschaft. Zweimal wird auch der Begriff „Entwicklung" genannt. Weiterhin werden genannt: akademische Themen, Präsentation von Nachrichten und anderen Programmen, Reportagen, mit denen der Beantworter durch seine Institution beauftragt wird sowie Menschenrechte (Direitos Humanos). Ein Zeitungsredakteur nennt „Soziales Drama" mit dem Hinweis „Fälle, die zwischen normalen Menschen/Bürgern (cidadão comum) vorkommen und nicht nur das", ferner werden genannt: Elektronik, Unterhaltung für Jugendliche, Freizeit, Marktforschung und Umfragen (Marketing-Spezialist S128), Recht, Bevölkerung, Vertonung, letzteres durch einen Radio-Journalisten.

[275] Dies könnte sich in absehbarer Zeit ändern, denn in den mosambikanischen Medien, vor allem bei den jüngeren Journalisten, gibt es die ersten Tendenzen, sich stärker zu spezialisieren. So ist es nicht verwunderlich, dass das arithmetische Alters-Mittel derjenigen, die eine allgemeine Funktion angegeben haben, um knapp 2,5 Prozentpunkte über dem arithmetischen Mittel des Alters des Gesamtsamples liegt.
Um dies zu messen, wurden die Intervalle gemittelt, also z.B. bei der Altersstufe 36-40 wurde 38 angenommen, dies wurde jeweils mit der Gesamtzahl der Personen in diesem Altersintervall multipliziert und aus dem Gesamtwert wurde das arithmetische Mittel errechnet. (vgl. Benninghaus 1992 : 45). Ergebnis: 33,1. Insgesamt 10 Personen flossen ein in die Zahl derjenigen, die ein nicht oder weitestgehend nicht spezialisiertes Berufsverständnis haben, arithmetisches Mittel: 35,45.

7.2.4 Professionalität und Arbeitsauffassung

Die meisten Journalisten machen ihre Arbeit, nachdem sie den Journalismus in Zeitungen gelernt haben, sie haben keine Ausbildungsstätte besucht. Das, was sie berichten, speist sich aus Instinkt.

Leitfadeninterview L8, 3

Betrachtet man Mosambik vor dem Hintergrund der von Fröhlich/Holtz-Bacha (1997: 154) angeführten vier europäischen Kategorien, so passt die ältere Generation, die bis zum Ende der 90er Jahre sozialisiert wurde, am ehesten in die dritte bzw. vierte Kategorie. Bei einem großen Teil handelt es sich um Journalisten, die „on the job" trainiert wurden, ein Teil davon zusätzlich in der Journalistenschule in Maputo. Für die jüngere Generation, die seit Gründung der ersten akademischen journalistischen Angebote Ende der 90er Jahre geprägt wurde, gilt das akademische Modell. In den Redaktionen zeichnet sich der Trend zu einem Generationenwechsel ab, bei dem die praktisch ausgebildeten Journalisten zunehmend von den akademisch ausgebildeten Journalisten abgelöst werden.

Am Ende der standardisierten Befragung wurden Vorgesetzte von Journalisten, also Herausgeber, Chefredakteure und Direktoren, folgendes gefragt:

S6.3: Glauben Sie, dass die Journalisten, die unter Ihrer Aufsicht arbeiten, die Fähigkeiten besitzen, auch in einer anderen Art von Medium zu arbeiten?

S6.4: Kommen die Journalisten mit dem Arbeitsmaterial/den Geräten klar, die ihnen zur Verfügung stehen?

Abb. 55: Flexibilität und Beherrschung des Arbeitsmaterials: Was Chefs von ihren Journalisten halten

Die Ergebnisse sind ähnlich: Je etwa die Hälfte der befragten Chefs trauen ihren Mitarbeitern

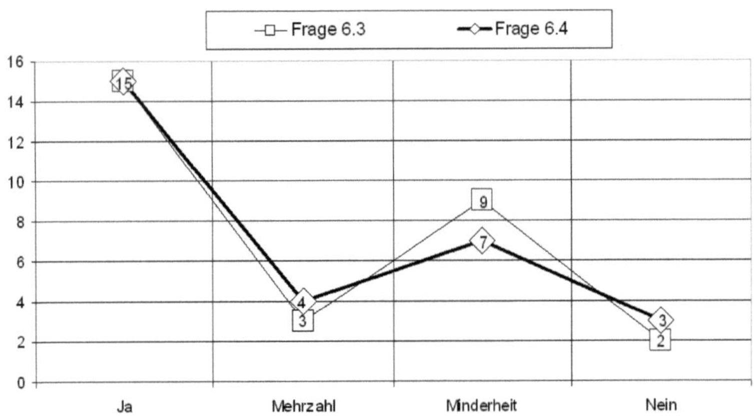

einen Wechsel in ein anderes Medium zu und sind der Meinung, dass diese ihr Arbeitsmaterial beherrschen. ¼ der Chefs trauen letzteres nur einer Minderheit ihrer Angestellten zu.

Die letzten beiden Fragen erfragen die Einschätzung der Chefs bezüglich Sprachbeherrschung und Selbstorganisation ihrer Angestellten:

S6.5: Wie beurteilen Sie die Fähigkeiten Ihrer Journalisten bei der Beherrschung der portugiesischen Sprache (gesprochen und geschrieben)?
S6.6: Wie beurteilen Sie die Fähigkeiten Ihrer Journalisten, was die Selbstorganisation/Eigenverantwortung angeht?

Abb. 56: Sprachbeherrschung und Selbstorganisation: Was denken die Chefs?

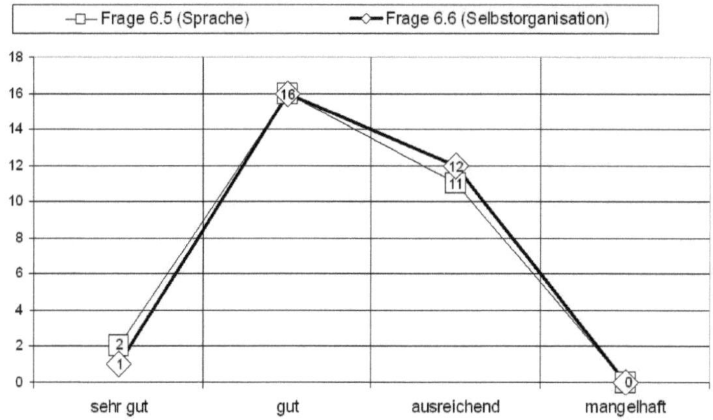

Es wird deutlich, dass die Bewertung im Mittelfeld liegt: Über die Hälfte der Chefs hält das Portugiesisch ihrer Journalisten für gut und ebenso die Fähigkeit des eigenverantwortlichen Organisierens. Ein gutes Drittel bewertet es als ausreichend. Die Note „mangelhaft" wird in beiden Fällen nicht vergeben, allerdings gibt es auch fast nie ein „sehr gut".

7.2.5 Geforderte Eigenschaften und Fähigkeiten der Journalisten

Die Fragen S4.1, S4.2 und S4.3 erforschen Eigenschaften und Fähigkeiten der Journalisten.

- Kenntnisse und Fähigkeiten (journalistisches Handwerkszeug)
- gesellschaftlich-politische Aspekte (gesellschaftlicher Rollenkontext)
- organisatorische Aspekte (der Journalist im Team)

Die verschiedenen Antwortarten wurden aus forschungstechnischen Gründen nicht jeweils als Gruppe den Fragen zugeordnet, sondern einzeln auf die drei Fragen verteilt. Für eine Berücksichtigung der Option „andere Antwort" werden die Fragen im Folgenden zunächst einzeln ausgewertet. Danach sollen sie – unterteilt in die oben angeführten Antwortkategorien – ausgewertet werden. Anschließend wird der Frage nachgegangen, ob die jeweiligen Rankings durch die Zugehörigkeit zu einem öffentlichen bzw. privaten Medium beeinflusst waren.

Auf den nächsten Seiten folgen einige Grafiken zur Auswertung dieser Fragen.

Abb. 57: Informatik unbedeutend, journalistisches „Gewichten“ bedeutend

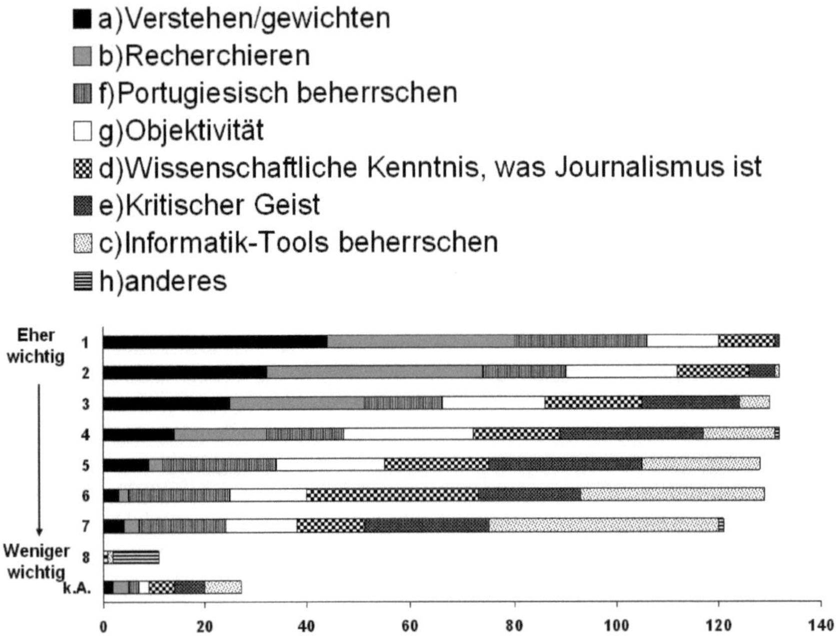

Abb. 57 zeigt die in S4.1 erfragten menschlichen und professionellen Eigenschaften der Journalisten.

Auf der Y-Achse stehen die nummerierten Ranking-Präferenzen:
1 = besonders wichtig
….
8 = am wenigsten wichtig
k.A=Keine Angabe.

Auf der X-Achse ist die Anzahl der Personen abgebildet, die eine bestimmte Eigenschaft/Fähigkeit gewählt haben. Die Balken stehen für kumulierte Werte.[276] Die Reihenfolge der Antwortoptionen ist für die Darstellung so angepasst worden, dass die von vielen als wichtig eingeschätzten Eigenschaften eher oben, die als weniger wichtig eingeschätzte Eigenschaften eher unten stehen.

[276] Der Unterschied zu 133 (n) bei den Balken erklärt sich dadurch, dass einige Befragte nicht Nummern in allen Kategorien vergeben haben.

Unter „anderes" wurden vor allem Tugenden angegeben: Unabhängigkeit (2) und Demut (jeweils zweimal), Mut, solidarischer Geist, Hingabe, Aufrichtigkeit, Klarheit. Nur viermal wird von diesem „Tugend-Schema" abgewichen: Als wichtig erachtet werden danach Kenntnis des Presserechts, Sprachenkenntnisse, „Nähe zu den journalistischen Themen" und „wissen, wie man die Meinungen von Kollegen ‚ausspioniert'".

Deutlicher werden die Trends in der nächsten Darstellung.

Abb. 58: Handwerkszeug wichtiger als Theorie

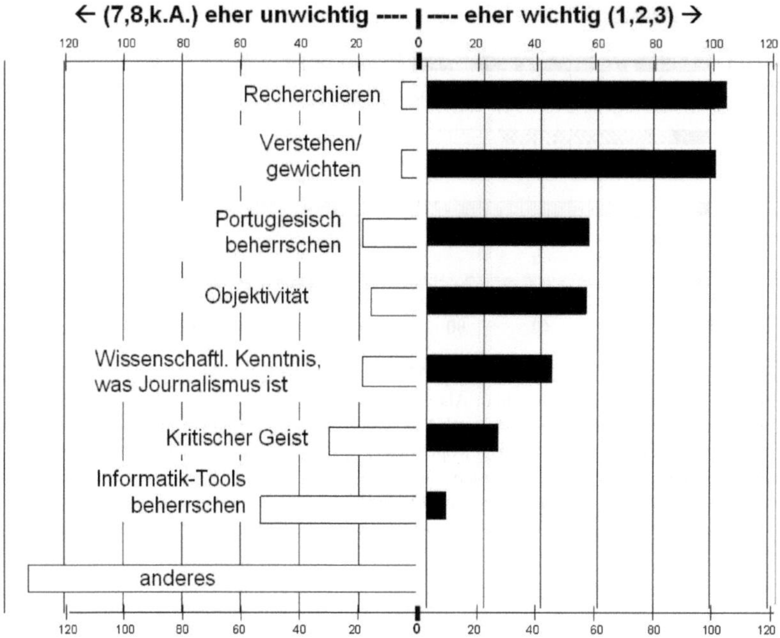

Abb. 58 stellt die Ergebnisse von S4.1 anders dar als die vorige Abbildung. Hier werden die Werte in zwei Gruppen zusammengefasst, um Trends besser erkennen zu können: Die Ranking-Bewertungen 1-3 sind als eher bedeutend zusammengefasst und dargestellt durch schwarze Balken, 7, 8 und „keine Angabe" werden als weniger bedeutend zusammengefasst und durch weiße Balken dargestellt. Es wird deutlich, dass „Recherchieren" als noch bedeutender als „Verstehen/gewichten" eingeschätzt wird. Klassisches journalistisches Handwerkszeug liegt deutlich vor eher abstrakt-theoretischem, akademischem Wissen und Kritikfähigkeit.

Abb. 59: Analysieren und mit Menschen umgehen sollte man können

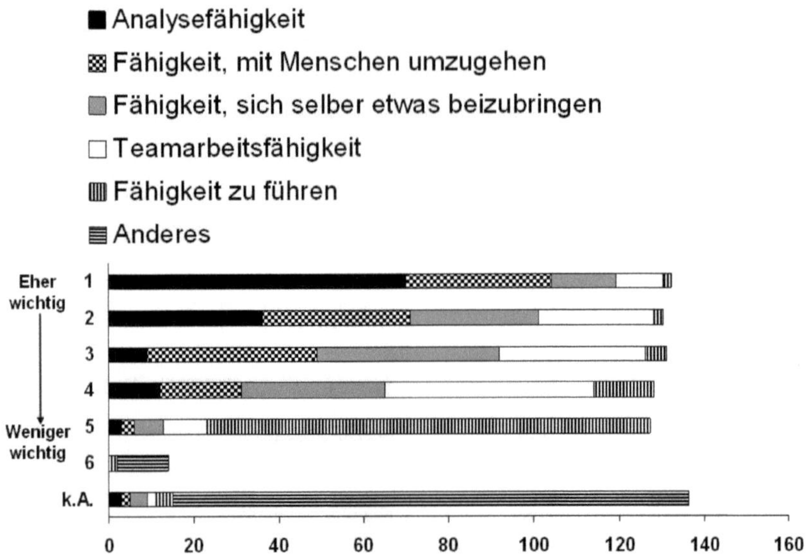

Abb. 59: Frage S4.2:[277] Analysefähigkeit gilt in Mosambik als bedeutende Eigenschaft, genau wie die Fähigkeit, mit Menschen umzugehen. Als eher unwichtig gelten Führungskompetenzen. Unverblümte oder gar rüde Kritik ist in Mosambik sehr verpönt. In Übereinstimmung damit werden in der Rubrik „Andere" genannt: „Ausgewogenheit", das Akzeptieren von Kritik sowie die Fähigkeit, Kritik so zu „verpacken", dass man darüber berichten kann. Als wichtige Eigenschaften werden genannt: Spürsinn und journalistische Findigkeit, Initiative, Kreativität sowie die Bereitschaft, jederzeit mobil zu sein. Auch Präzision, intellektuelle Fähigkeiten und Geduld werden genannt.

[277] Siehe Erläuterung zu Abb. 57.

Abb. 60: Fähigkeit zu führen ist unwichtig

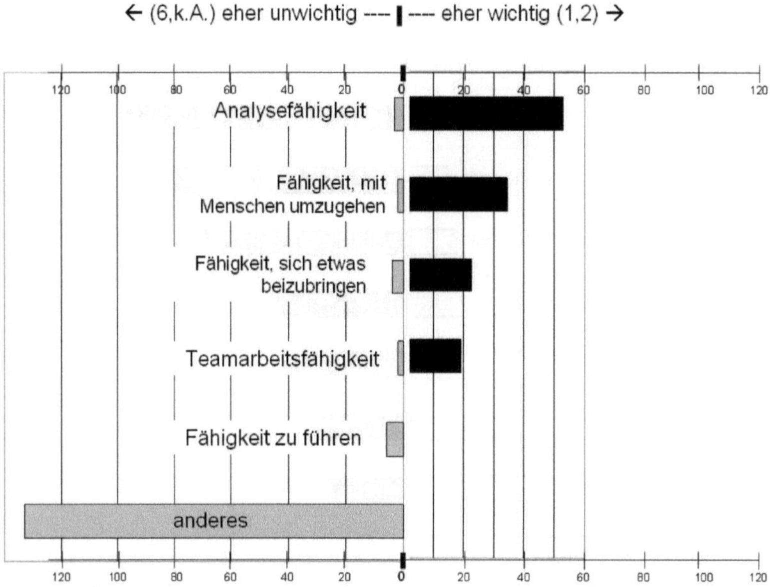

Abb 60: Die Ergebnisse aus Frage S4.2 werden hier geclustert in zwei Gruppen dargestellt. Die Ranking-Bewertungen 1-2 sind als eher bedeutend zusammengefasst (schwarze Balken), 6 und „keine Angabe" gelten als weniger bedeutend (graue Balken).[278]

[278] Die geringvariante Verteilung bei den grauen Balken erklärt sich aus der Entscheidung, bei den weniger wichtigen Eigenschaften 6 und keine Angabe einzubeziehen, nicht aber 5.

Abb. 61: Ehrlich währt der Journalist am längsten

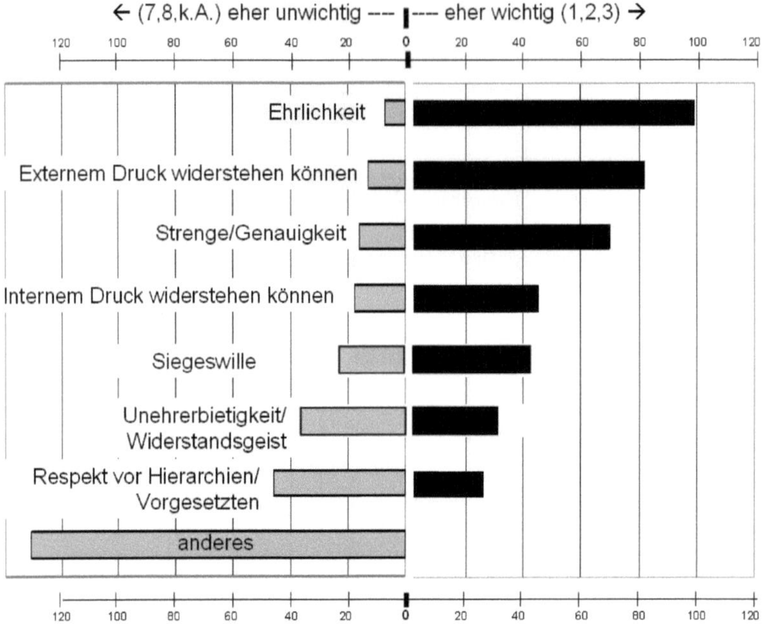

Abb. 61: In der Grafik sieht man in der geclusterten Darstellung die Eigenschaften, die nach Meinung der Befragten ein guter Journalist haben sollte (Frage S4.3). „Ehrlichkeit" wird insgesamt als am bedeutendsten angesehen. Auch „Externem Druck widerstehen können" wird insgesamt als wichtig angesehen sowie „Strenge/Genauigkeit". Eher im Mittelfeld der Bewertungen befinden sich die Fähigkeit, internem Druck zu widerstehen und Siegeswille. Weniger bedeutend sind nach Einschätzung der meisten Journalisten Widerstandsgeist, Respekt vor Hierarchien und „anderes". Die wenigen Angaben in dieser Rubrik umfassen vor allem „Unabhängigkeit" (3 Nennungen), Liberalität, die Fähigkeit, eigene Fehler zu erkennen (2 Nennungen). Auch Demut und sogar die Bereitschaft, für den Beruf zu sterben, werden genannt.

An dieser Stelle bietet sich ein frageübergreifender Vergleich der Antworten zu Eigenschaften und Fähigkeiten der Journalisten an.[279] Dazu werden die Rubriken „andere", die im vorigen Unterkapitel besprochen wurden, und „nicht beantwortet", die keinen Erkenntnisgewinn versprechen, von den Antwortoptionen abgezogen.

[279] Problematisch ist hier, dass bei den Fragen S4.1 und S4.3 sieben Antwortoptionen zum Vergleich standen, bei Frage S4.2 aber nur fünf. Daher muss in diesem Fall eine ausgleichende Maßnahme stattfinden: Vom Ranking bei S4.2 werden bei jeder Rubrik 2/7 der Stimmen abgezogen. Erst dann wird der Gesamtvergleich mit S4.1 und S4.3 begonnen.

Dann werden die jeweiligen Stimmen des ersten und zweiten Ranking-Platzes kumuliert und verglichen.

Kenntnisse und Fähigkeiten

Zunächst sollen diejenigen Bewertungen der Antwortoptionen miteinander verglichen werden, die das professionelle Handwerkszeug des Journalisten ansprechen.

Abb. 62: Recherche, Analyse und Verstehen wichtigste Handwerkszeuge

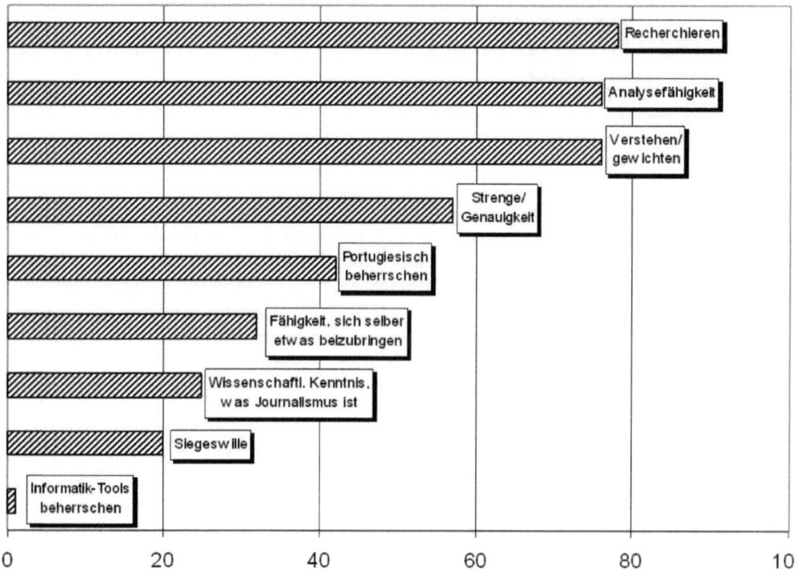

Abb. 62: Der kategoriale Vergleich der Antwortoptionen zum journalistischen Handwerkszeug aus Fragen S4.1 bis S4.3 zeigt deutlich, dass die klassischen journalistischen Tugenden sehr hochgeschätzt werden. Wissenschaftliche Kenntnis des Journalismus und Informatik-Kenntnisse gelten als unbedeutend, ebenso wie Wille zum Siegen.

Gesellschaftlich-politische Aspekte

Nun sollen solche Antwortoptionen miteinander verglichen werden, die Eigenschaften und Einstellungen des Journalisten betreffen, die ihn in einen gesellschaftlich-politischen Kontext stellen. [280]

[280] Die Antwortoptionen zu internem und externem Druck bezeichnen eine Haltung des Journalisten, die über das organisatorisch-professionelle Beziehungsgeflecht eines Mediums hinausgehen. Daher sind sie hier einsortiert und nicht bei den organisatorischen Aspekten.

Abb. 63: „Ehrlichkeit“ und „Externem Druck widerstehen können“ sind wichtig

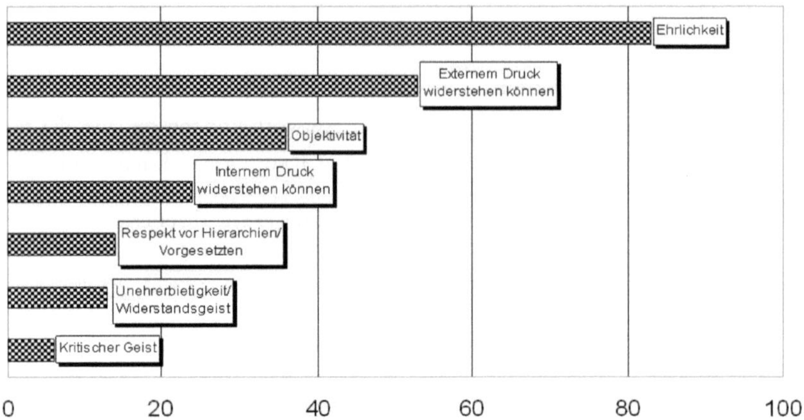

Abb. 63 zeigt gesellschaftlich-politisch relevante Antwortoptionen aus den Fragen S4.1-S4.3 im Vergleich. Im Mittelfeld liegen Aspekte, die die Haltung der Journalisten zu Einflussnahmen generell (Unehrerbietigkeit) bzw. aus den Medien selbst (interner Druck; Respekt vor Hierarchien) betreffen. Die Gabe, der Einflussnahme von außerhalb zu widerstehen, steht an zweiter Stelle. Daraus ist zu folgern, dass ein solcher Druck häufig existiert. Auch „Ehrlichkeit“ dürfte in dem korruptionsanfälligen Mosambik seine Spitzenposition eigenen schlechten Erfahrungen der Probanden verdanken.

Organisatorische Aspekte

Zuletzt sollen jene Antwortoptionen miteinander verglichen werden, die den Journalisten als Teil einer organisatorischen Einheit, als Individuum im sozialen Umfeld „Journalismus“ charakterisieren.

Abb. 64: Richtiger Umgang mit Menschen ist wichtig

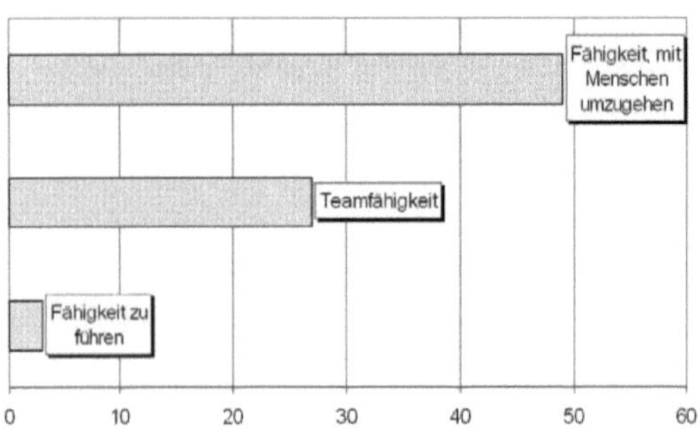

Abb. 64 zeigt, dass bei den meisten mosambikanischen Journalisten nicht das Führen wichtig ist, sondern der Umgang mit anderen Menschen und das Arbeiten im Team. Dies gilt übrigens auch für Leute, die selber Herausgeber oder Chefredakteur sind. Von den insgesamt 30 als Führungspersonen gezählten Personen der Umfrage haben 28, also fast alle, der „Fähigkeit zu führen“ nur Rang fünf oder vier eingeräumt.

Unterschiede öffentlich und privat

Im Folgenden soll die Frage geklärt werden, ob es in den privaten und öffentlichen Medien unterschiedliche Auffassungen über die Bedeutung der Eigenschaften von Journalisten gibt. Dieser Zusammenhang wird durch Korrelation der Frage S4.3 mit Frage S1.1.5 hergestellt: „Arbeiten Sie für ein (überwiegend) öffentlich-rechtlich oder privat organisiertes und finanziertes Medium?" Dies wurde allerdings nur bei Journalisten des 2. Durchgangs gefragt (S69 - S133). Von diesen 64 Befragten gaben 25 den öffentlichen und die Mehrzahl, nämlich die verbleibenden 39, den privaten Sektor an.[281] Die Eigenschaften werden der Übersichtlichkeit halber geclustert in 3 Gruppen präsentiert, also

- 1 bis 3 = eher bedeutend; 4-6 = Mittelfeld; 7, 8, k.A.=weniger bedeutend

Da deutlich mehr öffentliche als private Personen interviewt wurden, wird jeweils mit Prozentzahlen gearbeitet, um eine Verzerrung zu vermeiden.

Abb. 65: Externem Druck widerstehen

Externem Druck widerstehen (addierte %-Zahlen)		
	öffentliche Medien	private Medien
1-3 (wichtig)	48%	62%

Abb. 65 zeigt den Stellenwert der Fähigkeit, externem Druck widerstehen (S4.3 a). Damit sind politische, wirtschaftliche und sonstige Einflüsse gemeint, die außerhalb der Medien entstehen und für die Journalisten bemerkbar sind. Klassische Beispiele: Der Chefredakteur eines öffentlichen Mediums wird durch den Gouverneur bzw. einen lokalen Beamten oder Abgeordneten bedrängt oder der Chefredakteur eines privaten Mediums wird durch Werbekunden unter Druck gesetzt, die kritische Berichte nicht akzeptieren wollen. Es wird deutlich, dass es zwischen privaten und öffentlichen Medien kaum Unterschied in der Wahrnehmung von externem Druck gibt.

Abb. 66: Internem Druck widerstehen

Internem Druck widerstehen (addierte %-Zahlen)		
	Öffentliche Medien	**private Medien**
1-3 (wichtig)	44%	31%
4-6 (mittelmäßig wichtig)	36%	64%
7,8,k.A. (weniger wichtig)	20%	5%

Hier sind lediglich feine Unterschiede zu erkennen. In den öffentlichen Medien ist das Thema zwar mit fast der Hälfte der Stimmen im oberen Rankingdrittel, dafür ist es bei den privaten Medien durchgängig bedeutend, nur 1/20 der Befragten hält es für gänzlich unwichtig.

[281] Von diesen 39 wiederum gaben zwei an, ihr Medium gehöre einer Kooperative bzw. Assoziation, zwei einer NRO, zwei einer Community-Initiative, eine Person einer christlichen Institution, eine Person dem Journalistenverband. 16 der 27 erfassten Radiojournalisten gehören dem öffentlichen Sektor an, 11 davon dem privaten Sektor. Bei den neun Fernsehjournalisten hält sich etwa die Waage zwischen privat und öffentlich. Bei den 22 Zeitungsjournalisten ordnen sich, wenig überraschend, fast alle (18) dem privaten Sektor zu, bei den vier Zeitschriftenjournalisten sind es alle.

Abb. 67: Widerstandsgeist

Unehrerbietigkeit/Widerstandsgeist (addierte %-Zahlen)		
	öffentliche Medien	**private Medien**
1-3 (wichtig)	8%	36%
4-6 (mittelmäßig wichtig)	64%	49%
7,8,k.A. (weniger wichtig)	28%	15%

In Abb. 67 ist eine klare und wenig überraschende Tendenz zu erkennen, dass Widerstandsgeist und Unehrerbietigkeit zu den Tugenden eher der privaten Medien zählen, während dies bei den öffentlichen Medien als wenig oder mittelmäßig wichtig eingeschätzt wird.

Abb. 68: Stellenwert des Respekts vor Hierarchien/Vorgesetzten

Respekt vor Hierarchien/Vorgesetzten (addierte %-Zahlen)		
	öffentliche Medien	**private Medien**
1-3 (wichtig)	12	18
4-6 (mittelmäßig wichtig)	52	41
7,8,k.A. (weniger wichtig)	36	41

Abb. 68 zeigt, dass in beiden Medienarten dem Thema „Respekt vor Hierarchien" keine übermäßige Bedeutung zugemessen wird.

7.2.6 Defizite

In den Leitfadeninterviews wird deutlich, dass das selbst-organisierte Recherchieren und das Gewichten der Bedeutung einer Nachricht als größte Defizite mosambikanischer Journalisten gelten:

- "Eine der großen Herausforderungen ist, dass der Journalist sich informieren muss in jedem Aspekt innerhalb oder außerhalb, und er muss in der Lage sein, diese Informationstechnologien zu nutzen, um mit anderen Leuten zu interagieren" (L6, 22).
- „(…) Du musst in der Lage sein, beispielsweise wenn jemand sagt, da ist gerade ein Flugzeug abgestürzt, und in meinem Kopf habe ich 5 Leute, die ich anrufen kann deswegen, ein Reservoir von Leuten, die mir Informationen geben können, da fange ich nicht an, alle Ministerien anzurufen. Entscheiden, was wirklich notwendig ist. Also, eine ganze Menge Sachen, aber man muss entscheiden, der Wille, eine klare politische Willensäußerung der Regierung muss vorhanden sein, um den Schulen die entsprechenden Ausgangsbedingungen zu verschaffen" (L13, 15).

Die *UNESCO* hat 1999 untersucht, mit welchen journalistischen Qualifikationen ihrer Mitarbeiter die mosambikanischen Medienunternehmen unzufrieden sind. Dabei äußerten die meisten Unternehmen Probleme und Qualifizierungslücken in drei Bereichen: Dokumentations-Recherche, Spezialisierter Journalismus und Investigative Reportagen (UNESCO 2001d: 114). Interviews außerhalb der Redaktion und Reportage galten am unproblematischsten. Die Printmedien beklagen Kompetenzmangel im Bereich Werbung, Photolitographie, Typographie und *DTP* Design und Layout. Auch Photographie und Druck wurde als schwierig angesehen, vermutlich auch daher, weil viele Medienunternehmen bei Subunternehmern oder

Partner drucken und es dabei zu Reibungsverlusten kommt. Bei den Radios herrscht nach Untersuchung der *UNESCO* von 1999 deutlich mehr Zufriedenheit. Immerhin 30% der Rundfunkverantwortlichen bemängeln das Mikrofon-Einsprechen der Journalisten, kritisieren das Handling bei Tonaufnahmen und die Produktion von Jingles und Werbeeinspielungen.

7.2.7 Vorbilder

Carlos Cardoso ist seit seiner Ermordung im November 2000 eine integrative Figur als Journalistenvorbild geworden (vgl. Kapitel 5.1.4). Er steht für aufklärerischen, investigativen Journalismus, Märtyrertum für die gute Sache des Journalismus, und wird von vielen Journalisten als Vorbild genannt.

In den standardisierten Interviews wird in S5.1 nach den journalistischen Vorbildern gefragt. 105 Journalisten gaben an, ein Vorbild zu haben, davon nennen insgesamt 23, also mit Abstand am meisten, Carlos Cardoso. Von diesen 23 stammen acht aus dem Pressesektor, 12 sind Radiojournalisten, drei Fernsehjournalisten.

In den Leitfadeninterviews wird Carlos Cardoso insgesamt neunmal explizit genannt, als Vertreter eines zupackenden Journalismus (L2, 36), als jemand, der keine Journalistenschule besucht und trotzdem guten Journalismus gemacht hat (L3, 9), als guter, fairer, ethisch hoch stehender Journalist (L4, 9), als Begründer des investigativen Journalismus (L8, 4), als wichtiger Bezugspunkt für den mosambikanischen Journalismus (L9, 6), als risikofreudiger Gründer von *Savana* (L13, 14) oder allgemein als Vorbild (L6, 6; L7, 6; L11, 25; L14, 16). Sein Name ist stets verknüpft mit dem Begriff „investigativer Journalismus", der in den meisten Leitfadeninterviews vorkommt und fast durchweg positiv besetzt ist[282].

Als Vorbilder im Journalismus werden von Person 1 auf Provinzebene die Intellektuellen und auf nationaler Ebene die politischen Analysen genannt (L1, 35). Person 2 nennt den verstorbenen Direktor von *Rádio Moçambique*, Leite Vasconcelos, den ehemaligen *Tempo*-Direktor Albino Magaia, der nun im *Notícias*-Verwaltungsrat sitzt, den Schriftsteller und Journalisten Mia Couto, Mário Ferro, ehemaliger Redaktionschef der beiden großen Tageszeitungen, der nun eine Werbeagentur leitet

---

[282] Vermutlich aufgrund eines Missverstehens des Begriffes „investiver Journalismus" äußert sich Interviewpartner Nr. 4 in L4, 9 in dem Sinne, dass Carlos Cardoso auch ohne „investigativen" Journalismus ausgekommen sei. Im folgendern wird erläutert, was damit gemeint ist: „Ohne die Leute mehr als nötig anzugreifen, die Dinge zu zeigen, wie sie sind. Aber eine konstruktive Darstellung, keine destruktive."

sowie Emílio Manhique, (L2, 15), der ein Radio-Morgenmagazin gestaltet und auch für das Fernsehen arbeitet und auch von Person 7 genannt wird. Manhique wird auch bei den standardisierten Interviews (Frage 5.1) insgesamt fünfmal als vorbildhaft genannt, wenig überraschenderweise von vier Radio- und einem TV-Journalisten. Und Leite Vasconcelos wird bei den standardisierten Interviews von drei Journalisten zwischen 31 und 40 Jahren in allen Mediensparten (Radio, Fernsehen, Zeitung) verehrt.

Person 3 sieht als besonders einflussreich die Direktoren der Wochenzeitungen wie *Savana* und *Zambeze* (L3, 8). Auch öffentliche Medien werden genannt, deren Chefs einflussreich seien. Kritischer bewertet Person 9 den hohen Einfluss dieser Direktoren und Chefredakteure, denn sie seien nicht deshalb einflussreich, „weil sie eine tiefgehende Arbeit machen" (L9, 6). Salomão Moyana war Chefredakteur von *Savana* und danach von *Zambeze*, er wird von drei Personen genannt, als jemand, der risikofreudig seine Arbeit bei der Nachrichtenagentur *AIM* aufgegeben hat, um *Savana* mit zu gründen und im sonstigen Sinne als vorbildhaftes Beispiel (L7, 6; L8, 5; L14, 16). Person 14 zitiert Moyana aus einem Fernsehinterview, die beiden großen Probleme des Journalismus seien fehlende Ausbildung und mangelnde Orientierung an den älteren Journalisten (L14, 16). Auch bei den standardisierten Interviews wird Salomão Moyana von insgesamt 105 Antworten sechsmal genannt. Besonders verehrt wird er von den Zeitungsjournalisten, nur einmal wird er von einem Radiojournalisten genannt und einmal von einem Journalisten, der sowohl für Zeitung als auch Fernsehen tätig ist. Person 6 nennt Jorge Martine von der Zeitung *Domingo* und wiederum Albino Magaia (L6, 6). Fernando Lima wird zweimal als vorbildhaft genannt (L8, 5; L11, 25). Weiterhin genannt werden Bernardo Nvanga, der *TVM*-Journalist Simão Ponguane (L8, 5) sowie der Journalist und Dozent Machado da Graça (L11, 25). Person 12 sieht während der 90er Jahre eine große Abwanderungswelle der Journalisten in andere Berufe, und dies sei der Grund, dass man „keine Arbeitsvorbilder im Journalismus" mehr habe (L12, 21).

Bei den standardisierten Interviews (Frage S5.1) ist der nach Carlos Cardoso am häufigsten genannte vorbildhafte Journalist der Fernsehjournalist José Rodriguez von *RTP África* (9 Nennungen). Jeweils von drei Personen werden ein Kollege von Rodriguez, Carlos Fino, sowie der Journalist Leonel Matias von *Rádio Moçambique* und der TV-Journalist Simão Ponguane genannt. Ebenfalls dreimal ist der Name eines ausländischen Journalisten genannt.

Nicht alle Journalisten sind einem Medium zuordenbar. Diejenigen, die zuordenbar sind, wurden ausgezählt und nach Medien sortiert, wie in dem folgenden Tortendiagramm dargestellt.

Abb. 69: Das wichtigste Medium bietet wenige Vorbilder [283]

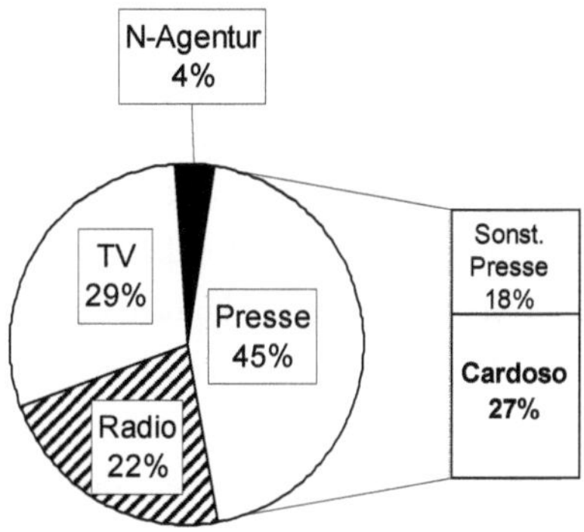

Abb. 69 zeigt die Bedeutung der Fernsehmedien für mosambikanische Journalisten (Frage S5.1). Zwar ist der Printbereich mit 38 Nennungen am häufigsten, diese Zahl relativiert sich aber, da 23 Nennungen davon auf Carlos Cardoso entfallen, der aufgrund seiner Bekanntheit nicht ausschließlich dem Pressebereich zugeordnet werden kann. Die 25 Nennungen im Fernsehbereich fallen auf dreizehn verschiedene Fernsehjournalisten, die meisten davon auf José Rodriguez, während außer Cardoso im Printbereich 10 Pressejournalisten angegeben werden, meist einmalig. Auffällig ist die geringe Zahl (11) der Radiojournalisten, die angegeben werden.

7.2.8 Der missverständliche Begriff „Investigativer Journalismus“

Immer wieder wird in den Leitfadeninterviews investigativer Journalismus, investigative Ausbildung und investigativer Geist gefordert. Abwechselnd ist „investigativ“ gleichbedeutend mit Recherche, mit politischer Berichterstattung, mit fairer und ethischer Berichterstattung (L5, 22; L10, 5 und 7; L12, 21). Person 8, der oppositionsnahe Journalistik-Dozent und PR-Spezialist Namburete, geht so weit zu sagen, die einzige Alternative zu investigativem sei denunziativer Journalismus (L8, 4). Danach prangert investigativer Journalismus Korruption an, befreit vom Kolonialismus, bekämpft Armut, festigt die Demokratie und spiegelt sich in der Kunst und Wissenschaft wider (L8, 4). Person 14 beklagt, dass manche Journalisten nicht wissen, was investigativer Journalismus ist, und deutet an, dass dieser mit Sensationsjournalismus verwechselt wird. Person 14 definiert investigativen Journalismus folgendermaßen:

> „ (…) Du fragst eine Mutter, wie sie sich die Finger abknabbern will, um etwas zu essen, und Du fragst einen Vater, wie viel Geld er verdient, wie er auf der Bank 22.000 Meticais[284] einzahlt, also mach einfach mal eine richtig interessante soziale Wirtschaftsdebatte. Und dann findet man auch raus, wie die Wirtschaftssituation immer schlechter wird, dann macht man wirklich einen investigativen Journalismus, also da macht es ‚Klick' "(L14, 17).

[283] Die Antworten sind unvollständig, da nicht alle der genannten Journalisten zuordenbar waren.
[284] weniger als 1 EUR

Trotz der oben dargelegten Stilisierung Carlos Cardosos zum Märtyrer und unfehlbaren Journalisten, distanzieren sich gerade Journalisten in öffentlichen Medien von einem Journalismus, der polemisch, verletzend, angreifend ist. Beispielsweise kritisiert Person 1 die so genannten unabhängigen Medien,

> „ich möchte aber wirklich gerne mal wissen, bis zu welchem Punkt die wirklich unabhängig sind, die sind unabhängig und sie sind beleidigend" (L1, 34).

Person 1 deutet an, dass diese Medien in ihren Polemiken Partikularinteressen vertreten, dass die Polemiken ihre Auflage steigern sollen, denn „die sind gut im Geschäft", und dass diese Polemiken in der Regel unwahr sind, da sich die unabhängigen Medien dauernd entschuldigen müssten, „aber die machen mit diesen betrügerischen Behauptungen weiter". Umgekehrt wehrt sie sich gegen den Vorwurf, nur weil man journalistisch vorsichtiger agiere, verteidige man die Interessen der Regierung. Die gleiche Person fordert, die Radioschule von *Rádio Moçambique* solle einen Kurs in investigativem Journalismus anbieten (L1, 9). Person 2 spricht in Zusammenhang mit Carlos Cardoso von einem Journalismus, der die Dinge „frontal anpackt" (L2, 36), allerdings auch von Aggressivität, einem aggressiven Journalismus. Als die Person direkt gefragt wird, ob sie diesen Journalismus positiv oder negativ bewertet, beteuert sie, dies sei positiv gemeint gewesen (L2, 37), dennoch bleibt zweifelhaft, ob dies wirklich so gemeint ist, zumal die Person als „Avantgarde dieser Aggressivität" Leute identifiziert, „die von draußen kommen, die einige Verbindungen haben" (L, 38), ganz offensichtlich also keine Mosambikaner.[285]

Weiteren Aufschluss über die Bedeutung des investigativen Journalismus gibt Frage S4.4. Zwar konnte bezüglich der Option „investigativer Journalismus" nur etwa die Hälfte der Fragen ausgewertet werden, nämlich der erste Durchgang 2003, dennoch wird die Auswertung grafisch hier dargestellt, zunächst als Tabelle, dann als Tortendiagramm mit Prozentzahlen.

[285] Carlos Cardoso war Weißer und mit einer Dänin verheiratet. Es ist zumindest fraglich, ob er – trotz seiner mosambikanischen Staatsbürgerschaft – von den Mosambikanern wirklich als einer der ihren gesehen wird oder nicht eher als ein weißer Europäer, der für Mosambik gekämpft hat, für den aber andere Gesetzmäßigkeiten gelten als für Afrikaner.

Abb. 70 und Abb. 71: Wichtiges Genre „investigativer Journalismus"

beste Option:	15
2.Platz:	15
3.Platz:	8
4.Platz:	23
letzter Platz:	5
keine Angabe:	3
N	69

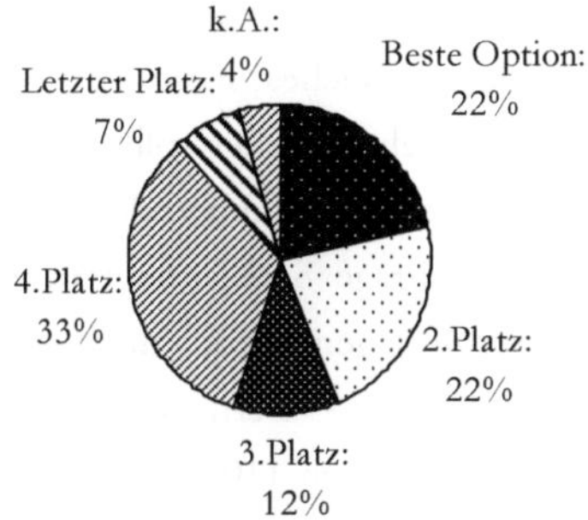

Ersichtlich ist links in Tabellenform (ganze Zahlen), rechts als Tortendiagramm (%-Zahlen), die Zahl der Personen, die die Option "Investigativer Journalismus" auf einer Skala von 1-5 (Ranking) einordnen als etwas, das Journalisten beherrschen sollten. Über die Hälfte (gepunktet) wählte diese Option als wichtigste, zweit- oder drittwichtigste Option. Die Option ist Teil der Beantwortung von Frage S4.4 bei einem Sample von N=69.

7.2.9 Bildung der befragten JournalistInnnen

„Es gibt in diesem Land den Mythos, dass Journalismus nur etwas für Leute ohne Studium ist."

Leitfadeninterview L10, 8

Schule

Abb. 72: Schulbildung der Befragten

Primarschule 1.-5. Klasse ----------- Ensino Primário 1° grau (EP1)	Primarschule 6. und 7. Klasse ----------- Ensino Primário – 2° grau (EP2)	Sekundarschule 8.-10. Klasse ----------- Ensino Secundário – 1° grau	Oberschule 11. und 12. Klasse ----------- Ensino Secundário 2° grau	Keine Antwort
0	2	13	100	18

Abb. 72 zeigt die Antworten auf Frage S1.2.1. Insgesamt 100 Befragte gaben an, den 2. Grad der Sekundarschule absolviert zu haben, also die 12. Klasse mit Abitur. 13 hatten nach eigenen Angaben die Schule bis zur 10. Klasse besucht, zwei hatten lediglich höhere Grundschulbildung. Keiner der Befragten gab an, nur Basis-Grundschulbildung zu haben. Auffällig ist, dass 18 Befragte nicht auf die Frage geantwortet haben.

Workshops/Praktika

Die meisten der Befragten (117 von 133) haben nach eigenen Angaben Praktika, Kurse von kurzer Dauer und Workshops (im Folgenden mit dem Begriff „Training" zusammengefasst) absolviert, nur 16 verneinen die Frage S1.2.2. Von denen, die an Trainings teilnahmen, antworten 64%, es seien mehr als drei gewesen, zwei Trainings haben 17% absolviert, 8% und 11% haben an einer bzw. drei Trainings teilgenommen (S1.2.3). Die Frage S1.2.4: „Wo haben Sie an diesem Training teilgenommen?“ mit der Möglichkeit „Mosambik“ oder „Ausland“ anzukreuzen und mit der Präzisierung „Wo genau?“ als offene Frage, forderte vom Interviewten eine Entscheidung, welches Praktikum, Workshop oder Kurzzeit-Kurs er angeben würde bzw. mehrere. Hier sollte ohne umständliches Erklären einfach dem Interviewten das seiner Meinung oder seinem Gefühl nach wichtigste Training entlockt werden. Die Frage S1.2.5. fragt nach Dauer und Institution des/der Trainings. Mehrfachnennungen wurden nicht explizit erbeten, aber auch nicht ausgeschlossen. 16 der insgesamt 133 Befragten haben an keinem Training teilgenommen. Von den 117 Restlichen haben 110 ein Training innerhalb Mosambiks gemacht, 28 im Ausland und einige – wie sich aus dem Zahlenverhältnis ergibt – sowohl als auch. 19 der Befragten haben die Journalistenschule in Maputo besucht. Neun davon haben Trainings von einem Jahr oder länger besucht, bei den restlichen reichen die Angaben von zwei Wochen bis sieben Monate. Dabei handelt es sich wahrscheinlich zum Teil um Abbrecher, zum Teil um solche, die Schulungen und Kurse von kurzer Dauer an der Journalistenschule hatten. In 18 Fällen wurden Fortbildungen und Kurse bei *Rádio Moçambique* besucht. Von diesen wurde in fünf Fällen Maputo mit angegeben, je einmal Nampula und Beira. Vier mal ist explizit die Radioschule von *Rádio Moçambique* hinzugefügt. Zwölf Leute haben Kurse von Radiosendern besucht, besonders häufig sind katholische Radios genannt: je zweimal *Radio Pax* (Beira) und *Radio Renascença* (Lissabon), je einmal *Radio Encontro* (Nampula), *Radio Maria* (Maputo) sowie das freikirchliche *Radio Miramar*. Jeweils zehn der Befragten haben einen Kurs bei einer *UN*-Organisation wie *UNESCO*, *UNICEF* etc. absolviert bzw. bei dem mosambikanischen Journalistenverband, jeweils acht bei dem *Instituto de Comunicação Social* bzw. dem Journalistenverband *MISA*. Zusammenfassend zeigt folgende Tabelle ein Ranking der genannten Teilnahmen an Kursen bei verschiedenen Institutionen:

Abb. 73: Spitzenreiter Journalistenschule

Institution/Medium	Genannte Teilnahmen
Journalistenschule Maputo	19
Rádio Moçambique (teilweise RM-Schule)	18
Diverse Radiosender	12
SNJ (Journalistenverband)	10
UN	10
ICS (mos. Institut)	8
MISA (int. Verband)	8
Nordic-SADC (int. Institut)	5
Televisão de Moçambique (Fernsehsender)	4
Notícias (Tageszeitung)	2
Mediacoop (Journalistenvereinigung)	1

Die Tabelle (Abb. 73) zeigt eine Auswahl der Institutionen, an denen die befragten Journalisten zwischen 1973 und 2004 an Trainings teilgenommen haben (Frage S1.2.5).

Ausland

28 Befragte haben Fortbildungen im Ausland absolviert, 50 Länder und Städte werden genannt:

Abb. 74: Viele europäische Journalisten-Fortbildungen

Länder, in denen journalistische Workshops/Kurzzeit-Kurse/Praktika gemacht wurden								
Portugal	Deutschland	Frankreich	Sonstige	Simbabwe	Brasilien	Südafrika	USA	Sonstige
6	4	3	3	6	2	5	2	4
Europa: 16				**Andere Kontinente: 19**				

Abb. 74 (Frage S1.2.5) verdeutlicht die Bedeutung europäischer Länder (16 Nennungen) sowie der Nachbarländer Simbabwe und Südafrika bei der Durchführung von Fortbildungen. Trotz der Sprachbarriere Englisch fanden insgesamt mehr Kurse im englischsprachigen Ausland statt als in den weit entfernten Portugal und Brasilien.

Das folgende Diagramm wurde erstellt, um zu ersehen, in welchen Jahren die Journalisten an besonders vielen Fortbildungen teilgenommen hatten.[286]

[286] Bei der Auswertung der angegebenen Zeitspannen (z.B. 2001-2003) wurde jede Jahreszahl (z.B. 2001, 2001 und 2003) einzeln mitgerechnet. Wenn die Zeitspanne die Zahl von 4 Jahren überschritt, wurde sie nicht berücksichtigt, da dies als unglaubwürdig eingeschätzt wird. Ebenso wurden vage Angaben wie „mehrere Jahre“ nicht einbezogen.

Abb. 75: „Peak“ 2001: 30 Jahre Fortbildungsteilnahmen

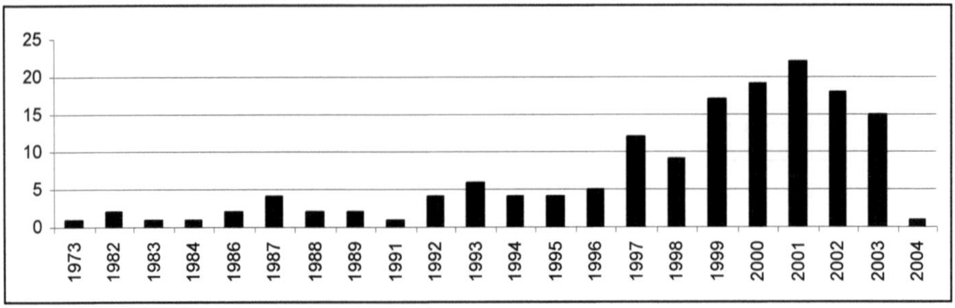

Abb. 75 (Diagramm) zeigt, in welchen Jahren die befragten Journalisten an Fortbildungen teilnahmen und zeigt die aufsummierten Teilnahmen pro Jahr (Frage S1.2.5). Die Darstellung zeigt für das Jahr 2001 eine Anzahl von 22 Fortbildungsteilnahmen, das ist der höchste Wert der Darstellung. Auch gibt es einen Sprung von 1996 (5 Kursteilnahmen) auf 1997 (12 Kursteilnahmen) und wiederum zwischen 1998 (9) und 1999 (17). Letzterer Sprung ist zu erklären mit der Durchführung der Parlamentswahlen im Oktober 1999, denn Wahlen führen stets, gerade bei internationalen Donors, zu einer verstärkten Mittelvergabe. Die 1997 durchgeführten Fortbildungen wurden unter anderem von der *UN*, *MISA*, *SABA-News* sowie einem amerikanischen Journalistenverband durchgeführt.

Dauer

Bei der Dauer der jeweiligen Fortbildung (Frage S1.2.5) konnten die interviewten Journalisten bei den Antwortvorgaben innerhalb einer Spanne von mehr als einem Jahr wählen. Im ersten Durchgang der Befragung 2003 (S1- S69) waren die Wahlmöglichkeiten der Zeitdauer des Workshops nicht differenziert genug, die Auswahl reichte von „weniger als 2 Wochen“, „3 Wochen bis 3 Monate“, „4-6 Monate“, „7 Monate bis ein Jahr“, „mehr als ein Jahr“. Im 2. Durchgang in 2004 (S70-S133) war die Auswahlmöglichkeit deutlich differenzierter. Um die Werte vergleichen zu können, wurden die differenzierteren Skalierungen des zweiten Durchgangs zunächst in die gröberen Skalierungen des ersten Durchgangs eingereiht. Dabei kam heraus, dass 33 Workshops zwei Wochen oder kürzer dauerten, 64 Workshops mit einer Dauer von drei Wochen bis drei Monaten durchgeführt wurden, lediglich zehn Workshops vier bis sechs Monate dauerten und elf Workshops sieben Monate bis ein Jahr. Mehr als ein Jahr dauerten elf Veranstaltungen, dies sind erwartungsgemäß in der Mehrzahl Kurse der Journalistenschule.

Zufriedenheit

Die Zufriedenheit mit den Workshops, Praktika und Kurzzeit-Kursen ist hoch. Bis auf eine Person (S131), bei der offenbar vergaß, die Frage anzukreuzen, haben alle 116 Personen, die zuvor angaben, ein oder mehrere Fortbildungen absolviert zu haben, ihrer Zufriedenheit Ausdruck verliehen. Einschränkend ist allerdings zu sagen, dass die Frage nur „Ja“ oder „Nein“ zuließ, differenziertere Meinungen wurden nur mit der Zusatzfrage S1.2.7 eingeholt: „Falls es nicht nützlich war, warum nicht?“ Es wäre an dieser Stelle ratsam gewesen, auch Begründungen für positive Fortbildungsergebnisse einzuholen bzw. kurze Fortbildungsbeschreibungen.

Immerhin haben dies vier der Interviewten unaufgefordert geleistet:

- “Dies war mein 1. Training. Es ging über Wahlberichterstattung und journalistische Techniken.“
  (S19, ein 20-25 Jahre alter Fernsehjournalist über einen *UNESCO*-Kurs von 2003)
- „Das Training ging um generelle Gesundheit in den PALOP-Ländern.“[287]
  (S82, eine 36-40 Jahre alte Redaktions-Chefin beim *ICS* über einen 1998 stattgefundenen Kurs bei der Journalistenschule)
- „Ich möchte unterstreichen, dass das, was ich im Workshop bekommen habe, meine Fähigkeit verbessert hat, einen Teil vom Ganzen kennenzulernen.“
  (S90, ein 31-35 Jahre alter Zeitungsjournalist, der nicht angibt, wo der Kurs stattfand)
- „Mein Englisch hat sich verbessert.“
  (S124, ein über 51 Jahre alter Radio-Abteilungsleiter über einen Kurs bei der Agentur *SABA-News*)

Hochschule

Nur 21 der 133 Befragten haben eine Höhere Ausbildung erfahren, 11 beantworten die entsprechende Frage (S1.2.8) nicht, was den Schluss nahe legt, die richtige Antwort wäre „Nein“.

Abb. 76: Hochschul-Ausbildung der Interviewten

Gesamt	Bacharelato	Licenciatura	Mestrado
21	13	7	1

In der Tabelle (Abb. 76) ist ersichtlich, dass über die Hälfte der an einer Hochschule ausgebildeten den Bacharel-Abschluss haben, in der Regel ein dreijähriges Studium, teilweise noch mit einem propädeutischen Jahr, sieben das Lizenziat (vier Jahre) und einer den Magister (6 Jahre). Alle 21 haben angegeben, in welchem Fach sie abgeschlossen haben: jeweils drei in Recht und internationalen Beziehungen, je zwei in Soziologie, Verwaltung, Kommunikationswissenschaften, Presse-Journalismus, der Rest in Pädagogik, Sprachen, Geschichte und Geisteswissenschaften.

[287] d.s. die portugiesischsprachigen afrikanischen Länder.

Von den 21 Personen mit einem höheren Diplom sind 4 Frauen, eine davon hat das Lizenziat. Betrachtet man das Alter der Personen mit einem Diplom, so hat nur eine Person mit über 46 Jahren ein solches (Lizenziat), dagegen drei Personen zwischen 20 und 25 Jahren verfügen nach eigenen Angaben über Bacharelat bzw. Lizenziat. Berechnet man den Altersdurchschnitt der Diplom-Inhaber, was man tun kann, indem man legitimerweise von den hier angegeben Alters-Klassenintervallen annimmt, dass sich die jeweiligen Messwerte in der Mitte des Intervalls konzentrieren (Benninghaus 1992 : 45), dann liegt das arithmetische Mittel bei 34 Jahren.
Nur sechs der 21 Diplom-Inhaber arbeiten in gehobener Position, was ein Indiz dafür sein kann, dass ein akademischer Abschluss nicht mit einer entsprechenden Beförderung einhergeht. Die Personen mit Diplom sind relativ gleichmäßig über die verschiedenen Medienarten (Radio, TV, Zeitung, Zeitschrift, Sonstiges) verteilt, etwas heraus sticht das Zeitungswesen mit sieben graduierten Personen, einer davon Direktor, einer Chefredakteur, der Rest Journalisten.
Der Inhaber des Magister (Mestrado) ist ein 36-40-jähriger Fernseh-Chefredakteur (S7) mit einem Team von 30 Leuten, für den Journalismus eine Berufung ist und der zufrieden mit seiner Stelle ist (Fragen S5.2 und S5.3). Lizenziat hat eine unter dreißigjährige Frau (S30), die eine Zeitschrift herausgibt, für die der Journalismus ebenfalls eine Berufung ist und die zufrieden ist. Eine weitere Person mit Lizenziat und Chefposition arbeitet beim privaten Fernsehen, ein 26-30-jähriger (S88), einer der wenigen, die unzufrieden mit seiner jetzigen Stelle ist, auch wenn die Gründe für die Unzufriedenheit nicht genannt werden. Direktor und Chefredakteur einer Zeitung sind zwei Bachereis im Alter zwischen 41 und 50 (S120, S121). Der Chefredakteur lässt offen, ob er im Beruf zufrieden ist oder nicht, er wählt die Sparte „Weiß nicht". Ein 41-45jähriger Herausgeber (S123) einer privaten Zeitschrift zählt ebenfalls zu den Graduierten, zufrieden ist auch er.

7.2.10 Vernetzung und Journalistenverband *SNJ*

Frage S1.2.4 der standardisierten Interviews fragt nach Organisationen, die Journalisten-Aus- und Fortbildung durchführen. Zehnmal wird dabei der Journalistenverband genannt, die meisten der genannten Fortbildungen fanden zwischen 2000 und 2003 statt.

Es wird in den meisten Leitfadeninterviews deutlich, dass der mosambikanische Journalistenverband in einer Krise steckt, auch wenn die Mitgliedschaft nach wie vor den Vorteil der juristischen Hilfe im Bedarfsfall habe. Die mangelnde Aktivität habe stark mit der Person des Vorsitzenden zu tun. Gleichzeitig werden oft die früheren Verdienste um Rechte der Journalisten, die Durchsetzung des Medienrechts und die Ausbildung der Journalisten vor allem aus dem öffentlichen Sektor hervorgehoben (vgl. auch Lima 2000: 144).

Person 1, immerhin Gründungsmitglied des Journalistenverbandes, bemängelt den Mangel an Koordination der Medien. Diese Koordination wurde nach Aussage der Person früher vom Journalistenverband geleistet, dieser sollte „mit ein bisschen mehr Schwung operieren, der im Augenblick einfach nicht sehr ausgeprägt ist" (L1, 22). Der Nutzen liegt nach Aussage von Person 1 in der anwaltlichen Vertretung und den Fortbildungskursen dazu (L1, 30). Persönlich hat die Person an einem

Treffen in Moskau mit dem dortigen Journalistenverband teilgenommen, vermutlich in der sozialistischen Ära Mosambiks vor 1992. Person 2 sieht sich vom Journalistenverband nicht sehr beeinflusst und nimmt auch kaum an den Veranstaltungen teil, aus „verschiedenen Gründen" (L2, 13), auch wenn sie Mitglied ist und von Fortbildungskursen weiß (L2, 12). Eher kritisch sind die Personen 5, 8, 9, 11 und 12. Person 5 bemerkt spöttisch, dass die die Journalisten sich treffen, „um ein Bierchen zu trinken" (L5, 12). Im gleichen Sinne äußert sich Person 11, die die „ziellosen" „Stammtischdebatten" des *SNJ* bemängelt, bei denen „kein einziges Dokument" verabschiedet wurde, die „keine Kraft beim Journalistenverband" spürt, die der „Frühlingsepoche" des *SNJ* und den früheren Debatten des Journalistenverbandes nachtrauert, und den Wunsch nach Neuwahlen für den Vorsitz äußert (L11, 19):

> „Aber was ich vom *SNJ* erwarte, ist, dass wirklich Arbeit in die Stärkung der Organisation investiert wird" (L11, 19).

Auch Person 12 würdigt die wichtige Arbeit des *SNJ* seit den 70er Jahren, aber heute sei der *SNJ* kein Ort der Debatte und des Austausches mehr, viel habe sich gerade in der jüngsten Zeit zum Schlechten geändert. Hier spricht sie mich sogar direkt an:

> „(…) das wissen Sie besser als ich, Sie sind hier seit drei Jahren und Sie müssen eigentlich den Unterschied gesehen haben" (L12, 21).

Person 8 konstatiert

> „eine ziemliche Frustration der Journalisten, denn Hilário Matusse, der den Verband sein langer Zeit leitet, scheint zu schlummern. Er hat keine Kreativität mehr für dieses Syndikat, und die Leute glauben nicht mehr an ihn. Wir haben einen Verband, aber die Leute sehen sich darin nicht vertreten" (L8, 21).

Person 9 betont zwar die Vorteile der anwaltlichen Vertretung, aber auch sie bemängelt, dass der Verband nicht funktioniert,

> „weil der Generalsekretär nicht funktioniert, der ist seit vielen Jahren im Amt und es wird nichts gemacht" (L9, 3).

Positiv hervorgehoben werden zum einen die anwaltliche Funktion, zum anderen die historischen Verdienste des *SNJ*, vor allem von Personen, die Teile der Geschichte miterlebt haben, wie Person 3:

> „(…) dieser Journalistenverband ist auch in den Provinzen vertreten, es gibt lokale Verbände auf Provinzebene, wo die Journalisten der Provinzen sich treffen, und diese lokalen Provinzverbände stehen in Zusammenarbeit mit dem nationalen Rat, der sich hier befindet, wo wir gerade sind" (L3, 1).
> (…) Früher hat der Verband sich beispielsweise darum gekümmert, Mittel für die Ausbildung seiner Mitglieder aufzutreiben. Ich erinnere mich, dass viele Journalisten bis in die

> 80er Jahre nicht mehr als die Mittlere Reife hatten, heute sind viele davon mit Lizenziat, weil der Verband das organisiert hat. Er hat mit dem Bildungsministerium verhandelt, damit die verstehen, dass hier eine nicht sehr spezialisierte Personengruppe nicht warten möchte, bis sie Geld hat und sich auf einer Schule einschreiben kann. Also hat man einen Kurs mit den Leuten organisiert, die die 12. Klasse machen konnten um danach an die Universitäten zu gehen (…) “.

Person 3 betont die rechtliche Unterstützung, die durch den Verband geleistet wird, vor allem im Fall von Kollegen, die selber keinen Rechtsanwalt bezahlen können. Auch darf man für private Feiern Räumlichkeiten des *SNJ* zu günstigen Konditionen benutzen (L3, 2). Aber auch die Person 3, die die positiven Aspekte des *SNJ* betont, muss einräumen, dass sich „die Lage geändert“ hat (L3, 2) und dass es Journalisten gibt, die stärker den mosambikanischen Schriftstellerverband frequentieren bzw. nicht zum *SNJ* gehören.

Person 4 und 8 erwähnen – wenn auch unspezifisch – den *SNJ* als Institution (L4, 8), die Personen 13 und 14 äußern sich positiv. Person 13 betont die anwaltliche Vertretung, die der Verband leistet und die koordinierende Funktion:

> „Wenn die (Journalisten) irgendeine Arbeit machen wollen, ist es jedoch der Journalistenverband, der die kontrolliert und der eine Basis hat, und der auch wacht über deren Interessen hierzulande“ (L13, 10).

Person 14 von der *UNESCO* erwähnt gemeinsam gemachte Kurse und Evaluationen (L14, 25). Die Personen 6, 7 und 10 arbeiten im Bildungsbereich und äußern sich nicht zum SNJ.

Ansonsten wird deutlich, dass es kleinere Zirkel von Journalisten gibt, die aber selten den geographischen Tellerrand überschreiten oder sich auf Kollegen anderen Medien ausdehnt (L3, 1 und L4, 2). Person 9 beschreibt Animositäten zwischen Fernseh- und Pressejournalisten (L9, 1).

7.2.11 Generationenkonflikt

Die schon mehrfach angesprochene Unterscheidung in Bildung und Berufsauffassung der Generation, die beruflich in oder kurz nach dem Sozialismus berufssozialisiert wurde und den jüngeren Journalisten, wird von Person 14 in einem scheinbar inkonsistenten Kommentar auf den Punkt gebracht:

> „Einmal kam Salomão Moyana in einer Live-Fernsehdiskussion und er sagte, dass der Journalismus in Mosambik deshalb so am Boden liegt, weil die Mitglieder keine adäquate Ausbildung haben und sich nicht nach den Älteren orientieren.
>
> Das Problem ist, wir haben keinen Platz, aber unsere Gesellschaft ist jung und viele drängen nach. Cardoso war einer der guten Menschen in Mosambik, er hatte eine ganz spezifische Rolle und er hatte Informationskanäle, weil die Journalisten ohne Information nicht existieren können. Ein besserer Journalist zu sein ist eine relative Größe, die, die sich in Nampula oder Beira verstecken, das ist ein geschlossenes Feld.
>
> Also, das hört nicht auf, die Leute machen Vereine und schotten sich ab und denken, sie sind die Chefs des Journalismus und wir anderen, wir jungen, wir machen nicht den nötigen Lärm, das nötige Aufsehen" (L14, 16).

Dieses Zitat ist aussagekräftig. Für die respektvolle mosambikanische Rhetorik typisch wird ein kritischer Inhalt mit einem wohlwollenden Kommentar eingeleitet, die Person zitiert mit Moyana einen der renommiertesten und prominentesten Journalisten Mosambiks. Auch Cardoso wird als Kronzeuge dafür aufgerufen, dass so etwas Anrüchiges wie Informationskanäle im Journalismus Berechtigung haben. Der Verweis auf Journalisten, die sich „verstecken" ist als Kritik an dem mangelnden Austausch der Journalisten aufzufassen. Erst im letzten Absatz kommt die Person zum eigentlichen Punkt. Die Trennlinie im Generationenkonflikt des mosambikanischen Journalismus verläuft zwischen älteren Chefredakteuren und jüngeren, aber kompetenten Journalisten.

7.2.12 Forschungsergebnisse 2. Teil: Mosambikanische Journalisten

d) Welche Berufsauffassung haben mosambikanische Journalisten und wie verstehen sie ihre Rolle?

Mosambikanische Journalisten arbeiten für ein geringes Gehalt sehr viel, teilweise in mehreren Jobs gleichzeitig. Der europäische Trend, wonach Journalisten ihr Medium und sich selbst stärker vermarkten und Inhalte der Medien weniger produzieren als eher organisieren (Layout, Redaktions-Agenda, Werbung) ist in Mosambik nicht spürbar. Klassisches Artikelschreiben, Redigieren und interviewen sind das tägliche Brot der Journalisten. Die Themen sind vor allem Politik und Soziales, Journalisten verstehen sich als nicht-spezialisierte Generalisten, starke Querbezüge zwischen Medienarten, wie sie in Europa bei freien Journalisten gang und gäbe sind, sind nicht feststellbar. Wer beim Radio arbeitet, arbeitet in der Regel nicht gleichzeitig beim Fernsehen oder einer Zeitung. Bei den Eigenschaften und Fähigkeiten, die als wichtig erachtet werden, gelten klassische journalistische Tugenden wie inhaltliches Gewichten und Recherchieren wichtiger als Kenntnisse, die sich auf die Handhabung neuer Informationsmedien beziehen. Auch Portugiesisch wird als wichtig erachtet. Kritischer Geist dagegen ist nicht so wichtig. Führungskompetenzen gelten als weniger wichtig als die Fähigkeit, mit Menschen umzugehen und die Gabe, zu analysieren. Demut und solidarischer Geist werden als wünschenswerte Eigenschaften genannt. Ehrlichkeit gilt als sehr wichtige Eigenschaft der Journalisten, vermutlich aufgrund der dauernden Korrumpierungsversuchung, der sie ausgesetzt sind. Widerstand gegen externen Druck halten mosambikanische Journalisten für wichtiger als gegen internen Druck des Mediums.

Als größtes Defizit gilt selbständige Recherche. Die Vorbilder, die Journalisten haben, kommen in erstaunlich hohem Maß aus dem Fernsehbereich. Als „Märtyrer der Journalisten“ hat Carlos Cardoso eine Sonderrolle. In scheinbarem Widerspruch zu seiner Verehrung schrecken Mosambikaner sehr vor Einmischung und offener Kritik zurück. Wichtig sind der gute Ton und die sehr vorsichtige Behandlung aller Themen, die öffentliche Personen diskreditieren könnten.

Die aufgestellte Hypothese, die ältere Journalisten-Generation verstände ihren Beruf als politische Mission, wohingegen für Jüngere dieser Aspekt weniger wichtig sei, hat sich bestätigt. Die rein informatorischen, die unterhaltenden und die ökonomischen Aspekte der Medien sind in der Berufsauffassung der älteren Journalisten nicht sehr präsent. An den Universitäten dagegen haben vor allem solche Programme Zulauf, die weniger den puren Journalismus lehren sondern eher im Bereich PR, Werbung und Marketing Angebote machen.

Abb. 77: Journalistentypisierung nach Wyss (Mosambik)

Journalismus-Konzeption	**Rollenbild**	**Eigenschaft**	**Typisches Medium in Mosambik**
1. Informations-Journalismus	Vermittler	Passiv	*Mozambique Inview*
2. Präzisions-Journalismus	Forscher	wissenschaftlich	- kaum vorhanden -
3. Interpretativer Journalismus	Analytiker	aufklärerisch	Ansatz des ehemaligen *Metical*
4. Literarischer Journalismus	Stilist	sprachbewusst	Vereinzelte Programme von *Rádio Moçambique*
5. Anwaltschaftlicher Journalismus	Anwalt	engagiert	Sehr verbreitet; gilt für die meisten Printmedien
6. Investigativer Journalismus	Kontrolleur	Aktiv	NRO-Schriften, *UN*-Schriften, Menschenrechtsliga; *Ética*-Newsletter
7. Sensations-Journalismus	Unterhalter	zuspitzend	*Fim de Semana*; einige Programme von *Televisão de Moçambique*
8. Marketing-Journalismus	Dienstleister	kundenorientiert	Kommerzielles bzw. sektennahes Radio (*FM 99,3 MHz*; *Miramar*)
9. Public Journalism	Dialog-Organisator	lösungsorientiert	Ziel der Rádios Comunitárias (*UN*)

Abb. 77 zeigt einen modifizierten Vorschlag von Wyss zur Typisierung der Journalisten. Viele Mosambikaner fühlen sich dem Typ 5 zugehörig. Die jüngere Generation tendiert eher zu Typ 8 und 1. Typ 2 und Typ 9 sind kaum vertreten, zu Typ 4 zählen die Journalisten, die sich der feuilletonistischen Spielart des portugiesischen Journalismus verbunden fühlen, eher die älteren Journalisten. Der ermordete Carlos Cardoso, Vorbild vieler Journalisten, kann als Mischung aus Typ 3 und Typ 5 gelten. Sein anwaltschaftliches Engagement überwog oft das investigative Element seines Wirkens. Typ 7 ist in Form des „*BILD*-Zwillings“ *Fim de Semana* vertreten.

e) Welche Ausbildungshintergründe haben aktuell mosambikanische Journalisten?

Ein kleiner Teil der Befragten verfügt über Hochschulbildung, die meisten haben das Gymnasium besucht. Die meisten haben an Workshops und Kurzzeitkursen teilgenommen, wenige davon im Ausland, trotz der Sprachbarriere oft in englischsprachigen Nachbarländern. Die Zufriedenheit mit den Kursen ist hoch, was auch mit mangelnden Alternativen zu tun haben könnte. Die aufgestellte Hypothese, die derzeit im mosambikanischen Medien-Sektor arbeitenden Mosambikaner seien zum überwiegenden Teil nicht theoretisch auf ihre Tätigkeit vorbereitet worden, hat sich damit bestätigt. Auch in Führungspositionen haben Mosambikaner oft nur einfache Schulbildung. Dies führt zu einem Generationenkonflikt in den Redaktionen und zu einer gewissen beharrenden Haltung gerade in den administrativ schwerfälligeren öffentlichen Medien, denn auch der 2. Teil der These, der von einer besseren Bildung der Jüngeren ausging, hat sich bestätigt.

f) Welche Formen der Vernetzung existieren und wie funktionieren diese?

Die aufgestellte Hypothese, mosambikanische Journalisten seien über lokale bzw. innerbetriebliche Kontakte hinaus nicht sehr stark untereinander vernetzt, und die einzige Gewerkschaft habe als Netzwerk und Impulsgeber praktisch keine Bedeutung, wurde bestätigt. Die jetzige Krise des Verbandes wird deutlich, ebenso wie seine historischen Verdienste. Die Hoffnung, dass der *SNJ* seine alte Bedeutung wiedererlangen könnte, scheint ungebrochen. Private Kontakte zwischen Journalisten sind sehr eingeschränkt. Überregionale Begegnungen sind praktisch nur in international organisierten Workshops und durch Netzwerkbildung möglich.

7.3 Die Aus- und Fortbildung der Journalisten

„We need to begin with basics. Some of our journalists don't even know how to write a sentence."
Prof. Possi, Tanzania School of Journalism (Morna/Khan 2001: 39)

Quellenlage zur Journalisten-Aus- und Fortbildung

Im Dezember 2000 veröffentlichte der südafrikanische Dozent Matt Mogekwu zusammen mit Eduardo Namburete das „Review of Journalism and Communication Education and Tranining in Mozambique", das erstmalig einen umfangreichen Überblick (ca. 250 Seiten) über Möglichkeiten der Aus- und Fortbildung im Medienbereich in Mosambik gibt. Es erschien in der journalistischen Buchreihe der *UNESCO* und entstand auf Basis von Interviews mit Medienunternehmern und Journalisten, Besuchen in Bildungsinstitutionen und der Analyse von Lehrplänen, Curricula und Kursbeschreibungen (UNESCO 2000: 13f.). Es enthält im Anhang Zusammenfassungen der verschiedenen Kurse.

2001 erschien im Verlag des Netherlands *Institute for Southern Africa* und mit Unterstützung zahlreicher NROn (u.a. *MISA*) das Buch „Media Training Needs Assessment for Southern Africa" von Colleen Lowe Morna und Zohra Khan. Sie verschickten 60 Fragebögen an journalistenausbildende Institutionen in 13 Länder des südlichen Afrika und interviewten darin sowie teilweise telefonisch und persönlich Trainer, Dozenten und weitere Verantwortliche. In die gleichen Länder versandten sie Fragebögen an 98 Radio- und Fernsehsender sowie Zeitungen, die Angebote von Bildungsinstitutionen wahrnehmen. Zusätzlich führten sie 33 Intensivinterviews mit Vertretern beider Gruppen.

Im November 2001 veröffentlichten Eduardo Namburete und Tomás Vieira Mário in der Buchreihe des *UNESCO/UNDP*-Medienprojektes Mosambik den Schlussbericht des Seminars „*Education and Training in Journalism and Communication in Mozambique*", das in Maputo im Mai 2001 stattgefunden hatte. Untersuchungsgegenstand waren vor allem drei Institutionen: die mosambikanische Journalistenschule, die Fachhochschule *ISPU* und die Katholische Universität *UCM* in Nampula. Der Bericht spiegelt in 4 Sichtweisen, untergliedert in Panels, die folgenden Themenbereiche:

1. Bedürfnisse der Medienunternehmen im Spiegel der tatsächlich vorhandenen Angebote,
2. eine kritische Analyse aus akademischer Sicht,
3. eine regionale Betrachtung der Perspektiven des Journalismus im Südlichen Afrika sowie
4. Möglichkeiten eines so genannten „Dritten Weges" der Journalistenausbildung.

In der 1. Arbeitsgruppe waren mosambikanische Journalisten von Radio, Fernsehen und Presse, in der 2. Vertreter der Mondlane-Universität *UEM*, des Journalistenverbandes und des Instituts für Massenkommunikation *ICS*, in der 3. vornehmlich ausländische Berater und in der 4. zwei Journalisten und ein Dozent der Katholischen Universität *UCM*. Abgedruckt sind sowohl die Empfehlungen der Arbeitsgruppen als auch die Impulsvorträge. Im 2. Teil des Heftes beschreibt Ruth Teer-Tomaselli (Universität Natal) die Schwierigkeiten, die sich bei Umfragen und Erhebungen über Medientraining in einer Zeit des politischen und wirtschaftlichen Umbruchs ergeben.

Im Dezember 2002 wurde ein im Auftrag der *UNESCO* durch eine 12-köpfige Beratergruppe erstelltes 30-seitiges englischsprachiges Dokument (UNESCO/School of Journalism 2002) vorgelegt, das die Umwandlung der mosambikanischen Journalistenschule in ein polytechnisches Institut vorsieht. Es wurde erstellt durch vier Personen aus der Journalistenschule selbst, nämlich dem Direktor Américo Xavier, dem pädagogischen Direktor Feliciano Mucavo, dem Finanzdirektor Guilherme Banze und dem Dozenten Tomas Jane. Dazu kamen ein Dozent und Forscher der Mondlane-Universität, Alexandrino Jose, der Vertreter des *Gabinete da Informação*, Ricardo Malate, der *UNESCO*-Vertreter Tomas Vieira Mario, die *TVM*-Fernsehjournalistin Silvina Richard, der Zeitungsjournalist von *Diário*, Alexandre Chiure, der Journalist und Leiter der Radioschule von *Rádio Moçambique*, João Matola und der Berater Mouzinho Mário.

Kategorisierung der Bildungsinstitutionen

Im Folgenden werden Institutionen beschrieben, die in Mosambik Journalisten und Kommunikationsexperten aus- und weiterbilden. Zunächst wird dargestellt, welche Sekundärliteratur zu dem Thema vorliegt, auf welche mosambikanischen und sonstigen schriftlichen und anderen Quellen zurückgegriffen werden kann. Im nächsten Schritt werden die Aus- und Fortbildungsinstitutionen und -angebote beschrieben, ausgehend von Selbstdarstellungen der Institutionen, der mosambikanischen 2003-Studie (Mário) und Aussagen aus den Interviews. Herausgearbeitet wird das grundsätzliche Verständnis des Journalismus, der Ausbildung und der Ziele von Ausbildung. Die Gliederung soll durch das folgende Schema deutlich werden.

Abb. 78: Staatliche und nicht-staatliche Bildung im Medienbereich

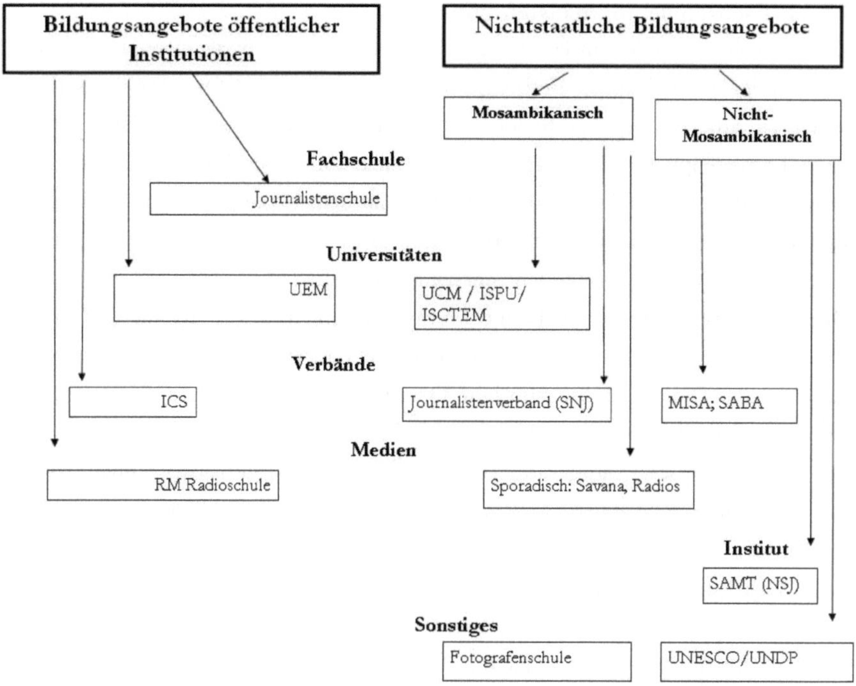

Abb. 78: Dem Schema liegt eine grundsätzliche Unterteilung in öffentliche und nicht-öffentliche Angebote zu Grunde. Bis auf die *UCM* befinden sich alle Institutionen in der Hauptstadt Maputo.

7.3.1 Bildungsangebote öffentlicher Institutionen[288]

7.3.1.1 Fachschule: Journalistenschule[289]

Die Journalistenschule wurde 1980 gegründet (MISA 04/05: 42). Sie gibt für ihre drei Zweige Journalismus, Werbung und Propaganda sowie Öffentlichkeitsarbeit jeweils ein Studienprogramm heraus, in dem die Unterrichtsziele und -charakteristika und Stundenpläne aufgeführt sind. Die Kurse können nach der 10. Schulklasse belegt werden, dauern 3 Jahre und schließen mit dem Diplom ab. Zum Interviewzeitraum mit dem Direktor (5.8.2004) waren in Journalistik 81, in Öffentlichkeitsarbeit 49 und Werbung 38 StudentInnen eingeschrieben.[290]

Der pädagogische Direktor Feliciano Mucavo hat im April 1999 für die *UNESCO* eine Aufstellung der Absolventen zwischen 1989 und 1999 vorgelegt. Bis 1994 bekam man das Diplom nach einem Jahr Training, eine Art Abschluss des 10. Schuljahres, seitdem sind drei Jahre Training Pflicht bis zur Erlangung des Diploms. In den zehn Jahren waren insgesamt 184 Personen auf der Journalistenschule, davon haben 107 die Schule abgeschlossen, davon 19 Frauen und 88 Männer. (UNESCO 2001d: 107).

Die Journalistenschule liegt in Fußnähe zu *Rádio Moçambique* und der Agentur *LUSA* und *AIM* und nicht weit von *Televisão de Moçambique* und der Redaktion von *Notícias*. Dort findet das Interview mit dem pädagogischen Direktor Mucavo statt. Die Bibliothek ist ein Raum von etwa 5 mal 10 Metern mit zwei Arbeitstischen. Es

---

[288] Zur begrifflichen Unterscheidung von Universität und Höherer Ausbildung, also Fachhochschule, sind die Fallstudie von Mário u.a. (2003) und die Untersuchung von Fröhlich/Holtz-Bacha (1997) hilfreich. Letztere unterscheiden bei ihrer Beschreibung des Journalistenausbildungssystems in Portugal die universitäre Ausbildung für Kommunikationswissenschaft und Journalistik an den Departamentos de Comunicação, zwei in Lissabon, eines an der Universität *De Minho* in Braga, von der Ausbildung an den vier nicht-akademischen Einrichtungen, zwei davon an einer Escola Superior. Dagegen bezeichnet das internationale Forscherteam Mário/Fry/Levey/Chilundo die für diese Arbeit relevanten mosambikanischen Institutionen abwechselnd ohne Unterscheidung als "Higher Education Institutions" („HEI") und „Universities" und im Verlauf des Textes nur noch als „HEIs". Dieser Etikettierung wurde in dieser Arbeit mit dem Begriff „Hochschulen" gefolgt, diejenigen Institutionen, die das Wort „Universidade" im Namen führen, wurden als „Universität" übersetzt.
Übrigens benutzten auch die Interviewten (L1-15) die Begriffe „Universidade" und „Ensino Superior" (Höhere Bildung) synonym.

[289] Die Kunstschule *Escola Nacional de Artes visuais* bietet Kurse in Keramik, Grafik, Textilien und pädagogische Kunstkurse an. Sie wird von Werbe-Spezialisten empfohlen (z.B. *Pangolim*-Mitarbeiter Miguel Rego, Gespräch 21.7.04). Dennoch wird sie nicht zu den journalistenausbildenden Institutionen gezählt, zumal sie weder in den Leitfadeninterviews noch in den standardisierten Interviews je erwähnt wird.

[290] Mündliche Angabe des Direktors Feliciano Mucavo 2004.

gibt drei Regale mit je acht Regalbrettern, darin befinden sich vorwiegend veraltete Bücher. Fast alle Bücher sind auf Portugiesisch, die meisten stammen aus den 80er oder 90er Jahren. Es gibt 5 regelmäßig gehaltene Zeitungen und Zeitschriften, die zu etwa 15 Exemplaren in der Bibliothek einsehbar sind. Einige *UNESCO*-Manuale sind vorrätig. Aktuelle Lexika, Medienstandardwerke etc. fehlen. Das Gebäude ist alt und wirkt baufällig, die Unterrichtsräume sind klein und mit Schulbänken und Kreidetafeln ausgestattet. Es gibt keine Studios, Bandaufnahmegeräte, Fernseher, Video, Beamer oder dergleichen. Nur im Direktionsbüro befindet sich ein Fernseher mit Videoapparat. Zum Kopieren nimmt man die Dienste eines älteren Mannes in Anspruch, der weder routiniert noch motiviert die Kopierarbeit verrichtet. Eine Broschüre über die Schule wird vom Direktor in Aussicht gestellt, jedoch nicht ausgehändigt.

Feliciano Mucavo wünscht sich ein Radiolabor, Fernsehen und gedruckten Zeitungen, ein Labor für Werbung und für die anderen Künste, ein Amphitheater, mindestens 2 oder 3 Räume für Konferenzen, einen großen Saal sowie für die Studenten gepflegte Orte der Ruhe (L6, 16). Er bemängelt fehlende Ausstattung und verschleppte Gehälterzahlungen für die Dozenten:

> „Die Journalistenschule (…) ist eine Schule, die ein wenig im Mittelfeld ist, aber eben vor allem um viel theoretisch auszubilden. Wir haben nicht die Mittel, es gibt kaum Bücher, obwohl wir im Moment sogar besser dastehen, wir waren schon in der Situation, gar nichts zu haben und im Augenblick sind wir qualitativ besser, was unsere Bücher angeht und auch was die Aktualität der Bücher angeht. Der Schwachpunkt sind Labore etc., ein anderer schwacher Punkt ist die Aktualität unserer Kurse. Augenblicklich sind wir ein bisschen veraltet und wir müssen jetzt eine Revision der Curricula machen und sehen, ob wir es schaffen, das Niveau der anderen wieder zu erreichen“ (L6, 9).

Mucavo wünscht sich für seine eigene Institution stärkeren praktischen Input sowie das schulinterne Produzieren von Zeitungen, Zeitschriften und Broschüren zu Trainingszwecken, die an den Sekundarschulen verteilt werden sollen (L6, 10). Für besonders wichtig hält er die die Sozialwissenschaften, „weil der Journalist ohne diese Kenntnisbasis der Sozialwissenschaften nicht viel wert ist“ (L6, 18). Mucavo sagt, dass der Plan zur Umwandlung der Journalistenschule dem Ministerium für höhere Bildung, Wissenschaft und Technik überreicht wurde und dass man jetzt von Seiten der Schule auf Verbesserungen bzw. Annahme des Projektplans wartet (L6, 10). Welcher Plan letztlich eingereicht wurde, ob das Ministerium tatsächlich daran arbeitet – immerhin vermittelt der Ministeriumsvertreter Chilundo (s.u.) in unmittelbarer zeitlicher Nähe zu dem Interview mit Mucavo nicht den Eindruck, das Projekt sei aktuell in einer Begutachtungsphase – bleibt im Dunkeln. Immerhin sagt Mucavo, man habe außerhalb des Gebäudes der Journalistenschule bereits einen Bauplatz, an dem das neue Journalisteninstitut errichtet werden soll. Offenbar ist eine Zweiteilung geplant: Zusätzlich zu der Journalistenschule soll eine Art universitäres Institut eingerichtet werden (L6, 11).

Er beschreibt die Auswahl und Zulassung der Schüler in den Provinzen Mosambiks.

> „Die Schüler machen einen Test, um die Qualität und die Minimalkenntnisse abzufragen. (...) Im Monat Dezember schicken wir eine Information per Zeitung, Radio mit einer großen Landesreichweite, das funktioniert gut. Wir verteilen das pro Zonen, wo die Leute sich einschreiben können, die gerne Journalismus, Öffentlichkeitsarbeit, Werbung oder Marketing machen möchten, die können sich in einer nahe gelegenen Schule einschreiben. Wenn die Examenszeit kommt, gehen wir da hin und machen mit denen Examen" (L6, 15).

Die Fäden der Kandidatenauswahl laufen bei den Institutionen des Bildungsministeriums zusammen, die Journalistenschule versendet Briefe mit der Aufforderung um Bewerbung von Kandidaten nach Tete, Nampula, Zambezia und Sofala (L6, 13). Die Bewerber müssen aus den Distrikten in die Provinzhauptstädte kommen, um sich dem Zugangstest zu unterziehen. Mucavo möchte gerne jährlich Examen veranstalten, und strebt eine Verbesserung der Abdeckung der Provinzen Cabo Delgado, Zambezia und Tete an (L6, 12). Er sieht einen großen Bedarf an journalistenausbildenden Schulen im Norden und im Zentrum des Landes

> „weil die Journalistenschule zurzeit den Bedarf gar nicht decken kann, er ist sehr groß und es werden bessere Kommunikationsspezialisten gebraucht. Es gibt einen Bedarf nach mehr Schulen" (L6, 12).

Er betont, dass die Journalistenschule eine sehr niedrige Einschreibegebühr habe, allerdings habe das

> „(...) Nachteile, weil die Leute, die hier auf die Schule gehen, eben gleichzeitig die Schule nicht recht wertschätzen, weil es nicht finanziell weh tut" (L6, 17).

Gefragt nach einer möglichen Zusammenarbeit mit den Medien berichtet er, man habe einen Vertrag mit *Rádio Moçambique* in Vorbereitung, „der noch nicht fertig ist, aber es gibt von Seiten des Radios, wo wir das machen wollen, schon Zustimmung" (L6, 19). Angesprochen auf das Informationsamt *Gabinete da Informação* betont er den positiven Einfluss und die Nicht-Einmischung des *Gab Info* sowie die Neutralität der Schule, offenbar mit dem Hintergrund, dass die Schule in der sozialistischen Ära eine sozialistisch-kommunistische Prägung hatte:

> „Gab Info hat einen sehr positiven Einfluss in Bezug auf die Journalistenschule, es ist administrativ wichtig, Geld, einige Gesetze, aber die mischen sich absolut nicht ein. Wir

sind eine Schule, das ist es, was wir auch sein müssen, Leute ausbilden und uns nicht dafür interessieren, woher die kommen, es interessiert, dass wir Leute ausbilden und diese Leute können arbeiten und werden nachher arbeiten, wo sie wollen“ (L6, 27).

Mucavo ist – offenbar aus Gründen der Verwaltung und Organisation – gegen die Existenz eines Studentenwohnheims auf dem Campus, wie es im Augenblick der Fall ist, und fordert wieder mehr Praxisbezug:

> „(…) es wäre notwendig, dies zu trennen in einen anderen Ort und die Geschäftsführung dieses Ortes wäre dann ein bisschen mehr in der Lage, sich der Schule und ein wenig mehr den Inhalten zu widmen. Ich wünschte, dass die Stundeninhalte ein bisschen mehr um tatsächliche Professionalität kreisen würden und ein generelles notwendiges Wissen vermitteln würden, und dass es eine große Anzahl Stunden in der Produktion gäbe, in denen der Student ab einer gewissen Erfahrung hier rausgeht und nach draußen in den Job geht, und die Arbeit von draußen hier zu uns hereinkommt, weil der Student von früh an in den Kampf muss und mit der Realität und den realen Problemen konfrontiert werden muss“ (L6, 16).

Auch die anderen Interviewten äußern sich zur Journalistenschule:

Person 3 sieht die Journalistenschule als ideale (L3, 10) und wichtigste (L3, 9) Ausbildungsstätte für Journalisten. Als ehemaliger Dozent kennt er die historischen Details und bemängelt vor allem die Ausstattung der Schule sowie die schlechte Ausbildung der Dozenten selbst:

> „(…) danach war die Schule lange Zeit auf externe Hilfe der ehemaligen DDR angewiesen, diese Zusammenarbeit ist schlecht ausgegangen auf interner Ebene, die Schule wurde dann ihrem Schicksal überlassen. Was dabei herauskam, als ich da hinkam, 1999, da war ich der einzige Journalismusdozent, die anderen Professoren diskutierten auf Augenhöhe mit den Studenten auf der Basis von Zeitungslektüre (…)“ (L3, 9).

Der Vertreter des Ministeriums für höhere Bildung, Wissenschaft und Technik, Arlindo Chilundo, berichtet von den Umwandlungsplänen der Journalistenschule (L9, 16):

> „2001 wurde dem Ministerium durch die Journalistenschule ein Plan präsentiert, um die Möglichkeit der Umwandlung der Journalistenschule in eine Hochschul-Institution zu erörtern. Das wurde analysiert und von unserer Seite haben wir großes Interesse, dies zu unterstützen (…)“

Die Frage, wie man die bestehende Institution „hochklassifizieren“ könne, stand im Raum:

> Die Journalistenschule hatte Elemente einer polytechnischen Schule, (…) denn das Ministerium hatte in seinen strategischen Plänen vorgesehen, den Bereich höhere Bildung auszuweiten. So wollte man die Journalistenschule umwandeln in eine höhere Institution, die Charakteristika einer polytechnischen Institution hat. Dabei nahm man beispielsweise die augenblickliche Ausstattung und Gebäude der Journalistenschule in den Blick. Wir kamen zu der Erkenntnis, dass wir weder entsprechende Ausstattung noch eine Infrastruktur hatten noch wirklich die personelle Ausstattung, um so einfach die Journalisten-

schule auf ein Hochschulniveau zu bringen. Das bedeutet mit anderen Worten, dass es notwendig wurde, ein ganz neues Projekt zu etablieren, das von Anfang an die Errichtung einer höheren Journalistenschule beinhaltet."

Auch die Standortfrage wurde erörtert:

> (...) Wenn wir dann wirklich von Grund auf eine neue Schule errichten würden, schien es uns besser, dies außerhalb von Maputo zu machen. Denn in Maputo gibt es viele öffentliche Institutionen der Hochschulbildung und außerdem plante die UEM gerade die Öffnung der Schule für Kommunikation und Kunst. Aus strategischer Sicht der Regierung schien es natürlich nicht ratsam, eine weitere öffentliche Schule in Maputo zu gründen, (...) und zu einem bestimmten Zeitpunkt war klar, dass dafür gestimmt würde, diese Schule in der Provinz Maputo[291] zu gründen".

Von den beschriebenen Plänen wurde bisher noch nichts verwirklicht.

Person 7, Dozentin an der technischen Hochschule *ISCTEM*, hält die Journalistenschule für praxisbezogener bei der Vermittlung von Journalismus als die Hochschulen (L7, 8). Auch sie hat von der geplanten Restrukturierung und Neudefinierung der Lerninhalte der Schule gehört. Person 9, Fernsehjournalist/in, bezeichnet die Journalistenschule als „ziemlich gut" und sagt, er sei selber Produkt dieser Schule (L9, 8). Allerdings wird diese Bewertung im Folgenden relativiert:

> „Ich wurde ausgebildet zu einer Zeit, als die Schule gut ausgerüstet war, es Professoren gab, eine Vision für die Zukunft. Diese Vision ist verloren gegangen, weil die Journalistenschule zu einer Schule wie jede andere geworden ist. Die Leute schaffen es nicht, in der Uni anzufangen, oder weil sie kein Geld haben, diese Zeit zu finanzieren, und gehen dann in die Journalistenschule, das ist nicht das, was ich unter Bestimmung verstehe."

Die Journalistenschule habe große Probleme, ihre Absolventen im Beruf unterzubringen. Der letzte Absolvent wurde bei *TVM* drei Jahre vor dem Interview eingestellt.

Person 9 macht konkrete Vorschläge bezüglich der Journalistenschule:

> „(...) Ich denke, dass die Journalistenschule selektiver sein könnte, also nur ein paar Leute ausbilden, aber die besonders Qualifizierten herausziehen, und immer mit den Medienunternehmen koordiniert sein, wissen, dass der Journalist, der da herausgeht, derjenige ist, den das Medium möchte, und der eine Chance haben sollte. Oft muss sich der Journalist einer neuen Ausbildung im Feld unterziehen, sechs Monate lang. Die Journalistenschule müsste auch investieren und sich konzentrieren auf gute Dozenten" (L9, 13).

Gefragt, welche Art Dozent er für geeignet hielte, schlägt die Person eine Verbindung von Praxis und Theorie vor, eine stärkere Verknüpfung mit dem Arbeitsmarkt. Sie bemängelt, dass nur wenige Dozenten wirklich als Journalisten arbeiten oder gearbeitet haben. Die Person hat auch von der geplanten Umwandlung in eine Hochschule gehört (L9, 16).

[291] D.h. außerhalb Maputo Stadt, Anm. des Interviewers

Person 12 kritisiert den journalistischen Stil der meisten Journalisten, die sprachlichen und inhaltlichen Defizite, die mangelnde Bildung und Professionalität, auch wenn sie – augenscheinlich aus Gründen der Diplomatie – anmerkt:

> „(...) Die Wahrheit ist, dass wir eine Journalistenschule haben, die funktioniert auf ihrer Ebene und produziert auch verständige Leute (...) (L12, 10).

Die Bedeutung der Journalistenschule bleibe bestehen, denn die Studenten der Hochschulen wollten ohnehin nicht Journalisten werden, sondern in den Bereichen Öffentlichkeitsarbeit oder Marketing arbeiten (L12, 12). Person 13, Direktor des Informationsamtes *Gabinete da Informaçaõ*, lobt den Praxisbezug der Journalistenschule. Die Ausbildung der Studenten an der Universität sei eher theoretisch,

> „und wenn die ins Feld gehen, treffen die eine andere Realität des kulturellen Universums unseres Landes an" (L13, 16).

7.3.1.2 Universität: *UEM*

Leitfadeninterviewpartner Namburete, der Direktor der Kommunikationsfakultät ECA ist, betont, dass die Planung des neuen Studienganges auf breiter empirischer Erfahrung der einschlägigen mosambikanischen, einiger südafrikanischer und brasilianischer Institutionen geschah (L8, 9). Man plane die Einrichtung eines Radiolabors und Campusradios und träume von einem Fernseh-Labor. An anderen Universitäten werde nur Kommunikationswissenschaft angeboten ...

> „(...) wir dagegen haben eine Option, nicht Kommunikationswissenschaft sondern einen fachjournalistischen Kurs zu belegen und also z.B. einen Kurs in Öffentlichkeitsarbeit oder Werbung zu belegen. Also das ist auch interessant für Leute die im Bereich Journalismus, Öffentlichkeitsarbeit, Werbung arbeiten wollen, denn manchmal fragen sich die Leute, die Öffentlichkeitsarbeit nach dem 3. Jahr belegen, bin ich nun Journalist, oder Werber oder PR-Mensch oder was bin ich eigentlich? Also, als letztes gibt es einen Zweig, bei dem man 2 Semester Öffentlichkeitsarbeit belegen kann, was nicht genug ist, weshalb wir dafür sind, dass das ein journalistischer Kurs vom ersten Tag an ist, man lernt Journalismus bis zum Ende des 4. Jahres" (L18, 12).

7.3.1.3 Medien: *RM* und *TVM*

"Die staatlichen Radio- und Fernsehanstalten haben ihre eigenen Ausbildungsabteilungen".

Lima 1999: 14

Rádio Moçambique RM hat eine eigene Abteilung für Fortbildung, in der verschiedene Kurse angeboten werden, gerade in Zusammenhang mit der Berichterstattung vor und während Wahlen (MISA 2000: 25). Armando Matola, Direktor des Ausbildungszentrums von *Rádio Moçambique*, gibt an, dass das Zentrum interne technischen (75 Personen jährlich) und journalistische Schulungen (25 Personen jährlich) durchführe. Gerade die Umstellung auf digitale Technik verlange einen starken Schulungsimpuls. Zudem würden auch Informatikkurse für Externe angeboten. Auch fördere man 12 Mitarbeiter mit Stipendien (Hintergrundgespräch 27.7.2004). Die Fortbildung bei *Televisão de Moçambique* geschieht mit *TVM*-Kräften bzw. freien Mitarbeitern. Sie dient ausschließlich der hausinternen Schulung und ist nicht zugänglich dokumentiert.

7.3.1.4 *ICS*

Im Aus- und Fortbildungsbereich ist das *ICS* fast unbekannt. Von den befragten Journalisten hatten insgesamt acht *ICS*-Kurse besucht, also 6% der Befragten.

7.3.1.5 Zusammenfassung: Bildungsangebote öffentlicher Institutionen

Die unterschiedlichen Aus- und Fortbildungen, die von öffentlichen Institutionen angeboten werden, unterscheiden sich stark voneinander. Während die Journalistenschule zwar auf eine große Vergangenheit als Journalistenschmiede zurückblickt – sie ist Spitzenreiter bei der Workshop-Nennung der Journalisten (vgl. Abb. 73) – hat sie heute deutlich an Attraktivität verloren. Dies liegt an der ärmlichen Ausstattung, den abnehmenden Kontakten zu den Medien und der Tatsache, dass die lange geplante Reform nicht durchgeführt wird.

Dagegen erfährt die neue Kommunikationsfakultät der ältesten und größten mosambikanischen Universität *UEM* großen Zuspruch. Die Gründung ist mit großen Hoffnungen verknüpft. Zwar ist die Ausstattung noch dürftiger als die der Journalistenschule, aber ein Bauprojekt und die große Akzeptanz der *UEM* geben der *Escola de Arte* großen Schub. Die Kurse von *Rádio Moçambique* dienten bisher der internen Weitergabe von eher fachlich-technischem Wissen, mit der angekündigten technischen Renovierung und den zusätzlichen Computerkursen scheint es Synergieeffekte und neue Impulse zu geben. Die Kurse des *Televisão de Moçambique* finden nur höchst sporadisch und ausschließlich intern statt.

Es wird deutlich, dass ein Verklammern dieser heterogenen Angebote nicht sinnvoll ist. Die Tier-Typisierung (Kapitel 7.3.3.2) bietet eine adäquatere Kategorisierung an.

7.3.2 Nicht-öffentliche Bildungsangebote

7.3.2.1 Nicht-öffentliche mosambikanische Bildungsangebote[292]

7.3.2.1.1 Private Hochschulen

Alle privaten Hochschulen arbeiten mit einem propädeutischen Jahr, dem "Ano Zero", bei dem die StudentInnen, die aus verschiedenen Landesteilen kommen, auf ein gemeinsames Universitätsniveau gebracht werden sollen. Man kann sich mit Abschluss der 12. Schulklasse immatrikulieren.

7.3.2.1.1.1 *UCM*

Eine der sechs *UCM*-Fakultäten ist die 1998 eröffnete kommunikationswissenschaftliche Fakultät in Nampula. Dort unterrichten in einer Gemeinschaftsfakultät mit Pädagogik insgesamt etwa 60 Vollzeit- und Teilzeit-Dozenten etwa 500 Studenten. Etwa 100 davon studieren das Bacharelato de Comunicação, das mit einem für alle Studenten identischen propädeutischen Jahr beginnt, wonach diejenigen, die dieses Aussiebe-Verfahren überstehen den Zweig Kommunikation oder Pädagogik wählen. Der Unterricht ist verschult und findet in der Regel in 50-Minuten-Abschnitten zwischen 7 und 12 Uhr statt, teilweise auch nachmittags. Seit 2004 wird, wie an anderen *UCM*-Fakultäten auch, mit der aus Nordamerika und den Niederlanden stammenden Methode des *Problem Based Learning* experimentiert, das statt Frontalunterricht ein selbständiges Arbeiten der StudentInnen in Gruppen von 8-10 Personen mit einem Tutor, dessen Rolle sehr zurückgenommen ist, vor-

[292] Die Abteilung für Journalismus und Medienkunde der südafrikanischen Rhodes Universität ist die größte seinesgleichen und älteste Journalismusschule in Afrika. An ihr können sechs verschiedene Abschlüsse erreicht und eine Vielzahl von Kurzkursen und belegt werden. Dabei wird der gesamte Bereich Medienproduktion abgedeckt; von Fernsehen über Print bis zu Internetjournalismus und Medienkunde. Die Abteilung ist das Herzstück von zwei interkontinentalen Netzwerken – dem Forum der afrikanischen Wirtschaftsredakteure und der Highway Africa-Konferenz. Es ist im Besitz einer eigenen Zeitung, der *Grocott's Mail*, und engagiert sich in mehreren regulären Projekten im Bereich Medienproduktion während verschiedener Festivale und Konferenzen, die am Hauptsitz der Abteilung in Grahamstown stattfinden.

sieht.[293] Die Universität unterhält zahlreiche Partnerschaften mit Universitäten weltweit, die teilweise sehr intensiv sind.[294]

In der *UN*-Studie (UNESCO 2000a) wurden die journalismusrelevanten *UCM*-Kurse als mittelmäßig gut bezeichnet (Hintergrundgespräch B. Jallov, 4.9.2002).

Das Curriculum der Kommunikationsfakultät:

Jahr 1: Portugiesisch, Englisch, Philosophie, Informatik, Französisch, Spanisch, Musik und Kommunikation (schriftlich, visuell, audio)
Sem. 1: Methodisches Arbeiten, Einführung in Medienwissenschaft, Psychologie
Sem. 2: Psychologie
Jahr 2: Englisch, Philosophie, Französisch, Musik, Angewandte Sozialwissenschaft, Kommunikationstechnik, Mediengeschichte
Sem. 1: Marketing, Kommunikationstheorie, afrikanische Gegenwartsgeschichte
Sem. 2: Werbung, Kommunikationspsychologie, Wirtschaft; Wahlfach: „Christliche Weltsicht“ oder „Menschliche Werte“
Jahr 3: Journalistische Gattungen, Medientechnik, Englisch, Französisch, Spanisch, Kunstgeschichte, Praktika
Sem. 1: Internationales Recht, Kirchliche Sozialdoktrin, Rezipientenforschung
Sem. 2: Öffentlichkeitsarbeit, Medienrecht, Ethik

7.3.2.1.1.2 *ISPU*

Das kommunikationswissenschaftliche Studium der technischen Uni *ISPU* soll eine Basis für die Arbeit im Bereich Journalismus, Meinungsforschung, Öffentlichkeitsarbeit und Werbung (vgl. ISPU 2001). Ab dem 7. Semester ist eine Spezialisierung möglich auf Radio, Fernsehen bzw. politischer, Wirtschafts- oder Sportjournalismus. Das Studium dauert, ohne das propädeutische Jahr, insgesamt fünf Jahre. Das propädeutische „Ano Zero“ und auch das weitere Studium sind deutlich differenzierter als das der *ISCTEM* und bereitet die Studenten ab dem 2. Semester auf die verschiedenen Zweige vor. Hier gibt es Auswahlmöglichkeiten:

Jahr 1: Englisch, Semiotik, Portugiesisch, Informatik
Sem. 1: Einführung in Kommunikationswissenschaft, Mediengeschichte,
Sem. 2: Angewandte Statistik, Gegenwartsgeschichte
Jahr 2: Textanalyse, Kommunikationssoziologie, neue Informationstechniken, Medientheorie

[293] Über die Adaptierbarkeit der Methode, die in fall-bezogenen wissenschaftlichen Disziplinen wie Medizin und Jura entwickelt wurde, auf den Bereich Journalismus und Kommunikationswissenschaft bestehen einige Zweifel, zumal *Problem Based Learning* noch nie an einer anderen Lehranstalt im Bereich Kommunikationswissenschaft oder Journalismus angewandt wurde, während es bei Jura, Wirtschaftsfächern und Medizin vielfach erfolgreich umgesetzt werden konnte.

[294] In einem Hintergrundgespräch am 13.10.2003 an der Medizinischen Fakultät in Beira wurde mit Blick auf die intensive Kooperation mit der einer niederländischen Universität gesagt: „Maastricht hat Beira praktisch adoptiert“.

Sem. 1: Ethik, Kultur
Sem. 2: Medienrecht, Wirtschaft, Politische Aspekte,

Jahr 3:

<u>Zweig Journalismus und Öffentlichkeitsarbeit</u>

Journalistische Gattungen, Multimedia

Sem. 1: Systemtheorie, Recherche, Öffentlichkeitsarbeit, Nachricht

Sem. 2: Psychosoziologie, interpersonale Kommunikation, Zeitungslabor, Kultur und Kunst

<u>Zweig Marketing und Werbung</u>

Werbung, Marketing,

Sem. 1: Multimedia, Öffentlichkeitsarbeit, visuelle Darstellung, Beziehung Medien und Werbung

Sem. 2: Markttheorie, Firmen-Image, Psychosoziologie, interpersonale Kommunikation

<u>Abschluss Lizenziat</u>

Mestrado-Studiengang:

Jahr 4:

<u>Zweig Journalismus und Öffentlichkeitsarbeit</u>

Sem. 1: Radiolabor, Fernsehlabor, Theorie und Erforschung öffentlicher Meinung, 3 Wahlfächer

Sem. 2: Praktikum

<u>Zweig Marketing und Werbung</u>

Sem. 1: Organisation von Informationssystemen, Theorie und Erforschung öffentlicher Meinung, Öffentlichkeitsarbeit für Firmen, 3 Wahlfächer

Sem. 2: Praktikum

Jahr 5: Projektarbeit

Nach zwei Jahren gemeinsamen Kommunikationskurs entscheiden sich die Studenten im 3. Jahr für Journalismus oder Marketing (MISA 04/05: 42) und machen nach dem 3. Jahr das Lizentiat. Manche Studenten gehen danach nach Brasilien, um den BA zu absolvieren, da das vierte und fünfte Studienjahr noch nicht begonnen hat (MISA 04/05: 42). Ein Kurs für Telekommunikation und neue Kommunikationstechnologien ist seit 1999 in Planung.

Die *ISPU*-Kommunikationskurse wurden in der *UN*-Studie als schlecht bezeichnet (UNESCO 2000a).

7.3.2.1.1.3 ISCTEM

„(…) Wir bilden hier sozusagen eher Manager von Massenmedien aus, nicht Journalisten, die wirklich im Feld arbeiten.“

Leitfadeninterview 7, 8

Das *Instituto Superior de Ciência e Tecnologia de Moçambique ISCTEM* (vgl. Kapitel 3.5.1.2) ist eine modern anmutende Hochschule, vergleichbar einer deutschen Fachhochschule. Sie liegt in bester Lage in der Unterstadt von Maputo am indischen Ozean und besteht aus modernen Baracken. Die *ISCTEM* verfügt über eine ansehnliche Bibliothek. Diese ist neben den Bibliotheken der *UCM* die einzige für StudentInnen begehbare Bibliothek in Mosambik.

Das Lizenziat für Kommunikation wird seit ca. 2003 angeboten. Es umfasst, neben dem propädeutischen Jahr, folgende Fächer:

Jahr 1: Einführung Sozialwissenschaften, allgemeine rechtliche Kenntnisse, Wirtschafts- und Sozialgeschichte, Statistik und Englisch.
Jahr 2: Methoden der Sozialwissenschaften, Anthropologie und Englisch
Sem. 1: allgemeine Soziologie, Wirtschafts- und Entwicklungspolitik
Sem. 2: geschlechts- und familienspezifische Soziologie, Demografie
Jahr 3: Sem. 1: Quantitative Sozialwissenschaft, Informationssoziologie, Psychologie, Semiotik
Sem. 2: Angewandte Informatik, Inhaltsanalyse, Sozialpsychologie
Jahr 4: Sem. 1: Recherche und journalistischer Ausdruck I, Zeitungstechnik, Radiotechnik, Medienrecht
Sem. 2: Recherche und journalistischer Ausdruck II, Dokumentation und Informatik, audiovisuelle Technik, Medienethik, Praktikumsphase mit Bericht, schriftliche Abschlussarbeit

Dieses Studium soll die Absolventen befähigen, in folgenden Bereichen zu arbeiten: Medien, Werbe- und Marketing-Agenturen, Marktforschungsinstituten und Beratungsfirmen (ISCTEM-Prospekt 2004).

7.3.2.1.2 Journalistenverband

Über die Kurse des Journalistenverbandes wurden weder in den standardisierten Interviews noch in den Leitfadeninterviews Angaben gemacht. Aus den Antworten zu S.1.5 geht hervor, dass zehn Personen *SNJ*-Kurse besucht haben.

7.3.2.1.3 Sonstige nicht-öffentliche mosambikanische Angebote

1984 eröffnete das Zentrum für Fotografentraining (*Centro de Formação Fotográfica*), das vor allem dreimonatige praktische Basiskurse in Fotografie anbietet. Die Teilnehmer müssen 10 Schuljahre absolviert haben. Es gibt noch einen einmonatigen Spezialkurs in journalistischer Fotografie (MISA 04/05: 42). *MISA* beurteilt die Schule sehr positiv: „The centre is one of the best equipped in the SADC region and has produced a number of world-class media photographers" (MISA 04/05: 42).

7.3.2.2 Nicht-öffentliche nicht-mosambikanische Angebote

7.3.2.2.1 *Institut NSJ/MISA*

Die Stiftung *Southern Africa Media Training Trust* (*SAMT*), ehemals *Nordic-SADC Journalism Centre (NSJ)* in Maputo bietet Fortbildungskurse für Journalisten und Medien-Praktiker der *SADC*-Region an unterstützt die Entwicklung freier und unabhängiger Medien im südlichen Afrika. Es wurde 1993 mit maßgeblicher Unterstützung skandinavischer Länder gegründet und wird heute durch *MISA*, *AMARC Africa*, *SABA* und *FAMW-SADC* kontrolliert. 2000 hatte der *SAMT* laut Selbstdarstellung in seinen jährlichen 12-Kurse-Programmen mehr als 1.000 Journalisten, Herausgeber und Medienmanager im Südlichen Afrika trainiert, 10% davon Mosambikaner (MISA 04/05: 42). *SAMT* entwickelt Lehrprogramme, Fortbildungsmaterial, macht Trainer-Training und führt Untersuchungen und Evaluationen durch. Das Zentrum organisiert speziell zugeschnittene Kurse auf Anfrage, z.B. 1999 wurden acht durch *UNESCO*, *MISA* sowie das mosambikanische Frauenforum *Forum Mulher* in Auftrag gegebene Kurse veranstaltet (MISA 2000: 25). *SAMT* war auch für die Studie „Media Pluralism Landscape“ 1999 verantwortlich. Im September 2001 wurde das Southern Africa Media Trainers Network *SAMTRAN* gegründet, mit dem Ziel “to build free, fair and vibrant media as well as a strong regional identity through high quality training” (MISA 04/05: 42).

7.3.2.2.2 Verbandlich

7.3.2.2.2.1 *MISA*

Person 15 nimmt ausführlich zur Arbeit von *MISA* Mosambik Stellung. Zunächst wird deutlich, dass *MISA* im Gegensatz zur Angabe aus Lima (5.2.5.1) erst seit 2000 in Mosambik wahrgenommen wird (L15, 19). 2003 folgte von Maputo aus der Beschluss,

> „(...) Provinz-Zentren im ganzen Land zu gründen mit dem Ziel, in 2003 in allen Provinzen MISA-Vertretungen zu haben. (...) Die hauptsächliche Tätigkeit von MISA ist die juristische Verteidigung von Organen, von Medien, also die Verteidigung der Meinungsfreiheit und Pressefreiheit. MISA arbeitet auf diesem Gebiet, die arbeiten im Bereich Journalistenausbildung, die arbeiten auch im Bereich Sponsoring von Aktivitäten wie der Installierung von Kommunikationsmedien in den Ländern, in denen sie vertreten sind.“ (L15, 19).

Die Finanzierung wird zwar derzeit durch die Zentrale sichergestellt, aber:

> „(...) es gibt schon Aktivitäten im Bereich MISA Zentral in den Hauptstädten, wie in Maputo, die auf lokaler Ebene auch Mittel bereitstellen müssen, um Extra-Aktivitäten zu finanzieren, und an die Provinz-Zentren auch Geld schicken, damit die sich finanzieren können." (L15, 20).

Es gibt Zusammenarbeit mit dem *ICS*, sporadisch werden Räumlichkeiten gemeinsam genutzt. *MISA* kooperiert mit Rechtsanwälten und hat auf Provinzebene jeweils einen ehrenamtlichen Vorsitzenden und eine kleine Vertretung aus lokalen Journalisten, ein kleines Sekretariat und einen Schatzmeister (L15, 21). Veranstaltet werden öffentliche Diskussionen. Die Aktivitäten sind teilweise nach innen gerichtet und laufen erst an:

> „Wir planen einige Debatten für die nächsten sechs Monate. Wir werden im Juni die Planung der Debatten fertig haben, und wir werden versuchen, die erste reguläre Vollversammlung zu planen, die dazu dienen soll, Mitglieder zu werben. Wir werden über Mitgliedsbeiträge sprechen, wir haben für den nächsten 3. Mai eine Debatte über Presse, denn das ist der internationale Tag der Pressefreiheit. Wir haben eine Debatte bei *Rádio Moçambique* anvisiert. Und wir kontaktieren (Name lokales Rádio Comunitária), um dort eine Debatte zu machen, mehr ist nicht möglich. Wir arbeiten auch im Bereich AIDS und haben Ausbildungsprogramme der Journalisten im Bereich AIDS und auch Debatten mit der Zivilbevölkerung über die Meinungsfreiheit" (L15, 24).

7.3.2.2.2.2 *SABA*

Die Arbeitsgemeinschaft der staatlichen Rundfunkanstalten im südlichen Afrika, die *Southern African Broadcasting Association (SABA)*, verständigte sich 1995 auf ein programmatisches Arbeitsdokument (*On the Move*), dessen Kern die Forderung nach einer Transformation der Regierungssender zu wirklichen *Public Broadcasters* bildet. Einschränkend merkt Schellschmidt allerdings an, dass „SABA bislang weder die Strukturen noch die Kraft entwickelt hat, die Prinzipien des Arbeitsdokuments in die Realität umzusetzen" (Schellschmidt 2004: 7).

7.3.2.2.2.3 *AMARC*

Die *World Association of Community Broadcasters (AMARC)* ist ein Netzwerk von Radiostationen, assoziierten Organisationen und Individuen, die vor allem den Radiosektor fördern.

7.3.2.2.2.4 *FAMW-SADC*

Die *Federation of African Media Women (FAMW-SADC)* wurde 1992 in Simbabwe gegründet und hat als Ziel die Förderung von Frauen in den Medien und die Einbeziehung von Medien für Entwicklung im südlichen Afrika.

7.3.2.2.3 *UN: UNESCO* und *UNDP*

„(…) das hier ist von der Finanzierung her das größte Projekt der UNESCO weltweit (…) Es gibt 11 Millionen Dollar und der größte Teil davon aus Funds, ich habe nie begriffen, warum gerade dieses Projekt so groß ist“. (Leitfadeninterview 14,9 und 10)

Generell balanciert die *UNESCO*-Arbeit immer auf dem Grad zwischen Einbindung lokaler Kräfte und Partner und der Gefahr der Vereinnahmung, was auch immer wieder zu Vorwürfen medienpolitisch relevanter mosambikanischer Gruppierungen und Institutionen führt, die Arbeit und das Personal der *UNESCO* in Mosambik seien isoliert. Die *UNESCO*-Medienprojektleiterin meinte dazu im Hintergrundgespräch (22.7.2004) lakonisch: „We have to exist in this vacuum“.

Person 14 äußert sich zur Kommunikationspolitik. Als ehemaliger Mitarbeiter spricht er teilweise in der Vergangenheitsform:

> „(…) die UNESCO hat im Augenblick auch eine ziemlich klare Kommunikationspolitik, die Gründung der Medienzentren und die Umformung Radios in Multimedia-Zentren ist da eingeschlossen (…) Das gute an dem Medienprojekt war, dass es Autonomie gegenüber den Büros der UNESCO-Zentrale hatte, Autonomie im verwaltungstechnischen Sinn und bei der Finanzierung. Also, wir hatten eine ziemliche Freiheit, und ab und zu kamen Änderungen in Bezug auf die generelle UNESCO-Politik auf, Änderungen, Anpassungen an die Wirklichkeit und bei der Implementierung. Also ich glaube, dass es da keinen Konflikt gab und auch keinen Raum für Konflikt und es gab immer einen Austausch von Korrespondenz mit unserem Backstopper in Paris (…)“ (L14, 7).

Fortbildung der Journalisten

Etwa 450 JournalistInnen wurden in Wochenendseminaren der *UNESCO Basiskenntnisse* des Journalismus vermittelt: Financial Reporting, Governance Reporting, Berichterstattung zu HIV/AIDS (Hintergrundgespräch Jallov 4.9.2002). Die *UNESCO* legt besonderen Wert auf die Förderung der Journalistinnen. Dies liegt daran, dass viele mosambikanische Männer nicht akzeptieren, dass ihre Frau in diesem Beruf arbeitet, der viel Kontakt mit anderen Menschen, also auch Männern beinhaltet, eventuell Reisetätigkeit und eine starke professionelle Präsenz auch am Wochenende. Diese Haltung von Ehemännern ist vermutlich nichts singulär Mosambikanisches.

Escola de Jornalismo

1995 gab es zwischen der mosambikanischen Regierung und der *UNESCO* die ersten Verhandlungen über das zukünftige Schicksal der Journalistenschule. Die Donors, also die Geldgeber der *UNESCO*, waren nicht bereit, die Journalistenschule zu fördern, da sie sie als *FRELIMO*-Kaderschmiede sahen, die direkt vom Premierministerium gesteuert werde (Interview mit B. Jallov 22.7.04). Es gab

Schwierigkeiten aufgrund der Tatsache, dass die Geber vor allem an Themen wie Pressefreiheit, Medienrecht und ethische Maßstäbe im Journalismus interessiert waren. Eine lange vorbereitete Konferenz zum rechtlichen Rahmen der Medienarbeit in Mosambik wurde drei Tage vor ihrem Beginn durch den Regierungspartner des Projekts abgesagt, der an den Vorbereitungen stets beteiligt war. Diese Absage wurde nicht begründet. Projektchefin Jallov nimmt an, die Regierung sei sich nicht sicher gewesen, in welche Richtung sie die Entwicklung gern fördern wollte. Umgekehrt speist sich das Misstrauen der nicht-mosambikanischen Donors genau aus solchen Ereignissen; und immer herrscht die Befürchtung, neu gegründete oder umgewandelte Institutionen könnten in die Hände der Regierung fallen (ebd.).
Ab Dezember 2002 nahm eine eigens mit Ausbildern, Ministeriumsangehörigen und *UNESCO*-Vertretern besetzte Kommission die Arbeit auf, die Schule umzuwandeln. Die Kommission hat einen umfangreichen Empfehlungsbericht eingereicht. Bisher hat jedoch keine Restrukturierung oder Umwandlung der Schule stattgefunden.

Mediencenter

Person 14 erläutert den Hintergrund der *UNESCO*-Medienzentren (Zitate: L14, 1):

> „(…) eine der Formen, diese unabhängigen Medien zu unterstützen, ist die, wir sprechen jetzt vom Fall der Zeitung Mega in (Name Stadt 4), die zu dieser Zeit gerade entstand, wir reden von Fällen wie Imparcial , wir reden von ein paar kleinen Zeitungen in der Stadt (Name Stadt 2), diese Art autarke Medien, die viel Drive hatten, eine andere Art von Informationen zu präsentieren, aber die eben dazu keine Mittel hatten. Also das 2. Projekt folgte den Empfehlungen in der Studie, die von Frau Maria Helena (Bonin) [295] gemacht wurde. Es begann dieser Prozess der Installierung von Medienzentren, bei dem die Kommunikationsmedien die Chance haben sollten, Zugang zu den Mitteln der Produktion, Herausgabe und Distribution von Zeitungen zu bekommen, wo es Zugang zu Informationen mittels der neuen Informationstechnologien wie Internet gab, wo es eben auch die Möglichkeit gab, Informationen auch mit anderen Kommunikationsmedien auszutauschen.
> Und in dieser Zeit haben wir nachgedacht, dass diese Zentren auch als Verteilungsknotenpunkte der großen Zeitungen dienen könnten, die in Maputo produziert werden, wie Notícias, Savana, Domingos, diese Zentren also auch als Verteilerknotenpunkte und auch als Orte, wo die Provinz-Korrespondenten dieser großen Zeitungen die Mittel nutzen könnten um …. praktisch ihre Formate, die in Maputo oder einer anderen Provinz waren, entsprechend beliefern könnten“.

Gleichzeitig werden die Schwierigkeiten deutlich, mit denen Medienprojekte zu kämpfen haben:

> „Es ging also zu der Zeit los mit einem Kommunikationszentrum in (Name Stadt 4), da war eine ziemlich interessante Truppe, ziemlich dynamisch. Nur, der Traum endete dann,

[295] Ergänzung von C.H.

weil der große Teil der Leute, die diesen Prozess betrieben haben letztlich aus (Name Stadt 4) weggegangen sind, das ist bei C. A. der Fall, der wurde nach Quelimane versetzt, F. M. hatte dann Arbeit in Maputo, ich selber war zu der Zeit in (Name Stadt 4) und bin dann letztlich weggegangen (…) wir sind dann nach (Name Stadt 2) gegangen, wo wir eine starke Gruppe hatten, angeführt durch den M., der zu der Zeit die Zeitung (Name Medium) gemacht hat, und wir haben an der Installierung gearbeitet und das Zentrum kam vorwärts – und dann folgte (Name Stadt 3) und letztlich (Name Stadt 1). Wow![296]".

7.3.2.3 Zusammenfassung: Nicht-öffentliche Bildungsangebote

Die drei Universitäten, die Kommunikationsprogramme anbieten, sind ähnlich strukturiert. Ihre Finanzierung wird unterschiedlich sichergestellt, die Motive sind bei der *UCM* eher aus einem christlichen Hintergrund zu verstehen während *ISPU* und *ISCTEM* eher marktorientierte Bildungsstätten im amerikanischen Stil sind. Diese Unterscheidung wirkt sich allerdings nicht auf Inhalte oder Erfolg der Universitäten aus: Alle drei verzeichnen regen Zulauf und Wachstum. Weiterbildung durch den Journalistenverband ist mittlerweile vernachlässigbar und findet sporadisch mit Unterstützung von Institutionen im *EU*-Umfeld statt.

Alle anderen Angebote sind nicht originär mosambikanisch. Die Bedeutung der NRO-Kurse, namentlich der von *NSJ* und *MISA*, wird in der mosambikanischen Literatur gewürdigt, auch wenn es als Wermutstropfen gilt, dass die meisten auf Englisch stattfinden (vgl. Lima 1999: 14). Bei den Kursen von kurzer Dauer wird manchmal kritisiert, die Veranstaltungen seien „mehr im Einklang mit den Institutionen, die sie finanzieren, als mit den wirklichen Bedürfnissen der Teilnehmenden" (Lima 1999: 14). Gerade die jungen NROn der englischsprachigen Nachbarländer eröffnen mit mehr oder weniger großem Zulauf Dependancen in Mosambik. Die *UNESCO* bemüht sich mit einem gigantischen finanziellen Hintergrund und einem unvergleichbaren Bündel an Maßnahmen in vielerlei Hinsicht um die mosambikanische Medienvielfalt. Im Bildungsbereich sind die zahlreichen kurzen thematischen Journalistentrainings, der Versuch einer Reform der Journalistenschule sowie indirekt auch die Etablierung von Medienzentren zu nennen, deren Existenz zu einem freieren Austausch zwischen unabhängigen Journalisten führen und diesen auch eine Existenzsicherung ermöglichen soll.

Auch hier wurde die Inadäquatheit der Unterteilung der Angebote nach öffentlich/nicht-öffentlich deutlich. Im nächsten Kapitel wird daher eine Kategorisierungs-Alternative angeboten.

---

[296] wörtlich: *Chi*, ein mosambikanischer Ausruf der Anerkennung

7.3.3 Institutionenübergreifende Aspekte

7.3.3.1 Typisierung Aus- und Fortbildung

Zunächst soll das Modell von Weischenberg (Abb. 9) für Mosambik beschreiben und um den Aspekt der Ausstattung ergänzt werden:

Abb. 79: Was will Journalistenausbildung in Mosambik?

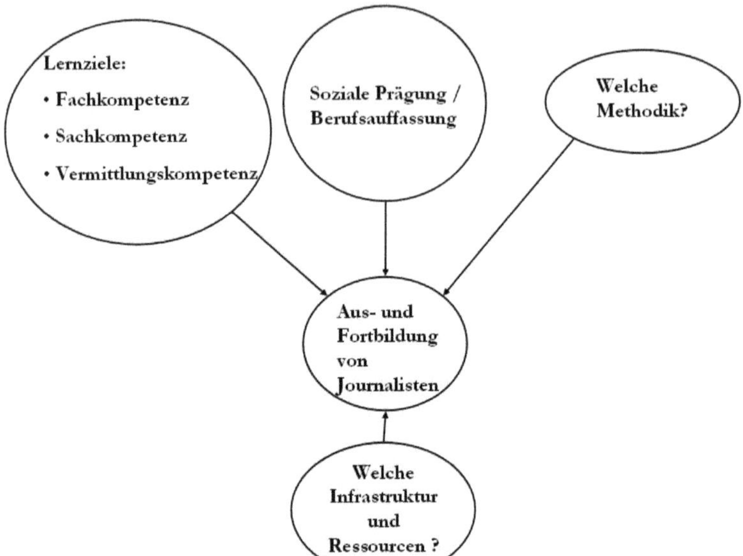

1. Die Lernziele (links oben) haben bei den unterschiedlichen Programmen unterschiedliche Ziele. Natürlich streben berufsbegleitende Kurse und Fortbildungen eher die Vermittlung von Sachkompetenz und Vermittlungskompetenz an, vor allem im Bereich AIDS und Malaria, Frauendiskriminierung und Wahlen, während berufsvorbereitende Ausbildungen vor allem die Fach- und Vermittlungskompetenz anstreben.

2. Bei der Vermittlung von Berufsauffassung (Mitte oben) achten die Fortbildungsprogramme vor allem darauf, die Teilnehmer im Sinne von Demokratisierung und Medienvielfalt zu beeinflussen. In den Universitäten wird ein eher akademisch gefärbtes Journalistenbild vermittelt, das auf ethische Aspekte und Beherrschung des journalistischen Handwerkszeuges wie Sprache, Recherche und Interviewführung abhebt.

3. Bei der Vermittlung von Kompetenzen arbeiten Journalistenfortbildungen mit Diskussionen und Wissensvermittlung über Themen, die als politisch und gesellschaftlich relevant angesehen werden. Universitäten folgen oft internationalen akademischen Methoden, wobei der wenig experimentelle Frontalunterricht noch die Regel ist. An der *UCM* experimentiert man auch im Kommunikationsfachbereich mit der Methode des *Problem Based Learning*, das den Studenten in den Mittelpunkt stellt, auch an den anderen Fakultäten sind Elemente wie Laborarbeit und Medien-Werkstätten angestrebt.

4. Ressourcen und Ausstattung der Institutionen sind durchgängig mager. Die *UCM* ist die einzige Institution mit eigenem Radio-Trainingsstudio.

7.3.3.2 Tier-Typisierung

In den Zusammenfassungen wurde deutlich, dass die vorgenommene Kategorisierung in öffentlich/nicht-öffentlich und mosambikanisch/nicht-mosambikanisch nicht in allen Fällen zu angemessenen Gruppierungen führt. Eine solche Typisierung ergibt sich aber auch nicht aus den im Theorie-Teil besprochenen Modellen. Daher im Folgenden ein Vorschlag, wie die verschiedenen Angebote untergliedert werden können. Dieser Typisierungs-Vorschlag benutzt Vergleiche aus dem Tierreich, ähnlich der literarischen Gattung Fabel. Es handelt sich dabei zum Großteil um Zuschreibungen menschlicher Eigenschaften und Vergleiche, die nur von höchst rudimentärer zoologischer Kenntnis zeugen. Angeregt wurde diese Art Vergleich durch die *Agenda 2025* (vgl. Kapitel 3.1), die als Szenarien mosambikanischer Zukunft die Ziege, den Krebs, die Schlangenhalsschildkröte und die Biene nimmt, die entsprechenden Zuschreibungen sind teilweise nur aus dem Kontext mosambikanischer Lebenswelt verständlich. Im Unterschied dazu schien es sinnvoll, im südlichen Afrika lebende Tiere als Metapher zu verwenden, die einerseits im deutschen Kontext durch *Brehm* und *Sielmann* bekannt geworden sind, andererseits nicht mit einer solchen Vielzahl von Zuschreibungen versehen sind wie europäische Tiere. Da im Bürgerkrieg diese Tiere größtenteils in Mosambik ausgerottet wurden, sind dem Autor auch keine entsprechenden zeitgenössischen mosambikanischen Zuschreibungen bekannt. Daher wurde auf die Zuschreibungen zurückgegriffen, die durch Lektüre der entsprechenden Beschreibungen bei www.wikipedia.de als deutsches Allgemeingut erkennbar wurden.

Typ Hyäne: Die ärmliche, regierungsnahe Institution

Sowohl die Journalistenschule als auch die Radioschule von *Rádio Moçambique* haben eine Nähe zur regierenden *FRELIMO*-Partei und werden durch die Einsetzung der jeweiligen institutionellen Führung auch teilweise durch diese gesteuert. Die Journalistenschule ist sehr schlecht ausgestattet und ärmlich, Curricula und Methoden sind veraltet. Auch *Rádio Moçambique* verfügt über eher veraltete Technik.

Hyänen sind Tiere, die dem Menschen als hässlich und schlecht genährt erscheinen. Ihre äußere Hässlichkeit korrespondiert mit den ärmlichen Verhältnissen in den erwähnten Institutionen. Hyänen gelten als Aasfresser, die sich von Wild ernähren, das von größeren Raubkatzen gerissen wurde. Dabei haben sie großen Respekt vor den stärkeren Löwen. Übertragbares gilt für die Journalistenschule und die Kurse der Radioschule. Sie konzentrieren sich auf Entscheidungen und Vorgaben der Regierung und verwerten in ihren Kursen Methoden und Lehrmaterial, das von anderen Institutionen als überholt und unbrauchbar aussortiert wurde. Dabei sind sie selber Raubkatzen, einige Gattungen jagen auch selber. D.h. sie haben durchaus das Potential, das Aasfressen aufzugeben und ihre Nahrung selber zu erbeuten, sprich, ideologisch und in der Methodik eigenständiger und unabhängiger zu werden.

Typ Elefant: Die Alma Mater

Die *Universidade Mondlane* und die *Universidade Católica* verfolgen das Konzept einer universellen Universität mit technischen, geisteswissenschaftlichen und wirtschaftlichen Fächern. Die *UEM* finanziert sich aus öffentlichen Geldern, die *UCM* zu einem großen Teil aus Zuwendungen der katholischen Kirche. Obwohl beide Universitäten durch moderne Tendenzen im Bereich Informatik (*UEM*) und Lehrmethodik (*UCM*) auffallen und hier sehr praxisbezogen arbeiten, sind sie durch ihre Abhängigkeit von eher langfristig agierenden großen Institutionen wie Staat und katholische Kirche nicht sehr wendig und können nicht schnell auf Markbedürfnisse reagieren.

Diese Schwerfälligkeit und mangelnde Wendigkeit wird auch dem Elefanten zugeschrieben. Die Universitäten gelten durch ihr gigantisches Maputo-Areal und die vielen Fakultäten (*UEM*) bzw. ihre Präsenz in mittlerweile vier mosambikanischen Städten (*UCM*) als groß. Auch hier ist Analogiebildung zum Elefanten möglich, er ist das größte lebende Landsäugetier. Ihre gute Ausstattung im Dunstkreis einer reichen, global agierenden Institution (*UCM*) bzw. ihre jahrzehntelange Existenz (*UEM*) verleiht den beiden Universitäten eine große Nachhaltigkeit, ein langes institutionelles Gedächtnis, eine gewisse Tradition bei Dozenten, Methodik und Didaktik. Auch hier sind Analogien zu den Elefanten möglich: Sie leben lange, sind dem Anschein nach wohlgenährt und sorgen umsichtig für ihren Nachwuchs, sie gelten als stark und durch die Stoßzähne als wehrhaft, man schreibt ihnen ein langes Gedächtnis und einen gewissen nachtragenden Zug zu. Die erwähnten Universitäten sind weniger als andere Institutionen Moden und kurzfristigen Entscheidungen unterworfen. Das macht sie fähig, langfristige Prägungen und Konzepte zu verfolgen. Gleichzeitig sind Elefanten dem Menschen oft sympathisch, wie sich an Bannern und Wappen nachweisen lässt. Die gute

Reputation der erwähnten Institutionen und die Unterstützung, die beide aus dem Ausland erhalten, verfestigt auch diese Analogiebildung.

Typ Anemonenfisch: Schick und symbiotisch

Die *ISCTEM* und *ISPU* sind eine Art Mischung aus Universität und Fachhochschule, die sich zum Teil durch Studiengebühren, teilweise aber auch durch Unterstützung portugiesischer Universitäten finanzieren. Dies führt zu einer gewissen Symbiose, denn aufgrund der Unterstützung können die *Universidade Nova de Lisboa* sowie die *Escola Superior de Educação* von Santarém durch entsprechende Öffentlichkeitsarbeit ihr Image verbessern und langfristig auch gemeinsame Forschungsprojekte und Austausch vorbereiten.

Diese Art von symbiotischem Verhalten findet man auch beim Anemonenfisch. Er lebt in der Nähe einer Seeanemone, in die er sich bei Gefahr zurückzieht und deren Tentakeln ihn vor Fressfeinden schützen. Da er mit einer Schleimschicht überzogen ist, verwechselt ihn die Anemone sozusagen mit ihren eigenen Tentakeln und greift ihn nicht an. Umgekehrt lebt die Anemone von den Nahrungsresten des Tieres.

Die *ISCEM* und die *ISPU* sind wettbewerbsorientierte Lehranstalten. Sie „verkaufen Bildung", wirken pragmatischer und achten offensiver auf den Bildungsnutzwert und die Modernität ihrer Programme als *UEM* und *UCM*. Sie betreiben eine vergleichsweise aufwendige Werbung durch Boschüren und Öffentlichkeitsarbeit und verfügen über optisch ansprechende Lehrgebäude und gut ausgestattete Bibliotheken. Dieses schicke Äußere findet man auch beim Anemonenfisch, einem wunderschönen Vertreter der Spezies Clownfisch: klein, orange, mit weißen, schwarz umrandeten Bändern und Flecken geschmückt. Seine starke symbiotische Bindung an die Anemone führt dazu, dass er in Aquarien in der Regel nicht leben kann, da er auf die Anemone angewiesen ist. Eine solche Abhängigkeit besteht auch bei *ISCTEM* und *ISPU*. Sollten die portugiesischen Schwester-Universitäten sich zurückziehen, sind sie stärker auf Studiengelder angewiesen.

Das Profil von *ISPU* und *ISCTEM* richtet sich weniger auf ein breit gefächertes gesamtuniversitäres Angebot als vielmehr auf wirtschaftlich-technische Angebote, die die vorhandene Nachfrage decken sollen. Sie reagieren schnell auf Marktanforderungen und richten Studiengänge ein, die nach kurzer Zeit viele Bewerber anziehen. Diese Wendigkeit und Schnelligkeit ist auch für den Anemonenfisch bezeichnend, der bei der Fortpflanzung das ungewöhnliche Modell der Geschlechtsumwandlung praktiziert. Alle Tiere sind zunächst männlich und leben mit einem dominierenden Weibchen zusammen. Wenn dieses stirbt, wandelt sich das Männchen in ein Weibchen um und sucht einen neuen Partner.

Typ Giraffe: Europäische UN-Programme und südafrikanische NROn

Die Kurse, die von *UN*-Organisation wie *UNESCO* und *UNDP* organisiert oder initiiert werden und in den Angeboten der in Südafrika beheimateten NROn wie *MISA*, *SABA* u.a. enthalten sind, verfolgen ihre Ziele mit weltanschaulichem Hintergrund. Die Fortbildung verfolgt im Grunde drei Ziele:
- Stärkung der Demokratie und Zivilgesellschaft, Entwicklung von Medienvielfalt und Politisierung der Journalisten.
- Ein Aufmerksamkeit-Erzeugen bezüglich Themen, die als nationale Gesundheitsgefahr angesehen werden wie AIDS und Malaria, sowie Themen, die aus europäischer Sicht, also aus nicht-mosambikanischer Perspektive, als besonders wichtig angesehen werden, wie die Förderung von Frauen oder der Kampf gegen Korruption und Vetternwirtschaft.
- Oft zählt dazu ein wirksamer Selbstschutz der Journalisten durch Zusammenschlüsse und Kenntnis des Medienrechts.

Diese Kurse haben oft eine Sichtweise, die mehrere afrikanische Länder in den Blick nimmt und grenzüberschreitende, manchmal sogar globale politische, gesellschaftliche und religiöse Strömungen, Entwicklungen und Konfliktherde registriert und einbezieht. Es ist oft eine Perspektive von oben, wie bei einer Giraffe, die weit sehen kann und auch weit gesehen wird, aber oft nicht in der Lage ist, Entwicklungen am Boden, kleinteilige Prozesse wahrzunehmen und zu beurteilen. Diese Sichtweise bei den Angeboten dieser Institutionen geht weniger von den vor Ort eingesetzten oder als Berater hinzugezogenen regionalen Medienexperten aus, sondern von den Entscheidungen der Experten in den Organisationen und Institutionen der Donors in Europa und USA oder auch Südafrika, Namibia und Tansania.
Die Kurse sind angesehen, haben eine hohe Reputation und – gerade im *UN*-Bereich – eine enorme Breitenwirkung: Viele Mosambikaner kommen mit *UN*-Kursen in Berührung. Analogiebildung mit der Giraffe ist hier möglich, die als schönes

und elegantes Tier gilt und sowohl einen großen Nahrungsdurchsatz (30 kg Pflanzen pro Tag) als auch einen sehr hohen Blutdruck hat.
Die Fortbildungen verfügen oft über einen sehr ansehnlichen Finanzrahmen. Sie sind dadurch kurzfristig sehr produktiv. Ein Nachteil ist, dass sie meist nicht über einen längeren Zeitraum stattfinden. Es gibt auf Dozentenseite wenig Kontinuität, auch die Ausstattung ist an Institutionen gebunden, die dann ihre Kräfte auf andere Länder oder andere Themen bündeln, wenn anderswo größere Probleme anstehen.

Typ Springbock: Fortbildung nach Auftraggeber-Zuschnitt

Der *SAMT*-Trust, vormals *Nordic-SADC-Journalism Training Institute (NSJ)*, ist eine kleine NRO, die auf Anfrage der Institutionen und Organisationen nach Zuschnitt der Auftraggeber journalistische Kurse durchführt. Dabei ist er nicht an einen bestimmten Ort oder zeitliche Semesterabfolge gebunden. Die Kurse selbst genießen einen guten Ruf, folgen wissenschaftlichen Standards und sind sehr aktuell und modern.
Diese Eigenschaft, sozusagen große Sprünge aus dem Stand machen zu können, führte zur Analogiebildung mit der südafrikanischen Antilopenart Springbock. Der Springbock kann Sprünge bis 3 ½ Meter machen und ist ein ausgesprochen schönes Tier: Es hat rotbraune Streifen und eine weiße Bauchseite, hat am weißen Kopf einen dünnen schwarzen Streifen von den Augen bis zum Maulwinkel und verfügt über geringelte, leierförmige Hörner.
Bedingt durch enge Zusammenarbeit mit einem großen Experten-Pool und ein relativ kleines Organisationsteam entstehen beim *SAMT*-Trust nur wenige Fixkosten. Auch diese Art des flexiblen Zusammenschlusse erinnert an den Springbock. Leben die Tiere in der Trockenzeit in kleineren Verbänden, schließen sie sich in der Regenzeit zu großen, teilweise riesigen Herden zusammen, um bessere Nahrungsgründe zu finden. Diese Migration ist auch das Los von Organisationen wie dem *SAMT*. Als angebotsorientierte Organisation, die von den Wünschen der sie beauftragenden Geldgeber abhängen, müssen sie sehr mobil sein und sind natürlich journalistischen Moden und Trends unterworfen.

7.3.3.3 Dozenten

Aus den Interviews konnten keine Rückschlüsse über Dozenten in Mosambik gewonnen werden.

7.3.3.4 Besucherfrequenz

Die Auswertung von S1.2.4 ergibt, dass auffälligerweise der Prozentsatz derjenigen, die Kurse in Kurse öffentlicher Institutionen besuchten (37%), fast genau mit dem derjenigen übereinstimmt, die an nicht-öffentlichen Kurse teilnahmen (36%). Betrachtet man die detaillierte Besucherverteilung, so ergibt sich folgende Darstellung:

Abb. 80: Besuchte Kurse

Abb. 80 zeigt in der Gesamtschau die Kurse, die in Mosambik besucht wurden.[297] Die nicht-öffentlichen Kurse sind durch helle und punktierte Tortenstücke dargestellt, die öffentlichen sind schraffiert. Spitzenreiter sind Kurse der Journalistenschule, gefolgt von *Rádio Moçambique*. Bei den nicht-öffentlichen Angeboten dominieren Radio-Kurse. Diese wurden zumeist bei katholischen Radios absolviert. Auch der Journalistenverband *SNJ* sowie Kurse der *UN* werden häufiger genannt.

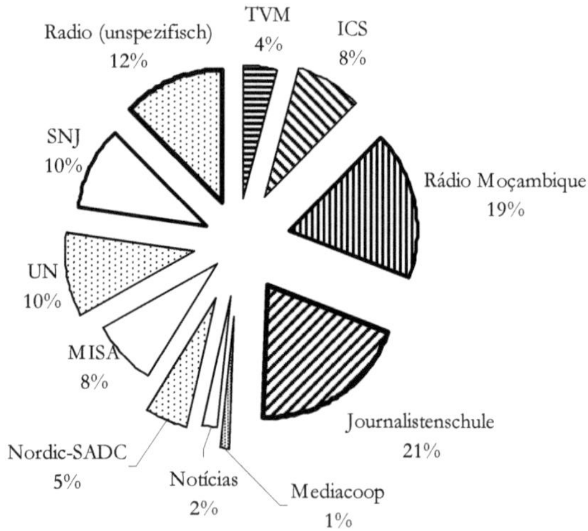

7.3.3.5 Finanzierung und Leitung

Es wurde deutlich, dass die staatsnahe Journalistenschule in einem Blockierungszustand ist und Reformen offenbar derzeit nicht vorgenommen werden. Die privaten Hochschulen dagegen sind durch ihren Zugang zu ausländischem Kapital und ihren großen Entscheidungsspielraum, der im Gesetz verankert ist (vgl. z.B. Publicação Oficial 1995), flexibel und marktangepasst. Das Funktionieren der verbandlichen Kurse steht und fällt mit nicht-mosambikanischen Spendengeldern.

[297] Die 8 Nennungen „Ausland" wurden hier nicht ins Gesamtsample aufgenommen, ebenso wenig die 18 Nennungen „Anderes" und die 21 „fehlende Antwort.

7.3.3.6 Methodik und Didaktik

Unterricht in den Schulen ist in Mosambik meist Frontalunterricht, oft müssen die Schüler gemeinsam nachsprechen, was der Lehrer vorspricht. Die Anwendung moderner pädagogischer Ansätze wie Gruppenlernen, Partizipation des Schülers, Aufbau auf dem Wissen des Schülers etc. ist selten. Es verlangt von mosambikanischen Dozenten, die eine solche Schulbildung genossen haben, ein großes Abstraktionsvermögen, besondere Intelligenz oder Berührungen mit nicht-mosambikanischen Lehrmethoden, um von dieser Art Frontalunterricht abzuweichen. Natürlich gibt es viele Dozenten, die mit vom Frontalprinzip abweichen:

> „(...) Da versuchen wir mehr oder weniger den theoretischen Teil so zu drehen, dass wir es mit einer realen Situation zu tun haben im Unterricht, will sagen, als ob man wirklich in einem Radiosender wäre. Da gibt es die Atmosphäre, die Schüler bilden Gruppen, machen kleine Zeitungen, danach wird dies und jenes diskutiert, beispielsweise über Quellen, die Leute fangen an zu fragen, was ist eigentlich eine journalistische Quelle?“ (L3, 15)

7.3.3.7 Bücher und didaktisches Material

> *„(...) Bedejo (1988) reported that a random sample of scholary papers presented at an international communication conference in Nigeria showed that more than 87 percent of their citations of communication textbooks were non-African.”* Okigbo/Pratt 1997: 12

Die Bibliotheken der meisten Bildungsinstitutionen in Mosambik haben folgende Arten von Büchern und Medien, die für journalistische Ausbildung benutzt und den Studenten und Schülern empfohlen werden:

1. historische Bücher zu Medien in Mosambik, teilweise unter kommunikationswissenschaftlichem Blickwinkel (siehe Kapitel 4.1.2)[298]. Das einzige Buch, das als originär mosambikanisches journalistisches Ratgeberbuch bezeichnet werden kann, wurde 1999 von Faruco Sadique veröffentlicht.

2. portugiesische Bücher, die auf einen europäischen Medienmarkt zugeschnitten sind und Merkmale und Spielarten zumeist des Printjournalismus, wie „Grandes Reportagens“, „Crónicas” und „Notícias“[299] beschreiben. Nur wenige analysieren, fast immer aus portugiesischer Sicht, einzelne Aspekte der Kommunikationswissenschaften. Meist beinhalten die Bücher philosophische, ethische und gesellschaftskritische Analysen im Essay-Stil, die durch die politisch-kulturelle Grundhaltung des Autors oder der Autoren geprägt sind.[300] Am nützlichsten für

---

[298] Z.B. Ribeiro, Fatima; Sopa, António: 140 anos de imprensa em Moçambique.

[299] Große (lange und breit angelegte) Reportagen, Chroniken (eine Art erzählender Kommentar), Nachrichten.

[300] Santos, José Rodriguez dos: O que e comunicaçao? Lisboa 1992 ; Crato, Nuno: Comunicação social a imprensa. Lisboa 1992; Linard: Direito, deontologia e ética dos media. Lisboa 1998.

den mosambikanischen Medienmarkt sind die den Medienmarkt beschreibenden Übersichtsbücher[301] und die wenigen Handbücher und Lexika.[302]

3. Bücher aus dem angelsächsischen Sprachraum, vor allem USA und England, teilweise in portugiesischer Übersetzung, die weniger weltanschauliche Fragen erörtern, sondern eher didaktisch aufbereitete Ratgeberbücher für handwerkliche und technische Aspekte der Medien und der journalistischen Produktion sind.[303] Einige stammen auch aus Frankreich, Italien oder anderen europäischen Ländern. Am aktuellsten sind naturgemäß die nicht übersetzten, die technisch meist einige Jahre den mosambikanischen Standards voraus sind. Gemäß der achtteiligen Gliederung von La Roche (s. Kap. 2.6.2) passen diese Bücher am ehesten in die Rubriken 2-5, also Arbeitstechniken-Ratgeber, Darstellungsformen, Ressorts und Fachgebiete und Medienspezifika.

4. Seltener finden sich brasilianische Bücher in mosambikanischen Medienbibliotheken. Diese sind teilweise beschreibend, teilweise eher als Ratgeber angelegt.[304] Dass es so wenige sind, ist bedauerlich, denn der brasilianische Buchmarkt in diesem Bereich ist deutlich größer und vielfältiger als der portugiesische und beschäftigt sich stärker mit dem Fernsehen, vor allem den Telenovelas, sowie dem Radio. Durch die Vielzahl kommunikationswissenschaftlicher Fakultäten in Brasilien gibt es zahllose Veröffentlichungen im Bereich Medien-, Kommunikations- und Publizistik-Wissenschaft und eine Vielzahl wissenschaftlicher Zeitschriften.

5. Die *UNESCO* versendet regelmäßig an alle Bibliotheken die von ihr oder mit ihrer Beteiligung produzierten Bücher und Materialien. Dabei handelt es sich um Beschreibungen und Verzeichnisse der mosambikanischen Medien, um Beschreibungen und Ergebnisse der Tagungen und Seminare, die mit *UNESCO*-Beteiligung organisiert werden, *UNESCO*-Newsletter, meist thematisch gebunden, sowie um praktische journalistische Ratgeber, meist mit thematischen Schwerpunkten wie AIDS oder Wirtschaft. Diese sind teilweise didaktisch angelegt und mit zusätzlichem Material versehen wie Videokassetten, speziellen Manualen, Arbeitsbüchern mit Fallstudien und Aufgaben sowie Lösungsvorschlägen. In der Kategorisierung von La Roche sind diese Bücher sozusagen eine Mischung aus den Rubriken Ressorts/Sachgebiete und Medienethik. Allerdings geht es in den *UNESCO*-Büchern auch um die adäquate und medienspezifische Ver-

[301] Lopes, Victor Silva: Iniciação ao jornalismo audio visual. Lisboa 1976 sowie Iniciação ao jornalismo (1980); Lopes, Armando: Comunicação e difusão. Lisboa 1999.

[302] Cascais, Fernando: Dicionário de Jornalismo. As Palavras dos media. Lisboa 2001; Letria, Joaquim: Pequeno Breviário Jornalístico. Lisboa 1999; Rodriguez, Adriano Duarte: Dicionário breve da informação e da comunicação. Lisboa 2000.

[303] Fiske, John: Introdução ao Estudo da comunicação. Porto 1999; Kelly, Neil: Dossier Media e comunicações. Lisboa 2000; Tozer, Norman: Guia práctica da fotografia. Lisboa 1995; Jeaneney, Jean-Noel: Uma História da comunicação social. Paris 1996; Mattelart, Armand e Michèle: História das Teorias da Comunicação. São Paulo 1999.

[304] Z.B: Barbeiro, Herédoto/de Lima, Rodolfo: Manual de Telejornalismo. Rio de Jan. 2002; Veronezzi, José Carlos: Midia de A a Z. São Paulo 2002.

mittlung von Themen aus Politik und Gesundheit.[305] Die NRO *INDE*[306] gab Ende der 90er Jahre eine Reihe von Taschenbüchern heraus, die auf das Medienspektrum französischsprachiger und portugiesischsprachiger Länder zugeschnitten ist (‚grüne Reihe').[307]

6. Da mosambikanische Institutionen oft temporär durch nationale Programme oder NROn gefördert werden, findet sich in den Bibliotheken, die Journalisten-Aus- und Fortbildung versorgen, oft ein „Bodensatz" russischer, italienischer, holländischer und dänischer Fachbücher, meist älteren Datums, die – außer für einen Dozenten, der die Sprache beherrscht – kaum praktischen Nutzen haben.

7. Manche Bibliotheken abonnieren mosambikanische Zeitungen und Zeitschriften oder erhalten kostenlos sporadisch Zeitschriften von NROn, *UN*-Organisationen o.ä. Diese befinden sich selten archiviert in den Bibliotheken, sondern gehen meist den Umweg über die Sekretariatsbediensteten oder Leiter der Institutionen, bis sie in meist unvollständigen Sammlungen von 10 oder 20 Exemplaren in den jeweiligen Regalen landen. Eine systematische Archivierung von mosambikanischen Medienerzeugnissen wurde in den besuchten Lehranstalten, Redaktionen oder der Journalistenschule nie aufgefunden.

8. Einführungs- und Grundlagenbücher für Journalisten in Mosambik gibt es nicht, ebensowenig Beschreibungen der mosambikanischen Medienspezifika, wie Fax- und Wandzeitung. Spezifisch journalistische Sprachratgeber gibt es nicht, lediglich erste Ansätze einer wissenschaftlichen Betrachtung der Besonderheiten des mosambikanischen Portugiesisch, meist in Abgrenzung zum portugiesischen oder brasilianischen Portugiesisch.[308] Desiderat bleiben Analysen des Medienrechts, die bisher nur Sadique in seinem Buch begonnen hat. Hier wäre eine wichtige Lücke zu schließen, denn es gibt Indizien dafür, dass die meisten mosambikanischen Journalisten nur eine vage Vorstellung des Medienrechts haben.[309] Literatur zu Medienethik fehlt ebenfalls bisher.

---

[305] In Deutschland wird diese Art von Büchern von der *Bundeszentrale für politische Bildung* in der siebenbändigen Sachbuchreihe „Themen und Materialien für Journalisten" (Umwelt, Wirtschaft etc.) herausgegeben.

[306] Die portugiesische NRO *INDE* (Lissabon) ist im politischen und journalistischen Bereich tätig und versucht in den letzten Jahren vor allem in Guiné Bissau, Timor sowie durch Lobbyarbeit in Portugal unterprivilegierten Menschen und Kindern durch Mediationen, Projektarbeit und Zeitschriften zu einem selbstbestimmten Leben zu verhelfen (www.inde.pt).

[307] Dazu gehören: Brosseau, J.M./Soncin, J.: Criar, gerir e animar uma rádio. Lisboa 1999; Fra, Daniel: Criar, gerir e animar uma publicação. Lisboa 1998; Ponthieau: O jornalismo em 30 perguntas e respostas. Lisboa 1998; Tudesq, A.-J. e Nédélec, S.: Jornais e radios em Africa nos séculos XIX e XX. Lisboa 1998.

[308] Unter anderem: Irene Mendes (2000, Basis ist ihre Diplomarbeit von 1994): O Léxico no Português de Moçambique (Aspectos Neológicos e terminológicos). Auflage: 500. Maputo; Gregório Firmino: A „Questão Linguística" na África Pós-Colonial: O caso do Português e das Línguas Autóctones em Moçambique. Auflage: 500. Maputo 2002.

[309] Keiner der unterrichteten Studenten, immerhin ¼ davon praktizierende Journalisten, ein weiteres Viertel zumindest mit Praktikumserfahrung, kannte in 2004 beispielsweise das seit 1991 geltende Gegendarstellungsrecht.

7.3.3.8 Stellenwert von Qualifikation

Abb. 81: Wunsch nach Ausbildung

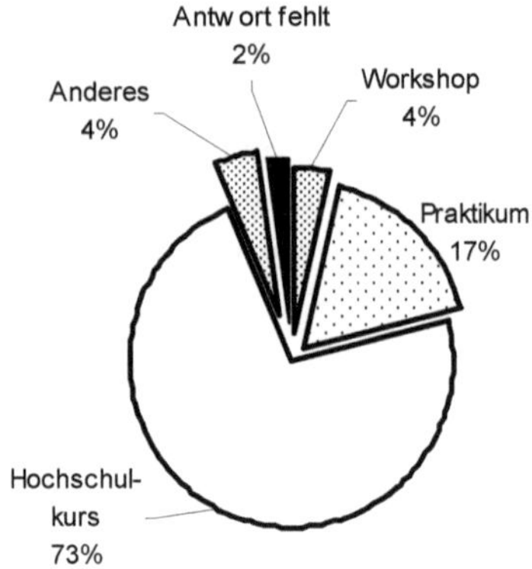

Abb. 81 (Tortendiagramm) zeigt den Prozentsatz der gewünschten Aus- und Fortbildungen (Frage S2.1). Es wird deutlich, dass der Wunsch nach universitärer Ausbildung die anderen Optionen bei weitem überrundet.

Bei den Fragen S2.5 bis S2.7 handelt es sich um eine Serie, die der Frage nachgehen, welchen Vorteil ein Journalist mit höherer Ausbildung in Mosambik im Vergleich zu Kollegen ohne höhere Ausbildung hat. Die Fragen können jeweils nur mit „Ja" oder „Nein" beantwortet werden und lauten:

S2.5 Ist Ihrer Meinung nach ein Journalist, der eine höhere Ausbildung hat, glaubwürdiger als einer, der keine hat?

S2.6 Ist Ihrer Meinung nach ein Journalist, der eine höhere Ausbildung hat, einflussreicher als einer, der keine hat?

S2.7 Vereinigt Ihrer Meinung nach ein Journalist, der eine höhere Ausbildung hat, günstigere Bedingungen, um als besserer Journalist zu arbeiten, als einer, der keine hat?

Abb. 82: Ist der akademisch gebildete Journalist glaubwürdiger?

Frage S 2.5	Ja	Nein	k.A.
Anzahl	37	95	1
in %	28	71	

Zunächst geht in S2.5 also um die Glaubwürdigkeit („mais credível"), um die Frage, ob die Rezipienten, die Leser, Hörer und Zuschauer dem Journalisten bei der Vermittlung der Information Glauben schenken. Etwa 1/3 der Befragten bejaht dies, 2/3 sind der Meinung, diese Aussage stimmt nicht. [310]

Abb. 83: Ist der akademisch gebildete Journalist einflussreicher?

Frage S 2.6	Ja	Nein	k.A.
Anzahl	43	88	2
in %	33	66	

In S2.6 wird das Adjektiv „einflussreicher" („mais influente") benutzt. Dies kann sich auf Einfluss in der Redaktion beziehen, also beispielsweise eine höhere Position, auf Einfluss in der Gesellschaft und bei den Rezipienten, indem z.B. die Qualität des journalistischen Produkts höhere

[310] Bei 2.5 wurde einmal die Antwort nicht gegeben, bei 2.6 zweimal. Diese Zahlen wurden im Sinne einer klareren Darstellung hier weggelassen.

Standards erreicht und dadurch den Einfluss des Journalisten erhöht. Ein gutes Drittel der Befragten hält dies für zutreffend, 66% nicht.

Abb. 84: Ist der akademisch gebildete Journalist begünstigt?

S 2.7	Ja	Nein
Anzahl	64	69
In %	48	52

Die Frage S2.7 forscht danach, ob der Journalist mit höherer Ausbildung günstigere Startbedingungen hat, ein besserer Journalist zu sein („condições mais favoráveis para ser melhor jornalista"). Die Frage wurde im Gegensatz zu den beiden vorherigen von allen 133 Befragten beantwortet. Interessanterweise ist die Zahl der „Ja"- und „Nein"-Stimmen jetzt fast gleich: 64 Personen halten diese Aussage für zutreffend, während 69 Personen dies nicht glauben.

Stellt man die Antworten der Fragen S2.5, S2.6 und S2.7 in einem Diagramm zusammen, wird die Annäherung der „Ja"- und „Nein"-Stimmen deutlicher.

Abb. 85: Besserer Journalist, aber nicht glaubwürdiger

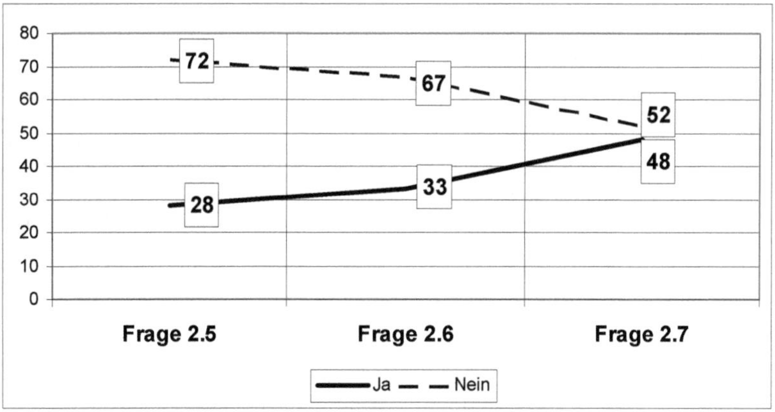

Das Diagramm (Abb. 85) stellt die Ja- und Nein-Antworten aus den Fragen S2.5, 2.6 und 2.7 zusammen (Angaben in Prozent). Fast die Hälfte der Befragten ist der Meinung, dass eine höhere Ausbildung einen besseren Journalisten ausmacht oder zumindest die Wahrscheinlichkeit erhöht, dass jemand ein guter Journalist ist oder wird. Weniger sind der Meinung, dass der Einfluss eines Journalisten mit höherer Ausbildung steigt und noch weniger glauben, dass die Ausbildung auch die Glaubwürdigkeit beeinflusst.

7.3.3.9 Koordinierung der Aus- und Fortbildung

"There appears to be a market out there for professional training for journalists. At present, everyone is doing a bit of this and a bit of that." June Lutwama, Malawi Polytechnic[311]

Dieses Zitat aus Mosambiks Nachbarland Malawi spiegelt die Unkoordiniertheit wieder, mit der journalistische Aus- und Fortbildung im südlichen Afrika oft geschieht. Im mosambikanischen Ministerium für Höhere Bildung äußern sich zwei Mitarbeiter, die auf gleicher hierarchischer Ebene angesiedelt sind, unterschiedlich:

- „In meiner Eigenschaft als Koordinator des Strategieplanes der Höheren Bildung habe ich die Funktion des Supervisors über alles, was mit Hochschulbildung zu tun hat, eingeschlossen der Etablierung neuer Institutionen. Wenn es also einen Einfluss auf die Politik bezüglich der Journalistenausbildung in Mosambik gibt, dann nur auf dem Niveau der höheren Bildung, weil in anderen Bereichen haben wir keine Kompetenz" (L10, 2: Arlindo Chilundo)
- „We don't really influence the institutions of higher education, they have a lot of autonomy". (Fatima Armade, Mosambikanisches Ministerium für höhere Bildung, Wissenschaft und Technik MESCT beim Hintergrundgespräch 3.8.2005).

Die Direktorin des *CSCS* äußert sich kritisch zur Etablierung neuer journalistenausbildenden Institutionen:

> „(...) Es gibt eine professionellere Ausbildung, die den Journalisten gegeben wird, die anders ist als die, die hier so angewandt wird, aber ich glaube, dass diese Ausbildung sehr breit und sehr einflussreich ist. Denn das sind Organisationen, die aus anderen Gegenden kommen, weil unser Ambiente hier ist sehr liberal. Jede beliebige Organisation kommt hierher, sucht sich Partner und macht Aktivitäten mit denen und ich will nicht sagen, dass das schlecht wäre. Jeder bringt seine Vision ein, und der Journalist, der diese solide und menschliche Ausbildung nicht hat und diese nationale und kulturelle Identität, der vertraut auf sich allerdings ohne jede Fähigkeit, Dinge zu unterscheiden" (L12, 12).

[311] Morna/Khan 2001: 39.

7.3.4 Forschungsergebnisse Teil 3 (g, h): Aus- und Fortbildung der Journalisten

Die im Einleitungskapitel vorgestellten Fragen g) und h) werden hier beantwortet, Fragen i) und j) in den Kapiteln 8, 9, 10 und 11.

g) Welche Ausbildungsmöglichkeiten existieren? Wie sind die jeweiligen Programme ausgestattet?

Die aufgestellte Hypothese, eine Einteilung in öffentlich/nicht-öffentlich sowie mosambikanisch/nicht-mosambikanisch sei sinnvoll, hat sich nicht bestätigt. Stattdessen wurde anhand afrikanischer Tiere (Kap. 7.3.3.2) eine neue Einteilung in fünf Arten entwickelt und vorgestellt. Die Ausstattung der Programme ist unterschiedlich: die Journalistenschule hat nur geringe Mittel und verfügt daher über wenige Bücher und keine Studios. *ISPU*, *UCM* und *ISCTEM* verfügen über gut ausgestattete Bibliotheken, die *UCM* seit 2004 auch über ein Radiostudio zu Trainingszwecken. Die *UNESCO*-Kurse sind mit vielfältigem, größtenteils selbstproduziertem und hervorragendem Material ausgestattet, die Schulungsräumlichkeiten hängen meist davon ab, in welcher Institution der jeweilige Workshop stattfindet.

Die Journalistenschule ist regierungsnah, die *UEM* mit der neuen Journalismusfakultät eher neutral bis regierungskritisch, *ISPU* und ISCTEM marktorientiert, die *UCM* mit katholischem Auftrag friedens- und demokratiefördernd, die Angebote der *UNESCO* fokussieren (themenorientiert) die Stärkung der Zivilgesellschaft und Demokratie, Förderung von Frauen sowie Betonung von Themen wie AIDS.

Abb. 86: Ziele der Journalisten-Aus- und Fortbildung in Mosambik

	politisch orientiert	**handwerklich orientiert**	**theoretisch orientiert**	**thematisch orientiert**	**standesdenkend orientiert**
Ziel	Journalisten so prägen, dass sie politische Veränderungen herbeiführen wollen und können	Journalisten so ausbilden, dass sie die Techniken, Genres und Stile ihres Berufes kennen und anwenden können	Vermittlung von Kommunikationstheorie, Mediengeschichte etc.	Journalisten mit Themen (AIDS, Landrecht o.ä.) vertraut machen, damit sie diese zielgruppenadäquat vermitteln	Journalisten vermitteln, dass sie eine Einheit bilden, ein gemeinsames Profil und Aufgaben haben, einen „Stand" bilden
Typischerweise Ziel von **Ausbildung**		X	X	(X)	(X)
Typischerweise Ziel von **Fortbildung**	X	(X)		X	X
Typische Institution in Mosambik	*UN*	Journalistenschule	Universitäten	*UN*	*MISA*; *UN* (*FORCOM* oder Journalistinnenverband)

[(X=meistens; (X)=selten; fehlendes X: nie]

Abb. **86** ergänzt und erweitert Abb. 10. Die Aus- und Fortbildung wird in fünf grobe Kategorien unterteilt und den einzelnen Institutionen zugeordnet. In den unteren drei Zeilen werden Anhaltspunkte für eine in Mosambik geltende Typisierung gegeben.

h) Welche Politik der Journalistenausbildung wird verfolgt: von Regierungsseite, von Seiten internationaler Geber, von Seiten der NROn?

Die Institutionen und Kurse, die im Bereich Journalistenausbildung arbeiten, verfolgen in der Regel Programme, die den individuellen Vorgaben der ausländischen Donors und Geldgeber folgt; die politisch legitimierten Gremien (Ministerien, Journalistenverband, Schiedsstelle), die Leitlinien für eine Journalistenausbildung festlegen könnten, befinden sich in der Phase der Meinungsbildung und Verantwortungsfestlegung.

Die Aus- und Fortbildung der Journalisten in Mosambik ist nicht koordiniert. In einem unkoordinierten Prozess werden teils öffentliche, teils private Universitäten eröffnet, werden Programme und Curricula zumeist ohne die Basis irgendeiner Erhebung, Umfrage, Untersuchung o.ä. erstellt. Das Ministerium für höhere Bildung hat einen geringen Einfluss auf die Universitäten und nur die Journalistenschule unterliegt staatlichem Einfluss. Sämtliche andere Aus- und Fortbildungen sind durch verbandliche, teilweise internationale und letztlich unkoordinierte Initiativen gesteuert.

Die Einflüsse, denen die Aus- und Fortbildung unterliegt, werden im folgenden Modell dargestellt:

Abb. 87: Einflüsse auf die Aus- und Fortbildung von Journalisten

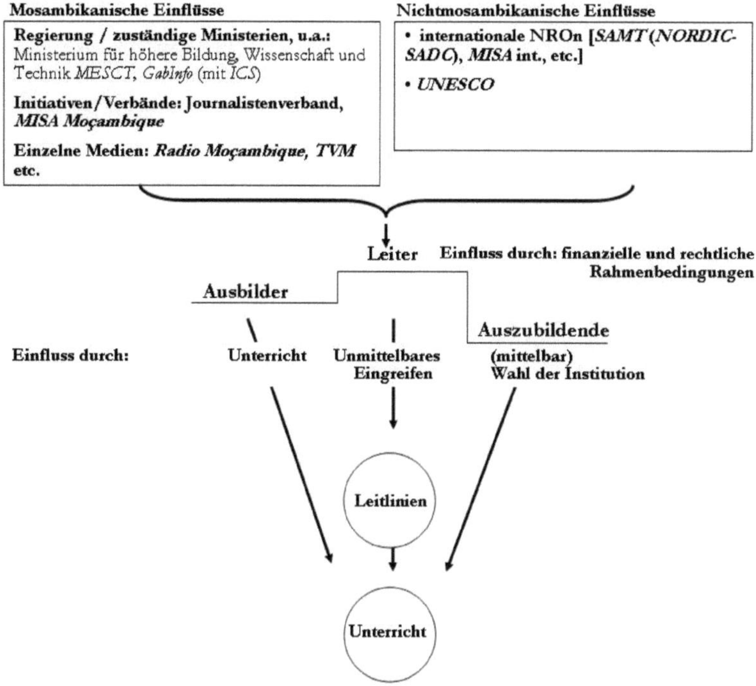

Abb. 87 soll zeigen, wie die Richtung/der Fokus sowie die Inhalte der Journalistenausbildung in Mosambik gesteuert werden.

Die beiden kleinen Kreise verdeutlichen a) die Leitlinien der Journalistenausbildung, also ihre Prägung aus der Makroperspektive: konfessionell gebunden oder nicht, mehr dem universitären Ideal der freien Lehre verbunden oder arbeitsmarktorientiert, Zielgruppe Journalisten oder Schulabsolventen etc.; b) die Inhalte des Unterrichts auf der Mikroebene: Welche Fächer, welche Arten Veranstaltungen (Vorlesungen, Seminare, Gruppenarbeit...), welche Bücher werden benutzt etc.

Einfluss auf die Richtlinien einer Institution nehmen nur die Akteure, also die Geldgeber, Rektoren etc. einer Institution bzw. einer Bildungsinitiative. Dies geschieht unmittelbar durch Entscheidungen bei Gründung einer journalistenausbildenden Institution bzw. bei Beginn eines Kurses bzw. parallel durch Grundsatzentscheidungen und Änderungen der Ausbildungspläne, Curricula etc. Einfluss auf den Inhalt der Ausbildung nehmen nicht nur die Leiter, sondern auch die Ausbilder (professores) durch ihren Unterricht sowie indirekt auch die Auszubildenden durch die Wahl der Institution oder des Kurses, an dem sie teilnehmen („Abstimmung mit den Füßen").

Einfluss auf die Richtlinien eines Kurse/einer Institution werden genommen durch mosambikanische und nicht-mosambikanische Kräfte, verdeutlicht durch die beiden Kästen oben: Der Einfluss mosambikanischer Kräfte kann sich zum einen in konkreter politischer Einflussnahme durch Entscheidungen des *Gab Info* oder der Ministerien zeigen, zum anderen durch Gesetzesentscheidungen, die direkt oder indirekt die Journalistenausbildung betreffen oder die Institution, die diese durchführt/trägt. Der Einfluss nicht-mosambikanischer Kräfte bezieht sich in der Regel auf die von diesen Kräften/Gruppen intendierte Ausbildung und geschieht durch die Gewährung oder Nicht-Gewährung finanzieller Mittel und politische Einflussnahme.

IV. Kritik und Perspektiven (Forschungsergebnisse i und j)

Im letzten Abschnitt sollen in vier Schritten Perspektiven für eine zukünftige Aus- und Fortbildung von JournalistInnen in Mosambik dargestellt werden. Damit werden auch die letzten beiden Leitfragen beantwortet:

i) Welche Aus- und Fortbildung wird von den mosambikanischen Journalisten gewünscht?

j) Welche Perspektiven bestehen im Mediensektor für die Zukunft?

Kaptitel 8 stellt die Kritik und Empfehlungen der Mosambikaner dar, wie sie sich aus den ausgewerteten quantitativen und qualitativen Interviews ergibt.

Kapitel 9 zeichnet Zukunftsszenarien: Wie könnte sich die Medienlandschaft in Mosambik verändern, welche Einflüsse spielen wahrscheinlich eine Rolle?

Kapitel 10 gibt allgemeine und konkrete Empfehlungen für eine zukünftige, sinnvoll koordinierte Aus- und Fortbildung der Journalisten, die an mosambikanische, afrikanische und sonstige Institutionen gerichtet ist, die im Medienbereich Maßnahmen durchführen.

Kapitel 11 beschreibt Forschungsdesiderate.

8. Mosambikanische Kritik an der Journalisten-Aus- und Fortbildung

Hier werden die Ergebnisse der Auswertung der standardisierten Fragebögen vorgestellt werden, die Wünsche, Bedürfnisse und Vorstellungen der Befragten bezüglich Aus- und Fortbildung umfassen.

8.1 Generelle Präferenzen

Die 1. Frage des zweiten Frageblocks (S2.1) lautet: „Welche Ausbildung würden Sie Ihrem Lebenslauf gerne hinzufügen? Zur Auswahl stehen: Workshop, Praktikum, Hochschulkurs, anderes (bitte angeben)".

Teilweise wurden, da dies nicht explizit untersagt war, mehrere Antwortmöglichkeiten angekreuzt, insgesamt 138 Optionen bei einer Anzahl von 133 Befragten. Das Ergebnis ist sehr eindeutig zugunsten der Hochschulausbildung, wie das folgende Tortendiagramm zeigt.

Abb. 88: Die meisten wollen eine Hochschulausbildung

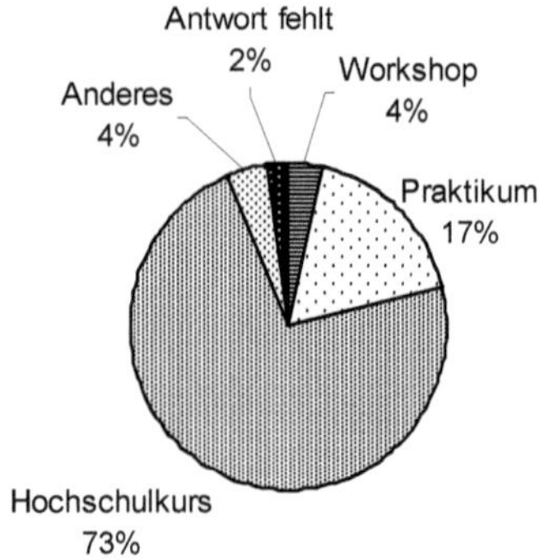

Das Tortendiagramm (Abb. 88) zeigt den Prozentsatz der gewünschten Aus- und Fortbildungen (Frage S2.1).[312] Insgesamt 100 Befragte würden gerne an einer Hochschule studieren, darunter auch über die Hälfte derjenigen, die bereits ein Studium absolviert haben. 24 würden sich über ein Praktikum freuen, nur fünf über einen Workshop. Fast alle scheinen Geschmack gefunden zu haben, denn von den 24 Personen, die ein Praktikums wollen, haben 19 schon einmal an einem kurzen Kurs, Praktikum oder Workshop teilgenommen, bei denjenigen, die gerne an einem Workshop teilnehmen würden, sind es alle fünf. Nur wenige Personen haben bei zusätzlichen Angaben Ausbildungswünsche eintragen lassen. Drei davon gaben Sprachen an, wobei einer davon mit „Englisch und Französisch“ konkreter antwortet als die beiden anderen, je einer „Informatik“, „Medien“ und (offenbar missverständlich) „Brasilien“. Drei Personen antworten nicht, da die Option „Keine“ nicht gegeben war, kann davon ausgegangen werden, dass sie kein Interesse an einer Ausbildung haben.

Die Frage S2.3 lautet: „Halten Sie ein Praktikum in einem Organ der Medien für die Ausübung des journalistischen Berufes für unabdingbar (‚obrigatório')?“

Bei zwei fehlenden Antworten ist die Antwort ein klares Votum für die Notwendigkeit: 122 haben „Ja“ gewählt, nur 9 nein. Übrigens haben auch fast alle bis auf zwei Personen die Frage mit „Ja“ beantwortet, die zuvor in Frage S1.2.2 zugegeben hatten, kein Praktikum, Workshop oder Kurs absolviert zu haben.

Unter Nummer S2.4 wird gefragt, welches die bestmögliche Ausbildung für einen mosambikanischen Journalisten ist. Es werden unter (a)-(f) insgesamt sechs unterschiedliche Optionen einer höheren Ausbildung zur Auswahl gestellt, mit der Aufgabe, jede Option mit einer Nummer zu versehen. Die Anweisung lautet:

> „Ordnen Sie bitte in wachsender Reihenfolge, von “bestmöglich” bis “am wenigsten gut” die folgenden Optionen. Die Nummer 1 bezeichnet die Ausbildung, die Ihrer Meinung nach am besten geeignet ist. Mit Nummer 2 bezeichnen Sie die Ausbildung, die weniger geeignet („inferior“) ist als Nummer 1 und so weiter bis zur Nummer 6, mit der Sie die Ihrer Meinung nach am wenigsten geeignete Option beziffern. Am Ende befindet sich in jedem Kästchen eine Nummer.“

(a) ☐ Ausbildung (“curso profissional”) in Journalismus, ohne Spezialgebiet (10. bis 12. Klasse)
(b) ☐ Ausbildung (“curso profissional”) in Journalismus, die ein Spezialgebiet umfasst (Telejournalismus, Radiojournalismus, etc.) (von der 10. bis zur 12. Klasse)
(c) ☐ Höhere Ausbildung (“curso superior”) im Journalismus

[312] Die Grundgesamtheit beträgt aufgrund von Doppelnennungen n=138.

(d) ☐ Höhere Ausbildung ("curso superior ") im Journalismus die ein Spezialgebiet umfasst (Telejournalismus, Radiojournalismus, etc.)
(e) ☐ Höhere Ausbildung ("curso superior ") in Kommunikationswissenschaft ("ciências da comunicação") oder Medienwissenschaft ("comunicação social")
(f) ☐ Höhere Ausbildung in dem Gebiet, in dem der Journalist zukünftig arbeiten wird (Wirtschaft, Sport etc.)

Die Option (b) entspricht am ehesten dem, was die Journalistenschule in Maputo anbietet, Option (d) entspricht etwas dem Wahlangebot der neuen Kommunikationsfakultät *ECA* der *UEM*, (e) wird an der *Universidade Católica* in Nampula gelehrt. Das folgende Säulendiagramm zeigt das Gesamtergebnis aus Frage S2.4.

Abb. 89: Klassische Kommunikationswissenschaft ist begehrt

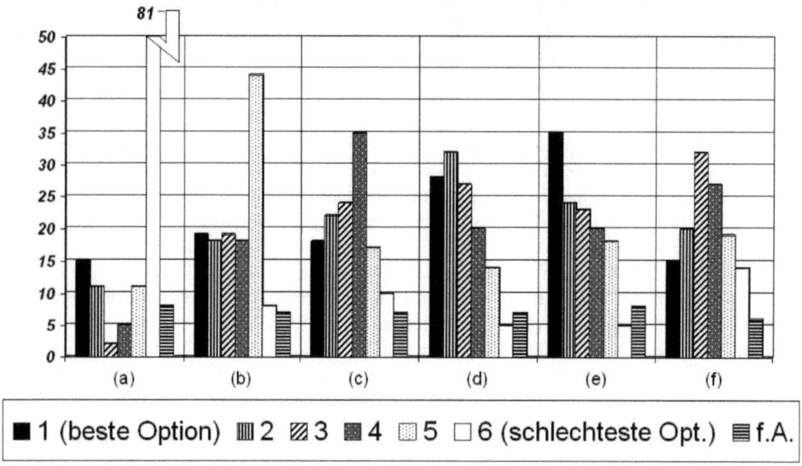

Abb. 89 zeigt die Bewertung der bestmöglichen Ausbildung für Journalisten bei sechs Optionen (a) bis (f) und Bewertungen von 1 (sehr geeignet) bis 6 (wenig geeignet) (Frage S2.4).[313] Es wird deutlich, dass die meisten Journalisten eine Ausbildung in Journalismus ohne Spezialgebiet (a) für am wenigsten geeignet halten. Auch die Option (b), eine Ausbildung mit Spezialgebiet, scheint den meisten wenig attraktiv.[314]
Am meisten 1-Stimmen fallen auf eine höhere Ausbildung in Kommunikations- und Medienwissenschaft (e), dicht gefolgt von der Option höhere Ausbildung in Journalismus mit Spezialgebiet (d). Da die übrigen Säulen in dieser Darstellung schwierig zu interpretieren sind, wurde für das folgende Diagramm die Zusammenstellung dahingehend zugespitzt, dass bei jeder Option die Stimmen für die Bewertungen 1-3 (sehr gut geeignet und weniger) sowie 6-4 (wenig geeignet und mehr) zusammengefasst wurden.

[313] f.A. bedeutet „fehlt Antwort"
[314] Dies ist mit dem Vorbehalt zu sehen, dass die anderen aufgeführten Ausbildungen [(c)-(f)] umfangreicher sind und daher den meisten Journalisten wahrscheinlich attraktiver erscheinen; es handelt sich ja um eine fiktiv gestellte Frage, die keine Konsequenzen nach sich zieht oder eine Kosten-Nutzen-Rechnung fordert.

Abb. 90: Kumulierte Stimmen für die Ausbildungsoptionen[315]

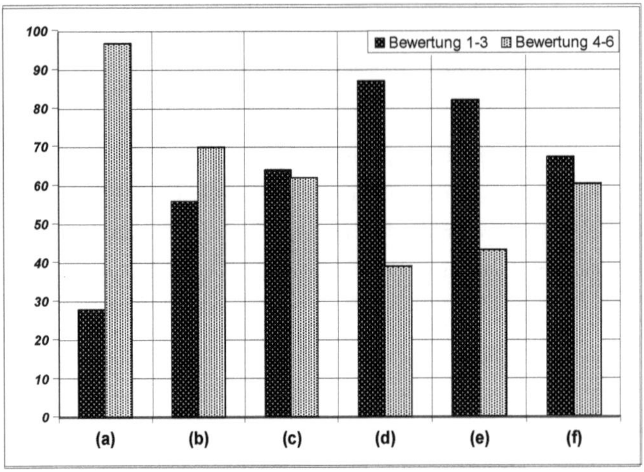

Abb. 90 zeigt die kumulierten Stimmen (1-3 und 4-6) für die Ausbildungsoptionen (a) bis (f) (Frage S2.4) und betont deutlicher die Präferenzen. Option (d), eine höhere Ausbildung im Journalismus, die ein Spezialgebiet wie Telejournalismus oder Radiojournalismus umfasst, hat am meisten Bewertungen von 1-3 und am wenigsten von 4-6 und ist damit insgesamt am positivsten bewertet. Option (e), eine höhere Ausbildung in Kommunikationswissenschaft oder Medienwissenschaft, rangiert dahinter, danach kommt Option (f), eine höhere Ausbildung in dem Gebiet, in dem der Journalist zukünftig arbeiten wird (Wirtschaft, Sport etc.). Die Optionen (b) und (c), also eine Ausbildung in Journalismus, die ein Spezialgebiet wie Telejournalismus oder Radiojournalismus umfasst und von der 10. bis zur 12. Klasse geht, sowie eine höhere Ausbildung im Journalismus liegen etwa gleichauf, am wenigsten geeignet mit am meisten kumulierten Stimmen 4-6 und am wenigsten Stimmen 1-3 erscheint die Option (a), eine Ausbildung in Journalismus ohne Spezialgebiet (10. bis 12. Klasse).
Insgesamt ist also die Attraktivität von Kursen an Hochschulen deutlich höher als von Kursen, die die 10.-12. Klasse umfassen. „Königsweg" scheint den meisten Journalisten die praktische journalistische Hochschulausbildung mit einer Spezialisierung zu sein.

Frage S2.2. lautet:

„ Wo würden Sie gerne ausgebildet werden? (bitte nur eine Option auswählen):
- in Mosambik: Journalistenschule (Maputo), *ISPU* (Maputo), *ISCTEM* (Maputo), *UEM* (Maputo), *UCM* (Nampula)
- außerhalb Mosambiks: wo? (Land eintragen)"

Insgesamt 173 Einzelantworten wurden gegeben. Das folgende Tortendiagramm zeigt die Präferenzen für bestimmte Schulen und Hochschulen:[316]

---

[315] Die fehlenden Antworten wurden hier weggelassen, da sie an dieser Stelle keinen Erkenntnisgewinn versprechen. (a) Ausbildung in Journalismus, ohne Spezialgebiet (Klasse 10.-12.), (b) Ausbildung in Journalismus mit Spezialgebiet (Klasse 10.-12.), (c) Höhere Ausbildung im Journalismus, (d) Höhere Ausbildung im Journalismus mit Spezialgebiet, (e) Höhere Ausbildung in Kommunikationswissenschaft oder Medienwissenschaft, (f) Höhere Ausbildung in Gebiet wie Wirtschaft, Sport etc.

[316] Bei der Rubrik „Ausland" wurden oft mehrere Länder von ein und derselben Person genannt, während bei der Wahl der mosambikanischen Hochschulen nur in einem einzigen Fall zwei In-

Abb. 91: Ausland begehrt, private Unis nicht sehr

Abb. 91 zeigt die Votierung (Anzahl und Prozent) für Hochschule und Journalistenschule (Frage S2.2). Mit 35% möchte der Löwenanteil der Befragten gerne im Ausland studieren, 1/5 an der staatlichen *Universidade Eduardo Mondlane* in Maputo, weitere 15% an der *Universidade Católica de Moçambique* in Nampula.[317] 13% wünschen sich ein Studium an der Journalistenschule, 9% wollen an der Technischen Uni *ISPU* studieren, 5% an der *ISCTEM*, der Mosambikanischen Hochschule für Wissenschaft und Technik.

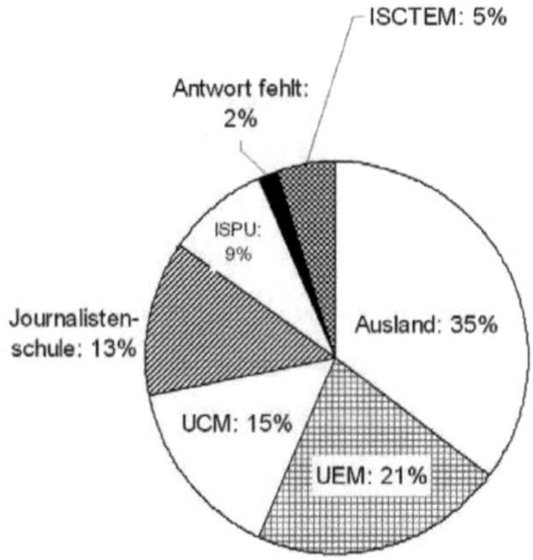

Etwas zugespitzter stellt sich das Diagramm dar, wenn man Staatliche Institutionen (also *UEM* und Journalistenschule) und private (also *UCM, ISPU, ISCTEM*) zusammenfasst, wie im folgenden Tortendiagramm.

Abb. 92: Staatliche Schulen begehrt

Abb. 92 kumuliert die Ausbildungswünsche unterteilt nach staatlicher und privater Institution (nur Prozentangaben) (Frage S2.2). Sie zeigt das Ausland wie im vorherigen Tortendiagramm an der Spitze der Wünsche mosambikanischer Journalisten. Der Wunsch, an einer staatlichen Institution zu studieren, überwiegt den nach einem Studium auf einer Privatschule, was dem hohen Anteil der *UEM* geschuldet ist, die alleine (25%) fast so viele Stimmen hat wie die anderen drei Hochschulen zusammen (29%).

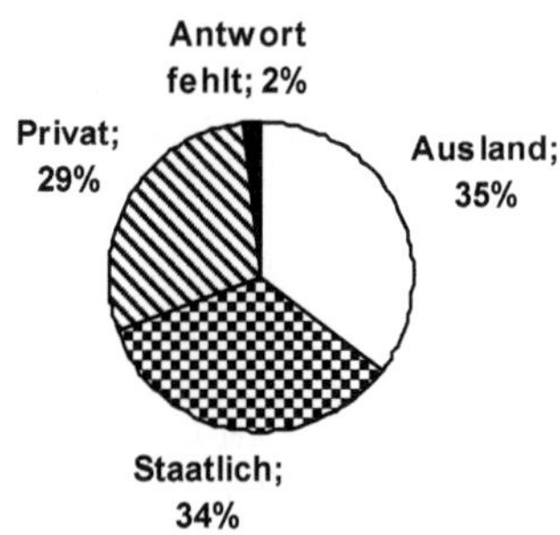

stitutionen von ein und derselben Person ausgewählt wurden, also ein vernachlässigbarer Wert. Um den Anteil der Auslandswünsche nicht überproportional gegen die mosambikanischen Institutionen zu gewichten, wurde bei den Stimmen für das Ausland im direkten Vergleich zu mosambikanischen Institutionen lediglich die Zahl der Personen, die überhaupt ein oder mehrere Länder angegeben hatten, in denen sie gerne studieren würden, mit in die statistische Aufbereitung genommen, also 58 im Vergleich zu insgesamt 67 Ländernennungen. Die letzte Zahl wird erst bei der Auswertung der Länder innerhalb der Rubrik „Ausland" eine Rolle spielen.

[317] Die *UCM*-Prozentzahl von 15% ist mit Vorbehalt zu betrachten, da die Interviewer von dieser Universität kamen und dies auch aus einem vor dem Interview überreichten Brief mit Universitätswappen sowie Fotos von Dozenten hervorging. Daher ist es möglich, dass diese Präferenz situationsbedingt stärker ausfiel als bei einem denkbaren anderen Interview. Dennoch ist die Präferenz der *UCM* in Nampula, die aus Hauptstadt-Perspektive 2.500 km entfernt im unterentwickelten Norden Mosambiks liegt, vor den beiden in privaten Hochschulen *ISPU* und ISCTEM in Maputo zumindest bemerkenswert.

Erwägenswert scheint die Frage, ob sich zwischen 2003 und 2004 etwas an der Attraktivität der verschiedenen Institutionen geändert haben könnte bzw. ob die relativ neuen in Maputo beheimateten Institutionen *ISPU* und *ISCTEM* im internen Hauptstadtwettbewerb gegen die jahrzehntelang etablierte *UEM* und die ebenfalls ältere Journalistenschule an Beliebtheit gewonnen haben könnten.
Im Jahr 2003 kamen insgesamt 50 Votierungen für mosambikanische Hochschulen und eine Schule zustande[318], 2004 waren es 53, der Unterschied ist also minimal. Die Samples waren mit 69 (2003) und 64 (2004) ähnlich groß. Zur besseren Vergleichbarkeit wurden innerhalb von 2003 und innerhalb von 2004 jeweils die Prozentzahlen der Votierungen ermittelt, die im Folgenden gegeneinander gestellt werden.

Abb. 93: *UEM* wird immer beliebter: Befragte 2003 und 2004

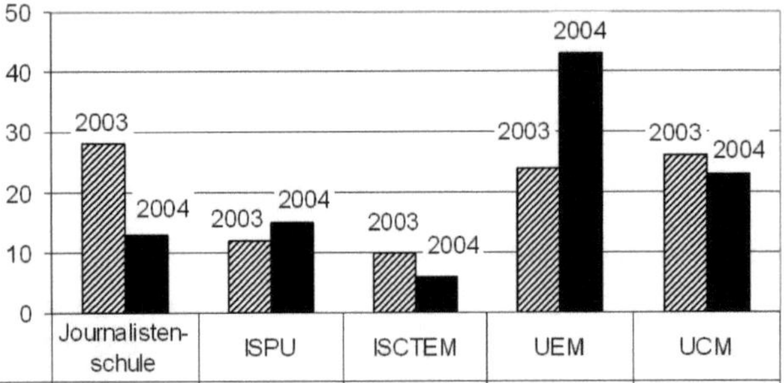

	Journalistenschule	ISPU	ISCTEM	UEM	UCM
2003	28	12	10	24	26
2004	13	15	6	43	23

Abb. 93 stellt Teile des Befragungssamples 2003 und 2004 im direkten Vergleich dar, hier in Prozent der Befragten, die im jeweiligen Jahr für eine bestimmte Hochschule/J-Schule votiert haben (Frage S2.2). Das Diagramm zeigt jeweils doppelte Säulen und illustriert mit gestreifter Säule, wie viel Prozent derjenigen, die 2003 befragt wurden (Teilsample 69 Personen, 50 Votierungen) für eine jeweilige (Hoch-) Schule gestimmt haben, sowie mit schwarzer Säule diejenigen Prozent der Gesamtmenge (Teilsample 64, 53 Votierungen), die 2004 für eine (Hoch-) Schule gestimmt haben. Unterhalb des Diagramms sind die Prozentzahlen aufgeführt. Die Erwägung, die *ISPU* oder *ISCTEM* hätten zwischen 2003 und 2004 möglicherweise an Attraktivität gewonnen, erhärtet sich nicht. Keine der drei privaten Schulen hat sich sehr in ihrer Beliebtheit verändert. Die Zunahme der Beliebtheit der *UEM* (von 12 Votierungen auf 23 Votierungen, also fast eine Verdoppelung)[319] erklärt sich vermutlich mit der Gründung der neuen Kommunikationsfakultät. Schwieriger zu erklären ist der Schwund der Beliebtheit der Journalistenschule um genau die Hälfte: 2003 hatten 14 Personen ein Studium an der Journalistenschule für begehrenswert gehalten, 2004 waren es nur noch sieben.

[318] Die fehlenden Antworten sowie die Option für das Ausland werden an dieser Stelle nicht mit einbezogen.
[319] Im Säulendiagramm sind die Prozentzahlen, nicht die ganzen Zahlen angeführt.

8.2 Welche Fächer?

Frage S3.1 lautet:

„Würden Sie gerne eine Ausbildung (nicht ausschließlich höhere Ausbildung, irgendeine) im journalistischen Bereich machen?"

Diese Frage ist ähnlich gestellt wie Frage S2.1, allerdings sind hier die Antwortmöglichkeiten nur „Ja" und „Nein". Die Frage soll als Einleitung für folgende spezifischere Fragen dienen. Alle Befragten haben die Frage beantwortet, die Mehrheit, also 125 Personen, mit „Ja". Nur acht Personen verneinen. Von diesen hatten vier bei Frage S2.1 den Wunsch nach einer Hochschulausbildung genannt und jeweils einer ein Praktikum bzw. einen Kurs von kurzer Dauer.

Frage S3.2 ist eine Fortsetzung der vorherigen Frage und erfragt in drei Sektionen die medialen, sprachlichen und thematischen Ausbildungswünsche der Journalisten. Jeweils sind maximal zwei Optionen auszuwählen.[320]

a) Medium: Radio, Fernsehen, Presse, Internet, Public Relations, anderes
b) Sprachen: Englisch, Spanisch, Französisch, Traditionelle afrikanische Sprachen, andere
c) Spezialisierung: Sport, Wirtschaft, Politik, Gesellschaft, Recht, Gesundheit, Kultur, anderes

Die Frage wurde von fast allen Personen beantwortet, die meisten haben tatsächlich zwei Optionen gewählt. Am meisten Antworten wurden bei den Spezialisierungen gegeben, insgesamt 244, also pro Person im Durchschnitt 1,9 Antworten. Etwas weniger, also 232 Antworten insgesamt oder 1,8 Antworten pro Person wurden bei den Sprachen-Optionen gegeben, am wenigsten, also 226 Antworten bzw. 1,8 Antworten pro Person bei den Medien-Optionen. Es ist möglich, dass im Laufe der Beantwortung ein gewisser Routine-Effekt eintrat und daher mehr Optionen beantwortet wurden.

[320] Diese Regel wurde insgesamt viermal nicht eingehalten, als mehr als 2 Personen ausgewählt wurden. Dies wurde toleriert, da es das Gesamtergebnis nicht wesentlich verfälscht. An zwei Stellen haben Personen, die eigentlich Interesse an Ausbildung verneint hatten, dennoch weitere Rubriken in a)-c) ausgefüllt, nämlich S7 und S128 und S132. Auch dies wurde in die Auswertung einbezogen.

Abb. 94: Gut gemischt: Ausbildungswünsche der Befragten

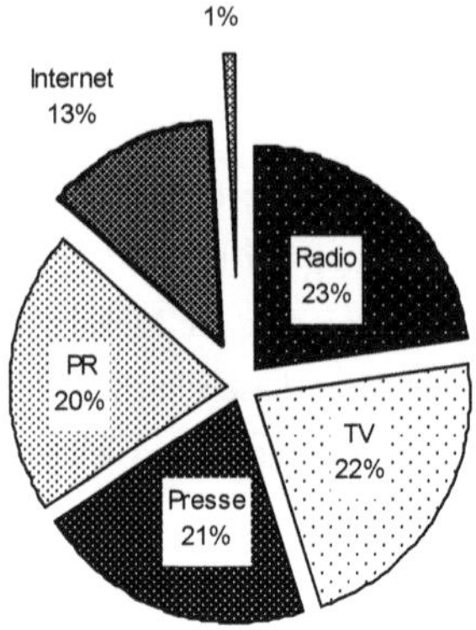

Abb. 94 zeigt die Ausbildungswünsche der Befragten nach Medienarten unterteilt in Prozent der insgesamt gegebenen Antworten (Frage S3.2, a).[321] Das Interesse für die einzelnen Sparten ist relativ gleichmäßig verteilt, Internet wird erstaunlich wenig gewünscht, vermutlich, da in vielen Redaktionen zum Zeitpunkt der Befragung noch kein Computer installiert war. Als zusätzliche Optionen („anderes") wurden bei Fotografie sowie Marketing bzw. Marketing und Werbung angegeben. 36 Personen, die beim Radio arbeiten, haben den Wunsch nach einer Ausbildung im Radiobereich gewählt, die übrigen 20 Radiojournalisten zeigen ein relativ gleichmäßiges Interesse für die anderen Mediensparten. 15 Personen, die nicht beim Radio arbeiten, haben Interesse an einer Radioausbildung gezeigt, sie kommen zu etwa gleichen Teilen aus den Bereichen Fernsehen und Zeitung.

Nur 28 Personen haben sich am Anfang des Interviews als Fernsehjournalisten bezeichnet, eine Ausbildung in diesem Bereich wird aber von fast doppelt so vielen als Wunsch bezeichnet. 19 Fernsehjournalisten haben ein Bedürfnis nach Ausbildung in dem Bereich, die restlichen neun Fernsehjournalisten interessieren sich vor allem für PR und Internet, nur einer für Radio. Umgekehrt besteht bei den Radiojournalisten ein auffälliges Interesse, eine Fernsehausbildung zu machen: 19 Radiojournalisten, also immerhin ¼ aller Radiojournalisten, die befragt wurden, interessieren sich dafür. Nur knapp 1/5 der Pressejournalisten hat Interesse an einer Fernsehausbildung. 28 Personen aus dem Pressebereich, also über die Hälfte aller Befragten aus diesem Sektor, haben auch Interesse an einer Ausbildung im Pressebereich. Insgesamt 13 Personen aus dem Radiosektor fänden eine Ausbildung im Pressebereich interessant, dies gilt aber nur für drei Fernsehjournalisten. Die 17 Personen aus dem Pressesektor, die sich nicht primär für eine Ausbildung im Pressebereich interessieren, tendieren zu PR und Fernsehen (jeweils sechs), Radio (fünf) oder Internet (vier).

Das Interesse für Internet (29mal gewählt) verteilt sich auf 15 Radiojournalisten, neun Zeitungsjournalisten, vier Fernsehjournalisten und eine Person aus der Rubrik „Anderes". Übrigens geht das Interesse für Internet durch alle Altersstufen, nicht nur die Jüngeren interessieren sich dafür. Für Öffentlichkeitsarbeit (Public Relations) interessieren sich 19 Radiojournalisten, 16 Zeitungsjournalisten und sieben Fernsehjournalisten.

Unter b) haben über 80% der Befragten Englisch als erlernenswerte Sprache bezeichnet, wie im Folgenden zu sehen ist:

[321] Diejenigen, die nicht geantwortet hatten, werden nicht in die Auswertung einbezogen, d.h. 100% bezieht sich auf alle gegeben Antworten.

Abb. 95: Englisch und Französisch beliebt

Abb. 95 zeigt das Interesse an der Ausbildung in Sprachen in Prozent vom Sample[322] (Frauge S3.2 b). Deutlich wird das große Interesse für das Erlernen der englischen Sprache (110 Nennungen). Immer noch fast die Hälfte interessiert sich für Französisch, das ebenfalls in vielen afrikanischen Ländern gesprochen wird. Fast ein Drittel hält traditionelle afrikanische Sprachen für erlernenswert, 1/10 Spanisch. Zehn mal wurde Portugiesisch genannt, einmal Italienisch.

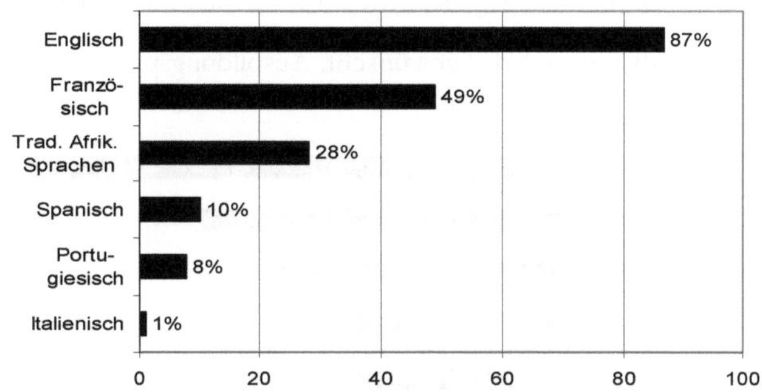

Betrachtet man das Interesse für Englisch nach Mediensparten, so fällt auf, dass es bei den audiovisuellen Medien etwas höher ist als bei den Printmedien. Um dies zu illustrieren, sind zwei getrennte Tabellen sinnvoll:

Abb. 96: Welche Journalisten wollen Englischunterricht?

	TV	Radio	Zeitschrift	Zeitung
Anzahl derjenigen mit Interesse für Englisch	25	48	5	35

Abb. 96 zeigt die Anzahl von Personen mit Interesse für Englischunterricht unterteilt nach Medienarten (Frage S3.2 b).

Abb. 97: Englischinteresse innerhalb der Medienarten

	TV	Radio	Zeitschrift	Zeitung
Anzahl der jew. Medienart im Gesamtsample	28	56	6	45
Prozentualer Anteil d. Anzahl v. Gesamtzahl	89,3%	85,7%	83,3%	77,8%

Abb. 97 zeigt die Anzahl von Personen mit Interesse für Englischunterricht. In der 1. Zeile ist die Zahl der Journalisten in dem jeweiligen Mediensegment angegeben, in der 2. Zeile der prozentuale Anteil der englisch-interessierten Journalisten an der medienarten-internen Gesamtzahl. Es wird deutlich, dass bei den Fernsehjournalisten das größte Interesse an Englisch besteht, gefolgt von den Radiojournalisten. Knapp darunter liegen mit 83,3% die Zeitschriftenjournalisten, am wenigsten Interesse wird mit immer noch 77,8% bei den Zeitungsjournalisten geäußert. Die Zeitungs- und Fernsehjournalisten interessieren sich im Verhältnis zu ihrer jeweiligen Gesamtstärke im Sample stärker für Französisch als die Radiojournalisten: 23 von 45 Zeitungsjournalisten (51%), 14 von 28 Fernsehjournalisten (die Hälfte) sowie 24 von 56 Radiojournalisten (43%).

[322] Als Sample wird hier vom Gesamtsample von 133 Befragten die Anzahl derjenigen (6) subtrahiert, die keine Antwort gegeben haben, das Sample beträgt also 127.

Bei der Frage nach einer gewünschten Spezialisierung haben die meisten Befragten „Gesellschaft" angegeben, wie im folgenden Balkendiagramm ersichtlich ist.

Abb. 98: „Sociedade" gewünscht: Ausbildungspräferenzen

Abb. 98 zeigt die Präferenzen für spezialisierte Ausbildung in Prozent vom Sample (n=127)[323]

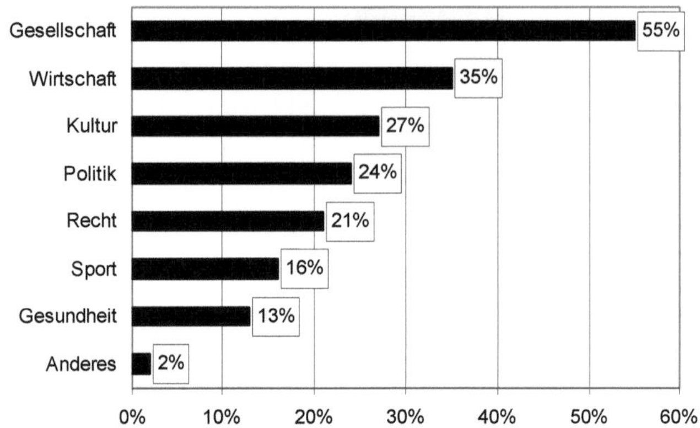

(Frage S3.2 c)]. Gefolgt von Gesellschaft wird Wirtschaft, dann Kultur, Politik, Recht, Sport und Gesundheit. Als zusätzliche Angaben („Anderes") wurden Kriminologie und Wissenschaft genannt.

In S1.3.4 war gefragt worden, in welchen Ressorts die Journalisten arbeiten. Bei der Auswertung entsteht nun die Frage, ob solche, die beispielsweise im wirtschaftlichen Ressort arbeiten, auch eine Spezialausbildung im Wirtschaftsbereich interessant fänden.

16 der insgesamt 34 Journalisten, die in S1.3.4 angegeben hatten, im Sportressort zu arbeiten, interessieren sich hier für eine Sport-Ausbildung, also knapp die Hälfte. Die Interessen der anderen 18 liegen vor allem im Bereich Gesellschaft, Politik, Wirtschaft. Von den 53 Personen, die in 1.3.4 angegeben hatten, im Bereich Wirtschaft zu arbeiten, sind 27, also etwa die Hälfte, interessiert an einer Wirtschaftsausbildung. Die restlichen 26 interessieren sich vor allem für Gesellschaft, Recht, Politik und Gesundheit, allerdings auffälligerweise kein einziger für Kultur. Wirtschaft und Kultur geht nur an drei Stellen zusammen (S56, S66 und S130), im Bereich der Wirtschaftsjournalisten, die als Spezialinteresse Wirtschaft und Kultur verbinden. Diese drei Personen sind alle jung, zwischen 20-30, und arbeiten bei Radio, Fernsehen und Zeitung. 27 der 57 Personen, die in 1.3.4 Politik als ihr Ressort angegeben hatten, sind an einer Politik-Spezialisierung interessiert, 17 weitere

[323] Als Sample wird auch hier wie bei der vorherigen Frage vom Gesamtsample von 133 Befragten die Anzahl derjenigen (6) substrahiert, die keine Antwort gegeben haben, das Sample beträgt also 127.

interessieren sich mehr für das Ressort Gesellschaft. Einige interessieren sich auch für Recht und Gesundheit, nur wenige für Kultur. Dreizehn derjenigen, die in 1.3.4 „Sociedade“ als ihr Ressort angaben, haben Interesse an einer Ausbildung in diesem Bereich. 17 der 49 Kulturjournalisten zeigen Interesse an einer Kulturausbildung.

8.3 Traum Auslandsstudium

Nun sollen die Votierungen für ein Studium im Ausland betrachtet werden, immerhin 35% der Antworten auf Frage S2.2. Die folgende Abbildung zeigt die Anzahl der Stimmen, die jedes Land bekommen hat. Wenn ein Journalist mehr als ein Land angab, wurden das andere Land oder die anderen Länder auch in der Aufstellung berücksichtigt.

Abb. 99: Brasilien und Portugal: begehrte Ausbildungsorte

in Europa: 34				Südamerika	Afrika: 6	andere: 4
Portugal: 22	England: 6	Frankreich: 3	Sonstiges Europa: 3	Brasilien: 24	Südafrika: 3	davon 3 mal USA

Abb. 99 zeigt die Anzahl der Stimmen, die jedes Land bekommen hat beim Wunsch, dort ein Studium zu machen (S2.2). Brasilien ist das Land, in dem die meisten Mosambikaner gerne ausgebildet werden würden, dicht gefolgt von Portugal. Dies liegt sicherlich zum einen in der gemeinsamen Sprache begründet als auch durch die Tatsache, dass beide Länder durch das Fernsehen, also *RTP África* sowie *Televisão de Moçambique*, sehr präsent sind. Da in vielen Redaktionen ein Fernseher vorhanden ist, sind die Journalisten davon beeinflusst.

Englischsprachige Länder sind deutlich unbeliebter. Zählt man alle zusammen (England, Südafrika, USA), kommt man auf 12 Stimmen gegen kumulierte 46 Stimmen für portugiesischsprachige Länder. Dies verdeutlicht, wie wenig Englisch als Unterrichtssprache für die meisten Mosambikaner in Frage kommt, trotz der großen Faszination, die Länder wie USA und England auf sie ausüben.

8.4 Profil der Ausbilder

Frage S3.3 und S3.4 gehören zusammen, in beiden Fällen sollte bei der Beantwortung nur eine Option angewählt werden.

S3.3 „Wenn Sie eine höhere Ausbildung in Journalismus/Kommunikationswissenschaft hätten, welchen Ausbilder würden Sie in den journalistischen Fächern bevorzugen bzw. welche Ausbilder haben Sie in Ihrer höheren Ausbildung bevorzugt:

a) Jemand mit höherer Ausbildung im Journalismus, aber ohne professionelle Erfahrung in der täglichen Redaktionsarbeit.

b) Jemand mit einer guten professionellen Erfahrung in der täglichen Redaktionsarbeit aber ohne höhere Ausbildung ?“

Die Antworten zu S3.3 gehen klar zugunsten des Praktikers aus, ¾ der Befragten entscheiden sich gegen den Theoretiker.

S3.4 „Welche Art von persönlichem Wissen ("que tipo de conhecimentos") würden Sie gerne, dass dieser Ausbilder hat:

a) Jemanden mit profunder Kenntnis der mosambikanischen Realität (Ausbilder mit professioneller Erfahrung in Mosambik)
b) Jemand mit profunder Kenntnis anderer Lebenswelten (Ausbilder mit professioneller Ausbildung im Ausland)?"

Die Antworten zu S3.4 gehen zugunsten des Mosambik-Kenners aus, etwa 64% der Befragten ziehen einen mosambikanischen Spezialisten einem Fremden vor.

8.5 Zusammenfassung: Bewertung der Angebote durch mosambikanische Interviewpartner

Es wurde deutlich, dass die meisten mosambikanischen Journalisten gerne an einer Hochschule studieren würden. Besonders beliebt ist die staatliche Universität *UEM*, die im Zeitraum der Befragung eine Kommunikationsfakultät eröffnete. Auch ein Auslandsstudium scheint vielen reizvoll. Als besonders wichtige Sprachen gelten Englisch und Französisch, die Sprachen, die in den meisten afrikanischen Staaten gesprochen werden. Die Journalisten würden gerne klassische Medienwissenschaft/Kommunikationswissenschaft/Publizistik studieren, am besten mit einem Schwerpunkt wie Radio, Fernsehen oder Öffentlichkeitsarbeit. Als Lehrer und Dozenten sind Praktiker gewünscht, am liebsten ein Mosambikaner bzw. jemand der in der mosambikanischen Lebenswirklichkeit verwurzelt ist.

9. Zukunftsszenarien

"Der Markt wird Kommunikatoren brauchen. Ich denke, wenn man die Sache optimistisch betrachtet, wird sich der Markt in fünf bis zehn Jahren erheblich öffnen."

Brazão Mazula, Publizist, Politiker, *UEM*-Rektor im Hintergrundgespräch 20.1.2004

9.1 Einflüsse des Auslands

„Der portugiesische Journalismus aus Portugal fesselt uns nicht sehr. Er beeinflusst Mosambik natürlich in der Hinsicht, dass viele Journalisten, Herausgeber, Direktoren während der Kolonialzeit in portugiesische Schulen gegangen sind; in den ersten Jahren der Unabhängigkeit hatte die neue Generation von Journalisten schon ihren eigenen Stil." Leitfadeninterview L8, 15

Kunczik, Kleinsteuber[324] u.a. warnen vor der Monopolisierung von Medieninhalten und Journalismus, dem Zeitungssterben und der Internet-Hoheit. Besonders im Kreuzfeuer der Kritik stehen die fünf größten Medienkonzerne *AOL Time Warner*, *Disney*, *Vivendi Universal*, *Viacom* sowie *Bertelsmann News Corporation*. Die Warnung vor einer kulturellen Gleichmachung durch diese und andere Konzerne und Organisationen ist berechtigt und ernst zu nehmen. Gleichzeitig ist es wichtig, die Chancen und Potentiale der Globalisierung nicht aus den Augen zu verlieren. Tomlinson (1996: 160f.) weist darauf hin, dass der Globalisierungsprozess zwar weder in Kultur oder Politik noch in der Wirtschaft globale Ungleichheiten abschaffen können wird, andererseits aber „kulturelle Praktiken und Erfahrungen viel undisziplinierter und widerspenstiger sind, als dieses Szenario [des Kulturimperialismus, Anm.] vorsieht".

Die mosambikanischen Journalisten, Verleger und Chefredakteure als gefangene Fliegen im Netz der Spinne Globalisierung zu sehen, bedeutet, sie und ihre Lust an der Umdeutung, ihre Kreativität und ihr Selbstbewusstsein und ihren Stolz auf ihre Traditionen zu unterschätzen. Sie sehen sich in der Tradition von Kämpfern, die im Laufe der Jahrhunderte nacheinander die Joche arabischer Handelsdominanz, portugiesischer Kolonialherrschaft sowie eines aufoktroyierten Bürgerkriegs abgeschüttelt haben, und sich nun dem Kampf gegen AIDS, Korruption und Rückständigkeit stellen. Im Lichte dessen kann ihnen keine Angst mehr machen, was da unorganisiert, aber machtvoll im Gewand von Kultur-und Bildungserzeugnissen ins Land schwemmt:[325]

- die verzerrte brasilianische Telenovela-Wirklichkeit, ein abendliches „Muss" mosambikanischer Familien mit Fernseher;

---

[324] Vgl. Kleinsteuber in FES 2005: 21-26.

[325] Alle im Folgenden genannten Beispiele hat der Autor selbst erlebt.

- amerikanische und englische Musik, sei es *Rap-Musik* aus amerikanischen Schwarzen-Ghettos, Popmusik von Brian Adams oder Phil Collins, die neben traditionellen Tänzen und Zeremonien bei Kulturevents und auf Märkten abgespielt wird;
- die in Internet-Cafés abrufbaren Homepages brasilianischer und portugiesischer Fernuniversitäten, deren Existenz Bankangestellte und Journalisten immer machtvoller den Wunsch nach einem mosambikanischen Fernstudium neben der Arbeit artikulieren lässt, da den meisten ein Studium in den Wirren des Bürgerkriegs nicht möglich war;
- französische Kulturfestivals auf der *Ilha de Moçambique*, bei denen Zauberer (*feticeiros*) und lokale Tanzgruppen sich neben landeskundlichen Schautafeln zu französischer Kultur präsentieren;
- T-Shirts mit Werbeaufdrucken wie „*Snowboarding is fine*" oder „*Ich bin eine Schlampe*", die unwissend und unbekümmert mit traditionellen Capulana-Stoffen kombiniert werden;
- von CD eingespielte amerikanische Musical-Musik, dessen kitschiges Pathos bei einem Theaterstück anlässlich der Jahresfeier (2003) des Friedensschlusses vor etwa 1.000 Besuchern in Nampula zur Untermalung einer historischen Szene dient, bei der sich die von studentischen Schauspielern dargestellten Chefs der Bürgerkriegsparteien Chissano und Dhlakama umarmen.

Auch der grundsätzliche Vorbehalt einer drohenden Kulturdominanz durch das südafrikanische Fernsehen ist im Lichte des oben angeführten Vorbild-Potentials von Kulturerzeugnissen zu relativieren, da die Vielfalt der Kulturen und die Implantierung vieler afrikanischer Sprachen als Nationalsprachen und deren Präsenz in Nachrichten- und Informationssendungen durchaus nachahmenswerte Züge für Mosambik haben kann.

9.2 Bedeutung des Radios

„Wenn man die mosambikanischen Landescharakteristika vor Augen hat, dann glaube ich, wird das Radio in den nächsten Jahren das bedeutende Medium sein, weil es billig ist, weil es im ganzen Land vertreten ist, weil es in regionalen Sprachen sendet, wenn man bedenkt, dass der Großteil der Leute nicht Portugiesisch spricht."

Leitfadeninterview L9, 20

Die Bedeutung des Radios im südlichen Afrika, besonders in Mosambik, kann nicht hoch genug eingeschätzt werden. Der Medienexperte John Mukela aus Sambia verweist darauf, dass er sich als Student die *Times of Zambia* noch kaufen konnte, während sich Staatsbeamte 1998 die Zeitung nicht mehr leisten konnten und diese fotokopierten. Radiohören ist in Afrika die billigste Medienrezeptionsmöglichkeit.

Daher kommt er zu dem Schluss: „I think that radio is going to be the medium of the future" (Mukela 2001: 54). Die Vorteile und Dominanz des Radios in Mosambik wurden ausführlich dargelegt. Radio ist ein sehr preiswertes Medium, es entspricht am ehesten der Oralkultur traditioneller Gesellschaften, es erreicht auch Analphabeten, die journalistische Nutzung erfordert weniger technisches Know-How als andere Medien und es lässt sich problemlos in unterschiedlichen Lokalsprachen einsetzen. Mit einer Anfangsinvestition von weniger als 5.000 Euro lässt sich ein UKW-Lokalradio einrichten, das Kleinstädte komplett abdeckt. Dietz und Amshoff (2003) berichten von den positiven Erfahrungen, die in Kolumbien seit der Legalisierung der *Community Radios* im Jahr 1996 hinsichtlich Dezentralisierung der Medien und Stärkung der Eigenverantwortung von Lokalgemeinden gemacht wurden. Mittlerweile betreiben 487 kolumbianische Gemeinden und 27 indigene Gemeinschaften ihr Radio in Eigenverantwortung (Dietz/Amshoff 2003).

Die *UNESCO*-Untersuchung (2001d) versucht auch Prognosen zu ermöglichen, indem geplante Medienunternehmen vorgestellt werden. Hier geht der Trend weg von der ausschließlichen Nutzung von Portugiesisch hin zur Nutzung von Portugiesisch zusammen mit nationalen Sprachen.
Für eine nachhaltige Finanzierung eines Lokalradios ist der Ansatz des *UNESCO*-unterstützten Radios *GESOM* in Chimoio nachahmenswert. Der Sender versucht, unabhängig zu werden, indem zum einen Zusatzdienste angeboten werden, wie ein Foto-Archiv mit 3.000 Fotos, die Geschichtsabschnitte Mosambiks dokumentieren, zum anderen gibt es im gleichen Gebäude ein großes Kulturcafé, das für Disco- und Restaurantbetrieb sowie für Veranstaltungen und Diskussionsrunden des Senders genutzt wird und das auch für private Feste gemietet werden kann. Damit strahlt sozusagen von dem positiv-modernen Image etwas ab auf den Besuch dieser Lokalität (Hintergrundgespräch Lars Hansen, Radio *GESOM* 12.10.2003).

9.3 Zukunft des Medienrechts

Cees Hamelink hat 1998 auf die Schwierigkeiten hingewiesen, in einem Land wie Mosambik eine eigenständige nationale Kulturpolitik zu betreiben (Mukela 2001: 21). Er entwirft das Szenario, ein Land wie Mosambik wolle keine Disney-Filme, und keine Reklame im Fernsehen. Da Mosambik Teil der Welthandelsorganisation sei, die stets eine Politik der offenen Märkte betreibe, sei ein solcher Widerstand

eines kleinen armen Landes wie Mosambik zum Scheitern verurteilt. Hamelink illustriert dies an dem Vergleichsbeispiel Kanadas, das in den 90er Jahren Extra-Steuern auf US-amerikanische Presseprodukte erhob, um die kanadische Medienlandschaft zu stärken, woraufhin die USA dagegen klagte und damit gewann.
Auch der mosambikanische Herausgeber Antonio Gumende sieht im südlichen Afrika das Problem, dass nur wenige Staaten eigene Demokratie-Formen entwickeln konnten, die ihr kulturelles Erbe und spezielle gewachsene Formen gemeinschaftlicher Verwaltung berücksichtigen (Mukela 2001: 59). Bezüglich der Globalisierung spricht Gumende kritisch von einer Kluft zwischen globalisierten und globalisierenden Menschen und verweist darauf, dass Internet und elektronische Medien Elite-Medien seien und dass in jungen Demokratien Eliten die Tendenz zeigten, abzugleiten in „bureucracy or bourgeoisie" (ebd.).

9.4 Zukunft des Internet

Der *Internet-Hype* wird auf absehbare Zeit nur eine kleine Minderheit der Mosambikaner erreichen, so dass der *digital divide*, der digitale Graben sich auch hier wie in vielen anderen Ländern vertiefen wird. Das Internet mit seinen Möglichkeiten ist für den mosambikanischen Medienmarkt noch kaum ausgelotet und Effekte des Internet im Rahmen der Armutsbekämpfung sind bisher nur vereinzelt nachweisbar. Nur ein geringer Bruchteil der Mosambikaner hat Zugang zu einem Computer. Daher sollte man diese Möglichkeiten nicht überschätzen. Sie sollte aber auch nicht unterschätzt werden, es gilt vielmehr, das spezifische mosambikanische Potential auszuloten. Der enorme Erfolg des Unternehmens *E-Bay* und der gleichnamigen Homepage, auf der alle Waren-Arten von einer Gruppe sich unbekannter und meist unbekannt bleibender E-Mail-Benutzer nach festgelegten zeitlichen und vertraglichen Regeln ver- und ersteigert und dann per Post zugestellt und per elektronischem Bankkonto bezahlt werden, zeigt, dass das Internet spezifische und schwer vorhersehbare Potentiale hat, die es zu entwickeln gilt. Genauso hat E-Mail als Medium ein hohes Potential, wie *Newsgroups* und *Chat Rooms* zeigen, in denen sich Menschen in spezifischen Interessengemeinschaften von Hobby, Weltanschauung oder Beruf für kurze oder lange Zeit zusammenschließen und sich fachlich und persönlich austauschen. Als im Rahmen der Medienentwicklungszusammenarbeit wirkungsvoll angesehen werden *cross-over*-Projekte, die alte und neue Medien kombinieren (vgl. FES 2005: 12f.)

9.5 Perspektiven: Journalisten-Aus- und Fortbildung

„Ich glaube schon, dass da noch Platz ist für andere Institutionen im Bereich Journalistenausbildung und anderen Bereichen. Z.B. hatten wir 1.100 Kandidaten, die sich für unseren Kurs anmelden wollten und wir konnten dann nur 60 aufnehmen, also blieben 1.040 draußen." Leitfadeninterview L8, 12

Die mangelnde Koordinierung der Aus- und Weiterbildung der Journalisten in Mosambik ist paradoxerweise Schwachpunkt und Entwicklungschance in einem. Sie birgt erstens die Gefahr einer chaotisch-zufälligen Entwicklung, sozusagen einer international gesteuerten Parallelwelt nach Zuschnitt der Themen, die zwar in europäischen, amerikanischen und asiatischen Institutionen und Organisationen auf der Tagesordnung stehen, andererseits aber mit den Notwendigkeiten Mosambiks wenig zu tun haben. Zweitens hat sie aber auch das Potential einer sich nach den Regeln des Medienmarktes und den Bedürfnissen der Gesellschaft ordnenden Vielfalt von Angeboten, bei deren Entwicklung es zu einem natürlichen Selektionsprozess kommt und sich adäquate Methoden und Angebote herausschälen, die eine nachhaltige wirtschaftliche und institutionelle Basis zu entwickeln imstande sind und auf lange Sicht eine flexible und marktangepasste Bildung der Journalisten leisten können. Die dritte Möglichkeit besteht darin, dass der mosambikanische Staat durch gesetzliche Änderungen die Aus- und Fortbildung der Journalisten stärker an sich zieht und auf lange Sicht zu steuern versucht. Dies zöge mit einiger Wahrscheinlichkeit einen Rückzug der Donors und überstaatlichen Angebote sowie der katholischen Kirche mit sich und überließe das Feld den Sekten und wirtschaftlichen bzw. nicht-mosambikanischen Partikularinteressen folgende Ausgestaltung der Medien und in Folge auch der entsprechenden Bildung. Diese Variante ist weder besonders wünschenswert noch sehr wahrscheinlich.

Zusammenfassend kann gesagt werden, dass die Aus- und Fortbildung der Journalisten in Afrika und auch in Mosambik auf vielen verschiedenen Schultern ruht, über je unterschiedliche Ressourcen verfügt und voneinander sich unterscheidende Ziele verfolgt.

10. Empfehlungen für künftige Journalisten-Aus- und Fortbildung

Am Ende dieser Arbeit sollen konkrete Empfehlungen bezüglich der Aus- und Fortbildung der Journalisten abgegeben werden. Dies ist in einer wissenschaftlichen Arbeit ungewöhnlich und heikel und birgt mehrere Gefahren. Am schlimmsten sind die der Besserwisserei und Vereinfachung. Ein fremdes Land wirkt aus der eigenen, deutschen Perspektive auch nach mehrjährigem Aufenthalt dort einfacher und durchschaubarer als die eigene Nation, deren Differenziertheit, Befindlichkeit und Vielschichtigkeit man kennt oder zu kennen glaubt, aber der Empfehlungen zu geben man sich selten in der Lage sieht. Andererseits bietet die Außenperspektive eventuell den Vorteil der Sicht einer (positiv verstandenen) holzschnittartigen Sicht, die Phänomene und Desiderate stärker heraustreten und sichtbar werden lassen kann.

In diesem Teil sollen nur einige Empfehlungen, die aus dieser Arbeit gefolgert werden können, angesprochen werden. Aspekte wie die Notwendigkeit der finanziellen und rechtlichen Absicherung der Journalisten (Kunczik 1986: 272) sollen nicht eigens angeführt werden, da es nicht darum geht, den internationalen Konsens von Medienrecht zu perpetuieren. Viele Notwendigkeiten und Bedarfsanalysen sind bereits in den umfangreichen Materialien von *UNESCO* und NROn festgehalten worden und warten auf Umsetzung.[326]

1986 fasste die kirchennahe NRO *Catholic Media Council (CAMECO)* Kritikpunkte an der kirchlichen Medienentwicklungszusammenarbeit zusammen. Dies ist insofern referierenswert, als dass viele der Kritikpunkte auch bei heutiger Entwicklungszusammenarbeit noch angemessen sind, nicht nur im kirchlichen Bereich und auch nicht nur im Medienbereich. *CAMECO* kritisiert:

- dass oft eine fundierte Ausbildung fehle und Kurse mit einer Dauer von 2-6 Wochen die Regel, Kurse von 2-4 Jahren jedoch die absolute Ausnahme seien,
- dass die Bedeutung von Fernsehen und Video überbetont und die der Presse unterbetont sei,
- dass bei den Ausbildungen vor allem Medienmanagement fehle,

---

[326] Hier soll der Empfehlung eines afrozentrierten Unterrichts von Journalisten, wie sie Okigbo und Pratt fordern (1997: 13), mit festgelegten Prozentzahlen der Behandlung afrikanischer Themen, nicht gefolgt werden. Zum einen ergibt sich ein Einfließen afrikanischer Aspekte eher organisch durch wachsenden Einfluss von mosambikanischen DozentInnen und entsprechenden Lehrbüchern und weniger durch prozentuale Vorgaben (wer sollte die messen, wie sollte eine solche Messung organisiert werden?), zum anderen ist die Ausbildungssituation in Mosambik augenblicklich so desolat, dass solche Festlegungen eher lächerlich wirken würden, nicht aber förderlich wären.

- dass Journalisten der Dritten Welt häufig in Europa und USA, jedoch nicht in der Dritten Welt selber ausgebildet würden, da es dort kaum Ausbildungsmöglichkeiten gebe,
- dass bei der Kandidatenauswahl der gute Wille und das Engagement überbetont werde und
- oft einfach Priester ausgewählt würden (CAMECO Information Bulletin 3/1986: 2-7).

Als Gegenmaßnahme dient das Dreistufenmodell, das auch im *MacBride-Report* empfohlen wird (vgl. Eilers 1985: 21):

- Basisausbildung von Kommunikatoren in „einheimischer Kultur und Umgebung",
- weitere Ausbildung im selben Land/auf demselben Kontinent,
- möglich: dritter Ausbildungsschritt außerhalb der eigenen Kultur und Region

Für die internationalen NROn, Kirchen etc., die in Mosambik Medienentwicklungszusammenarbeit betreiben, gilt die *CAMECO*-Kritik nicht mehr bzw. nur teilweise. Es gibt nicht nur Kurzzeitkurse, sondern an den Universitäten, beispielsweise der katholischen Universität, die durch die mosambikanische Bischofskonferenz initiiert und gegründet wurde, auch mehrjährige Kurse. Dies führt dazu, dass die Ausbildung stärker in Mosambik stattfinden kann und weniger in USA oder Europa.

Andererseits ist das oben beschriebene Dreistufenmodell für eine Handvoll Mosambikaner Wirklichkeit geworden. Einige erfahrene Journalisten, die teilweise selber schon universitär unterrichtet haben und die ersten beiden Stufen des Modells durchlaufen haben, machen zurzeit den Master an der Universität von Nordtexas.[327] Einige politisch, wissenschaftlich und journalistisch wichtige Personen wie Brazão Mazula (*UEM*-Rektor) oder Tomas Jane (ehemaliger *EJ*-Direktor) haben in São Paulo/Brasilien studiert. Die durch *CAMECO* kritisierte Überbetonung von Fernseh-Kursen und Unterbetonung der Ausbildung im Pressebereich ist für Mosambik nicht feststellbar.

10.1 Allgemeine Empfehlungen

„Wenigstens Portugiesisch und Englisch sollten gut beherrscht werden (...) und dann einige generelle Kenntnisse, die mit Recht und Wirtschaft zu tun haben, weil das zwei Gebiete sind, mit denen ein Journalist oft zu tun hat. Also, er sollte diesen Background haben und ein bisschen Spezialisierung beim Radio oder Fernsehen. Ein Journalist muss eine Spezialisierung haben in dem Sinne, dass er über soziale Themen schreiben kann, wirtschaftliche, politische, weil das sind die Defizite, die wir hier in Mosambik haben".

Leitfadeninterview L9, 17

[327] Vgl. North Texas Daily 2004; Hintergrundinterview mit Salomão Moyana, 7.9.2002.

Es wurde in dieser Arbeit deutlich, dass die Universitäten als Ort der für Journalisten-Aus- und Fortbildung als geeigneter angesehen werden als die Journalistenschule mit ihren geringen Mitteln und den weltanschaulichen Altlasten. Generell herrscht im Land ein enormer Hunger nach Bildung, und Mosambikaner schämen sich nicht, mit 40 oder 50 Jahren noch einmal die Schulbank zu drücken. Der Chefredakteur der renommierten Zeitschrift *Tempo* studiert nach 25 Jahren Tätigkeit nebenberuflich an der *UEM*, an der *UCM* immatrikulieren sich Fernsehdirektoren, an der *ISPU* sind beruflich erfolgreiche Radiomoderatoren eingeschrieben. Dieses Potential erfahrener und gleichzeitig bildungshungriger Personen gilt es auch mit Blick auf die zukünftige Rekrutierung von Ausbildern für Universitäten und Fachschulen aus den Reihen der Mosambikaner zu nutzen, ohne die 18-20-jährigen zu vernachlässigen, die formbarer und experimentierfreudiger sind.

Medienpädagogik

Bildung, die den Umgang und die Wirkung der Medien vermittelt, so das unbequeme, da teure und aufwendige Fazit, muss auf allen Ebenen ansetzen und beginnt nicht erst mit der eigentlichen Aus- und Fortbildung der Journalisten, sondern:

- in Kindergarten und Schule, wo Medienpädagogik in den Fächerkanon mit aufgenommen werden sollte, gerade mit Blick auf die zukünftigen Gefahren des Analphabetismus durch Fernsehkonsum, die aus der Erfahrung vieler südamerikanischer Länder deutlich wird (vgl. Kleinsteuber 1994: 545)
- an Universitäten
- in Fachschulen
- bei den Medien selbst
- durch Kurse des Journalistenverbandes
- durch Kurse von NROn

Schwerpunktsetzung

Die Forderung, bei der Ausbildung Schwerpunkte zu setzen, erscheint auf den ersten Blick als Widerspruch zu der im vorherigen Kapitel geforderten Bildung auf allen Ebenen. Dort ging es um die Implantierung des Themas Medien und den Umgang damit, hier soll es um die eigentliche Aus- und Fortbildung gehen. In den Kapiteln 3.4 und 7.3 wurde die wirtschaftliche Schwäche sowohl der gesamten mosambikanischen Volkswirtschaft als auch der Medienbetriebe und Lehranstalten deutlich. Da Journalistenausbildung, aber auch Journalistenfortbildung eine außerordentlich kostspielige Angelegenheit ist, bedeutet dies im Umkehrschluss vor allem, dass Bildung im mosambikanischen journalistischen Sektor Schwerpunkte setzen muss.[328] Da wenig Geld vorhanden ist, sollte sie nicht nach dem Gießkannenprinzip[329] erfolgen, sondern verlangt nach Koordinierung. Dies birgt zwei Gefahren, die sozusagen an den beiden extremen Enden der Skala liegen: zum einen das Heranzüchten systemkonformer Journalisten, zum anderen das Fortbilden hochspezialisierter Journalisten, die ihre gesellschaftliche Rolle als Kritiker von Politik und Staat vernachlässigen. In Mosambik liegt zurzeit vor allem im ersten Aspekt ein Gefährdungspotential.

Differenzierte weltanschauliche Prägung

„The private media need to understand how to survive. The public media need to understand how to bite the hand that feeds you." John Mukela, Executive Director NSJ Trust (Morna/Khan 2001: 49)

In Bezug auf die weltanschaulich-politische Prägung ihrer Schützlinge sollte Bildung eine Doppelstrategie verfolgen: Sie darf und soll die Journalisten in politischer, wirtschaftlicher, weltanschaulicher und kultureller Hinsicht prägen und sie auch zu gesellschaftlicher Veränderung erziehen.[330] Dies schließt natürlich in der Makroperspektive eine vereinheitliche staatliche oder monopolistische medienkonzerngesteuerte Bildung aus und verlangt nach einem vielfältigen und damit gesunden Spektrum verschiedener Ausbildungswege. Zum anderen darf die Bildung ihre Schüler nicht überfordern. Schulungsinstitutionen, die Revolutionäre und Märtyrer formen und radikalen gesellschaftlichen Wandel schnell herbeiführen möchte, scheitern oder bringen ihre Schützlinge in Gefahr. Journalisten-Aus- und Fortbildung muss gesellschaftliche Trends erkennen und am Puls der Zeit agieren und das Machbare möglich machen. Dies setzt voraus, dass auch praktische Journalisten in Dozentenfunktion kommen und unterrichten. Die Ausbildung muss auch bedenken, wo und in welchem Medium der ausgebildete Journalist anschließend arbeiten wird. Kunczik verweist im Zusammenhang mit den hohen Idealen des *Development Journalism* auf die Gefahr hin, Journalisten einfach in ländliche Regionen zu

---

[328] Diese Forderung ist nicht neu: Schon vor einem Vierteljahrhundert referierte Wilfried Hoffer in einem Bericht der *Friedrich-Naumann-Stiftung* zur Journalistenausbildung in Afrika die Forderung, „dass die oberflächlichen und improvisierten Praktika eingestellt werden" (Hoffer 1980: 125).

[329] Eine hohe Drop-Out-Quote von Publizistikstudenten, wie sie Saxer 1987 feststellte (32), kann sich Mosambik nicht leisten.

[330] Vgl. Blöbaum (1996: 341): „[Die hochschulgebundene Journalistenausbildung] muss (…) Journalistinnen und Journalisten ausbilden, die nicht nur praxistauglich sind, sondern die die Praxis auch als veränderbar ansehen.".

schicken, ohne deren Einstellung zu einem Arbeitsplatz fernab der Städte und Flexibilität zu prüfen, sowie die unabdingbaren wirtschaftlichen und rechtlichen Voraussetzungen der Arbeit dort zu bedenken (Kunczik 1986: 274). Was die Frage der jeweiligen Kompetenzen von Medien angeht, so ist für die privaten Medien Management und Werbung sehr wichtig, für die öffentlichen sollte Kritikfähigkeit auf der Ausbildungs-Agenda stehen.

Fachliche Vielfalt

„Nur wenige Studenten möchten Massenkommunikation studieren, auch von denen, die Journalisten sind. Wir haben Studenten von der Zeitung Notícias und von TVM, die sagen, dass Massenkommunikation ja ohnehin ihr täglich Brot ist und dass sie es vorziehen, etwas in einem anderen Bereich zu studieren."

Leitfadeninterview L7, 2

Im Bereich der Journalisten-Aus- und Fortbildung zeichnet sich eine große Vielfalt ab. Diese muss stets den technischen „state of the art" beachten: Bildung von Journalisten muss zum einen ein Gespür für zukünftige technische Trends haben, um die Journalisten vor allem fachlich in die Lage zu versetzen, in Zeiten von Internet, Laptop und digitaler Film und Fototechnik zu bestehen. Hömbergs auf Deutschland und Europa gemünzte Forderung nach Vielseitigkeit muss auch für Mosambik bedacht werden:

> „(...) das klassische Medienquartett Zeitung, Zeitschrift, Hörfunk und Fernsehen ist durch den Online- bzw. Internet-Sektor zum Quintett erweitert worden. Wenn sich einige neue Ausbildungsinstitutionen zukünftig nur auf ein Medium konzentrieren wollen, so ist das ein Rückschritt" (Hömberg 2002: 29).

Verständlicher und investigativer politischer Journalismus

Im Theorieteil dieser Arbeit kam der journalistische Inhalt, das journalistische Produkt nicht als eigenes Kapitel vor. Hier wird dieser Aspekt nun wichtig

Langenbucher/Mahle (1974: 15) fassen zusammen:

> „Was eine demokratische Gesellschaft braucht, sind Journalisten, die vor allem Vermittler sein wollen, die die Gesellschaft weder schulmeistern noch ‚kneten', weder manipulieren noch gängeln wollen, sondern deren Ziel es ist, ein Gespräch über die verschiedenen Fronten, Schichten und Lager hinweg möglich zu machen. Leute also, die z.B. auch bereit sind, einem müden, schlecht ausgebildeten Arbeiter die wesentlichen Fakten der aktuellen Politik verständlich zu machen: Journalisten, die nicht für ihresgleichen schreiben, sondern für die ‚Masse'."

Russ-Mohl gibt für die deutsche und europäische Journalistenausbildung sowie Medien unter anderem folgende Empfehlungen, die an den Bedürfnissen Mosambiks gespiegelt werden sollen (Russ-Mohl 1994: 302-304):

1. Es ist besser, in publizistische Qualität zu investieren, statt Journalisten und Medien durch Gesetzesinitiativen oder Institutionen und Gremien zu reglementieren.

Gesetzesinitiativen zur Erneuerung des Mediengesetzes sind in Mosambik wichtig, aber nicht prioritär, da das Mediengesetz liberal ist und viel Spielraum lässt. Auch gibt es mit dem *Gab Info*, dem *ICS* und dem *CSCS* ausreichend Institutionen, die reglementierende Funktion haben. Das Investment in publizistische Qualität kann nur mit der Aus- und Fortbildung von Journalisten beginnen.

2. Es gilt den (von Russ-Mohl so bezeichneten) "I-Faktor" (Infrastruktur-Faktor) stärker hervorzuheben. Das bedeutet, Qualitätssicherung sollte nicht die Aufgabe einzelner Journalisten sein, sondern in der Verantwortung journalistischer Infrastrukturen liegen.

Gefordert ist in Mosambik der Journalistenverband, der dringend neuer Impulse bedarf. Auch der in den Startlöchern stehende Wissenschaftsverband *AMESCOM* sowie eine bisher namenlose Initiative zur Verbesserung des Mediengesetzes könnten zur Schaffung einer Infrastruktur beitragen, die die beschriebenen Aufgaben übernimmt. Als positiv zu werten ist die Gründung von *FORCOM* und *Ética Moçambique* sowie des Journalistinnenverbandes.

3. Diese Journalismus-Infrastrukturen bilden ein Netzwerk; die Analyse der Teilsysteme dieses Netzwerkes greift zu kurz, das Netzwerk als Ganzes muss untersucht, beforscht und analysiert werden.

Diese Forderung wird hier in Kapitel 11 aufgegriffen und für Mosambik konkretisiert.

4. Medienprodukte im Bereich Informationsjournalismus sind meritorische Güter[331], deren Vorhandensein, Strukturen und Funktionieren nicht ohne weiteres privatwirtschaftlicher Selbstregulierung überlassen werden können.

Dies ist sehr wichtig auch für Mosambik, gerade im Licht des dominanten Auftretens des südafrikanischen Fernsehens sowie der Telekommunikationsunternehmen *MCell* und *Vodacom*, die ganz oder teilweise von ausländischem Kapital gesteuert werden. Besonderer Pflege bedarf der Printmedienbereich, da er zwar wenige Personen direkt erreicht, aber eine journalistische Trendsetter-Funktion hat.

5. Weder der Markt noch die öffentliche Hand stellen hinreichend Infrastrukturen für Qualitätssicherung bereit. Philantropische Institutionen können diese Lücke schließen.

---

[331] Dies sind Mischgüter aus öffentlichem Gut (wie z.B. Schutz gegen Gewalt für jeden Bürger durch Polizei und Militär, der nur vom Staat bereitgestellt werden kann) und privatem Gut (z.B. Frühstücksbrötchen, Versicherungspolicen) (Russ-Mohl 1994: 88). Diese Güter stiften neben einem teilbaren und damit privatisierbaren öffentlichen Nutzen auch einen öffentlichen Nutzen, einen Nutzen für die Allgemeinheit. Journalismus ist also sowohl öffentliche Aufgabe als auch kommerzielles Geschäft.

In Mosambik erfüllen diese Funktion vor allem die *UN* und kleinere Verbände. Da die *UN*-Medienprojekte mit hoher Wahrscheinlichkeit 2007 enden und auch die Verbände erfahrungsgemäß ihre Förderung nach einem gewissen Zeitraum einstellen, sollten mediennahe philantropische Institutionen und NROn in Zukunft mosambikanisch gelenkt werden.

Unterhaltung

Unter Journalismus wird bei mosambikanischen Journalisten und Wissenschaftlern in der Regel Nachrichtenjournalismus und nicht Unterhaltungsjournalismus verstanden.[332] In Zukunft, so kann mit Blick auf die oben beschrieben *Delphi*-Studie (vgl. Kap. 2.6) prognostiziert werden, wird der Unterhaltungsjournalismus im Vergleich zu dem bisher vorherrschenden politisch bzw. aufklärend oder belehrend verstandenen Journalismus an Bedeutung gewinnen. Oepen (2004: 281) betont die Bedeutung unterhaltender Elemente:

> „So beweisen Fallstudien der FAO und der Kirchen über community radios, multimedia center und Internetcafés in Lateinamerika und Afrika, dass innovative Unterhaltungselemente (edutainment) und neue Informations- und Kommunikationstechnologien (IKT), Dezentralisierung der Medien und Eigenverantwortung von Lokalgemeinden sich gegenseitig ergänzen und befruchten."

Auch Kunczik (1991: 237) fordert:

> "Entertainment must be accepted as a legitimate need of the public" (...).

Dies sollte auch Auswirkungen auf die Ausbildung von Kommunikatoren haben.[333]

Recherche „mit Biss"

> *"Die Journalisten haben die Aufgabe zu kritisieren, Autonomie möglich zu machen, das Paradigma der Selbständigkeit zu vermitteln. Und damit haben sie auch die Funktion, permanent diejenigen zu stören, die die politischen Linien festlegen."*
>
> Brazão Mazula, Publizist, Politiker, *UEM*-Rektor im Hintergrundgespräch 20.1.2004

[332] Wie Wilke anmerkt, gibt es in der internationalen Kommunikationsforschung Kontroversen darüber, wie eng oder weit man die Funktion des Journalismus zur Bereitstellung von Themen und Aussagen zur öffentlichen Kommunikation interpretieren will (Wilke 2002: 20).

[333] Auch Saxer (2000: 197) bemängelt in Zusammenhang mit seiner Kritik an der Qualitätssicherung im Journalismus, die Publizistikwissenschaft wende sich nur der Informationskultur zu, nicht aber der „Medien-Gefühlskultur", ein 1996 von Neuberger benutzter Begriff. Gemeint ist damit das emotionale Infotainment, das von Wissenschaftlern höchstens randständig behandelt wird, aber eben von vielen Rezipienten geschätzt werde (Saxer 2000: 196). Investigativer Journalismus versus Verlautbarungsjournalismus hält Saxer für eine unhaltbare, rein ideologisch geprägte Dichotomie: Die von ihm vorgeschlagene funktionale Qualitätskonzeption berücksichtigt, dass es eben verschiedene Typen von Informationsjournalismus gibt und dass diese ein unterschiedliches Problemlösungspotential anbieten (Saxer 2000: 209).

Saxer und Zeppenfeld hatten auf die Gefahr von Frustration und Demotivierung von Journalisten in afrikanischen und arabischen Staaten Mitte der 80er Jahre hingewiesen, wo eine theoretisch und teilweise auch praktisch fundierte Ausbildung an Universitäten und Journalistenschulen die Absolventen nicht auf die berufliche Wirklichkeit vorbereitete, in denen ihre Arbeit meist an Bürokratismus und autoritär kontrolliertem Informationszugang scheiterte (vgl. Kap. 2.6.2). Dies gilt oft auch für die Arbeit mosambikanischer Journalisten. Konfrontiert mit Beamten und Funktionären, deren Arbeitsauffassung und Informationsweitergabe-Auffassungen teilweise durch Prägung im sehr bürokratischen portugiesischen kolonialen Verwaltungssystem bis 1975 sowie durch Berufserfahrung im sozialistischen Mosambik zwischen 1975 und 1990 entstanden sind, resignieren sie oft und gehen nach engagierten Anfängen als junge investigative Journalisten zu einer bequemen, wenig angriffigen, dem Verlautbarungsstil von Regierung und mächtigen Konzernen folgenden Berichterstattung über.

Management ohne Größenwahn

"Management training is one of the major gaps in media training at the moment. I am a technocrat, a printer by trade, with no formal management training. I need to learn how to sustain my operation financially, to network, improve my operating base, and ensure staff retention. I do this job for the love of it and for democracy, but I know that as a manager I am lacking."

Robert Jamieson, Chair and CEO *The Chronicle* (Morna/Khan 2001: 49)

„Training is inadequate because it is mostly professional training that is available. This focuses on the ABC of journalism. There is need for specialized training that people like editors can attend, including newsroom management, newsroom administration etc."

Mr. Kahranga, Chief Editor Radio Tanzania (Morna/Khan 2001: 49)

Management sollte ein zentraler Baustein zukünftiger Journalisten-Aus- und Fortbildung sein. Viele mosambikanische JournalistInnen sind kreativ, engagiert, haben Ideen für Artikel, neue Programme, Filme etc., sind aber nicht in der Lage, ihre Fähigkeiten in einen Brotberuf umzumünzen, der ihre meist zahlreiche Kinderschar und Partner ernähren kann.

Schon in den 80er Jahren hat das Dreistufenmodell der Kommunikationsausbildung eine stärkere Ausbildung im Bereich Medienmanagement gefordert (vgl. Kapitel 10). Neverla/Kromminga weisen mit Blick auf die Ausbreitung des Skandal- und Sensationsjournalismus in Russland auf die Schwierigkeiten hin, gewinnbringend kritische und solide recherchierte Medien zu machen. Gerade Zeitungen, die zu Beginn der Perestroika Millionenauflagen hatten, mussten bis Mitte der 90er

Jahre teilweise rapiden Auflagenrückgang hinnehmen (1995: 114). Diese Feststellung unterstreicht, dass es nicht genügt, guten Journalismus zu machen – man muss ihn auch an den Mann bringen. In diesem Sinne fordert Fernando Lima für Mosambik eine Ausweitung der Kurse auf Aspekte von Administration, Distribution, Werbung und Marketing (Lima 1999: 14).

Kritisch konstatiert der Mosambikaner Faruco Sadique in seinem Journalistenratgeber eine Tendenz dazu, die Nachrichtenverbreitung mit einfachen und regional zugänglichen Mitteln zu verachten. Er sieht einen Hang zu Luxus und Größenwahn, der unter einer Zeitung gleich eine große Redaktion mit Computern, modernen Druckmaschinen und großen Auflagen versteht (Sadique 1999: 56). Kaum werde irgendwo ein einfaches Studio mit einem kleinen Sender installiert, werde sofort die nationale Reichweite auf Kurzwelle angestrebt.[334] Dies verhindere die Realisierung realistisch geplanter kleiner Projekte (Sadique 1999: 56). Aus der Perspektive von 1999 hält Sadique zwei Arten von Community-Zeitungen für realistisch: die Wandzeitung und die fotokopierte Kleinauflage (Sadique 1999: 56). Er führt als Beispiel die USA an, die in Firmen, Schulen und anderen Orten, wo viele Menschen sich aufhalten, auch Wandzeitungen hätten (Sadique 1999: 57). Ideal seien Wandzeitungen für ländliche Gegenden ohne Strom und kaufkräftiges Klientel. Direkt nach der Gründung müsse man die Aufgaben verteilen: ein Herausgeber (Direktor), der über Inhalt, Distribution, Editorial etc. entscheidet, Redakteure und Reporter, Grafiker und Karikaturisten. Im Fall einer gedruckten Zeitung brauche man auch Verantwortliche für Verwaltung, Finanzierung, Distribution und Werbung. Dann müsse man unverzüglich die Redaktionslinie festlegen. So wie für viele andere mosambikanische Medienexperten, Politiker etc. auch, ist ein Special-Interest-Medium für Sadique kein Thema: Medien verstehen sich immer als politisches, aufklärerisches Organ, die für Neutralität, Dienstleistung und Unterhaltung keinen Platz haben. Man müsse also festlegen, welche politische, wirtschaftliche, kulturelle und soziale Linie man vertrete, ob man links oder rechts sei, welche religiöse oder ökologische oder sonstige Anschauung man vertrete (Sadique

[334] In Sadiques Empfehlungen über Auflage und Format spiegelt sich die Einfachheit vieler Projekte in Mosambik wider. Schon eine Auflage von 200 wird als anerkennenswerte Leistung bezeichnet (Sadique 1999: 58).

1999: 57). Dann müsse der Titel des Organs festgelegt werden, wobei Sadique einen Namen in einer Lokalsprache empfiehlt.[335]

Sadiques Empfehlungen werden zusätzlich untermauert durch die in Kapitel 2.1.6 dargelegte *Domestizierungstheorie*, dass kleinere Medienprojekte, die sich in Abhängigkeit von großen nicht-mosambikanischen Nachrichtenagenturen befinden, ihre eigenen Deutungen des ihnen angeboten Nachrichten- und Unterhaltungsstoffes vornehmen können und dies auch wirkungsvoll tun.[336] Außerdem ergibt sich daraus eine Kritik an großen Medienprojekten, die die Tendenz haben, im Sinne des Kulturimperialismus Inhalte und Hardware zu implantieren, um als marktwirtschaftlicher Brückenkopf für kulturelle Paradigmen (Hollywood-Kino, westliche Musikindustrie) und Elektronik- und Computer-Hardware (Disc-Men, asiatische Fernseh- und Videosysteme, ausbaubare Multimedia-Computer) zu dienen. Sadiques Empfehlungen zu kleineren Projekten sollen an dieser Stelle um die Variante des Lokalradios ergänzt werden.

Jallov (2004) empfiehlt in Anlehnung an Lisa Cannon für eine nachhaltige Medienpraxis in Mosambik drei Maßnahmen: 1. Das Medium sollte nicht zu lange von einem einzigen Donor abhängen. 2. Ein Strategieplan mit einer klaren Richtung sollte vorhanden sein. 3. Medien müssen Partner und Sponsoren für sich einnehmen können und die entsprechende „Antragslyrik" beherrschen.

Internet

In Kapitel 9.4 wurde generell auf Gefahren der Über-und Unterschätzung von Internet und E-Mail hingewiesen. In Mosambik gibt es bisher kaum Computer und Internet-Zugänge, was ein scheinbar unüberwindliches Problem für die Nutzung des Internet darstellt. Auch die Tatsache muss gesehen werden, dass die wenigen existierenden Computer durch physische Belastung – die meisten Mosambikaner leben in Hütten oder Häusern, die stark den Einflüssen von Staub und in der Regenzeit durch Hitze und Feuchtigkeit ausgesetzt sind – und durch digitale „Krankheiten" wie Computerviren keine lange Lebensdauer haben. Andererseits zeigen die

---

[335] Sadique kommentiert ironisch die Tendenz zu englischen Namen und referiert, dass die für die Wandzeitung einer Sekundärschule verantwortlichen Redakteure in Chimoio nicht wussten, dass ihr Organ „Zapata News" nach einem mexikanischen Freiheitskämpfer benannt war (1999: 57 f.).

[336] Der Autor hatte bei einem kleinen Lokalradioprojekt in Mosambik Gelegenheit zu erleben, wie praktische Gesundheits- und Mode-Tips und internationale Vorgaben wie der „Welt-AIDS-Tag" von den als Redakteuren fungierenden StudentInnen mit viel Kreativität auf die regionale Realität der Provinz Nampula umgemünzt und journalistisch „mosambikanisch buchstabiert" wurden.

rasanten technischen Entwicklungen von Computern in den letzten Jahren, die Verkleinerung und Anwenderzentriertheit von Personalcomputern und die wachsende Robustheit und Beständigkeit von Aufnahme - und Abspielhardware im Rundfunkbereich, dass solche Probleme eventuell schnell behoben sein können. Daher empfiehlt es sich, für eine flächendeckende Einführung von Computern, Internet, E-Mail-Vernetzung auch in Mosambik inhaltliche und organisatorische Konzepte bereitzustellen und sich von technischen Kleinrevolutionen nicht überraschen zu lassen.[337] Dies gilt besonders für den Medienbereich, der auf Stabilisierung und Destabilisierung der Demokratie einen bedeutenden Einfluss (s.o.) haben kann.

Im Internet-Bereich empfiehlt es sich, nachfrageorientiert zu denken. Die jeweilige Marktnische, die das Internet für die Arbeit der Journalisten, Medien, Radio und Fernsehen und für die zeitgenössischen und zukünftigen mosambikanischen Medienrezipienten haben kann, sollte ihre Existenzbasis nur in einem spezifischen bestehenden Bedürfnis haben. Dieses Bedürfnis können nur Mosambikaner selbst ausloten, eventuell beraten von Personen aus Ländern, in denen die wirtschaftlichen, gesellschaftlichen und politischen Möglichkeiten Internet stärker entwickelt sind. Wichtige Institution ist die Kommission für Informatik-Politik (*Commissão para a Política de Informática*).

---

[337] Ein Beispiel für eine Idee, die zwar nicht unmittelbar auf Mosambik umsetzbar ist, aber die Notwendigkeit von Kreativität und Wiederaufgreifen brauchbarer Ideen illustriert, ist der gescheiterte Versuch der *Friedrich-Ebert-Stiftung* aus den 80er Jahren im Bereich TV-Bildungsprogramm, der heute mehr Chancen auf Verwirklichung hätte: Man unterstützte *CEPTA TV* in Singapur bei der Aufnahme von kurzen Filmsequenzen überall in Asien, die archiviert und zu immer neuen Programmen kombiniert werden sollten. Beispiel: Ein Kind spielt am Rand eines Teiches mit einem Eimerchen voll Wasser. Diese Szene ließe sich in einem ökologischen Film (Wasser sparen), einem Hygiene-Programm (Wasser sauber halten), einem Schulprogramm (Wasser ist schwerer als Luft) oder einem Erste-Hilfe-Programm (Kleinkinder nicht allein ans Wasser lassen) verwenden.

Das Projekt wurde aufgegeben und in eine klassische Produktionsstätte für Schulfernsehen umgewandelt, weil die Filmsequenzen nicht zueinander passen wollten. Keune verweist auf die heutige hohe Kombinierbarkeit von Filmsequenzen, Fotos etc. mit modernen Multimediamethoden (Keune 2002: 2f.).

10.2 Konkrete Empfehlungen

„Weder die Kommunikationswissenschaft im allgemeinen noch die Journalistik im besonderen, kann sich ihre Qualifizierungsmaßstäbe (…) von der Medienpraxis definitiv vorgeben lassen“.

Weischenberg 1990: 38

Lobbyarbeit der Institutionen

Das Gehalt mosambikanischer JournalistInnen ist gering, wie in Kapitel 7.2 deutlich wurde. Umso wichtiger ist es, dass die Bildungsinstitutionen und NROn nicht nur eine solide Aus- und Fortbildung ihrer Schützlinge bereitstellen, sondern auch sich auch, beispielsweise in Netzwerken, durch Lobbyarbeit und politischen Einfluss für angemessene Gehälter und Altersversorgungen der JournalistInnen einsetzen. Kunczik etwa bezeichnet die wirtschaftliche und rechtliche Absicherung der Journalisten als wichtigste Aufgabe für die Erfüllung des *Development Journalism* (Kunczik 1986: 272).

Module Examen

Die *UNESCO*-Medienprojektleiterin sagte im Hintergrundgespräch (22.7.2005), wenn man bei dem 1999 gestarteten Medienprojekt noch einmal bei Null anfangen könne, würde man stärker module und aufeinander aufbaubare Diplome bei der Fortbildung der Journalisten berücksichtigen. Diese Anregung ist nicht nur für die Journalistenschule und jede Art von NRO-Arbeit wichtig, sondern auch für Universitäten. Es sollte Diplome und Examen geben, die nicht auf eine Ausbildungszeit von 5 oder 6 Jahren hin konzipiert sind, sondern in Schritten von ein, zwei und drei Jahren jeweils Zwischendiplome ermöglichen. Auf die Gefahr hin, dass es zynisch klingen mag: Bei einer durchschnittlichen Lebenserwartung von – optimistischen Schätzungen zufolge – 42 Jahren, läuft Ausbildung nicht in den gleichen zeitlichen Rahmenvorstellungen ab wie in Ländern, in denen die Menschen im Schnitt doppelt so alt werden – auch wenn alles dafür getan werden sollte, dass diese für die westliche Welt beschämend niedrige Lebenserwartung sich verlängert. Natürlich soll nicht pseudo-universitären Simpel-Ausbildungen das Wort geredet werden. Aber die meist geringen finanziellen Möglichkeiten der Mosambikaner müssen beachtet werden, wenn Programme und Kurse geplant werden. Wenn die Schwelle zur Bildung nicht unüberwindbar hoch ist, kann dies eine Breitenwirkung auf die Gesellschaft haben. Zudem ist jetzt schon das Bedürfnis nach Ausbildung, wie die Untersuchungen zeigen (vgl. Kap. 8.1), sehr groß.

Hochschulen

In vielen Hintergrundgesprächen[338] wurde deutlich, dass die Universitäten geringere Gehälter bezahlen als internationale Firmen und teilweise NROn. Dies führt zu einer Abwanderung von qualifiziertem Personal aus dem Bereich der Lehre und Administration. Die Universitäten müssen stärkere Anreize schaffen, ihre Lehrer zu halten, sei es durch höhere Gehälter, die durch zusätzliche Dienste der Universitäten finanziert werden könnten. Diese Dienste könnten z.B. im Bereich Kommunikationsforschung Meinungsumfragen für Werbeagenturen, Firmen und Unternehmen sein.

Der nigerianische Medienexperte Akinfeleye (1996: 243) empfiehlt:

> "Let journalism education and training begin from the beginning that is, at the High School level".

In diesem Sinne sollten die Universitäten auch die Gründung von Schulen in Erwägung ziehen, aus denen sie ihren studentischen Nachwuchs rekrutieren können. Dies birgt die Gefahr von Exklusion und Elitenbildung, hat allerdings den gravierenden Vorteil, dass die sehr unterschiedlichen Bildungs-Standards, die mosambikanische StudentInnen mitbringen und die zu der zeit- und ressourcenaufwendigen Etablierung des propädeutischen Jahres geführt haben, nach dessen Ablauf nur ein Teil der StudentInnen weiterstudieren darf, angeglichen und nivelliert werden könnten.

2000 empfahl Brazão Mazula im 4. Kapitel seiner Monographie zu Demokratie und Frieden eine starke internationale Zusammenarbeit zur Entwicklung mosambikanischer Hochschulen. Diese Forderung soll hier unterstrichen werden. Obwohl sie natürlich Konkurrenten um Studenten sind, sollten die Universitäten sich über weltanschauliche und religiöse Schranken hinweg stärker zusammenschließen.

Medien

> *„Das ist meine Vision, ich möchte, dass jedes Medium in der Lage sein sollte, seine Journalisten auszubilden, innerhalb dessen, was die Sender-Richtlinie ist. Natürlich müsste man das haben, denn es gibt private Medien, die vielleicht nicht in der Lage sind dazu, die könnten natürlich zu den öffentlichen Journalistenschulen gehen. Jetzt wird die Universität[339] eine Abteilung für Kommunikationswissenschaften haben, aber so eine Institution müsste existieren, ich weiß nicht, mit welcher Spezialisierung, aber eben innerhalb der politischen Richtlinie des Mediums.“* Leitfadeninterview 2, 20

Schramm hat 1964 (118) darauf hingewiesen, dass das Lernen ausschließlich im Beruf und ohne zusätzliche Elemente nicht gut ist: Die älteren Praktiker und Journa-

---

[338] Beispielsweise mit dem *GTZ*-Berater Friedrich Kaufmann (13.10.2003)

[339] Gemeint ist die Universidade Eduardo Mondlane.

listen haben zuwenig Zeit, die Jüngeren wirklich einzuweisen und sind auch technisch nicht unbedingt auf dem neuesten Stand. Dieses Problem besteht nach wie vor. Das bedeutet, dass nur Medien Praktikanten, Hospitanten o.ä. aufnehmen sollten, die über Schulungseinheiten verfügen und ausgebildete Kräfte haben und wirklich über Kapazitäten und den Willen verfügen, jüngere KollegInnen einzuweisen.

Der Vorteil der Aufnahme von Praktikanten liegt stets darin, dass das Medium sich aus solchen Praktika oft freie oder feste Mitarbeiter herausfiltern kann. Zudem zwingt es zum Nachdenken über organisatorische und technische Arbeitsweisen eines Mediums und führt oft zu Verbesserungen, da viele Praktikanten neue Ideen und „frischen Wind" in ein Medium bringen. Dieses Potential sollten gerade private Medien nutzen. Allerdings wird in Mosambik mit dem Prinzip der freiwilligen MitarbeiterInnen („voluntários") gerade bei kleinen Radios viel Schindluder getrieben (vgl. Kapitel 4.3). Viele werden dabei ausgenutzt und mit geradezu lächerlichen Kompensationen für ihre teilweise gute Arbeit abgespeist. Zu überdenken ist eine stärkere Bindung von Mitarbeitern und weitergehende Übertragung von Verantwortung an wenige, die dann aber nicht in einem solchen Maße ausgenutzt werden können. Dies würde auch die hohe Fluktuation von freiwilligen Mitarbeitern bei Radios senken und eine kontinuierlichere und stärker zielgruppenorientierte Arbeit ermöglichen.

Nicht-mosambikanische Donors und Programme

„Man braucht nationale Dozenten, lokale Dozenten, außerhalb Mosambiks ausgebildete, im Land ausgebildete, auch Ausländer, die die gleiche Arbeit und Ausbildung machen. Also, die können zusammenarbeiten, weil so die Lokalen mehr Erfahrungen sammeln mit denen von außerhalb und die von außerhalb lernen auch, wie es hier anders läuft als bei denen zuhause." Leitfadeninterview 4, 14

„Wir kamen aus dem Kolonialismus und sind dann in den Sozialismus gekommen und jetzt sind wir im „Spenderismus" (donarismo) gelandet." Leitfadeninterview 14, 11

Grundsätzlich ist es wichtig, bei jeder Art von Medienentwicklungszusammenarbeit (MEZ) zwei Dinge zu beachten:

1. Medien sind keine allein wirkenden Entwicklungsinstrumente, sondern können als – allerdings machtvolle – Instrumente innerhalb einer Entwicklungsstrategie dienen (Frank 1994: 20 f.)

2. Bei Entwicklungszusammenarbeit im allgemeinen (vgl. Klingebiel/Messner 2004; HDW 1993) und Medienentwicklungszusammenarbeit im besonderen versagen, vor allem aufgrund der Individualität von Kultur, lokaler Sprache und Tradition, gleichförmige Konzepte (Frank 1994: 19): MEZ ist immer etwas, das individuell angepasst umgesetzt werden muss, mit länder-, regionen- und medienspezifischen Kenntnissen als Basis.

Gefahr von Überschätzung der „Medien"

„Communication can solve only those problems that need communication inputs".

(Singhal/Sthapitandonda 1996: 22)

Heutzutage macht sich besonders die *Weltbank* dafür stark: Die Potentiale der Medien sollen u.a. den Handel wie den „politischen Marktplatz" fördern, Korruption entlarven, ein Forum für Verwaltungsreformen bieten, die Schul- und staatsbürgerliche Bildung ergänzen, Dienstleistungen auf die Bedürfnisse der Armen ausrichten, die öffentliche Gesundheit verbessern helfen, Einfluss auf Politik und Kultur nehmen (vgl. Weltbank 2002, Stiglitz 2002).
Medienförderung stellt aber oft nur den ersten Schritt dar, d.h. das Hören, Sehen oder Lesen von Informationen. Ob diese aber verstanden, akzeptiert und befolgt werden, also eine entwicklungsrelevante Wirkung erzielen, das bleibt oft anderen Faktoren im Kommunikationsprozess überlassen. Massenmediale Informationsverbreitung allein ist meist nicht das Bindeglied zwischen Problem und Lösung. Das Fehlen dieser Unterscheidung zwischen Informationsverbreitung und Kommunikationsprozess wurde in den beiden Querschnittsanalysen zur Medienförderung des *BMZ* (1978 und 1988) als Ursache für das Scheitern vieler Projekte gesehen. (Oepen 2005: 55f.)

Kulturkenntnis

Es wurde auf die Bedeutung des Verständnisses der Kommunikation in anderen Kulturen und der Konzepte von Raum, Zeit, Freundschaft hingewiesen (vgl. Kapitel 2.1.6). Seit Halls „Silent Language" (1959) sind dazu zahlreiche Veröffentlichungen erschienen und für Geschäftsleute, Diplomaten und Entwicklungshelfer gehören Kenntnisse, Rollenspiele, Übungen zu Perspektivwechsel mittlerweile zum festen Repertoire der Vorbereitung für den Auslandsdienst. Die Bedeutung solchen Verständnisses kann für Projekte der *UN*, der EU, von NROn und Kirchen nicht hoch genug eingeschätzt werden. Wenn im Rahmen der Medienentwicklungszusammenarbeit gut bezahlte Spezialisten entsandt werden, um Radios, Fernsehsender und Printmedien zu beraten, Journalistennetzwerke zu bilden und die Erstellung von Homepages anzuleiten, dann sollte der jeweilige Berater wissen, welche Codes, Tabus, Vorstellungen er vorfindet. Er sollte darauf vorbereitet sein und sich innerhalb der für ihn fremden Kultur nicht nur in einem professionellen Kontext oder durch Medienrezeption, sondern durch Kontakte über Nachbarschaft, Hobbies etc. ein Bild der Kommunikation zwischen und innerhalb der verschiedenen Schichten sowie der kulturellen, religiösen, gesellschaftlichen Codes des Landes machen, in dem er arbeitet. Mosambikaner beispielsweise haben ein feines Gespür dafür, dass die verschiedenen ausländischen Medienexperten, die in ihr Land kommen, verschiedene Motive für ihr Kommen haben.[340] Bescheidenheit, Integration und Aufgeschlossenheit sollten selbstverständliche Tugenden ausländischer Berater sein.

Individualität ist nicht nur für die Vorbereitung des einzelnen Entwicklungshelfers, sondern auch für Beurteilung und Korrektur der Projekte wichtig. Dass globale und nationale Lösungen in der Entwicklungszusammenarbeit nicht mehr zeitgemäß sind, zeigte die Darstellung im Theorie-Kapitel. Im jüngsten *UNESCO*-Bericht für Lateinamerika wird einmal mehr anhand des Nebeneinanders von primitiven Radiostationen, kleinen Zeitungen einerseits und Multimediakonzernen und Fernsehriesen wie *Globo* und *Televisa* andererseits die Bedeutung von lokalen und regionalen Unterschieden im Medienbereich verwiesen.[341]

Prädestinierte Länder

Brasilien ist aufgrund der gemeinsamen Sprache, der reichhaltigen Medienlandschaft, der zahlreichen hochqualifizierten Journalisten und exzellenten Werbefachleute,[342] sowie der ausdifferenzierten Universitäten und Fortbildungsinstitutionen prädestiniert für Partnerschaften und Austausch mit Mosambik. Während portugie-

[340] Zwei Kollegen und ehemalige Studenten schrieben am Ende meiner dreijährigen Tätigkeit als Universitätsdozent ein Abschiedsgedicht auf mich und meine Frau, das folgendermaßen begann: „Es war einmal ein junges deutsches Ehepaar, dessen Weg sie auf afrikanische Erde führte. Abenteuerlust? Internationalismus? Solidarität? Vielleicht ein bisschen von alledem."

[341] Vgl. Callaos, Nagib (1999): Latin America and the Caribbean. In: UNESCO (Hrsg.): World Communication and Information Report 1999-2000. Paris: 241-259, hier 252.

[342] So Günter Hollenbach auf einer *FES*-Tagung 2001, zitiert nach Dietz 2002.

sische Austauschprogramme durch die Geschichte immer noch belastet sind, ist die Beziehung zu Brasilien ideologisch unbeschwert, wenn auch ihre Pflege aufgrund der geografischen Entfernung aufwendig und kostspielig ist. Mosambikaner wurden und werden in Brasilien ausgebildet, beispielsweise an der *Faculdade Comunicação Social Cásper Líbero*, der *Escola de Comunicações e Artes der Universidade São Paulo*, der *Universidade Católica de São Paulo* und der *Universidade Metodista de São Paulo*, die über ein Forschungs- und Fortbildungszentrum der *UNESCO* unter Leitung des international bekannten Kommunikationswissenschaftlers José Marques de Melo verfügt.

Gerade zwischen Deutschland und Mosambik gäbe es zahlreiche Anknüpfungspunkte für eine Medienförderung (vgl. KKM 2003: 4, 6). Dies liegt zum an der starken Lobby-Präsenz der „Madgermanes“[343], der zurückgekehrten, ehemaligen DDR-Vertragsarbeiter, zum anderen an der Vergangenheit Deutschlands, die bezüglich Afrika, speziell Mosambik, weniger belastet ist als die anderer europäischer Länder.[344] Hier liegt ein großes Potential, das weder von *GTZ* noch von der deutschen Botschaft oder NROn und QANGOs adäquat genutzt wird.

Schwerpunktbildung

Der Entwicklungsforscher Nuscheler kritisiert die Tendenz der internationalen Entwicklungszusammenarbeit, immer neue Rechte einzufordern, die letztendlich utopisch seien und die weder einklag- noch verwirklichbar seien. Eine konsequente

---

[343] Der Begriffsbestandteil „mad“ leitet sich nicht vom englischen Wort „verrückt“ ab. Im Süden Mosambiks bedeutet diese Silbe, einem Landesnamen vorangesellt, dass der so Bezeichnete ein temporär im Exil lebender Wanderarbeiter ist. Die „Madgermanes“ hatten als Vertragsarbeiter in der DDR gearbeitet, die Hälfte ihres Lohnes wurde ihnen damals vom Gehalt abgezogen und sollte nach Rückkehr in die Heimat ausbezahlt werden. Nach ihrer Zwangsrückkehr 1990 blieb dieses Geld verschwunden. Da Mosambiks Regierung bis heute die Proteste der über 20.000 Rückkehrer unterdrückt bzw. ignoriert, steht immer wieder der Verdacht im Raum, das Geld sei von ihr veruntreut worden. Das Problem besteht latent weiter, denn die Rückkehrer sind nicht gesellschaftlich integriert und artikulieren selbstbewusst ihre Unzufriedenheit. „Die sozialistische Bruderhilfe von damals hat sie entwurzelt, nun fühlen sie sich nirgends mehr heimisch – und bleiben unglückliche Wanderer zwischen zwei Welten“ (Kommentar aus *SWR*-Fernseh-Dokumentation über die Madgermanes vom 12.9.2004).

[344] „Die Deutschen waren (...) willkommene Partner: als Kolonialmacht unbelastet, von hoher technischer Kompetenz und angesichts ihrer eigenen jüngsten Geschichte ohne Dünkel und Herren-Allüren. Manchmal allerdings, vor allem im arabischen Raum, wurden sie auch aus falschen Motiven heraus geliebt: als angebliche Judenhasser.“ Dies referierte der langjährige deutsche Entwicklungsmedienexperte und *UN*-Funktionär Reinhard Keune, von Kuala Lumpur per Video einer Bonner MEZ-Konferenz der *FES* zugeschaltet (Keune 2002: 1).

Durchsetzung bestehender Regelwerke und Rechte sei wichtiger (Klingebiel/Messner 2004: 30). Analog sollte man bei Projekten im Bereich MEZ Schwerpunkte bilden und dabei sowohl das Land und die jeweiligen Notwendigkeiten im Medienbereich betrachten als auch die lokalen und regionalen Gegebenheiten des Projekts. Es ist klar, dass immer viele Probleme ungelöst bleiben. Die Folgerung daraus sollte nicht Gießkannenmentalität bei der Projektvergabe, Kooperation und Beratung sein, sondern „Mut zur Lücke", das Vertrauen in die Sinnhaftigkeit der jeweiligen Schwerpunktsetzung und die ernüchternde Erkenntnis, dass jedes Medienprojekt und jede Journalistenfortbildung, gleich wie partizipativ im Ansatz, umfangreich in der Finanzierung und lang in der Vorbereitung, über kurz oder lang scheitern kann.

Notwendig ist Unterricht, Schulung, Weiterbildung, die Respekt vor der spezifischen Kultur, den Eigenheiten des Landes und seiner Menschen hat und gleichzeitig den Mosambikanern das Panorama journalistischer Wirklichkeitsbeschreibung, das journalistische Handwerkszeug, die notwendigen Tools an die Hand gibt, um den Journalismus zu machen, die Medien zu gestalten und die politischen Wege zu gehen, die sie für richtig und angemessen halten. Mosambikanische Politiker, Medienrechtler, Journalisten und Lobbyisten sollten gemeinsam für Aufmerksamkeit in zwei Richtungen sorgen: Einerseits soll das Medienangebot vielfältig bleiben und noch vielfältiger werden, ohne in übertriebene Nischen- und Elite-Mentalität abzugleiten. Anderseits sollte durch entsprechende gesetzliche Rahmenbedingungen, vor allem aber durch wissenschaftliche und journalistische Instanzen und Publikationen, die Aufmerksamkeit geschärft werden für Bestrebungen, die Aus- und Weiterbildung der Journalisten religiös-fundamentalistisch oder im Sinne einzelner afrikanischer Stämme und Bevölkerungsgruppen einseitig zu beeinflussen. Diese Gefahr besteht latent.

11. Forschungsdesiderate[345]

Kunczik hält weder eine homogene Betrachtung von Entwicklungsländern, noch eine simplifizierende Unterteilung in starke und schwache Staaten (nach Gunnar Myrdal) oder traditionelle, moderne und transitionale Staaten für sachgerecht (vgl. Kunczik 1986: 268). Die Funktionen der Medien, das berufliche Selbstverständnis der Journalisten und viele andere mediale Aspekte können, wie das Beispiel Mosambik, Simbabwe oder Malawi zeigen, von Land zu Land krass divergieren. Daraus zieht Kunczik mit Recht die Konsequenz, „dass die Wissenschaft sich bemühen muss, die Entwicklungsländer weiter zu differenzieren" (Kunczik 1986: 268). Die oben angeführte Unterschiedlichkeit schließt nicht aus, verschiedene Entwicklungsländer auf gemeinsame Aspekte hin zu vergleichen. Dies sollte sich aber nicht in simplen, europäisch geprägten Politikmodellen oder statistisch-ökonomischen komparativen Untersuchungen erschöpfen, sondern sozio-kulturelle Kontexte, die Beschreibung der Ausprägungen verschiedener Religionsgruppen und Minderheiten sowie im journalistischen Bereich beispielsweise Meinungsforschung und Medienmanagement-Analysen einschließen.

Kommunikatorforschung

Kapitel 2.3 stellte Ansätze zur Untersuchung verschiedener Formen von Redaktionsorganisation vor und unterstrich die unterschiedliche Aufgabenverteilung in USA und Europa. Dies hat indirekt Relevanz für unterentwickelte Länder insofern, als dass es in Zukunft in solchen Ländern, deren Journalisten-Aus- und Fortbildung stark durch Entwicklungshilfe und ausländische Ausbilder geprägt ist, von Land zu Land zu starken Unterschieden kommen dürfte, je nachdem, ob die Redaktionsorganisation im Sinne der anglo-amerikanischen, französischen, spanischen, portugiesischen etc. Tradition gelehrt wird. Eine diesbezügliche komparative Studie beispielsweise in lateinamerikanischen und afrikanischen Ländern stellt ein reizvolles Forschungsdesiderat dar.

In Kapitel 2.2 wurden die von Theis-Berglmair referierten Ergebnisse der Arbeiten von Lawrence und Lorsch (1967) vorgestellt, die von einem Korrespondenzver-

[345] Dieses Kapitel wurde im Sinne der Lasswell-Formel untergliedert in Kommunikatorforschung, journalistische Aussagen, Medienwissenschaft, Rezipientenforschung und Wirkungsforschung. Hinzugefügt wurde die Meinungsforschung, da sie sich im hier verstandenen Sinne sowohl auf Rezipienten als auch auf Kommunikatoren bezieht.

hältnis von Umweltgegebenheiten und strukturellen Erfordernissen in Redaktionen ausgehen. Die Frage, wie sich die mosambikanische Gesellschaft in den letzten 20 Jahren verändert hat und welche strukturell-organisatorischen Auswirkungen dies zum einen auf öffentliche, zum anderen auf private Medien hat, stellt ein wichtiges Forschungsdesiderat dar. Es sollte dabei definiert werden, welche politisch-sozialen Zeiträume den bei Lawrence/Lorsch identifizierten Phasen folgend als komplexe, unsichere und schnell wechselnde Umwelten gelten können und welche als stabil gelten können. Damit könnten eventuell Erklärungsmuster und Perspektivierungen für die teils bürokratischen und hierarchischen, teils flachen Strukturen mosambikanischer Medien gewonnen werden.

Es sollte untersucht werden, inwieweit der Strukturwandel im Journalismus, der von Blöbaum für Deutschland skizziert wurde und der sich in einer konsumenten- und unterhaltungsorientierten Tendenz und der Ent-Beruflichung manifestiert, in Zukunft auch in Mosambik relevant wird. Bei der Untersuchung des Aspektes der Ent-Beruflichung sollte auf eine Unterscheidung zwischen öffentlichen und privaten Medien geachtet werden.

Ferner sollte untersucht werden, inwieweit der Glaube an das Naturtalent von Journalisten in Afrika, speziell in Mosambik, verbreitet ist.

Aussagenforschung

Es wäre reizvoll, die mosambikanischen Medien daraufhin zu untersuchen, ob der oben (Kapitel 2.3) skizzierte Wandel zum Unterhaltungsjournalismus und Infotainment auch in Mosambik messbar ist und welche Wirkung dies bei den Journalisten entfaltet, die sich historisch bedingt meist als politische Einflussnehmer verstehen. Damit rückt auch ein eventueller Wandel im Selbst- und Fremdverständnis der Rezipienten in den Blick, die weder in der Kolonialzeit noch in der sozialistischen Ära als ernsthaftes Gegenüber der Journalisten angesehen geschweige denn umworben wurden.

Alice Nhamposses Untersuchung zur Darstellung von Frauen im mosambikanischen Fernsehen wurde vorgestellt (Kap. 4.8). Weitere Analysen dieser Art, allerdings bezogen auf das wichtige Medium Radio wären wünschenswert.

Medienwissenschaftliche Untersuchungen

Oben wurde auf Entwicklungsmöglichkeiten des Internet hingewiesen. Hier besteht Forschungsbedarf, allerdings nicht nur in Mosambik selber, sondern es sollte auch auf die Erfahrungen in anderen afrikanischen Ländern zurückgegriffen werden, die technisch weiterentwickelt sind. Dies gilt beispielsweise für die meisten der ehemaligen englischen und französischen Kolonien. Auch für die Untersuchung von Umsetzungen und medialen Anwendungen des Internets, die im Westen unüblich sind, sollte Offenheit bestehen.

In Kapitel 2.1.6 wurde hingewiesen auf das Fehlen von Gliederungsmodellen für die Mediensysteme in unterentwickelten Ländern Asiens, Afrikas und Südamerikas, die z.B. mit Hilfe komparativer Methoden erstellt werden könnten.

In Kapitel 2.3 wurde die Forschung zur Organisation von Redaktionen beschrieben. Bislang fehlen Untersuchungen, die, etwa mit komparativem Ansatz, Redaktionsorganisation in einem Land wie Mosambik darstellen und Unterschiede zwischen öffentlichen und privaten Institutionen sowie sozialistisch und nachsozialistisch geprägten Journalisten herausarbeiten. Auch der Frage sollte nachgegangen werden, welche Medien eher hierarchischen Entscheidungsmustern folgen, welche flache Strukturen vorweisen, und welche Rolle das ominöse afrikanische „Konsensprinzip“ dabei spielt.

In Kapitel 7.1.9 wurde der in vielen afrikanischen Ländern herrschende und auch in Mosambik spürbare Wunsch nach nationalen Medien deutlich, die eine nationale Einheit stärken, vor Gefahren von außen warnen und Kritiker in den eigenen Reihen in Schach halten. Diese Tendenz und dieses Bedürfnis wird von manchen Journalisten und gesellschaftlichen Gruppen artikuliert und läuft den Interessen der meisten NROn und der *UN*-Organisationen zuwider, die stärker eine pluralistische und differenzierte Medienlandschaft propagieren. Es gilt zu untersuchen, welche gesellschaftlichen Kräfte welche Interessen haben und welche Auswirkungen dies auf den Medienmarkt haben kann. Gerade für die Frage der Aus- und Fortbildung soll hier ganz eindeutig für Pluralismus plädiert werden und zwar nicht für größtmöglichen sondern einen, der eine sinnvolle Vielfalt darstellt. Der Versuchung, aus den verschiedenen Aus- und Fortbildungsbausteinen ein ideologisch gefärbtes geschlossenes Weltbild zu formen, sollte nicht nachgegeben werden, weder durch die mosambikanische Regierung noch durch andere gesellschaftliche und ausländische Kräfte.

In Kap. 7.3.3.7 wurde festgestellt, dass Analysen des mosambikanischen Medienrechts sowie Beschreibungen der praktischen Medienethik fehlen. Es gibt zahlreiche zu klärende Fragen: Welche Urteile werden gefällt? Wie bekannt sind die Medienrechte? Wie ist die medienrechtliche Praxis? Welche Anwälte haben sich auf dieses Thema spezialisiert, welche Gruppierungen machen sich dafür stark?
Auch Vergleiche von Medienrecht und Medienrechtspraxis mit anderen afrikanischen Ländern sind sinnvoll. Morna und Khan (2001: 20f.) haben gezeigt, dass schon eine schlichte tabellarische Synopse von 11 südafrikanischen Ländern in Bezug auf Medienrechte, die Situation privater und staatlicher Medien und der Situation des Internet klärend und aussagekräftig sein kann. Auch die teilweise komparativ angelegte Arbeit von Sophie Nick zum medienrechtlichen Pluralismus in den portugiesischsprachigen afrikanischen Ländern und Fernando Limas (1999) medienrechtlicher und -praktischer Vergleich von Angola und Mosambik sind Modelle dafür, wie fruchtbar komparative Arbeit ist.

Rezipientenforschung

Es gibt nur wenige Untersuchungen über afrikanische Medienrezipienten, in der deutschen Literatur finden sich nur gelegentliche Hinweise. So merkt Kunczik an, es gebe in vielen Entwicklungsländern kein Massenpublikum, da aus materiellen Gründen die technische Voraussetzung dafür fehle bzw. die potentiellen Zeitungs-Rezipienten nicht lesen könnten (Kunczik 1986: 267).
Was möchten Mosambikanerinnen und Mosambikaner gerne im Radio hören, was lesen und anschauen, welches Fernsehprogramm ist attraktiv? Welcher Nutzen kann für sie damit einhergehen? Mosambik bietet eine Fülle von untersuchenswerten Gegenständen der Rezipientenforschung, gerade was Unterschiede zwischen Bevölkerung von Stadt und Land, Rezipienten nationaler und südafrikanischer Fernsehsender etc. angeht. Allerdings ist zu beachten, dass es gerade über Wirkungen des Fernsehens für verschiedene Länder und auch innerhalb sozialer Gruppen unterschiedliche und teilweise widersprüchliche Ergebnisse gibt. Für Korea beispielsweise wurde beispielsweise festgestellt, dass der hohe Konsum amerikanerischer Fernsehsendungen bei Frauen eher „Liberalität" verstärkt, bei Männern dagegen Traditionsbewusstsein (vgl. Kunczik/Zipfel 2001: 423f.). Bei der Rezipientenforschung sind eindimensionale Erklärungsmuster und Wirkungszusammenhänge eine Gefahr, gerade wenn ausländische Forscherteams mit mangelhaften

Landeskenntnissen alleinverantwortlich Untersuchungen durchführen. Forschungsprojekte sollten nach Möglichkeit von Mosambikanern selbst geplant und durchgeführt werden und AusländerInnen sollten dabei eine beratende Funktion haben. Dass dies möglich und umsetzbar ist, zeigen beispielsweise das Forschungsdesign und die Implementierung der umfangreichen Studie *Ética de Moçambique*, die in mosambikanischer Hand lagen (vgl. Kapitel 3.3.10).
Auch die bei Hafez ausgeführte Differenzierung des Publikums und die Unterscheidung von Systemumwelten und Umweltsystemen (vgl. Kapitel 2.3) ist untersuchenswert: Welcher passiven Umwelt („machtlose" Rezipienten) und welcher aktiven Umwelt (Interessenverbände, Media-Watch-Gruppen) sehen sich mosambikanische Medien gegenüber? Wie stark legitimiert sich der Journalismus über Leser, Hörer und Seher, wie stark über Wahrnehmung im politischen Raum bzw. durch andere Medien? Welche Medien haben daraus folgernd Trendsetter-Funktion, welche sind eher „Verteiler" und „Weiterleiter" von Information?
Als aufschlussreich auch für eine mosambikanische Perspektive könnte sich auch Kuncziks These erweisen, dass das westliche Informations-und Unterhaltungsangebot in Ländern der Dritten Welt insgesamt gesehen eher polarisierend wirken, als Weltsichten zu vereinheitlichen (Kunczik/Zipfel 2001: 423).
Als eine Studentin am 22.7.2004 ein Interview mit einer *ICS*-Chefredakteurin durchführte, wurde ihr von dieser beschieden, der standardisierte Fragebogen sei nicht professionell. Persönliche Fragen nach Berufszufriedenheit oder Kritik an Aus- und Fortbildung seien nicht wissenschaftlich und bei Befragungen zu vermeiden. Dahinter steht vermutlich die Angst von Angestellten staatlicher oder ehemaliger staatlicher Institutionen nach Konsequenzen aus offenen Angaben und Kritik. Dass diese Angst nach wie vor sehr groß ist, gerade bei älteren MosambikanerInnen und ohne weiteres aus den geschichtlichen Erfahrungen sehr erklär- und nachvollziehbar, ist bei jeder Art von Forschungstätigkeit in Mosambik zu beachten. Ältere Medienexperten, Politiker und Funktionäre sollen nicht von Untersuchungen ausgeschlossen werden, da ihre Meinung wertvoll und wichtig ist. Es ist aber zu beachten, dass hier bezüglich Vorbereitung, Anonymitätswahrung und Diskretion von Interviews und Befragungen besonders sorgfältige Maßstäbe beachtet werden müssen. Bei jüngeren Personen und Leuten aus dem privaten Sektor ist dieser Aspekt in der Regel unproblematisch.

Wirkungsforschung
Zur Wirkung der Massenmedien auf die mosambikanische Bevölkerung, vor allem die Effekte der zahlreichen Schulungsprogramme bezüglich AIDS, Cholera, Gewalt in der Familie etc., gibt es nur vereinzelte Kleinstevaluationen der unterstützenden NROn. Eine breitere Untersuchung der Effekte solcher Programme wäre wünschenswert.

Sonstige Forschungsansätze
In dieser Arbeit konnte die Frage, wie Programme für Journalistenfortbildung bzw. Curricula und Kursprogramme für journalistisch orientierte Universitäten und Fachschulen in Mosambik entwickelt werden, nach welchen Vorgaben dies geschieht und welche Personen und Kräfte daran Anteil haben [346], nicht untersucht werden. Dies ist ein reizvolles Forschungsdesiderat.
Weischenbergs Untersuchung US-amerikanischer Journalismusdozenten und seine daraus hervorgehende Typisierung (vgl. Kapitel 2.6.2) ist vorbildhaft und sollte auch an mosambikanischen Institutionen versucht werden.
Die Gemengelage der verschiedenen Interessen, die bei der Erstellung von Curricula und Kursprogrammen eine Rolle spielen, konnte kaum gestreift werden. Hier empfiehlt sich in Anlehnung an die bei Löffelholz vorgestellten drei Aspekte (politische Beeinflussung, verschiedenartige Interessen, Langwierigkeit bei Verwirklichung)[347] eine genaue Untersuchung in Mosambik.
Die komparative Betrachtung des in Kapitel 2.4.3 beschriebenen Materials aus verschiedenen afrikanischen Ländern erscheint als eine ertragbringende Forschungsaufgabe.

[346] Russ-Mohl' ironische Anmerkungen zur Dynamik des Wissenschaftsbetriebes bei der Curriculum-Entwicklung können hier Anregung dienen. Vgl. Kap. 2.6.2
[347] Vgl. Kap. 2.6.2

12. Schluss

Viele der Probleme, die Maria Cremilda Massingue 1998 (59) aus Sicht der Journalisten formulierte, bestehen nach wie vor:

„Bis heute sind dies die Probleme (...): fehlender Zugang zu offiziellen Informationsquellen, Bedarf an besseren Arbeitsbedingungen und höheren Sozialleistungen, fehlende professionelle Ausbildung, Festlegung klarer juristischer Statuten der Medieninstitutionen, und vor allem die niedrigen Löhne. Vor allem Letzteres macht Journalisten zu verwundbaren Zielen für Politiker und Geschäftsleute auf der Suche nach Schleichwerbung in den Nachrichten."

Brazão Mazula, Publizist, Politiker und Rektor der *Universidade Eduardo Mondlane*, formulierte in einem Hintergrundgespräch (20.1.2004) die Bedürfnisse der Menschen in Mosambik:

"Nach meiner persönlichen Überzeugung ist Bildung auf die eine oder andere Weise die Grundlage. Nur ein Prozent der Bevölkerung hat bisher Zugang zu Zeitungen und Zeitschriften. Ein Staatsbürger, der keinen Zugang zu Informationen haben kann, wird sich marginalisiert fühlen. Daher denke ich, dass Bildung wichtig ist." [348]

---

[348] "De qualquer maneira eu penso que a educação para mim é base. 1% da população é que ainda tem acesso aos órgãos de comunicação social (Imprensa). Um cidadão que não tem possibilidade de acesso á informação ele acaba sendo marginalizado então eu penso que a educação é importante."

13. Literatur und Verzeichnisse

13.1 Monografien und Artikel

Adam, Erfried (1993): Länderanalyse Mosambik. In: HDW 9: 368-400.

Africa Research Bulletin. Political, Social and Cultural Studies (2004): Frelimo Wins Elections. In: Vol. 41, Nr. 12: 16015.

Akinfeleye, Ralph: Journalism Education and Training in Nigeria: Infrastructures, policies and development. In: Uyo, Olatunji Dare Adidi (Hg.) (1996): Journalism in Nigeria. Issues and Perspectives. Nigeria Union of Journalists: 228-243.

Alexander, Jocelyn (1997): The Local State in Post-War Mozambique: Political Practice and Ideas about authority. In: Africa 67: 1.

Altmeppen, Klaus-Dieter (1998): Multimedia: ein neuer Journalismus? Arbeitsmarkt, Tätigkeitsfelder und Qualifikationsbedarf. In: Neverla: 197-218.
• … und Löffelholz, Martin (1998): Zwischen Verlautbarungsorgan und „vierter Gewalt": Strukturen, Abhängigkeiten und Perspektiven des politischen Journalismus. In: Sarcinelli, Ulrich (Hg.): Politikvermittlung und Demokratie in der Mediengesellschaft. Opladen, Wiesbaden: 97-123.
• (1999): Redaktionen als Koordinationszentren. Beobachtungen journalistischen Handelns. Opladen.
• … und Donges, Patrick/Engels, Kerstin (1999): Transformation im Journalismus. Journalistische Qualifikationen im privaten Rundfunk am Beispiel norddeutscher Sender.
• … und Donges, Patrick/Engels, Kerstin (2000): Transformationen im Journalismus. Entdifferenzierung der Organisationen und Qualifikationen im Formatjournalismus. In: Publizistik 45, Heft 2: 200-218.
• … und Bucher, Hans-Jürgen/Löffelholz, Martin (Hg.) (2000): Online-Journalismus. Perspektiven für Wissenschaft und Praxis. Wiesbaden.
• … und Hömberg, Walter (Hg.) (2002): Journalistenausbildung für eine veränderte Medienwelt. Diagnosen, Institutionen, Projekte. Wiesbaden.

Altschull, J. Herbert (1990): Agenten der Macht. Die Welt der Nachrichtenmedien – eine kritische Studie. Konstanz. Originalausgabe 1984.

Andersen, Uwe (Hg.) (2003): Afrika. Schwalbach.

Aufermann, Jörg/Elitz, Ernst (Hg.) (1975): Ausbildungswege zum Journalismus. Opladen.

Balikowa, David Ouma (1995): Media marketing: an essential part of a free press for Africa. In: Media, Culture and Society, Vol. 17: 603-613.

Baum, Achim (1994): Journalistisches Handeln: Eine kommunikationstheoretisch begründete Kritik der Journalismusforschung. Opladen.

Becker, Jörg (1996): Globale Trends. Entwicklungen im internationalen Informations- und Kommunikationssektor. In: Meckel/Kriener: 49-66.

Behmer, Markus/Krotz, Friedrich/Stöber, Rudolf/Winter, Carsten (Hg.) (2003): Medienentwicklung und gesellschaftlicher Wandel. Beiträge zu einer theoretischen und empirischen Herausforderung. Wiesbaden.

Benninghaus, Hans (1992): Deskriptive Statistik. Stuttgart.

Blöbaum, Bernd (1994): Journalismus als soziales System. Geschichte, Ausdifferenzierung und Verselbständigung. Opladen.

- (1996): Transformation der Ausbildung. Zur Praxis der "Praxis" hochschulgebundener Journalistenausbildung. In: Hömberg/Pürer: 335-342.
- (2000): Organisationen, Programme und Rollen. Die Struktur des Journalismus. In: Löffelholz: Theorien des Journalismus. Wiesbaden: 169-183.

Böckelmann, Frank (1993): Journalismus als Beruf. Bilanz der Kommunikatorforschung im deutschsprachigen Raum von 1945 bis 1990. Schriften der Deutschen Gesellschaft für *COMNET/UNESCO*. Konstanz.

Boetius, Birgit (2001a): Zivilgesellschaft aus dem Baukasten? Die Rolle der mosambikanischen Bildungselite im geförderten Demokratisierungsprozess. Hamburg.

Bourgault, Louise M. (1994): Mass Media in Sub-Saharian Africa. Michigan.

Brand, Ulrich (2000): Global Governance. Alternative zur neoliberalen Globalisierung? (mit Achim Brunnengräber/Lutz Schrader/Christian Stock/Peter Wahl). Münster.

- (2001): Ordnung und Gestaltung. Global Governance als hegemonialer Diskurs postfordistischer Politik. In: Michael Berndt, Detlef Sack (Hg.): Global Governance? Voraussetzungen und Formen demokratischer Beteiligung im Zeichen der Globalisierung. Wiesbaden
- … und Demirovic, Alex/Görg, Christoph/Hirsch, Joachim (Hg.) (2001): Nichtregierungsorganisationen in der Transformation des Staates. Münster

Breed, Warren (1973) Soziale Kontrolle in der Redaktion. In: Aufermann, J. u.a. (Hg.): Gesellschaftliche Kommunikation und Information. Frankfurt a.M., 1973, zuerst 1955.

Breunig, Christian (1987): Kommunikationspolitik der *UNESCO*. Dokumentation und Analyse der Jahre 1946 bis 1987. Konstanz.

- (1996): Internationale Kommunikationspolitik im Wandel. Alte und neue Initiativen der UNESCO. In: Meckel/Kriener 1996: 67-84.
- (1998): Kommunikationspolitik als Beitrag zur internationalen Verständigung. Initiativen der UNESCO von 1946-1997. In: Quandt, Siegfried/Gast, Wolfgang: Deutschland im Dialog der Kulturen: Medien, Images, Verständigung. Schriftenreihe der Deutschen Gesellschaft für Publizistik- und Kommunikationswissenschaft, Bd. 25. Konstanz: 367-379.

Brosius, Hans-Bernd (Hg.) (2000): Kommunikation über Grenzen und Kulturen. Schriftenreihe der dt. Gesellschaft für Publizistik-und Kommunikationswissenschaft DGPuK, Bd. 27. Konstanz.

- Brosius, Hans-Bernd/Koschel, Friederike (Hg.) 2001: Methoden der empirischen Kommunikationsforschung.

Brüne, Stefan (Hg.) (2000): Neue Medien und Öffentlichkeiten. Politik und Tele-Kommunikation in Afrika, Asien und Lateinamerika. Schriften des Deutschen Übersee-Instituts Hamburg, Nr. 47. Hamburg. 2 Bde.

Burkart, Roland (Hg.) (2002): Kommunikationswissenschaft. Grundlagen und Problemfelder. Wien, Köln, Weimar.

Castells, Manuel (2003): Das Informationszeitalter. Teil 3: Jahrtausendwende. Opladen.

Darch, Colin (Hg.) (1987): Mozambique. World Bibliographical Series Vol. 78. Oxford.

Demirovic, Alex (2001): NGO, Staat und Zivilgesellschaft. Zur Transformation von Hegemonie. In: Brand/Demirovic/Görg/Hirsch.

Deuze, Mark/Neuberger, Christoph/Paulussen, Steve (2004): Journalism Education and Online Journalists in Belgium, Germany and The Netherlands. In: Journalism Studies. Vol. 5, 1/2004.

Diekmann, Andreas (2002): Empirische Sozialforschung. Grundlagen, Methoden, Anwendungen. Hamburg.

Diel, Alex (2002): Medienverbreitung und Mediennutzung in Afrika. In: Kruck, Peter (u.a. Hg.): Kommunikation im Gespräch: Festschrift für Franz R. Stuke. Münster: 219-228.

Donsbach, Wolfgang (1982): Legitimationsprobleme des Journalismus. Gesellschaftliche Rolle der Massenmedien und berufliche Einstellungen von Journalisten. Freiburg im Breisgau, München.

- (1987): Journalismusforschung in der BRD: Offene Fragen trotz „Forschungsboom". In: Wilke: 105-144.

Dovifat, Emil (1942), Teilband hrsg. von Erich Obst: Afrika. Handbuch der praktischen Kolonialwissenschaften. Bd. XVI. Post- und Fernmeldewesen, Rundfunkwesen. Berlin.

Eilers, Franz-Josef (1985): Das Dreistufen-Modell für Kommunikationsausbildung. In: Communicatio Socialis 18: 19-26.

EMW Evangelisches Missionswerk in Deutschland (Hg.) (1997): Länderheft 28: Mosambik. In Zusammenarbeit mit dem Beratungskreis Mosambik. Redaktion: Brunhild von Local (verantwortlich), Birgit Regge, Inge Remmert-Fontes. Hamburg Juni 1997.

- (2003): Länderheft 49: Mosambik. Redaktion: Karin Bräuer, Konzept: Reinhard Brose, Klaus Ebeling, Martin Herrbruck. Hamburg. April.

Esser, Frank (2000a): Does organization matter? Redaktionsforschung aus internationaler Perspektive. In: Brosius: 111-125.

- (2000b): Journalismus vergleichen. Journalismustheorie und komparative Forschung. In: Löffelholz: 123-145.

Fandrych, Sabine (2000b): Länderbeitrag Mosambik: Demokratische Konsolidierung mit Schönheitsfehlern. In: Betz, Joachim/Brüne, Stefan (Hg.): Jahrbuch 3. Welt 2001, München: 66-81.

- (2001): Kommunalreform und Lokalpolitik in Mosambik. Demokratisierung und Konflikttransformation jenseits des zentralistischen Staates? Hamburg.

Fauvet, Paul (1996): Mozambique. In: Legun, Colin (Hg.): Africa Contemporary Record, Vol 25, 1994-1996: B615-B634.

Flick, Uwe (2003) in Orth et al: Qualitative Sozialforschung – Stand der Dinge: 309 ff.

- … und Kardorff, Ernst von/Steinke, Ines (Hg.) ([2]2003): Qualitative Forschung. Ein Handbuch. Hamburg.

Frank, Daniela (1994): Dimensionen der Programmkonzeption entwicklungsorientierter Hörfunkarbeit. Konstanz.

Fröhlich, Romy/Holtz-Bacha (Hg.) (1997): Europäische Öffentlichkeit: Entwicklung von Strukturen und Theorie. In: Kopper, Gerd G. (Hg.): Europäische Öffentlichkeit : Entwicklung von Strukturen und Theorie: 149-182.

- (2003): Journalism Education in Europe and North America. An International Comparison. Cresskill.

Galtung, Johan (1972): Eine Strukturelle Theorie des Imperialismus. In: Senghaas, Dieter (Hg.): Imperialismus und strukturelle Gewalt. Frankfurt am M.: 29-104.

Grossenbacher, René (1988): Journalismus in Entwicklungsländern: Medien als Träger des sozialen Wandels? Köln, Wien.

Hafez, Kai (Hg.) (2002a): Die Zukunft der internationalen Kommunikationswissenschaft in Deutschland. Hamburg.

- (2002b): International vergleichende Medienforschung: Eine unterentwickelte Forschungsdimension. In: Hafez 2002a: 59 ff.
- (2002c): Die politische Dimension der Auslandsberichterstattung. Baden-Baden. 2 Bde.
- (2005): Globalization, Regionalization and Democratization: The Interaction of Three Paradigms in the Field of Mass Communication. In: Hackett, Robert/Zhao, Yuezhi (Hg.): Democratizing global media. Oxford et al.

Haller, Michael/Holzhey, Helmut (Hg.) (1997): Medien-Ethik. Beschreibungen, Analysen, Konzepte für den deutschsprachigen Journalismus. Konstanz.

Hanlon, Joseph (1991): Mozambique: Who calls the Shots? London.

- (1996): Peace without Profit. How the IMF blocks rebuilding in Mozambique. Mit Unterstützung des *International African Institute* und James Currey sowie *Irish Mozambique Solidarity,* Dublin mit Heinemann (Reed Elsevier Inc.). New Hampshire, Oxford, London 1996.

Harrison, Lawrence E./Huntington, Samuel P. (2002): Streit um Werte. Wie Kulturen den Fortschritt prägen. Originaltitel: Culture Matters (in der deutschen Ausgabe Teile der Beiträge nicht aufgenommen). Hamburg und Wien.

HDW → Handbuch der Dritten Welt: Nohlen, Dieter/Nuscheler, Franz. 1993 (3. Auflage).
Bd. 1: Grundprobleme, Theorien, Strategien
Bd. 9: Ostafrika und Südafrika, siehe Adam, Erfried

Head, Sydney W. (1985): World Broadcasting Systems. A Comparative Analysis. Belmont.

Heine, Marie-Agnes (1988): Dritte Welt auf Empfang? Die Medienförderung der Bundesrepublik Deutschland in der Dritten Welt. Saarbrücken, Fort Lauderdale.

Hepp, Andreas/Löffelholz, Martin (Hg.) (2002): Grundlagentexte zur transkulturellen Kommunikation. Konstanz.

Hepp, Andreas (2004): Netzwerke der Medien. Medienkulturen und Globalisierung. Wiesbaden.

Hirsch, Joachim (2001): Des Staates neue Kleider: NGO im Prozess der Internationalisierung des Staates. In: Brand/Demirovic/Görg/Hirsch.

Holtz-Bacha, Christine/Kutsch, Arnulf (Hg.) (2002): Schlüsselwerke für die Kommunikationswissenschaft.

Hömberg, Walter (Hg.) (1978): Journalistenausbildung. Modelle, Erfahrungen, Analysen. München.

- (2002): Expansion und Differenzierung. Journalismus und Journalistenausbildung in den vergangenen drei Jahrzehnten. In: Altmeppen/Hömberg: 17 ff.

Hupe, Ilona/Vachal, Manfred (2002): Reisen in Mosambik. München.

Institut für Afrika-Kunde (Hg.): Afrika Jahrbuch. Politik, Wirtschaft und Gesellschaft in Afrika südlich der Sahara.

Jannusch, Andrea Sofie (1990): Journalistentraining als Entwicklungshilfe. 25 Jahre Kommunikatorschulung im Deutsche Welle Ausbildungszentrum. Köln.

Jarren, Otfried (1994): Medien und Journalismus, 2 Bde.

Kahls, Daniela/Langenbach, Sandra (2000): Community-Radio und „Graswurzeljournalismus“. Südafrika und Simbabwe im Vergleich. In: Brüne 2000: 63-104.

Kandil, Fuad (1995): Entwicklungsländer. In: Schäfers, Bernhard (Hg.): Grundbegriffe der Soziologie. Opladen: 61-64.

Kasoma, Francis P. (1995): The role of the independent media in Africa's change to democracy. In: Media, Culture and Society, Vol. 17: 537-555.

Kassel, Antje (2003): Journalistenausbildung in Italien. Formazione al Giornalismo in Italia. Eine Bestandsaufnahme im Zeichen der europäischen Einigungspolitik. Arbeitshefte Internationaler Journalismus 1/2003. Herausgegeben von Gerd G. Kopper. Bochum 2003.

Katz, Elihu/Wedell, George (1977): Broadcasting in the Third World. Harvard.

Katzen, May (1975): Mass Communication: teaching and studies at Universities. A World-Wide survey on the role of universities in the study if the mass media and mass communication. Paris.

Keane, John (1991): The Media and Democracy. Cambridge.

Kelle, Udo: Computergestützte Analyse qualitativer Daten. In: Flick/Kardorff/Steinke 2003: 485-502.

Klingebiel, Stephan/Messner, Dirk (2004): Franz Nuscheler. Empirische Forschung und Global Governance. In: Entwicklung und Zusammenarbeit, Jg. 45, 1/2004: 28-31

Kleinsteuber, Hans J. (1993): Mediensysteme in vergleichender Perspektive. Zur Anwendung komparativer Ansätze in der Medienwissenschaft: Probleme und Beispiele. In: Rundfunk und Fernsehen 3/1993: 317-337.

- (1994): Nationale und internationale Mediensysteme. In: Merten/Schmidt/Weischenberg 1994: Die Wirklichkeit der Medien: 544-569.
- … und Rossmann, Torsten (Hg.) (1994): Europa als Kommunikationsraum. Akteure, Strukturen und Konfliktpotentiale. Opladen.
- (Hg.) (1996): Der "Information Superhighway". Opladen.
- … und Thomaß, Barbara (1996): Unternehmensverflechtungen im globalen Medienmarkt. In: Meckel/Kriener.
- (1997): Vom analog geblendeten Kommunikationssouverän zum digital gestärkten Interaktivisten? In: Bentele, Günter/Haller, Michael: Aktuelle Entstehung von Öffentlichkeit. Akteure-Strukturen-Veränderungen. Konstanz 1997.
- (1999): Die Informationsgesellschaft – Eine Gesellschaft ohne Information über sich selbst? Einige Thesen. Opladen/Wiesbaden.

Klingebiel, Stephan/Messner, Dirk (2004): Franz Nuscheler (*1938). Empirische Forschung und Global Governance. In: E+Z Entwicklung und Zusammenarbeit, 45. Jg. Nr. 1 Januar 2004: 28-31.

Kopper, Gerd (1993): Innovation in journalism training. Dortmund.

- (Hg.) (2000): Europa als Herausforderung. Zur Modernisierung und Qualifizierung journalistischer Ausbildungsprogramme und Forschung. Dortmund.

Kowal, Sabine/O'Connell, Daniel C. (2003): Zur Transkription von Gesprächen. In: Flick/Kardorff/Steinke: 437-447.

Krämer, G./Lehrke, F. (1996): Medienförderung in Entwicklungsländern. In: Meckel/Kriener 1996: 105-124.

Krennerich, Michael (1999): Mozambique. In: Nohlen.

Kromrey, Helmut (1998): Empirische Sozialforschung: Modelle und Methoden der Datenerhebung und Datenauswertung. Opladen.

Küppers, Harald (1996): Renamo: Über den Wandel der mosambikanischen Rebellenbewegung zu einer politischen Partei. Ein Beitrag zur Transitionsforschung. Hamburg.

Kunczik, Michael (1985): Massenmedien und Entwicklungsländer. Köln

- (1986): „Development Journalism" – ein neuer Journalismustyp? In: Publizistik 31: 262-277.
- (1988a): Journalismus als Beruf. Köln/Wien.
- (1988b): Concepts of Journalism North and South. *FES*. Bonn.
- Kunczik, Michael (1991): Communication and Social Change. A Summary of Theories, Policies and Experiences for Media Practioners in the Third World. *FES*. Bonn

- … und Zipfel, Astrid/Biesinger, Beate (2000): Internationale Werbe- und Public Relations-Netzwerke. In: Brüne: 316ff.
- … und Zipfel, Astrid (2001): Publizistik. Ein Studienhandbuch. Köln, Weimar, Wien.
- (2002): Medien und Entwicklungsländer. In: Hafez 2002a.

La Roche, Walther (2002): Journalistische Praxis in Lehrbüchern. Angebote und Defizite. In: Altmeppen/Hömberg: 59-72.

Lachmann, Werner (2002): Entwicklungspolitik., Bd. 1-4. Bonn.

Lamnek, Siegfried (^{3}1995): Qualitative Sozialforschung. 2 Bde. Weinheim.

Langenbucher, Wolfgang R. (1974/75): Kommunikation als Beruf. Ansätze und Konsequenzen kommunikationswissenschaftlicher Berufsforschung. In: Publizistik: 256 ff.

Lederbogen, Utz (1991): The African Journalist. A Portrait of Tanzanian News People and their Work. Bonn, Dar es Salaam.
- (1992): Watchdog or Missionary? A Portrait of African News People and their work. A Case Study in Tanzania. Europäische Hochschulschriften. Vol. 31. Frankfurt.

Leonhard, Joachim-Felix (u.a.) (Hg.) (1999): Medienwissenschaft: ein Handbuch zur Entwicklung der Medien und Kommunikationsformen. Berlin, New York.

Lerner, Daniel (1957): The Passing of Traditional Society. Modernizing the Middle East. New York/London.

Löffelholz, Martin (1990): Bedingungen, Mittel und Effekte der Journalistenausbildung. In: Weischenberg: 167-193.
- (1990): Weiterbildungsangebote für Journalisten. In: Weischenberg: 107ff.
- … und Altmeppen, Klaus-Dieter (1994): Kommunikation in der Informationsgesellschaft. In: Merten/Schmidt/Weischenberg: 570-591.
- (Hg) (2000): Theorien des Journalismus. Wiesbaden.
- (2002a): Journalismuskonzepte. Eine synoptische Bestandsaufnahme. In: Nerverla, Irene/Grittmann, Elke/Pater, Monika (Hg.): Grundlagentexte zur Journalistik. Konstanz.
- (2002b): Globalisierung und transkulturelle Krisenkommunikation. In: Hepp/Löffelholz: 186-204.

Luhmann, Niklas (1970): Soziologische Aufklärung. Bd. 1. Aufsätze zur Theorie sozialer Systeme, Köln/Opladen.
- (1996): Die Realität der Massenmedien. Opladen.

Macamo, Elísio (1999): Was ist Afrika? Zur Geschichte und Kultursoziologie eines modernen Konstrukts. Berlin.

MacBride-Report (1981): UNESCO-Kommission Deutschland, Österreich, Schweiz (Hg.): Viele Stimmen – eine Welt. Bericht der internationalen Kommission zum Studium der Kommunikationsprobleme unter dem Vorsitz von Sean MacBride an die UNESCO. Konstanz. Originalausgabe: "Many Voices, One World", 1980.

Machel, Samora (1985): An African Revolutionary: Selected Speeches and writings. London.

Makumbe, John (1998): Is there a civil society in Africa? In: International Affairs, Vol. 74, Nr. 2, April.

Maletzke, Gerhard (1963): Psychologie der Massenkommunikation. Hamburg.
- (1996): Interkulturelle Kommunikation. Zur Interaktion zwischen Menschen verschiedener Kulturen. Opladen.
- (1998): Kommunikationswissenschaft im Überblick. Grundlagen, Probleme, Perspektiven. Opladen, Wiesbaden.

Marcinkowski, Frank (1993): Publizistik als autopoietisches System: Politik und Massenmedien: eine systemtheoretische Analyse. Opladen.

Mário, Mouzinho/Fry, Peter/Levey, Lisbeth A./Chilunde, Arlindo (2003): Higher Education in Mozambique. A Case Study. New York/Oxford/Maputo.

Marr, Mirko/Wyss, Vinzenz/Blum, Roger/Bonfadelli, Heinz (2001): Journalisten in der Schweiz. Eigenschaften, Einstellungen, Einflüsse. Konstanz: 118-126.

Massmann, Annette (2003): Kuba. Globalisierung, Medien, Macht. Eine Indikatorenanalyse zur Beschreibung von Mediensystemen im Zeitalter der Globalen Netzwerkgesellschaft. Frankfurt/Main, London.
- (2004a): Von „Kommunikation für Entwicklung" zur „cultura mediática". Kommunikationswissenschaftliche Reflexionen in Lateinamerika zu Medien, Entwicklung und Gesellschaft. In: Publizistik 3/2004: 275-291.

Mast, Claudia (1999): Berufsziel Journalismus. Aufgaben, Anforderungen und Ansprechpartner. Wiesbaden.

Mattelart, Armand (1994): Mapping world communication: War, progress, culture. Minneapolis (u.a.).

Mayring, Philipp (^{5}2002): Einführung in die Qualitative Sozialforschung. Eine Anleitung zum qualitativen Denken. Weinheim und Basel.

Meckel, Miriam/Kriener, Michael (Hg.) (1996): Internationale Kommunikation. Opladen.

Meckel, Miriam (1999): Redaktionsmanagement. Ansätze aus Theorie und Praxis. Opladen.
- … und Scholl, Achim (2002): In Rusch: 155 ff.

Medsger, Betty (1996): Winds of change. Challenges confronting Journalism Education. Virginia.

Melkote, Srivinas R. (1991): Communication for Development in the Third World: Theory and practice. New Delhi - Newbury Park - London.

Merkel, Wolfgang (Hg. (1994): Systemwechsel 1. Theorien, Ansätze und Konzeptionen. Opladen.
- (1999): Systemtransformation: Eine Einführung in die Theorie und Empirie der Transformationsforschung. Opladen.

Merten, Klaus/Schmidt, Siegfried J./Weischenberg, Siegfried (1991) (Hg): Funkkolleg Medien und Kommunikation. (Deutsches Institut für Fernstudien an der Uni Tübingen). Weinheim/Basel.

- (1994): Die Wirklichkeit der Medien. Eine Einführung in die Kommunikationswissenschaft. Opladen.

Merten, Klaus (1999): Öffentlichkeit in systemtheoretischer Perspektive. In: Szyszka, Peter (Hg.): Öffentlichkeit. Diskurs zu einem Schlüsselbegriff der Organisationskommunikation. Opladen/Wiesbaden

Michel, Lutz P./Schenk, Michael (1994): Audiovisuelle Medienberufe: Veränderungen in der Medienwirtschaft und ihre Auswirkungen auf den Qualifikationsbedarf und die Qualifikationsprofile. Opladen.

Michel, Lutz (2000): Patchwork-Karrieren. Jobchancen und Qualifikationsanforderungen in der Multimedia-Branche. In: Altmeppen/Bucher/Löffelholz.

Mihr, Christian (2005): Über die Gleichzeitigkeit der Ungleichzeitigkeit. Der Medienwandel in Lateinamerika im Lichte neuerer soziologischer und postkolonialer Theorieperspektiven. In: Arnold, Klaus/Neuberger, Christoph (Hg.): Alte Medien - Neue Medien. Theorien, Beispiele, Prognosen. Wiesbaden: 291-331.

Müller-Benedict, Volker (²2003): Grundkurs Statistik in den Sozialwissenschaften.

Mytton, Graham (1983): Mass Communication in Africa. London.

Neuberger, Christoph (2002): Zum Wandel der journalistischen Berufskultur. In: Haller, Michael (Hg.): Die Kultur der Medien: Untersuchungen zum Rollen- und Funktionswandel des Kulturjournalismus in der Mediengesellschaft. Münster.

Neubert, Kurt/Scherer, Helmut (Hg.) (2004): Die Zukunft der Kommunikationsberufe. Ausbildung, Berufsbilder, Arbeitsweisen. Konstanz.

Neuman, William Lawrence (⁴2000): Social Research Methods. Qualitative and quantitative approaches. Needham Heights (MA).

Neverla, Irene/Kromminga, Kerstin (1995): Journalismus in Osteuropa. Fragen zur Rolle des Journalismus im sozialen Wandel. In: Erbring, Lutz (Hg.): Kommunikationsraum Europa. Konstanz.

Neverla, Irene/Grittmann, Elke/Pater, Monika (2002): Grundlagentexte zur Journalistik. Stuttgart.

Newitt, Malyn (²1995): A History of Mozambique. London.

Nielinger, Olaf (2003a): Die Entwicklung der Telekommunikation in Afrika: eine Bilanz liberaler Sektorreform nach zehn Jahren. In: Afrika-Jahrbuch 2003, hrsg. vom Institut für Afrika-Kunde: 48-60.

Nielinger, Olaf (2003b): Wider die große Erwartung. Afrika und der UN-Gipfel zur Informationsgesellschaft. In: Der Überblick 4/2003: 55 ff.

Nohlen, Dieter/Nuscheler, Franz (1993): Handbuch der Dritten Welt. Siehe: HDW.

Nohlen, Dieter (Hg.) (1999): Elections in Africa: a data handbook. Oxford (u.a.).

- (2002): Lexikon Dritte Welt. Länder, Organisationen, Theorien, Begriffe, Personen. Hamburg.

Ogundimo, Folu Folarin (1997): Donor-Driven Initiatives and Media Training in Africa. In: Journalism & Mass Communication Educator. Herbst: 48 ff.

Okigbo, Charles/Pratt, Cornelius B. (1997): Currciula for Media Education in Anglophone Africa. In: Journalism & Mass Communication Educator. Herbst

Orth, Barbara/Schwietring, Thomas/Weiß, Johannes (Hg.) (2003): Soziologische Forschung: Stand und Perspektiven. Ein Handbuch. Opladen.

Ostheimer, Andrea E. (2000): Länderberichte Mosambik. In: Afrika-Jahrbuch 2000: 376-383; 2001: 400-407; 2002: 393-401; 2003: 336-374.

Pélissier, René (2003): Mozambique. Physical and Social Geography. In: Murison, Katharine (Hg.): Africa South of the Sahara 2004: 741-768. Wirtschaftsteil "Economy" von João Gomes Cravinho: 747-768. Von beiden Autoren auch Angaben von 2001 aus dem Band für 2002.

Pöttker, Horst (1996): „Praxisnähe" – was heißt das für die Journalistenausbildung an Hochschulen? In: Hömberg/Pürer: 322-334.

Requate, Jörg (2002): Journalismus als Beruf. Überlegungen zu einem theoretischen Gerüst. In: Neverla/Grittmann/Pater: 417-454.

Rogers, Everett (1969): Modernization among peasants: The impact of communication. In Association with Lynne Svenning. New York.

Rühl, Manfred (1969): Die Zeitungsredaktion als organisiertes soziales System. Bielefeld.

- (1980): Journalismus und Gesellschaft : Bestandsaufnahme und Theorieentwurf. Mainz.
- (1989a): Organisatorischer Journalismus. Tendenzen der Redaktionsforschung. In: Sonderheft Nr. 30/1989 der Kölner Zeitschrift für Soziologie und Sozialpsychologie: 253-269.
- (1989b): Organisatorischer Journalismus. Tendenzen der Redaktionsforschung. In: Neverla, I./Grittmann, E./Pater, M. (2002): Grundlagentexte zur Journalistik: 303-320.

Rullmann, Anja (1996): Modernisierung und Dependenz. Paradigmen internationaler Kommunikationsforschung. In: Meckel/Kriener: 19-47.

Rusch, Gebhard (Hg.) (2002): Einführung in die Medienwissenschaft. Konzeptionen, Theorien, Methoden, Anwendungen. Wiesbaden.

Russ-Mohl, Stephan (1987): Hochschulgebundene Journalistenausbildung. Von der Problemverstaatlichung zur Problemlösung? In Publizistik 32: 5-22.

- (1994): Der I-Faktor. Qualitätssicherung im amerikanischen Journalismus. Modell für Europa? Zürich/Osnabrück.

Sarcinelli, Ulrich (Hg.) (1998): Politikvermittlung und Demokratie in der Mediengesellschaft. Beiträge zur politischen Kommunikationskultur.

Saxer, Ulrich (1974/75): Dysfunktionale Folgen unzulänglicher Journalistenaus- und fortbildung. In: Publizistik

- (1987): Journalistenausbildung in internationaler Perspektive. In: Wilke: 21-47.

Schmidt, Christiane (2003): : Analyse von Leitfadeninterviews. In: Flick/Kardorff/Steinke: 447ff.

Schmidt, Siegmar (1994): Demokratisierung in Afrika: Fragestellungen, Ansätze und Analysen. In: Merkel.

Schneider, Beate/Schönbach, Klaus/Stürzebecher, Dieter (1993): Journalisten im vereinigten Deutschland. Strukturen, Arbeitsweisen und Einstellungen im Ost-West-Vergleich. In: Publizistik 38, 3: 353-382.

Schnell, Rainer/Hill, Paul B./Esser, Elke ([6]1999): Methoden der empirischen Sozialforschung. München, Wien.

Scholl, Armin (1997): Journalismus als Gegenstand empirischer Forschung: Ein Definitionsvorschlag. In: Neverla/Grittmann/Pater 2002: 455-484 (ursprünglich Publizistik 42/1997, 4).

- … und Weischenberg, Siegfried (1998): Journalismus in der Gesellschaft. Theorie, Methodologie, und Empirie. Opladen.

Schramm, Wilbur (1964): Mass Media and National Development. The Role of Information in the Developing Countries. Stanford/Paris.

Schulz, Dorothea (2000): Communities of sentiment. Local radio stations and the emergence of new spheres of public communication in Mali. In: Brüne: 36-62.

Simons-Kaufmann, Claudia (2003): Transformationsprozesse von Entwicklungsländern. Das Beispiel Mosambik. Wiesbaden.

Singhal, Arvind/Sthapitandonda, Prichart (1996): The Role of Communication in Development: Lessons learned from a Critique of the Dominant, Dependency, and Alternative Paradigms. In: The Journal of Development Communication. No. 1/Vol. 7, Juni: 11-25.

Der Spiegel (2003): Jahrbuch 2004. Die Welt in Zahlen, Daten, Analysen.

Splichal, Slavko/Sparks, Colin (1994): Journalists for the 21st century: tendencies of professionalization among first-year journalism students in 22 countries. Norwood, New Jersey.

Stieler, Caspar (1695): Zeitungs Lust und Nutz […]. Hamburg, Neuauflage Bremen 1969, hrsg. von Gert
Hagelweide.

Stuke, Franz R./Zimmermann, Dietmar (1975): „Medium Fernsehen". Eine Studie zum Problemkreis
Medienpädagogik und Schulfernsehen am Beispiel einer Felduntersuchung. Münster.

Sülzer, Rolf (1980): Medienstrategien und Entwicklungspolitik. Anwendungsbezogene Forderungen für Medienprojekte im ländlichen Raum. In: Rundfunk und Fernsehen 28: 56.

Tettey, Wisdom J. (2001): The media and democratization in Africa: contributions, constraints and concerns of the private press. In: Media, Culture and Society 23: 5-31.

Theis-Berglmair, Anna M. (1999): Die Grundlagen der Organisationsforschung in der Medienwissenschaft. In: Leonhard.

Thiel, Reinold E. (2004): Demokratie braucht Öffentlichkeit. In: E+Z Entwicklung und Zusammenarbeit Jg. 45: 33 ff.

Thomaß, Barbara (1998): Journalistische Ethik: Ein Vergleich der Diskurse in Frankreich, Großbritannien und Deutschland. Opladen, Wiesbaden.
• (2001a): Medien und Transformation in Osteuropa. Wiesbaden.
• (2001b): Kommunikationswissenschaftliche Überlegungen zur Rolle der Medien in Transformationsgesellschaften. In: Thomaß 2001a: 39-64.
• … und Tzankoff, Michaela (2003): Medienentwicklung und gesellschaftlicher Wandel in Osteuropa.

Tomlinson, John (2002): Internationalismus, Globalisierung und kultureller Imperialismus. In: Hepp/Löffelholz: 140-163.

Traber, Michael/Nordenstreng, Kaarle (Hg.) (1992): Few Voices, many Worlds. Towards a Media Reform Movement. London.

Tunstall, Jeremy (1977): The media are American. New York

Tzankoff, Michaela (2001): Die deutsche Transformationsforschung nach 1989 – Ein Überblick. In: Thomaß 2001a: 9-37

Vanhengel, Marcel (1985): Zur Ausbildung von Rundfunkfachkräften in der Dritten Welt: kirchliche Initiativen. In: Communicatio Socialis 18 (1985): 7-18.

Vines, Alex (1996): RENAMO. From Terrorism to Democracy in Mozambique? Mit Unterstützung des *Centre for Southern African Studies* University of York, der *Eduardo Mondlane Foundation*, Amsterdam sowie James Currey, London. 1991, überarbeitete Fassung York (sic).

Wallerstein, Immanuel (1995): Die Sozialwissenschaften ‚kaputtdenken'. Die Grenzen der Paradigmen des 19. Jahrhunderts. Weinheim.

Weaver, David H./Wilhoit, G. Cleveland (1986): The American Journalist. A portrait of US news people and their work. Bloomington.

Weaver, David (Hg.) (1998): The Global Journalist. News People around the World. Cresskill, NJ.

Weber, Stefan (2002a): Konstruktivismus und Non-Dualismus, Systemtheorie und Distinktionstheorie. In: Scholl, Armin (Hg.): Systemtheorie und Konstruktivismus in der Kommunikationswissenschaft. Konstanz: 21-36.

Weber, Stefan (2002b): Doppelte Differenz. Schritte zu einer „konstruktivistischen Systemtheorie der Medienkommunikation". In: Neverla/Grittmann/Pater: 73-88.

Weischenberg, Siegfried (1987): Neue Lernformen in der Journalistenausbildung? Anmerkungen zu den didaktischen Herausforderungen an die Journalistik. In: Wilke: 192-216.

- (Hg.) (1990): Journalismus und Kompetenz: Qualifizierung und Rekrutierung für Medienberufe. Opladen.
- (1994): Konzepte und Ergebnisse der Kommunikatorforschung. In: Jarren 1: 228-266.
- (1995): Journalistik. Theorie und Praxis aktueller Medienkommunikation. Bd. 2: Medientechnik, Medienfunktionen, Medienakteure, Opladen.
  - (1998): Bd. 1: Mediensysteme – Medienethik – Medieninstitutionen.
  - ... und Kriener, Markus, Mitarbeit Wiebke Loosen (1998). Bd. 3.
- (1999): Die Grundlagen der Kommunikatorforschung in der Medienwissenschaft. In: Leonhard.

Weiß 1977: Journalismus als Beruf. Schlussbericht Synopse. München.

Westerbarkey, Joachim (1978): Publizistische Fachdidaktik und Curriculumreform. In: Hömberg: 122-146.

Wiio, Osmo (1983): The Mass Media Role in the Western World. In: Martin, L.J./Chaudlary, A.G. (Hg.): Comparation Mass Media Systems. New York: 85-94.

Wilke, Jürgen (Hg.) (1987): Zwischenbilanz der Journalistenausbildung. München.

- (1996): Medienförderung in der deutschen Entwicklungspolitik. Indizien und Gründe eines Niedergangs. In: Rundfunk und Fernsehen, hrsg. vom Hans-Bredow-Institut, 44/1996: 539-547.
- (2002): Internationale Kommunikationsforschung. Entwicklungen, Forschungsfelder, Perspektiven. In: Hafez 2002a.

Wunden, Wolfgang (1996): Kommunikationswissenschaftler und Ethiker – Plädoyer für einen Dialog. In: Hömberg/Pürer: 316-321.

Wyss, Vinzenz (2001): Journalismusforschung. In: Jarren, Otfried/Bonfadelli, Heinz: Einführung in die Publizistikwissenschaft. Bern, Stuttgart, Wien: 261-284.

Zeppenfeld, Werner (1983): Medientraining für Entwicklungsländer. Projektevaluierung zu Praxis und Problematik journalistischer Ausbildungsförderung in Ägypten. Bochum.

13.2 Graue Literatur

Mosambikanische und portugiesischsprachige Quellen sowie „graue Literatur“ (nicht frei zugänglich)

Abels, Sigrun/Ihne, Hartmut/Massmann, Annette/Osang, Helmut/Thomaß, Barbara (2004) (Thesenpapier): Impulse für die Medienentwicklungszusammenarbeit. Bochum.

Afrika Süd (2002a): "Mutmaßlicher Cardoso-Mörder geflohen"; „RENAMO legt Stabilisierungsprogramm vor“. In: 5/2002: 5.
• (2003a): "Hohe Strafen für Cardoso-Mörder". In: 1/2003: 5.
• (2003b): „Industrielle Krise“; „Mindestlohn soll erhöht werden“; „Wiederaufbau des Schulnetzes in Tete“. In: 2/2003: 5f.
• (2003c): „Zeitplan für Kommunalwahlen revidiert“; „Neues Familiengesetz“; „Journalist bekennt, HIV-positiv zu sein“; „Umwelttag und Wasserknappheit“. In: 3/2003: 5f.
• (2003d): „Cahora Bassa-Schulden “; „Deutschland unterstützt Grundbildung. In: 4/2003: 5.
• Afrika Süd (2003e): „Kommunalwahlen verschoben“; „Malaria bleibt häufigste Todesursache“ . In: 5/2003: 6.
• (2003f): „Die ungeteilte Euphorie“. In: 5/2003: 29f. (nach Joseph Hanlon)
Afrika Süd (2004): „Wahlen im Dezember“; „Zwölf Millionen für Kleinstbanken“. In: 2/2004: 6.

Agenda 2025 (2003): Visão de Estratégias da Nação. Herausgegeben von einem mosambikanischen Berater-Komitee. Maputo.

Alfane, Rufino (1996): Educação Cívica na Sociedade Tradicional. Hrsg. vom Ministério da Administração Estatal, Núcleo de desenvolvimento administrativo, Projecto "Descentralização e Autoridade Tradicional", finanziert durch die Hilfsorganisation *US AID*. Heft 3. Dez.

Article 19 – The International Index for Censorship (1995) (Jahrbuch): Who rules the Air Waves? Broadcasting in Africa. London: 55-64.

Assembleia da República de Moçambique (1996): Que é quem na Assembleia da República. Editores: Obede Suarte Baloi e Guido van Hecken. Unterstützung: Europäische Union. Maputo. Okt.

- (1997): Quem faz o quê na Assembleia da República. Composição das Bancadas, Comissões e Secretariado Geral. Anexo ao Quem é quem na Assembleia da República. Editor: Obede Suarte Baloi. Maputo Dezembro de 1997.

Barbosa, Ernesto (2000): A Radiodifusão em Moçambique: O Caso do Rádio Clube de Moçambique, 1932-1974. Maputo.

Berger, Lothar (1993): Bewegung in der Medienlandschaft. In: Informationsdienst Südliches Afrika 1 (Jan./Feb.): 38-40.

- (2003): Bewegung in der Opposition. In: Afrika Süd 2/2003: 14f.
- (2004): Bescheidene Erfolge. In: Afrika Süd 1/2004: 35-37.

Boetius, Birgit (2001b): Zivilgesellschaft aus dem Baukasten? In: Mosambik Rundbrief 57, Dezember 2001, Hrsg. vom Koordinierungskreis Mosambik e.V. Bielefeld: 26-28.

Brand, Richard (2001): „Ética Moçambique" stellt erste umfassende Studie vor. In: Mosambik Rundbrief 57, Dezember 2001, Hrsg. vom Koordinierungskreis Mosambik e.V. Bielefeld: 24 f.

Brito, Lidia (2004): „Jedes Land braucht eine kritische Masse." Interview mit dem Koordinierungskreis Mosambik *KKM*, 64/2004.

Bruch, Christoph/Drossou, Olga/Jensen, Heike (2005): Weltgipfel zur Informationsgesellschaft. Neue Impulse für die (Medien)Entwicklungszusammenarbeit. In FES: 47-50.

Capela, José (1996): A imprensa de Moçambique até a Independência. In: Ribeiro/Sopa: 11-28.

Castells, Manuel (2000): Elemente einer Theorie der Netzwerk-Gesellschaft. In: Sozialwissenschaftliche Literaturrundschau 41/2000, 37ff.

Censo 1997: Statistische Erhebung Mosambiks mit demografischen, kulturellen, wirtschaftlichen Aspekten. Zusammengefasst in einer frei verkäuflichen Power-Point-Präsentation.

Chambule, Alfredo (2000): Organização administrativa de Moçambique. Maputo.

Coelho, Carlos (2003a): Liberdade da Expressao. Tese Final da Licenciatura. Nampula/Moçambique.

- (u.a.) (2003b): Plano Estratégico de Wamphula Fax. Nampula.
- (2004): Experiênica do Controle Social do Poder Político ao nível da Imprensa. In: Konrad-Adenauer-Stiftung (Hg.): Controle Social do Poder político em Moçambique. Divisão de Poderes. Maputo Juni 2004: 51-60.

Comissão para a política de Informática (2004a): Centro Provincial de Recursos Digitais de Inhambane (Prospekte zur mosambikanischen Internet-Regierungsoffensive):

- (2004b): Tecnologias de Informação de Comunicação para o Desenvolvimento.
- (2004c): Centro Provincial de Recursos Digitais de Tete.

Constituição da República de Moçambique (2000). Hrsg. und aktualisiert durch Ussumane Aly Dauto. Maputo. April.

Costa, Mário (1945): Bibliografia Geral de Moçambique. Lissabon.

CSCS Conselho Superior da Comunicação Social (2003): Regimento Interno.

- (2004): Rechenschaftsbericht.

Demuth, Norbert (1992): Medienförderung der Katholischen Kirche in der Dritten Welt. Unveröff. Hausarbeit zur Erlangung des Akademischen Grades eines Magister Artium. Mainz.

Deutsche Gesellschaft für publizistische Bildungsarbeit e.V. (1990): Mit Gegenwind und Augenmaß. 30 Jahre journalistische Aus- und Weiterbildung. Haus Busch, Rundfunk-Bildungszentrum. Dortmund.

Deutsche Welle (2004): Deutsche Welle-Akademie. Mehr Meinungsvielfalt weltweit. Broschüre. Sept. Bonn.

ENAV Escola Nacional de Artes Visuais (2003): Maputo Moçambique 1983-2003. Selbstdarstellung.

Eser, Björn (1998): Politische Transformationsprozesse im südlichen Afrika: Mosambik, Angola und Zaire. Marburg. Unveröff. Magisterarbeit.

Fandrych, Sabine (2000a): Alles beim Alten? Wahlen in Mosambik. In: KKM-Rundbrief 54/Mai: 6-11.

Fauvet, Paul/Mosse, Marcelo (2003): Carlos Cardoso e a Revolução Moçambicana. Maputo.

Fenhane, João Baptista H. (1991): História 10ª Classe (Geschichtsbuch mosambikanische Sekundarschulen 10. Klasse). Auflage: 8.500. Maputo. Ohne Jahresangabe, jedoch nicht vor 1991.

Fernando, Domingos (1996): A Organização Social na Sociedade Tradicional. Herausgegeben vom Ministério da Administração Estatal, Núcleo de desenvolvimento administrativo, Projecto "Descentralização e Autoridade Tradicional", finanziert durch *US AID*. Heft 2. Dez.

FES Friedrich-Ebert-Stiftung (2000): Necessidade de Legislação sobre o Livro Acesso à Informação do Estado. Comunicações efectuadas no seminário sobre o tema. Maputo Nov.

- (2004): Public Broadcasting – Mandate and Funding. Unveröff. Workshop-Bericht der *SABA/MISA*-Workshops 19.-22. September 2004 Maputo.
- (2005): Medien und Entwicklung. Neue Impulse für die Entwicklungszusammenarbeit. Bonn. Bericht der Tagung Okt. 2004.

FRELIMO Frente da Libertação de Moçambique (1975): Documentos da Conferência Nacional do Departamento de informação e propaganda. 26.-30.11.1975.

- (1977): Fazer da Informação um destacamento avançado da luta de classes e na Revolução. Documentos do 1. Seminário da Informação. Maputo 12 a 15 de Setembro 1977.
- (1983): Directivas Económicas e Sociais (Ergebnisse des 4. FELIMO-Kongresses). Maputo.
- (2000): Programa de Governo (Regierungsprogramm) 2000-2004: Juntos para um Futuro melhor. Maputo.

Gabriel, Neville (2003): Zivilgesellschaft und Armutsbekämpfung im Südlichen Afrika. In: Afrika Süd 5: 19-22.

Governo da provincia de Nampula (2002): Strategic Development Plan for the Province of Nampula.

Graça, Machado da (1996): Liberdade de informação. In: Ribeiro/Sopa: 177-190.

Hadel, Werner von (1984): Nachdenken über journalistisches Handeln. 10 Jahre Journalisten-Zentrum Haus Busch 1974-1984. Deutsches Institut für publizistische Bildungsarbeit, Hagen.

Hamlyn, Glenine (2003): Kampf der Armut. Was die Alphabetisierung nicht vermochte, soll jetzt eine Informationsgesellschaft schaffen. In: Der Überblick 4: 48ff.

Hanlon, Joseph (2002): Vom Nehmen und Geben. Entwicklungshilfe und Korruption in Mosambik. In: Afrika Süd 5: 34f.

Hoffer, Wilfried (Hg.) (1980): Journalistenausbildung in Afrika: Skizzen zur Situation. Friedrich-Naumann-Stiftung Bonn.

INCM Instituto Nacional das Comunicações de Moçambique (2004): List of Mozambique Telecommunications operators&providers. Maputo.

ICS Instituto de Comunicação Social (1997): Conheça o ICS, uma Instituição apostada na Comunicação para o Desenvolvimento (Selbstdarstellungs-Broschüre *ICS*). Produziert von Tomás José Jane, in Zusammenarbeit mit Augusto Paulino und Nélia Taimo. Finanziert von FNUAP. Dez. Maputo.

- (2004a): 25 anos de experiência ao serviço de comunicação para o desenvolvimento. Folder.
- (2004b): Rede Nacional de Rádio e Televisão Comunitária (Netz der nationalen Rádios Comunitárias und Televisão Comunitárias). Mai. Maputo.

Inwent (2004): Informationszentrum Entwicklungspolitik. Bonn. Prospekt.

ISCTEM Instituto Superior de Ciências e tecnologias de Moçambique (2003): Boletim Informativo (Universitätszeitschrift). Maputo Febr.-Aug.

- (2004a): Relatório de Actividades Agosto 2001-Junho 2003
- (2004b-g): Prospekte
- (1996): Ciências da Comunicação
- (1998a): Ciências da Comunicação: Plano de Estudos

ISPU Instituto Superior Politécnico e univeristário (1998b): Boletim do ISPU Nr. 2, Jan-Jun 1998

- (1998c): Boletim do ISPU Nr. 3, Jul-Dez 1998.
- (1999a): Boletim do ISPU Nr. 5, Jul-Dez 1999.
- (1999b): Guia do Estudante 1998/1999.
- (2000): Boletim do ISPU Nr. 7, Jul-Dez 2000.
- (2001): Ciências da Comunicação: Licenciatur em Ciências da Comunicação.
- (2002): Info ISPU Nr. 3, Jan-Jun 2002.
- (2004a): Informationsprospekt.
- (2004b): Info ISPU Jul-Jan 04.
- (2004c): Curso Propedêutico.
- (2004d): Proposta não aprovada para plano de estudos.

Jallov, Birgitte (2004): Community Radio – For Empowerment and Impact. Thesenpapier. Dez.

KAS Konrad-Adenauer-Stiftung (1999): Journalism Workshop.

Katupha, J.M.M. (1991): Language Situation and Language Use in Mozambique. Vortrag des damaligen Bildungsministers Katupha anlässlich der Konferenz „African Languages, Development and the State“ des Centre of African Studies der University of London und EIDOS, 25 und 26. April 1991.

Keune, Reinhard (2002): Hat Medienentwicklung eine Zukunft? Einige Schlussfolgerungen aus 35 Jahren deutscher Medienhilfe. Internet-Dokument.

Ki-Zerbo, Joseph: História da Africa Negra. Vol. I und II. Aus dem Französischen ins Portugiesische. 1. Aufl. 1972, 2. überarbeitete und aktualisierte Auflage. Ohne Jahresangabe, jedoch nicht vor 1976.

KKM Koordinierungskreis Mosambik (1999): Überblick Geschichte Mosambiks. In: KKM-Rundbrief 1999: 39.

- (2003): Rundbrief 60, März
- (2004): Kurznachrichten aus KKM-Rundbrief, 1. Quartal.

Knauder, Stefanie (1999): Globalization, urban progress, urban problems, rural disadvanteges. Evidence from Mozambique. Wien.

Lalá, Anica/Ostheimer, Andrea (2003): How to remove the stains on Mozambique's Democratic Track Record: Challenges for the Democratisation Process between 1990 and 2003. Published by: *Konrad-Adenauer-Stiftung* Mozambique (enthält je englische und portugiesische Version).

Lauriciano, Gil (1995): Mozambique. In: *Article 19*.

Lima, Fernando (1996): A imprensa e a democratização. In: Ribeiro/Sopa: 191-198.

- (1999): A independência e o pluralismo de Informação nos PALOP – O caso de Angola e Moçambique. In: PANOS 1999a: 13-15.
- (2000): Os Media em Moçambique. In: Nick

Macamo, Elísio (1998): A influência da religião na formação de identidades sociais no sul de Moçambique. In: Serra, Carlos (Hg.): Identidade, Moçambicanidade, Moçambicanização. Universidade Eduardo Mondlane. Autoren: Severino Elias Ngoenha, António Sopa, Nelson Sauté, Gerhard Liesegang, Manuel Araújo, Carlos Serra, Macamo. Maputo: 35-69.

- Macamo, Elísio (1999): Entwicklungshilfe und nationale Entwicklung: Sisyphus am Werk. In: Mosambik-Rundbrief Nr. 53, Sept.
- …. und Wellmer, Gottfried (2000): Verhalten in Mosambik. Reihe „Verhaltenspapiere", Heft 60 der Zentralstelle für Auslandskunde der Deutschen Stiftung für Internationale Entwicklung. Bad Honnef.
- Macamo, Elísio (2001): Karl Marx, Zivilgesellschaft und Anti-Kommunismus. In: *KKM*-Rundbrief 57, Dez.: 16f.
- Macamo, Elísio (2004): Alles Theater? Über die „Als-Ob"- mosambikanische Gesellschaft. In: *KKM*- Rundbrief Nr. 64: 21

Machiana, Emídio (2002): A Revista "Tempo" e a Revolução Moçambicana: Da Mobilização Popular ao Problema da Crítica na Informação, 1974-1977. Maputo.

Macuane, José Jaime/Baloi, Obede Suarte (2002): Comunicação Social e Jornalismo em Moçambique Hoje. Actores ou Solução do Dilema Democrático? In: Mazula: 179-191.

Magaia, Antonio (1994): Informação em Moçambique: A Força da Palavra. Maputo.

Maia, Juarez de (2002): Savana e Domingo. Dois Extremos, o mesmo erro. In: Mazula: 193-205.

Maldini, Maurizio (2000): Segunda estrela à direita.... Imprensa independente e sociedade civil em Moçambique. Maputo.

Margraf, Burkhard (2003): Von Maputo nach Addis Abeba. Die Afrikanische Union auf der Suche nach neuen Wegen. In: Afrika Süd 4: 18

Massingue, Maria Cremilda (1998): A imprensa, o estado e a democracia. Maputo.

Massmann, Annette (2004b): Zukunft der Projektpolitik – Thesen. Bochum (unveröff.).

Mateus, Dalila Cabrita (1999): A Luta pela Independência. A Formação das Elites Fundadoras da FRELIMO, MPLA e PAIGC. Mira-Sintra (Portugal).

Matusse, Hilário (1996): ONJ: um percurso na luta pelos jornalistas. In: Ribeiro/Sopa: 171-176.

Mayer-Tasch, Lucius (2004): Fluch oder Segen? Weltbank und Regierung setzen auf Energieexporte. In: Afrika Süd 3: 26 ff.

Mazula, Brazão (Hg.) (1995a): Moçambique. Eleições, Democracia e desenvolvimento. Maputo.

- (Hg.) (1995b): Educação, Cultura e Ideologia em Moçambique. 1975-1985. Maputo.
- (2000): A construção da democracia em África: o caso moçambicano. Maputo. Unterstützt durch Instituto Camões Maputo. Auflage: 1.000.
- (Hg.) (2002): Moçambique. 10 anos de Paz. Maputo.

Mendes, Irene (2000): O Léxico no Português de Moçambique (Aspectos Neológicos e terminológicos). Maputo

Mendes, João (1994): A nossa situação, o nosso futuro e o multipartidarismo. Maputo.

MESCT Ministerio do Ensino Superior de Moçambique (6/2004): Instituições de Ensino Superior em Moçambique.

Meyns, Peter (1995): Evaluierung der Projekte der Friedrich-Ebert-Stiftung in Mosambik. Aus- und Fortbildung von Rundfunkfachkräften zur Förderung der ländlichen Entwicklung. Bonn.

MINED Ministério da Eduação (Bildungsministerium) (2000): Os 25 anos de educacação em Moçambique 1975-2000. Maputo.

- (2001): Regulamento orgânico das direcções provinicais e distritais de educação. Maputo.

MISA Media Institute of Southern Africa (2000): Southern African media Directory. Windhoek.

- (2003a): Gender Mosambik.
- MISA (2003b): Gender Botswana.
- (2003c): Rechenschaftsbericht 2003.
- … und FES (Friedrich-Ebert-Stiftung) (2004): Sumário do Estudo de Base de Género e os Mídia em Moçambique (Zusammenfassung der Studie über geschlechtsspezifische Berichterstattung in mosambikanischen Medien). Windhoek.

Mondlane, Eduardo (1995): Lutar por Moçambique (enthält Reden, Fotos, Geschichtsreflexionen). Mit Unterstützung der Ford-Foundation. Maputo.

Morna, Colleen Lowe/Khan, Zohra (2001): Media Training Needs Assessment for Southern Africa. Mit Unterstützung von Gender Links Associates (Südafrika); NiZA, PSO (Niederlande). Amsterdam/Johannesburg.

Morna, Colleen Lowe (Hg.) (2002): Gender in Media Training: A South African Tool Kit.

Morozzo della Rocco, Roberto (1998): Moçambique da Guerra à Paz. História de uma mediação insólita. Maputo.
Liegt in 2 verschiedenen deutschen Übersetzungen vor:
- Vom Krieg zum Frieden. Mosambik: Geschichte einer ungewöhnlichen Vermittlung. Hamburg 1997.
- Mosambik. Frieden schaffen in Afrika. Würzburg 2003.

Moyana, Salomão (1996): Um Projecto em execução. In: Ribeiro/Sopa: 145-152.
- (1997): O Longo Caminho de Luta pela Transparência. In: Sogge: 187-204.
- (2001): Korruption ist der größte Feind der Pressefreiheit. Bearbeiteter Vortragstext. In: *KKM*- Rundbrief 57, Dez. Bielefeld: 22 f.
- (2003): Korruption – der größte Feind der Pressefreiheit. In: EMW: 47-51.

Mozambican Law and Press Law (2002): English Translation of the Law.

Mukela, John (Editor) (2001): Essays and Conversations on Media & Democracy. NSJ Trust, Maputo, Mozambique. Aditional Editing: Lynette Steenveld, Department of Journalism and Media Studies, Rhodes University, Grahamstown. August.

Munzinger-Archiv (2001): Lebensläufe von: Eduardo C. Mondlane, Samora Machel, Joaquím Chissano.

Napp, Susanne (1996): Journalistenausbildung in Frankreich. Unveröff. Hausarbeit M.A. Mainz.

Namburete, Eduardo (1995): A imprensa no processo da democratização de Moçambique. In: Mazula: 231-276.
- (2002a): Os Media, Paz e Democracia. 10 Anos Mais Tarde. In: Mazula: 81-95.
- (2002b): Projecto de Cricação da Escola de Comunicação e Artes ECA. Maputo Okt.
- (2003): A Comunicação Social em Moçambique: da independência à liberdade. In: Anuário Internacional de Comunicação Lusófana 2003 (Kongressbericht). São Paulo: 27-42.

Nassanga, Goretti Linda (Hg.) (2003): The East African Media and Globalisation: Defining the Public Interest. Makerere.

Navarro, Júlio/Sopa, António (1998): Moçambique através dos Livros. Subsídios para uma Bibliografia Nacional (Junho 1975-Agosto 1998). Auflage: 1.000. Maputo.

Nguenya, Alcido Eduardo (2001) (Bildungsminister Mosambik): Interview in Índico Nr. 2: 35-40.

Nhamposse, Alice Albertina (2003): Imagem da Mulher na Televisão de Moçambique. Unveröffentlichte Abschlussarbeit zur Erlangung des Licenciatura-Grades in Kommunikationswissenschaften, Zweig Journalismus und Öffentlichkeitsarbeit am Instituto Superior Politécnico e Universitário, Escola Superior de Ciências Jurídicas e Sociais, Maputo.

Nick, Sophie (Koordinierende Herausgeberin), Fafali, Kokou Koudawou; Lima, Fernando; Carlos, João; Monterio, Vladimir (2000): Pluralismo de Informação nos PALOP. Portugal.

Niesel, Hans-Joachim (1973): Die afrikanische Universität von morgen. Dritte Generalversammlung der Association of African Universities (AAU) vom 9.-14. April 1973 in Ibadan/Nigeria. In: Afrika Spektrum 1

Nordenstreng, Karle (1985): Two seminars on IPDC. Tampere.

NSJ Southern African Media Training Trust (2002a): Annual Report 2002
- (2002b): Training for Trainers.

Oepen, Manfred (1997): Media Support and Development Communication in Germany. In: The Jornal of Development Communication, hrsg. durch das Asian Institute for Development Communication, Malaysia No. 2, Vol. 8, Dez.
- (2003): Standort Medienförderung? Förderung von Journalisten und Medien in der deutschen Entwicklungszusammenarbeit. In: Der Überblick 4: 66-68.
- (2004): Stolze Tradition, mangelnde Pflege, verschlafene Trends. In: Entwicklung und Zusammenarbeit Jg. 45: 279-281.
- (2005): Entwicklungskommunikation und Medienförderung in Deutschland – Zwei Seiten einer Medaille. In: FES: 55-57.

ONJ Organização Nacional de Jornalistas (1996): Relatório do Secretariado Executivo. Bericht der ONJ-Konferenz 20.-23.11.1996. Chimoio

PANOS Institut (1999a): Para um pluralismo de informação nos PALOP. Recolhas e intervenções. Colóquio de Maputo 5.-8.10.1999
- (1999b): Actas de Colóquio de Maputo.

Penedo, Nelson (2004): Konflikte und politische Kultur in Mosambik. Unveröff. Diss. Bochum.

Piedade, Bonifácio da (2005): Katholische Religionspraktiken in Mosambik: Zusammenspiel oder Zusammenprall? In: *KKM*-Rundbrief, Nr. 65: 18.

Pilz, Dirk (2005): Schiller in Maputo. In: Theater der Zeit, Juni: 28-30.

Portugiesische Kolonialregierung (1973): Moçambique na Actualidade. Lourenço Marques (Maputo).

Prüfert, Peter (2001): Das Internet macht es Journalisten leichter und der Zensur schwerer. In: E+Z Entwicklung und Zusammenarbeit 1: 20.

Publicação oficial da República de Moçambique (1991): Pressegesetz Mosambik: Boletim da República. Publicação oficial da república de Moçambique. 3. Suplemento. 10.8.1991 (Gesetzesveröffentlichungen, alle Maputo):
- (1994): Estatutos de Rádio Moçambique. Estatutos de Televisão de Moçambique. 16.6.
- (1995): Estatutos da Universidade Católica de Moçambique. 8.11.
- (1997): Política e Estratégias da Informação. 25.2.
- (1998): Conselho de Ministros. 21.7.
- (2000a): Despacho Presidencial. 17.1.
- (2000b): Política da Informática. 12.12.
- (2001): Estatuto Orgânico do Ministério do Ensino Superior, Ciência e Tecnologia. 4.7.

- (2002a): Tarefas da Comissão para a política de Informática. 26.12.
- (2002b): Criação da UTICT. 26.12.
- (2003): Regula a Actividade de Ensino Superior. 21.1.

Rádio Moçambique (Hg.) (1995): Quem ouve, o que ouvem, onde ouvem, como ouvem, quando ouvem. Maputo.

- (2003): História da Rádio Moçambique. Nr. 3. Koordination: António Miguel Ndapassao, Rogério Guambe, Redaktion: Felizimina Velho, Rodolfo Maera, Ouri Pota, Zenaida Machado. Maputo
- (2004): Breve Cronoliga até Fundação da RM. Zusammengestellt von der Abteilung Recursos Humanos von *Rádio Moçambique*

Remmert-Fontes, Inge (1997): "Durch den Krieg können wie nur verlieren...". In: Arbeitsgemeinschaft der Entwicklungsdienste (AgdD): Dem Frieden verpflichtet. Entwicklungsdienste für den Frieden. Köln: 168-172.

República de Moçambique (INDE (Erziehungsministerium), Núcleo Editorial do Livro Escolar) (1995): O meu livro da história 4ª classe. Auflage: 223.500. Überarbeitete Auflage. Maputo.

Reuter, Lutz R. (2000): Armutbekämpfung durch Bildung? Einige Thesen, Anmerkungen und Vorschläge. Kurzreferat bei der Tagung des KKM Okt.

Ribeiro, Fátima/Sopa, António (Hg.) (1996): 140 Anos de Imprensa em Moçambique. Maputo.

Rocha, Ilídio (2000): A imprensa de Moçambique. História e Catálogo (1854-1975). Lisboa.

Schellschmidt, Peter (2004): Afrika auf dem Weg zur Medienfreiheit. Kurzbericht aus der internationalen Medienzusammenarbeit, Friedrich-Ebert-Stiftung, Windhoek. April.

SNJ Sindicato Nacional de Jornalistas (1998): Código Deontológico do Jornalista. Proposta do SNJ

- (1999): Relatório dos principais problemas e das principais actividades. 11.4.1999. Bericht der SNJ-Konferenz vom 2.12.1998.
- (2000a): Contra a Corrupção. Folder.
- (2000b): Freelancers – que direitos e que Deveres? Folder.
- (2001): SNJ Newsletter Dez.
- (1/2002): SNJ Newsletter Jan.
- (2/2002): SNJ Newsletter Jul.
- (2003): SNJ Newsletter Feb.
- SNJ/ALISEI: Kursprogramme 2001-2003.

Sogge, David (Hg.) (1997): Moçambique. Perspectivas sobre a ajuda e o sector civil. Amsterdam Okt. 1997. Mit Unterstützung der aus 4 NROn [*Bilance* (katholisch), *Hivos*, *ICCO* (protestantisch), *Novib*] bestehenden Plattform *GOM Gemeenschappelijk Overleg Medefinancierung*. Autoren: Yussuf Adam, Joseph Hanlon, David Sogge, Humberto Coimbra, José Negrão, Salomão Moyana.

Spurk, Christoph/Zischek, Yves (2004): Qualifikationsanforderungen an Fachhochschulabsolventen. Grundlagenstudie des „IAM-Absolvententracking". Winterthur.

Tietze, Ulrich (2002): Das Theater der unglaublichen Wahrheiten. In: Afrika Süd 6/2002: 29-31.
• (2003): Ein Ende wie im Märchen – aber zunächst nur für den 1. Teil. In: *KKM*-Rundbrief: 7f.

Tudesq, André-Jean/Nédélec, Serge (Hg.) (1998): Jornais e rádios em África nos séculos XIX e XX. Lissabon

UCM Universidade Catóica de Moçambique: Vorlesungsverzeichnis 2003/2004.

UN (2001): Moçambique. Quadro das Nações Unidas para Assistência ao Desenvolvimento 2002-2006.

UNDAF United Nations Development Assistance Framework (2001): Bericht. Maputo.

UNESCO (1999) PNUD Projecto de Desenvolvimento dos Media. Marie-Hélène Bonin und Salomão Cumbane: Directório dos Media em Moçambique. Juli (*UNESCO*-Veröffentlichungen, alle Maputo):

- (2000a) UNDP Media Development Project 2000: Review of Journalism and Communication Education and Training in Mozambique. A Consultant Report. Prepared by Professor Matt Mogekwu, University of North West Mmabatho, South Africa, in Collaboration with Eduardo Namburete, Universidade Mondlane.
    - mit Anhang (Annex 2000b)
- (2001a) (UNDP Media Development Project): Community Waves. Maputo. Juni.
- (2001b) PNUD Projecto de Desenvolvimento dos Media 2001: Manual do Centro de Comunicação.
- (2001c) PNUD Projecto de Desenvolvimento dos Media 2001: Directório das Rádios Comunitárias em Moçambique. Marie-Hélène Bonin und Salomão Cumbane auf Basis der Daten der Studie „Media Pluralism Landscape", die durch das *NSJ*-Zentrum für die UNESCO/UNDP gesammelt wurden). Juni.
- (2001d) (UNDP Media Development Project), Marie-Hélène Bonin (Nordic-SADC Journalism Centre): Media Pluralism Landscape. In einer fotokopierten Form veröffentlicht und verbreitet im Jul. 1999, offiziell veröffentlicht 2001.
- UNESCO and School of Journalism (2002): Project for the Transformation of the School of Journalism into a Higher Polytechnic Institute of Communication.
- (2003): Rádio Comunitárias e Educação Cívica Eleitoral.
- (2004a): Neuauflage von 2001a: unter dem (leicht veränderten) Titel: Directório das Rádios Comunitárias de Moçambique, compilado por (zusammengetragen von) Bronwyn Walker. Herausgeber-Gruppe: Birgitte Jallov, Tomás Vieira Mario, Faruco Sadique, Marina Conotilho, Celina Cândido. April.
- (2004b): Strengthening the decentralization process of Radio Mozambique's Provincial Delegations through a Management Capacitation Process.
- (2004c): Tabelle der UNESCO-Journalistentrainings.
- (2004d): Tabelle der Community Radio-Trainings 2002-2004.
- (2004e): Final Evaluation of Phase II of the UNDP/UNESCO Media Development Project. 2.-15. Juli 2004.
- (2004f): UNESCO Project Progress Report. Januar.
- (2004g): Conferência Constitutiva do Fórum Nacional de Rádios Comunitárias (FORCOM). 26.-30.4.

Veloso, Teresa (1996): O ensino em línguas moçambicanas e o papel da Rádio. Maputo.

Weiland, Heribert (2005): Medien und Demokratie in der Entwicklungszusammenarbeit. In: FES: 14-16.

Winderl, Thomas (2000): Radios im Busch. Ein Überblick über Kommunalradios in Mosambik. In: A luta continua. Das Mosambik Komitee informiert. Österreich, Feb.: 6-7.

Zemp, Claudio: Zauberwasser gegen Armut? Für Mali gibt es Wichtigeres als das Internet. In: Der Überblick 4/2003: 59-61.

13.3 Internet-Quellen

Afrol-News 19.10.04: Media Press in Mozambique still struggling. Nachrichtenagentur-Meldung: www.afrol.com

Article 19 - The International Centre Against Censorship (England, Südafrika) und MISA (Namibia) (1999): Media Law and Practice in Southern Africa. No. 11: Mozambique: www.misa.org

CIA World-Factbook (12/04): Zusammenstellung von Länderinformationen. (16.12.04): http://www.odci.gov/cia/publications/factbook/index.html

Dietz, Christoph (2002): Trendwende in der Medienzusammenarbeit? Aktueller Stand und Perspektiven der deutschen Medienförderung. Diskussionspapier. Aachen, November 2002.

- … und Amshoff, Georg (2003): Ein zaghafter Schritt zur Überwindung des digitalen Grabens. Zu den Beschlüssen des WISIS. In: Nord-Süd-aktuell Nr. 4/03. Hamburg
- (2004): Materialien zur deutschen Medien-Entwicklungszusammenarbeit.

▸ www.cameco.org (alle Dokumente)

IRIN Integrated Regional Information Networks (2002): Information about Media in Mozambique: www.irinnews.org

ISCTEM Instituto Superior de Ciências e Tecnologias de Moçambique: www.isctem.com

ISPU Instituto Superior Politécnico e Universitário: www.ispu.ac.mz

KKM: Das Bildungssystem in Mosambik und Probleme interkultureller Kontakte (10.6.05): www.kkmosambik.de

Lambers, Jürgen (2005): Die 2001-Flut – hat sie wirklich stattgefunden? (14.3.05): www.Kritik-Hilfsorganisationen.de

MISA (2004/05): Mozambique at a glance. In: Southern Africa Media Directory. (15.3.05): www.misa.org

Offizielle Homepage von Mosambik (1/2005): www.mozambique.mz

North Texas Daily (9.4.2004): Instructor jumpstarts Mozambique media. Dr. Mitch Land starts first university-level journalism program in the developing country: www.ntdaily.com/vnews/display.v

Reporters without borders (2004): Mozambique 2004 annual report. (April 2005): http://www.rsf.org/print.php3?id_article=10185

Stanford-Universität: Mosambik-Seite: www-sul.stanford.edu/depts/ssrg/africa/moz.html

Universidade Eduardo Mondlane: www.uem.mz

Universidade Católica de Moçambique: www.ucm.ac.org

UNESCO Medienprojekt: www.mediamoz.com

13.4 Verzeichnis der Abbildungen

13.5 Abkürzungen

- AHM: Arquivo Histórica de Moçambique – Historisches Nationalarchiv von Mosambik
- AIM: Agência Internacional de Moçambique –Mosambikanische Staatliche Nachrichtenagentur
- AIMO: Associação Industrial de Moçambique – Mosambikanischer Industrie-Verband
- AMESCOM: Associação Moçambicana de Estudos da Comunicação – Mosambikanischer Verband für Kommunikationsstudien
- AMOLP: Associação Moçambicana da Língua Portuguêsa – Mosambikanischer Verband der portugiesischen Sprache
- ANC: African National Congress (Südafrika)
- Associação dos Escritores Moçambicanos – Verband mosambikanischer Schriftsteller
- Banco Standard Totta: 1966 gegründete private Bank, die im Bereich Industrie und Dienstleistung agiert. Haupteigentümer ist mit 48,37% (Angabe aus Africa Hoje 96/97: 102) eine portugiesische Bank.
- BCM: Banco Commercial de Moçambique. Seit 1992 existierende Bank, die 2003 in die *BIM*, die Internationale mosambikanische Bank, eingegliedert wurde.
- BIM: Banco Internacional de Moçambique. 1996 gegründet, teilweise in portugiesischem Besitz. Fokussiert auf Großkunden aus Industrie und Wirtschaft, agressive Expansionpolitik.[349]
- BM: Banco Mundial (Weltbank/Worldbank)
- BN: Banco de Moçambique – Mosambikanische Nationalbank
- BPD: Banco Popular de Desenvolvimento – Öffentliche Entwicklungsbank, wendet sich an armes Klientel für Ansparen von kleineren Beträgen sowie Kredite im landwirtschaftlichen Bereich sowie in kleinerem Ausmaß für die Industrie
- BWIs: Bretton Woods institutions – Währungsfond und Weltbank
- CEA: Centro de Estudos Africanos der UEM – Zentrum für afrikanische Studien der Eduardo-Mondlane-Universität
- CSCS: Conselho Superior da Comunicação Social – Hoher Medien-Schiedsrat
- FAO: Food and Agriculture Organization
- FMI: Fundo Monetário Internacional – Internationaler Währungsfond
- Fn: Fußnote
- FPLM: Forças Populares de Libertação de Moçambique – Mosambikanisches Militär
- GabInfo: Gabinete de Informação – Informationsamt der mosambikanischen Regierung
- GTZ: Gesellschaft für Technische Zusammenarbeit
- ICS: Instituto de Comunicação Social – Institut für Massenkommunikation (Mosambik)
- IIJ: Internationales Institut für Journalismus
- IMF: Internacional Monetary Fund (Internationaler Währungsfond)
- INDER Instituto de Desenvolvimento Rural – Staatliches Institut für ländliche Entwicklung
- INE: Instituto Nacional de Estatísticas – nationales Statistik-Institut
- INWENT: Internationale Weiterbildung und Entwicklung GmbH
- IPDC: International Programme for the Development of Communication – UNESCO-Institution, 1980 gegründet
- ISCTEM: Instituto superior de ciência e tecnologia de Moçambique – die Mosambikanische Hochschule für Wissenschaft und Technik
- ISPU: Instituto Superior Técnico –Technische Hochschule

[349] Angabe aus Africa Hoje 96/97: 102

- ISSA: Informationsstelle Südliches Afrika e.V. – NRO in Bonn
- Kap.: Kapitel
- k.A.: „Keine Angabe“ bei der Beantwortung einer Frage
- KKM: Koordinierungskreis Mosambik e.V. – unabhängige NRO
- MESCT: Ministério do Ensino Superior, Ciências e Tecnologia – Ministerium für höhere Bildung, Wissenschaft und Technik
- MEZ: Medienentwicklungszusammenarbeit
- MADER Ministério da Agricultura e Desenvolvimento Rural – Ministerium für Landwirtschaft und ländliche Entwicklung
- MINED Ministério da Eduação: Bildungsministerium
- Ministério de Ensino Superior – Ministerium für Höhere Bildung, Wissenschaft und Technologie
- Ministério de Transporte e Comunicação – Transportministerium
- Ministério do Plano e Finanças – Finanzministerium
- Ministério dos Negócios Estrangeiros e Cooperação – Außenministerium
- MNR – Nationale mosambikanische Rebellenbewegung, später RENAMO
- MOLIMO: Mosambikanische Befreiungsbewegung
- MPLA: Movimento Popular para a Libertação de Angola – Angolanische Befreiungsbewegung
- NESAM: Núcleo de Estudantes Secundários Africanos – Verein afrikanischer Sekundarschüler
- NRO (auch: NGO): Nichtregierungsorganisation
- NSJC: Nordic-SADC Journalism Centre – Journalismus-Zentrum Nordic-SADC
- OMM: Organização de Mulher Moçambicana – Mosambikanische Frauenorganisation
- ONJ: Organização Nacional de Jornalistas: Nationale Journalisten-Organisation, Vorgänger des SNJ
- PALOP-Länder – Portugiesischsprachige afrikanische Länder
- RENAMO: Resistência Nacional de Moçambique
- RM : Rádio Moçambique
- RM Escola da Rádio – Radioschule von *Rádio Moçambique*
- RTM: Rádio Televisão Miramar – Radio und Fernsehen Miramar
- RTP : Rádio e Teledifusão Portuguêsa – Portugiesischer Radio- und Fernsehsender
- s/w: schwarzweiß
- SABC: South African Broadcasting Corporation – Südafrikanischer Medienkonzern
- SADC: Southern African Development Conference – ein aus 14 süd- und südostafrikanischen Ländern bestehender Zusammenschluss
- SNJ: Síndicato Nacional de Jornalistas – Nationaler Journalistenverband
- TVM : Televisão de Moçambique – Mosambikanisches Fernsehen
- UCM: Universidade Católica de Moçambique – Katholische Universität von Mosambik
- UEM: Universidade Eduardo Mondlane – Universität Eduardo Mondlane
- UNDP: United Nations Development Programme (portugiesisch: PNUD)
- UNESCO: United Nations Educational, Scientific and Cultural Organisation
- unveröff.: unveröffentlicht

13.6 Abstract

Journalistenausbildung in Mosambik

Diese Arbeit beschreibt die Aus- und Fortbildung von Journalisten und die Hintergründe des Mediensystems in einem der ärmsten Länder Afrikas. Auf Basis der dreijährigen Felderfahrung des Autors (Entwicklungshelfer der Bundesrepublik Deutschland 2001-2004 in Nampula) werden der *status quo* analysiert sowie Perspektiven und Empfehlungen vorgestellt. Datengrundlage sind Fragebogen-Interviews mit 133 mosambikanischen JournalistInnen sowie 15 Leitfadeninterviews mit mosambikanischen Chefredakteuren und Medienexperten, die quantitativ bzw. qualitativ ausgewertet werden.

Im theoretischen Teil (I) zeichnet die Arbeit Ansätze der internationalen Kommunikationsforschung und ihre Entwicklung von der klassischen Publizistik hin zu einem interdisziplinären Fach nach. Parallel dazu skizziert sie Paradigmen der Entwicklungszusammenarbeit, insbesondere deren Wandel von national gesteuerter Almosenhilfe bis zu transkulturellen und partizipativen Konzeptionen in einer globalen Netzwerkgesellschaft.

Im historischen Teil (II) wird die jüngste Geschichte Mosambiks und die Loslösung des Landes von einer portugiesischen Kolonie bis hin zu einer demokratischen Republik Afrikas betrachtet. Im Mittelpunkt stehen, neben Spezifika der traditionellen Gesellschaft, die rasante demokratische Entwicklung und die ambivalent betrachtete wirtschaftlich-politische Dominanz von *UN*-Institutionen und Nichtregierungsorganisationen.

Im Hauptteil der Arbeit werden – zunächst auf Basis von mosambikanischer Sekundärliteratur (III a) – die Mediengeschichte und Medienlandschaft des Landes dargestellt, die Zweiteilung der Medien und die besondere Bedeutung des Radios. Außerdem wird das Medienrecht analysiert sowie die Arbeitsweise medienrelevanter Institutionen dargestellt. Anschließend folgt der eigentliche empirische Teil (III b), mit den beschriebenen Interviews als Grundlage. In drei Abschnitten werden Medien, Journalisten und Aus- und Fortbildung analysiert.

- Die starken Entwicklungspotentiale des reformbedürftigen nationalen Radios werden ebenso deutlich wie die beeindruckende Gründungswelle kleiner Gemeinderadios und Spezifika wie Sprachenvielfalt und Selbstzensur (*Autocensura*).
- Es wird ein detailliertes Profil der Journalisten erstellt mit ihrem professionellen Selbstverständnis und ihrer Weltanschauung.
- Es folgt eine Analyse der Angebote zur journalistischen Aus- und Fortbildung. Diese bietet Angaben zu Zielsetzung, Ausstattung und Koordinierung der verschiedenen Programme. Eine mehrstufige Typisierung verdeutlicht Unterschiede zwischen den Ansätzen der regierungsnahen Ausbildung, dem klassischen akademischen Modell, den neuen marktorientierten Universitätsgründungen, den verbandlichen Trainings sowie den Angeboten von *UN*-Institutionen.

In einer Gesamtwertung (IV) stellt die Arbeit Entwicklungsperspektiven des Mediensystems vor und gibt Empfehlungen für eine mosambikanisch koordinierte und international unterstützte Journalisten-Aus- und Fortbildung. Schwächen des Systems sind mangelnde Bildungs-Koordinierung, veraltete Methodik und schlechte Ausstattung. Stärken sind der insgesamt geringe staatliche Einfluss auf die Bildung, eine schnell wachsende akademische Landschaft und die intensiven *UN*-Investitionen.

Lebenslauf

Christoph Hantel
Geboren am 20.11.1970 in Köln
Verheiratet mit Kathrin Hantel, geb. Lambers (Lehrerin), 2 Kinder

1 Jahr Vorschule in Princeton/New Jersey (USA)
4 Jahre Grundschule in Bonn-Endenich
7 Jahre Erzbischöfliches Gymnasium in Bonn
2 Jahre Gymnasium in Klosterneuburg (Österreich).

Abschluss: Matura (Abitur) mit Auszeichnung

1990-1991 Grundwehrdienst als Rundfunkjournalist

1991-1996 Studium Deutsche Philologie, Publizistik, Geschichte *Gutenberg-Universität Mainz*
Mitarbeit *ZDF*: Verfassen von Nachrichten für die *heute*-Sendungen

1997-1998 PR-Volontariat bei der *Messe Frankfurt*
1998-2000 *Messe Frankfurt* Pressereferent Kommunikations- und Freizeitmessen

2000 Vorbereitung Entwicklungsdienst bei der *Arbeitsgemeinschaft für Entwicklungshilfe AGEH* in Köln.
2001-2004 Fachkraft in Nampula/Mosambik im Auftrag des *Bundesministeriums für wirtschaftliche Zusammenarbeit und Entwicklung BMZ*:
- Fachbereichsleiter Kommunikation an der *Universidade Católica de Moçambique*
- Lehrtätigkeit Journalismus, Öffentlichkeitsarbeit, Mediengeschichte
- Beratung *Radio Encontro*

2004-2005 Doktorarbeit
SS 2005 *Institut für Medienwissenschaft IfM Ruhr-Universität Bochum:*
Lehrauftrag „Medienentwicklungszusammenarbeit als Beruf"

INTERNATIONALE UND INTERKULTURELLE KOMMUNIKATION

Band 1 Denise Busch: Das Bild Griechenlands zwischen Fremd- und Selbstwahrnehmung. Eine Untersuchung der deutschen und griechischen Presseberichterstattung über die Vorbereitung für die Olympischen Spiele 2004 in Athen. 204 Seiten.
ISBN 3-86596-039-1. EUR 24,80

Band 2 Sylvia Breckl: Auslandsberichterstattung im deutschen Fernsehen. Die Dritte Welt in *Weltspiegel* und *auslandsjournal*. 214 Seiten.
ISBN 3-86596-025-2. EUR 24,80

Band 3 Christoph Hantel: Journalistenausbildung in Mosambik.
428 Seiten. ISBN 978-3-86596-056-6
ISBN 3-86596-056-1. EUR 39,80

Frank & Timme

Verlag für wissenschaftliche Literatur